종교에 미래는 있는가?

종교 전쟁

신재식 김윤성 장대익

사이언스 북스

"모든 종교들, 예술들, 그리고 과학들은 같은 나무의 가지들이다."

알베르트 아인슈타인

"내가 만물을 새롭게 하노라."

「요한계시록」 21장 5절

"나는 남들처럼 아무런 증거도 없이 속 편하게 우리가 설계된 존재이고 은총 입은 존재라고 믿을 수 없다. 내가 볼 때 세계에는 너무나 많은 고통이 있는 듯하다."

찰스 다윈

책을 시작하며
과학, 신학, 종교학의 만남과 진화를 꿈꾸며

교황 대신 콘돔을 달라!

콘돔은 에이즈 예방에 도움이 되지 않으며 오히려 문제를 악화시킬 수 있다. 섹스에 대한 도덕적 태도가 더 중요하다.

— 제265대 교황 베네딕토 16세

최근 아프리카 순방길에 오른 교황 베네딕토 16세는 하필 국민의 70퍼센트가 에이즈로 고통 받고 있는 카메룬을 방문하면서 이렇게 말했다. 전 세계 에이즈 환자의 70퍼센트가 몰려 있다는 아프리카에서는 연간 30만 명 이상의 아이들이 에이즈로 죽어 가고 있으며 벌써 1100만 명 이상의 아이들이 부모를 모두 잃었다. 그러니 콘돔에 대한 교황의 이 한마디는 전 세계를 발끈하게 할 만하다.

교황의 발언이 알려진 일주일 후 영국의 세계적인 의학 전문지 《더 랜싯(The Lancet)》이 먼저 포문을 열었다. 《더 랜싯》의 편집진은 사설(editorial)을 통해 남성용 콘돔이 성관계를 통한 에이즈 감염을 예방할 수 있는 가장 효율적인 도구이며 교황이 이런 과학적 결론을 완전히 무시했다고 맹비난했다.[1] 세계 보건 기구(WHO)는 콘돔 사용이 에이즈 확산을 80퍼센트 이상 줄일 수 있다고 발표한 지 이미 오래다. 그런데도 교황청은 인공적인 산아 제한을 금지한다는 교리를 내세워 에이즈가 창궐한 아프리카에서조차 콘돔 보급을 반대하고 있다.

이번 콘돔 발언에 대해 유럽의 일부 국가들은 교황청에 즉각 발언 정정이나 취소를 요구하고 나섰다. 《더 랜싯》의 사설에는 다음과 같이 쓰여 있다. "종교 지도자든, 정치인이든 교황처럼 영향력 있는 인사가 잘못된 과학적 지식을 언급하면 수백만 명의 건강에 치명적 재앙을 초래할 수 있으므로 이런 경우 당사자가 자신의 발언을 취소하거나 정정해야 한다." 하지만 단언컨대 교황청은 끄떡하지 않을 것이다.

만일 아프리카에서 교황의 말씀을 따르겠다며 콘돔을 사용하지 않는 가톨릭 교인들이 점점 늘어난다면 어떤 일이 벌어지겠는가? 내전과 성폭행이 일상화된 일부 아프리카 지역에서 콘돔 보급 말고 에이즈 확산을 막을 뾰족한 방법이라도 있단 말인가? 이런 맥락에서 교황의 이번 발언은 비과학적이고 위험하며 무책임한 발언이다. 만약 가톨릭의 위세가 중세와 같았다면 이 발언의 파장은 엄청났을 것이다. 종교가 과학에 무지하거나 과학을 무시하게 되면 전 세계는 대혼란에 빠질 수도 있다.

그런데 우리는 반대의 시나리오에 익숙하다. "과학이 종교에 무지

---

[1] *The Lancet*, Vol. 373 No. 9669 Mar 28, 2009.

하거나 종교의 경고를 무시하면 고삐 풀린 망아지가 된다."는 스토리 말이다. 종교는 지난 2000여 년 동안 그런 식의 스토리를 널리 퍼뜨리며 근거 없는 특권을 누려 왔다. 종교는 늘 세상을 내려다보며 걱정할 수 있는 특권을 지닌 세계관처럼 군림해 왔다. 어떤 합리적 근거도 없이 낡은 중세적 교리만 가지고 콘돔 사용을 반대하는 것처럼 말이다. 종교는 17~18세기 과학 혁명과 계몽주의 시대에 잠시 주춤하기도 했지만 첨단 과학 기술 시대인 현대에도 여전히 가공할 만한 수준의 특혜를 누리고 있다. 그 어떤 지식인도, 과학자도, 심지어는 정치인도 교황 같은 무식한 발언을 했다가는 여론의 뭇매를 피할 수 없는 시대인데도 말이다.

세상의 그 어떤 지식 체계도 작금의 종교만큼 '날로 먹기'를 잘하지는 못할 것이다. 근거가 없거나 빈약하면 현대 지식 시장에서는 발을 붙일 수 없다. 그러나 종교는 여전히 성역이다. 심지어 그 잘난 정치 권력도 무장 해제시키고 벌거벗기는 인터넷 여론조차 종교 앞에서는 무력하다. 종교는 문자 그대로 '다이 하드(Die Hard)'다. 콘돔 사용이 에이즈 확산을 부추기고, 우주와 지구가 고작 6000년 전에 탄생했다는 해괴망측한 논리가 21세기 지식 사회 한복판에서 울려퍼진다. 하지만 종교들이여, 이젠 좀 긴장하시라. 고개 숙인 며느리 앞에서 당신 말만 하시는 시어머니의 시대는 가고 있으니까.

우스운 이야기지만, 지난 1992년까지만 해도 로마 가톨릭의 세계에서는 지구가 태양 주위를 회전하는 것이 문자 그대로 '불법'이었다. 태양 중심 우주관을 지지한 갈릴레오가 재판에 회부(1662년)된 지 400년 가까이 지나서야 로마 교황청이 자신의 과오를 인정하고 그를 복권시켰기 때문이다. 그러나 현 교황 베네딕토 16세는 갈릴레오 재판을 "이성적이고 공정했다."라고 한 18년 전의 연설 때문에 다시 한번 곤욕을 치렀다. 그는 로마의 라 사피엔치아 대학교 기념식에 초대받았지만 물리학과 교수와 학생들의 격렬한 반대로 결국 방문이 무산되는 수모를 겪었다. 이젠 로마에서도 가톨릭의 고집이 잘 먹히지 않는 모양이다.

탈레반과 한국 개신교, 누가 더 폭력적인가?

> 하나님의 나라를 위해 젊은 청년들을 아프간으로 부르고 두 사람이 피를 뿌리게 되었다.
>
> ― 박은조 샘물 교회 담임 목사

우리 모두는 2007년 7월의 끔찍한 사건을 잊을 수 없다. 한 개신교 교회에서 파견한 아프가니스탄 단기 선교팀이 탈레반의 무장 세력에게 납치되어 40일 만에 풀려난 악몽 같은 사건이었다. 탈레반은 결국 두 명을 살해했고 우리 정부의 돈을 받고 나머지를 풀어 줬다. 그들이 자신의 땅에 들어와 선교 행위를 했다는 것이 납치와 살해의 이유였다. 이 비극이 다 끝나기도 전에 그 교회의 담임 목사는 두 청년의 죽음을 '깔끔히' 정리했다. "하나님의 나라를 위해 피를 뿌리게 되었다."

이 사태를 겪으면서 국민들은 탈레반의 무자비한 테러에 치를 떨

었다. 하지만 테러만이 경악스러웠던 것은 아니었다. 탈레반은 누가 봐도 저질 악당들이다. 그렇지만 여행 금지 구역에 신분을 숨기고 기어이 들어가 목숨을 담보로 자신의 신앙을 전달하려 했던 샘물 교회 교인들의 사고 방식 역시 우리에게 충격을 주기는 마찬가지였다. 그리고 부주의로 생긴 그 사건을 '영적 전투'로 간주한 채 전투적인 설교와 기도로 예배당을 쩌렁쩌렁 울렸던 한국 개신교의 대응 방식도 그에 못지않은 충격을 주었다. 물론 일부 진보적인 교회에서는 한국 개신교의 선교 방식을 깊이 재고하기도 했지만, 비종교인, 타종교인, 무신론자들은 한국 개신교의 '제국주의적 행태'에 혀를 내두를 수밖에 없었다. '생각의 폭력성' 측면에서는 한국 개신교 역시 탈레반에 뒤떨어지지 않는다.

한국의 반(反)기독교 세력들은 이 사건을 계기로 오프라인으로 커밍아웃했다. 가령 반기련(반기독교 시민 운동 연합, www.antichrist.or.kr) 회원들은 기독교를 "개독교"라고 비난하며 "이 땅에서 기독교의 박멸을 위해 함께 운동하겠다."라는 비장한 각오를 밝혔다.

그해 9월, 미국에서 갓 돌아온 나는 한 강연회의 연사로 나섰다. 클린턴 리처드 도킨스(Clinton Richard Dawkins)가 쓴 『만들어진 신(The God Delusion)』의 독자들을 만나는 자리였다. 이 책은 공교롭게도 아프가니스탄 납치 사건이 일어난 7월에 번역·출간되었는데 나오자마자 두 달 만에 4만 권 이상이 팔려나가는 기현상을 보였다. 독자들의 폭발적인 반응에 고무된 출판사는 바쁜 저자 대신 나에게 강연을 부탁했다. 나는 한국인의 입장에서 『만들어진 신』을 어떻게 읽어야 하는지를 이야기하기로 했다.

한국의 주류 기독교에 환멸을 느꼈기 때문이었을까? 강연회에는 700여 명이 신청을 했고 그중 당첨된 300명이 거의 전부 현장에 왔다. 멀리 대구에서 강연회에 참석하기 위해 올라온 독자도 있었다. 사실 주최 측에서는 '혹시 근본주의 기독교인들이 참석해 강연회에 훼방을 놓으면 어쩌나.' 하고 내심 걱정도 했었다. 하지만 분위기는 정확히 반대였다. 그들은 정말로 알고 싶어 했다. 왜 기독교인들은 세상을 그런 식으로 보는지, 도킨스의 말대로 정말로 신(神)은 없는지, 종교 없는 세상이 정말 가능한지 말이다. 진지한 청중들의 눈빛에서 나는 탈레반 납치 사건에 대한 시민들의 정서를 읽을 수 있었다.

과학의 입장에서는 초자연적인 세계를 거리낌 없이 넘나드는 유신론적 종교의 '멘탈리티(mentality)'는 낯설고 어색하며 불편하다. 더욱이 다른 종교적 전통이나 지적 전통과의 만남을 '영적 전투'의 관점으로 해석하는 개신교 주류의 신앙은 섬뜩하기까지 하다. 그들에게 뉴에이지 음악은 사탄의 것이고, 칸 영화제에서 여우 주연상을 거머쥔「밀양」과 같은 영화는 반기독교적인 몹쓸 영화이며, 우리 민족의 오랜 전통인 제사는 우상 숭배다. 그리고 미국 공화당의 정책을 비판하는 행위는 신성 모독에 가깝다.

그들은 우리와 함께 사는 부모요 형제요 친구지만 시공간적 자리만 공유할 뿐 실질적으로 다른 세계에 살고 있다. 패러다임 이론을 낸 과학 철학자 토머스 새뮤얼 쿤(Thomas Samuel Kuhn, 1922~1996년)의 표현을 빌리면, 그들은 "세계를 다르게 볼 뿐만 아니라 사실상 다른 세계에 산다." 도대체 그들의 멘탈리티는 어떻게 이해해야 할까? 이 질문에 대한 대답은 종교 안이 아니라, 종교 밖에서, 그것도 자연 과학적 탐구를 통해서 얻을 수 있을 것이다.

과학, 종교라는 정신적 블랙홀에서 빠져나와야

2000만 불자는 황우석 박사의 연구 승인을 강력히 촉구한다. 황우석 박사의 줄기 세포는 온누리에 펼쳐질 생명과 자비다.

— 대한 불교 조계종 조계사

2008년 7월, 서울 종로구 견지동의 조계사 대웅전에 황우석 박사의 큼직한 사진과 함께 이런 글귀가 적힌 대형 현수막이 걸렸다. 2006년 전 세계 과학계를 뒤흔든 논문 조작 사건으로 서울 대학교 교수직에서 파면당한 황 박사가 보건 복지 가족부에 인간 체세포 배아 연구 계획을 승인해 달라고 요청해 놓은 상태였다. 연구 승인을 촉구하고 나선 쪽은 조계종 전국 26개 교구 본사의 주지들이었는데, 그들은 결의문을 통해 "황우석 박사팀의 연구를 부당한 이유로 억제하고 있는 현실을 개탄하며 더 큰 생명을 구하기 위해 정부가 줄기 세포 연구를 승인해야 한다."라고 촉구했다.

2006년, 황우석 박사의 배아 줄기 세포 연구 논문이 조작되었다는 의혹이 불거지자 국민들의 의견이 양분되기 시작했다. 네티즌들은 그 두 진영에 '황빠'와 '황까'라는 별칭을 붙여 줬다. 과학계와 윤리학계는 대체로 황까 쪽이었지만, 일부 국민과 언론은 논문 조작을 사실로 받아들이지 않거나 "경쟁이 치열하다 보면 그럴 수도 있지."

하는 태도를 보였다. 그런데 불교계의 반응은 매우 흥미로웠다. 불교계는 황 박사가 신실한 불자라는 이유만으로 거의 노골적인 황우석 감싸기에 나섰다. 황 박사가 기도하기 위해 사찰에 들르는 모습은 언론을 통해 여러 번 공개되었고, 그는 곤경에 처할 때마다 불교계에 적극적으로 손을 내밀고는 했다.

도대체 불교와 줄기 세포 연구는 어떤 '인연'이 있는 것일까? 언뜻 보아서는 잘 어울리는 것 같지 않다. 그 어떤 종교적 전통보다도 생명을 존중하고 자연 질서를 강조하는 불교의 입장에서 유전자와 세포를 조작하는 행위는 달가울 리 없지 않은가?

하지만 한국 불교계의 대체적인 반응은 사뭇 달랐다. 한국의 불자들은 황우석 박사와 그의 연구에 자신과 같은 불자라는 이유로 맹목적인 지지를 보냈다. 물론 제국주의적 선교 방식에 대해 진저리를 치는 개신교인들도 있듯이, '자기편 감싸기'를 불편하게 여기는 불자들도 있다. 어떤 불자는 불교계의 '황빠' 현상을 한국에서 급성장한 기독교 세력에 대한 불교계의 "피해 의식"이나 "위기 의식"의 표출로 보기도 했다.[2] 진실을 향한 열망보다는 자신의 신조와 체제를 전파하려는 더 큰 욕망이 불교계 황빠 현상의 밑불이 되었다는 것이다.

종교는 '정신적 블랙홀(mental black hole)'처럼 합리적 사고를 빨아들여 자기 확장의 동력으로 삼는다. 인간 정신의 중요한 산물, 인류

---

[2] 도법 스님 인터뷰, 《한겨레》, 2006년 2월 1일.

가 추구해야 마땅한 가치에 대해 독점적·특권적 발언권이 있는 것처럼 행동한다. 정치·경제·사회·문화, 심지어 과학까지 말이다. 그래서 줄기 세포 연구, 유전 공학 등과 같은 첨단 과학 기술에 대해 아무런 진입 장벽 없이 간섭한다. 그러나 한국 불교계의 '황빠' 현상은 종교에 이런 통제 권한을 줘도 되는가를 심각하게 고민하게 만든다.

종교는 사람들에게 삶의 의미와 가치, 그리고 희망과 비전을 준다고들 한다. 무엇보다 세상에 대한 진실을 이야기한다고 한다. 가치의 세계와 사실의 세계를 모두 관장했던 종교는 중세에 전성기를 누리다 점점 그 힘을 잃어 가고 있다. 대신, 지난 400년 전쯤부터 발전하기 시작한 과학이 맹위를 떨치고 있다. 처음에는 종교에서 사실의 영역만을 뺏어오더니만, 이제는 가치의 영역마저 넘보고 있다. 종교는 더 이상 과학에게 자신의 땅을 빼앗기지 않으려고 몸부림치고 있다. 위의 세 가지 에피소드는 그 몸부림을 보여 주고 있는지도 모른다.

과학, 신학, 종교학의 만남과 그 진화

'과학과 종교'를 둘러싼 최근의 학계 풍경 속에서 이 책의 공저자 세 사람은 서로 다른 니치(niche, 생태적 지위)를 점하고 살아 왔다. 신학교에서 조직 신학과 종교와 과학 등을 가르치며 교회의 협동 목사로도 일하고 계신 신재식 교수님은, 내가 알기로 국내에서 과학 도서를 가장 열심히 읽는 신학자다. 또 현대 종교 이론과 문화 이론을 토대로 한국 종교사, 세계 신화, 양성 평등과 종교, 과학과 종교 등을 가르치고 계신 김윤성 교수님은 한국의 성숙한 종교 문화를 위해 오히려 과학을 제대로 가르쳐야 한다고 믿는 분이다. 한편 이 글을 쓰고 있는 나는 진화 생물학과 과학 철학, 그리고 인지 과학을 공부해 온 과학 진영의 사람이다. 원래 나를 제외한 두 분은 종교학과 선후배 사이다. 나는 이 두 분을 거의 비슷한 시기에 서로 다른 계기로 만나게 되었다.

2002년 3월 어느 날, 나는 하버드 대학교의 교수인 리처드 르원틴(Richard Lewontin)의 책에 대한 토론회에 발표자로 참석한 적이 있다. 토론회의 뒤풀이 자리에서 어떤 분이 맞은편에 앉아 계속 다윈과 진화론에 대해 아는 척을 하시는 게 아닌가? 그게 신재식 교수님과의 첫 만남이었다. 처음에는 그분이 목사인 줄 전혀 눈치 채지 못했다. 목사들은 대개 다윈과 진화론을 잘 모르면서도 편견 가득한 말로 폄훼를 하고는 하는데, 신 교수님은 전혀 그렇지 않았다. 대화를 나누다 보니 다윈 연구서인 『다윈의 유산(The Darwinian Heritage)』의 편집자 데이비드 콘(David Kohn)에게서 진화론을 직접 배운 분이라는 사실도 알게 되었다. 그때부터 우리는 이메일도 주고받고 가끔씩 만나기도 하면서 진화론과 신학에 대해 토론했다.

한편 김윤성 교수님은 2002년 가을에 국내에서 열린 과학과 종교에 관한 국제 심포지엄을 준비하는 간사를 맡고 계셨는데, 그 과정에서 나와 처음 만나게 되었다. 당시 우리는 같은 대학의 대학원생으로서 과학과 종교의 관계 같은 연구 주제뿐만 아니라 졸업과 미래에 대한 걱정도 함께 공유할 수 있었다. 그러다가 자연스럽게 세 사람이 함께 모이기도 했고, 결정적으로 그즈음에 발족한 '과학과 종교 연구회'라는 모임의 정규 회원으로 함께 참여하게 되었다. 2003년에 시작된 이 모임은 한 달에 한 번씩 신학자, 과학자, 철학자 등이 모여 과학책을 읽고 과학과 종교에 대해 토론하는 공부 모임으로 벌써 5년째 계속되고 있다. 처음에 대학원생 자격으로 참여한 김 교수님과 나는 어느덧 운 좋게 대학에 자리를 잡았다.

 2005년 겨울 어느 날, 우리는 서울역의 어느 찻집에서 여느 때와 다름없이 현대 과학 기술 시대에 종교가 가진 의미에 대해서 열띤 토론을 하고 있었다. 그즈음에는 종교에 대한 서로의 미묘한 입장 차이가 조금씩 감지되던 때였다. 매번 감질나게 끝나 버리는 토론이 아쉬웠던 우리는 누가 먼저랄 것 없이 쟁점별로 우리의 견해들을 대비시켜 보자는 제안을 했다. 공동 연구 프로젝트를 하자는 이야기도 나왔고, 적절한 책을 함께 번역하거나 쓰면서 생각의 차이를 정리해 보자는 아이디어도 나왔다. 그러다가 조금 더 자유로운 형식은 어떻겠냐는 제안에 누군가가 '이메일 교환'을 해 보자고 했다. 모두 찬성했다. 이메일로 부담 없이 이야기하다 보면 재밌고 유익한 과정이 될 수 있을 거라 생각했다. 이미 우리 사이에는 이 민감한 주제를 허심탄회하게 토론할 만큼의 인간적인 신뢰가 쌓여 있었다.

 의기투합은 퍽 쉽게 이뤄졌지만 그다음이 문제였다. 2006년 봄에는 김 교수님이 한신 대학교 종교 문화학과 전임 교수로 부임해서 첫 학기를 바쁘게 보내고 계셨고, 나는 2006년 여름 이 책에 자주 등장하는 대니얼 데닛(Daniel C. Dennett) 교수(미국 터프츠 대학교 인지 연구소 소장이다.)의 날개 밑으로 박사 후 연구 과정을 떠났으며, 신 교수님은 학교 일로 더욱 바쁜 나날을 보내고 계셨기 때문에 아무도 첫 발신자로 나서지 못했다. 아무래도 누군가가 먼저 일을 저질러야 굴러갈 프로젝트였는데, 자연스럽게 미국 보스턴에 가 있던 내가 그 첫 타자로 지목되었다. 그래서 첫 편지는 도킨스의 『만들어진 신』이 영어권 지식 사회에서 센세이션을 일으키고 있었던 2006년 크리스마스 즈음에 씌어졌다. 그 후 우리는 반년 동안 각각 4통씩 총 12통을 주고받았다. (사실 신 교수님은 기독교의 과학관을 주제로 한 편지를 두 편으로 나눠 보냈다. 그래서 정확하게는 13통이다.) 한 쟁점에 대해 누가 먼저 편지를 쓰면 그 편지를 출발점으로 다른 사람이 이야기를 이어 가고 마지막 사람이 마무리를 하는 식이었다. 우리는 이 이메일을 통해 글쓰기의 자유를 풍족하게 누릴 수 있었다. 형식과 분량에 구애받지 않고 평소 생각하던 바를 풀어놓을 수 있었다. 신변잡기적 이야기가 과학과 종교에 대한 깊은 담론으로 진화하기도 했고, 오랫동안 고민해 왔던 자신의 종교적 정체성에 대해 솔직하게 고백할 수 있었다. 또한 과학계와 종교계 그리고 한국 지식 사회에 대한 문제 의식도 토로할 수 있었다. 각자의 진솔한 글들을 마주할 때마다 우리는 서로에 대한 우정과 지적 연대감이 강해짐을 느꼈다.

우리는 국내뿐만 아니라 때로는 미국, 일본, 볼리비아, 칠레, 아르헨티나, 심지어 시위로 얼룩진 네팔과 티베트 등지에서도 서로의 편지를 읽으며 고개를 끄덕였던 소중한 추억들을 간직하고 있다. 언젠가 책으로 낼 수 있는 기회가 온다면 우리와 같이 이 땅의 종교에 대해 진지하게 고민하는 사람들과 공감할 수도 있겠다고 생각했다. 오늘 이런 기대가 현실이 된 것이다. 『종교 전쟁』이라는 제목으로.

왜 '종교 전쟁'인가?

그동안 한국 사회에서 종교에 대한 성찰과 비판은 주로 내부자들을 통해 이뤄져 왔다. 주로 신학자나 종교학자가 여러 신앙 형태나 종교 현상들을 진단하고 분석해 왔으며 때로는 개혁을 위해 노력해 왔다. 한때 한국 종교계를 뜨겁게 달궜던 '종교 다원주의' 논쟁이 좋은 예일 것이다. 그러나 이 논쟁은 종교계의 집안싸움일 뿐이었다. 우리는 종교를 둘러싼 논의가 집안싸움 수준에 머물러서는 안 된다고 생각한다. 그리고 지식 사회에 갇혀 있어서도 안 된다고 본다. 현실 세계에서 종교는 전쟁의 원인이 되고 자살 테러와 학살의 동기가 되기 때문이다. 이데올로기의 시대가 종언을 고한 지금, 종교는 인간을 추동하는 가장 큰 힘 중 하나이며, 합리적 비판으로부터 가장 쉽게 면죄부를 받아 온 성역이다. 지식인이라면 이 성역에 '전쟁'에 가까운 시비를 걸어야 한다. 현대의 무신론자, 과학 철학자에게 필요한 것도 종교에 대한 선전 포고인 것이다.『종교 전쟁』이라는 이 책의 제목에는 이런 의미가 담겨 있다.

사실, '종교 전쟁'이라고 하면 우리 대부분은 이러한 '종교 간 전쟁'을 떠올린다. 이런 용법을 알면서도 우리는 고심 끝에 이 책 제목으로 '종교 전쟁'이라는 표현을 그대로 쓰기로 했다. 대신 그 의미를 좀 더 확장시켜 '종교를 둘러싼 전쟁'을 지칭하는 것으로 했다. 이런 넓은 의미의 '종교 전쟁' 안에는 '종교 간'의 관계를 둘러싼 전쟁, '종교와 인접 분야들(신학, 예술, 문학, 철학, 사회학, 과학 등)' 간의 전쟁, 그리고 '종교와 실천(인권, 평화, 윤리, 환경, 여성 등)'을 둘러싼 전쟁 등이 모두 포함된다.

이 전쟁들은 순서대로 '종교 간 전쟁', '종교 밖 전쟁', 그리고 '종교 내 전쟁'이라는 세 층위로 구분될 수 있다. 이 세 층위의 전쟁은 각각 독립적이면서도 서로 밀접히 연결되어 있다. 가령, 대표적인 종교 간 전쟁인 종교 다원주의 논쟁은 종교에 대한 과학적 해부(즉 '종교 밖 논쟁')를 통해 해소될 수도 있는 주제이다. 배타적 규범의 기원과 작동 메커니즘은 진화론과 인지 과학의 연구 주제가 될 수 있기 때문이다.

결과론적인 이야기지만 우리 셋은 '종교 전쟁'의 이 세 층위를 이 책에 실린 서한들을 통해 거의 다 다룰 수 있었다. 특히 두 교수님은 '종교 간 전쟁'과 '종교 내 전쟁'을 다루는 과정에서 자연스레 '종교 밖 전쟁' 쪽으로 논의를 확장했다면, 나는 주로 '종교 밖 전쟁'에 대해 논의하다가 '종교 간 전쟁'과 '종교 내 전쟁'으로 질의응답을 이어 갔다. 이런 방식의 차이는 어쩌면 이미 예견된 것이었는지도 모른다. 신학자, 종교학자, 과학자가 종교에 대해 똑같은 방식으로 논의할 수는 없기 때문이다. 우리는 이런 방식의 차이가 상보적이라고 믿는다.

'종교 밖 전쟁'은 '종교와의 전쟁'이다. 그리고 현대 사회에서 종교에 있어 과학만큼 강력하고 까다로운 상대는 없다. 지난 20여 년 동안 서양 지식 사회에서는 과학과 종교가 각자의 무기를 업그레이드하면서 군비 경쟁식 진화를 해 왔다. 이에 종교 밖 논쟁에 대한 담론들도 덩달아 진화했다. 하지만 과학이 벌이는 종교와의 전쟁은 그동안 한국 사회에서 본격적으로 논의된 적이 거의 없었다. 더욱이 서로 다른 분야의 국내 학자들이 이메일을 주고받으며 한국적 정황에서 '종교 전쟁'을 논하는 일은 처음 있는 사건이다. 우리는 이런 작은 노력이 한국의 종교 담론을 격상시키는 데 기여하기를 진심으로 소망한다.

'전쟁'이라는 표현이 너무 자극적이라 맘에 걸려 할 독자가 있을지 모르겠다. 하지만 우리 셋 중에 적어도 나는 이제 과학이 종교와 전면전을 펼쳐야 할 때라고 믿는다. 아마 현대 지성사에 관심이 있는 독자들은 10년 전쯤에 서구 학계에서 벌어진 '과학 전쟁(Science War)'에 대해 알고 있을 것이다. 과학 전쟁은 "과학에 뭔가 특별한 것이 있는가?"라는 질문을 둘러싼 자연 과학자와 인문 사회학자 간의 전면전이었는데, 일찍이 찰스 스노(Charles P. Snow, 1905~1980년)가 개탄한 '두 문화'의 간극을 재차 확인하는 선에서 잠시 휴전 상태로 들어갔다.

'종교 전쟁'은 이와 마찬가지로 이 '종교의 특별함'을 둘러싼 논쟁이다. 종교 전쟁의 결말은 무엇일까? 종교가 과학에 무참히 깨져 아예 멸절하고 말까? 그래서 역사·문화적 유산이 되어 박물관의 한구석으로 밀려나게 될 것인가? 아니면 과학의 포화 속에서도 꿋꿋이 살아남아 새로운 전통으로 진화할 것인가? 그것도 아니라면 '과학 전쟁'과 마찬가지로 서로 적당히 타협하는 선에서 휴전 조약을 체결하고 말 것인가?

독자들이 이 책에서 읽어 내겠지만, 우리 셋은 '종교 전쟁'에 관해 서로 다른 결론을 내리고 있다. 어쩌면 당연하다. 우리 각자의 지적 이력이 다르고 학계 니치가 다르며 미래에 대한 비전도 다르기 때문이다. 예컨대 나는 종교의 유통 기한이 이미 끝났다고 주장하지만, 신 교수님은 과학과 신학을 새롭게 통합한 진화론적 유신론을 모색하는 동시에 과학의 반성을 촉구한다. 한편 김 교수님은 실체로서 종교는 없으며 종교라 불리는 문화 현상만 있다고 강조한다.

하지만 서로 명확히 동의하는 것도 있다. 그것은 종교에 대한 과학의 도전이 역사상 그 어느 때보다 진지하다는 점이다. 그리고 종교가 현대 과학 기술의 도발 앞에 어떤 태도와 반응을 보이느냐에 따라 그 미래가 달라질 것이라는 점이다.

종교 전쟁을 끝낼 대화의 시작

이 책은 크게 5부로 구성되어 있다. 4부까지는 세 필자가 주고받은 이메일을 정리한 것이다. 그리고 5부는 세 사람의 대화를 정리한 것이다. 1부의 첫 편지에서 나는 "과학의 시대에 종교의 유통 기한이 끝난 것은 아닌가?"라는 질문으로 종교를 향해 포문을 열었다. 이런 도발에 대해 마침 남미를 여행 중이던 신 교수님은 과학과 종교의 깊은 역사적 관계를 들춰내면서 종교에 사망 선고를 할 수 없는 복잡한 정황이 있음을 이야기한 반면, 이 둘의 편지를 받은 김 교수님은 일본 나가사키 출장길에 쓴 답장에서 과학과 신학 사이의 제3의 종교학적 입장을 견지하며 종교와 과학의 차이를 흐려 놓는다.

2부의 첫 편지는 종교를 해부하려는 과학적 시도에 대한 신 교수님의 반격이다. 아르헨티나의 부에노스아이레스에서 "반성 없는 과학은 중세의 기독교와 다를 바 없다."라는 폭탄 발언을 한다. 특히 종교 비판의 아이콘이 된 리처드 도킨스의 접근 방법이 19세기의 사회 진화론자의 방법과 유사하다는 점을 지적하며 종교 방어에 나선다. 이에 나는 기도와 기적에 대한 믿음을 과학적 시각에서 비판하고, 전 세계에 퍼져 있는 초자연적 존재에 대한 믿음들이 어떤 진화적 연유에서 생겨났는지를 과학적으로 해부하려 한다. 이 둘의 논쟁에 대해 김 교수님은 종교와 과학 모두가 총체로서 존재하는 인간 경험의 일부에 불과하다는 점을 역설한다.

1부와 2부는 과학이 종교에 말을 거는 편지들이었다면 3부는 종교가 과학을 보는 방식에 관한 글들이다. 3부 첫 편지에서 나는 진화론의 두 석학이자 과학적 무신론의 사령탑이라 할 만한 에드워드 윌슨(Edward O. Wilson)과 대니얼 데닛을 만나 나눈 대화를 생중계한다. 그리고 종교는 과학을 어떻게 보는가를 묻는다. 이 질문에 대해 신 교수님은 코페르니쿠스에서 다윈에 이르는 서구 과학의 놀라운 성과들에 기독교가 어떤 식으로 대응해 왔는지를 이야기한다. 이 과정에서 '진화론적 신학'을 적극 모색하고 있는 가톨릭 신학자 존 호트(John Haught)와 종교를 중심으로 과학을 포섭하고자 했던 현대 신학자 볼프하르트 판넨베르크(Wolfhart Pannenberg) 등의 논의를 소개한다. 과학자들의 무신론이 또 하나의 형이상학적 신념에 불과하다는 김 교수님의 비판은 이어지는 편지에서 더 강해진다. 그는 무신론적 과학자들이 기대고 있는 종교에 대한 몰이해를 비판하고, 불교, 유교, 이슬람교가 과학을 어떻게 보는지, 그리고 자신과 같은 종교학자들이 과학을 어떻게 보는지를 들려준다.

4부에서 우리는 국내 상황으로 시선을 돌린다. 우리의 질문은 "왜 한국 교회가 창조 과학에 열광하는가?"이다. 우리 셋은 모두 한국의 창조 과학과 지적 설계 운동에 대한 특별한 경험들을 갖고 있다. 4부 첫 편지에서 김 교수님은 한때 창조 과학에 빠졌다가 곧 탈출하게 된 개인적 경험을 고백하면서 창조 과학과 지적 설계 운동의 문제를 헌법적 원칙인 정교 분리, 종교의 자유, 그리고 교육 문제와 연관시켜 분석하고 있다. 그리고 자타가 공인하는 이공계 최고 학부인 국립 카이스트 내부에 번듯하게 교회와 창조 과학관이 운영되고 있는 사실을 고발하기도 한다. 김 교수님의 개인적 고백에 자극받은 나는 한국에서 창조 vs. 진화 논쟁에 뛰어들었던 개인적인 경험을 털어놓는다. 그리고 한국에 직수입된 미국 지적 설계론의 주장들을 과학 철학적 측면에서 논파하고 미국의 우파 조직과 창조론 운동의 깊은 관계를 추적한다. 결론적으로 세련된 창조론이라 불리는 지적 설계론도 사이비 과학일 뿐이라고 주장한다. 이어지는 편지에서 신 교수님은 한 걸음 더 나아가 창조 과학과 지적 설계 운동이 신학적으로나 종교적으로도 기독교에 해악만을 가져다주는 신앙 운동이라고 일갈한다. 그럼에도 불구하고 이런 신앙 운동이 한국 교회에서 여전히 환영받고 있다는 측면에서 한국 기독교의 보수성을 읽어 낸다.

우리 셋은 여기서 창조 과학과 지적 설계 운동이 이미 설정해 놓은 논쟁 프레임에 편입되지 않으려고 했다. 오히려 한국 개신교의 안팎을 오가며 창조 과학과 지적 설계론의 핵심 사상, 역사, 전략과 전술, 그리고 본질을 분석하고 파헤치고 폭로해 이들의 전략과 전술을 무력화시키려 했다. 한국의 창조론 운동에 대한 이런 식의 입체적 비판(과학적·과학 철학적·신학적·종교학적 비판)은 국내에서 처음 시도되는 것이다.

편지 교환만으로 만족하지 못했던 우리는 '과학과 종교의 미래'라는 화두를 놓고 2008년 4월 태국 치앙마이에서 뭉쳤다. 거기까지 가게 된 이유는, 신 교수님이 티베트와 네팔을 거쳐 태국으로 여행하는 과정에서 우리에게 당시 큰 뉴스거리가 된 '티베트 유혈 사태'에 대한 생생한 소식을 전해 왔기 때문이다. 불교와 민족주의가 결합해 중앙 권력과 충돌하고 있는 티베트 사태에 대한 신 교수님의 경험담은 자연스레 종교의 미래에 대한 대화로 이어졌다. 5부는 그 대화 내용을 정리해서 묶은 것이다.

이 책의 일부는 인터넷 언론인《프레시안》에 공개되었다.《프레시안》은 2008년 4월부터 같은 해 8월까지 매주 한 편씩 우리의 이메일을 온라인에 연재할 수 있게 해 줬다.《프레시안》독자들은 매주 올라오는 새로운 편지에 스크롤의 압박도 견뎌 가며 깊은 관심을 보여 줬다. 이 과정에서 우리 셋이 각각 받은 독자들의 편지도 적지 않았다. 격려뿐만 아니라 질책, 심지어 저주의 이메일도 있었지만 우리는 독자들의 전반적인 관심과 성원에 감동했다. 이런 장을 마련해 준《프레시안》의 박인규 대표와 강양구 기자께 감사의 마음을 전한다. 특히 강 기자는 어느 날 우리의 편지를 흘깃 훔쳐보더니 이런 것은 연재를 해야 한다며 후다닥 멍석을 깔아 줬다.

그리고 이렇게 책으로까지 나오게 된 데에는 ㈜사이언스북스 박상준 대표의 지원이 결정적이었다. 그리고 그와 함께 일하는 ㈜사이언스북스 편집부 식구들의 노고가 아니었다면 우리는 여기까지 오지는 못했을 것이다.

마지막으로 김용준 선생님 (사)한국학술협의회 이사장님을 비롯한 과학과 종교 연구회 회원님들께 머리 숙여 감사의 마음을 전한다. 5년 동안 매달 쉼 없이 함께 고민했던 흔적들이 이 책에 고스란히 담겨 있기 때문이다. 또한 한국의 성숙한 종교 문화의 버팀목이 되어 주신 정진홍 교수님과 한국의 과학 문화 형성을 위해 헌신하고 계신 최재천 교수님께도 감사의 말씀을 전한다. 종교학자인 정 교수님은 신 교수님과 김 교수님의 은사이시고, 생물학자인 최 교수님은 나의 은사이시며, 김용준 선생님은 우리 모두의 은사이시다. 이 분들이 큰 길을 닦아 놓으셨기에 우리는 맘 놓고 달릴 수 있었다.

이 책은 누구를 위한 책일까? 종교의 유통 기한을 확인하고 싶은 분, 과학의 위세가 불편하신 분, 도킨스에 열광하시는 분, 분노하시는 분, 과학과 종교의 전쟁을 원하시는 분, 평화를 꿈꾸시는 분, 종교의 미래를 낙관하는 분, 걱정하는 분……. 우리는 이 책이 이 모든 분들에게 가끔씩이라도 회자된다면 만족하리라.

2009년 봄의 끝자락에
장대익

차례

책을 시작하며
과학, 신학, 종교학의 만남과 진화를 꿈꾸며 장대익   7

1부
첫 번째 편지들: 과학이 종교에게
종교의 유통 기한은 이제 끝나지 않았나요?

편지 1.1
과학의 시대, 종교가 더 이상 필요할까요? 장대익   39

편지 1.2
종교와 과학, 원래 이웃사촌입니다 신재식   57

편지 1.3
종교와 과학의 논쟁, 행복하게 엿듣겠습니다 김윤성   85

2부
두 번째 편지들: 다시 과학이 종교에게
과학, 종교를 해부할 수 있을까요?

편지 2.1
반성 없는 과학, 중세 기독교와 다를 게 뭔가요? 신재식   113

편지 2.2
종교는 말살해야 할 정신의 '바이러스'일지도 모릅니다 장대익   141

편지 2.3
실재의 깊이는 종교나 과학보다 깊습니다 김윤성   171

3부
세 번째 편지들: 종교가 과학에게
종교는 과학을 어떻게 보나요?

편지 3.1
종교인은 과학을 어떻게 보나요? 장대익   221

편지 3.2.1
종교는 과학을 시녀로 보지 않습니다 신재식   243

편지 3.2.2
과학과 종교의 새로운 공존을 꿈꿔 봅니다 신재식   269

편지 3.3
9·11이 종교 전쟁의 결과라고요? 아닙니다 김윤성   297

4부
네 번째 편지들: 과학과 종교가 함께
한국 교회는 왜 창조 과학에 열광할까요?

편지 4.1
나의 창조 과학 탈출기 김윤성   345

편지 4.2
창조 과학과 지적 설계? 그것은 틀린 것조차 아닙니다 장대익   377

편지 4.3
창조 과학과 지적 설계론, 사이비 종교 운동이 기독교를 잡다 신재식   413

5부
대화: 과학과 종교의 미래
종교 없는 미래를 상상할 수 있나요? 신재식 + 김윤성 + 장대익　446

책을 마치며
친밀한 타자들의 대화 김윤성　579

더 읽어야 할 책들
종교와 과학의 경계에서 만난 책들 신재식　597

참고 문헌　627

찾아보기　638

도판 저작권　647

1.
첫 번째 편지들: 과학이 종교에게

종교의
유통 기한은
이제
끝나지
않았나요?

"미국은 북에서 남까지,
동에서 서까지 공포에 가득
질려 있습니다.
하나님께 감사를."

오사마 빈 라덴
2001년 10월 7일

이 편지에 대하여

첫 번째 편지를 쓴 장대익 교수는 2006년 7월부터 1년간 미국 보스턴에 있는 터프츠 대학교 인지 연구소 대니얼 데닛의 연구실에서 연구를 했다. 이 편지는 그때 작성된 것으로, 당시 미국 지식 사회에서 뜨겁게 전개되고 있던 과학과 종교에 대한 논의를 생생하게 전달하면서, 종교가 정치·경제·사회적으로 중요한 역할을 하고 있음에도 이 문제를 제대로 논의하지 못하고 있는 한국 지식계의 분발을 촉구하는 도발적인 내용을 담고 있다.

편지 1.1
과학의 시대, 종교가 더 이상 필요할까요?

신재식 선생님과 김윤성 선생님께

별고 없으신지요. 한국엔 제법 큰 눈이 왔다지요? 여기 보스턴에 온 지 벌써 넉 달이 넘었습니다. 듣기로 여기는 눈이 많이 오면 1미터 정도 쌓여서 학교도 휴교하고 그런다는데 아직은 그런 일이 없었습니다. 저희 아이들은 그날을 손꼽아 기다리고 있답니다.

이제 며칠 후면 크리스마스입니다. 여기서는 10월 말에 핼러윈[1], 11월 말에 추수 감사절, 그리고 12월에는 크리스마스……. 하나가 끝나면 곧바로 다음 홀리데이(Holiday)를 준비하는 식입니다. 11월에 추수 감사절이 끝나니까 바로 거리에 크리스마스 장식이 걸리더군요. 물론 이 모든 절기들이 상술로 포장된 지 오래지만 미국은 적어도 문화적으로는 '기독교 국가'라는 생각이 듭니다.

---

1 만성절 전날인 10월 31일에 행해지는 축제. 미국과 유럽에서 중요시된다.

실제로 종교 정체성 조사 결과(2001년에 이루어진 것입니다.)를 보니까, 자신이 기독교인이라고 대답한 사람은 미국 국민의 76.5퍼센트, 무종교라고 답한 사람은 13.2퍼센트, 유대교는 1.3퍼센트, 불가지론자는 0.5퍼센트, 무신론자는 0.4퍼센트였습니다.[2] 불가지론자와 무신론자를 합해도 1퍼센트가 넘지 않고, 기독교는 80퍼센트 정도나 되니 미국은 정말로 기독교 국가라고 할 수 있지 않을까요?

바로 몇 달 전(2006년 9월)에 있었던 갤럽 조사 결과는 더 흥미로웠습니다. 질문은 이런 것이었죠. "당신은 미국인들이 어떤 사람을 대통령으로 선출할 준비가 되어 있다고 생각하십니까?" 대답 항목에는, 유태인, 아시아인, 여성, 흑인, 모르몬교도, 히스패닉, 무신론자, 동성애자가 무순으로 나열되어 있었습니다.

어떤 부류의 사람들이 가장 높은 점수를 받았을까요? 1등부터 나열해 보면, 여성(61퍼센트), 흑인(58퍼센트), 유태인(55퍼센트), 히스패닉(41퍼센트), 아시아인(33퍼센트), 모르몬교인(29퍼센트), 무신론자(14퍼센트), 동성애자(7퍼센트) 순이었습니다.[3]

그러니까 미국에서는 무신론자가 대통령이 될 가능성이 모르몬교도보다 낮고 동성애자보다는 조금 높다는 이야기인데, 다시 말하면 무신론자 대통령이 나올 가망성은 극히 적다는 뜻이겠죠. 미국의 정치인들은 표를 의식해서라도 기독교인을 자처하게 생겼습니다. 생전에 가장 똑똑한 미국인으로 추앙받던 천문학자 칼 세이건(Carl E.

---

2 http://www.adherents.com/rel_USA.html#religions
3 http://www.cawp.rutgers.edu/Facts/Elections/pres08_polls/Gallup_6in10.pdf

Sagan, 1934~1996년)이 대선에 출마했어도 미국 대통령은 도무지 될 수 없었을 겁니다. 무신론자였으니까요!

세이건에 관해 이야기하다 보니 그의 소설인 『콘택트(Contact)』를 원작으로 한 로버트 저메키스 감독, 조디 포스터 주연의 영화가 떠오릅니다. 저는 세이건의 원작보다 이 영화를 먼저 접했었는데요, 영화를 보고 나서 세이건이 쓴 모든 책을 다 주문했을 정도로 전율을 느꼈었죠. 물론 아직도 다 못 읽었지만요.

원작을 보면 칼 세이건이 주인공인 천문학 박사 에로웨이(엘리)와 복음주의 전도사인 자스를 통해 과학과 종교에 관한 심오한 문제들을 절묘하게 다루고 있음을 볼 수 있습니다.[4] 물론 그의 메시지는 에로웨이 박사의 언행이 대변해 주고 있죠. 이 편지를 쓰다 말고 잠시 이 영화를 다시 한번 보았습니다. 의미심장한 장면들이 너무 많은데요, 그중 하나만 소개할게요. 아마 이 장면, 기억나실 겁니다.

자스 위원: 에로웨이 박사, 당신은 자신을 영적인 사람이라고 생각합니까?

에로웨이 박사: 무슨 질문이신지? 전 도덕적인 사람이긴 합니다만…….

자스 위원: 당신은 신을 믿습니까?

에로웨이 박사: 저는 과학자로서 경험적인 증거만을 사실로 받아들입니다. 하지

---

4 소설의 줄거리는 다음과 같다. 과학적 진리를 굳게 믿는 여성 천문학자가 어느 날 베가성에서 온 외계 신호를 포착하고 해독해 우여곡절 끝에 베가성을 향하는 우주선의 첫 탑승자가 된다. 이 과정에서 그녀의 남자 친구인 복음주의 전도사가 그녀의 과학적 신념에 도전한다. 결국 베가성 여행은 실패한 것처럼 보였으나, 저자는 막판에 결론을 뒤집어 과학적 신념이 종교적 믿음보다 더 믿을 만하다는 사실을 암암리에 드러내고 있다.

만 그 문제에 관해서는 그런 종류의 자료가 있다고 믿지 않습니다.

위원장: 그러면 신을 믿지 않으신다는 말씀입니까?

에로웨이 박사: 왜 이런 질문이 이번 일과 상관이 있는지 잘 모르겠습니다.

다른 위원: 에로웨이 박사, 세계 인구의 95퍼센트는 어떤 형태로든 절대자를 믿고 있습니다. 그렇다면 충분히 상관이 있는 질문이지 않겠습니까?

에로웨이 박사: …… 저는 이미 답을 했습니다.

자신의 무신론을 숨기지 않았던 에로웨이 박사는 이 대답으로 인해 인류 역사상 처음으로 외계 문명을 만나는 기회를 가진 탑승자 심사에서 탈락합니다. 물론 우여곡절 끝에 탑승자가 되지만 말이죠.

세이건은 에로웨이 박사의 입을 통해 미국 사회에서 진실한 무신론적 지식인으로 살아간다는 것이 얼마나 큰 차별을 감내해야 하는지를 말하고 있는 듯합니다. 중동에서 이슬람교를 믿지 않는 사람들이 느끼는 압박감보다는 덜 하겠지만 미국의 무신론자들도 압박감을 느낄 만합니다. 특히 이것은 조지 W. 부시 미국 대통령이 재집권하고 나서부터 더 심화된 듯합니다. 그는 보수 기독교인의 표를 더 얻기 위한 제스처 이상으로 근본주의 기독교를 옹호하고 있습니다.

미국 지식인들 중에는 9·11 같은 테러가 미국의 반(反)이슬람 기독교 근본주의 때문에 일어났다고 보는 사람들이 적지 않습니다. 이번 학기에 참여했던 한 수업에서 저명한 언어학 교수가 학부 학생들 앞에서 공공연하게 이야기하더군요. "부시의 근본주의 기독교와 중동의 근본주의 이슬람 때문에 나라의 운명이 심히 걱정된다."라고요. 미국 자유주의의 본산 보스턴이니까 수업 시간에 이런 말이 가능한 거겠죠? 잘 아시다시피 보스턴은 미국 최초로 흑인 주지사를 냈을 정도로 정치적으로 진보적이고, 하버드 대학교와 MIT 같은 미국 최고의 대학들의 영향으로 자유주의 정신이 가득합니다.

리처드 도킨스의 무신론 '운동'

작금의 이라크 사태를 '미국 근본주의 기독교 vs. 중동의 근본주의 이슬람'의 대결로만 보는 것은 지나치게 단순한 구도라는 느낌을 주지 않나요? 하지만 정말로 종교 간 전쟁 때문에 세계가 큰 위험에 빠졌다고 설득력 있게 외치는 사람들이 늘어 가고 있는 듯합니다. 그중에서 아주 흥미로운 인사가 있습니다. 바로 영국 옥스퍼드 대학교의 찰스 시모니 과학의 대중적 이해 석좌 교수[5]로 있는 진화 생물학자 리처드 도킨스입니다.

그가 최근에 출간한 『만들어진 신(The God Delusion)』[6]이라는 책이

---

5 헝가리 태생의 찰스 시모니(Charles Simony)는 우리가 매일 사용하는 워드와 엑셀 같은 마이크로소프트사의 오피스 프로그램을 만드는 데 결정적인 공헌을 한 프로그램 엔지니어로 큰 부자가 되었고, 이후에 인텐셔널 소프트웨어(Intentional Software)라는 회사의 회장으로서 여러 대학에 자신의 이름을 딴 석좌 교수 자리를 만들었다. 그중 하나가 영국 옥스퍼드 대학교에 만든 과학의 대중적 이해 석좌 교수 자리이고, 이 자리의 첫 번째 수혜자가 바로 도킨스이다.
6 원제는 '신이라는 망상' 또는 '신은 망상이다.'로 번역할 수 있다. 이 편지는 이 책의 한국어판이 출간되기 전에 쓰어진 것이지만 독자의 편의를 위해 한국어판 제목을 그대로 사용한다.

몇 달째《뉴욕 타임스》베스트 목록 10위 안에 올라와 있는데요, 저도 몇 주 전에 사서 읽고 있습니다. 이 책의 주장은 한마디로 "신은 망상일 뿐"이라는 것입니다. 그에 따르면, 신은 요정, 도깨비, 일각수, 포켓 몬스터처럼 상상 속의 존재일 뿐인데 많은 이들이 신은 마치 실재하는 양 착각하고 있다고 생각합니다. 이건 망상이라는 것입니다. 그는 이 망상이 일종의 "정신 바이러스"라고 주장합니다. 그리고 이 망상에서 빨리 깨어나야 종교 전쟁으로 인한 인류의 파멸을 막을 수 있다고 진단합니다. 혹시 선생님들도 이 책을 보셨는지요?

원래 종교에 대해 비판적인 발언을 해 왔던 도킨스는 이번에 아주 작심을 하고 이런 도발을 감행하는 것 같습니다. 실제로 책 출간에 즈음해 자신의 공식 홈페이지(http://richarddawkins.net/)를 만들더니만 '이성과 과학을 위한 리처드 도킨스 재단(The Richard Dawkins Foundation for Reason and Science, http://richarddawkinsfoundation.org)'도 세워 본격적인 무신론 캠페인에 들어갔습니다. 미국과 영국을 순회하며 책에 대한 강연, 텔레비전 출연, 인터뷰 등으로 바쁜 일정을 보내고 있고, 얼마 전에는 영국 BBC를 통해「모든 악의 근원?(Root of All Evil?)」이라는 다큐멘터리를 직접 만들어 방영하기도 했었죠. 이 다큐멘터리도 최근에 구해서 보았습니다.

그 다큐멘터리를 보면 콜로라도의 한 대형 교회(개신교)의 예배에 (관찰자로) 직접 참석하고, 현 부시 대통령과 핫라인을 갖고 있을 정도로 정치적 영향력까지 있는 복음주의 목사와 언쟁을 하는 장면도 나옵니다. 그 목사가 성경에는 하나의 모순도 없다고 말하자, 도킨스는 현재의 과학이 성경이 가지고 있는 수많은 모순점을 지적한다고 맞받아쳤죠. 그랬더니 그 목사는 바로 "당신같이 오만한 사람이 바로 문제"라고 비난을 하더군요. 그리고 "우리의 아이들을 동물이라고 말하는 당신하고는 더 이상 이야기할 수 없다."라고 말하며 대화를 그만둡니다.

도킨스는 『만들어진 신』의 서문에서 비틀스 출신 존 레넌(John Lenon)이 작곡한 「이매진(Imagine)」을 패러디해 다음과 같이 노래합니다.

> 종교가 없는 세상을 상상해 보세요.
> 자살 폭파범, 9·11테러, 런던 폭파 테러,
> 십자군, 마녀 사냥, 화약 음모 사건[7],
> 인디언 분리 구역, 이스라엘-팔레스타인 전쟁,
> 세르비아·크로아티아·무슬림 대학살 ······
> 등이 없는 세상을 상상해 보세요.

그가 단지 종교가 너무나 싫어서 이러는 것일까요? 『만들어진 신』은 신이 존재한다는 가설, 즉 '신 존재 가설(God hypothesis)'이 과학적으로 검증할 수 있는 가설이라고 주장하고, 이 가설이 왜 설득력이 없는지를 논증하고 있습니다. 그리고 신의 존재를 인정해야만 의미 있다고 여겨지는 것들, 가령 인생의 의미, 도덕성, 사랑, 책임감 등이 어떻게 자연적 과정을 통해 진화해 왔는지를 보여 줍니다.

---

[7] 1605년, 영국 가톨릭교도가 계획한 제임스 1세 암살 미수 사건.

사실 이런 주장은 그동안 무신론적 진화론자(진화론은 무신론일 수밖에 없다고 주장하는 사람들)들의 단골 메뉴였죠. 그런데 제가 이번에 매우 인상 깊게 읽은 부분이 있죠. 그는 부모의 절대적 영향 아래 있는 아이들에게 부모의 종교에 따라 '무슬림 아이들', '기독교 아이들'과 같은 꼬리표를 달아서는 안 된다고 주장합니다. 왜냐하면 그것은 종교에 관해 적절한 판단을 할 수 없는 아이들을 더 큰 혼돈에 빠뜨리는 일종의 아동 학대이기 때문이라는 것입니다. '마르크스주의 아이들(Marxist children)'이나 '자유주의 아이들(Liberal children)'이 얼마나 어색합니까?

도킨스가 재단까지 설립해 가며 이런 도발적인 주장들을 펼치는 이유는 무엇일까요? 저는 그가 지금 일종의 '운동(movement)'을 하고 있다고 생각합니다. 그는 '종교는 감히 비판해서는 안 될 특별한 무엇'이 절대 아니라는 점을 사람들에게 일깨워 주려는 것입니다.

현재 저의 지도 교수이기도 한 인지 철학자 대니얼 데닛[8]은 도킨스의 운동을 오프라 윈프리의 그것에 비유하더군요. 오프라는 한때 「오프라 쇼」를 통해 미국 내 가정 폭력, 즉 매 맞는 여성의 문제를 전국적으로 일깨운 적이 있었습니다. 데닛은 도킨스의 책과 활동도 종교에 관한 심각한 문제를 부각시키려는 캠페인이라고 평가하고 있습니다. "종교(특히 기독교)에 억눌려 있는 사람들이여, 무신론의 세계로

---

8 인공 지능과 의식에 대한 논의를 발전시킨 영미권의 대표적인 철학자로서 현재 터프츠 대학교의 인지 연구소 소장으로 있다. 진화론을 자신의 철학적 작업에 응용해 온 점이 다른 철학자들과 확연히 다른 측면이다.

탈출해 당신의 지성을 구원하라." 이런 메시지가 영국식 악센트로 제 귀를 때리는 듯합니다.

그가 얼마나 단호하고 도발적인 사람인지 한번 보시겠습니까? 얼마 전에 미국 버지니아 주의 한 대학에서 책에 대한 강연과 질의 응답 시간을 가졌나 봅니다. 마침 거기에 참석한 리버티 대학교[9]의 한 학생이 다음과 같은 질문을 했죠. "학교 박물관에 전시된 공룡 화석이 5000년 전의 것이라고 되어 있거든요. 이런 상황을 어떻게 봐야 하죠?" 그러자 도킨스는 공룡 화석의 나이를 추정하는 여러 과학적 방법들을 설명하고는, 공룡 화석이 5000년 되었다고 말하는 것은 뉴욕과 워싱턴 D. C.의 거리가 500미터 정도라고 말하는 것처럼 우스꽝스러운 것이라고 말하면서 다음과 같은 자극적인 말을 하더군요. "여기 계신 리버티 대학교 학생 여러분께 강력하게 말씀드립니다. 학교를 그만두시고 더 적당한 학교에 지원하십시오." 좀 심하다 싶은 말인데도 여기저기서 환호성과 우레와 같은 박수가 터져 나오는데, 좀 놀랐습니다.

종교에 대한 동상이몽? 도킨스, 윌슨, 그리고 굴드

도대체 왜 과학 분야의 세계적 석학이 자신의 분야도 아닌 종교에

---

[9] Liberty University, 미국의 대표적 보수 기독교 리더인 제리 파웰(Jerry Farwell)이 1971년에 설립한 기독교 대학.

대해 이렇게 쌍심지를 켜고 달려드는 것일까요? 사실 최근에는 저명한 과학자가 종교에 대해 뭔가를 이야기하는 것이 유행이 아닌가 싶을 정도로 붐을 이루고 있습니다.

가령 하버드 대학교의 사회 생물학자 에드워드 윌슨[10]은 서너 달 전에 『생명의 편지(The Creation)』[11]라는 책을 출간했습니다. 이 책은 도킨스의 책과는 성격이 완전히 다릅니다. 제목부터 너무 다르지 않나요? 하나는 '신은 망상'이라고 하고 다른 하나는 '창조'라고 되어 있으니까요. 사실 제목이 참 의아했습니다. 창조는 주로 유대교-기독교-이슬람교 같은 일신교 전통에서 즐겨 쓰이는 단어이지 않습니까? 유년 시절을 신실한 침례교인으로 자랐다가 무신론자가 된 윌슨이 다시 기독교로 회귀한 것은 아닐 텐데, 왜 그런 제목을 달았는지 궁금했죠. 차례를 보니 그런 의문이 더욱 강해지더군요. 심지어 "타락과 구속"이라는 제목의 장도 있을 정도입니다. 물론 내용을 보면서 의문이 좀 풀렸습니다. 남침례교 목사에게 지구의 생태계를 살리는 일에 같이 동참하자는 내용의 편지더군요. 과학과 종교가 형이상학적으로 서로 대립적이다 하더라도 우리 지구가 당면한 가장 시급한 문제인 이 생태계 위기 문제를 극복하기 위해서는 함께 손을 잡을 수 있는 실천적 근거들이 너무 많다고 호소합니다.

---

10 하버드 대학교의 진화 생물학 교수로서 개미 연구와 사회 생물학 창시자로 우리에게 잘 알려져 있다. 우리나라에도 번역·출간된 『통섭: 지식의 대통합(Consilience: The Unity of Knowledge)』 등을 통해 과학에 기반한 지식의 대통합을 부르짖고 있다.
11 원제는 '창조', '창조물', '피조물'이라고 번역할 수 있다. 이 역시 이 편지가 쓰여진 이후에 출간된 한국어판의 제목을 따랐다.

과학계의 한쪽(도킨스)에서는 종교계에 시비를 걸고, 다른 쪽(윌슨)에서는 협력하자고 손을 내밀고 있는 셈인데요, 둘 다 현대 진화론의 거장들이라는 사실이 정말 흥미롭지 않나요?

잠깐, 잡담을 한 가지 하고 편지를 이어 가겠습니다. 두 달 전쯤에 대니얼 데닛 선생님과 스쿼시를 친 적이 있어요. 35세인 저와 65세인 선생님께서 경기를 했는데 누가 이겼겠습니까? 당연히 제가 …… 졌습니다! 그것도 두 게임을 내리 졌죠. 대단한 체력이었습니다. 저는 힘들어 더 못 하겠다고 했을 정도였죠. 잠시 쉬는 시간에 윌슨 책에 대한 이야기가 나왔죠. 제가 『통섭』의 한 장과 논의와 성격이 많이 달라 당황스러웠다고 했더니 데닛 선생님도 맞장구를 쳐 주시더군요. 그러더니 "그럼 이참에 윌슨 선생하고 우리 셋이서 만나 점심이나 먹으며 이야기하면 어떻겠냐."라고 그러시더군요. 물론 저야 "감사합니다."라고 했죠. 아직은 몇 가지 사정 때문에 윌슨 선생님을 만나지는 못했지만 2007년 1월 초에 점심 모임을 하기로 약속이 되어 있습니다. 이 이야기는 그때 가서 다시 할 수 있을 것 같습니다.

도킨스와 윌슨의 경우처럼 진화론자들이라고 해서 종교에 대해 똑같은 견해를 갖고 있는 것은 아닙니다. 2002년에 작고한 하버드 대학교의 진화 생물학자 스티븐 제이 굴드(Stephen Jay Gould, 1941~2002년)[12]는 이들과도 다른 종교관을 가졌었죠. 그는 과학과 종교가 서로 "중첩되지 않는 교도권(Non-Overlapping Magisteria, NOMA)"에 있는 인간

---

12 하버드 대학교의 고생물학자로서 단속 평형설 등을 제시했고 진화에 대해 수많은 에세이를 남겼던 과학 저술가이기도 하다. 2002년에 암으로 사망했다.

의 활동이라고 말합니다. 과학은 "사실의 언어"를, 종교는 "가치의 언어"를 쓰기 때문에 서로 아무런 상관이 없다는 뜻이죠. 둘 간의 영원한 평화를 선언해 버린 것이죠.

그러고 보니 도킨스, 윌슨, 굴드가 종교에 관해 자신만의 독특한 입장이 있는 듯합니다. 그 차이를 이렇게 정리해 볼 수 있을까요? 과학이 종교를 제거할 것이라는 생각(도킨스), 둘의 세계관은 서로 충돌할 수밖에 없지만 공동의 목표를 위해서는 서로 협력할 수 있다는 생각(윌슨), 둘은 아무런 관련이 없다는 생각(굴드).

종교의 유통 기한은 이제 끝나지 않았을까요?

이런 질문이 생깁니다. 도대체 왜 저명한 과학자들이 종교에 대해 이러쿵저러쿵 참견을 하는 것일까요? 제 생각에는 종교에 대해 딴죽을 거는 사람들의 직업을 따져 보면 과학자가 가장 많고 그다음이 아마 종교학자가 아닐까 싶습니다. 이성은 이미 과학의 시대로 넘어온 지 오래되었는데 아직도 종교의 시대에 머물러 있는 감성 때문에 일군의 의식 있는 과학자들이 이렇게 난리를 치는 것일까요? 계몽 차원에서? 하지만 두 진영 모두 자신들이야말로 선지자인 양 떠들고 있는 것 같지 않으세요? "과학의 끝에서 신을 만나다! vs. 과학의 끝에서 신을 쫓아내다!"

이런 화두를 던지면 어떤 이들은 시큰둥해 하는 것 같습니다. "과학과 종교, 더 넓게는 이성과 종교의 관계에 대해서야 아주 오래전부터 제기되어 왔던 질문들 아닌가요? 뭐 그런 거야 따지기 좋아하는 가방 끈 긴 사람들이나 관심 갖는 것이지, 우리처럼 하루 살기 바쁜 사람들에게는 아무런 상관이 없는 것이지."라고 말이죠. 실제로 저는 그런 분들을 여럿 만나 본 적이 있습니다. 도대체 왜 지금 새삼스럽게 과학과 종교의 문제를 다시 꺼내야 할까요?

이 대목에서 도킨스가 『만들어진 신』에서 9·11 테러를 들고 나오며 과학의 이름으로 종교의 존재 자체를 고발한 것은 꽤 큰 의미가 있어 보입니다. 사실 인류의 역사를 가만히 보면 중세까지 종교적 세계관 속에서 숨쉬다가 계몽주의 시대를 거치면서 비로소 과학적 세계관으로 이행하지 않았습니까? 하지만 도킨스의 주장처럼, 그로부터 수백 년이 지난 현재에도 낡은 종교적 세계관이 죽지 않고 오히려 더 번창해 전 세계의 비극적 전쟁의 원인이 되고 있는 것은 아닌가요? 절대로 퇴치되지 않고 때로 사람을 대량으로 감염시켜 인류에게 큰 재앙을 주는 지독한 바이러스처럼 종교도 끈질기게 살아남아 인류를 괴롭히는 정신 바이러스가 아닐까요?

종교적 근본주의자들 ― 기독교인이건, 이슬람교인이건, 아니면 다른 신흥 종교의 광신도들이건, 혹은 신내림을 받았다고 자처하는 사람들이건 간에 ― 이 다른 견해를 인정하려 않기 때문에 생겨났던 셀 수 없는 비극들을, 그리고 앞으로도 생겨날 비극들을 도대체 어떻게 막을 수 있을까요? "제발 좀 관용의 태도를 가져라."라고 충고한다고 될 문제일까요? 아니면 아주 직설적으로 "네 세계관은 사실이 아니거든!" "자살 테러를 하면 그것으로 끝인 것이지 내세에 축복받는 것 아니거든!"이라고 이야기해야 하지 않을까요?

솔직히 저는 요즘 도킨스의 외침이 진실이 아닐까, 심각하게 고민하기 시작했습니다. 지적인 정직성을 견지하다 보면 종교는 더 이상 인류에게 필요 없는 밈(meme)[13] 같아 보입니다. 유효 기간이 지나 버린 밈인데도 사람들이 거기에 뭐가 더 있을 줄 알고 계속 그 주위를 맴도는 것 같은 느낌입니다. 그렇다면 종교는 과학에 의해 대체되거나 아예 역사의 뒤안길로 사라져야 하는 유물이어야 하지 않을까요?

신학과 종교학을 하시는 두 분 선생님께서 들으시면 좀 불쾌하게 여기실지도 모르겠지만, 종교가 더 이상 세상을 걱정하는 시기는 지난 것 같습니다. 오히려 자기 자신의 존립 근거를 걱정해야 할 때인 거죠. 저는 과학이 종교의 주춧돌들을 야금야금 빼내 왔다고 생각합니다. 그런데도 전 세계적으로 종교인의 수가 크게 줄어들지 않고 있다는 것이 제게는 정말 수수께끼처럼 보입니다.

과학이 발전하면 할수록 초자연적 세계를 상정한 종교들은 망해야 할 것 같은데, 오히려 소위 '영적(靈的)인 세계'를 갈구하는 이들은 더 늘어나는 것 같습니다. 그것도 모자라 종교는 점점 더 자신의 세력을 불려 세계의 역사를 좌지우지하는 듯합니다. 지금 우리는 또 다른 중세로 회귀하는 것일까요? 우리나라의 사정은 어떤가요? 두

---

13 도킨스는 그의 걸작 『이기적 유전자』 11장에서 인간의 문화를 설명하기 위해 '밈'이라는 새로운 복제자를 제안한다. 밈은 문화 전달의 단위, 혹은 모방의 단위를 뜻하며 'gene'과 대구가 되도록 'meme'으로 표기되었다. 음악 선율, 아이디어, 캐치프레이즈, 패션 등이 바로 밈의 사례들이다.

분 모두 한국의 종교 상황에 대해 전문가이시니 말씀을 해 주시면 좋을 것 같습니다.

왜 지금 과학과 종교에 관해 이야기해야 할까요?

종교와 과학은 누가 뭐래도 인류의 역사를 추동해 온 두 축입니다. 좀 더 정확히 말하자면, 종교는 과학을 낳았고 과학은 종교에 대들었지만, 아직도 못 쫓아내고 있습니다. 오히려 종교의 대반격이 시작되었다고나 할까요.

선생님들! 이런 편지가 언제까지 오갈지 모르겠지만, 우리의 정신을 지배하는 두 밈인 과학과 종교에 대해 아주 솔직한 토론이 이뤄지면 좋겠습니다. 저는 이번 기회에 데카르트가 했던 것처럼 진실이 무엇인지를 알기 위해 방법론적 의심을 거듭해 보려고 합니다. 가령, 모든 유신론자들이 믿고 있듯이 '기도'가 정말로 효과 있는지를 의심의 눈으로 해부해 보고 싶습니다. 종교 경전들에 어김없이 등장하는 크고 작은 '기적'도 그냥 넘어가지 않겠습니다. 대신 결론은 활짝 열어 놓으려 합니다.

편지를 통해 선생님들과 토론해 가면서 인류의 해묵은 질문에 제 나름대로 답을 찾아보고 싶습니다. 이건 인류의 문제만이 아니라 저의 개인적이고 실존적인 물음이기도 합니다. 아시듯이 저 또한 지난 10여 년간 종교와 과학 사이에서 위험한 줄타기를 해 왔지 않습니까? 도대체 왜 지금 우리가 과학과 종교에 관해 이야기를 해야 할까요? 이것이제 첫 번째 질문입니다.

노벨 물리학상 수상자인 미국의 이론 물리학자 스티븐 와인버그(Steven Weinberg)가 몇 년 전 《뉴욕 타임스》에서 했던 말을 인용하면서 첫 번째 편지를 띄웁니다. 연말연시, 행복하시길 빌겠습니다. 답장 기다리겠습니다.

종교가 있든 없든 선한 일을 하는 좋은 사람과 악한 일을 하는 나쁜 사람은 있는 법이다. 그러나 좋은 사람이 악한 일을 하려면 종교가 필요하다.[14]

2006년 12월 10일
눈 내리는 보스턴에서
장대익 올림

---

14 *The New York Times*, April 20, 1999.

이 편지에 대하여
두 번째 편지를 쓴 신재식 교수는 2006년 12월 26일부터 2007년 2월 8일까지 볼리비아와 칠레, 아르헨티나를 배낭 여행했다. 볼리비아의 산타쿠르스에서 시작한 여행은 코차밤바, 라 파스, 우유니 소금 사막을 거쳐, 칠레의 산 페드로 데 아타카마, 산티아고, 푼타 아레나스, 토 레스 델 파이네, 아르헨티나의 칼라파테, 부에노스 아이레스, 이과수 폭포로 이어졌다. 사막 부터 빙하까지 이어지는 여행 중에 시장과 성당에 머무르면서, 남미의 사람과 자연, 종교를 둘러보았다. 이 편지는 2007년 1월 코차밤바에서 씌어진 것으로 과학과 종교의 관계에 대해 도발적인 문제 제기를 하는 장대익 교수에게 보내는 답장이다. 이 편지는 과학과 종교의 역사 적 관계를 짚으며 이 문제가 단순하지 않음을 말해 주고 있다.

편지 1.2
종교와 과학은
원래 이웃사촌입니다

김윤성 선생님과 장대익 선생님께

여기는 코차밤바입니다. 배낭 여행 중에 장 선생님 편지를 받았습니다. 코차밤바는 남미 볼리비아에서 세 번째로 큰 도시로 해발 약 2500미터에 위치한 고원 도시입니다. 장 선생님께서 계신 미국 땅에서 비행기로 불과 예닐곱 시간 거리인데, 상당히 다른 세계입니다.

　예를 들어, 1월인데도 온통 따가운 햇볕으로 가득합니다. 이곳 남반구는 북반구와 계절이 반대이기 때문이죠. 이 땅에 사는 사람들은 흰 눈으로 덮인 화이트 크리스마스나 신년 서설(瑞雪)을 경험해 본 적도 없고 상상해 본 적도 없습니다. 이곳에 머문 지 얼마 되지 않은 저에게는 한여름에 맞는 새해가 아직도 낯설게 여겨집니다. 그런데 이 같은 방문자가 된 듯한 느낌(또는 타자가 되어 버린 듯한 느낌)이 처음이 아닌 것 같습니다. 분명 어디선가 이런 느낌이 든 적이 있고, 그것도 상당히 익숙합니다.

　그게 무엇이었을까? 그렇군요! 제가 영화나 책을 통해서 과학의 세계로 들어갈 때 받은 느낌이 그랬습니다. 이방인까지는 아니고, 살짝 낯선 곳에 들어선 방문객의 느낌, 말로 표현할 수 없는 느낌 말입니다. 제가 남미 여행 중에 받은 느낌이 과학 세계를 엿볼 때 받은 느낌과 비슷하다니, 과학이나 남미 원주민의 땅 모두에서 저는 방문객인 모양입니다. 이 미지의 땅에서는 저는 언제나 방문객이고 타자입니다.

장대익 선생님의 "왜 지금 우리가 과학과 종교를 이야기해야 하나?"라는 문제 제기가 담긴 편지를 코차밤바 한가운데에 있는 9월 14일 광장(Plaza 14 de Septiembre)[1]의 나무 그늘 아래서 읽었습니다. '종교와 과학의 관계'를 논하는 편지를 읽고 있는 저에게, 이 광장은 우리 삶에서 종교와 과학의 현실을 적나라하게 보여 주는 것 같습니다. (신학자인 저에게 "과학과 종교"보다는 "종교와 과학"이라는 말이 더 익숙해서 이렇게 쓰겠습니다. 그리고 제가 쓰는 종교라는 말도 기독교적 입장에서 자유로울 수 없음을 양해해 주시기 바랍니다.)

서양에서 도시의 중심은 광장이죠. 유럽이나 북미뿐만 아니라 서구 문명이 지배한 거의 모든 땅에서는 도시 한가운데 광장이 자리 잡고 있죠. 그리고 그 광장에는 서구 문명에서 주인 역할을 한 기독교가 떡 하니 버티고 있습니다. 남미도 예외는 아니죠. 코차밤바의 중앙 광장에도 대성당이 자리 잡고 있습니다.

그런데 좀 자세히 들여다보면 성당 주위에 인터넷 PC방들이 빼곡

---

[1] 1834년에 건설된 코차밤바 중앙 광장으로, 코차밤바가 세워진 날짜를 이름으로 하고 있다.

하게 붙어 있음을 알 수 있습니다. 사람들은 이곳에서 인터넷 전화를 하고 컴퓨터 게임을 합니다. 상점가의 두 집 중 하나는 인터넷 PC방이라고 할 수 있습니다. (이곳저곳 여행 다녀 본 경험에 따르면 이동 전화 등의 통신 관련 사회 기반 시설이 부족한 나라일수록 인터넷 전화를 사용할 수 있는 PC방이 많이 보입니다.) 코차밤바에서 성당과 인터넷 PC방은 어깨를 나란히 하는 이웃사촌입니다. 밤에는 성당 종탑과 회랑의 조명과 인터넷 PC방의 네온사인이 어우러져 환상적인 아름다움을 자아냅니다. 종교와 과학 기술이 이렇게 만나고 있습니다.

성당과 인터넷 PC방은 누구든지 들어올 수 있도록 항상 열려 있습니다. 형형색색의 전통 복장을 한 원주민들이나, 오래전에 정복자로 이 땅에 온 유럽 백인의 후손들이 길을 가다가 성당 안으로 들어갑니다. 그리고 잠시 후에는 인터넷 PC방에 들러 전화를 하거나 게임을 합니다. 성당에서는 기도를 통해 신과 대화를 나누고, 인터넷 PC방에서는 인터넷 전화나 게임을 통해서 인간들과 대화를 나눕니다. 이들에게 성당과 인터넷 PC방은 대화를 통해 삶의 의미를 발견하는 장소입니다. 저는 코차밤바 9월 14일 광장의 이 풍경이, 우리의 현실 삶에서 종교와 과학이 맺고 있는 관계를 상징적으로 보여 주고 있다고 생각합니다.

종교와 과학은 여전히 우리의 삶의 일부입니다

종교와 과학의 관계 문제가 여전히 이야기되는 까닭은 무엇인지 물으셨지요? 제가 보기에 그것은 종교와 과학이 여전히 우리 삶의 일부로서 한데 엮여 있기 때문입니다. 종교와 과학은 여전히 한 사람의 사적·사회적 활동에 영향을 미치는 현실적인 힘일 뿐만 아니라, 동전의 양면처럼 함께 체현되는 실재입니다. 이것은 꼭 이곳 볼리비아에서만 나타나는 현상은 아닙니다.

장 선생님께서 머무르고 계신 미국 보스턴에는 하버드 대학교나 MIT 같은 좋은 학교들이 많이 있죠. 그런 학교에 다니는 이공계 학생들 가운데 많은 수가 종교인, 특히 기독교인이죠. 그곳에 사는 과학자들이나 과학과 관련된 사람들 대부분이 열심히 교회에 나가고 신앙 생활을 한다는 것을 알 수 있습니다.

전자 현미경이나 입자 가속기를 통해 원자와 기본 입자의 세계를 보고, 전파 망원경과 거대한 우주 망원경을 통해 광대한 우주를 들여다보고, 수학을 사용해서 미시 세계에서 대우주까지를 설명하는 시대인 지금도 과학자가 종교를 갖는 것이 낯설지 않습니다. 24시간 실험실을 지켜야 하는 과학자가 잠시 짬을 내어 예배나 예불에 참여하고 다시 실험실로 돌아가는 모습은 흔히 볼 수 있습니다. 물론 종교를 가지지 않는 과학자들도 있습니다. 그러나 우주를 창조한 신의 흔적을 찾겠다고 열심히 자연 세계를 탐구하는 기독교인도 있고, 불교도인 생물학자도 있고, 이슬람교도인 화학자도 있습니다. 마찬가지로 대폭발 우주론을 연구하는 천체 물리학자 신부도 있고, 진화론을 받아들이는 목사가 있는 것이 현실입니다. 도식적으로 생각하면 과학이 고대 신화를 모두 논파한 지금, 과학자가 신앙을 갖는 것, 종교인이 과학자인 것은 모순된 것처럼 보입니다. 그러나 여전히 종교와 과학은 한 사람 안에서 공존합니다.

게다가 여전히 많은 사회에서 종교와 과학은 일정하게 얽혀 있는 것이 현실입니다. 과학이나 과학 기술이 야기하는 문제를 다룰 때, 당사자인 자연 과학자나 공학자뿐만 아니라, 종교인이나 윤리학자를 참여시키고 있는 것이 현대 사회의 일반적인 현실입니다. 종교와 과학이라는 사회·문화적 현상은 지식과 신념의 충돌이라는 차원에만 국한되지 않는 다차원적 현상이죠. 그래서 종교와 과학의 관계에 대한 논의는 항상 복잡할 수밖에 없습니다. 종교와 과학의 관계를 적대, 갈등 같은 특정 범주로 일반화하는 일은 조심해야 합니다. 그것은 너무 손쉬운 일반화인 동시에, 둘이 가지고 있는 역사성과 구체성과 다양성을 간과하는 접근법일 수 있습니다. 장 선생님도 최근에 종교와 과학에 대한 저작을 출간한 진화 생물학자들의 입장이 다양하다고 말씀하셨는데, 저는 이것이 바로 종교와 과학의 관계를 단순하게 범주화시킬 수 없음을 그대로 보여 주는 사례라고 생각합니다.

그럼 "왜 지금 우리가 과학과 종교를 이야기해야 하나?" 하는 문제에 어떻게 접근해야 할까요? 저는 종교와 과학이 만났던 역사적 경험을 되돌아보고, 현재 만남의 현실을 파악하고, 미래로 나갈 방향을 살피는 게 순서가 아닐까 싶습니다.

코차밤바의 광장에서 고개를 돌리면, 크리스토 데 라 콘코르디아(Cristo de la Concordia)라는 세계에서 제일 큰 그리스도 상이 멀리 보입니다. 브라질 리우데자네이루의 그리스도 상보다 더 큰, 34미터 높이의 그리스도 상이 두 팔을 벌린 채 높은 언덕 위에서 도시를, 광장을 내려다보고 있습니다. 저에게는 그리스도 상이 도시를 두 팔로 품

고 있는 것처럼 보입니다.

갑자기 '사람들은 무슨 생각으로 도시를 내려다보는 높은 곳에 그리스도 상을 세웠을까?' 하고 궁금해졌습니다. '혹시 그리스도 상이 도시의 모든 것, 광장의 모든 것, 성당뿐만 아니라 PC방마저 품을 것을 믿거나 기대한 것은 아닐까?' 하는 생각이 들었습니다. 높은 곳에서 성당과 PC방을 함께 품는 그리스도, 종교와 과학마저도 내려다보고 함께 품는 기독교를 꿈꾼 것은 아닌가? 글쎄, 기독교인들은 그럴 수도 있을 것 같습니다.

이 거대한 그리스도 상의 이름을 생각하니 더 그렇게 느껴집니다. concordia는 원래 '조화와 평화'를 뜻하죠. 그래서 Cristo de la Concordia를 우리말로 번역하면 '평화의 그리스도'나 '조화의 그리스도'입니다. 어쩌면 이 그리스도 상에는 '종교와 과학의 조화'나, '종교와 과학의 평화'를 향한 꿈이 투사되어 있는지도 모르겠습니다.

그런데 대부분의 현대인은 이런 꿈을 허망하다고 생각할 겁니다. 리처드 도킨스 같은 이들은 어처구니없는 망상으로 여기겠죠. 기독교가 외래 종교인 우리도 선뜻 수긍할 수 없을 겁니다. 왜 수긍할 수 없을까요? 우리는 종교와 과학이 함께 있는 것이 왠지 모르게 불편합니다. 과학 혁명과 계몽주의를 거치면서 종교와 과학은 각각 서로 다른 영토를 지배하게 되었기 때문입니다. 성직자와 과학자는 다른 땅을 다스리는 두 영주이고, 이 둘은 늘 긴장과 갈등 관계를 가지고 있다고 생각합니다. 이러니 종교와 과학을 하나로 품으려는 시도는 상당히 무모하게 여겨집니다. 그런데 우리가 무모하다고 느끼는 이러한 시도, 즉 그리스도 안에서 종교와 과학을 함께 포용하려는 시도는 서구 기독교의 오랜 전통이었고 궁극적인 목표였습니다.

중세를 지배한 두 권의 책, 성서와 자연

이 문제를 역사적인 측면에서 잠깐 짚어 볼까요. 제가 머무르고 있는 남미를 떠나 잠시 유럽으로 가 봅시다. 기독교는 4세기경 로마 제국의 국교가 된 이래 헬레니즘과 더불어 서구 문명의 초석이 되었습니다. 적어도 과학 혁명과 계몽주의 시대를 거치기 전까지 기독교의 권위와 영향이 절대적이었습니다.

물론 지금 서구에서 기독교의 영향력이 없어졌다는 말은 아니지요. 장 선생님께서도 지적하셨듯이, 여전히 서구 사회에서 무신론자는 예외적인 존재입니다. 근대에 이르기까지 서구의 정치, 경제, 사회, 문화 그 어느 영역도 기독교의 그늘에서 벗어날 수 없었습니다. 기독교는 서구 문명의 모태였고 심장이었습니다.

서구 문명의 지성인들도 마찬가지입니다. 오랫동안 서구 지성인들의 거점은 대학과 수도원이었습니다. 게다가 유럽의 대학은 원래 성직자와 교회 관련 직무를 수행할 사람을 교육하기 위해 설립되었습니다. 기독교 성직자들이 지식의 중심에 있었던 거죠. 13세기 이슬람 세계를 통해서 고대 그리스의 철학과 과학이(아리스토텔레스의 것이었죠.) 중세 유럽으로 들어왔을 때, 이를 가장 먼저 접한 사람들도 성직자였습니다. 이들이 종교적 지식은 물론이고, 철학, 수학, 수사학, 공학 등 그야말로 '모든' 지식의 보존과 재생산 그리고 전달을 담당했습니다. '신에 관한 탐구'와 '자연에 대한 탐구'는 이들의 활동 영역에 포함되어 있었습니다. 오늘날 자연 과학(science)에 해당하는 자연 탐구는 당시 '자연 철학(natural philosophy)'이라는 이름으로 불리었죠. 중세 지성인들에게 자연 탐구는 기독교 신앙과 분리된 것이 아니었습니다.

중세를 거쳐 르네상스 때까지도 자연 철학자 대부분은 교회에 속한 사람들이었으며, 자연 탐구는 기독교 신앙의 실천과 밀접한 관련을 맺고 있었습니다. 예를 들면, 중세 최고의 지성인 가운데 한 사람인 로버트 그로세테스테(Robert Grosseteste, 1175~1253년)[2]는 주교였으며, '중세의 갈릴레오'로 불린 로저 베이컨(Roger Bacon, 1214~1294년)[3]은 프란체스코회 수도사였으며, 15세기 물리학자로 무한한 우주에 대한 견해를 처음 제시했던 쿠사의 니콜라스(Nicholas of Cusa, 1404~1464년)[4]는 가톨릭 교회의 추기경이었죠. 또 물질적 우주를 이성적으로 설명하고자 함으로써 중세의 미신으로부터 합리적 이성을 구출한 첫 시도는 스콜라주의 신학을 통해 이루어졌습니다. 현대 합리주의적 문명은 프란체스코회의 수사였던 오컴의 윌리엄(William of Ockham, 1285~1349년)에게 많은 부분을 빚지고 있습니다.

---

2 아리스토텔레스 저작에 주석을 달고, 그리스 어와 아랍 어 과학 저술들을 라틴 어로 번역했다. 옥스퍼드 대학교 총장을 역임하고, 기하학, 광학, 천문학 분야에 저작을 남겼다.
3 영국 서머싯 출신으로, 실험 과학을 중시한 대표적 중세 인물이다. 수학, 천문학, 광학, 연금술 등에 관심을 가졌다.
4 독일 출신 신학자이며 철학자로 기하학과 논리학, 천문학 등에 관심을 가졌다. 지구가 우주의 중심이 아니라 지구와 같은 세계가 무한히 존재한다고 주장했다.

좀 더 살펴볼까요. 17세기에 과학 혁명의 위대한 개척자나 설립자로 불리는 거의 모든 사람들은 과학이 자신들의 신앙과 조화를 이룬다고 믿었던 신앙인들이었습니다. 지동설을 주장한 코페르니쿠스와 케플러, 뉴턴은 자신들의 새로운 견해가 신학의 산물이라고 믿었습니다. 특히 뉴턴은 종교적인 열정을 가지고 전 생애에 걸쳐 신을 탐구했었죠. 뉴턴에게 과학과 신학과 연금술은 분화되지 않은 통일된 하나였습니다. 근대 화학의 아버지 로버트 보일(Robert Boyle, 1627~1691년) 역시 마찬가지였죠. 이렇게 18세기까지의 과학 혁명의 선구자들은 대부분, 과학자가 된 후에도 지속적으로 신학 연구를 했던 신앙인들이었으며, 그들 중 많은 사람들이 정식으로 신학 교육을 받았습니다. (당시에는 신학 교육이 사제가 되지 않더라도 꼭 받아야 하는 것이었죠. 또 사제 안수를 받지 않고 교수가 된 첫 번째 과학자가 바로 뉴턴입니다.)

그렇다면 적어도 과학 혁명의 시기까지 기독교는 자연에 대한 탐구를 의식적으로 억압했다기보다는 오히려 장려했다는 것을 알 수 있습니다. 그 이유는 무엇일까요? '두 권의 책'이라는 생각이 그 대답입니다.

서구 기독교인들은 신이 이 세상을 만들었다고 생각했습니다. 그리고 신은 사람들에게 두 권의 책, 즉 '성서라는 책(Book of Bible)'과 '자연이라는 책(Book of Nature)'을 주었다고 여겼습니다. 신이 성서와 자연이라는 두 권의 책을 쓴 저자이기 때문에 두 책의 내용이 서로 모순된다고 생각하지 않았습니다. 오히려 한 권의 책을 읽는 것보다 두 권의 책을 읽는 것이 저자를 훨씬 더 잘 이해하는 것이라고 생각했죠. 신이 쓰고 인간을 위해 내려준 두 권의 책은 서로 보완하면서 그 저자를 더 잘 드러내는 것이었습니다. 따라서 신을 더 잘 이해하기 위해 자연을 탐구하는 것은 장려할 만한 일이었습니다.

과학의 독립 선언, 종교에 도전하다

그러나 이러한 상황은 과학 혁명과 계몽주의를 거치면서 점차 바뀝니다. 18세기 후반 science라는 용어가 본격적으로 활용되고, 19세기 후반에는 이 분야의 작업을 전담하는 새로운 지식 계급이 등장해 '과학자(scientist)'라고 불리기 시작합니다. '과학자' 집단이 등장하고 이들이 자연 탐구, 즉 과학을 전담하게 되면서 종교인들은 더 이상 모든 지적 작업을 독점할 수 없게 됩니다. 특히 자연은 일정한 법칙을 따르는 자율적인 물질 세계라는 기계론적 세계관과 진화론의 등장은 전통적인 기독교의 가르침을 반박하고 도전하는 결과를 가져왔지요. 이후 자연 과학의 발전과 기술의 진보에 따라, 과학과 이를 응용하고 적용한 기술의 효율적 결과가 잘 확인되면서, 종교의 영역은 축소되고 영향력은 약화됩니다.

  결국 자연은 과학자의 영역(물리적 세계는 뉴턴 물리학의 영역, 생명 세계는 다윈 진화론의 영역)에 속하고, 역사·사회·윤리·도덕은 여전히 종교의 영역에 속한다고 생각하게 되었습니다. 그러나 과학이 발전함에 따라 그 지배 영역은 조금씩 넓어집니다. 그 전까지 종교가 맡고 있던 설명들이 차례차례 과학적 설명으로 대치되고, 이 과정에서 종교는 수세에 몰려 방어로 일관하게 됩니다. 이것이 과학 혁명 이후 지난

300년간 종교와 과학의 관계입니다.

그런데 종교가 과학에게 자연이라는 영토를 순순히 양보한 것은 아니죠. 17세기 이후 성직자와 과학자는 끊임없이 다툼을 벌였습니다. 이 다툼은 자연적 지식에 대한 권한과 지식 판단의 우월권이라는 특권을 어느 집단이 갖느냐 하는 주도권 싸움이라고 할 수도 있습니다. 그렇지만 18세기까지 서구에서 기독교와 과학의 갈등이 철저하게 대립해 절대 화해할 수 없는 상태까지 가지는 않았습니다. 심지어는 종교에 대한 격렬한 비판이 백출한 계몽주의 시대에도 칸트나 루소와 같은 철학자들은 과학과 종교는 분리된 두 영역이라고 주장했을 따름입니다. 즉 18세기까지 종교와 과학은 '전쟁'으로 치달은 적이 없습니다.

그렇다면 종교와 과학이 전쟁 상태라는 인상은 어떻게 생겼을까요? 구체적인 계기가 있습니다. 19세기 말에 출판된 존 윌리엄 드레이퍼(John William Draper, 1811~1882년)[5]의 『종교와 과학 사이의 갈등사(History of the Conflict between Religion and Science)』(1874년)와 앤드루 딕슨 화이트(Andrew Dickson White, 1832~1918년)[6]의 『기독교 국가에서 과학과 신학의 전쟁사(A History of the Warfare of Science with Theology in Christendom)』(1896년)가 그것입니다. 이 책들은 제목에서 연상할 수 있

---

5 영국 출생 미국 과학자로 철학자, 역사학자, 사진작가. 뉴욕 대학교 교수, 뉴욕 대학교 의과 대학 설립자, 미국 화학회 초대 회장이었다.
6 뉴욕 출신으로 역사학자이며 교육자. 코넬 대학교 공동 설립자로 초대 총장이 되었다. 이후 외교관과 미국 역사학회 초대 회장을 역임했다.

는 것처럼 기독교가 과학을 전투적으로 억압했다고 기술합니다. 이 책들은 서구 지성계에서 종교와 과학이 전쟁을 벌이고 있다는 인상을 심어 줍니다. 그리고 거의 동시기에 창조 vs. 진화 논쟁과 관련해 벌어진 몇 번의 재판이 오늘날 종교와 과학이 갈등 관계나 전쟁 상태에 있다는 인상을 확고한 것으로 만들게 됩니다.

따라서 종교와 과학의 역사를 갈등과 전쟁의 역사로 보는 것은 비교적 최근에 만들어진 이미지일 뿐입니다. 오히려 서구 역사에서 종교와 과학은 오랫동안 동거하던 사이였습니다. 코차밤바를 내려다보면서 종교와 과학을 한품에 안으려는 듯한 그리스도 상은 과거의 사실(史實)과 이에 대한 향수를 상징적으로 대변하고 있는 것처럼 느껴집니다.

종교의 시대가 끝났다? 19세기적 화두일 뿐입니다

오늘날 과학자들의 종교에 대한 설명, 특히 진화론적 입장에서 종교를 설명하고, 종교의 존립 문제를 논하는 것에 대해 좀 생각해 보죠. 사실 과학의 문제 제기로 종교가 고민하는 것은 이번이 처음은 아니죠. 멀리는 팔레스타인 땅에서 출발한 유대교가 지중해 문화권 전체로 확장되고 헬레니즘 문화 속에서 고대 그리스의 합리적 사유와 만났을 때부터 이런 종류의 고민은 있었습니다. 가까이는 과학 혁명기 이후 과학의 독립 선언과 지속적인 영역 확장을 마주하게 된 기독교가 이런 문제를 진지하게 다루었습니다.

19세기 초에 서구 지성인 사이에서 제일 중요한 화두는 '종교가 과연 더 이상 존재할 수 있는가?' 또는 '더 이상 신학이 가능한가?' 였습니다. 왜 그랬을까요? 과학 혁명과 계몽주의 시대를 거치면서, 서구 기독교의 권위와 가르침이 도전을 받았습니다. 데이비드 흄 (David Hume, 1711~1776년)을 비롯한 서구의 근대 사상가들은 기독교 권위의 정당성과, 그때까지 당연시해 온 교회의 가르침에 의문을 제기했습니다. 종교적 권위에 의존해서 신비의 영역이자 신의 활동 영역으로 남아 있던 많은 부분들을 순전히 합리적이고 경험적인 측면에서 설명할 수 있게 된 탓이지요. '자연 법칙과 자율성을 지닌 세계'라는 새로운 세계관은 당연히 신의 존재와 기적을 비롯해서 이제까지 신의 활동으로 여겨졌던 영역에 대한 비판을 제기했습니다. 이제 사람들은 종교의 설명보다 과학의 설명을 훨씬 더 설득력 있는 것으로 받아들이기 시작했습니다. 과학은 자연의 영역만이 아니라, 인간과 사회의 영역에서도 주권을 주장하게 됩니다.

과학의 독립 선언에 뒤이어, 서구 사회의 여러 영역들이 교회 또는 기독교로부터 자율성을 선언하는 상황에 이르게 됩니다. 세상 전체가 신이나 교회를 더 이상 필요로 하지 않는 시대로 질주하기 시작한 겁니다. 우리는 이것을 뭉뚱그려서 '세속화'라고도 말하죠. 이러니 기독교의 입장에서는 '종교의 위기', '신학의 위기'라는 말이 자연스럽게 나왔습니다. 이게 19세 초반 서구 사회들, 더 정확하게는 기독교가 마주해야 했던 문제였습니다.

물론 기독교는 나름의 해결 방안을 모색합니다. 자연 과학의 도전에 대한 19세기의 종교적 대응은 주로 과학이 침범할 수 없는 종교만의 고유한 영역을 확보하는 데 초점을 맞추게 됩니다. 그 대표적인 사람이 프리드리히 슐라이어마허(Friedrich Schleiermacher, 1768~1834년), 이마누엘 칸트(Immanuel Kant, 1724~1804년), 게오르크 헤겔(Georg Hegel, 1770~1831년)입니다. 이들은 종교만이 소유권을 주장할 수 있는 영역을 각각 제시합니다. 슐라이어마허는 인간의 내면적 감정을, 칸트는 도덕이나 윤리의 영역을 과학이 침범할 수 없는 종교만의 영역으로 제시합니다. 심지어 헤겔은 역사가 바로 종교의 영역이라고 선언합니다.

이후 서구 지식인들 대부분은 종교와 과학이 각자의 영역에서 각자의 길을 간다고 생각하고 이 문제를 일단락합니다. 이러한 '타협' 덕분에 과학자들은 복잡한 형이상학적 문제에 시달리지 않고 물질세계의 현상 탐구에 몰두할 수 있게 되었습니다. 그리고 기독교 신학도 인간이나 인간의 내적 상태를 탐구하는 일에 천착할 수 있게 되었습니다.

코차밤바의 광장에서 사람들의 모습을 물끄러미 바라봅니다. 재미있는 현상이 눈에 뜨입니다. 사람들은 성당으로 들어가지만 오래 머무르지 않습니다. 아마 잠깐 기도를 드리고 나오는 것 같습니다. 그런데 인터넷 PC방으로 들어간 사람은 한참 동안 그곳에 머무릅니다. 인터넷 전화를 해도 컴퓨터 게임을 해도 금방 나오는 법이 없습니다. 성당과 인터넷 PC방 모두 거의 모든 사람들이 거쳐 가는 곳이지만 머무르는 시간에는 차이가 있는 것이지요.

또 다른 흥미 있는 차이가 눈에 뜨입니다. 성당은 오래된 건축물입니다. 이곳저곳 훼손된 곳이 많고, 또 도시 이곳저곳에는 퇴락한 채 거의 방치되고 있는 성당도 자주 눈에 뜨입니다. 아마 성당을 수리하거나 새로 짓기는 쉽지 않을 것 같습니다. 그런데 인터넷 PC방의 수는 나날이 늘어납니다. 물론 새로 짓고 단장한 곳이라 깔끔합니다. 낡은 성당과 새로 들어선 인터넷 PC방의 대조와, 머무르는 시간의 차이는 쇠락한 종교와 욱일승천하는 과학의 현실적 위상을 상징적으로 보여 줍니다.

과거 서구 문명의 상징이 하늘로 찌르는 듯한 고딕식 대성당이라고 한다면 현대 문명의 상징은 거대한 입자 가속기나 전파 망원경이나 컴퓨터나 이동 전화가 될 것 같습니다. 문명의 상징이 바뀐다는 것은 이미 다른 문명이라는 이야기죠. 설사 기독교인이라 하더라도, 이제는 성당의 첨탑이 아니라 전파 망원경이나 이동 전화를 통해서 신을 만나게 될 것입니다.

지난 300년 동안 놀라운 발전을 한 과학은 오늘날 우리 문명을 특징짓는 가장 중요한 요소가 되었습니다. 과학자는 중세 성직자가 했던 역할을 대신하는 현대의 사제와 같습니다. 종교는 여전히 존속하고 있지만, 그 영향력은 예전과 같지 않습니다. 어쩌면 우리 삶에서 향신료나 조미료 같은 존재가 되어 버린 것 같습니다. 그런데 아이로니컬하게도 연극이 끝나고 막이 내리고 무대 뒤로 사라진 줄 알았던 종교가 다시 등장하는 것이 오늘의 현실입니다. 장 선생님께서 언급한 것처럼, '종교 그것'이 다시 문제가 된 것이죠. 그리고 '종교와 과학'이 다시 자리를 함께하고 있습니다.

새로운 천년에 종교와 과학이 다시 만나다

서구 지성계에서 한동안 따로 놀던 종교와 과학은 20세기 말부터 다시 대면하는 상황에 처하게 됩니다. 1990년대가 되기 전까지만 해도 종교'와' 과학 또는 종교와 과학의 '만남'이라는 주제는 사람들의 주목을 별로 끌지 못했고, 특히 학문적인 담론에서도 변두리에 있었습니다. 그런데 1990년대 이후 동시 다발적으로 종교와 과학에 대한 학술 활동과 저술이 급격히 늘어나고, 언론의 조명을 대대적으로 받게 됩니다.

40년 가까이 이 주제를 붙잡고 다뤄 온 권위 있는 학술지인 《자이곤: 종교와 과학 저널(Zygon: Journal of Religion and Science)》이외에도 이 분야의 학술지와 소식지가 새롭게 창간되고, 유럽과 북미에 종교와 과학의 대화 문제를 다루는 전문 연구 기관이 15개 이상 세워졌습니다. 관련 연구소와 학술지의 증가, 관련 학술 행사의 빈번한 개최, 미국의 '동등 시간 교육법' 재판[7] 등에 대한 언론의 집중적인 주목, 관련된 학자와 저술의 급격한 증가 등의 변화가 불과 10여 년 사이에 일어났습니다. 이 변화의 현실을 가장 잘 보여 주는 것이 아마 지난 10여 년간 엄청나게 늘어난 '종교와 과학' 분야의 출판물일 것입니다.

이러한 변화가 종교와 과학의 새로운 공존으로 이어질지, 새로운

---

[7] 진화론과 창조론을 과학 시간에 동등하게 가르쳐야 한다는 창조론자들의 주장이 반영된 법으로 미국 아칸소 주와 루이지애나 주에서 1980년대 초반에 통과되었다가 위헌 판결을 받았다.

갈등으로 이어질지를 알려면, 도대체 누가 무슨 말을 하느냐를 조금은 살펴봐야 합니다. 이것을 두 가지 측면에서 이야기해 보죠. 하나는, 누가 이 문제를 다루고 있는가? 다른 하나는 이슈는 무엇인가? 그러고 나서 이런 만남에 대한 나름의 평가를 말씀드리죠.

장 선생님께서 언급했다시피, 최근 들어 진화론적 입장에서 종교를 바라보는 저작들이 봇물 터지듯 쏟아져 나왔습니다. (조금 전까지 저는 대성당 옆 의자에서 도킨스의 『만들어진 신』을 읽었습니다.) 생물학, 철학, 심리학, 인류학 등 각 분야에서 제시하는 종교에 대한 진화론적 설명은 마치 온갖 색깔의 폭죽이 동시에 터지면서 하늘을 수놓는 불꽃놀이의 화려한 '절정'이자 '마지막'처럼 느껴집니다. 이것은 이전에 다른 폭죽들이 벌써 이런저런 모습으로 하늘을 밝혔다는 말이죠. 누가 폭죽을 터트렸는지 색깔별로 살펴볼까요?

'종교와 과학'이라는 주제에 참여하는 사람들을 분야별로 보면, 거의 모든 학문 분야를 망라하고 있습니다. 물론 전공 분야에 따라 종교나 과학 또는 종교와 과학을 바라보는 태도가 획일적인 것은 아닙니다. 신학자라고 모두 과학에 대해 부정적이지 않고 과학자라고 모두 다 종교에 부정적이지 않습니다. 종교와 과학의 관계에 대한 사람들의 태도와 인식은 매우 다양합니다.

예를 들어, 기독교인 가운데에는 현대 과학을 적극적으로 수용하면서 종교와 과학의 대화를 추구하는 사람들이 있는가 하면, 진화론을 비롯한 현대 과학에 부정적인 태도를 취하는 사람들도 있습니다. 또한 장 선생님도 언급하셨듯이, 진화 생물학자 가운데서도 종교의 가치나 존재를 부정하는 사람, 종교와 과학이 다른 것이라고 주장하는 사람, 종교를 적극적으로 수용하는 사람 등 여러 부류가 있습니다.

신학이나 종교 쪽에서 자연 과학과 대화에 적극적인 사람들로, 생화학자이자 신학자인 아서 피코크(Arthur Peacocke, 1924~2006년), 물리학자를 하다가 성공회 사제로 전향한 존 폴킹혼(John Polkinghorne), 물리학자이자 신학자인 이언 바버(Ian G. Barbour), '신학과 자연 과학 연구소(Center for Theology and Natural Science, CTNS)'를 설립한 로버트 존 러셀(Robert John Russell), 여성 식물 생리학자이자 신학자인 셀리아 딘드럼먼드(Celia Deane-Drummond) 같은 '과학자-신학자(scientist-theologian)'들을 먼저 언급할 수 있을 것 같습니다. 이들은 자연 과학 분야의 박사 학위 소지자로 과학계에서 활동하다 성직자나 신학자가 된 사람들입니다. 또 테드 피터스(Ted Peters), 필립 헤프너(Philip Hefner, 《자이곤》의 창간 멤버이기도 하죠.), 존 호트 같은 순수 신학자들도 종교와 과학의 대화에 적극적입니다.

이들 말고 과학과의 대화에 적극적으로 나서고 있는 것처럼 보이는 사람으로는 창조 과학이나 지적 설계를 주장하는 사람들이 있죠. 이들은 이 세계가 지성을 가진 존재, 즉 신적 존재에 의해 '설계(design)'되었다고 주장하고 진화론을 반대합니다. 윌리엄 뎀스키(William A. Dembski), 마이클 비히(Michael J. Behe), 필립 존슨(Philip Johnson), 뒤앤 기시(Duan Gish) 등이 대표적인 인물입니다. 하지만 앞에서 언급한 과학자-신학자들이나 순수 신학자들과 이들은 다릅니다. 이 문제는 나중에 다룰 기회가 있겠죠.

자연 과학이나 철학 쪽에서도 종교에 대해 말을 거는 사람들이 많이 있습니다. 근래 종교에 관한 저작을 출판한 사람들로, 대니얼 데닛, 스콧 애트란(Scott Atran), 파스칼 보이어(Pascal Boyer), 스티븐 핑커(Stephen Pinker), 마이클 루스(Michael Ruse), 리처드 도킨스, 스티븐 제이 굴드, 에드워드 윌슨, 데이비드 슬론 윌슨(David Sloan Wilson) 등을 꼽을 수 있을 겁니다. 모두 화려한 스타들이죠. 물론 이들 대부분은 종교를 다른 자연 현상들처럼 설명하려는 사람들입니다. 이와 달리 가톨릭 신자로서 생물학을 연구하는 프란시스코 호세 아얄라(Francisco José Ayala), 케네스 밀러(Kenneth R. Miller)와 성 전환을 한 생물학자 존 러프가든(Joan Roughgarden) 등은 자연 과학자로서 과학 지식과 기독교 신앙을 조화시키는 길을 모색하고 있습니다.

'종교와 과학'이라는 주제를 다루는 이들 중에는 과학자나 신학자만 있는 것은 아닙니다. 과학사가들이나 역사학자들 그리고 과학 철학자나 종교 철학자들이 제3자의 관점에서 이 문제를 다루기도 합니다. 먼저 종교와 과학의 역사적 상호 작용에 관심을 가진 이들이 있는데, 주로 과학사가들이나 역사학자들이 이러한 논의에 참여합니다. 존 부룩(John Brooke), 데이비드 린드버그(David Lindberg), 로널드 넘버스(Ronald Numbers), 리처드 올슨(Richard Olson) 등을 꼽을 수 있습니다. 둘째로 종교와 과학의 방법론에 관심을 가지면서 둘 사이의 구조적 유사성이나 차이 등에 주목하는 사람들이 있습니다. 주로 과학 철학이나 종교 철학 등의 분야에서 활동하는 사람들로 웬츨 밴 호이스틴(Wentzel van Huysteen), 낸시 머피(Nancey Murphy), 마이클 스텐마크(Mikael Stenmark) 등이 이 논의에 참여하고 있습니다.

이들 말고도 수많은 학자들이 '창조와 진화', '인지 과학과 종교', '대폭발과 창조', '인공 지능과 종교' 등의 주제를 중심으로 종교와 과학의 대화에서 나름의 공헌을 하기 위해, 한 다리를 걸치기 위해 노력하고 있습니다. 현대 과학의 성과를 바탕으로 '인간'에 접근하고자 하는 학자들은 직·간접적으로 종교와 과학 논의에 얽히게 될 수밖에 없게 된 겁니다.

그렇다면 최근 들어 종교와 과학에 관한 관심과 논의가 급격히 증가하게 된 까닭은 무엇일까요? 이런 변화는 여러 가지 요인이 복합적으로 결합되어 나타난 결과이지만, 저는 그 요인을 내적 요인과 외적 요인으로 나누어 살펴보려고 합니다. 내적 요인은 과학과 종교(신학)가 자신들의 지적 영역을 확장하는 과정에서 자기의 정체성을 되돌아보게 되었고, 서로를 보는 관점이 이전과는 달라졌다는 것입니다. 외적 요인은 사회적·경제적 환경의 변화입니다.

이야기가 길어졌기 때문에 아주 간략하게 말씀드리죠. 먼저, 신학자들은 20세기 후반부터 신학 역시 '구성적(constructive)' 성격을 가지고 있다는 생각을 하게 됩니다. 한마디로 신학 역시 다른 사회적 활동과 마찬가지로 절대적인 것이 아니며 시대와 상호 작용하면서 새롭게 만들어진다는 인식을 가지게 된 거죠. 그리고 무엇보다도 그동안 경원시해 왔던 자연 과학에 익숙해질 필요가 생겼습니다. 생태 문제와 관련한 생태 신학을 전개하는 데 자연 과학의 도움이 필요해졌고, 현대 과학 기술의 성취로부터 현대 신학이 해결해야 할 여러 가지 문제들이 새롭게 제기된 탓입니다. 과학을 이해할 필요가 증가함에 따라 신학자들과 종교인들은 과학의 본질에 대한 과학 철학의 최근 논의들을 꼼꼼하게 살피게 됩니다. 그리고 이것을 기반으로 과학의 객관성과 중립성 등에 문제 의식을 갖게 되고, 과학이 더 이상

만능 열쇠가 아니라는 인식을 하게 됩니다. 그 결과 과학을 무조건 피하던 태도를 바꾸게 됩니다. 자기 한계를 인식하게 된 것이 서로를 보는 눈을 바꾸었으며, 오히려 대화를 촉진하게 한 것이지요.

반대로 과학 쪽에서도 종교 문제를 다시 논의할 필요가 생겼습니다. 과학이 발전함에 따라 과학 지식의 영역이 우주 저편과 양자 세계의 모호한 영역으로 파고들어 갔을 뿐만이 아니라, 인간의 신경망을 따라 마음에 대한 연구로까지 확장되면서 인간 문화의 모든 영역을 과학적 관점에서 일관성 있게 설명하려는 시도가 강하게 나타나기 시작합니다. 아마 이것은 한 명의 학자로서 과학자가 당연히 마주하게 되는 지적 도전 과제이겠죠. 사회 생물학이나 진화 심리학이나 인지 과학 등의 관점에서 종교를 바라보는 시도는 이런 흐름에 속해 있다고 생각합니다. 19세기 과학자들과 종교인들이 암묵적으로 그어 놓은 종교와 과학 사이의 경계선을 넘어 과학이 새로운 지적 진군을 시작한 거죠.

동시에 외부적 요인, 즉 사회적·경제적 측면을 살펴볼 필요가 있습니다. 우리는 종교와 과학에 대한 담론이 주로 서구 기독교권, 특히 영미권에서 전개되고 있는 것에 주목할 필요가 있습니다. 기본적으로 종교와 과학 문제는 기독교의 영향 아래에 있는 사회에서 화제가 됩니다. 과학의 발전이 기독교의 전통적 가르침과 충돌할 때 이 문제를 해결해야 하는 사회적 압력이 증가하는 것과 관련이 있습니다. 그만큼 서구 과학과 기독교는 가까운 셈이죠. 예를 들면 미국에서 아직도 지속되는 창조 vs. 진화 논쟁, 유전자 조작과 생명과 인권 논쟁 등은 사회적 압력으로 작용해서 사람들로 하여금 종교와 과학의 문제를 다루도록 이끌고 있습니다. 물론 언론도 여기에 일조하고 있고요. 여기에 경제적 요인도 무시할 수 없습니다. 존 템플턴(John Templeton, 1912~2008년)이 만든 존 템플턴 재단[8]이 1990년대 들어 종교와 과학의 대화를 촉진하기 위해 학술 활동에 엄청난 지원을 했고 이것이 '종교와 과학'이라는 주제의 복권에 결정적인 역할을 한 것을 부인할 수 없기 때문입니다. 또한 지적 트렌드에 민감한 출판사들의 상업주의도 이 분야에서 많은 서적들이 출판되는 데 중요한 역할을 했습니다.

이제 '왜 지금 종교와 과학을 논의하는가?'에 대한 제 입장을 좀 더 거시적 관점에서 이야기하면서 이 편지를 마무리할까 합니다.

저는 종교와 과학은 인류가 오랜 역사 과정에서 환경에 적응하면서 생존율을 높이기 위해 만들어 낸 '메커니즘(mechanism)' 가운데 하나라고 생각합니다. 물론 예술이나 정치나 경제도 일종의 메커니즘입니다. 메커니즘 대신 '생존을 위한 시스템(system)'이나 '모듈(module)'이라고 불러도 상관없습니다. 인류나 특정 사회는 생존을 위한 메커니즘을 다양하게 가지고 있고 동시에 사용합니다. 각 메커니즘은 일정 부분 자기 영역과 자기 담론 구조를 가지고 있으며, 다른 메커니즘과는 서로 보완적일 때도 있고 경쟁적일 때도 있습니다. 인류는 이런 메커니즘 하나에만 독점적 지위를 주지 않고, 상황과 필

---

[8] 영국의 유명한 투자가인 존 템플턴 경이 1987년에 세운 재단으로 흔히 템플턴 재단으로 불린다. 종교계의 노벨상이라 불리는 템플턴 상을 매년 수여하며, 최근에는 과학과 종교(영성)에 관련해서 집중적인 지원을 하고 있다.

요에 따라 다양한 메커니즘들 사이의 비중을 달리하면서 각기 역할을 할 수 있도록 조정합니다. 그런데 특정 메커니즘이 그 메커니즘이 만들어진 기능이나 활동 영역을 벗어나서 지나치게 강한 영향력을 행사하는 경우, 인류나 특정 사회는 자동적으로 비대해진 특정 메커니즘을 제어하려고 합니다. 즉 특정 메커니즘의 독주로 인해 인류나 특정 사회가 생존의 위협을 받거나 적응의 정도가 심하게 훼손될 때, 다른 메커니즘을 사용해 그 메커니즘을 제어하게 됩니다.

역사적으로 종교가 사회의 생존을 위협할 지경에 이를 때, 종교는 다른 메커니즘의 제어를 받았습니다. 그 제어 과정이 혁명처럼 과격하게 이루어진 경우도 있었고, 지속적이고 완만하게 이루어진 경우도 있습니다. 저는 서구 역사에서 볼 수 있는 종교에서 과학으로의 주도권 이행을, 비대해져 사회 자체의 생존을 위협하게 된 종교에 대한 자동적인 제어 과정으로 보고 있습니다.

오늘날 종교와 과학의 만남을 강요하는 듯한 사회적 압력 또한 마찬가지의 시각에서 볼 수 있지 않을까 싶습니다. 인류의 생존력 강화에 봉사해야 할 과학이라는 메커니즘이 이제는 핵무기나 환경 파괴 등의 예에서 볼 수 있듯이 인류의 생존을 위협하는 상황에 이르자, 과학을 제어하기 위한 다른 메커니즘이 필요해지고, 그 역할이 종교에 맡겨진 게 아닌가 싶습니다. 물론 경제나 정치와 같은 메커니즘도 있지만, 가장 큰 제어 역할을 종교라는 메커니즘에게 맡긴 게 아닌가 하는 생각이 듭니다.

그런데 이 시점에서 우리는 종교가 뭔지 과학이 뭔지 잘 알고 있는가 하는 의구심이 듭니다. 이 둘은 서로 어떻게 보는가도 궁금해집니다.

왕의 귀환인가, 탕자의 귀가인가?

저는 서구 기독교 문화권 속에서 과학자들이 종교에 대해 논의하는 모습이나, 신학자들이 과학과 치열하게 대화하려고 하는 최근의 모습을 보면서 이런 느낌을 갖게 됩니다. '타자의 귀환', 서구 사회에서 종교와 과학은 서로를 '타자'입니다. 한때는 식구나 이웃처럼 지내던 종교와 과학이 언제부터 서로에게 타자가 되어 버렸습니다. 그러나 21세기 초반인 오늘 종교와 과학이 다시 만나려 하고 있습니다.

그렇다면 종교와 과학은 서로를 어떻게 생각할 것인가 무척 궁금합니다. '왕의 귀환'으로 볼까요, 아니면 '탕자의 귀가'로 볼까요? 종교와 과학이 서로에게, 「반지의 제왕」처럼 당면 문제를 해결해 줄 왕이 될지, 재산을 탕진하고 돌아와 용서를 구할 아들이 될지는 앞으로의 만남에 따라 달라질 것이라고 생각합니다. 이것은 서로가 타자성을 어떻게 극복하는가 하는 문제와 직결되어 있다고 봅니다. 이를 위해서 자신 안의 타자성을 서로 확인하고, 서로의 동질성을 확인하는 과정이 필요할 것이라는 생각이 듭니다. 이를 토대로 종교는 과학에게 무엇을 기대하는지, 과학은 종교에게 무엇을 기대하는지 좀 더 논의를 이어 가야 할 것 같습니다. 김윤성 선생님께서 도대체 종교가 무엇이고, 과학이 무엇인지, 비슷한 점이 있다면 그것대로, 다른 점이 있다면 그것대로 이야기를 풀어 주시기를 기대합니다.

여행은 일상의 상식을 깨는 경험입니다. 남반구에서 햇볕 따뜻한 양지는 북쪽입니다. 당연히 북향집이 남향집보다 훨씬 비싸죠. 또 한여름에 성탄절과 새해를 맞이합니다. 이처럼 여행은 저를 낯선 것에 익숙하게 만들고 새롭게 배우게 합니다. 당연히 이 과정에서 조심스러워질 수밖에 없습니다. 게다가 언어가 다른 이들과 만날 때에는 더욱 조심스럽습니다. 그때는 공통의 의사 소통 수단이 필요합니다. 제가 스페인 어를 하거나 이곳 사람들이 우리말을 할 수 있다면 참 좋겠습니다. 둘 다 불가능하다면 대안을 찾아야죠. 영어나 몸짓이라는 만국 공통어를 써야 하겠죠. 자기 언어만을 고집한다면 이해는커녕 의사 소통조차 아주 어려워집니다. 목마르고 배고파도 아무것도 얻어먹지 못하고 쫓겨나고 말겠죠. 그래서 낯선 땅, 낯선 이들 사이에서 여행을 하게 되면 언제나 겸손함을 배우게 됩니다.

종교와 과학의 만남도 이와 같지 않을까요? 수천 년의 상상력을 간직한 종교가 최첨단의 현대 과학을 만났다고 해서, 종교가 존재 근거를 고민해야 하는 상황까지 몰린 것은 아닌 것 같습니다. 또 종교가 과학에 대해 발언하는 것을 삐딱하게만 보는 것도 바람직한 일은 아닐 겁니다. 오히려 서로를 있는 그대로 인정하고, 서로의 이야기를 차분하게 들을 수 있는 좋은 기회라고 생각합니다.

자기만의 독백이나 텃세 의식에서 벗어나 상대방의 이야기에 귀 기울여야 할 때입니다. 우리에게 우선 필요한 것은 타자의 이야기에 귀를 기울이는 태도라고 여겨집니다. 이번에는 김윤성 선생님의 이야기에 귀를 기울이겠습니다. 다시 연락드리겠습니다.

2007년 1월 3일
코차밤바에서
신재식 올림

이 편지에 대하여

김윤성 교수의 이 편지는 2007년 1월, 나가사키 출장 중에 신재식 교수의 편지를 받고 답장으로 씌어진 것이다. 과학과 종교의 논쟁에서 과학을 대변하는 과학 철학자인 장대익 교수나 종교의 자장 안에 있는 신학자이자 목사인 신재식 교수와는 달리 제3자적 입장을 취하는 종교학자 김윤성 교수는 종교와 과학 사이에 어느 하나로 환원될 수 없는 모호성의 지대가 있음을 보여 준다.

편지 1.3
종교와 과학의 논의
행복하게 엿듣겠습니다

장대익 선생님과 신재식 선생님께

두 분 편지 잘 받아 보았습니다. 엊그제 이곳 일본 나가사키에 도착해 여기저기 다니느라 이제야 편지를 씁니다.

나가사키는 참으로 독특한 도시더군요. 전통과 근대가 절묘하게 공존하죠. 사찰과 신사도 많지만, 일본 다른 곳에서는 보기 힘들던 성당이 유독 많습니다. 16세기 서양과의 교역 중심지로서 천주교가 처음 전래된 곳이자 수만 명의 신자들이 순교한 곳이기 때문이죠. 서양 고딕 양식의 성당들도 인상적이지만 순교자 기념관과 오우라 성당 그리고 우라가미 성당(피폭 마리아 성당)에서 보았던 독특한 성모 마리아 상들이 특히 기억에 남습니다. 천주교 전래 초기에 관헌들이 신자를 색출하기 위해 사람들로 하여금 밟고 지나가게 했던 마리아 상은 죽음을 기꺼이 감내할 정도로 강렬한 신앙의 힘에 대해 다시금 생각해 보게 합니다. 또 품에 안긴 아기 예수만 아니라면 불교 유물로 착각할 정도로 영락없는 관음보살의 모습을 한 마리아 상은 새로

85

운 종교의 수용 과정에서 벌어진 절묘한 혼합의 양상을 보여 주죠. 그리고 원폭 투하 이후 남은 잔해 그대로 모셔진 마리아 상은 가해자이자 동시에 피해자였던 일본인들의 역사와 경험에 새겨진 전쟁의 상흔을 고스란히 보여 줍니다. 불교와 신토(神道)가 주류를 이루고 있는 일본의 종교 문화 전반을 생각하면 여기에 서양 문화와 종교까지 어우러진 이곳 나가사키는 정말 독특한 도시라는 생각이 듭니다.

이상한 통계, 종교인 8200만 > 총 인구 4800만

장 선생님께서 말씀하신 미국의 종교 통계 이야기를 읽다 보니 일본의 통계가 생각나네요. 몇 년 전 일본 문부성이 종교별 집계 자료를 종합한 통계에 따르면 각 종교별 신자 수는 신토 1억 1700만 명, 불교 9000만 명, 개신교와 천주교를 포함한 기독교 150만 명, 각종 신종교 1100만 명이라고 합니다. 종교인 수가 무려 2억 2000만 명으로 일본 총인구 1억 2500만 명의 거의 두 배에 달하죠.

그런데 최근의 센서스 조사는 이와 좀 달라서, 이에 따르면 신토 6800만 명(54.1퍼센트), 불교 5000만 명(40.5퍼센트), 기독교(개신교와 천주교) 90만 명(0.7퍼센트), 신종교 및 무종교 포함 기타 600만 명(4.7퍼센트)으로 나옵니다. 1인당 1개 종교만 택하게 한 후 백분율로 환산한 센서스 통계가 정확해 보이기는 하지만, 일본 종교 문화의 실상을 잘 보여 주는 건 오히려 문부성 통계가 아닐까 합니다. 사실 종교를 절대 진리에 대한 신앙의 문제로 여기고, 따라서 사람마다 종교가 있거나 없거나, 또 한 사람이 하나의 종교만 갖는다거나 하는 생각은 어디까지나 근대 이후에 성립된 서구적 종교관에서나 통하는 이야기이기 때문이죠. 극소수의 기독교인과 무신론자를 제외하면 대부분의 일본인들에게 때로 신사에 가서 축원을 올리거나 부적을 사고 때로 사찰에 가서 발복을 기원하는 일이 드문 일은 아니죠. 그들에게 종교란 절대 진리의 문제라기보다는 그저 삶의 필요를 채워 주는 일상의 일부가 아닐까 합니다.

그런데 흥미롭게 우리나라의 경우도 일본과 아주 비슷합니다. 문화관광부가 2002년도에 각 종교별 집계 자료를 토대로 작성한 통계에 따르면, 불교 3749만 명, 개신교 1872만 명, 천주교 422만 명, 유교 600만 명, 천도교 100만 명, 원불교 133만 명, 대종교 47만 명, 기타 종교 1286만 명으로 종교인 수가 무려 8200만 명에 이르는 것으로 되어 있습니다. 우리나라 총인구의 1.5배나 되는 수치죠.

반면에 2005년 국내 센서스 조사를 보면 "종교가 있느냐?"라는 물음에 "있다."라고 답한 사람은 53.1퍼센트인 2500만 명, "없다." 라고 답한 사람은 46.9퍼센트인 2200만 명입니다. 종교별로는 불교 1070만 명(22.8퍼센트), 개신교 860만 명(18.3퍼센트), 천주교 510만 명(10.9퍼센트), 유교 10만 명(0.2퍼센트), 원불교 13만 명(0.3퍼센트), 기타 종교 25만 명(0.5퍼센트)이고요. 미국이나 일본은 물론 그 어느 나라에 비해도 무종교인의 비율이 상당히 높은 편이죠. 사회주의 국가들을 제외한다면 아마도 우리나라는 자신이 무종교인이라고 생각하는 사람이 가장 많은 나라일 겁니다.

이 통계들은 우리나라 종교 상황에 대해 많은 것을 말해 줍니다.

첫 번째 통계에서 총인구의 1.5배나 되는 종교인 수는 한 사람이 여러 종교를 동시에 갖거나 이 종교에서 저 종교로 개종하는 일이 매우 잦음을 말해 주죠. 두 번째 통계에서 의아스러운 점은 인구의 절반이나 되는 무종교인들이 과연 정말로 종교와 무관한 삶을 살까 하는 점입니다.

갤럽 조사를 보면 실제로 제사와 차례를 지내는 사람이 90퍼센트가 넘고, 정식 신자는 아니어도 이따금 사찰이나 성당 또는 교회에 가는 사람도 적지 않습니다. 그래서 어떤 종교학자는 이들을 "실천적 유교인", "실천적 불교인", "실천적 기독교인"이라고 부르기도 하죠. 이뿐만이 아닙니다. 굿을 하고 점을 보는 일, 택일을 하고 사주와 궁합을 보는 일, 연초에 토정비결을 보는 일, 풍수지리를 따지는 일 같은 것은 현대 들어 줄거나 사라지기는커녕 오히려 더욱 성행하고, 또 새로운 세계인 사이버 스페이스에서 크게 번성하고 있습니다. 그렇기에 무종교라고 하는 사람들의 상당수도 대개는 어떤 형태든 특정한 종교적 신앙과 실천을 갖고 있다고 보아야 할 겁니다.

제가 종교 통계 이야기를 꺼낸 건 우리가 이야기하고자 하는 과학과 종교의 문제가 이와 무관하지 않다는 생각에서입니다. 과학과 종교는 둘 다 진리의 문제로 씨름하죠. 과학적 진리와 종교적 진리가 서로 상충하는지 아니면 상호 보완적인지가 두 영역의 만남을 논의하는 많은 이들의 관심거리일 겁니다. 하지만 관점을 좀 달리해서 보면 이런 관심 자체는 과학과 종교를 진리 체계로 파악하는 특정한 세계관 안의 문제라고 생각됩니다. 다시 말해 종교를 그저 삶의 문제에 대한 해답의 일부로 여긴다면 과학과 종교의 관계 따위는 별다른 관심거리가 되지 못한다는 거죠. 하지만 어쨌거나 우리는 서구적 종교관과 과학관의 영향 속에서 살고 있고, 따라서 많은 이들이 과학적 진리와 종교적 진리에 대해 어떤 식으로든 관심을 기울이고 있는 것이 사실인 것 같습니다. 기독교는 물론 불교와 신종교를 비롯한 많은 종교 신자들이, 또 많은 과학자들이 과학과 종교의 문제에 특히 관심을 기울이고 있습니다.

그런데 가만히 보면 꼭 이렇게 종교와 관계된 사람들만이 과학과 종교의 문제에 관심을 가지는 건 아닌 듯합니다. 실제로 특정 종교의 신자가 아닌데도 이런 관심을 갖고 있는 사람들이 적지 않아 보입니다. 생각건대 이는 방금 종교 통계에서 보았던 것처럼 설령 무종교를 표방하는 사람이라 하더라도 어떤 식으로든 종교적 성격의 신념이나 실천에 관련된 경우가 많기 때문이 아닐까 합니다. 설령 특정한 종교가 없더라도 일반적 차원에서 종교와 과학이 신앙과 이성의 문제에 대한 제법 흥미로운 생각거리를 제공하기 때문이겠죠. 결국 과학과 종교의 문제는 비단 과학이나 종교에 직접 관련된 사람들만이 아니라, 지식과 진리 자체나 이를 둘러싼 담론과 그 효과에 일말의 관심을 가진 사람이라면 누구나 참여할 수 있는 것이 아닐는지요.

한 종교학도가 행복한 불가지론자가 되기까지

종교 통계 이야기는 이쯤 하고, 두 분 편지를 읽으며 들었던 제 나름의 생각을 몇 자 적어 볼까 합니다. 과학과 종교라……. 아무래도 저는 애초에 두 분과 출발점이 좀 다른 것 같습니다. 두 분은 각자 과학자와 종교인의 자리에 서 계시지만, 저는 그 어느 쪽도 아닙니다. 그렇다고 중간은 더더욱 아니고요. 그저 한걸음 떨어져서 바라보는 애매한 제3의 자리랄까요. 아시다시피 종교학이라는 학문은 (적어도 제가 하고자 하는 종교학은) 진리나 신념 자체에 헌신하기보다는 이를 둘러싼 담론과 그 효과를 분석하는 일에 더 관심을 둡니다. 어쨌거나 앞으로 저는 그저 제 나름의 자리에서 두 분 사이에 오가는 이야기를 들으며 제가 할 수 있는 이야기를 덧붙여 보려고 합니다.

과학과 종교에 관한 제 관심은 그 성격이 계속 변해 왔습니다. 학창 시절에 저는 성경을 문자 그대로 믿는 보수적 신앙의 개신교인으로서 창조 과학을 정말 열심히 공부했었죠. 하지만 지금 곰곰이 생각해 보면 당시에 저는 창조 과학을 진정한 진리로 옳다고 여겼다기보다는 그것이 옳으니까 믿어야 한다고 여기고 또 그렇게 믿으려 부단히 애썼던 것 같습니다. 결국 시간이 흐르면서 그런 헛된 분투를 그만두게 되었죠.

지식이 쌓일수록 제 이성이 점점 신념을 과학으로 여기던 오류에서 벗어나게 만들었기 때문입니다. 그 후 제 신앙은 보수와 진보의 중간쯤 되는 신정통주의를 거쳐 진보적인 자유주의 개신교로 옮겨 갔는데요, 그러면서 우주와 진화에 대한 현대 과학의 견해를 제 종교적 신앙과 조화시키기가 훨씬 수월해졌습니다. 문자에 얽매이지 않을 때 신앙이 얼마나 더 풍성해질 수 있는지를 깨달았던 거죠.

하지만 저는 거기서 멈출 수 없었습니다. 저는 종교학을 계속 공부하면서 종교적 진리에 관련된 주장과 담론이란 얼마나 다양한지를 발견했습니다. 그 다양성에 대한 종교학자들의 태도 역시 다양하죠. 모든 진리가 부분적이라는 신념 아래 자신의 종교만큼이나 다른 이들의 종교도 소중히 여기며 신앙을 지켜 가는 종교학자도 많고, 이와는 좀 다르게 특정 종교의 신자로 남기보다는 여러 종교들을 초월하는 궁극적 진리와 성스러움 자체를 인정하며 이를 추구하는 종교학자도 많습니다. 한편 불가지론 내지 무신론의 입장에서 진리 자체에 대한 문제보다는 진리를 둘러싼 담론과 권력의 문제에 관심을 기울이는 종교학자도 적지 않습니다.

저는 애초에는 첫 번째 입장이었다가, 점차 두 번째 입장으로, 그리고 다시 세 번째 입장으로 계속 옮겨왔습니다. 문자주의적 개신교인에서 자유주의적 개신교인으로, 다시 개신교를 비롯한 개별 종교들을 넘어 종교의 보편성을 추구하는 종교학자로, 그리고 종국에는 거의 무신론에 가까운 색채를 띤 불가지론적 입장의 세속적 종교학자로 계속 변모해 온 거죠. 앞으로 제가 어떻게 또 변해 갈지 모르겠습니다.

다만 비록 제가 유신론적 종교와 다소 거리를 두게는 되었지만, 그렇다고 무신론으로 전향한 것은 아니라고 말씀드리고 싶군요. 아마 쉽게 그렇게 될 것 같지도 않고요. 저에게는 무신론도 어차피 특정한 형이상학적 신념 체계의 하나일 뿐이기 때문입니다. 유신론이든 무신론이든 신념의 선택은 각자의 몫이고, 저는 양자택일에는 그다지 관심이 없습니다. 당분간은 불가지론적 거리두기가 선사하는 지적 모험의 즐거움을 한껏 누리고 싶을 뿐입니다.

아무튼 제 입장이 이렇기에 저는 과학이든 종교든 '진리'의 차원에서 접근할 생각은 없습니다. 그래서 저는 두 분의 대화에 직접 참여하기보다는 한 걸음 떨어진 입장에서 제 나름의 물음을 던지고 또 답해 보려고 합니다. 그렇다고 제가 두 분 사이에서 중재를 하거나 하는 일은 아마 없을 겁니다. 사실 그러고 싶은 생각도 그럴 만한 능력도 없고요. 신념의 차이를 중재하는 거간꾼 노릇을 하던 과거의 종교학은 오늘날 혹독한 비판의 칼날에 여지없이 무너지고 있습니다. 신념의 중재자를 자처하는 순간, 이미 엄밀한 학문에서 신앙적 고백으로 자리를 옮긴 셈이기 때문이죠. 오늘날 종교학이 그런 거창한 역할을 할 수 있다는 포부를 간직한 종교학자는 점점 줄어들고 있습니다. 이를 종교학의 세속화로 염려하는 종교학자들도 많지만, 종교학이 진정한 학문으로 거듭나기 위한 지극히 당연한 변화로 반기는 종교학자들이 점점 더 많아지고 있습니다. 저도 그중의 한 명이고요. 아무튼 제 이러한 입장을 이해하시고, 두 분의 대화에 직접 참여하지 못하더라도 이해해 주시기 바랍니다.

신이라는 망상과 무신론자의 몽상 사이에서

도킨스의 『만들어진 신』은 저도 읽고 있는 중입니다. 잠시도 손을 놓을 수 없을 정도로 흥미진진한 책이더군요. 독창적이기보다는 엄청나게 많은 기존 논의들을 집약해서 대중적으로 잘 소화되게 정리한 내용이 대부분이기는 하지만, 책 전반에 깔린 도킨스 특유의 신랄한 독설과 명쾌한 주장이 나름대로 장점을 지닌 책인 것 같습니다.

그런데 중세부터 근대까지 많은 이들이 관여했던 신 존재 증명 시도들에 대해 조목조목 비판하는 그의 논의는 조금은 진부해 보입니다. 그의 논의는 사실 기존의 철학자들과 신학자들에게 많은 빚을 지고 있죠. 철학과 신학을 조금이나마 공부해 본 사람이라면 그가 말하는 내용들이 그리 새로울 게 없다는 점을 금세 알 수 있을 겁니다. 또 종교의 이름으로 자행된 나쁜 일들을 비판하는 부분도 그리 참신하게 느껴지지는 않더군요. 다른 많은 이들이 제기했던 기존의 비판들을 한데 모아서 소개하는 것에 불과해 보입니다. 종교와 폭력이나 종교와 전쟁에 관한 책들을 들추어 보면 이 역시 금세 알 수 있습니다. 물론 도킨스의 무신론적 입장도 그리 새로운 것은 아니죠. 무신론을 세계적 운동으로 발전시키려는 그의 시도 자체는 새롭지만, 무신론이란 사실 나름의 역사를 지닌 오래된 신념의 하나입니다. 역사상 최초의 무신론자들이라고 할 만한 고대 그리스의 이오니아 학파는 무려 2500년 전에 활동했죠.

어쨌거나 그래도 도킨스의 책은 아주 흥미롭게 읽히는 게 사실입니다. 이는 이 책에 도킨스 특유의 명쾌함, 미래 세대에 대한 그의 염려, 인류에 대한 책임감이 여실히 담겨 있기 때문이 아닐까 합니다. 그런데 도킨스는 책의 서두를 '종교적'이라는 말을 되짚는 데서 시작합니다. 그는 이렇게 말합니다. 종교를 가진 당신들이 '종교적'이라고? 좋다. 그럼 어디 한번 과연 누가 더 종교적인지 겨루어 보자! 이 대목에서 그는 알베르트 아인슈타인(Albert Einstein, 1879~1955년)의 종교 정의를 빌려옵니다. "경험할 수 있는 무언가의 이면에 우리 마음이 파악할 수 없는 무언가가 있으며, 그 아름다움과 숭고함이 오직

간접적으로만 또 희미하게만 우리에게 도달한다고 느낄 때, 그것이 바로 종교다. 그런 의미에서 나는 종교적이다." 저는 종교학을 하면서 종교에 관한 많은 정의들을 보았습니다만, 아인슈타인의 이런 종교 정의가 상당히 매력적이라는 점을 부인하지 못하겠습니다.

그런데 이 부분에 대해 오해하지는 말아야 할 겁니다. 아인슈타인의 종교 정의는 언뜻 보편적이고 초월적인 존재와 관련된 종교를 가리키는 것처럼 보이고, 따라서 그가 특정 종교를 초월하지만 나름대로 일정한 종교적 신념을 지니고 있는 것처럼 보입니다. 하지만 도킨스가 잘 밝혔듯이 아인슈타인은 우리가 흔히 생각하는 어떤 특정한 종교를 지닌 과학자는 분명 아니었습니다. 그는 엄연한 무신론자였고 굳이 말하자면 일종의 범신론적인 사고를 갖고 있었을 뿐이죠. 그렇기에 아인슈타인을 인용하는 도킨스는 단지 종교를 가진 사람만 종교적인 게 아니라 자연의 신비와 깊이를 겸허히 받아들일 줄 아는 사람이라면 누구든 넓은 의미에서 종교적일 수 있다고 말하고 있는 것일 뿐입니다.

이 점과 관련해 종교학의 거장인 미르체아 엘리아데(Mircea Eliade, 1907~1986년)[1]가 생각나는군요. 종교에 대한 아인슈타인과 도킨스의 견해는 인간을 성스러움과의 관계 속에서 사는 존재로 보고, 따라서 인간이란 본질적으로 '호모 렐리기오수스(Homo religiosus, 종교적 인간)'라고 본 엘리아데의 견해와 비슷해 보입니다. 하지만 엘리아데는

---

1 루마니아 태생의 미국 종교학자, 소설가. 성스러움에 관한 이론으로 20세기 후반은 물론 지금까지 세계 종교학계, 종교계, 문화계에 큰 영향을 끼쳐 왔다.

성스러움을 초월적 실재의 현현으로 본 반면, 아인슈타인과 도킨스는 그런 실재 따위를 인정하지 않는다는 점에서, 사실상 종교에 대한 양측의 견해는 완전 딴판입니다. 저는 종교학도로서 오랫동안 엘리아데의 견해를 받아들여 왔지만, 지금은 생각이 좀 달라졌습니다. 초월적 실재로서 성스러움을 승인하고 말고는 각자가 알아서 할 일이지만, 그 실재를 학문 영역으로 끌어들이는 순간 종교학은 엄밀한 학문이 아닌 일종의 종교적 교의로 탈바꿈하기 때문이죠.

물론 엘리아데의 논의는 이보다 훨씬 복잡하고 정교하며, 많은 국내외 학자들이 이 점에 주목해 왔습니다. 예를 들어 제 은사이신 정진홍 선생님은 엘리아데의 성스러움이 객관적 실재가 아닌 인간 의식 속의 경험적 실재일 뿐이며, 따라서 그가 성스러움의 초월적 실재성을 인정한 것은 아니라고 보시기도 합니다. 글쎄요. 멋진 해석이기는 합니다. 분명 타당한 면도 있고요. 하지만 더 중요한 건 엘리아데에 대한 이런 해석에도 불구하고, 실제로 엘리아데가 학계나 대중에게 널리 수용되는 까닭은 전혀 다른 데 있다는 점이 아닐까 합니다.

엘리아데의 인기 비결은 그가 초월적 실재로서 성스러움 개념을 토대로 개별 종교를 초월하는 모종의 보편 종교에 대한 비전을 제시했다고 여겨지기 때문입니다. 하지만 바로 이 점이 엘리아데가 학자라기보다는 작가이고, 종교학자라기보다는 새로운 종교적 비전에 헌신하는 사제나 다름없다는 비판을 받아 온 핵심 이유입니다. 또 그의 이러한 종교적 비전이 그의 정치적 성향, 즉 청년기의 우파 민족주의와 평생 동안의 반공주의, 반셈족주의, 오리엔탈리즘과 관련된다는 비판도 줄곧 제기되어 왔습니다. 어쨌거나 이러한 비판들에도 불구하고, 엘리아데 자신의 사상이나 그에 대한 해석들을 떠나 지금도 지속되고 있는 엘리아데의 인기는 그 자체로 일군의 추종자를 거느린 독특한 현상이, 사실상 거의 종교적인 현상이 되어 버렸다고나 할까요.

그래서 엘리아데와 아인슈타인 중에서 굳이 고르라고 한다면, 비록 제가 종교학도이기는 하지만, 엘리아데보다는 아인슈타인의 종교 정의를 택할 것 같습니다. 종교성의 의미에 대한 그의 언급은 명료하면서도 매력적이죠. 물론 어디까지나 그를 종교인으로 오해하지 않는 한에서 말입니다. 저는 삶과 죽음에 대한 진지한 물음과 해답을 추구하는 사람은 누구든 종교적이라는 일반적인 견해를 전면 거부하지는 않습니다. 엘리아데가 말한 바와 같이 모든 인간은 호모 렐리기오수스이기도 하겠죠. 하지만 왜 굳이 여기에 '종교적'이라는 표현을 붙여야 되는지는 잘 모르겠습니다. 저는 음악을 굉장히 좋아해서 때로는 종교에서 얻는 감동보다도 훨씬 더 깊은 감동을 음악에서 얻을 때가 많습니다. 솔직히 신앙 생활을 열심히 하던 때에 흘렸던 회개의 눈물보다는 음악을 들으며 흘렸던 감동의 눈물이 조금은 더 많은 것 같습니다.

한때 저는 이렇듯 서로 비슷하면서도 통하는 종교적 감동과 음악적 감동의 근원적 상관성을 밝히기 위해 이들의 관계를 성스러움과 관련된 언어로 풀어내 보고픈 바람도 있었습니다. 호모 무지쿠스(*Homo musicus*, 음악적 인간)란 결국 호모 렐리기오수스와 통하는 것이 아닐까 하는 생각이었죠. 하지만 그런 시도를 제대로 해 보기도 전에 그만 제 생각이 바뀌어 버렸습니다. 음악의 힘과 감동을 설명하는 데 굳이 성스러움이니, 종교적이니 하는 언어가 필요할까? 그저 우리 몸과 숨결의 리듬, 소리의 힘, 침묵의 깊이 같은 것들로 설명해도 충분하지 않을까? 인간이란 실로 호모 무지쿠스죠. 또 호모 파베르이기도 하고요. 하지만 호모 무지쿠스나 호모 파베르가 호모 렐리기오수스와 등가인 것은 아닙니다. 전자는 의미와 가치를 배제한 중립적 술어인 반면, 후자는 종교에 대한 특정한 의미와 가치 평가를 담고 있는 용어이기 때문이죠.

갑자기 웬 종교와 음악 이야기인가 좀 의아스럽겠지만, 실은 제가 과학과 종교에 대해 하고픈 이야기도 이와 관련이 있습니다. 기독교인이 아니어도 누구든 그레고리오 성가나 베토벤의「합창」교향곡에 감동할 수 있는 것은, 그 음악들이 종교적 성격을 지니거나 음악을 듣는 사람의 내면에 일정한 종교적 성향이 있어서가 아니라, 그저 음악 자체가 본디 사람의 마음을 움직이는 놀라운 힘을 지니기 때문이라고 생각합니다. 음악과 종교는 제각기 나름의 영역이 있고, 또 서로 중첩되는 영역도 있습니다.

주제를 옮겨 과학과 종교로 와도 마찬가지인 것 같습니다. 과학과 종교는 분명 진리를 둘러싼 각기 나름의 영역이 있지만, 서로 중첩되는 부분이 많기도 합니다. 그렇기에 저는 스티븐 제이 굴드 식으로 깔끔하게 두 영역을 분리해 버리는 입장에도, 그렇다고 이언 바버나 존 호트 식으로 과학과 종교의 대화나 융합을 꿈꾸는 대부분의 이 분야 학자들의 입장에도 전적으로 동조하지는 못하겠습니다.

굴드의 입장은 지나치게 편리하지만, 과학과 종교의 중첩 지대를 설명하지 못하죠. 또 대화나 융합을 말하는 이들은 과학과 종교가 끝내 다른 부분이 더 많다는 점을 애써 무시합니다. 물론 그렇다고 과학의 진보가 곧 종교의 위축 내지 소멸을 가져오리라는 도킨스 식의 다소 과장된 기대도 만족스럽지 못합니다. 오늘날 종교의 영향력이 오히려 더욱 증대되고 있는 현실을 인정한다면, 도킨스의 기대는 그저 무신론자의 몽상에 불과할지도 모르죠.

이러한 입장들과 구분되는 어떤 또 다른 입장이 가능할지는 저도 잘 모르겠습니다. 제가 찾는 길이 분명 이들과는 다른 길이라는 점 밖에는 아직 말하지 못하겠습니다. 하지만 불가능하다고는 생각지 않습니다. 언젠가는 음악과 종교를, 또 과학과 종교를, 서로 별개이면서도 중첩되는 미묘한 뉘앙스로 가득한 이들의 관계 영역을 명확한 인식의 언어로 서술해 낼 수 있겠죠.

부모가 자녀에게 종교를 전해 주는 건 폭력이다?

이야기가 좀 옆으로 샜습니다. 다시 『만들어진 신』으로 돌아오겠습니다. 인상 깊었던 또 다른 부분은 아이들에게 부모의 종교를 강요하지 말라는 도킨스의 권고였습니다. 그런데 이는 깊이 새겨들을 만한 점은 있지만, 과연 그게 가능한 일일까 하는 의구심이 들게 합니다. "엄마 아빠는 교회 다녀올 테니까. 너는 집에서 게임하거나 텔레비전 보고 있으렴." 하고 말할 부모가 과연 있을까요? 또 그게 과연 바람직한 일일까요? 제가 보기에 도킨스의 생각은 분명 의미심장하기는 하지만, 이 부분에서는 현실을 무시한 이상주의로 너무 나아갔다고 보입니다. 자신이 무언가를 옳다고 믿는데, 그 옳은 것을 자녀에게 전해 주고 싶지 않은 부모가 있을까요? 그것이 특정한 이념이든 또는 특정한 종교든 마찬가지입니다. 올바른 부모라면 자녀에게 자신의 신념을 전해 주고픈 바람을 갖는 건 지극히 당연한 일이겠죠.

정작 도킨스 자신도 그의 딸에게 전통이나 권위, 그리고 그 핵심 기제인 종교에 의존하지 않는 삶의 가치를 전달하려 애쓰지 않던가요? 그의 『악마의 사도(A Devil's Chaplain)』(2003년)에 실린, 딸에게 보내는 편지를 읽어 보면 이 점이 잘 드러납니다. 아마도 그는 자신의 딸이 부활절에 교회에서 달걀을 받아오거나 추수 감사절에 칠면조를 구워 놓고 감사 기도를 올리거나 친구들과 마녀 분장을 하고 핼러윈 파티를 즐기거나 하는 일이 얼마나 어리석은 일인지 가르칠지도 모르겠습니다. 하지만 이 점에서 도킨스 역시 자신의 신념을 자녀에게 전해 주고 싶어 하는 다른 부모들과 크게 다르지 않습니다. 다만 그는 다른 부모들이 전해 주려는 것이 '종교'라는 게 불만인 거죠. 그가 보기에 '종교'는 명백히 잘못된 나쁜 신념 체계이니까요.

도킨스의 의도는 자명합니다. 그가 꿈꾸는 세상, 모든 이들이 종교의 망상으로부터 해방된 세상을 이루려면 아이들이 자신의 의사와 상관없이 부모에 의해 특정 종교의 틀 안에서 양육되는 일이 없게 해야 한다는 거죠. 하지만 도킨스는 이런 생각을 하면서 정작 아이들이 무한한 가능성의 존재라는 사실을 인정하지 않는 건 아닌지 의구심이 듭니다. 아이들은 변화하고 성장하는 존재이며, 언젠가 스스로 판단하고 선택할 잠재력을 지닌 존재라는 점을 오히려 도킨스야말로 망각하고 있는 게 아닌가 합니다. 아이들에게 필요한 것은 단지 부모의 종교를 강요당하지 않을 권리가 아니라, 자라면서 다양한 지식을 습득하고 나름대로 선택할 기회를 가질 권리겠죠. 설령 어려서 부모에게 특정한 종교를 물려받았더라도, 성장하면서 스스로 판단하고 선택할 자유를 실현하는 게 더 중요한 것 아닐까요?

실제로 어려서 똑같은 종교적 환경에서 자랐어도 어떤 이는 독실한 신자가 되는 반면 어떤 이는 종교에 적대적이 되거나 철저한 무신론자가 되기도 합니다. 이는 비록 어린 시절의 종교적 환경이 성장에 큰 영향을 끼치기는 해도, 그 영향이 절대적이지는 않다는 걸 말해 줍니다. 그렇기에 애초에 자녀에게 자신의 신념을 전해 주려는 부모들의 바람 자체에 대해 도킨스처럼 자녀에 대한 권력 남용이나 폭력으로 매도하는 건 지나치다는 게 제 생각입니다. 물론 그런 면이 있을 수도 있겠지만, 그렇다고 거기에 자녀를 향한 부모의 순수한 사랑마저 없다고는 할 수 없을 겁니다.

이 점에서 저는 자기가 딸에게 물려주려는 합리적 신념만 옳고 다른 부모들이 자녀들에게 물려주려는 종교적 신념은 다 틀렸다고 거침없이 말하는 도킨스가 너무 오만한 것은 아닌지 의구심이 듭니다. 더욱이 실제로 수많은 부모가 자녀에게 자신의 (종교적이든 세속적이든, 그 어떤 종류든) 신념을 물려주고 있으며, 앞으로도 계속 그러할 것이라는 점은 쉽게 무시할 수 없는 자명한 현실이죠. 따라서 이를 간과한 도킨스의 주장은 다분히 현실성이 없습니다. 물론 이렇듯 과격한 주장을 하는 도킨스의 심정적 이유는 충분히 이해할 만합니다. 어쨌든 중요한 건 아이들이 단일한 사고에 갇히지 않고 충분한 다양성을 접하면서 스스로 선택할 수 있는 열린 환경을 만들어 주는 일이겠죠.

행복한 엿듣기, 지적 유희와 타산지석

신 선생님의 편지도 흥미롭게 읽었습니다. 많이 배웠고요. 과학과 종교의 관계에 대한 기나긴 논의의 역사를 정말 잘 정리해 주셨더군요. 특히 과학과 종교를 갈등 관계로 보는 견해가 비교적 최근에 만들어진 과장된 이미지일 뿐이라는 점에 대해 설명하시는 부분이 인상 깊었습니다. 또 과학과 종교의 지식이 구성적이라는 인식이 확대되고 생태 문제 같은 새로운 이슈가 불거지면서 과학과 종교의 대화에 대한 관심이 생겨나고 있는 현재의 상황에 대한 설명도 많은 도움이 되었습니다.

그런데 신 선생님 편지를 읽다 보니, 과학과 종교 논의란 결국 특정 종교의 문제이구나 하는 생각이 강하게 들더군요. 신 선생님께서 소개한 기관, 인물, 저술은 사실상 이 분야를 대표하고 또 사실상 거의 전부인 것 같습니다. 이언 바버가 『과학 시대의 종교(Religion in An Age of Science)』(1989년)에서 과학과 종교에 관한 대부분의 논의에 종교의 다양성에 대한 고려가 빠져 있다고 지적했듯이, 지금의 과학과 종교 논의는 주로 기독교와 관련해서 이루어지는 것 같습니다. 저야 종교학을 하는 입장에서 다른 종교들에서 이루어져 온 과학과 종교 논의에도 관심이 많지만, 그런 논의는 그리 많지 않아 보입니다. 우주 물리학과 진화 생물학 같은 현대 과학을 화엄경 같은 불교 경전과 결부시키려는 불자 과학자나 불교학자, 또는 자신들의 교리가 얼마나 과학적인지를 증명하려 하는 신종교 신자를 간혹 본 적은 있습니다만, 사실 이런 시도들은 어딘지 어색하게만 느껴집니다. 종교와 과학을 어느 한쪽의 틀에 또는 서로의 틀에 억지로 끼워 맞추려 한다는 점에서 창조 과학과 별반 다르지 않다는 느낌이 들더군요. 물론 방향이 정반대이기는 하지만 말입니다.

이런 시도들에서 감지되는 것은 일종의 이데올로기화된 과학이 아닐까 합니다. 과학이야말로 현대의 절대 기준이자 가치이고 따라서 어떤 식으로든 거기에 맞추어야 종교가 살아남으리라는 강박적 사고 말입니다. 이런 시도에는 과학을, 새로운 정보와 지식을 통해 끊임없이 자기 수정되며 발전해 가는 과정으로 보기보다는 이미 확립된 불변의 교의처럼 여기는 경직된 신념이 자리 잡고 있는 듯합니다. 제가 보기에 우리가 과학과 종교에 관해 논의하면서 이런 식의 견해들까지 다 다룰 필요는 없을 것 같습니다. 그렇다면 결국 주로 서양에서 기독교와 과학의 관계를 중심으로 펼쳐져 온 논의만 남게 되겠죠. 종교학자로서 이는 좀 아쉬운 점이기는 합니다만, 어쨌든 감안해야 하는 한계 같습니다. 다만 비록 기독교 위주의 논의라 하더라도, 좀 더 일반적이고 보편적인 용어로 풀어서 다시 생각하려는 노력은 필요할 것 같습니다.

예전에 제가 드렸던 책 기억하시죠. 제가 번역한 미국 가톨릭 신학자 존 호트의 『다윈 안의 신(*Deeper than Darwin*)』(2003년)이라는 책이요. 당시에 저는 우주와 생명의 진화에 대한 현대 과학의 견해를 받아들이면서 신학을 근본적으로 재구성하고 있는 호트의 논의에 매력을 느꼈고, 그래서 번역도 했습니다. 그런데 제가 이 책을 번역한 것은 신앙적인 이유 때문은 아니었습니다. 호트의 논의가 매우 설득력 있고 기독교인들에게 중요한 메시지를 던져 주는 것은 사실입니다. 하지만 제가 이 책에 흥미를 느꼈던 건 호트의 논의에 전적으로 동의해서가 아니라, 그가 펼치는 논의의 치밀함에 탄복하고, 그가 과학과 종교의 텍스트 외에 다양한 문학 작품을 인용하며 펼쳐내는 이야기, 우주와 생명, 신과 인간, 과거와 미래에 관한 이야기가 지닌 우아함에 매료되었기 때문입니다.

제 생각에 꼭 기독교인이 아니더라도 유일신을 전제하고 종교와 과학의 관계를 풀어내려 애쓰는 기독교인들의 다양한 논의를 곁에서 엿듣는 일은 그 자체로 즐거운 지적 작업일 수 있을 것 같습니다. 물론 이는 다른 어떤 종교와 관련해 이루어지는 종교와 과학 논의의 경우도 마찬가지일 겁니다. 아마도 우리는 이러한 논의들을 타산지석 삼아 종교와 과학의 관계를 이해하는 각자의 시각을 조금씩 다듬어 갈 수도 있겠죠.

나름대로 몇 자 적어 보았습니다만, 제 글이 두 분의 편지에 대한 답변이 되었을지 잘 모르겠습니다. 저는 과학과 종교 간의 갈등이나 대화에 대한 관심이 생기는 까닭은 결국 우리 삶에는 서로 구분되지만 그렇다고 완전히 분리되지는 않는 복잡하고 모호한 중첩 지대가 무수히 많기 때문이라고 생각합니다. 과학과 종교는 그러한 중첩 지대의 어디쯤엔가 놓여 있겠죠. 과학과 종교에는 진리의 문제를 둘러싼 나름의 독립된 영역이 있고, 또 서로 중첩되는 많은 영역이 있습니다. 종교로부터의 해방과 종교의 궁극적인 소멸을 꿈꾸는 무신론자든, 과학과 종교의 대화나 융합을 꿈꾸는 종교인 과학자와 신학자와 평신도든, 또 과학과 종교를 아우르며 넘어서는 언어를 통해 우주와 그 너머를 상상하는 인간에 대해 새롭게 서술해 내기를 꿈꾸는 종교학자든, 모두 다 과학과 종교가 서로 나뉘면서도 겹치는 그 모호성의 지대를 탐험하고자 하는 것이 아닐까요.

새벽이네요. 오늘 규슈 남부로 이동하는데 신칸센 안에서 정신없이 졸게 생겼습니다. 조금이라도 자 두어야 할 것 같네요. 그럼 이만 줄이겠습니다.

2007년 1월 15일
나가사키에서
김윤성 드림

2.

두 번째 편지들:
다시 과학이 종교에게

과학, 종교를 해부할 수 있을까요?

"윤리적·종교적 믿음의 유전적·진화적 기원은 복잡한 인간 행동에 대한 지속적인 생물학적 연구를 통해 검증될 것이다."

에드워드 윌슨

이 편지에 대하여

이 편지는 신재식 교수가 남미 여행 중 인터넷과 핸드폰이 잘 연결되지 않는 오지에서 빠져나와 부에노스아이레스에 도착해 쓴 편지이다. 이 편지에서 신재식 교수는 종교를 방어한다. 한 발 더 나아가 "과학이 자신의 한계를 성찰하지 않고 모든 것을 과학의 이름으로 재단하려는 시도는 마치 중세 유럽의 기독교의 모습과 겹친다."라고 지적하면서 현대 과학자들이 종교를 어떻게 보고 있는지, 그것이 과거의 종교 비판과 어떻게 다른지 따져 묻는다. 특히 신재식 교수는 종교 비판의 상징이 된 리처드 도킨스의 접근 방법 자체가 19세기 사회 진화론자의 방법("종교의 기원을 알면 그 본질을 알 수 있다.")과 크게 다르지 않음을 지적하며 도킨스의 접근 방법이 종교를 둘러싼 오늘날의 상황을 이해하는 데 도움이 될지 의심한다.

편지 2.1
반성 없는 과학, 중세 기독교와 다를 게 뭔가요?

김윤성 선생님과 장대익 선생님께

문명 세계로 돌아왔습니다. 이곳은 아르헨티나의 부에노스아이레스입니다. 어떻게 해서 이 도시가 '신선한 공기(Buenos Aires)'라는 이름을 갖게 되었는지 모르지만, 남미의 거대한 자연 속에서 떠돌던 저에게 이 도시는 문명 그 자체입니다. 파타고니아의 빙하와 이과수 폭포를 둘러본 뒤라서 이 느낌이 더 강렬하게 다가오는 듯합니다.

    선생님들께 편지를 띄운 후 강행군을 했습니다. 볼리비아에서는 라파스와 우유니 소금 사막을, 칠레에서는 산티아고와 파타고니아 지역의 토레스 델 파이네를, 아르헨티나에서는 부에노스아이레스와 모레노 빙하와 이과수 폭포를 둘러보았습니다. 이번 여행의 백미는 소금 사막이나 빙하 같은 자연이었습니다. 그런데 자연을 찾을 때에도 문명을 벗어날 수 없었습니다. 오지를 방문할 때마다 문명에 의존했기 때문입니다. 비행기, 버스, 지프, 배와 같은 문명의 산물이 없었다면, 이번 여행은 거의 불가능했을 겁니다. 이들 덕분에 적도에서 남미 대륙의 남단까지 수천 킬로미터의 거리를, 4000미터의 고지대에서 해수면까지를, 사막에서 빙하까지를 단 며칠 만에 또는 단 몇 시간 만에 이동할 수 있었습니다. 10시간, 20시간이 보통인 중간 중간의 버스 여행은 한국에서 쉽게 얻을 수 없는 색다른 경험이었습니다. 남으로 향하는 버스 여행을 통해 위도에 따라 변해 가는 자연의 모습을 고스란히 보았습니다.

자연은 저에게 특별한 경험을 주었습니다. 라파스나 산티아고, 부에노스아이레스도 인상적이었지만, 사막과 빙하와 폭포에서 받은 감동에는 미치지 못했습니다. 우유니 소금 사막, 굉장히 독특한 지형입니다. 해발 3653미터 높이에 있는 전라남도만 한 땅덩이가 온통 소금으로 가득합니다. 동서남북 사방이 온통 하얗습니다. 고개를 들면 툭 트인 하늘, 정말 금방이라도 물방울이 쏟아질 것 같은 그런 하늘이 보입니다. 어찌나 맑은지 갈라질 것 같은 하늘은 혼을 빨아들이는 듯합니다. 우기가 되어 비가 오면 소금 사막이 소금 호수가 되어, 하늘과 물과 소금이 어우러진 또 다른 세계가 펼쳐진다고 합니다. 푸른 하늘과 하얗게 뒤덮인 소금 사막을 보면 마음은 '경이'로 가득합니다. '장엄'한 자연 앞에 '외경심'마저 갖게 됩니다.

문득 이런 의문이 들었습니다. '어떻게' 이런 소금 사막이 만들어졌을까? 과학자들의 연구에 따르면 오래전에 바다였던 이 지역이 융기로 인해 안데스 산맥이 되고, 빙하기를 거치면서 거대한 호수가 되었다고 합니다. 그 후 건조한 기후 덕에 물이 모두 증발하고 소금만 남아서 소금 사막이 된 거죠. 소금의 양이 최소 100억 톤이나 되고, 소금층의 두께는 1미터에서 최대 120미터까지 다양하답니다. 과학이 없었다면 우리는 이런 사실을 알지 못했겠죠.

과학은 저를 경탄케 하고 외경심마저 갖게 했던 자연의 비밀을 들려주었습니다. 소금 사막뿐만 아니라, 파타고니아의 빙하도 마찬가지입니다. 제가 둘러본 곳은 남부 파타고니아 빙원(氷原) 지역의 일부였습니다. 이 빙원은 지구상에서 세 번째로 큰 거대한 얼음 덩어리로, 356개의 빙하가 이 빙원에 흘러나옵니다. 빙원의 넓이는 1만 4000제곱킬로미터에 이르고, 숫자로만 따지면 남극 대륙과 그린란드보다 더 크다고 합니다. 제가 본 페리토 모레노 빙하는 200만 년 전에 형성된 것으로, 너비가 5킬로미터이고 높이가 60미터나 되는 정말 거대한 얼음덩어리입니다.

과학은 탄성밖에 할 수 없었던 모레노 빙하의 과거와 현재를 드러내 줍니다. 더 나아가 과학의 도움으로 이 빙하의 미래까지 알 수 있습니다. 지구 온난화로 인해서 파타고니아의 빙하가 녹는 속도와 양까지도 과학자들이 알려 주기 때문입니다. 이처럼 과학이 없다면 제가 만난 자연의 중요한 사실들을 놓쳤을 겁니다. 과학은 제 시야를 무척 넓혀 주고 있습니다.

그런데 과학이 알려 준 사실로 인해 그때까지 장엄했던 자연이 갑자기 시시해지는 것은 아닙니다. 이전에 알지 못했던 자연의 역사가 과학을 통해 분명하게 드러났지만, 제가 느낀 감동이나 경이감은 결코 줄어들지 않았습니다. 여전히 자연은 제 가슴 속에 있는 무엇인가를 자극하면서 경탄과 감탄을 이끌어 냅니다. 우유니 소금 사막을 거닐 때, 새파란 빙하가 무너지는 모습을 볼 때, 쏟아지는 폭포물이 내는 굉음을 들을 때 제 온몸을 뒤흔들고 지배하는 것은 '경이감'

이고 '경외감'입니다.

　이런 감정과 더불어 자연에서 얻는 또 다른 느낌이 바로 '평안함'과 '친밀감'이었습니다. 꼭 무어라 단언할 수 없지만, '참 좋다.', '참 편하다.' 하는 느낌은 분명합니다. 물론 모든 자연이 친밀하고 편안한 느낌을 주지는 않습니다. 해발 4000미터 높이에 있는 소금 사막이나 영하의 빙하에서는 육체적으로는 조금 힘이 듭니다. 그렇지만 숲이나 산과 호수를 접할 때마다 아늑하다는 느낌이 온몸을 감싸는 것을 부정할 수는 없습니다. 문명이 우리의 일차적인 환경이 된 지 이미 상당한 시간이 지났지만, 우리는 여전히 자연에서 평안함을 느낍니다. 자연에서 느끼는 평안함은 우리가 자연의 일부라는 사실을 다시 확인시켜 주는 듯합니다.

　소금 사막과 빙하를 걸으면서 이런 생각을 했습니다. 지금 장엄한 자연을 접하면서 받은 느낌과 종교적 경험은 무슨 차이가 있을까? 그 경험이 종교적 감동과 비슷하다는 생각이 들어서입니다. 그러자 생각들이 꼬리를 이었습니다. 자연에서 느끼는 '경이감'이나 '편안함'은 종교적 경험에서 얻게 되는 '경외감'이나 '평안함'과 무슨 차이가 있을까? 자연의 경험과 종교적 경험은 수월하게 이어질 수 있는 것은 아닌가? '경이'에서 '경외'로, '편안함'에서 '평안함'으로……. 어쩌면 '우리 인간이 가졌던 최초의 종교적 경험도 이런 데서 비롯한 것이 아닌가?' 하는 생각마저 듭니다.

　실제로 우리는 이렇게 자연에서 느끼는 감흥을 종교적으로 표현하거나 종교적인 의미를 부여하고 있습니다. 기독교인들은 장엄한 자연에 대한 경험을 "참 아름다워라, 주님의 세계는……" 또는 "주

하나님 지으신 모든 세계……"라는 찬송으로 표현하기도 합니다.[1] 또 자연에서 느끼는 외경심은 '하나님의 창조'와 '창조주 하나님'에 대한 다소 신학적 담론으로 이어지기도 하고요. 더 나아가서 '창조 세계의 보존에 대한 기독교인의 책임'이라는 실천적인 논의로 전개될 수도 있습니다. 자연적 경험과 종교적 경험 사이에는 어떤 연관 관계가 있을까요? 두 경험의 경계선이 참 궁금합니다. 이 편지의 말미에서 이 문제를 다시 말씀드리면서 두 분 선생님의 의견을 구하도록 하죠.

윌슨은 과학계의 외교관?

이번 여행 내내 머릿속을 맴돈 단어가 하나 있습니다. '호모 나투라우스(Homo Naturaus)'가 바로 그것입니다. '자연주의자로서 인간' 또는 '본래적으로 자연적인 인간'이라는 의미로 이해하면 되겠죠. 자연에 대해 가지게 되는 경외감과 평안함, 친밀감은 우리가 본래적으로 호모 나투라우스라는 사실을 드러내는 흔적처럼 보입니다. 우리는 호모 사피엔스(Homo sapiens)인 동시에 호모 렐리기오수스이자 호모 무지쿠스이지만, 그 전에 이미 호모 나투라우스인 것 같습니다. 문득 우리 인류는 본성적으로 '생물 호성(biophilia)' 즉 '자연에 대한

---

[1] 개신교의 찬송가 「참 아름다워라」와 「주 하나님 지으신 모든 세계」의 시작 부분이다.

사랑'을 지니고 태어난다는 에드워드 윌슨의 말이 생각납니다.

이동 중에 윌슨의 『생명의 편지』를 손에 잡았습니다. 원래 이 책은 남미로 오는 길에 미국을 거치면서 아마존에서 도킨스의 『만들어진 신』 등과 함께 구입한 책입니다. 도킨스 책만 가져오고 나머지는 귀국할 때 가져가려고 뉴저지 친지 집에 두고 왔는데, 두 분 모두 이 책을 언급한 터라 친지로부터 급히 받았습니다. 이 또한 문명의 이기 덕분에 가능했습니다.

『생명의 편지』는 윌슨의 책치고는 비교적 작고 얇습니다. 그런데 책의 논의는 결코 가볍지 않습니다. 이 책은 "지구의 생명을 보존하기 위한 호소"라는 부제를 달고 있네요. 이번 여행에 딱 어울리는 책입니다. 자연이 주는 감동으로 가득한 저에게 생태계 보존을 위해 종교와 과학이 협력하자고 호소하는 책이기 때문입니다.

이 책에서 윌슨은 지구에서 생명의 다양성이 급속도로 파괴되고 있는 현재 상황과, 그 주범이 인류라는 사실을 지적하죠. 그는 생태계 보존을 위해서 우리에게 본래 가지고 있는 생명 사랑의 정신을 회복하고, 세상 만물(즉 피조물)에 대한 '청지기 정신(stewardship, 기독교계 밖에서는 '관리인 정신'이라고 번역하기도 하죠.)'을 회복해야 한다고 주장합니다. 생태계 위기의 현황과 원인을 구체적으로 설명할 때, 저는 전적으로 공감할 수 있었습니다. 파타고니아의 빙하나 아마존의 열대 우림이 인간 때문에 얼마나 빨리 훼손되고 있는가를, 방문지의 관리 사무소나 박물관에서 확인할 수 있었기 때문입니다. 저는 이 책을 다소 편안한 마음으로 읽기 시작했습니다. 『생명의 편지』가 남침례교 목사를 수신인으로 하는 편지 형식인 것도 한 가지 이유일 것입니다. 교파는 다르지만 장로교 목사인 저도 윌슨이 염두에 둔 수신인 중 한 사람으로 여겨지기도 하고요.

책의 내용은 크게 두 부분으로 나뉩니다. 전반부에서는 현재 심각한 위기에 처한 생태계의 상황을 비교적 간결하게 설명하고, 후반부에서는 생물학을 중심으로 당면 문제의 해결 방안을 제시하고 있습니다.

사실 윌슨의 이전 책들을 생각해 볼 때, 이 책의 주제는 다소 의외였습니다. 이 책이 생태계 문제 해결을 위해 과학과 종교가 '협력'하자고 말하기 때문입니다. 또한 진화론자들이 쓴 종교에 관련된 최근 저작들 거의 대부분이 진화론적 관점에서 종교의 기원과 기능을 해명하는 것이기 때문입니다. 윌슨이 이전에 쓴 『인간 본성에 대하여(On Human Nature)』나 『통섭』과 같은 책들도 종교에 대해서는 이런 흐름에서 벗어나지 않았죠. 게다가 리처드 도킨스를 비롯한 일부 진화론자들은 종종 종교에 호전적인 또는 적대적인 태도까지 보이고 있습니다. 선생님들도 언급하신 도킨스의 『만들어진 신』은 진화 과학자 사회의 반종교적(반유신론적) 분위기를 그대로 드러내는 대표적인 책이었죠.

아무튼 『생명의 편지』에서 윌슨은 자신의 호소에 종교인들이 귀를 기울이도록 상당히 기술적인 수사법을 구사합니다. 그가 제목에서부터 내세운 'The Creation'은 다양한 함의를 갖고 있는 말입니다. 이 용어는 생물학자에게 '대자연'이나 '생명계 전체'를, 기독교인에게는 신이 창조한 '피조 세계'를 의미합니다. 생물학자와 기독교인이 동일한 어휘를 자기 맥락에서 쓰고 읽으면서 의미를 재구성하지

생명의 편지

과학자가 종교인들에게 부치는 생명 사랑의 편지

에드워드 윌슨

권기호 옮김

사이언스북스

만, 여전히 'The Creation'이라는 하나의 낱말에 묶여 있습니다. 대자연이 진화의 산물이건 신의 창조물이건 결국 동일한 대상이니, 이를 돌보고 구원하는 데 서로 이견이 없을 것이라는 주장에서, 이 단어를 책의 제목으로 채용한 의도를 엿볼 수 있습니다. 이렇게 중층적인 의미를 가진 'The Creation'은 윌슨의 논의에서 종교와 과학이 각자 세계관의 차이를 뛰어넘어 함께 활동하는 공동의 장(場)이자 함께 보호해야 할 대상이 됩니다.

장 선생님께서 첫 편지에서 언급했다시피, 윌슨이 종교를 대화의 상대로 인정했다는 자체가 놀랍습니다. 윌슨은 종교인들이 머물러 있는 마당으로 살며시 건너와 미소를 지으면서 자연스레 인사를 건넵니다. 이어서 주변의 종교인들에게 자신의 생각을 분명하지만 완곡하고 조심스럽게 말을 합니다. 신이 창조한 세계를 돌보자는 데, 윌슨의 호소에 반대할 기독교인이 얼마나 될까요? 굉장한 설득력입니다. 이 책만 보자면 윌슨은 더 이상 진화를 가르치는 완고한 훈장 선생님이 아니라 종교인들을 살살 달래는 실용주의적 외교관입니다.

감동적 호소에 감춰진 일방주의의 그림자

그런데 책을 끝까지 읽다 보니 고개를 갸우뚱하게 됩니다. 뭔가 목에 제대로 걸린 느낌입니다. 그가 제시한 생태계 위기와 그가 진단한 원인에 대해서는 저도 전적으로 공감합니다. 그런데 뭐가 걸릴까요? 저는 윌슨의 후반부 논지에 의구심을 가집니다. 그가 제시한 생태계 문제 해결 방안에 제가 선뜻 동의할 수 없기 때문입니다.

윌슨은 생태계 문제를 해결하는 가장 효과적인 대안이 '과학'이라고 주장합니다. 더 나아가 과학만이 '유일한' 해결책이라고 강조합니다. 그는 생태계 문제를 해결하려면 청지기 정신의 의미를 바로 깨닫는 데서 출발해야 한다고 말합니다. 문제는 이 청지기 정신의 핵심에 과학적 실천'만'이 자리 잡고 있다는 것입니다. 좀 까칠하게 말하자면, 윌슨은 종교와 과학의 협력을 호소하겠다는 좋은 의도를 가지고 있지만, 실제로는 과학 일방주의를 주입 또는 강요하려 하는 것 같습니다.

제가 본 윌슨의 과학 일방주의 논리는 이렇습니다.

지구 생태계는 위기에 처해 있다. 인간이 야기한 종의 멸종은 환경 재앙을 가져오고 인류의 생존마저 위협하게 된다. 이 문제를 급히 해결해야 한다. 문제 해결의 첫 단계는 '청지기 정신'의 의미를 진정으로 회복하는 것이다. 그것은 인간 본래의 자아상을 제대로 이해할 때에만 가능하다. 인간 본래의 자아상은 생물학을 통해서만 올바로 형성할 수 있다. 생물학에 따르면, 인간은 본래부터 생명을 사랑하는 자연주의자이므로, 생물학 교육을 통해서 우리 안에 있는 자연주의자 정신을 키울 수 있다. 원래 자연주의자로서의 자아상을 회복한다면, 생태계를 돌보는 청지기 정신의 의미 역시 자연스럽게 깨달을 수 있고, 행동에 나서게 된다. 전문가들과 시민들은 이런 생물학적 접근에 협력해야 한다. 자, 종교인 여러분도 여기에 함께 동참하길 바란다.

이렇게 해 놓으면 책의 논지를 너무 틀어서 이해한다고 할지 모르겠네요. 물론, 『생명의 편지』는 두 가지 의도, 즉 생태계 문제 해결을 위해 서로 연대하자는 '호소'와, 이를 위해서 과학, 특히 생물학을 배우고 생물학적 해결 방법을 선택해야 한다는 '설득'을 함께 담고 있습니다. 하지만 저에게는 『생명의 편지』의 주된 목적이, 윌슨이 책을 시작할 때 말한 것처럼 문제 해결을 위해 기독교인들에게 '자문'과 '도움'을 '호소'하는 데 있는 것이 아니라, (보수적인) 기독교인들을 '설득'하는 데 있다고 보입니다.

저는 이런 태도가 우리가 논의하는 종교와 과학의 문제에 관련해서 여전히 해결해야 할 숙제를 남기고 있다고 생각합니다. 그것은 종교와 과학의 대화와 협력을 호소하는 윌슨의 글에서조차, 여전히 일종의 '생물학(과학) 중심주의'를 충실하게 따르고 있는 과학자의 모습을 엿볼 수 있기 때문입니다. 또한 생태계 문제를 해결하는 '자원'이나 '방안'이 오직 생물학 또는 과학뿐이라는 주장 역시 '생물학(과학) 일방주의'를 선언하는 것처럼 들리기 때문입니다.

윌슨에 대한 제 의구심을 좀 더 풀어서 말하면 이렇습니다. 먼저, 윌슨은 생태계의 현상황에 대해 과학적 또는 생물학적 관점에서 설명하고 있습니다. 또한 그 해결 방식도 마찬가지로 과학적이고 생물학적입니다. 문제 인식과 원인 진단, 해결 방안 모두 생물학적이고 과학적입니다. 비록 윌슨이 자상하고 쉽게 설명하지만, 그 행간에는 생물학과 과학에 대한 윌슨의 강한 확신과 완강한 자부심이 담겨 있습니다. 그래도 여기까지는 '윌슨은 역시 생물학자구나.' 하면서 수긍할 수 있습니다.

그런데 이어서 윌슨은 과학만이 검증 가능한 지식을 담지하고 있고 인류의 유일한 진보이고 가장 민주적이라 인류의 미래를 책임질 수 있다고 말합니다. 또한 생물학은 인류의 자아상을 재구성하는 역사적 흐름을 이끌고 있는 최고의 과학이며, 자연 과학과 인문·사회 과학을 잇는 논리적 다리라고 단언합니다. 여기까지 오면 부드러운 과학계의 외교관은 사라지고 완고한 생물학 중심주의자만 남게 됩니다.

제가 보기에,『생명의 편지』에서 윌슨은 생물학을 기술(記述) 과학이면서 동시에 규범(規範) 과학으로 자리매김하고 있습니다. 윌슨의 논지 속에는, 종교는 지구의 생명이 처한 위기 상황을 정확하게 기술하는 생물학이 제공하는 정보를 받아들이고, 생물학이 제시하는 해결 방안에 따르고 협력해야 마땅하다는 당위 주장이 어우러져 있습니다.

저는 여기서 윌슨의 또 다른 '통섭'을 봅니다. 생물학을 핵심 고리로 한 '지식의 통섭'에서 이제는 '실천의 통섭'으로 나가고 있는 것이지요. 이제 생물학은 단순한 설명이나 기술을 넘어서서, 종교인을 비롯한 모든 인간이 따라야 할 실천 규범이 되어 버립니다. 제가 볼 때 윌슨은 '사실'에서 '당위'로 슬그머니 넘어가는 논리학적 오류를 범하는 것처럼 보입니다. 어쩌면 그에게 사실과 당위는 구별되지 않는 하나일 거라는 생각마저 듭니다.

저는 물론이고 대부분의 종교인에게 윌슨의 말은 앞장서서 나가는 과학자의 발자국을 종교인이 그대로 밟아 따라오라는 말로 들릴 것입니다. 생태계의 보존이라는 목표를 공유한다고 하더라도, 이런 생물학 중심주의적 실천의 통섭에 종교인들이 어떻게 협력할 수 있을까요? 여기에 과학자와 종교인이 함께 손잡고 나가는 동행은 없습니다. 그저 일방주의만 있을 따름이죠.

일방주의를 넘어서 공존으로

저는 생태계 문제 해결에 과학과 종교의 협력이 필요하다는 윌슨의 호소가 아주 중요한 의미를 지니고 있으며, 이를 더욱 확장시켜야 한다고 확신합니다. 이를 위해서 과학과 종교가 만나고 이해하며 공감하는 폭과 깊이를 넓히고 심화시켜야 한다고 생각합니다. 동시에 서로의 관심사와 영역이 다르다는 것을 인정하는 태도가 필요하다고 봅니다. 이런 인식이 선행되지 않는다면, 종교와 과학의 만남은 대화와 협력보다 독백이나 일방적인 설득에 그칠 수 있기 때문입니다. 그 결과는 어떻게 될까요?

저는 앞의 편지에서 말씀드렸던 것처럼 종교와 과학이 본래부터 항상 길항적 관계는 아니라고 생각합니다. 종교 중심주의자나 과학 중심주의자의 입장에서 보면, 이 둘이 서로를 견제하는 시소 같은 제로섬 관계에 있다고 생각할지도 모르겠습니다만, 어느 한쪽이 일방주의로 나가기 전에는 서로 갈등·대립하지 않는 관계라고 봅니다. 그러나 생태계 문제의 대안을 생물학과 과학만이 내놓을 수 있다는 윌슨의 주장은 과학 중심주의를 넘어서는 과학 일방주의일 뿐입니다. 생물학적 실천이 종교적 실천을 규범적으로 통제하는 상황이 온다면, 과학과 종교가 길항적 관계로 돌아갈 가능성이 매우 큽니다. 물론 그 반대의 경우도 마찬가지이고요.

저는 생태 문제 해결에 기독교 전통에 근거한 신학적 실천과 과학적 실천이 함께 기여할 수 있다고 생각합니다. 더 나아가, 종교적 실천이나 과학적 실천뿐만 아니라 사회적·경제적 실천 등을 포함한 여타의 실천을 함께 하는 것이 훨씬 더 바람직하고 효율적이라고 생각합니다. 사실 개인적으로는 종교적 실천보다 사회·경제적 실천이 생태 문제에 중요한 책임이 있는 현대 자본주의를 더 잘 통제할 수 있다고 판단합니다.

아무튼 생태학적 실천이라는 풀(pool)이 다양할수록 좋다고 주장하는 기능적 다원주의가, 종교 일방주의나 과학 일방주의보다 생태 문제 해결에 훨씬 더 효과적이라고 봅니다. 이건 진화 생물학의 관점에서 보아서도 크게 벗어난 이야기는 아니라고 생각합니다. 통일성보다는 다양성이, 일방주의보다는 상호주의가 생명계에서 훨씬 더 긍정적인 가치라는 것을 윌슨 자신이 더 잘 알고 있을 겁니다.

저는 오히려 윌슨의 『생명의 편지』를 읽으면서, 과학의 한계와 역할은 무엇일까 궁금해졌습니다. 과학자들은 도대체 과학을 무엇이라고 말하는지요? 과학에서 기술적인 측면과 규범적인 측면이 있는지, 있다면 무엇인지요? 과학 작업의 특징은 어떻게 규정하는지요? 주로 과학의 본질 자체에 관한 물음입니다. 이에 관해서는 다소 복잡하고 전문적인 논의들이 있다고 알고 있습니다. 저는 이 문제를 다음 세 번째 서신 교환의 주제로 삼았으면 합니다.

기독교가 종교와 과학 문제에 유난을 떠는 이유

김윤성 선생님께서 종교와 과학의 대화에 참여하는 절대 다수가 서구 기독교 신학자들이란 지적을 해 주셨습니다. 예, 맞는 말씀입니다. 기독교 쏠림 현상이 무지 심하죠. 실제로 불교나 이슬람교는 이 문제를 기독교처럼 심각하게 여기지 않습니다. 다른 종교의 미미한 참여를 고려하면, 종교와 과학의 논쟁은 기독교와 과학의 논쟁처럼 보입니다. 그렇다면 왜 유독 기독교만 이렇게 종교와 과학의 문제에 적극적일까요? 제 첫 번째 편지에서는 역사적 배경을 중심으로 말씀드렸는데, 여기서는 기독교 담론의 인식론적 차원에서 살펴보려고 합니다.

종교와 과학 논쟁의 기독교 쏠림 현상은 역사적 상황과 밀접한 관련을 맺고 있습니다. 오랫동안 서구에서 기독교와 과학은 비대칭적 관계에 있었다고 할 수 있습니다. 자연히 기독교 담론과 과학 담론의 관계도 비대칭적이고 때로는 일방적이었습니다. 오랫동안 서구 사회에서 기독교 담론은 독립 변수로, 과학 담론은 종속 변수로 기능했습니다. 그런데 근대 이후 과학이 자율성을 획득하면서 이 관계가 요동을 치며 새롭게 정립됩니다. 근대 이전의 독립-종속 관계에서 근대의 독립-독립 관계로 바뀐 것은 물론이고, 이제는 역으로 종교가 과학에 종속되는 종속-독립의 관계로 이행하고 있습니다. 이런 상황 변화 때문에 기독교는 과학과의 관계를 새롭게 규정하는 과제를 안게 됩니다. 이 결과는 현재의 종교와 과학의 관계 지형도에 반영되어 있습니다.

이와 달리, 불교나 이슬람교가 영향을 미치던 지역은 서구처럼 담론의 역학 관계가 변화하거나 더 나아가 위상이 역전되는 경험을 하지 못했습니다. 불교권에서는 과학이 종교 담론과 경쟁해 본 적이 없습니다. 오히려 불교도들은 일반적으로 불교가 과학의 내용을 본래부터 포용하고 있었다고 생각합니다. 기독교와 같은 유일신교인 이슬람교에서도 과학 담론은 (정치 권력까지 포함한) 총체적인 이슬람교 담론과 경쟁하거나 위협하는 위상에 이르지 못합니다. 비록 중세 이슬람 문화권에서 과학이 동시대의 서유럽보다 훨씬 발전하고 많은 역할을 했지만, 지금도 여전히 이슬람교 담론과 과학 담론의 역학 관계는 독립-종속 단계에 있다고 판단됩니다. 이슬람교와 과학이 독립-독립 관계가 될 때는, 또 다른 상황이 발생할 거라고 생각됩니다.

따라서 기독교가 종교와 과학 문제에 대해 유난을 떠는 것은, 기독교가 두 담론 사이의 위상 변화를 직접 경험한 당사자이기 때문일 겁니다. 기독교와 과학은 서구 역사 속에서 지식의 주도권을 두고 싸움을 벌여 왔습니다. 누가 지식을 판단하는 최종적인 권위를 갖는가? 어떤 지식이 더 참된 지식인가? 이런 문제들을 가지고 갈등을 벌여 왔죠. 현재는 이 지식의 주도권을 과학이 완전히 쥔 것처럼 보입니다. 하지만 과학 역시 본질적인 한계를 갖고 있기 때문에 이 문제들은 여전히 논쟁 중에 있습니다.

로고스 중심주의의 우산 아래에서

종교와 과학 문제에 대한 기독교의 유난한 관심은 역사적 경험뿐만 아니라 기독교 담론 자체의 성격과도 밀접한 관련을 갖고 있습니다. '로고스(logos) 중심주의'는 서구 정신의 오랜 특징입니다. 이것은 사유 체계를 합리적으로 통일된 정합체로 만들고자 하는 욕망으로 표출되었죠. 서구의 종교였던 기독교도 로고스 중심주의에서 자유로울 수 없었습니다. 오히려 스스로를 가장 궁극적인 진리라고 주장하고 절대화하는 종교 담론의 본질적 특성으로 인해 이 특징은 더 강화됩니다. 로고스 중심주의와 종교적 절대주의가 함께 발효한 것이 바로 기독교 담론 체계의 인식론적 특징을 이루고 있습니다.

기독교의 담론 체계는 본래부터 합리적이고 통일적이어야 한다는 생각들이 기독교 안에 늘 잠재해 있었습니다. 기독교는 스스로의 담론을 신(theos)에 관한 합리적 학문(logos)이라고, 즉 신학(theologia)이라고 규정합니다. 초기 기독교는 당시 경쟁하던 다른 종교와의 차별성을 드러내고자, 그 출발부터 신화(mythos)를 부정하고 이성(logos)을 택하면서 스스로를 합리적 정신에다 자리매김합니다. 신화에 근거한 이방 종교 대 이성에 근거한 기독교, 이런 도식이죠. 기독교가 로마 제국의 국교가 되고 교회가 로마 제국의 사제가 되면서, 기독교의 체계화와 통일화는 급속도로 진행됩니다. 이런 궤적의 정점에 스콜라주의가 자리하고 있습니다.

토마스 아퀴나스(Thomas Aquinas, 1225~1274년)에게서 완성되는 중세 스콜라주의는 신학적 담론을 '자연의 영역'과 '은총(계시)의 영역' 모두를 포괄하는 장대한 체계로 구상합니다. 요새 유행하는 말을 쓴다면, 아마 '중세적 통섭'이라고 할 수 있겠죠. 물론 윌슨 식의 생물학적 통섭이 아니라, 신학적 통섭이지만 말입니다.

이렇게 근대에 이르기까지 서구의 지식 체계는 종교적 진리(종교적 사유)에 기반을 둔 통일 체계에 포괄되어 있었습니다. 따라서 종교와 과학은 신의 진리와 영광을 드러내는 데 상보적 관계라고 할 수 있죠. 물론 앞에서 말씀드린 것처럼, 이때 과학은 종교를 보완하는 부차적 위상을 지니고 있었다는 것은 분명합니다. 이 비대칭적 관계에 균열이 생긴 것은 과학 혁명과 계몽주의 시대를 거치면서였습니다.

과학 혁명 이후 현대까지도 기독교는 항상 과학을 다시 자신의 통일된 체계 또는 적어도 상보적 체계로 편입하려는 희망을 가지게 됩니다. 달리 말하면, 종교와 과학을 다시 한 묶음으로 통합하려는 꿈을 꿨죠. 창조 과학이나 지적 설계 운동이 주류 과학에 대해 과학의 정의(定意) 문제나 정당성의 문제를 제기하는 것 역시 이런 흐름으로 읽을 수도 있습니다. 다시 통섭의 주체가 되고자 하는 근본주의 기독교의 줄기찬 시도로 말입니다. 그러나 이것은 서구 기독교가 로고스 중심주의 오랜 관성 탓에, (여전히) 진리 체계의 통일성과 완전성을 추구하면서 담론의 균열을 감당하지도, 다름을 잘 용납하지도 못하기 때문입니다. 기독교가 종교와 과학의 문제에 집착하는 것은 과학이 기독교 전통 안에서 발생했다는 역사적 맥락 외에도, 이렇게 관련된 모든 영역을 인식론적으로 통일하고 체계화하려는 정신이 기독교를 사로잡고 있기 때문이라고 생각합니다.

그러나 이러한 비판은 종교만 받아야 하는 것은 아닙니다. 도킨스가 주장하는 것과 같은 과학적 무신론이나 과학 중심주의 역시 그런 로고스 중심주의의 영향 아래 있는 것으로 보입니다. 이들도 과학으로의 천하통일을 꿈꾸고 있기 때문입니다. 과학적 토대주의, 인식론적 획일성, 체계적 통일성을 지향하는 윌슨의 통섭이나 도킨스의 과학주의 역시, 기독교 신학만큼이나 로고스 중심주의의 우산 아래 있다고 할 수 있습니다.

도킨스의 주장은 정말 새로운 걸까요?

저는 지금 과학 역시 과거 기독교가 사로잡혀 있던 로고스 중심주의에서 온전하게 자유롭지 못하다는 지적을 했습니다. 여기서 한 발 더 나아가 도킨스를 중심으로 한 현대 과학자들의 종교 논의에 대해 제가 가지고 있는 의구심을 좀 더 말씀드렸으면 합니다.

도킨스는 우리 시대의 문화적 코드입니다. 그에 대한 평가가 부정적이건 긍정적이건 말입니다. 김 선생님도 지적했듯이,『만들어진 신』은 잘 정리된 책입니다. 이전의 여러 책에서 단편적으로 언급했던 종교에 대해 작심하고 싸움을 벌인 책입니다. 논리적 측면뿐만 아니라 현상적이며 감성적인 측면에서도 (유신론적) 종교를 비판함으로써 독자의 시선을 끌고 있습니다. 유신론자들에게는 상당히 뼈아픈 책이고, 종교의 현재를 곱지 않은 시선으로 보는 사람들에게는 통쾌한 책일 겁니다. 제가 보기에, 도킨스는 19세기 데이비드 흄 이래 최고의, 아니 흄보다도 더 강력한 유일신 종교 비판자입니다. 그 영향력 면에서 흄을 능가할 겁니다. 그는 흄을 비롯한 과거의 종교 비판자나 무신론자와는 궤가 다릅니다. 두 가지 점에서 그렇습니다.

첫째 그는 흄이나 그 이전 종교 비판가들이 가지지 못했던 강력한 무기를 지니고 있습니다. 창조론을 대신해서 생명 현상을 설명하는 과학적 진화론이 바로 그것이죠. 진화론 덕분에 그는 이전의 형이상학적 무신론자들은 가지지 못했던 강력한 종교 비판의 논거를 확보하게 됩니다.

둘째 그는 자신의 견해를 자유롭게 전달할 수 있는 현대화된 의사 소통 수단을 가지고 있습니다. 그는 방송, 출판, 대중 강연, 인터넷 등 발달된 의사 소통 수단을 통해 과거의 어느 종교 비판가보다도 자유롭게 자신의 견해를 유포합니다. 과거 흄의 종교 비판이 서구 엘리트라는 독자층에 한정된 반면, 도킨스는 현대 대중 문화 전체를 대상으로 합니다. 게다가 자신의 견해를 쉽게 풀어서 설명하고 사람들을 설득하는 데 천부적 재능까지 갖추고 있습니다. 그 결과 오늘날 '도킨스 마니아'라 할 수 있는 광범위한 독자층이 형성되어 있습니다.

이제 도킨스는 우리 시대의 대표적인 무신론 운동의 상징입니다. 실제 세계 무신론 연맹(Atheist Alliance International, AAI)[2]은 종교에 대해 비판적 활동을 하는 사람에게 주는 상으로 리처드 도킨스 상[3]까지

---

[2] 미국, 영국, 오스트레일리아, 인도, 러시아 등지에 있는 무신론 단체들의 국제적 연합체. http://www.atheistalliance.org

[3] 저술이나 미디어 활동 등으로 무신론의 확산과 발전에 공헌한 사람에게 주는 상으로 2003년 마술사 제임스 랜디(James Landi)를 시작으로, 칼 세이건의 부인인 앤 드루얀(Ann Druyan), 진화 철학자 대니얼 데닛 등이 이 상을 수상했다.

제정했습니다. 가히 도킨스 신드롬이라고 할 수 있죠. 아직 우리나라는 모르겠지만, 적어도 영미 사회에서는 그렇습니다. 그는 이미 역사상 가장 강력한 종교 비판자의 반열에 올랐습니다.

이렇게 도킨스를 비롯해, 최근 들어 진화론의 관점에서 종교를 설명하는 것이 붐을 이루고 있습니다. 물론 종교에 관한 진화론적 설명이 처음은 아닙니다. 19세기에도 진화론의 관점에서 종교를 이해하려는 시도가 크게 유행했습니다. 물론 그 성격이 최근의 논의와는 달랐지만요. 또 당시 진화론적 관점을 수용해 종교 연구를 진행하는 사람들 역시 진화 생물학을 전문적으로 교육받은 생물학자나 심리학자 혹은 인류학자가 아니었습니다.

그럼 과거에 진화론이 종교를 어떻게 봤는지 살펴보죠. 19세기 서구 사회는 서구 이외의 문화권(주로 식민지)에서 종교(를 비롯한 다른 문화)에 대한 광범위한 자료를 수집합니다. 여기에 기독교 선교사들이 많은 역할을 합니다. 이렇게 취합된 자료를 일관성 있게 통일해서 파악하는 새로운 학문 방법으로 '진화론적 패러다임'이 등장합니다.

이 진화론적 패러다임은 다윈의 생물학적 진화론과 18세기 역사 철학의 진보 개념이 결합된 것입니다. 즉 역사 철학계의 '진보(progress)' 개념과 다윈의 생물학적 '진화(evolution)' 개념이 만나면서 새로운 패러다임이 만들어진 것이죠. 이 과정에서 사회 진화론을 주장한 허버트 스펜서(Herbert Spencer, 1820~1903년)가 핵심적인 역할을 합니다.

사회 진화론은 인류 문화사를 새로운 시각에서 접근했습니다. 이것은 인류 문화의 여러 현상들이 '어디에서 기원하고, 어떻게 발전하고, 어디로 향하고 있는가?'를 밝히고자 했습니다. 이런 사회 진화론의 시각이 종교에도 그대로 적용되었죠. 당시 시대 분위기상 진화론은 하나의 이론이라기보다는 모든 것에 적용할 수 있는 '만능 열쇠'였습니다. 그런데 종교에 대한 객관적인 학문 연구를 주장하던 종교학이 바로 이 시대, 진화론이 지배하던 시대에 태어났습니다. 이런 분위기에서 종교에 대한 관심도 자연히 종교의 '기원'과 종교의 '진화'에 쏠렸습니다.

진화론적 관점은 19세기 후반에 종교 연구의 주도권을 장악했습니다. 사실 이 시기 종교 연구자 가운데 진화론이라는 거대한 우산에서 자유로운 사람은 거의 없었습니다. 따라서 이 시기에는 종교의 기원과 진화를 설명하는 이론이 폭발적으로 등장하고 비슷한 종류의 종교 진화론이 유행하게 됩니다. 이런 종교 진화론은 종교 기원론과 밀접한 관계를 갖습니다. 이들의 구호가 바로 "기원을 알면 본질을 알 수 있다."였으니 그 자신감을 짐작하실 수 있을 것입니다.

에드워드 타일러(Edward B. Tylor, 1832~1917년)나 제임스 조지 프레이저(James George Frazer, 1854~1941년) 등이 이 시기의 대표적인 연구자들입니다. 타일러의 종교 진화론(종교는 애니미즘 → 다신교 → 유일신교의 단계를 거쳐 진화했다.)과 프레이저의 3단계 발전론(인간의 지식 체계는 주술 → 종교 → 과학의 단계를 거쳐 진화했다.)은 바로 이런 흐름의 산물입니다. 물론 이에 대한 비판들이 후대 종교학자들에게서 쏟아졌죠.

종교학의 발전 과정에 대해서는 김윤성 선생님께서 더 잘 알고 계시기에 이 부분은 더 잘 설명해 주실 수 있을 것입니다. 아무튼 당시 이들에게 가해진 비판 가운데 하나가 "과연 기원을 알면 모든 것을 알 수 있는가?"였습니다. 저 역시 기원이 곧 본질이라거나 기원을 알면 본질을 알 수 있다는 생각에는 기본적으로 동의하지 않습니다. 그런데 최근의 진화 생물학자들의 종교에 관한 논의를 읽다 보면 '기원=본질' 식의 낡은 전제가 이들의 문제 의식에 바탕으로 깔려 있는 게 아닌가 하는 의문이 들고는 합니다.

물론 진화론은 20세기에 들어와 유전학과 분자 생물학, 생태학 등의 연구 성과를 통합해 '신다윈주의'나 '새로운 종합'이라는 이름을 얻을 정도로 고도로 발전했죠. 19세기와 달리 이제는 진화 생물학 분야에서 체계적인 훈련을 받은 사람들이 종교를 비롯해 인간 성격, 심리, 더 나아가 마음까지 새롭게 해명하려고 노력하고 있습니다. 진화 생물학자들을 포함한 현대 과학자들은 종교를 '적응'을 위한 방편, 또는 적응을 하다 보니 얻게 된 '부산물'이라고 주장합니다. 자주 입에 오르내리는 도킨스 역시, 자신의 밈 이론을 통해서 종교를 해명하지만, 종교가 기본적으로 부산물이라는 입장에 동의하고 있죠. 그럼에도 불구하고 저는 아직도 이들의 종교에 대한 논의가 아직 19세기적 패러다임을 벗어나지 못한 것 같다는 의심을 거두지 못하고 있습니다.

이런 문제들에 대해서 장 선생님의 이야기를 듣고 싶습니다. 새로운 지식의 통섭을 꿈꾸는 현대 진화론자들이 종교를 어떻게 설명하는지, 또 가능하다면 마음의 비밀을 새롭게 밝히고 있는 인지 과학자들이 종교의 기원을 어떻게 말하고 있는지도 말입니다. 이들의 입장과 학문적 배경도 함께 들을 수 있다면, 현대 진화론자들의 종교 논의가 그저 19세기적 패러다임의 아류라는 제 의심도 불식하고,

'진화론적 종교 담론 지형도'를 그리는 데 훨씬 더 도움이 될 것 같네요. 장 선생님께서 보스턴에서 데닛이나 윌슨을 만나셨을 텐데, 혹시 이런 주제에 대한 뒷이야기가 있다면 함께 풀어 주십시오.

일단 장 선생님 이야기에 귀를 기울이겠습니다. 그리고 이어서 '종교가 적응인가, 부산물인가?'에 대해서, 또한 '기원에 대한 설명이 과연 종교에 대한 충분한 설명일까?'에 대해서 우리의 논의를 더 진행하도록 하죠. 이러다 보면 과학이 무엇이고, 종교가 무엇인지에 대한 이야기도 자연스럽게 이어질 것이라고 생각합니다.

경이와 경외 사이에서

이제 편지의 처음에 언급한 여행 이야기로 돌아가면서 종교에 대해 질문을 던져 볼까 합니다. 본디 호모 나투라우스로서의 경험과 종교적 경험의 관련성을 생각하다 보니까, 그렇다면 '종교적 경험은 무엇인가?'라는 의문으로 이어졌습니다. 앞 편지에서 김 선생님께서 종교나 음악에서 얻는 감동을 이야기하셨죠. 목사로서 신학자로서 이런 말을 하는 게 어떨지 모르겠지만, 저 역시 음악이 주는 감동이 종교적 감동보다 덜하지 않다는 말씀에 공감합니다. 그런데 이들로부터 얻는 감동의 질이나 농도와 관계없이, 두 경험을 구별할 수 있는 차이가 있을 것 같습니다. 예를 들면, 자연을 보고 느끼는 감동, 음악을 듣고 느끼는 감동, 종교적 경험을 통해 느끼는 감동을 구별할 수 있을 겁니다.

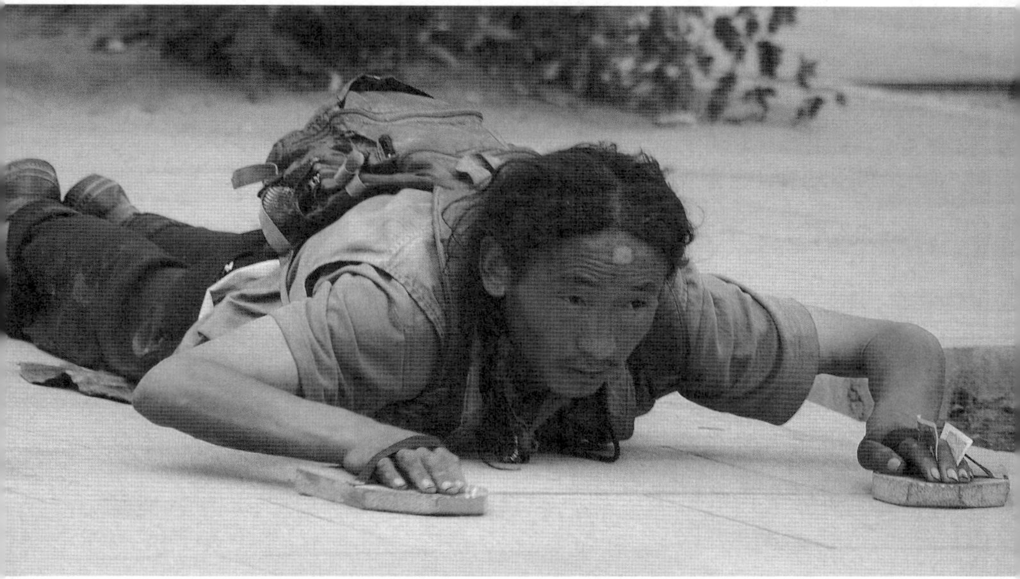

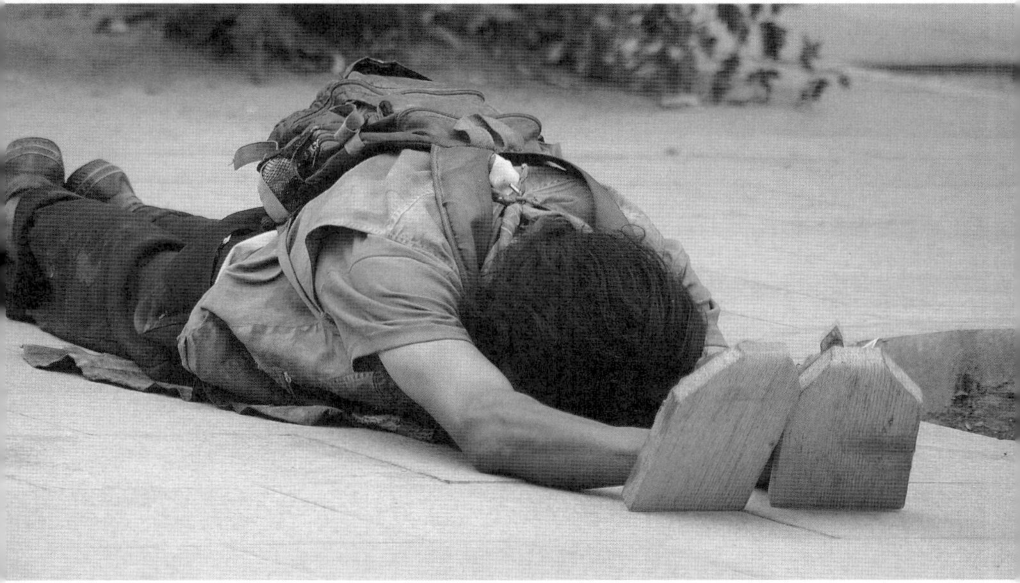

빙하와 호수가 어우러진 토레스 델 파이네를 트레킹하면서, 같은 방향으로 걷는 사람들을 만났습니다. 짧게는 1박 2일의 길을, 길게는 5박 6일의 길을 함께 걷는 사람들입니다. 다양한 국적을 가진 사람들인데, 다들 진지한 표정들입니다. 마치 순례의 길을 걷고 있는 것처럼 느껴졌습니다. 거룩한 산, 토레스 델 파이네를 걷는 사람들을 보다 보니 문득 김 선생님과 작년 여름에 함께 갔던 티베트가 생각나더군요. 티베트 사람들은 카일라스 산(수미산)이 우주의 중심이라고 믿고 있죠. 그냥 걸어도 사흘길인 이 산을 오체투지로 순례하는 것이, 라싸의 조캉 사원 순례와 더불어, 이들이 살아서 꼭 이루고 싶은 꿈이라고 합니다. 티베트 사람들은 카일라스 산을 한 번 순례하면 이번 생의 업(業, 카르마)이 없어지고, 열 번을 돌면 500년 전생의 업이 사라지고, 100번을 돌면 해탈한다고 믿는다죠. 예루살렘이나 라싸, 메카나 바나라시를 향해서 걷는 순례의 발걸음과, 산이나 빙하를 걷는 발걸음과 무슨 차이가 있을까 하는 생각이 들었습니다. 종교와 종교 아닌 것, 자연에 대한 경험이나 종교적 경험은 어떻게 다른 것일까요? 이 모두 자연적 존재이자 종교적인 동물인 인간의 총체적 경험의 일부입니다. 그렇다면 무엇이 이 둘을 다른 것으로 만드는 걸까요?

　이제 진화론의 종교 담론과 별개로, 종교 연구자들이 말하는 종교에 대한 이야기를 듣고 싶습니다. 다른 경험과 구별되는 종교의 영역이 있다면, 궁극적으로 과학과 구별할 수 있는 종교의 독특성이 있다면 그것이 무엇인지 궁금합니다. 즉 '종교적인 것과 종교적이 아닌 것의 기준'에 대한 질문들이죠. 좀 더 구체적으로는 이런 질문입니다. '종교적 경험은 인간의 다른 경험과 구별되는가?' '종교적 경험을 규정하는 기준은 무엇인가?' '자연적 경험과 구별되는 종교적 경험이 있다면, 그것이 무엇인가?' 종교학자로서 김 선생님의 이야기를 기대합니다. 덧붙여서 생물 철학 전공자로서 장 선생님은 종교적 영역의 독자성이나 독특성에 대해 어떤 입장을 취하는지도 궁금합니다.

여행이 막바지에 이르렀습니다. 이제 돌아갈 시간입니다. 한여름의 남반구에서 다시 한겨울의 북반구로 돌아갑니다. 남미의 뜨거운 햇살도 좋지만, 한국의 흰 눈이 그립습니다. 한쪽에 머물다 보면 또 다른 한쪽이 그리워지는 것이 사람 사는 본래 모습인가 봅니다. 저에게 종교와 과학도 그런 것인지 모르겠습니다.

2007년 1월 31일
부에노스아이레스에서
신재식 드림

이 편지에 대하여
신재식 교수는 지난 편지에서 환경 보호와 지구 생명의 보전을 위해 종교와 과학이 손을 잡아야 한다는 에드워드 윌슨의 외교적 언사 속에 과학 일방주의가 숨어 있으며, 기독교와 이슬람 같은 유신론적 종교를 비판하는 리처드 도킨스의 날선 목소리가 19세기에 흔히 듣던 철 지난 소리에 불과할지도 모른다고 비판했다. 이에 대해 장대익 교수가 반격에 나선다. 그는 현대 과학계, 특히 종교적 감성을 포함한 인간 본성에 대한 진화론적 이해가 종교를 어떻게 해부하고 있는지 생생하게 보여 줌으로써 자연 과학계의 종교 논의가 이전과 같지 않음을 설득력 있게 설명한다.

편지 2.2
종교는 말살해야 할 정신의 '바이러스'일지도 모릅니다

신재식 선생님과 김윤성 선생님께

신 선생님 편지 잘 받았습니다. 우선 좋은 소식부터 전합니다. 지난 가을에 대니얼 데닛이 갑작스럽게 큰 수술을 받았다는 말씀 드렸죠. 그것 때문에 반 학기를 쉬어야 했던 그가 드디어 이번 새 학기에 건강한 모습으로 학교에 복귀했습니다. 언제 쓰러졌나 싶어요. 오히려 더 건강하게, 더 열심히 활동하고 있습니다. 심장에 무리가 가는 스쿼시는 더 이상 못 칠 테지만요.

며칠 전에 과 사무실에 들렀더니 비서가 저더러 그러더군요. "너 참 운이 좋다."라고요. 왜 그러냐고 했더니, 데닛이 수술 후에 성격이 더 좋아졌다고 합니다. 이렇게 까칠하지 않은 대가(大家)도 있나 싶었을 정도로 저에게는 아주 친절한 할아버지였는데, 비서 말로는 수술 후에는 더 살갑게 대한다나요. 하기야 죽음의 문턱까지 갔다 왔으니 주변 사람들이 더 소중하게 느껴질 수도 있겠죠. 하여간 저는 운이 좋은 사람인 것은 분명해 보입니다. 특이한 경험을 하고 있는 것 같아요.

데닛은 이번 학기에 '문화 진화(cultural evolution)'에 관한 대학원 세미나를 시작했습니다. 건강 회복을 핑계로 한 학기를 쉬어도 뭐라고 할 사람이 아무도 없는데 굳이 맡아서 하네요. 게다가 일주일에 한 번씩 저를 데리고 하버드 대학교 철학과 대학원 수업에 청강하러 갑니다. 덕분에 저도 바빠졌습니다.

Thank God이 아니라 Thank Goodness

데닛이 9시간의 대수술을 받고 깨어난 이후에 쓴 에세이가 있어요. 병상에 누워 있는 사진과 함께 엣지 재단(Edge Foundation)[1]의 사이트 (http://www.edge.org/3rd_culture/dennett06/dennett06_index.html)에 올려놓았는데, 혹시 읽어 보셨는지요. 데닛이 쓰러졌다는 소식에 전 세계에 흩어져 있는 그의 친구, 동료, 팬 들이 쾌유를 비는 연락들을 보내왔나 봐요. 물론 저도 그중 하나였지만요. 그런데 그중에 그를 위

---

1 엣지 재단은 학문 간 경계를 넘어 과학적, 철학적, 사회적, 예술적 이슈에 대한 토론과 논의의 장을 만들기 위해서 1988년에 설립된 재단이다. 세계적인 과학 편집자이자 출판 저작권 대행사인 브록만 에이전트의 존 브록만(John Brockman)이 주도하고 있는 이 재단은 노벨상 수상자인 대니얼 카네만(Daniel Kahneman)에서 리처드 도킨스와 제러드 다이아몬드(Jared Diamond)같이 세계적으로 저명한 석학들의 토론을 조직하고, 최신 지적 논의를 인터넷을 통해 대중에게 소개함으로써 세계 지식계에 막강한 영향력을 행사하고 있다.

해 신께 기도하겠다는 사람들이 좀 있었나 봅니다. 죽음의 문턱까지 다녀왔으면 좀 너그러워질 만도 한데, 역시 데닛답게 그런 눈치 없는 친구들을 무안하게 만드는 에세이를 썼던 것이죠. 그것도 공개적으로 말입니다.

그 글의 제목은 "Thank God"을 패러디한 "Thank Goodness"였어요. 그 글에서 그는 자신이 이렇게 살아 있는 것은 누군가의 기도 덕분이 아니라고 말합니다. 의학의 발전과 의료진의 선한 도움 덕분이었다는 것이죠. 그래서 그는 '신(神)'이 아닌 '선(善)한 것'들에 감사한다고 했습니다. 무신론자의 자존심을 지킨 것이겠죠.

그거 아십니까? 무신론자를 위한 기도는 기도를 하는 사람에게는 만족감을 줄 수 있을지는 몰라도 정작 기도의 대상이 되는 무신론자에게는 불쾌감을 줄 수 있다는 점 말입니다. 왜냐하면 무신론자들은 기도가 어떤 일을 일으킨다고 믿지 않거든요. 물론 무신론자도 기도를 하는 사람의 선의를 모르지는 않을 것입니다. 기도를 하는 행동 자체가 기도하는 사람의 심정과 신체에 변화를 줄 수 있을지 모릅니다. 일종의 '마인드 컨트롤'이나 '플라시보 효과' 같은 것처럼 말이죠. 하지만 신이 정말로 기도의 내용을 듣고 그에 맞는 사건을 일으켜 그 기도에 응답하는 것일까요? 다시 말해 기도에 정말로 인과적 힘이 있는 것일까요?

두 분 선생님은 기도에 대해서 어떻게 생각하시는지요. 신재식 선생님은 목사님이시니 적어도 정기적으로 기도를 하시겠지요? 기도가 정말로 인과 관계에 영향을 줄 수 있다고 보시는지요? 그렇게 보시지 않는다면 종교에서 기도 행위는 어떤 의미가 있다고 생각하시는지요? 종교 현상을 연구하시는 김윤성 선생님의 대답도 듣고 싶습니다.

기도에 정말로 힘이 있을까요?

선생님들의 대답을 듣기 전에 기도의 효력에 관해 제가 알고 있는 연구 결과를 하나 소개할까 합니다. (도킨스의 책에도 언급이 되어 있더군요.) 심장 질환으로 수술을 받은 환자들을 위한 중보 기도[2]가 과연 효과가 있는지를 과학적으로 검증해 보는 실험이었는데요, 피험자 집단을 셋으로 나눴습니다. 그중 두 집단에 대해서는 중보 기도를 하고, 한 집단에 대해서는 아무런 조치도 취하지 않았죠. 그리고 중보 기도의 대상이 된 집단에서도 한 집단의 환자들에게는 자신들을 위한 중보 기도가 진행 중이라는 사실을 알리지 않았고, 다른 집단의 환자들에게는 중보 기도를 한다는 사실을 알렸습니다. 이때 중보 기도는 한 곳에서 이뤄진 것이 아니라 미국 곳곳에 흩어져 사는 기독교인들에 의해 동시 다발적으로 이뤄졌습니다. 과연 어떤 결과가 나왔을까요? 중보 기도를 받은 집단들과 아닌 집단 사이에서 유의미한 차이가 발생했을까요?

 연구 결과는 싱거웠습니다. 아무런 차이가 없었죠. 오히려 좀 당

---

[2] 기독교에서 중보 기도란, 다른 사람을 위해 신의 도움을 간구하는 기도를 뜻한다.

황스러운 결과도 있었습니다. 중보 기도를 받는다는 사실을 안 집단이 몰랐던 집단에 비해 오히려 건강이 악화되었거든요. 자신을 위해 기도해 주고 있다는 사실에 부담감을 느낀 사람들 때문에 이런 '엉뚱한' 결과가 나온 것이었겠죠. 어쨌든 종교인들 입장에서는 허탈하게 끝난 연구가 되긴 했지만, 요즈음 이런 식의 연구들이 심심치 않게 진행되고 있는 것 같습니다. 종교의 효용성과 순기능에 대한 '과학적' 연구 말입니다. 짐작하시겠지만, 그 배후에는 미국의 템플턴 재단과 같은 후원 기관이 있습니다. 기도의 효능 문제 같은 것은 우리나라의 경우 대개 「추적 60분」이나 「PD 수첩」 등의 소재로 끝나 버리기 쉬운데, 외국에서는 과학자들이 정식으로 연구를 하네요.

이왕 기도에 관한 이야기가 나왔으니 몇 마디 더 하고 싶어집니다. 인지 심리학에서 밝혀낸 인간의 추론 실수들 중에 '확증 편향(confirmation bias)'이라는 것이 있습니다. 쉽게 말하면 사람들은 자신의 믿음에 반하는 사례들보다 그것을 확증하는 사례들을 더 재빠르게 취합한다는 이론입니다. 한마디로 증거를 모으는 데 공평하지 못하다는 것이죠. 반대 사례가 나오면 무시하고 확증 사례가 나오면 얼른 받아들인다는 겁니다. 제 관찰에 따르면 기도를 하는 사람은 다른 사람들에 비해 이 확증 편향이 더 심합니다.

소위 '기도의 응답'이란 것을 찬찬히 따져봐야 한다고 생각합니다. 그런 것을 받았다고 하는 사람들의 이야기를 한 발 물러나 차분히 듣고 있으면, 정말 그게 응답인가 싶을 때가 많습니다. 어떻게든 신의 응답과 연결하려는 듯한 느낌이 강합니다. 그리고 아무리 찾아봐도 기도의 효력을 입증할 만한 사례가 나오지 않으면, 히든카드가 등장합니다. "신의 뜻이 이게 아닌가 보다!" 그래서 저는 기도의 인과력(因果力)을 믿지 않습니다. 믿건 안 믿건 객관적인 상황은 전혀 달라지지 않거든요. 기도를 통해 기도하는 사람 자신의 마음가짐이나 심지어 신체 상태가 달라질 수 있다는 점은 인정합니다. 하지만 기도가 신에 도달해 그의 특별한 개입을 초래하고 그 결과 현실 상황이 달라진다고는 생각할 수 없습니다.

한편, 종교인들이 더 행복하고 병에도 더 잘 견딘다는 통념도 과학적으로는 받아들이기가 그리 쉽지 않습니다. 연세 대학교 심리학과에서 행복에 대해 연구하시는 서은국 선생님과 대화를 나눈 적이 있었죠. 무엇이 사람을 행복하게 만드는지에 대한 다문화적 통계 자료를 갖고 계시더군요. 제가 종교의 유무가 행복의 변수인지에 대해 여쭤 보았더니 거의 영향이 없다고 하셨죠. 가장 중요한 요소는 결혼 여부랍니다. 나머지 변수들, 종교, 직업, 돈, 지위 같은 것들은 행복 지수와 큰 상관이 없다는 겁니다.

'종교가 건강에 좋다.'는 믿음도 곰곰이 따져보면 그대로 받아들이기 힘든 구석이 있습니다. 최근 들어 종교와 건강 사이의 상호 관계에 대해 연구한 사례들이 쏟아지고 있는데요, 상당수가 이 둘 사이에 긍정적인 상관 관계가 있다는 쪽으로 결론이 나옵니다. 설명을 들어보면, 신앙인들은 다른 이들에 비해 매사를 좀 더 긍정적으로 생각하기 때문에 각종 사건, 사고, 질병에 더 잘 대처한다는 식입니다. 이른바 신실한 신앙인들은 불행을 당해도 '신의 깊은 뜻'으로 여기고 긍정적으로 대처하는 경향이 있다는 것이죠.

이런 설명이 억지스러운 것은 아닙니다. 다만 이것이 신앙과 건강이 늘 함께 간다는 뜻은 아닙니다. 신앙이 좋은 사람도 암에 걸릴 수 있고, 암에 걸린 신앙인이 암에 걸린 비신자들보다 항상 더 오래 사는 것도 아니죠. 종교와 건강의 관계를 탐구한 연구들은 기껏해야 매사를 긍정적으로 생각하는 사람들이 평균적으로 더 건강하다는 점을 드러내는 것일 뿐, 종교가 건강에 좋다는 것을 입증하지는 못합니다. 다시 말해, 건강에 도움이 되는 것은 '긍정적 사고'이지 종교 자체는 아니라는 뜻이죠. 물론 종교는 긍정적 사고를 만들어 내고 확산시키는 하나의 원천이긴 합니다.

종교와 건강의 상관 관계 연구에 관해 또 한 가지 주의해야 할 것은 그런 연구의 상당수가 과학 재단 같은 중립적인 기관이 아니라 템플턴 재단처럼 종교의 순기능을 어떻게든 입증하려는 단체들의 지원으로 이뤄지고 있다는 점입니다.

다시 기도의 문제로 돌아오겠습니다. 만일 신이 우리의 기도를 다 듣고 그에 맞게 조치를 취하는 존재라면, 한국인들의 신은 틀림없이 차 한 잔 마실 여유도 없을 겁니다. 입시철에 선거철까지 겹치게 되면 기도의 폭주로 얼마나 정신이 없을까요? 불안의 계절에는 온갖 기도들이 치열한 생존 투쟁을 벌이죠. 고3 학부모는 자녀의 입시를 위해 절이나 교회에서 기도를 드리고, 취업의 문턱에서 고전하는 청년들은 길거리 점쟁이에게 운명을 묻습니다. 또한 선거를 앞둔 정치인들은 용한 점쟁이를 찾아 당선 가능성을 타진할 테니까요.

그렇다면 왜 사람들은 그 인과적 효력이 입증되지 않았는데도 불구하고 그렇게 열심히 기도를 드리는 걸까요. 저는 인간이 뭔가 '이유'를 찾는 동물이기 때문에 그렇다고 봅니다. 인간이라는 존재는 무언가가 우연히 일어났다는 것만으로는 만족하지 않습니다. 그 사건이 왜, 어떻게 일어났는지, 스토리를 알고 싶어 하는 거죠. 본질적으로 불확실성으로 가득한 세상에서 벌어지는 사건들을 인과율로 엮어 하나의 '이야기'로 설명할 수 있는 인간의 본능적·본성적 능력은 틀림없이 인류가 진화의 역사에서 살아남는 데 도움을 주었을 것입니다. 사이비 과학이나 비과학적 믿음과 타협 없는 싸움을 벌이고 있는 잡지, 《스켑틱스(Skeptics)》의 편집장인 마이클 셔머(Michael B. Shermer)는 이 능력을 "믿음 엔진"이라고 부릅니다.

물론 이 믿음 엔진은 자연과 초자연을 넘나들며 폭발합니다. 기도는 그나마 이 엔진의 정상적 출력에 해당되겠죠. 하지만 그 엔진이 과열되거나 오작동을 할 때도 많습니다. 가령, 극히 일부의 암환자만이 민간 요법의 효과를 보는데도 그 효력을 신봉한다든지, 출퇴근 방향이 비슷해 마주칠 개연성이 높았을 뿐인데 그 만남을 운명으로 착각한다든지, 본인의 부주의로 생긴 교통 사고를 신의 깊은 뜻으로 돌린다든지, 장로 또는 불자가 대통령이 되어야 나라가 잘 된다고 믿는 것 등이 그런 예일 것입니다.

평소에 멀쩡한 사람들도 입시, 취직, 결혼, 건강, 자녀 등의 문제에 직면하게 되면 엄습해 오는 불안감으로 인해 믿음 엔진을 폭발 직전까지 과열시킬 때가 있는 것 같습니다. 이 폭발을 막으려면 순정품 냉각수가 필요할 것 같은데요, 저는 믿음의 근거를 돌아보게 하고 합리적 생각을 북돋아 주는 '회의주의 정신'이야말로 그런 냉각수라고 생각합니다.

불효자의 변명

제 개인적인 이야기를 하나만 더 하고 기도에 관해서는 그만 이야기할까 합니다. 두 분 선생님들도 비슷한 처지가 아닐까 합니다만, 저희 어머니도 새벽 기도를 거르지 않고 다니시는 신실한 기독교인이시죠. 그런 어머니께 제가 얼마 전에 큰 불효를 했습니다. 제가 더 이상 기독교인이 아니라고 선언했거든요. 리처드 도킨스의 표현을 빌리자면, "장롱 속에 숨어 있다 커밍아웃한" 무신론자, 혹은 회의주의자였던 셈이죠. 그렇지 않아도 '의심 많은' 아들 때문에 늘 걱정이셨는데, 이 선언에 '드디어 올 게 왔구나.' 하고 실망하시는 기색이 역력했습니다. 무척 섭섭해 하셨습니다. 그러면서 이러시더군요. "내가 새벽마다 하나님께 부르짖을 테니 잠시 방황하다 곧 돌아올 거라 믿는다."라고요.

그런 어머니께 저는 또 한번 실망하실 말씀을 드렸습니다. "그런 일은 이제 없을 것"이라고요. 하지만 어머니가 기도 자체를 못 하시게 할 수는 없었습니다. 그건 어쩌면 그분의 생활 방식이고 삶의 뿌리일 테니까요. 방황하는 아들을 위한 어머니의 새벽 기도는 기독교계에서는 아주 전형적인 스토리입니다. 왜 '돌아온 탕자' 이야기도 성경에 있지 않습니까?

저는 어머니의 기도가 힘을 가지고 있다고 믿습니다. 그 기도가 신에게 전달되어 제 마음이 변할 것이라고 믿는 것은 아닙니다. '어머니가 나를 위해 매일 새벽마다 기도를 드리시는데 내가 잘못된 길로 가면 되겠나.' 하는 생각을 가지게 함으로써 저 자신을 끊임없이 되돌아보게 만든다고 믿습니다. 이 기도의 힘은 신의 힘이 아닙니다. 바로 살아 계신 어머니의 사랑이 가진 힘입니다. 어머니의 사랑은 신이라는 거간꾼이 없어도 바로 느낄 수 있습니다. 저는 이제 돌아온 탕자가 되지 않고도 어머니께 효도할 수 있는 방법을 찾고자 합니다.

기적은 없다!

기도 이야기가 좀 길어졌는데요, 내친 김에 종교의 단골 소재인 '기적'에 대해서도 한두 마디 덧붙일까 합니다. 기도나 기적에 대한 믿음은 원래, 초자연적 세계가 존재할 뿐만 아니라 그 세계가 자연 세계에 영향을 미친다는 생각에서 비롯된 것이지 않습니까? 기독교의 경우에는 천지창조, 동정녀 마리아의 예수 잉태, 예수의 부활과 재림 등이 대표적인 기적일 겁니다. 기독교의 창조론에 대해서는 나중에 또 이야기할 기회가 있을 겁니다. 아무튼 마리아와 예수에게 일어났다고 하는 초자연적 사건들은 문자 그대로 믿기 힘든 일들입니다. 과학자의 눈으로 보면 받아들일 수 없는 것들뿐이죠.

어떻게 처녀가 애를 낳을 수 있겠습니까? 인간의 경우에는 처녀 생식의 사례가 단 한 건도 보고된 적이 없습니다. 어떻게 죽은 사람이 다시 살아날 수 있습니까? 정말로 그런 일이 일어났다면, 애초에 완전히 사망하지 않은 경우겠죠. 제가 지금 말씀드리려는 것은, 성서와 같은 경전에서는 이른바 초자연적 사건들이 일상적으로 기록되어 있지만, 과학은 그것을 문자 그대로 믿는 것을 용납하지 않는다는 점입니다. 물론 그런 사건들이 실제로는 일어나지 않았고 그것들이 신화적·상징적 표현이나 신자들의 신앙 고백이라고 재해석할 수는 있을 것입니다. 하지만 그렇게 해석한다고 해도 문제는 남습니다. 경전의 어떤 부분은 신화적 상징으로 해석하고 어떤 부분은 역사적 사실로 해석하는 것은 이현령비현령(耳懸鈴鼻懸鈴)일 뿐입니다. 이런 식의 해석 기준은 너무 자의적이거나 기회주의적인 것은 아닐까요? 저는 솔직히 예수의 부활이 역사적 사실이 아니라면 기독교가 존립할 수 있을지 심히 의심스럽습니다.

온건한 기독교인들 중에는 성서에 기록된 초자연적 사건들, 즉 기적을 있는 그대로의 사실로 받아들이지 않고, 실존적 의미와 신앙적 가치의 차원으로만 받아들이는 분이 많은 것 같습니다. 아마 두 분 선생님도 그러시지 않을까 싶습니다. 그러나 저는 솔직히 이런 식의 분리가 일관성 있는 태도인지 잘 모르겠습니다.

종교는 세계관 중에서도 가장 큰 세계관입니다. 사람들의 일상적인 경험에서 시작해 우주와 세계의 본질이라는 가장 추상적인 의미에 이르기까지 세계의 모든 것을 설명하고 해명하려는 지식 체계입니다. 종교가 세계관으로서 힘을 가질 수 있는 것은 자신의 지식 체계 안에 '사실'이 있다고 주장하기 때문입니다. 예수가 되살아났다는 것이 역사적 사실이기 때문에 기독교인들이 부활과 영생의 소망을 갖는 것이고, 석가모니가 부처가 된 것이 역사적 사실이기 때문에 뭇 중생 역시 해탈에 이를 수 있다고 발원하는 것입니다. 한번 상상해 보세요. 최초의 사도들이, 최초의 나한(羅漢)들이 기적을 실제로 일어난 사건이라고 주장하지 않았다면 이 종교들이 세계 종교가 될 수 있었을까요?

종교는 삶의 의미와 가치만을 이야기하는 것이 아니라 이 세계가 어떻게 작동하고 왜 어떤 일들이 일어나는지를 해명하려는 '사실 체계'이기도 합니다. 그런데 문제는 그 사실 체계가 과학자의 입장에서는 도저히 받아들일 수 없는 '황당한' 것들이란 점입니다.

저는 이런 이유들 때문에 기도와 기적을 믿지 못하겠습니다. 선생님들은 어떠신지요? 신 선생님께서 앞의 편지에서 질문을 던지셨죠? "그럼 과학이 이해하는 종교는 도대체 무엇"이냐고요. 선생님께서는 구체적으로 종교의 기원에 대해 진화론자들이 어떻게 생각하는지 궁금해 하셨죠. 저는 이 편지의 나머지 부분에서 '과학의 시각에서 본 종교'에 관해 제 생각을 말씀드려 보려고 합니다.

물론 제가 과학계의 대변인으로서 이런 말씀을 드리는 것은 아닙니다. 그러기에는 경륜과 학식도 모자랄 뿐만 아니라, 과학자라고 해서 종교에 관해 한목소리를 내는 것도 결코 아니기 때문입니다. 진화생물학자이면서도 신실한 가톨릭 신자도 있고, 도킨스나 데닛처럼 진화론이 유신론을 몰아낸다고 믿는 이들도 있으며, 진화를 부정하는 기독교인 물리학자들도 있을 수 있습니다. 그저 제가 배우고 생각한 수준에서 노력껏 이야기를 해 보겠습니다.

우선, 진화론적 관점에서 종교의 본성을 어떻게 이해할 수 있을지 이야기해 보겠습니다. 이에 대해서는 크게 세 진영으로 나뉘는 것 같습니다. 첫 번째는 종교를 인간 마음의 '적응(adaptation)'으로 보는 견해이고, 두 번째는 종교가 다른 인지 적응들의 '부산물(byproduct)'이라는 견해이죠. 적응과 부산물의 차이는 이런 것입니다. 가령, 온

몸을 돌아다니며 산소를 운반해 주는 피는 적응의 사례이죠. 그런데 피의 '붉은색'은 산소 운반을 담당하는 헤모글로빈 때문에 생기는 일종의 부산물입니다. 즉 피는 붉기 때문에 자연 선택된 것이 아니라 산소를 운반하는 기능 때문에 선택되었다는 것입니다. 첫 번째 견해에 따르면 종교는 인류가 살아남는 데 꼭 필요했던 것입니다. 그러나 두 번째 견해에 따르면 어쩌다 가지게 된 것입니다.

마지막 세 번째는 종교 현상을 '밈'의 역학으로 보는 견해입니다. 여기서 '밈'이란 도킨스가 문화를 설명하기 위해 만들어 낸 용어인데요, 문화 전달의 단위, 혹은 모방의 단위를 뜻합니다. 유전자의 gene과 운율이 맞도록 meme이라고 지었죠. 종교를 밈으로 설명하는 견해는 마지막에 소개하겠습니다.

종교는 생존 전략이었다: 종교 적응론자의 견해

우선 종교가 적응이라는 견해부터 살펴보죠. 다음 달에 만나기로 되어 있는 하버드 대학교의 사회 생물학자 에드워드 윌슨은 종교에 대한 진화론적 이해의 가능성을 현대적 의미에서 거의 처음으로 제기한 학자입니다. 그에 따르면, 인간의 마음은 신과 같은 초월자를 믿게끔 진화했다는 겁니다. 예컨대 그는 동물 집단에서 나타나는 서열 행동(열위자가 우위자에게 복종하는 행동)이 종교와 권위에 순종하는 인간의 행동과 매우 유사하다고 말합니다. 그리고 그는 동물들이 서열 행동을 통해 각자의 적응적 이득을 높이듯이, 인간도 종교적 행위들을 통해 자신의 번식 성공도를 높였을 것이라고 주장합니다. 즉 종교 행동 자체가 생존과 번식에 도움이 되었기 때문에 진화했다는 주장입니다.

윌슨처럼 종교의 적응적 이득을 주장하는 이들은 종교가 사람을 기분 좋게 만들고 사후에 대한 두려움을 덜어 주며 불확실한 상황에서 판단을 도와주기 때문에 진화했다고 말합니다. 즉 초월자를 믿는 것이 그렇지 않은 것보다 개인의 생존과 번식에 도움이 된다는 것이죠.

어떤 진화 생물학자들은 종교가 개체의 생존과 번식에만 도움을 주는 것이 아니라 인간 집단의 생존과 유지에 도움을 주기 때문에 진화했다고 주장하기도 합니다. 이러한 주장을 하는 진화 생물학자들을 '집단 선택론자'라고 합니다. 집단 선택론은 어떤 형질들이 개체의 이익이 아니라 집단의 이익을 위해 진화하는 메커니즘을 강조하는 이론으로서 유전자 선택론이나 개체 선택론과 대비됩니다. 예컨대 데이비드 슬론 윌슨(빙햄턴 대학교 교수로 집단 선택론을 주장하는 진화 생물학계의 또 다른 윌슨이죠.)은 종교를 가진 집단이 종교를 가지지 않은 집단에 비해 더 잘 뭉치고, 자원을 공유하거나 전쟁을 치르는 데 있어서 더 협조적이라고 주장합니다. 종교가 집단 간 경쟁을 이겨 내는 무기로 기능한다는 것이죠.

하지만 이런 주장에는 몇 가지 약점이 있습니다. 먼저 개체 수준이든 집단 수준이든 종교가 일종의 적응이라고 주장하는 사람들은, 종교를 가짐으로써 생기는 이득뿐만이 아니라 그로 인해 생기는 비용도 계산해 넣어야 합니다. 예컨대, 비현실적인 초자연성을 계속 믿고 따르다가 손해만 보는 상황이 얼마든지 가능하기 때문이죠. 즉 종교가 일종의 적응이라고 주장하는 사람들은 종교가 어떤 측면에서 어느 정도로 개인 혹은 집단에 이득과 손해를 안겨 줄 수 있는지를 정확히 모형화할 수 있어야 할 것입니다. 가령, 종교 지도자를 믿고 따르다가 경제적 파산과 가족 관계의 파탄을 경험하는 경우도 적지 않고, 종교 집단의 이념을 전파할 목적으로 자신의 목숨을 쉽게 내던지거나 다른 집단을 살육하거나 자살 테러를 감행하는 경우도 있지 않습니까?

한편 데이비드 윌슨 같은 집단 선택론자들은 집단 내 배신자들의 창궐이 저지되는 메커니즘을 제시해야만 합니다. 가령, 한 집단의 구성원들은 종교적 성향을 발휘해 모두 이타적인데 오직 한 사람만 이기적이라고 해 보죠. 이 경우에 그 집단에서 가장 큰 이득을 보는 사람은 그 이기적인 사람이겠죠. 이런 사람이 하나만 있어도 그 집단은 시간이 지나면 내부로부터 붕괴할 수밖에 없을 것입니다. 어느 누가 나 혼자만 종교를 안 가지면 이득을 볼 수 있는 걸 뻔히 알면서 종교를 가지는 손해를 감수하겠습니까? 따라서 종교성은 진화할 수 없겠죠. 예수를 배신했던 유다 같은 인물의 출현을 막을 수 없는 한, 집단의 이득을 위해 종교가 진화했다고 단언할 수는 없습니다. 사실 이 문제는 자연 선택의 수준 논쟁[3]에서 늘 언급되는 이른바 '배신의 문제'로서 집단 선택론자들이 해결해야 할 과제이기도 하죠.

하지만 종교가 일종의 적응이라는 이론의 가장 심각한 문제점은

---

[3] 이 논쟁은 자연 선택이 어느 수준에서 작용하는가에 관한 논쟁으로서 크게 '유전자 선택론 vs. 다수준 선택론'의 구도로 진행되어 왔다.

그것이 종교의 진화와 이념(또는 가치)의 진화를 구분해 주지 못한다는 점일 겁니다. 다시 말해 이 이론은 종교의 진화와 이타성의 진화가 다르다는 점을 설명하지 못합니다. (진화 생물학자들은 이타성을 비롯한 인간의 다양한 본성은 종교적 심성보다 먼저 진화한 것으로 보고 있습니다. 즉 종교나 신에 대한 믿음이 윤리의 근거가 아니라 윤리가 종교나 신에 대한 믿음보다 먼저 생겼다는 거죠.)

종교 진화론이 진정으로 풀어야 할 문제는, 사람이 어떻게 이타적일 수 있는가, 인간은 어떻게 도덕적 동물이 되었는가 하는 문제와 전혀 다른 문제인 '초자연적인 존재를 상정하는 반직관적이고 반사실적인 믿음들의 집합'이 어떻게 진화할 수 있었는가 하는 것입니다. 따라서 초자연적이지 않은 이념이나 가치(가령, 이타성, 민주주의 등)가 개체나 집단에 적응적 이득을 안겨 줄 수 있는 진화 경로가 밝혀졌다고 해서, 그것이 곧바로 종교의 진화론에 적용될 수는 없을 것입니다.

종교는 부산물이다: 종교 부산물론자의 견해

종교 진화론의 두 번째 진영은 종교를 다른 적응들의 '부산물' 혹은 '스팬드럴(spandrel)'로 간주합니다. 적응과 부산물의 차이를 '배꼽'을 예로 설명해 볼까요? 우리 배꼽에 대해 생각해 보죠. 배꼽이 직간접적으로 인간의 생존과 번식에 도움이 되었다고 할 만한 증거는 없습니다. 즉 먹이를 찾거나 포식자를 피하거나 짝을 고르는 등의 적응 문제들을 해결하게끔 진화한 형질은 아니라는 말입니다. 사실은 탯

줄 때문에 생긴 것이죠. 그런데 이 탯줄은 하나의 적응입니다. 태아에게 먹이를 제공하는 통로로 생존과 번식에 직접적인 도움을 주었기에 자연 선택된 형질이지요. 이렇게 어떤 형질은 적응(탯줄)이 아니라 어떤 적응의 부산물(배꼽)로 분류되어야 합니다.

아시겠지만, 진화 생물학자인 스티븐 제이 굴드와 리처드 르원틴은 1979년에 발표한 논문에서 당시의 사회 생물학자들이 부산물과 적응의 차이를 구분하지 못하고 생물이 가진 거의 모든 형질들을 적응으로 간주하고 있다고 비판했죠. 그러면서 부산물을 '스팬드럴'이라는 건축 형태에 빗대지 않았습니까?

스팬드럴(좀 더 정확히는 펜덴티브(pendentive)라고 하는데, 우리말로는 '삼각궁륭'이라고 합니다.)은 돔을 지탱하는 둥근 아치들 사이에 생긴 구부러진 역삼각형 표면입니다. 저 유명한 바티칸의 시스티나 성당처럼 중세 때 지어진 유럽 성당들에 가 보면 이 스팬드럴이 성화 등으로 장식되어 있는 것을 볼 수 있습니다. 언뜻 보면 성자와 천사 들을 그려 넣기 위해 특별히 설계해 만든 공간처럼 보입니다. 하지만 실상은 돔을 만드는 과정에서 어쩔 수 없이 생긴 부산물인 거죠. 그래서 굴드와 르원틴은 적응처럼 보이는 많은 것들이 사실은 스팬드럴과 같은 부산물이라고 주장했습니다. (여담입니다만 이 학자들이 사용한 비유들을 한 번 보십시오. 정말 놀랍지 않나요? 진화의 어려운 개념을 건축으로 풀어낸 그들의 솜씨가 인문학과 자연 과학을 크로스오버한 통섭의 한 사례처럼 보이기도 합니다.) 이 견해에 따르면, 종교는 그 자체로 진화적 기능을 가지고 있지는 않으며, 다른 목적 때문에 진화된 인지 체계의 일부가 작동하는 과정에서 생긴 부산물입니다. 그렇다면 도대체 종교는 무엇(들)의 부산물이요 스팬드럴이란 말입니까?

진화사의 관점에서 보면, 인류는 99퍼센트의 시기를 수렵·채집을 하며 매우 어렵게 보냈습니다. 이 시기에 인류를 계속 옥죄던 적응 문제들을 해결하기 위해, 인류는 포식자의 존재를 탐지하고 추론하는 능력, 자연에 일어나는 사건들에 대한 인과적 추론 능력과 설명 능력, 다른 사람들의 마음을 읽는 능력을 진화시켜야 했습니다. 진화 심리학자들은 이것들을 차례로 '행위자 탐지(agent detection) 능력', '인과 추론(causal reasoning) 능력', 그리고 '마음 이론(theory of mind) 능력'이라 부르죠. 종교가 부산물이라고 주장하는 사람들은 종교가 이런 인지 능력들이 형성되는 과정에서 만들어진 스팬드럴이라고 봅니다. 다시 말해 종교는 더 중요한 이런 적응 장치들 때문에 생긴 부산물인 것이죠.

예컨대, 행위자 탐지 능력은 그 행위자가 심지어 초자연적 대상인 경우에도 작동하기 쉽습니다. 그리고 '우연적' 사건에 만족하지 못하고 인과적 스토리를 원하는 인간의 인과 추론 본능은 초자연적 존재자를 최종 원인으로 두려는 것을 부추깁니다. 마지막으로 상대방의 마음을 읽을 수 있는 능력을 가진 정상인은 '나의 정신 상태를 정확하게 꿰뚫고 있는' 초월자의 (보이지 않는) 마음까지 창조해 낼 수 있습니다.

하지만 종교 부산물론은 종교적 믿음 체계가 다른 적응적 인지 체계의 등에 업혀 있는 정도를 넘어서, 마치 자율적으로 '자신의 이득'을 좇아 작동하는 것처럼 보이는 상황을 잘 설명하지 못하는 것 같습니다. 예컨대 종교 현상들 중에는 마치 고삐가 풀려 제 멋대로

〈종교 진화론의 여러 이론〉

행동하는 듯이 보이는 광신적 형태들이 무시할 수 없을 정도로 빈번히 발생하지 않았습니까? 이런 종교 행위는 다른 세포의 운명에는 아랑곳하지 않고 오로지 자기 자신의 복제만을 수행하고 있는 암세포에 비유될 수 있을 것입니다.

종교는 정신의 바이러스이다: 종교 밈 이론의 견해

종교 진화론의 세 번째 진영은 종교를 하나의 밈으로 이해함으로써 그러한 종교의 자율성을 설명합니다. 밈은 『이기적 유전자』에서 리처드 도킨스가 인간의 문화 현상을 설명하기 위해 사용한 용어로서 기억(memory)이나 모방(imitation)의 'm'과 gene(유전자)에서 따온 'eme'의 합성어입니다. '대물림 가능한 정보의 기본 단위', 혹은 '문화와 관련된 복제의 기본 단위'라는 의미를 갖습니다. 도킨스와 데닛은 밈이 유전자와 마찬가지로 복제자의 한 사례라고 말합니다.

그렇다면 왜 밈에 대한 이런 견해가 종교 진화론에 중요할까요? 그것은 밈이 유전자와 '동일한 방식'으로 행동할 수 있기 때문입니다. 그런데 여기서 종교 진화론의 대다수 논자들은 이 '동일한 방식'이라는 문구를 일종의 '유비'로, 밈의 행동을 유전자의 행동에 비유한 것으로만 이해해 왔습니다. 그리고 유비가 만족스럽게 이뤄지지 않는 부분들 때문에 곤란을 겪었죠.

하지만 다행히도 그 '동일한 방식'을 다르게 해석할 여지가 있습니다. 데닛의 '지향적 자세(intentional stance)'가 바로 그 대안입니다.

지향적 자세란 무엇입니까? 박찬호가 메이저리그에서 공을 던진다고 해 보죠. 그가 던진 공의 움직임을 이해하기 위해 그 공이 마치 믿음과 욕구를 가진 양 생각할 이유는 전혀 없습니다. 물리 법칙만 잘 알고 있으면 그만입니다. 데닛은 이것을 '물리적 자세'라 부릅니다. 또한, 매일 아침에 울려대는 알람 시계의 작동을 이해하기 위해 시계의 마음을 읽으려 할 필요가 없습니다. 어떻게 설계되었는지를 알면 그만이죠. 이는 '설계적 자세'입니다. 하지만 우리 집 강아지가 갑자기 껑충껑충 뛰는 행동, 옆집 아기가 자지러지게 우는 행동을 이해하기 위해서는 다른 자세가 필요해 보입니다. 물리 법칙 혹은 설계 원리만을 들이댄다고 해서 이해되는 행동이 아니기 때문입니다. 데닛은 바로 이 대목에서 '지향적 자세'가 필요하다고 주장합니다. 마치 행위자가 어떤 믿음과 욕구를 가지며 그에 따라 행동한다고 보는 그런 자세 말입니다. 데닛의 용법으로는, 유전자와 밈은 '지향계(intentional system)'이고 우리는 지향적 자세로 그것들의 행동을 예측할 수 있습니다. 더 이상 유전자와 밈의 비유비적 요소 때문에 걱정할 필요가 없습니다.

이 지향성 이론을 종교 현상을 이해하는데 사용해 보면 어떤 결과가 나올까요? 이런 접근에는 크게 두 견해가 있습니다. 하나는 종교를 '정신 바이러스(virus of mind)'로 이해하는 도킨스의 견해이고, 다른 하나는 종교를 '길들여진 밈(domesticated meme)'으로 해석하는 데닛의 견해입니다.

종교가 정신 바이러스 같은 고약한 복제자의 일종이라는 도킨스의 도발적인 주장부터 살펴볼까요? 바이러스는 어떤 놈입니까? 생물계에서 바이러스는 자신을 복제하는 데 필요한 핵산(DNA 또는 RNA)과 같은 유전 물질을 제외하고는 세포로서의 특징을 갖추지 못하고 있습니다. 때문에 바이러스는 살아 있는 세포에 기생하지 않고는 대사 활동도, 증식도 할 수 없죠. 바이러스는 우선 숙주 세포의 핵에 침투해 세포의 유전 정보 사이에 자신의 유전 정보를 끼어 넣습니다. 세포의 사령부를 점령한 바이러스는 세포 안에 있는 분자 기계들이 세포가 가진 영양분을 이용해 바이러스를 복제하도록 명령을 내립니다. 세포가 파괴될 때까지 말이죠. 겨울철에 유행하는 독감은 바로 이런 바이러스가 사람 몸의 세포에 기생하면서 자신을 마구 복제하기 때문에 생기는 병입니다.

바이러스는 생물계에만 존재하는 것이 아닙니다. 복제자가 있는 세계라면 어디에나 있습니다. '트로이 목마', '웜' 같은 컴퓨터 바이러스들은 세포에 기생하는 대신에 컴퓨터 운영 체계나 프로그램, 혹은 메모리 내부에 기생해 감염된 파일에 접촉하는 다른 파일에까지 자신을 복제합니다.

정신 바이러스도 작동 원리는 동일합니다. 그것은 인간의 정신을 숙주로 삼아 자신의 정보를 복제하는 기생자이죠. 인간의 정신은 세포와 컴퓨터만큼이나 바이러스에 쉽게 감염되는 특징을 갖고 있습니다. 바이러스에 감염된 세포와 컴퓨터가 본래의 작동을 멈추고 그 바이러스의 명령에 따라 엉뚱한 행동을 하듯, 정신 바이러스에 감염된 인간은 그 바이러스를 더 많이 퍼뜨리는 행동을 하게 됩니다.

바이러스의 유전 정보에 침투, 장악, 복제의 명령어가 내장되어 있는 것처럼 종교의 가르침 안에도 침투, 장악, 복제의 명령이 담겨 있습니다. 가령 "예루살렘과 온 유대와 사마리아와 땅 끝까지 이르러 내 증인이 되리라 하시니라." 같은 예수의 명령이나, "만일 어떤 사람이 이 경전을 받아 지니고 읽고 외우고, 여러 사람들에게 일러 주면, 한량없는 공덕을 이룰 것"이라는 금강경의 가르침은 무한정한 복제를 지시하는 바이러스의 명령과 다를 바 없습니다.

도킨스는 종교적 믿음 체계가 주로 부모에서 자식으로 전달된다는 것에 주목합니다. 어린이들은 어른들이 하는 말이면 대개 의심을 하지 않습니다. 언어와 사회적 관습 등을 배우고 익혀야 하는 아이들에게 어른의 말에 순종적인 아이들의 태도는 진화론적으로는 다 이유가 있는 행동입니다. 예컨대 이른바 '엄마의 잔소리'들, 즉 "뜨거운 데에 손을 얹지 마라."라든가, "뱀을 집어 들지 마라."라든가, "이상한 냄새가 나는 음식은 먹지 마라." 같은 명령들은 아이들이 생존하기 위해 지켜야 할 필수 지침들입니다. 도킨스는 이런 상황에서 자연 선택이 아이들의 뇌 속에 다음과 같은 지침을 장착했을 것이라고 말합니다. "어른들이 하는 말은 무엇이든 믿어라."

이것은 물론 효율적인 규칙이며 대체로 잘 작동할 것입니다. 하지만 도킨스는 그런 지침이 종교라는 정신 바이러스가 침투할 수 있는 길을 열어 주고 있다고 봅니다. 이는 모든 입력을 올바른 것으로 받아들이는 컴퓨터 프로그램이 치명적인 바이러스에 쉽게 감염될 수밖에 없는 이치와 같습니다. 그래서 아이들의 뇌에는 "뜨거운 불이 이글거리는 지옥에 가지 않으려면 아무개를 믿어야 한다."라든지, "무릎을 꿇고 동쪽을 바라보며 하루에 다섯 번 절을 해야 한다." 등과 같은 코드들이 쉽게 기생할 수 있습니다. 도킨스는 이 코드들이 대개 부모의 가르침을 통해 자식에게로 전달된다고 말합니다. 즉 이슬람교도 부모 밑에서 자란 아이들이 대개 이슬람교도가 되듯, 부모와 자식의 종교가 일치할 개연성은 실제로 상당히 높다는 것이죠. 진화론을 발판으로 삼아 무신론으로 도약하길 원하는 도킨스에게 종교는 현대 과학으로 치료받아야 할, 전염성이 강한 고등 미신일 뿐입니다.

반면 데닛은 도킨스의 밈 이론의 가장 강력한 옹호자임에도 불구하고 도킨스의 정신 바이러스 이론이 밈의 무법자적 측면만을 지나치게 강조했다고 비판합니다. 그리고 그는 종교 밈을 '야생 밈(wild-type meme)'과 '길들여진 밈(domesticated meme)'으로 구분하고 현대의 고등 종교는 후자에 해당된다고 분석했습니다. 즉 현대의 고등 종교는 경전, 신학교, 교리 문답, 신학자 등과 같은 기구들이 없이는 존재할 수 없을 정도로 우리에게 길들여져 있는 밈이라는 겁니다. 그렇다면 종교를 이해하기 위해서는 종교 밈의 작동, 확산, 대물림, 진화 메커니즘을 밝혀야 한다는 뜻이 됩니다. 바로 이 대목에서 데닛의 지향성 이론이 들어옵니다. 그 역시 종교 밈은 유전자와 마찬가지로 일종의 복제자이기 때문에 복제자의 전달 및 진화 메커니즘에 따라 행동할 수밖에 없다고 봅니다. 하지만 그는 종교 밈의 활동이나 작동 메커니즘이 꼭 병리적이라고 전제할 필요는 없다고 봅니다. 이것은 유전자가 행동적 측면에서 '이기적'임에도 불구하고 상위 수준에서는 '협동적'이거나 '이타적'일 수 있는 이치와 동일합니다. 특정 종교 밈의 행동 자체는 '이기적'이지만 수많은 종교 밈들로 구성된 상위 수준의 종교 현상은 다른 방식으로 작동할 수 있습니다. 이러한 데닛의 논의는 도킨스가 처음으로 제안한 밈 이론보다 더 발전된 형태의 논의이며, 오히려 도킨스의 이기적 유전자 이론에 더 부합하는 형태라고도 할 수 있을 것입니다. 이런 이유에서 데닛은 도킨스와는 달리 종교의 병리성은 종교 자체에 내장된 본질적 문제가 아니라, 경험적 질문이라고 열어 놓고 있습니다.

하지만 종교 밈 이론에도 문제점은 있는 것 같습니다. 그중 가장 심각한 것은 어떤 밈이 다른 밈들에 비해 선호되는 이유를 만족스럽게 설명하지 못한다는 점이죠. 즉 밈의 자율성 측면을 더 잘 설명하려다 보니 밈의 제약성―다시 말해, 특정 유형의 밈을 선호하게 되는 인지적 편향―은 제대로 설명하지 못하는 결과를 낳은 꼴이라고나 할까요. 앞서 살펴보았듯이 종교의 인지적 제약성은 부산물 이론에서 가장 잘 설명되었습니다. 이런 이유 때문에 종교 진화론을 제대로 발전시키기 위해서는 부산물 이론과 밈 이론을 포괄하는 새로운 통합이 필요할 수도 있을 것입니다.

사실 저는 요즘 밈 이론의 매력에 푹 빠져 있습니다. 그동안 진화심리학만으로는 인간의 마음과 행동을 설명하는 데 부족하다는 생각이 들었는데, 여기 와서 데닛과 공부하다 보니 밈 이론의 가능성을 새롭게 인식하게 되었죠. 이런 기회를 이용해 종교를 포함한 문화 현상 전반을 설명할 수 있는 밈 이론을 발전시켜 볼까 궁리하고 있습니다. 앞의 논의들이 종교의 진화에 대한 신 선생님의 질문에 어느 정도 대답이 되었나 모르겠습니다. 종교 진화론을 이야기하다 보니 생각보다 좀 길어졌습니다.

종교는 가치와 의미에 대한 독점을 풀라!

그래도 신 선생님의 편지에서 제게 가장 인상 깊었던 부분만은 언급하고 펜을 놓으려 합니다. 선생님은 경이와 경외, 편안과 평안, 자연 경험과 종교 체험, 대자연과 피조 세계, 로고스와 미토스, 사실과 가치를 대비시키셨죠. 저는 이 구분들을 보면서 오히려 종교와 과학이 얼마나 가까운지를 새삼 느낄 수 있었습니다. 더 솔직히 말하면, 그동안 종교가 거의 독점하다시피 한 의미와 가치 영역을 과학도 노크하기 시작했다는 생각이 들었습니다.

이런 뜻입니다. 중세까지만 해도 종교는 가치와 의미뿐만 아니라 사실까지도 모두 통제하는 독점적 지식 체계이지 않았습니까? 하지만 과학 혁명과 계몽주의 시대를 거치면서 서양의 과학은 그동안 종교가 쥐고 있었던 사실 영역을 야금야금 파먹기 시작했습니다. 그 결과 우리는 과학 기술이 사실의 영역을 점령한 시대에 살고 있습니다. 하지만 의미와 가치 영역에서는 그동안 무슨 일이 일어났습니까?

저는 큰 변화가 일어나지 않았다고 생각합니다. 종교는 여전히 가치와 의미를 독점하고 있습니다. 종교는 사실의 영역을 과학의 손에 넘겨주었지만 가치와 의미만큼은 꽉 쥐고 놔주지 않았습니다. 그래서 굴드 같은 과학자들도 과학은 사실에 관한 지식이고 종교는 가치에 관한 언어이기 때문에 서로 충돌하지 않는다고 말하는 것이겠죠. 반면 도킨스, 데닛, 에드워드 윌슨 같은 과학적 무신론자들은 종교를 향해 가치와 의미에 관한 독점을 풀 것을 주문합니다. 그래서 최근의 과학적 무신론 운동이 마치 헤게모니 싸움처럼 보이기도 하는 것입니다.

하지만 이들 사이에도 온도 차이는 좀 있습니다. 가령, 도킨스는 종교에서 가치와 의미를 모두 다 뺏어오려고 합니다. 즉 종교를 말살하자는 이야기죠. 반면 데닛은 종교가 그동안 발전시켜 온 가치와 의미 체계는 나름대로 인정하면서도 그것을 독점하지 말라고 경고합니다. 즉 가치와 의미에 대한 일종의 다원주의라고 할까요? 가장 흥미로운 것은 윌슨의 입장입니다. 신재식 선생님께서 『생명의 편지』를 평하면서 날카롭게 지적하셨듯이, 윌슨의 머릿속에 늘 생물학이 있다는 사실은 부인하기 어렵습니다. 이번처럼 화해의 몸짓이 아무리 매혹적이라 하더라도 윌슨의 과학자로서의 표정은 숨길 수가 없습니다. 그의 속내는 이럴 것입니다. '종교가 그동안 신주단지처럼 모신 가치와 의미 체계는 과학에서 귀결되는 가치와 의미 체계와 수렴한다. 과학에서 귀결한 가치와 의미를 실현하는 일이 매우 중요하니 무엇이든 이용하자. 이것이 내가 종교와 손잡는 이유이다.'

어떻습니까, 제 해석이? 모두가 종교의 (가치와 의미에 관한) 독점을 지적하지만 그 방법과 대안이 다르지 않습니까? 무신론자 입장에서 어떤 전략이 가장 좋다고 판단하기는 힘들 것 같군요. 하지만 최근의 과학적 무신론 운동은 무신론자의 싸움이 종교로부터 가치와 의미를 되찾아 오기 위한 것임을 상기시켜 주는 듯합니다. 경이감은 경외감과 겨우 한두 획 차이 아니겠습니까?

과학이 종교가 만들어 온 가치와 의미의 철옹성을 부수려는 시도를 하고 있으니 종교에 공감하는 사람들이 발끈하는 것은 어쩌면 당연해 보입니다. 생각이 여기까지 미치다 보니, 종교의 미래가 정말 궁금해집니다. 가치마저 내준다면 결국 빈손 아니겠습니까? 두 분 선생님의 대답이 궁금해지네요. 당장은 아니더라도 언젠가 이 부분(종교의 미래)에 대해서도 서신 교환이 있으면 좋겠습니다.

내일 세미나에서 토론할 논문을 아직 못 읽었는데 벌써 새벽 1시입니다. 아무래도 내일은 귀동냥이나 해야 할 것 같습니다. 그쪽은 점심 때일 것 같습니다. 점심 맛있게 드십시오.

2007년 2월 15일
보스턴에서
장대익 드림

이 편지에 대하여

이 편지는 신재식 교수와 장대익 교수가 주고받은 현대 과학의 종교관에 대한 편지에 대한 김윤성 교수의 답장이다. 신재식 교수와 장대익 교수의 논의에서 주로 언급되었던 기도, 기적, 과학의 종교관에 대해 종교학자의 입장에서 논하면서 종교와 과학 모두 총체로서 존재하는 인간 경험의 일부에 불과하다는 점을 역설하고 있다.

편지 2.3
실재의 깊이는 종교나 과학보다 깊습니다

신재식 선생님과 장대익 선생님께

두 분 편지 잘 받아 보았습니다. 규슈에서 돌아와 논문과 강의 준비로 방학을 마무리하다 보니 어느새 개강이 코앞이네요. 급한 마음에 부랴부랴 편지를 씁니다. 워낙 많은 이야기들을 풀어놓으셔서 숨이 벅찰 지경이지만 어쨌든 나름대로 몇 자 적어 보겠습니다.

이 모든 이야기에는 어떤 장엄함이 깃들어 있다

언어와 상상력의 힘이란 얼마나 놀라운지요. 남미에 가 본 적이 없는데도, 신 선생님 편지를 읽다 보니 마치 제가 실제로 남미의 광활한 자연 속에 있는 것만 같습니다. 그런데 생각해 보면 이 행복한 착각은 단지 언어와 상상력 덕분만은 아닐 겁니다. 만일 저에게 예전에 국내외를 여행하면서나 영화와 다큐멘터리를 보면서 웅장한 자연을 경험한 적이 없었다면, 신 선생님의 그 생생한 묘사에 그다지 공감하지 못했겠죠. 결국 우리가 간접적인 경험으로도 충분히 무엇인가에 공감할 수 있는 건 우리 각자의 경험이 공통의 토대 위에 놓여 있기 때문이 아닐까 합니다. 아무튼 정말이지 자연에는 우리를 압도하는 놀라운 힘이 있는 것 같습니다.

그런데 신 선생님 말씀대로 자연의 경이로움에 대한 경험은 어딘지 종교적 경험과 비슷한 면이 있어 보입니다. 물론 지난번 편지에서 적었듯이, 예술적 경험과 종교적 경험 사이에도 상통하는 점이 있는 것 같고요. 웅장한 자연의 경이로움, 위대한 예술 작품이 주는 감동, 그리고 내면에서 우러나는 종교적 경외나 평온의 감정. 이 세 경험 사이에는 확실히 어떤 공통점이 있는 것 같습니다.

예전에 인상 깊게 읽었던 책의 한 구절이 생각나네요. 여성 세포 생물학자 어슐러 구디너프(Ursula W. Goodenough)의 『자연의 신성한 깊이(*The Sacred Depths of Nature*)』(1998년)라는 책의 결론 부분입니다.

> 우리의 진화 이야기는 우리에게 생명의 신성함을 일깨워 준다. 세포와 생명체의 놀라운 복잡성의 신성함, 경이로운 다양함을 만드는 데 걸렸던 광대한 시간의 신성함, 그 어느 것 하나라도 일어난다는 게 있을 법하지 않은 엄청난 불가사의의 신성함을 우리에게 말해 준다. 경의는 우리가 신성한 것을 인지할 때 일어나는 종교적인 감정이다. 우리는 지구상의 모든 존재의 계획에 경의를 표할 의무가 있다. 존재 전체와 작은 부분들 모두에게, 촉매 작용을 하고, 분비하고, 복제하고, 진화하는 무수한 작은 부분들에게 경의를 표할 의무가 있다.

아시다시피 구디너프는 특정 종교의 신자는 아닙니다. 그녀는 확고한 무신론자죠. 하지만 그녀는 종교적인 언어와 메타포를 사용하기를 마다하지 않습니다. 자신의 입장을 "종교적 자연주의(religious naturalism)"라고 부르기도 하죠. 여기에는 아버지의 영향도 없지 않을 겁니다. 어슐러의 아버지 어윈 구디너프(Erwin R. Goodenough, 1893~1965년)는 20세기 중반에 활동한 미국의 저명한 종교학자로서, 본래 독실한 개신교 신자였다가 종교학을 하면서 불가지론자로 전향한 사람이죠. 과학자가 된 어슐러는 불가지론에 만족하지 못하고 무신론을 선택했지만, 그녀의 생각과 언어에는 종교학자 아버지에게서 물려받은 종교적 감수성이 다분히 스며 있는 것 같습니다.

그런데 어슐러 구디너프는 비록 "신성함", "불가사의", "경외", "종교적 감정" 같은 용어를 사용하기는 하지만, 이를 특정한 신앙 대상과 관련짓지는 않습니다. 다만 자연의 헤아릴 수 없는 신비, 그리고 이를 하나하나 파헤쳐 장대한 한 편의 드라마로 펼쳐 보여 준 과학의 위대함을 표현하기 위해 다분히 종교적 색채를 지닌 언어를 사용할 뿐이죠. 더욱이 구디너프는 바로 이어지는 구절에서 이렇게 말합니다. "모든 존재와 존속 자체 그리고 이를 이해하는 인간의 능력 자체가 중요할 뿐, 그 어떤 정당성 증명도, 창조자 같은 절대 존재도, 의미를 통합하는 상위 개념도 필요치 않다." 무신론자로서 진면모를 드러내는 대목이죠. 결국 구디너프는 다분히 '종교적' 색채를 띤 언어를 사용하고는 있지만, 사람들이 흔히 '종교적'이라는 말에서 떠올리는 것과는 전혀 다른 의미에서 이 말을 쓰는 셈입니다.

꼭 구디너프처럼 '종교적 자연주의'를 표방하지 않더라도, 자연에서 느끼는 경이로움을 마치 종교적 경험처럼 표현한 과학자들은 많습니다. 무신론, 불가지론, 범신론 등 그 입장이 천차만별이기는 하지만요. 예를 들어 일전의 편지에서 말씀드렸듯이, 아인슈타인은 자연의 경이와 신비 앞의 숙연한 감정에 "종교적"이라는 수식어를 붙이고는 했습니다. 하지만 아인슈타인은 전통적인 유신론적 종교와는 무관했습니다. 그가 자신이 말하는 신이 굳이 말하자면 "스피노자의 신"이라고 했듯이, 그는 일종의 범신론적 무신론자였죠. 또 다윈이 『종의 기원』에서 진화의 장대한 드라마를 마무리하면서 "이 모든 이야기에는 어떤 장엄함이 깃들어 있다."라고 말한 것에도 어딘지 종교적인 분위기가 느껴집니다. 다윈 역시 유신론적 종교와는 거리가 멀었고 대신 무신론적 경향이 강한 불가지론을 견지했죠.

그런데 유신론은 물론 범신론이나 불가지론 따위와도 거리가 먼 좀 더 철저한 무신론자들조차 자연의 신비 앞에서 느끼는 감동을 거의 종교적인 분위기의 언어로 표현하는 경우가 간혹 있습니다. 다른 예를 들 것도 없이 당장 칼 세이건의 『코스모스(*Cosmos*)』(1980년) 첫머리만 읽어 봐도 충분하죠.

코스모스는 과거에도 있었고 현재에도 있으며 미래에도 있을 모든 것이다. 코스모스를 아주 희미하게라도 응시하노라면 그것은 우리를 뒤흔들어 놓는다. 등골이 오싹해지고, 목소리가 떨리며, 높은 데서 떨어지는 아찔한 느낌이, 아득한 기억 같은 느낌에 사로잡히게 된다. 우리는 우리가 가장 위대한 신비들에 다가가고 있다는 것을 안다.

이것이 바로 현대의 가장 대표적인 무신론자 과학자 중 한 사람이 한 말입니다. 물론 종교적 의미로 읽힐 수도 있는 "신비"라는 단어를 제외하면 이 인용문에서 종교적이라 할 만한 요소는 전혀 없습니다. 하지만 어딘지 모르게 미묘한 종교적 분위기가 느껴지는 것도 같습니다. 세이건이 어떤 종교적 의도에서 이런 말을 한 것은 분명 아닌데도 말이죠. 그의 말에서는 오래전부터 종교인들이 우주와 존재의 궁극적인 경계와 깊이 너머에 대한 감각을 표현해 온 말들과 비슷한 분위기가 풍깁니다.

구디너프, 아인슈타인, 다윈, 세이건 같은 과학자들이 자연의 신비 앞에서 내뱉는 탄성 같은 고백들을 읽다 보면 그냥 그대로 공감을 하게 됩니다. 아, 제 경우는 그렇다는 말입니다. 아마 두 분도 그러시겠죠? 그들의 글을 읽다 보면 힘차게 떠오르는 태양, 바닥을 알 수 없는 심해, 상상하기 힘들 정도로 광대한 우주와 그 아득한 어둠, 초신성으로 폭발한 지 이미 수억 년인데 이제야 비로소 내 망막에 도달했을 저 별빛들……, 이런 것들에서 느꼈던 가슴 벅찬 감동이 되살아나는 듯합니다.

어려서부터 불과 몇 해 전까지만 해도 저는 이러한 자연의 신비 앞에서 신의 창조의 위대함과 아름다움을 찬양하는 노래를 부르고는 했었습니다. 당시에 찬양은 제 감동을 표현하는, 유일하지는 않아도 가장 적절한 언어였습니다. 특정 종교 공동체에 속하지 않게 된 이제는 개인적으로 그 찬송을 부르는 일은 거의 없지만, 분명한 건 그때나 지금이나 자연 앞에서 느끼는 감동의 깊이 자체는 똑같다는 점입니다. 그 감동을 종교적 언어로 표현하든, 과학적 언어로 표현하든, 시적 언어로 표현하든, 아니면 자연의 깊은 신비에 압도되어 그저 침묵하든, 그 표현들에 담긴 감동의 깊이 자체는 결국 같은 것이 아닐는지요.

누미노제와 신비: 종교의 뿌리

이런 점에서 독일의 개신교 신학자이자 종교학자인 루돌프 오토 (Rudolf Otto, 1868~1937년)[1]가 말한 '누미노제(numinose)' 경험에 대해 짚어 볼 필요가 있을 것 같습니다. 오토는 『성스러움의 의미(Das Heilige)』(1917년)라는 책에서 보이는 세계 너머의 어떤 성스러운 실재에 대한 감각을 누미노제라고 명명했죠. 적절한 번역이 불가능한 단어인데요, 굳이 옮기자면 '경외(敬畏)'가 그나마 가까울 겁니다.

누미노제 경험은 성스러운 실재의 궁극적 신비에 대한 매혹과 두려움이라는 양면성을 지닙니다. 오토는 이 경험이야말로 모든 종교의 뿌리라고 보았고, 이는 자연의 신비에 직면했을 때 느끼게 되는 전율의 경험과도 상통한다고 보았죠. 오토는 개신교 신학자였던 만큼 그가 말한 성스러움이란 경험적 차원을 넘어서는 초월적 실재로서 절대 타자를 분명히 가리키고 있습니다. 그래서 누미노제란 사실

---

1 독일의 개신교 신학자, 종교학자, 철학자로 인간의 감정을 중시하는 낭만주의적 입장에서 종교의 본질을 탐구함으로써 당시 종교 이해의 주류였던 '계몽주의적 종교 이해'의 한계를 극복하려고 했다.

절대 타자로서 신에 대한 경외로 귀결됩니다. 그런데 넓게 보면 이러한 누미노제 경험은 다양한 종교 경험의 한 가지 유형에 불과합니다. 여러 종교학자들은 누미노제 경험이 어디까지나 초자연적 절대 타자로서 신적 존재를 신앙 대상으로 하는 유신론적 종교에 국한된다고 지적합니다. 하지만 종교에는 꼭 유신론적 종교만 있는 것은 아닙니다. 신적 존재를 중시하지 않거나 신적 존재와 아예 무관한 신앙과 실천을 지닌 종교들도 얼마든지 있기 때문이죠.

종교학자들이 누미노제 경험과 구분되는 '신비(神秘, mystic)' 경험을 종교적 경험의 또 다른 유형으로 제시하는 것은 이 때문입니다. 신비 경험이란 절대자와 직면하는 데서가 아니라, 그저 자연 자체, 존재 자체에 대한 직접적인 감각에서 생기는 경험이죠. 신비 경험이란 존재의 궁극적 토대와 하나가 되는 합일의 경험입니다. 그런데 사실 누미노제 경험과 신비 경험은 서로 완전히 단절된 것이 아닙니다. 둘 다 인간의 언어와 상상을 넘어선다고 여겨지는 실재와 관련해 갖게 되는 심오한 경험이죠. 다만 그 경험을 구체화하면서 인격적인 초월자 신과 관련짓느냐, 아니면 비인격적인 내재적 원리나 법칙과 관련짓느냐 하는 방식이 다를 뿐입니다.

종교의 유무나 종류를 떠나 사람들이 실재의 일부인 자연에서 얻는 감동의 경험은 이 두 극단 사이에 두루 걸쳐 있습니다. 어떤 사람은 자연의 감동을 인격적 신에 대한 찬미로 표현하고, 어떤 사람은 자연 속에 녹아드는 합일의 평온함으로 표현하죠. 하지만 전자가 꼭 유신론 종교를 믿는 사람들에게서만 보이는 태도는 아닙니다. 사실 누미노제의 신앙 대상인 절대 타자가 반드시 인격적이기만 하지는 않기 때문이죠.

　예를 들어 우리는 흔히 "천벌을 받았다."라거나, "하늘을 우러러 한 점 부끄럼 없다."라거나, "하늘이 무섭지도 않느냐."라고 말하곤 합니다. 애국가에도 "하느님이 보우하사."라는 구절이 있죠. ('하느님'이 아득한 옛날부터 우리 민족이 신앙해 온 대상을 가리키는 것이고, 이는 '야훼/여호와'라는 이름으로 불리는 기독교의 '하느님/하나님'과 다르다는 건 아마 잘 아시겠죠.) 여기서 '하늘'이나 '하느님'은 우주와 역사를 주관하는 신적 주재자를 뜻할 수도 있고, 그저 하늘의 막연한 어떤 궁극적 이치를 뜻할 수도 있습니다.

　우리가 "하늘도 무심하시지."라고 할 때, 우리처럼 의지와 감정을 가진 인격적 신을 떠올릴 수도 있지만, 다른 한편으로 불의가 판치는 현실에서 정의를 회복시켜 줄 희망의 궁극적 토대로서 우주와 역사의 법칙을 떠올릴 수도 있습니다. 결국 인격체로서 하느님과 비인격적 법칙으로서 하늘 사이에는 깔끔하게 자른 단면 따위는 없습니다. 양자는 스펙트럼처럼 이어져 있죠. 또 사람들이 하느님이나 하늘을 생각하는 방식도 이 스펙트럼 위 어딘가에 모호하게 걸쳐 있을 테고요.

　길게 이야기하지 않겠습니다만, 신비 경험도 다르지 않습니다. 순수한 신비 경험은 사실 극히 드뭅니다. 종교 엘리트들에게는 가능한지 모르지만, 신비 경험을 주축으로 한다는 불교나 힌두교 같은 종교들에서조차 신비 경험은 순수한 내면적 체험 수준에만 있지 않습니다. 여기서도 언제나 절대자처럼 받아들여지는 부처와 보살, 수많은 남녀 신격(神格)들이 존재하는데, 이들은 엄연한 숭배 대상이 되어 왔고, 이는 곧 누미노제 경험과 관련되죠. 결국 순수한 신비 경험이란 이상적 차원에서나 말할 수 있을 뿐이고, 실제 현실에서는 신비 경험과 누미노제 경험이 복잡하게 뒤섞여 있는 셈입니다.

그러고 보면 결국 시대나 지역을 막론하고 모든 종교들에서는 누미노제 경험과 신비 경험의 양극단이 공존하며 그 사이에 넓은 스펙트럼이 펼쳐져 있어서, 사람들의 종교적 신앙은 그 사이 어딘가에 자리 잡고 있는 셈입니다. 물론 이는 종교인들만 그런 것은 아닙니다. 특정한 종교를 갖고 있지 않아도, 많은 사람들은 한편으로는 누미노제 경험을, 다른 한편으로는 신비 경험을 일정 정도 공유하며 살아갑니다. 유신론을 거부하는 무종교인, 무신론자, 범신론자의 경우는 아마 누미노제 경험보다는 신비 경험에 더 가깝겠죠.

따라서 앞서 살핀 어슐러 구디너프의 입장은 엄밀히 말하면 '종교적 자연주의'라기보다는 '신비적 자연주의'라고 해야 더 정확할 겁니다. 그녀가 말하는 신성함이나 신비에는 누미노제의 신앙 대상인 인격적 신이 끼어들 여지가 거의 없기 때문이죠. 하지만 신비 경험이 누미노제 경험과 마찬가지로 종교적 경험의 주요한 양상이므로, 구디너프는 물론 아인슈타인, 다윈, 세이건 같은 무신론자 과학자들이 자연의 신비에 대한 감동을 표현한 주옥같은 말들이 풍기는 분위기에 '종교적'이라는 수식어를 붙여도 무리한 일은 아닐 겁니다.

종교도 과학도 자연의 신비를 모두 설명할 수는 없습니다

사실 저는 '종교적'이라는 용어 자체에도 좀 한계가 있다고 생각합니다. '종교적'이라는 표현은 대개 신성함, 근원적 깊이, 존재 자체……, 이런 것들을 망라하는 포괄적 개념으로 쓰이죠. 하지만 '종교'라는 용어가 실제로는 특정 전통으로 구체화된 제도 종교를 지칭하는 경우가 많기 때문에 이런 표현은 오해를 사기 십상입니다. 아인슈타인이 본인의 의도와 무관하게 마치 종교적 신앙을 고백한 것처럼 오해를 받는 것도 이런 이유에서죠.

하지만 일전에도 말씀드렸듯이, 아인슈타인은 다만 스스로 '종교적'이라고 주장하는 종교인들을 향해, 넓은 의미에서 보면 자신도 여느 종교인들 못지않게, 아니 그 이상으로 종교적일 수 있다고 말한 것뿐입니다. 아마 아인슈타인은 '종교적'이라는 표현에 그리 만족하지는 못했을 겁니다. 인간과 과학을 한없이 겸손하게 만드는 자연의 위대한 신비는 '종교적'이라는 표현으로도 다 담아내기 힘들 정도로 깊기 때문이죠.

따라서 저는 '종교적'이라는 표현은 그저 그 깊이를 조금이나마 담아내기 위한 개념적 방편에 불과하다고 생각합니다. 이를 사용할 수는 있겠지만, 이 단어 하나에 모든 것이 다 담기리라는 착각은 버려야 한다는 이야기죠. 많은 사람들이 때로 '종교'나 '종교적'이라는 용어보다 '신성함', '성스러움', '궁극성', '신비', '깊이', '영성'……, 이런 용어들을 두루 사용하는 것도 필경 이 때문일 겁니다.

'종교적'이라는 말의 의미론적 한계는 자연에서 느끼는 경이의 경험과 성스러운 실재에 관련된 누미노제나 신비 경험이 그 근본에서 단절되어 있지 않다는 생각을 하게 합니다. 자연을 대하는 경험과 종교적 경험은 서로 다르면서도 결코 완전히 다르지는 않습니다. 그리고 이는 자연이나 종교를 넘어 다른 영역에서도 마찬가지일 겁니다.

지난번 편지에서 제가 음악적 경험과 종교적 경험이 근원적으로 맞닿아 있는 것 같다고 이야기했던 것 기억하시죠. 음악과 종교가 인간 경험의 깊은 차원에서 만나는 것처럼, 마찬가지로 일상이나 과학에서 자연의 경이에 대해 느끼는 경험과 존재의 궁극적 깊이에 대해 느끼는 종교적 경험도 역시 똑같은 깊이의 차원에서 만난다고 저는 생각합니다. 물론 이 모든 경험들이 다 똑같다는 이야기는 아니고요, 다만 이 각각의 경험들이 서로 별개이면서도 중첩된다는 이야기입니다. 참, 여기에 하나 더 덧붙이자면 시와 문학도 넣어야겠죠.

저는 영화 「콘택트」에서 엘리(조디 포스터가 열연을 보여 줬죠.)가 웜홀을 통과해 도착한 저 머나먼 어딘가의 우주인지 아니면 그녀의 상상 속 우주인지 아무튼 어떤 미지의 우주에 도착한 장면에서 보여 준 그 표정과 대사가 지금도 잊히지 않습니다. 영화도 여러 차례 보았지만, 이 장면은 되감기를 해 가며 정말 수도 없이 보았는데요, 볼 때마다 늘 가슴이 메고 눈물이 글썽이는 명장면이죠. 눈앞에 펼쳐진 우주의 그 놀라운 광경에 엘리는 차마 말을 잇지 못한 채 이렇게 탄식합니다.

> 어떤 천체의 모습이에요. 어떻게 표현해야 할지……. 형언할 수가 없어요……. 이건 한 편의 시야! 시인이 와야 했어요……. 너무나 아름다워요.

아름다워요. 너무나 아름다워. 아름다워. 너무나……. 상상도 못 했어. 상상도 못 했어. 상상도 못 했어…….

엘리는 그토록 아름다운 우주의 모습을 언어로 담아 낼 수 있는 사람은 과학자가 아니라 바로 시인이라고 말합니다. 이 장면에서 저는 과학, 종교, 예술, 시를 나누는 경계들이란 얼마나 인위적인 것인지를 절감하고는 합니다.

자연의 신비 앞에서 과학적 분석, 예술적 재현, 종교적 고백, 그리고 시적 상상은 각기 다른 언어를 구사하지만 그 근본적 깊이 어디에선가 서로 만나는지도 모릅니다. 이들에게는 우주라는 실재와 인간 존재의 근본에서 서로 상통하면서도 끝내 서로 치환되거나 융합되지 않는 차원이, 각각 고유성을 지닌 별개의 영역들이면서도 겹겹이 교차하는 중첩 영역에서 만나는 차원이 있다고 생각합니다.

이 점에서 저는 신 선생님께서 말씀하신 삶의 다원성에 대한 견해에 어느 정도 동의합니다. 다만 저는 그 다양한 차원들에 우열이나 위계가 있다고는 보지 않습니다. 과학자든 종교인이든, 또 예술가든 시인이든 자신의 언어만이 자연의 신비를, 존재의 깊이를 온전하게 담아낼 수 있다고 주장한다면 이는 오만이자 독선일 겁니다. 이들은 모두 같은 실재에 대해, 존재의 똑같이 깊은 차원에서, 각기 나름의 언어로 말하고 있는 것일 뿐이죠. 그렇기에 우리는 과학의 언어든, 종교의 언어든, 예술의 언어든, 시의 언어든, 이 언어들 각각은 물론이고, 이들을 다 합쳐도 끝내 담아낼 수 없는 자연의 신비와 존재의 깊이 앞에 그저 겸손할 수밖에 없는 거겠죠.

종교의 영향력은 과대평가되어 있습니다

에드워드 윌슨이 『생명의 편지』에서 제안하는 과학과 종교 간의 협력이 다분히 '생물학 중심주의적'이라는 신 선생님의 진단은 매우 적절해 보입니다. 저 역시 그의 과도한 생물학 중심주의와 과학 지상주의에는 쉽게 수긍이 안 가더군요. 예전에 윌슨의 『통섭』을 읽으면서도 비슷한 느낌이었는데요, 그가 말하는 학문들 간의 '통섭'이란 결국 자연 과학의 토대 위에서, 자연 과학을 중심으로 한 일방적인 포섭이라는 생각이 들었죠. 실제로 윌슨에게는 그런 비판이 많이 가해지더군요.

그의 이번 책 『생명의 편지』도 크게 다르지 않은 것 같습니다. 그는 비록 대화와 협력을 이야기하지만, 과학만이, 생물학만이 협력의 유일한 토대이며 대화의 적합한 주역이라는 신념을 조금도 굽히지 않습니다. 솔직히 그가 말하는 대화와 협력이란 단지 생색내기에 불과하지 않은가 하는 생각마저 들더군요.

무엇보다도 윌슨이 도대체 왜 생태 문제 해결을 위한 협력 파트너로 굳이 종교를 선택했는지 공감이 잘 안 갑니다. 그는 이에 대해 스스로 묻고 답하는데요, 그 대답은 아주 간단합니다. "종교와 과학은 오늘날 미국은 물론 세계에서 가장 강력한 세력이기 때문"이라는 거죠. 틀린 말은 아닙니다. 종교가 오랫동안 막강한 영향력을 행사해 온 것은 사실입니다. 또 근대 이후 과학의 영향력은 나날이 증가해 왔죠. 그런데 제가 보기에 윌슨은 과학을 과대평가하는 것만큼이나 종교도 과대평가하는 것 같습니다.

저는 종교학을 공부하고 있지만, 종교가 우리 삶에서 차지하는 위상이 그렇게 대단하다고는 생각하지 않습니다. 제가 종교에 관심을 갖는 이유는 단지 종교가 우리 삶의 다른 요소들과 하도 복잡하게 얽혀 있어서 그것을 빼놓고는 우리 삶을 제대로 이해할 수 없기 때문입니다. 특별히 중요해서가 아니라, 고려에서 배제할 수 없기에 관심을 갖는 거죠.

종교가 절대적 영향력을 행사하던 중세라면 몰라도, 근대 이후 종교는 삶의 특정 영역에 관련되는 하나의 요소 내지 영역으로 계속 축소되어 왔습니다. 물론 그래도 여전히 종교의 영향력이 크기는 합니다만, 그 크기가 모든 사람들에게 똑같지는 않다는 것이 제 생각입니다. 이슬람이 지배적인 중동이나 힌두교가 삶의 근간인 인도의 상황이 근대화와 세속화를 겪어 온 유럽, 미국, 우리나라의 상황과 똑같지는 않을 겁니다. 전자의 경우는 일단 접어 두겠습니다. 이 지역의 대부분에서는 과학의 영향력이 여전히 미미하고, 따라서 종교와 과학의 관계 자체를 논할 게재가 별로 없으니까요.

이와 달리 유럽, 미국, 우리나라 같은 데서 볼 수 있는 종교의 막강한 영향력이란 대개 종교인들, 그중에서도 보수적 성격의 종교인들의 일부에게만 국한됩니다. 무종교인들, 무신론자들, 반(反)종교적 정서를 지닌 사람들에게는 물론, 심지어 온건한 형태의 신앙을 지닌 많은 종교인들에게도 종교란 그저 삶의 여러 요소들 중 하나에 불과하며, 그 영향력은 거의 없거나 아주 미미하죠. (이에 대해서는 장 선생님께서 종교나 돈 따위보다 결혼이 행복의 가장 두드러진 요건으로 여겨진다는 심리학계의 연구를 들어 잘 설명해 주신 것 같습니다. 그런데 이런 연구들이 흥미롭기는 하지만 저는 통계를 일반화하는 데는 엄연히 한계가 있다고 보기 때문에 그다지 신뢰하지는 않습니다. 이에 대해서는 나중에 다시 이야기를 나눌 수도 있겠죠.)

다만 보수적 성격의 종교인들, 특히 근본주의자들이 유난히 '설친다면' 종교의 영향력이 다소 막강해 보일 수도 있는데, 미국과 우리나라가 바로 이런 경우일 겁니다. 하지만 그 영향력의 포장지를 뜯고 보면 내용물은 그리 신통치 않다는 게 제 생각입니다. 전체적으로 보면 무종교인, 무신론자, 반종교주의자, 그리고 온건한 종교인이 훨씬 더 많은 게 현실일 겁니다. 결국 윌슨이 미국에서 근본주의적 종교가 설치는 모습에 너무 예민하게 반응한 나머지 미국 사회에서 종교가 미치는 일반적 영향마저 과대평가한 것은 아닌지 하는 의구심이 커집니다.

또 윌슨이 여러 종교인들 중에서 왜 굳이 미국 남침례교 목사를 가상의 수신자로 설정했는지도 좀 의아스럽더군요. 일단은 기독교가 세계에서 가장 규모가 크기 때문이었겠죠. 그 성격상 정확한 통계 자체가 불가능하지만, 그래도 제법 믿을 만한 통계에 따르면 세계적으로 종교인의 수는 기독교 21억 명, 이슬람 15억 명, 무종교인 11억 명, 힌두교인 9억 명 등의 순이라고 합니다. 단연 기독교가 가장 크죠. 하지만 기독교가 가톨릭, 정교회, 그리고 무수한 개신교 교파들로 나뉘어 있다는 점을 생각하면, 사실 지구상에서 규모가 가장 큰 종교는 이슬람입니다.

미국으로 이야기를 좁혀 볼까요? 미국에서 기독교는 분명 인구의 76퍼센트를 차지하는 최대의 종교입니다. 이중에서 개신교가 53퍼센트, 가톨릭이 23퍼센트를 차지하죠. 하지만 개신교는 수많은 교파로 나뉘어 있기 때문에, 사실상 단일 교단으로 가장 큰 것은 단연 가톨릭이죠. 윌슨의 편지 수신자인 남침례교는 가톨릭, 침례교, 감리교에 이어 네 번째로 큰 교단으로 미국 전체 기독교 신자 수의 7퍼센트에 불과합니다. 그런데 주목할 것은 남침례교가 전형적인 근본주의 교파라는 점입니다. 근본주의 교파들은 세속 사회나 다른 종교들은 물론 개신교 내의 다른 교파들에 대해서도 단단한 장벽을 쌓는 성향을 지닙니다. 그렇기에 남침례교는 미국 기독교는 물론 심지어 개신교조차도 대표하지 못합니다. 물론 그 규모에 비해 남침례교의 영향력은 제법 큽니다. 부시 행정부하에서 백악관에 막강한 영향력을 행사하고 있고, 또 개신교계 언론을 상당 부분 장악하고 있죠. 하지만 그래도 남침례교는 결코 기독교 전체나 유일신교 전체를 대변하지 않습니다.

제가 의아해하는 부분은 바로 이 점입니다. 윌슨이 정말로 종교의 막강한 영향력을 염두에 두었다면, 차라리 좀 더 포괄적으로 그 종류가 무엇이든 아무튼 신 또는 신들을 믿는 사람들 일반을 향해 말하거나, 또는 남침례교 목사를 지목하기보다는 그냥 기독교인들 전체를 향해 말하는 것이 더 나았을지도 모르겠습니다.

윌슨 선생! 소통이 없어요, 소통이!

또 한 가지 의아한 점은 윌슨이 비록 가상의 목사를 수신자로 설정하고는 있지만, 사실상 그와 별다른 대화를 시도하지 않는 것 같다는 점입니다. 아무리 읽어 보아도 그는 편지 수신자가 가상의 목사라는 사실을 그저 이따금 환기시키기만 할 뿐, 그와 아무런 실질적인 대화도 하지 않습니다. 그냥 생태 위기를 극복할 최선의 도구로서 과학과 생물학의 가치에 대해 혼자 설명하고 일방적으로 설득할 뿐이죠. 과학적 신념이나 종교적 신념의 내용에 대해 그리고 양자가 만날 수 있는 근본적 토대에 대해서는 별로 말하지 않습니다.

물론 일부 기독교인들은 이 과학 지상주의자가 근본주의 개신교 목사에게 보낸 편지를 엿보면서 이에 공감하여 생태 위기를 구하는 데 더 큰 관심을 가지게 될지도 모르죠. 제가 '더 큰 관심'이라고 한 것은, 사실 이미 많은 기독교인들이 오래전부터 생태 문제에 지속적인 관심을 가져 왔다는 점 때문입니다. 아시다시피 생태 신학은 여성 신학과 더불어 현대 기독교 신학의 가장 핵심적인 영역이 된 지 오래입니다. 또 기독교의 많은 진영이 실천적 차원에서 다양한 환경 운동에 앞장서 왔고요.

이와 달리 윌슨이 편지 수신자로 설정한 근본주의 개신교인들은 그동안 생태 문제에 별 관심이 없었고, 아마도 이 무신론자가 내미는 협력 제안을 별로 달갑게 여기지도 않을 겁니다. 그들이 이런 제안을 받아들일 만큼 넉넉한 신앙을 가졌다면 애초에 그토록 폐쇄적이고 고집스러운 집단으로 전락하지는 않았겠죠. 그들은 윌슨의 제안에 이렇게 답할 것 같네요. "윌슨 선생! 지구를 구할 주역은 과학이 아니라 하나님이십니다. 믿습니까? 아멘!"

반면에 다른 많은 기독교인들은 윌슨이 이런 제안을 하기 오래전부터 이미 생태 문제 해결을 위해 꾸준히 노력해 왔고, 그들 나름대

로 앞으로도 그 노력을 계속해 가겠죠. 아마도 그들은 이렇게 말할 것 같네요. "윌슨 선생! 당신의 제안은 참 고맙고, 그 숱한 과학 지식을 알려 준 것도 고맙지만, 어쨌든 우리는 그런 상세한 지식이 좀 부족해도 별 상관이 없습니다. 뭐 같이 손잡을 수는 있겠지만, 너무 많은 과학 지식은 오히려 부담스럽네요. 아무튼 우리는 오래전부터 생태 문제 해결을 위해 나름대로 애써 왔답니다. 이 점만은 알아주세요!" 그러고 보면 결국 윌슨은 미국 내에서 영향력은 제법 있지만 그래도 별로 신통치 않은 근본주의 개신교 교파를 향해 혼자서 과학지상주의를 소리 높여 외치는 공허한 독백을 한 것은 아닐까 하는 생각마저 듭니다.

또 윌슨은 자연의 '관리인(청지기)'으로서 인간의 역할에 대해 말합니다. 물론 아시다시피, '관리인(청지기)'은 성서에도 등장하는 개념이고, 이미 오랫동안 유대교나 기독교 생태 신학자들이 재발견해 중요하게 사용해 온 전략적 개념입니다. 그런데 이 대목에서 저는 혹시 윌슨이 기독교의 이 관리인(청지기) 개념을 슬쩍 도용한 것은 아닌지 의문이 들더군요. 성서에 엄연히 관리인(청지기) 개념이 있고, 많은 기독교인들이 이를 토대로 생태계 회복 운동을 실천해 왔는데, 윌슨은 이 개념을 마치 자신이 처음 제시하는 새롭고 독창적인 것처럼 말합니다. 제가 보기에 윌슨이 기독교에 관리인(청지기) 개념이 있다는 사실을 몰랐을 리는 없을 것 같은데요. 알면서도 출처를 밝히지 않고 마치 자신의 생각인 것처럼 말하는 건 엄연한 표절이겠죠. 설령 몰랐더라도 역시 문제이기는 마찬가집니다. 이는 결국 그가 상대방에 대해서는 알려 하지도 않고 혼자 자신만의 독백을 늘어놓았다는 증거인 셈이니까요. 윌슨이 정말로 기독교와 대화하며 협력하고자 했다면 기독교의 관리인(청지기) 개념을 제대로 파악하고 이를 자신의 과학적 지식과 결합해 그 나름의 새로운 관리인(청지기) 모델을 제시했어야 할 겁니다. 그러나 그는 그럴 생각이 별로 없어 보입니다.

여기서 이런 의문이 들더군요. 윌슨은 정말로 대화를 원하는 것이 아닐지도 모른다. 기독교가 제시해 온 관리인(청지기) 개념은 무시한 채 과학을 새로운 관리인(청지기)으로서 대중에게 제시함으로써 사실상 과학이 생태 문제 해결을 위한 유일한 최적의 대안이라고 말하고 싶었던 것이 아닐까 하는 생각 말입니다.

끝으로 제가 윌슨의 책을 읽으며 든 마지막 의문은 과연 그의 제안이 효과적일까 하는 점입니다. 관리인 개념도 나름대로 의미 있기는 합니다만, 종교적 기원을 갖는 이런 개념은 사실 생태 사상이나 환경 운동 전반에서 특히 '심층 생태론(deep ecology)'이라고 불리는 진영과 관련됩니다. 심층 생태론은 1973년에 노르웨이 철학자 아르네 내스(Arne Næss, 1912~2009년)가 창안한 용어로, 생태 과학만으로는 생태학적 윤리나 지혜에 관련된 해답을 얻을 수 없다고 보면서 깊은 경험, 깊은 물음, 깊은 봉헌을 통해 해답을 추구하는 시도들을 통칭합니다.

심층 생태론은 인간을 환경에 온전히 통합된 일부로 보며, 나아가 인간과 생물권의 동등성을 주장합니다. 그 입장은 매우 다양해서 아르네 내스 같은 철학자들 외에도, 지구를 살아 있는 유기체로 보는 가이아 이론을 주창한 제임스 러브록(James Lovelock) 같은 과학자들, 그리고 생태계 파괴에 대한 인간의 책임을 반성하며 인간의 관리인 역할 회복을 주장한 가톨릭 신학자 레오나르도 보프(Leonardo Boff) 같은 종교인들이 이에 속합니다.

  그런데 이렇듯 종교인들이나 종교적 성향이 강한 사람들이 주축이 된 심층 생태론은 사람들의 세계관을 친환경적으로 바꾸고 삶의 태도를 바꾼다는 점에서 일정한 역할을 해 왔지만, 생태 문제를 둘러싼 좀 더 복잡한 맥락을 간과한 추상적이고 이념적인 탁상공론에 불과하다는 비판도 심심치 않게 받아 왔습니다. 사실 생태 문제는 단지 세계관이나 삶의 태도에만 관련된 것이 아닙니다. 문제는 훨씬 더 복잡하죠. 그 핵심에는 국가 권력, 국제 관계, 세계 자본주의, 신자유주의, 가부장제 같은 복잡한 정치적·경제적·사회적 변수가 똬리를 틀고 있습니다. 그렇기에 사회주의자들, 마르크스주의자들, 탈식민주의자들, 페미니스트들도 생태 문제에 꾸준한 관심을 가져 왔고, 여러 차원에서 생태 문제 해결을 위한 실질적인 노력을 기울여 온 것이죠. 생태 문제는 세계적인 경제와 분배의 불평등과 뗄 수 없는 문제라는 것이 이들의 생각입니다.

  반면에 심층 생태론은 생명계와 인간의 동등권 그리고 생명계에 대한 인간의 책임을 말하지만, 생태 문제의 핵심인 세계 경제의 분배 정의 등에 대해서는 말하지 않는다는 점에서 분명한 보수 이데올로기적 한계를 갖습니다. 제 생각에는 윌슨이 종교적인 관리인 개념을 빌려옴으로써 이러한 한계를 지닌 심층 생태론을 끌어들이는 이유는 그가 평생 추구해 온 학문의 성격 자체와도 상통하지 않나 싶습니다. 미국의 인류학자 마셜 데이비드 살린스(Marshal David Sahlins) 같은 이들은 윌슨을 필두로 한 사회 생물학자들이 인종 차별, 성차별,

우생학에 대해 비판하기는커녕 사실상 그 문을 활짝 열어 놓는다고 비판합니다. 글쎄요, 좀 과도한 비판일 수도 있겠지만, 어쨌든 윌슨은 이런 사회 정의 문제에는 별 관심이 없어 보이는 게 사실입니다.

그렇다면 과연 경제 윤리나 분배 정의라는 차원을 간과한 심층 생태론을 끌어들이는 윌슨의 제안이 과연 정치적으로 얼마나 올바른 것일지, 또 얼마나 현실적으로 효과적일지 의문이 지워지지 않습니다. 이야기가 좀 길어졌습니다만, 선생님들은 어떻게 생각하시는지요? 특히 장대익 선생님의 생각이 궁금합니다. 제가 윌슨을 너무 협소하게 이해한 건지요? 그의 제안을 나름대로 긍정적으로 받아들일 만한 부분이 있다면 무엇일는지요?

기독교가 과학과 종교 논의에 유독 적극적인 또 다른 이유

왜 과학과 종교 논의에서 유독 기독교인들이 적극적인지에 대한 신 선생님의 흥미로운 설명 잘 들었습니다. 지난 편지에서 서구에서 기독교와 과학의 관계가 극적으로 변화해 온 역사적 과정에 대한 설명에 이어, 이번 편지에서 기독교 자체가 지닌 인식론적 구조에 대한 설명과 불교나 이슬람 문화권의 경우에 대한 설명을 통해 궁금증도 많이 풀렸고요. 그런데 어쩐지 아직 의문이 다 풀리지 않은 것 같은 찜찜함이 남습니다. '과연 그것이 전부일까?' 하는 생각 말입니다.

인식론적 차원은 일단 접고 역사적 차원에 대해서만 제 생각을 말씀드려 보겠습니다. 신 선생님께서는 불교나 이슬람의 영향 아래 있는 지역에서는 역사적으로 서구의 기독교가 겪었던 것과 같은 담론의 역학 관계 변화를 경험하지 못했다는 점을 지적하셨습니다. 이런 지역에서 불교와 과학, 이슬람과 과학에 대한 논의가 별로 이루어지지 않고, 그저 불교나 이슬람이 과학과 갈등을 일으키기보다는 과학을 포용한다는 식의 견해가 지배적인 것도 이 때문이라고 하셨고요. 그런데 제가 보기에 신 선생님의 설명은 우리나라처럼 불교와 기독교를 비롯한 다양한 종교들이 나란히 경쟁하며 공존하는 상황에서조차 종교와 과학 논의에서 유독 기독교가 두드러진 역할을 하는 이유를 말해 주지는 못하는 것 같습니다. 저는 이를 설명하기 위해서는 다양한 종교들이 지금처럼 경쟁적으로 공존하게 된 우리의 특수한 역사적 맥락을 살펴야 한다고 생각합니다.

제 생각에 그 역사적 맥락이란, 곧 우리가 말하는 '과학'은 어디까지나 '서구 근대 과학'의 수입품이라는 점입니다. 우리나라 같은 비서구 사회에서 근대 과학은 처음부터 서구의 팽창과 궤적을 같이해 왔습니다. 근대 과학은 비서구 세계가 서구적 근대성 모형에 따라 대대적인 근대화와 서구화를 겪기 시작하면서 도입된 것이죠. 물론 시대와 지역을 넘어서는 과학의 보편성을 부정할 필요는 없지만, 과학을 둘러싼 담론들이 특수한 역사적 맥락을 지닌다는 점도 역시 부정할 수 없을 겁니다. 제가 보기에 우리의 경우 종교와 과학 논의에서 유독 기독교가 두드러진 역할을 하는 것은 기독교와 근대 과학이 서구의 근대성과 더불어 세계로 확장되어 온 역사적 과정과 밀접한 관련이 있다고 생각합니다. 새롭게 형성되던 근대라는 무대에서 가장 유리한 입지를 선점한 것은 바로 서구 종교인 기독교였기 때문이죠.

참, 앞으로 '기독교'는 주로 '개신교'를 가리키는 것으로 읽어 주시기 바랍니다. '그리스도교'나 '기독교'는 천주교와 개신교를 비롯한 다양한 하위 전통을 포괄하는 용어지만, 우리나라의 경우 근대와 관련한 논의는 주로 개신교를 중심으로 할 수밖에 없기 때문입니다. 천주교는 개신교보다 한 세기나 일찍 전래되었지만, 오랜 박해에서 이제 막 벗어난 상황이기에 근대 무대에는 개신교보다 뒤늦게 뛰어들었습니다. 게다가 천주교의 배경에는 프랑스가 있었던 데 비해, 개신교의 배경에는 미국이 있었습니다. 우리의 근대사 속에서 개신교가 유리한 위치를 차지할 수 있었던 것은 미국의 힘을 등에 업은 덕분이기도 합니다.

비서구 세계에서 기독교는 과학과 나란히 서구 문명의 중요한 토대로 인식되었으며, 심지어 때로는 서구 문명 자체와 동일시되기도 했습니다. 개항기를 전후로 한 근대 초기 우리나라 기독교계에서 비교적 오랫동안 기독교와 과학의 관계에 대한 별다른 논의가 나타나지 않는 것은 이 때문입니다. '기독교=서구 종교'라는 오직 이 한 가지 사실 덕분에 과학의 대등한 동반자로 여겨지거나 심지어 과학의 근원이라는 위상까지 거저 부여받을 수 있었기에 별다른 논의가 필요치 않았던 거죠. 일종의 무임승차라고나 할까요.

반면에 유교나 불교 그리고 무교(巫敎) 같은 전통 종교들이나 여러 신종교들에게는 상황이 그리 썩 좋지 않았습니다. 이 종교들에게는 새로운 근대적 기준에 맞추어 적응하는 과제가 급선무였기 때문이죠. 우선 정치와 종교의 복합체인 유교는 조선 시대 내내 누렸던 지배적 위치를 상실한 채 하나의 독립된 종교보다는 순수한 사상, 일상적 관습과 의례, 무의식적 가치관과 윤리 따위로 그 명맥을 유지할 수밖에 없었습니다. (동아시아에서 근대 초기부터 지금까지 유교가 종교냐 아니냐 하는 문제가 수시로 제기되어 온 것도 이 때문입니다.)

유교에 비하면 종교로서 위상이 비교적 명확했던 불교는 이보다는 조금 나았습니다만, 그래도 사정이 열악하긴 마찬가지였습니다. 조선 정부의 억불 정책에서 벗어난 불교에게는 전통을 회복하고 근대 사회에 적합한 종교로서 체질을 개선하는 일이 더 시급했기 때문이죠.

신종교들은 상황이 천차만별이었습니다. 정치와 종교의 혼합체로서 갑오 농민 혁명의 원동력이었던 동학은 개항기 들어 천도교로 변신하면서 순수한 종교임을 표방하기 시작했습니다. 그러다 보니 역시 한동안은 과학과의 관계에 대한 논의를 할 겨를이 없었죠. 증산교를 비롯한 다른 신종교들은 이제 막 형성되던 단계라 딱히 거론할 사항이 별로 없었고요.

마지막으로 무교 같은 민간 종교는 가장 열악한 상황에 있었습니다. 민간 종교는 '종교'의 축에 들지도 못하는 '민간 신앙(folk belief)'으로 불리거나 아예 '미신(superstition)'으로 폄하되기가 일쑤였기 때문에, 언제나 근대라는 무대의 외곽에 머물 수밖에 없었죠.

여러 종교들의 사정이 이러했기에 근대 초기인 개항기에는 기독교에서와 마찬가지로 다른 종교들에서도 과학과의 관계에 대한 논의가 별로 나타나지 않습니다. 그런데 일제 강점 이후 1920~1930년대에 근대화가 급속하게 진행되면서 상황이 변하기 시작합니다.

일단 기독교를 서구 문명과 동일시하던 환상이 깨지기 시작합니다. 이 시기 개신교에서는 경전을 문자주의적으로 이해하고, 성령 체험을 강조하며, 내세 지향성이 강한 근본주의적 경향이 증가하고 있었습니다. 또 천주교는 도시보다는 농촌의 기반이 더 컸고, 전래 당시부터 내내 지배적이었던, 현실 도피적이고 내세 지향적인 성격의 신앙이 여전히 유지되고 있었죠.

사정이 이러했기에 이제 사람들 사이에서는 기독교가 합리성이나 근대성에 부합하기는커녕 오히려 비합리성과 전근대성의 온상이라는 부정적 인식이 증가하게 되죠. 이 시기에 벌어진 사회주의자들과 기독교인들의 담론 투쟁이나 세력 대결 — 양측의 집회 현장에서 서로를 비난하다 격렬한 몸싸움이 벌어지는 사태가 여러 번 있었지요. — 은 이러한 상황이 극단적으로 표출된 한 사례입니다.

기독교 안팎에서 종교와 과학에 관한 논의가 나타나기 시작하는 것은 바로 이 즈음인데요, 여기서부터는 근대 서구에서 기독교와 과학의 관계에서 벌어졌던 상황이 비슷하게 재연된다고 보시면 됩니다. 우선 기독교 바깥에서는 기독교가 필연적으로 과학과 갈등을 일으킬 수밖에 없다고 보는 식의 견해가 부상하면서 기독교가 서구 문명의 일부이며 과학과 조화를 이룬다고 보던 기존의 견해와 경합을 벌이게 됩니다. 한편 기독교 내부에서도 과학과 종교의 관계를 설정하는 전략상의 분열이 생기기 시작합니다. (여기서부터는 주로 개신교만 해당하는 이야깁니다. 천주교와 관련해서는 당시에 종교와 과학에 관한 논의가 이루어진 흔적을 아직 보지 못했습니다.)

개신교의 경우, 어떤 이들은 자유주의나 유연한 복음주의를 추구하면서 과학과 종교를 적당히 분리하거나 또는 진화론을 비롯한 근대 과학을 어느 정도 수용해 신학과 신앙의 내용을 가다듬기 시작합니다. 반대로 근본주의나 경직된 복음주의 계열의 개신교인들은 성경을 역사적으로나 과학적으로 정확하고 오류가 없는 텍스트로 보는 문자주의를 고수하면서 진화론을 비롯한 근대 과학과의 전면전을 선포하기 시작합니다. 그 내용은 제각각이었지만 개신교에서 이제 바야흐로 종교와 과학의 관계에 대한 논의가 폭발하기 시작한 거죠. 제가 보기에 오늘날 종교와 과학 논의에서 기독교, 특히 개신교 안팎의 논의가 압도적으로 많은 현실은 이 당시 형성된 상황의 연장인 것 같습니다.

한편 같은 1920~1930년대에는 기독교 이외의 다른 일부 종교들에서도 종교와 과학의 관계에 대한 논의가 조금씩 나타나기 시작합니다. 그 관계 유형은 쉽게 정리하기 힘들 정도로 다양한데요, 크게 다섯 가지로 정리할 수 있을 것 같습니다. 종교와 과학은 조화될 수 없는 갈등 관계라고 보는 태도, 종교와 과학의 관계에 아예 관심을 기울이지 않는 태도, 종교와 과학을 적당히 분리하는 태도, 종교가 과학을 포용하거나 능가한다고 보는 태도, 과학이 종교의 진리를 증명한다고 보는 태도 등입니다.

제 나름대로 구분해 본 것인데요, 사실 기존에 누가 전체적으로 연구하거나 정리한 바가 별로 없어서, 제가 이 편지를 쓰면서 나름대로 기존의 일부 연구들과 여러 자료들을 토대로 잠정적으로 구분해 본 겁니다. 아직 가설 수준이라 좀 더 자료를 뒤져 보고 생각을 정리한 후에야 좀 자세히 이야기를 풀어낼 수 있을 것 같습니다. 아시다시피 기독교와 과학 이외의 경우에는 이런 주제에 관한 논의가 별로 없다 보니 당장 저 혼자 여러 생각을 정리하기가 좀 벅차네요.

다만 한 가지만 짚어 두도록 하겠습니다. 가만히 보시면 제가 제시한 기독교 이외 종교들이 과학을 대하는 유형들에서 오늘날의 종교와 과학 양쪽 논객들이 제시하는 관계 유형과 비교해 특정한 관계 유형이 있거나 없거나 하는 것 등의 차이가 보이실 겁니다. 예를 들어 기독교를 중심으로 종교와 과학의 관계 유형을 정리한 대표적 학자인 이언 바버는 갈등, 독립, 대화, 통합의 네 가지 관계 유형을 제시하는데요, 제가 제시한 기독교 이외 종교들의 과학과의 관계 유형에서는 종교와 과학의 적극적인 만남을 시도하는 대화나 통합 유형이 없습니다.

그 이유는 비교적 간단합니다. 대화와 통합이란 충분히 긴 시간 동안 많은 논의가 축적된 후에야 비로소 시도될 수 있는 것인데, 서구에서 오래 진행되어 온 논의가 있었기에 한국의 기독교는 비교적 충분히 준비된 토대 위에서 논의를 시작할 수 있었지만, 다른 종교들은 대개 모든 논의를 처음부터 시작해야 했습니다. 논의가 이제야 막 싹트던 단계에 불과했기에 대화와 통합은 아직 시기상조였던 셈이죠. 물론 오늘날의 종교, 특히 불교 같은 종교는 과학과의 만남에 아주 적극적입니다. 불교도들은 과학과의 대화와 통합을 추구하는 다양한 논의를 국내외에서 펼치고 있습니다. 하지만 이는 불교 등 일부 종교의 일이고, 또 비교적 최근의 일일 뿐, 적어도 근대 이후 상당히 오랜 기간 동안 기독교를 제외한 다른 대부분의 종교들에서는 대화와 통합을 위한 시도가 거의 이루어지지 않은 것으로 보입니다.

이 문제는 일단 여기까지 쓰려 합니다. 다만 다시 한번 강조하고 싶은 것은 신 선생님의 설명은 기독교에 국한하거나 기독교가 오랫동안 핵심적인 위상을 차지해 온 서구의 경우에 대해서는 설득력이 있지만, 서구와는 전혀 다른 역사적 경험과 현재의 상황을 지닌 우리의 경우에는 설득력이 부족해 보인다는 점입니다. 우리의 현재를 설명하기 위해서는 현재가 있게 된 역사적 맥락을 밝혀내야 한다는 것이 제 입장입니다. 그래서 개항기까지 거슬러 올라가 온갖 종교들이 서로 경쟁하며 공존하고, 또 여러 종교들 사이는 물론 사회와 문화 속의 종교적인 것들과 세속적인 것들 사이에서 복잡한 관계와 상호 작용이 벌어지게 된 역사적 연원을 밝혀내 보려 했던 것입니다.

저는 기독교와 그 밖의 종교들에서 과학과의 관계를 설정하는 방식에 왜 이렇듯 큰 차이가 생기게 되었는지를 밝히려면, 근대 초기에 서구 근대성과 더불어 서구 과학과 서구 종교인 기독교가 유입된 후 종교 지형이 어떻게 재편되었는지를 살펴야 문제의 해답을 찾을 수 있다고 봅니다. 그렇다고 제 설명이 신 선생님의 설명을 폐기하거나 대체하는 것은 아닙니다. 다만 신 선생님의 설명에서 부족했던 한국 근대 종교사적 맥락을 보완하려 했던 것이라고 보시면 될 것 같습니다. 나름대로 애는 썼는데 제대로 전달이나 되었을지 잘 모르겠습니다. 혹시 부족한 점이 있으면 지적해 주십시오. 그리고 아까 말씀드린 기독교 이외 종교들에서 바라본 종교와 과학의 관계 유형들에 대해서는 꼭 제대로 준비해서 다시 편지를 쓰도록 하겠습니다.

God과 Goodness, 가깝고도 먼

그나저나 장 선생님께서 전해 준 소식, 대니얼 데닛이 큰 병마를 이겨 냈다니 참으로 다행입니다. 알려 주신 사이트에 들어가서 데닛의 글도 재미있게 읽었고요. 비록 데닛과는 안면이 없지만 멀리서나마 쾌유를 축하한다고 전해 주세요. 참, 그러고 보니 제가 방금 쓴 말들이 데닛에게는 좀 귀에 거슬릴지도 모르겠습니다. '병마(病魔)'라든지 '축하(祝賀)'라든지 하는 표현 말입니다. 'Thank God' 대신 'Thank Goodness'를 말하는 데닛에게 '병마'는 마치 질병의 초자연적 원인을 말하는 것처럼 들릴 테니까요. 하지만 비록 '병마'라는 말이 질병을 신이 내린 시련이나 악마의 심술 탓으로 돌리던 시절에 생겨난 것이기는 하지만, 어쨌든 지금 이 말은 별다른 종교적 함의 없이 그저 질병의 중대함을 뜻하는 상투적 수사로 쓰일 뿐이죠. 우리가 '화마(火魔)'나 '수마(水魔)'를 말한다고 해서 정말 어떤 악마 따위를 연상하지는 않는 것처럼 말입니다. '축하'라는 말도 마찬가지입니다. 2000년 전에 나온 중국의 한자 해설서『설문해자(說文解字)』에 따르면 祝이라는 글자는 본래 제사와 관련되어 있었습니다. 이후로도 祝은 주로 초월적·신적 존재를 향한 기원을 의미하는 말로 쓰였고요. 하지만 지금은 祝이 지닌 이런 종교적 함의는 거의 사라진 지 오래죠.

어쨌거나 지금 우리는 종교적 함의와 별 상관없이 '병마'라는 말을 쓰고, 또 기꺼운 마음으로 '축하'라는 말을 씁니다. 어쨌든 비록 데닛이 우리말은 전혀 모르겠지만, 그래도 싫어할지 모르니 말을 바꾸겠습니다. "힘든 병고를 무사히 극복하셨다니 참 다행입니다. 부디 건강하세요." 아, '다행(多幸)'이라는 말에서도 '운수(運數)'를 의미하는 종교적 냄새가 나기는 하지만, 이건 애교로 봐 주시겠죠.

기왕 말이 나온 김에, 앞에서 우리 고유의 신앙 대상인 '하늘/하느님'에 대해 했던 이야기 기억하시죠. '하늘/하느님'이 인격적 신을 의미할 수도, 그저 막연한 우주적 법칙을 의미할 수도 있다고요. 그런데 이는 서양도 그리 다르지는 않을 것 같습니다. 물론 서양에서 대문자 'God'은 야훼나 알라처럼 유일신교의 특정한 인격적 신을 지칭하는 게 보통이고, 소문자 'god'은 유일신교 이외의 다양한 신들이나 또는 신에 관한 일반 명사로 쓰이는 게 보통이죠. 어떤 경우든 유신론적 함의를 지니는 건 사실이고, 따라서 무신론자인 데닛이 이 단어를 쓰기 싫어하는 것도 충분히 이해는 갑니다.

하지만 'God'이 꼭 이렇게 유신론의 함의를 지니는 것만은 아닐 겁니다. "하늘은 스스로 돕는 자를 돕는다.(Heaven helps those who helps themselves.)"는 격언이나 "신만이 아신다.(Only God knows.)" 같은 표현에서 'Heaven'이나 'God'은 한편으로 인격적 신을 의미할 수도 있지만, 다른 한편으로 우리의 경우처럼 그저 인간사를 초월하는 저 너머의 막연한 무엇, 우주와 역사를 움직이는 비인격적인 어떤 법칙을 의미할 수도 있습니다.

어쨌거나 데닛은 'God'이 이런 비(非)유신론적 맥락에서 쓰일 수 있다고 해도 그 유신론적 함의가 너무 강하기에 이를 거부하고 싶었던 것 같네요. 그런데 혹시 데닛은 식구들이랑 T.G.I Friday's 패밀리 레스토랑에는 가지 않으시려나요? 참, 안 갈 것까지는 없겠군요.

이 상호의 'G'는 애초부터 'God'과 'Goodness'를 동시에 의미하는 것이었으니까, 'Thank God It's Friday!'가 아닌 'Thank Goodness It's Friday!'로 받아들이면 그만일 테니까요. 참 요즘은 더 나아가 'Terribly Gleeful It's Friday!'(너무 좋아 금요일이야!) 이런 식으로 바꾸어 쓰기도 하더군요.

사실 'God'이라는 말을 'Goodness'처럼 다른 말로 바꾸어 쓰려는 시도는 데닛 이전에 이미 오래전부터 있었던 것이기도 합니다. 꼭 데닛 같은 무신론자가 아니더라도 'God'이라는 표현을 선호하지 않는 사람들은 언제 어디에나 늘 있기 마련이니까요. 아무튼 약간의 장난기가 느껴지기는 합니다만, 진정한 무신론자라면 언어 자체를 바꾸려고 시도해 봄직도 할 것 같습니다.

물론 언어라는 게 하루아침에 뚝딱 만들어진 것이 아니라 그 안에 기나긴 역사의 흔적을 고스란히 담고 있는 법인지라 이런 시도가 그리 순탄하지는 않을 수도 있겠죠. 그런데 다른 경우이기는 하지만, 수천 년 동안 사용되어 온 고질적인 가부장제적 어휘들의 상당수가 페미니즘 덕분에 불과 몇 십 년 만에 양성 평등적 어휘로 대체되었다고 점을 생각하면(예를 들어 불특정한 인간 주체를 가리키거나 3인칭 대명사를 쓸 때 예전에는 man이나 he만 썼지만, 이제는 man과 woman을, 또 he와 she를 동시에 쓰거나, S/he 같은 기호를 쓰거나, human 같은 비교적 젠더 중립적인 단어를 사용합니다. 또 경찰관을 뜻하는 policeman 같은 단어는 police officer로 바뀌었죠.), 종교적 함의가 담긴 기존의 용어를 바꾸려는 시도도 전혀 불가능하지는 않을 겁니다.

무엇보다도 세상에는 온갖 종류의 다양한 종교들이 있을뿐더러 종교에 관련된 태도도 무척이나 다양합니다. 인격적 신을 믿는 종교에는 유일신교와 다신교를 비롯한 다양한 흐름이 있고, 이와 별도로 인격적 신과 그다지 상관이 없는 종교들도 있습니다. 게다가 무종교적이거나 비종교적인 사람들 중에는 불가지론자나 무신론자만 있는 것이 아니라 특정 종교에 속하지는 않지만 명백한 종교적 성격의 신념을 지니고 그런 실천을 행하는 사람들도 있습니다. 현실의 이런 복잡성을 인정한다면 특정 종교에 뿌리를 둔 기존의 언어를 종교적으로 중립적이거나 종교적 함의가 없는 새로운 언어를 바꾸려는 시도는 분명 중요한 의의를 지니지 않을까 합니다.

기도나 기적은 효과가 아니라 의미의 문제입니다

쓰다 보니 좀 길어졌습니다. 장 선생님 편지에는 당장 제대로 답장을 쓰기는 힘들 것 같네요. 되는 대로 적어 봅니다. 우선 기도나 기적에 대해서는 대부분의 종교학자가 그렇듯이 저도 그 실제성이나 인과적 효과 따위에는 별로 관심이 없습니다. 물론 저와 생각이 다른 종교학자들도 있겠습니다만, 제 경우는 일단 장 선생님께서 제시하신 통계적 결과들, 즉 기도와 그 효과에 대한 연구에서 양자 간에 아무런 인과적 연관도 나타나지 않는다는 결과를 신뢰하는 편입니다.

이는 기적에 대해서도 마찬가지입니다. 현대 의학이 못 고친 병을 기도원에서 고쳤다는 사람들이 있지만, 당연히 그런 '기적적' 치유가 꼭 기도원에서만 벌어지는 건 아닙니다. 사찰이나 굿당이나 신종

교 교당에서 병이 나은 사람들도 얼마든지 있죠. 물론 종교와 상관없이 모든 의학적 치료를 포기한 후에 그저 일상에서 자연적 과정에 의해 저절로 치유되는 경우도 있겠고요. 이에 대해 연구된 바는 보지 못했지만, 충분한 수의 표본이 확보된다면 여러 종교들의 특별 치유 사례의 빈도나 의료적 조치를 포기한 후의 일반적인 자연 치유 사례의 빈도에서 통계적으로 의미 있는 차이는 나타나지 않을 것 같습니다.

초등학교 5학년 때 생각이 나네요. 기도의 효과에 대해 주일 학교 선생님에게서 아주 간단하면서도 명쾌한 답을 들었던 적이 있는데, 지금도 그 기억이 생생합니다. 초등학교 시절에 노회(개신교 교파인 장로교의 지역 조직) 대표로 뽑혀 전국 성경 시험 대회에 출전한 적이 몇 번 있었는데요, 매년 장려상 아니면 낙방이었죠. 정말 열심히 준비했고, 꼭 일등상을 타게 해 달라고 기도도 열심히 했는데, 매번 실패하니 어린 마음에 실망이 이만저만 아니었답니다. 그래서 주일 학교 선생님께 물었죠. "왜 하나님은 내 기도를 안 들어 주시는 거죠?" 그러자 선생님께서 이렇게 답해 주셨습니다. "얘, 기도를 너만 하는 건 아니겠지? 하나님이 너만 사랑하실까? 다른 친구들도 똑같이 사랑하시겠지? 그렇다면 하나님이 누구 기도를 들어주실까? 조금이라도 더 많이 노력한 사람의 기도를 들어주시는 게 당연하겠지? 그치?" 뒤통수를 한대 맞은 기분이었죠. 결국 더 중요한 건 순전히 내 노력이구나!

사실 제가 선생님께 질문을 했던 데는 까닭이 있었습니다. 같은 교회 후배도 같이 출전해서 그 학년의 일등상을 탔는데, 그다음 주에 전교인 앞에서 그 친구가 간증을 했죠. 기도를 열심히 했더니 답안지에 마치 누가 미리 써 놓은 것처럼 답이 선명하게 보여서 그대로 적었다고 하더군요. 모든 교인들이 "아멘!" 하는데, 저는 도저히 믿을 수가 없었죠. 시험 끝나고 같이 답안지를 맞춰 보면서 그 친구가 나보다 고작 몇 개만 덜 틀린 걸 보았는데, 정말 하나님이 그 친구에게 직접 정답을 알려주셨다면 왜 기왕이면 전부 다 가르쳐 주지 않고 굳이 몇 개는 틀리게 가르쳐 주셨을까 하는 의문도 들었죠. 어쩌면 그 후로 사춘기를 지나 오래도록 한편으로는 신앙심의 부족을 자책하면서도, 다른 한편으로 성경의 내용이나 기도의 응답에 대한 풀리지 않는 의문들을 계속 키웠던 것도 이때부터였던 것 같습니다.

이야기가 옆으로 샜습니다. 어쨌든 기도나 기적이 인과적 효과가 별로 없다는 과학적 연구 자체에 대해 저는 별로 토를 달 생각은 없습니다. 하지만 이런 생각은 드네요. 그래서 그게 무어 그리 중요하지? 정작 중요한 건 기도가 효과가 정말 있느냐, 기도에 응답하는 신이 정말 존재하느냐, 이런 문제가 아니라, 그 대상이 누구든 또 무엇이든 사람들이 이런저런 이유에서 기도라는 행위를 한다는 사실 자체가 아닐까?

일전의 편지에서 제가 결코 무신론자는 되지 못할 것 같다고 말씀드린 것 기억하시죠. 사실 제대로 기도를 한 지는 오래되었지만, 그래도 몇 년 전 기도 비슷한 걸 한 적이 있습니다. 아버지께서 크게 위독하셔서 의식을 잃으셨을 때였는데요, 그때 저는 병동 계단에서 서서 창밖 먼 하늘을 바라보며 정말로 오랜만에 '그분'에게 말을 걸었죠. '그분'이 제가 전에 알았던 기독교의 하나님인지 아니면 그저 막연한 알 수 없는 신이었는지는 잘 모르겠습니다만, 어쨌거나 기도는 진심이었습니다.

신파조 같기는 하지만, 그동안 아버지에게 사랑한다는 말 한 번 제대로 못했다는 생각이 괴로웠던 데다가, 런던에서 이제 막 한국행 비행기를 탔을 막내아들과 며느리의 얼굴도 못 본 채 그렇게 가실까 봐 마음이 너무 아팠죠. 그런데 동생 내외가 도착한 후 아버지께서 갑자기 의식을 되찾아 미음도 한술 들고, 온 가족과 즐거운 대화도 나누고, 심지어 장차 태어날 손자손녀의 이름까지 미리 지어 주셨죠. 아주 짧은 시간이었지만, 우리 모두에게는 말할 수 없이 행복한 시간이었습니다. 어쨌거나 정신없이 장례를 치르고 났는데, 돌아오는 차 안에서 문득 깜빡했다는 생각이 들더군요. 그래서 차창 밖으로 먼 하늘을 쳐다보았습니다. 그리고는 마음속으로 다시 막연히 '그분'에게 아버지의 의식이 잠시나마 돌아오게 해 주셔서 고맙다고 말했죠.

기도에 대한 장 선생님의 질문에 제가 할 수 있는 답은 당장은 이것뿐이네요. 아까도 말씀드렸듯이 순전히 통계적 연구만 놓고 본다면, 기도의 실질적 효과에 대한 증거는 전혀 없는지도 모릅니다. 하지만 그게 전부는 아닐 것 같습니다. 우리 인간의 삶이란 그런 통계수치에 갇히지 않는 숱한 차원들이 있기 때문이죠.

아버지께서 돌아가시던 당시에 제가 했던 그 어설픈 기도가, 기도하는 법조차 잊어 버린 냉담한 회의주의자이자 모호한 불가지론자가 된 제 마음속 독백이 도대체 기도라고나 할 수 있을지 저도 잘은 모르겠습니다. 하지만 저는 분명 그 순간 인간이나 의학의 힘으로

할 수 없는 일이 이루어지기를 바라는 마음에서 저 하늘 너머의 막연한 누군가를 향해 제 간절한 바람을 말하고 있었습니다.

사실 아버지는 그동안의 꾸준한 의학적 치료가 있었던 덕분에 신체 기능이 잠시 회복된 것일 뿐일 수도 있겠죠. 또 모든 것이 그저 순전한 우연일 뿐일 수도 있을 테고요. 하지만 적어도 바로 그 시간에 간절히 바라던 일이 이루어진 것, 아버지가 눈을 뜨고 잠시나마 식구들과 대화를 나눌 수 있었던 것은 그 자체로 우리 모두에게 기적이었습니다. 그리고 그 기적이 어떤 신적 존재 덕분이든 아니든, 제가 한 것이 기도라고 할 수 있든 없든, 저는 기적을 바라며 저 하늘의 막연한 '그분'에게 부탁을 했고, 장례 일로 경황이 없어 잠시 잊기는 했지만 결국 이 모든 일을 다시 떠올리면서 잊지 않고 '그분'에게 고마움을 표했습니다.

옆으로 새지 않으려 했는데, 결국 제 개인적 이야기만 하고 말았네요. 기도나 기적이 효과가 아니라 의미의 문제라는 많은 종교학자들의 논의가 있기는 하지만, 그런 논의를 일일이 소개하기란 쉽지 않은 일이고 또 굳이 그럴 필요가 있을 것 같지는 않아서였습니다. 저는 기도에 응답할 어떤 신적 존재가 있든 없든, 또 기적이 기도의 효과든 아니든, 이런 문제를 떠나 기도란 우리 인간이 삶에서 부딪히는 풀리지 않는 물음들과 문제들을 조금이나마 풀어내는 실마리가 아닐까 생각합니다.

인류학자 메리 더글러스(Mary Douglas, 1921~2007년)는 사물을 인격화하는 습성은 결코 미개한 사고가 아니라 인간이 주변 세계와 관계를 맺는 주된 방식 중 하나이며, 이는 현대인에게도 여전히 생생히 살아 있는 사고라고 말합니다. 더글러스의 통찰은 기도에 대한 궁금증에 일말의 빛을 던져 줍니다.

제 연구실에는 화분이 여러 개 있는데 깜빡하고 며칠 물을 안 주어서 시들한 모습을 볼라치면 화들짝 놀라 화초들에게 미안해하면서 어서 기운차리라고 말하며 물을 주고는 합니다. 글쎄요, 이렇게 화초들에게조차 말을 걸 수 있다면, 비록 존재하는지 안 하는지 확인할 수도 없고, 또 설령 존재하지 않는다는 생각이 든다 해도, 우리는 알 수 없는 그 누군가에게도 여전히 말을 걸 수는 있는 거겠죠. 그 누군가가 신이든 아니면 다른 무엇이든, 또 그런 존재가 있든 없든, 중요한 건 그런 게 아니라 사람들의 기도하고 싶어 하는 마음, 기도를 하는 그 행위, 그리고 바라던 바의 성취나 실패를 나름의 해석 체계 속에서 받아들이려 하는 시도, 이런 것들이 아닐는지요. 아무튼 기도라는 것을 해 본 지 다시 또 한참의 시간이 흘렀지만, 언젠가 힘들거나 다급할 때면 저는 아마 다시 또 염치없이 '그분'에게 말을 걸지도 모르겠습니다.

결국 제 인생 이력에 종교적 뿌리가 여전히 남아 있기 때문이라고 지적한다면 딱히 할 말은 없습니다. 하지만 저는 기도란 신앙의 유무나 종류를 떠나, 또 유신론자나 무신론자나 불가지론자를 떠나, 누구든 마음속의 생각이나 바람을 현실 세계 너머 저기 어딘가 실재한다고 여겨지는 대상을 향해 말하는 소박하고 진솔한 고백의 한 가지 형태가 아닐까 생각합니다.

과학이 진보해도 신비는 고갈되지 않을 것입니다

종교에 대한 진화론적 설명들에 대해 장 선생님께서 써 주신 친절한 설명도 잘 읽었습니다. 그 다양한 설명의 시도들이 다 일정한 한계를 가지지만 서로가 서로를 보완하면서 나선형을 그리듯 발전해 온 모습도 잘 보았고요. 아마도 그들은 더 많은 탐구가 이루어지면 결국 '믿음 엔진'을 순수한 과학의 언어로, 순전한 진화의 과정으로 다 설명해 낼 수 있으리라 생각하겠죠.

그게 우리 세대나 다음 세대에 당장 가능하지 않더라도 끝없는 물음과 탐구 자체는 정말이지 인간이 지닌 가장 소중한 측면들 중 하나임이 분명할 겁니다. 다만 저는 과학적 탐구가 아무리 멀리 나아가 많은 것을 밝혀낸다고 해도, 과학과 종교나 시나 예술 사이에는 아킬레우스와 거북의 역설[2]이 여전히 남기 마련이라고 말하고 싶습니다. 과학이 무엇을 밝혀내든 과학적 설명에 소진되지 않는 의미의 영역은 언제나 계속 남아 있을 수밖에 없을 테니까요.

아까도 말씀드렸듯이 과학이 아무리 자연을 또 인간 마음의 구조와 기제를 낱낱이 밝혀낸다고 해도 시인들은 여전히 그들의 상상력으로 새로운 언어를 끊임없이 주조해 내겠죠. 물론 예술가들도 그럴 테고요. 종교도 마찬가지라고 생각합니다. 적어도 경전을 문자 그대로 받아들이는 문자주의의 닫힌 신앙의 소유자가 아니라면, 신앙

---

2 제논의 역설 중 하나. 걸음이 몹시 빠르며 불사신이었던 그리스 신화의 영웅 아킬레우스가 거북보다 늦게 출발하면 결코 거북을 따라잡을 수 없다는 역설.

으로 이성을 뭉개 버리지 않는 건전한 마음을 지닌 종교인이라면, 과학이 아무리 발전해도 그 경계로부터 다시금 끝없이 새로운 물음들을 빚어낼 겁니다. 새로운 물음은 곧 새로운 의미를 자아내기 마련일 테고요. 결국 과학과 더불어 종교와 시와 예술, 이 모두는 곧 우리가 흔히 '문화'라고 부르는 커다랗고 복잡한 덩어리의 일부들이 아닐는지요.

장 선생님께서는 또 종교를 형이상학적 신념이나 진리에 관련된 세계관의 일종으로 보셨죠. 하지만 제가 보기에 이는 종교를 너무 좁게 이해하는 게 아닐까 합니다. 물론 특정한 세계관에 근거한 신념은 분명 종교의 일부이고 가장 핵심적인 측면이기도 합니다. 하지만 세계관이라는 요소만으로는 종교를 온전히 파악할 수 없습니다. 세계관에는 종교적인 것만 있는 것이 아니라 비종교적이고 세속적인 세계관도 수두룩하고, 또 무엇보다도 종교가 단지 세계관이기만 한 것은 아니기 때문입니다. 세계관은 어디까지나 종교의 복잡하고 다양한 여러 측면들 중 하나일 뿐이죠.

종교에는 신념이나 세계관과 밀접히 연관되지만 결코 그런 것으로 환원되지 않는 몸짓 고유의 차원이 있습니다. 바로 의례적 실천이죠. 또 종교에는 공동체와 뗄 수 없이 결합되어 있는 사회적 차원도 있습니다. 바로 제도의 영역이죠. 저는 이런 차원들 중 어느 하나라도 빠뜨려서는 종교를 제대로 이해할 수 없다고 생각합니다. 나아가 저는 종교란 인간 몸의 구체성과 인간 삶의 물질적 토대 위에 구축되는, 아니 그 물질적 토대와 뒤섞이며 직조되는 복잡한 덩어리인 문화의 일부라고 생각합니다.

제가 종교학도로서 문화 속의 종교적 요소나 층위가 과학이나 예술 같은 문화의 또 다른 층위나 요소와 관련되는 방식에 관심을 갖는 것은 바로 이 때문입니다. 물질성의 토대 위에서 솟아나는 의미의 영역, 그 영역은 과학적 탐구나 예술적 표현이나 종교적 언술로도 결코 고갈되지 않습니다. 의미란 처음부터 정해진 방식으로 있었던 어떤 실체 따위가 아니기 때문입니다. 만일 의미라는 것이 단지 우리가 발견하면 되는 고정된 실체였다면 그런 의미는 이미 오래전에 소진되었거나 언젠가는 소진되고 말겠죠. 하지만 의미란 그런 것이 아닙니다. 의미란 우리가 삶의 과정에서 끊임없이 새롭게 던지는 물음들에 의해 예기치 못했던 방식으로 계속 생성되는 효과일 뿐입니다. 종교와 과학에 관한 논의들에서는 이렇게 새로운 의미들이 지속적으로 생성되는 생생하고 흥미진진한 과정이 드러납니다. 이는 무엇보다도 삶의 과정에서 새로운 의미들을 생성해 내기 위해 분투하는 우리 인간의 한 단면이기도 하겠고요. 이 점이 바로 제가 종교인이나 과학자가 아닌 종교학자의 입장, 그리고 유신론자나 무신론자가 아닌 불가지론자의 입장이라는 다소 모호한 제3의 자리에서 종교와 과학의 흥미진진한 만남에 관심을 갖는 주된 이유입니다.

쓰고픈 말은 많습니다만 정리도 잘 안 되고 어느새 날도 새고 있으니, 이만 적어야겠습니다. 동지가 지난 지 어느새 두 달이군요. 며칠 전만 해도 이 시간이면 새벽녘이 여전히 어두웠는데, 어느새 여명의 기운이 빨라졌습니다. 오랜만에 옥상에라도 올라 도심의 아파트 위로 떠오르는 태양이나마 한껏 누리고 싶어집니다.

남미의 지평선을 뚫고 오르는 장대한 일출이든, 동해 바다의 위용에 찬 일출이든, 도심의 소소한 일출이든, 모든 일출은 언제나 새로운 시작의 설렘을 주죠. 어쨌거나 태양은 세상을 고루 비추는 빛이고 또 모든 존재에 생명을 불어넣는 근원적 에너지니까요. 고대 이집트 인들이나 일본인들처럼 태양을 신으로 섬기지는 않더라도, 태양은 우리 모두에게 여전히 아름답고 위대한 신비이기만 할 겁니다.

   여명이 아침으로 바뀌기 직전이네요. 어서 옥상에 올라가야겠습니다. 이만 줄입니다. 또 연락드리죠.

2007년 2월 20일 새벽
오산에서
김윤성 드림

3.

세 번째 편지들:
종교가 과학에게

종교는
과학을
어떻게
보나요?

> "태양이 세상의 중심에 있으며 조금도 움직이지 않는다는 생각은 철학적으로 멍청하고 어리석고, 정식으로 이단이다. 성서의 여러 대목에 드러난 교리에 명백하게 모순되기 때문이다."
>
> 검사성성 갈릴레오 재판 판결문(1616년 2월 19일)

"고대의 계약은 깨졌다.
인간은 마침내 광대한 우주 속에
홀로 있고, 그 속에서 그는
우연히 태어났다."

자크 모노

이 편지에 대하여

장대익 교수의 이번 편지는 진화 생물학계의 거두인 에드워드 윌슨과의 만남을 소개하고 있다. 현대 과학 지식계에서 절대적인 영향을 끼치고 있는 에드워드 윌슨과 터프츠 대학교의 철학자 대니얼 데닛과의 만남을 통해 장대익 교수는 종교 문제가 미국 지식 사회에서 어떤 식으로 다뤄지고 있는지 현장감 있게 중계하고 있다. 와인버그나 도킨스 식의 일방적 비판만이 있는 것이 아니라, 과학계가 다양한 전략을 구사하며 종교에 접근하고 있음을 보여 준다. 그리고 종교인들은 과학을 어떻게 보는지 묻는다. 이 편지는 2007년 3월 보스턴에서 씌어졌다.

편지 3.1
종교인은 과학을 어떻게 보나요?

신재식 선생님과 김윤성 선생님께

보스턴에서 인사드립니다. 벌써 3월 말이네요. 보스턴이 겨울이 길고 4월에도 가끔씩 눈이 온다고 하는데, 최근에 눈 소식은 없습니다. 저는 별 상관없지만 아이들이 무척이나 아쉬워하더군요. 지난달까지만 해도 눈이 오면 무조건 아이들을 데리고 근처에 있는 브래킷 초등학교 언덕에 올라가 눈썰매를 타곤 했죠. 한 번이라도 더 탈 수 있는 기회가 오면 좋겠어요. 올 겨울에는 한국에 있을 텐데 그때쯤에는 보스턴의 눈썰매가 그립겠죠.

  지난 편지에 두 분께서 에드워드 윌슨의 『생명의 편지』를 비판하시는 광경이 상당히 흥미로웠습니다. 신 선생님은 윌슨이 종교에 대해서도 생물학 중심의 일방주의적 입장을 견지하고 있다고 혹평하셨고, 김 선생님은 윌슨이 과학의 힘을 과대평가하더니 종교에 대해서도 마찬가지 오류를 범하고 있다고 비판하셨습니다. 두 분의 공통된 결론은 윌슨이 종교에 대해 진정으로 소통하고자 하는 태도를 보이지 않았다는 것이었습니다.

　글쎄요. 우선 이런 비판에 대한 제 생각을 간단히 말씀드리고 넘어가겠습니다. 저는 오히려 『생명의 편지』를 두 분과는 정반대로 읽었습니다. 마지막 책장을 덮고 나서 든 생각이 이런 것이었거든요. '정말 애쓰신다. 근본주의 기독교인들의 눈높이로 내려오는 게 쉬운 게 아닐 텐데.' 김 선생님은 기독교의 '청지기(관리인)' 개념을 윌슨이 도용한 것 아니냐고 의심도 하셨지만, 저는 오히려 그가 기독교인들과 소통하기 위해 그 개념을 접촉점으로 활용한 것이라고 봅니다. 지금 그는 "너희 기독교가 중요시하는 '청지기' 개념을 과학적 관점에서도 똑같이 이야기할 수 있다."라고 말을 걸고 있는 것이 아닐까요? 한때 신실한 기독교인이었던 그가 청지기 개념의 출처를 모를 리 없겠지요.

　신 선생님은 '실천의 통섭' 측면에서도 윌슨이 일방통행을 하고 있다고 비판하셨는데요, 이런 비판은 좀 지나친 것 같습니다. 아시듯이 이미 『바이오필리아(Biophilia)』(아직 국내에서 번역·출간되지는 않았지요.)에서 윌슨은 우리 인간을 포함한 모든 동물들이 자연과 생태에 대한 사랑의 감정을 갖고 태어나게끔 진화했다고 주장했습니다. '생명 호성' 또는 '생명 사랑'이라고 번역할 수 있는 이 감정은 '생태 본능'이라고 할 수도 있을 겁니다. 그에게는 이 본능이 사실과 당위를 연결해 주는 다리일 겁니다. 과학의 영역과 실천의 공간을 잇는 통로 말입니다.

　신 선생님께서는 윌슨이 우리에게 생물학 지식과 그에 근거한 실천을 강요하고 있다고 하셨는데, 그건 아니라고 봅니다. 만일 그가 생물학에 근거해서만 청지기론을 꺼냈다면 신 선생님의 지적이 옳습니다. 하지만 그는 오히려 종교인들에게 실천의 근거를 자신들의 종교 전통 속에서 찾아보라고 권하고 있는 상황 아닙니까? 이런 의미에서 윌슨이 청지기론을 언급한 것은 기독교 친화적이라고까지 할 수 있을 것 같아요. 기독교를 배려했다고 볼 수 있습니다. 가령, 기독교에 없거나 사소한 개념을 들먹이며 과학을 이야기했다면야 일방주의라고 할 수도 있겠지만 윌슨은 분명 그렇게 하지 않았습니다.

신 선생님께서 '실천의 통섭'이라는 용어를 쓰시며 윌슨을 비판하셨는데요, 그 용어 자체는 참 흥미로운 것 같아요. 하지만 저는 윌슨이야말로 그 어떤 학자(그가 진보적이든 보수적이든 간에)들보다 앎과 삶을 통섭한 분이라고 생각합니다. 자신의 학문과 삶을 윌슨만큼 일관성 있게 연결한 학자는 분명 드물 것입니다. 이런 통섭은 다른 과학자들과도 분명히 구별되는 부분이지요.

한편 김 선생님은 윌슨의 생태학을 심층 생태론에 비교한 후 둘 다 보수주의 이념을 바탕에 두고 있다고 지적하셨는데요, 적어도 윌슨에 대해서만큼은 동의하기 힘들었습니다. 좀 전에 언급했듯이, 윌슨의 자연관은 과학적 생태학과 진화론적 인간학이 결합된 독특한 형태입니다. 김 선생님 말씀대로라면 사회적·정치적·경제적 측면을 말하지 않는 모든 학자들은 전부 보수주의자들이 되어야 할 것 같습니다만, 저는 그것은 보수주의에 대한 보수적 규정이라고 봅니다. 왜냐하면 과학을 통해 인간에 대한 이해가 바뀌고 그런 변화 때문에 인류가 직면한 문제들을 대하는 우리의 태도와 방식이 바뀐다면, 이런 변화들은 그 어떤 드라마틱한 정치 혁명보다도 더 강력한 힘을 발휘할 수 있을 것이기 때문입니다. 예컨대 윌슨이 쓴 책들에 영향을 받은 학자와 대중이 세상을 변화시키는 주역이 될 수도 있지 않겠습니까? 설령 윌슨이 정치, 경제, 사회에 관한 이야기를 하지 않았다고 해서 그를 기득권 유지를 최우선 과제로 삼는 수구 보수 세력이라고 말하는 것은 이치에 맞지 않는다고 생각합니다.

실제로 팔순을 목전에 둔 그는 지금 과학자로서 전 세계를 변화시키기 위해 거대 프로젝트 하나를 기획 중이랍니다. 바로 이번 달 초에 그는 테드(TED)[1]에서 주는 상을 받는 자리에서 자신의 오랜 꿈을 이야기하고 동참을 호소했습니다.

그것은 세상에 존재하는 모든 종들에 관한 사전을 만드는 것입니다. 온라인상에서 말이죠. 전 세계의 전문가, 아마추어 자연학자, 일반 대중이 자신이 알고 있는 종들에 대한 사전을 만들어 전 세계 사람들이 공유하게 하자는 것입니다. 이 세상에는 현재 1800만 종이 살고 있다고 알려져 있지만 그 종들에 대한 우리의 지식은 아주 미미합니다. 테드 상을 수락하는 자리에서 그는 모든 사람이 협력해 '생명 대백과사전(Encyclopedia of Life)'을 함께 만들자는 취지의 감동적인 연설을 했습니다.[2] 왜 이런 제안을 했다고 보십니까? 지적인 호

---

1 Technology, Entertainment, and Design의 약어로서 매년 전 세계를 이끄는 각 분야의 리더들을 초청해 강연을 하게 하고, 그것을 전 세계 사람들이 공유할 수 있도록 온라인 콘텐츠를 공개하고 있는 비영리 단체다. 이 단체의 표어는 "아이디어가 중요하며, 가치 있는 아이디어는 널리 퍼져야 한다."이다.
2 이 제안은 실제로 많은 이들의 생각을 바꿔 놓았고 급기야 맥아더 재단과 슬론 재단 등으로부터 첫 5년간 5000만 달러라는 큰 기금을 얻는 놀라운 성과를 냈다. 드디어 2007년 5월 9일, '생명 대백과사전 프로젝트'가 공식적으로 출범했다. www.eol.org 참조.

기심 때문에? 물론 부인할 수 없습니다. 하지만 마라톤에 비유하면 호기심은 처음 10킬로미터를 주파한 정도일 겁니다. 그 후에는 다른 게 필요합니다. 저는 그것이 윌슨에게는 '자연 세계를 향한 열정'일 것이라고 생각해요. 그는 이 세상의 그 누구보다도 지구의 생물 다양성(biodiversity)을 위해 애써 왔습니다. 이론적으로나 실천적으로나 말입니다.

이런 윌슨을 보고 있으면 두 분 선생님의 비판이 윌슨의 핵심을 건드리지는 못한 것처럼 보입니다. 죄송합니다. 어쨌든 제가 꼭 윌슨을 변호해야 하는 입장은 아니지만 두 분과 의견이 달라 몇 마디 해 봤습니다. 사실 윌슨에 관한 두 분의 논의는 아주 시의적절했습니다. 왜냐하면 오늘 제가 그분과 만나고 온 이야기를 풀어놓으려던 참이었거든요. 잘 되었습니다.

그러기 전에 제가 지난번에 쓴 편지 내용을 잠시 언급할게요. 기억하시겠지만 거기서 저는 과학의 메스로 종교를 해부해 보았습니다. 저는 종교가 종교인, 신학자, 종교학자만이 이야기할 수 있는 그런 초월적 뭔가가 아니라, 과학자의 시선을 필요로 하는 '자연 현상'임을 강조했던 것 같습니다. 김 선생님은 '자연 현상으로서의 종교'보다는 '문화 현상으로서의 종교'로 말씀하고 싶으시겠지만, 저는 그 '문화'라는 것도 결국 '자연 현상'이기에 종교를 제대로 이해하려면 자연 과학적 관점이 필요하다고 주장했습니다. 기억나시죠?

드디어, 지난 주에 과학으로 종교를 해부해 온 대표적 과학자 두 분과 함께 점심을 같이 했습니다. 『사회 생물학』과 『통섭』의 저자이자 세계 과학계의 거인인 에드워드 윌슨을 만날 거라 예고해 드렸었죠. 그 '꿈'이 지난주에 이뤄졌습니다.

드디어 에드워드 윌슨을 만나다

에드워드 윌슨을 만나게 된 사연은 이렇습니다. 데닛과 스쿼시를 치던 시절, 그러니까 그가 작년 10월 중순에 갑작스레 심장 대동맥 수술을 받기 두 주 전, 격렬하게 몇 게임을 하고 나서 잠시 쉬던 차였습니다. 그 자리에는 R. 그리핀 박사(R. Griffin, 영국 케임브리지 대학교의 S. 배런코언(S. Baron-Cohen) 밑에서 학위를 하고 터프츠 대학교에 데닛의 박사 후 과정 연구원으로 와 있는 친구로 아동의 마음 이론에 대해 연구 중입니다.), 그의 친구, 그리고 데닛, 저, 그리고 인지 연구소의 대학원 조교 한 명이 같이 있었는데, 어떻게 하다가 윌슨이 낸 최근 저서에 대한 이야기가 나왔습니다. 제가 "왜 윌슨이 책 제목을 'The Creation'이라고 지었는지 모르겠어요."라고 말을 꺼내자 즉석에서 데닛이 윌슨하고 점심 한번 하면서 같이 이야기해 보면 어떻겠느냐고 제안을 했죠. "자네는 그의 『통섭』도 번역하지 않았나." 하고 덧붙이면서 말이죠. 저야 "당연히 좋습니다!"라고 할 수밖에요. 제 어찌 평생 윌슨 선생님같이 훌륭한 학자를 개인적으로 만나 뵐 수 있겠습니까?

그러고 나서, 지난번에 전해 드렸듯이, 데닛은 연구실에서 쓰러지기 일보 직전에 응급실로 실려가 9시간에 걸친 대수술을 받았습니다. 정말 다행히도 생사의 고비를 넘기고 작년 12월 중순부터 정상적인 생활을 하시게 되었죠. 그 뒤에 데닛이 쓴 에세이에 대해서는 지난 편지에서 이야기했죠. 어쨌든 데닛은 저와 크리스마스 이메일을 주고받던 중 올해 1월 정도에 월슨과 함께 만나자는 약속을 했습니다. 그러던 것이 결국 지난 주, 그러니까 2007년 3월 13일에야 성사되었죠. 1~2월은 월슨이 여행을 많이 다녀서 시간을 내기 힘들었다고 합니다.

약속은 정오에 월슨 연구실에서 만나는 것이었습니다. 11시에 터프츠 대학교의 데닛 연구실에서 데닛을 만나 하버드 대학교에 같이 가기로 했기 때문에 저는 시간에 맞춰 학교로 갔습니다. 데닛을 처음 만날 때도 그토록 긴장되지는 않았는데 왠지 모를 설렘이 느껴졌습니다. 어쩌면 어렵게 성사된 약속이어서 그랬는지도 모릅니다. (사실 저는 데닛에게 월슨과 약속을 아직 못 잡았냐고 대놓고 물어보는 것이 좀 죄송해서 데닛에게 월슨이 원래 대답을 빨리 안 하는 사람이냐고 물어본 적도 있었습니다. 그랬더니 그건 아니고 여행 중인 것 같다고 하시면서, 월슨은 자신의 친한 친구니 그런 걱정은 말라고 하시더군요.) 어쨌든 저는 그날 아침 일찍 일어나 목욕재계를 하고 생전 안 닦던 구두도 슬쩍 문지르고 집을 나섰습니다.

오전 11시 정각에 데닛의 연구실에 가서 기다리며 그의 비서와 이야기를 하고 있는데 데닛이 조금 늦게 핸드폰을 귀에 대고 들어오고 있었습니다. 그리고 가방을 챙겨서 나에게 같이 가자는 신호를 보내더군요. 그는 차에 타서도 전화를 놓지 않고 누군가의 이야기를 듣고 있었는데, 알고 보니 NPR(National Public Radio)의 한 프로그램에서 진행하는 전화 인터뷰를 기다리고 있는 중이었습니다. 그날은 국가의 종교 교육에 관해 어떤 저자와 대담을 하고 있었는데, 종교 교육에 대한 데닛의 견해를 듣기로 했던 모양입니다.

하버드 대학교가 있는 케임브리지 시로 가는 내내 데닛은 한 손으로는 전화를, 다른 손으로는 핸들을 잡고 갔습니다. 그리고 한두 차례 의견을 주고받더군요. 그는 "아니요, 아닙니다. 저는 종교를 이 땅에서 몰아내자고 주장하는 게 아닙니다. 오히려 현재의 종교들이 더 좋은 종교가 되도록 돕자는 겁니다. 저는 모든 학생들에게 종교 교육을 해야 한다고 생각합니다. 다만 특정한 종교가 아니라 주요한 모든 종교들의 경전, 의식, 주장 등에 대해 정확한 지식을 전달해 학생들로 하여금 올바른 판단을 할 수 있도록 해야 한다고 믿습니다." 뭐 대충 이런 이야기였습니다. 저 같으면 어딘가에 주차해 놓고 여유 있게 인터뷰를 했을 텐데 그렇게 하지 않더군요. 아마도 윌슨과의 만남 시간에 늦지 않는 게 더 중요했는지도 모릅니다. 어쨌든 그 인터뷰는 윌슨과의 만남에서 나올 주제를 예고하는 느낌이었습니다.

우리는 5분 정도 일찍 도착해 윌슨의 연구실이 있는 하버드 대학교 자연사 박물관 4층으로 향했습니다. 도착해서 문을 두드리니 웬 할머니 한분이 따뜻하게 맞아 주더군요. 알고 보니 윌슨의 비서였습니다. 그리고 드디어 윌슨이 얼굴을 내밉니다. 데닛의 손을 두 손으로 잡으며 반갑다고 활짝 웃는 모습이 무척 천진난만했습니다. 데닛이 인사를 주고받자마자 저를 소개해 줬습니다. "서울에서 온 내 포닥인데 당신의 『통섭』을 번역한 친구"라고요. 저는 너무도 평범한 인사를 하고 말았습니다. "만나 뵙게 되어 큰 영광입니다."라고요. 하긴 다른 어떤 말을 할 수 있었겠습니까?

그는 데닛과 저를 자신의 서재로 먼저 데려가더니 이것저것 설명을 해 주고 자신이 지금 보고 있는 책을 소개해 주고는(아마 서평을 쓰던 중이었나 봅니다.) 문을 나와 바로 앞에 설치되어 있는 열댓 개의 철제 파일 박스를 보여 줬습니다. "이건 내가 개인적으로 관리하고 있는 논문들입니다." 제가 물었죠. "혹시 모두 선생님께서 쓰신 논문들인가요?" "아 그건 아니죠. 내가 논문을 많이 쓰긴 했지만 어찌 이렇게 많겠어요?" (윌슨의 제자인 최재천 교수님께서 서울 대학교의 행동 생태학 연구실에 계실 때 연구실 근처 복도에 똑같은 종류의 철제 파일 박스들이 있었습니다. 저는 거기서 진기한 ― 한국에서는 구할 수 없는 ― 논문들을 발견하고 기뻐한 적이 여러 번 있었거든요. 지금 생각해 보니 그 철제 파일 박스의 기원이 혹시 여기가 아닌가 모르겠습니다.) 그러고는 바로 비서실과 선생님 연구실 중간에 있는 회의실 같은 곳으로 우리를 안내했습니다. 거기에는 점심으로 준비된 초밥 도시락과 음료수가 놓여 있었습니다.

저는 그날 『통섭』 한국어판 두 권과 미국판 『생명의 편지』 한 권을 가방에 챙겨 가져갔습니다. 『통섭』 한 권은 기념으로 윌슨 선생님께 드리고, 한 권은 『생명의 편지』와 함께 저자 사인을 받아갈 욕심이었죠. 『통섭』을 꺼내 놓고는, Jae Choe(외국 학자들은 최재천 교수님을 이렇게 부릅니다.)와 함께 이 책을 번역했고, Jae Choe가 제 지도 교수 중 한 분이셨다고 하자, 윌슨은 "내 학문적 손자가 왔다."라면서 아주 반가워 했습니다.

『통섭』이 한국에서 1만 부 이상 팔렸다고 하자, 바로 한국의 인구가 얼마 정도 되냐고 되물으시더니, 4500만 명 정도 된다는 이야기를 듣고는, 그러면 미국으로 치면 10만부 정도 판매되었으니 큰 성공이라고 좋아하셨습니다. 저는 "그만큼 팔린 것보다 더 의미 있는 것은, 이 '통섭'이라는 개념이 한국의 지식계에 아주 중요한 화두로 널리 퍼지고 있다는 사실"이라고 잠시 거들었습니다. 그리고 그건 사실이죠.

윌슨은 제가 한국에서 왔다는 이야기에서 대화를 비무장 지대(DMZ) 문제로 끌고 가셨습니다. 데닛은 DMZ에 대해 처음 듣는 모양이었습니다만, 윌슨은 오래전부터 한국의 DMZ에 관심을 가져 왔었죠. 한번은 《뉴욕 타임스》에 "전쟁이 만들어 준 생태 낙원"인 DMZ를 남북한은 물론, 세계가 생태 공원이자 세계 자연 유산으로서 가꿔야 한다는 글을 쓴 적이 있을 정도이죠.[3]

윌슨은 한반도 통일 후 DMZ 운용에 대한 자신의 아이디어까지 이야기하더군요. 사람들이 많이 다녔던 곳은 조그맣게 관광지로 개발하고 나머지 처녀지는 지금 상태 그대로 유지하자는 것이었습니다. 생태 문제에 여생을 헌신하기로 작정하신 분답게 매우 구체적인 고민을 하고 계셨습니다. 언제부터 DMZ에 관심을 가지셨냐고 여쭤 보니 7~8년 되셨답니다. 그러면서 빨리 통일이 되도록 부시 대통령이 제발 잘 좀 하면 좋겠다고 말씀하시며 웃으셨죠.

전사 도킨스, 전략가 데닛, 그리고 외교가 윌슨

DMZ 이야기는 자연스럽게 생태계의 위기 이야기로 번졌고 윌슨, 데

---

3 『생명의 미래』 한국어판에 이 글이 실려 있다.

닛, 그리고 저는 자연스럽게 『생명의 편지』로 화제를 옮겼습니다. 앞의 편지에서 선생님들께서 여러 번 논하셨기 때문에 잘 아시겠지만, 이 책은 윌슨이 (가상의) 목사에게 띄우는 편지 형식으로 구성되어 있습니다. 어린 시절, 어쩌면 앨라배마(에드워드 윌슨의 고향)에서 함께 기도하며 신앙을 함께 키웠을지도 모르는 남침례교 목사를 향해 쓴 편지로서, 진화 생물학자로서의 면모보다는 지구의 생태 위기를 가장 시급한 문제로 보는 생태학자의 면모가 조금 더 두드러지는 책입니다. 아마 이 점 때문에 두 분 선생님께서 윌슨을 과학 중심주의적, 일방주의적 독백이라고 비판하셨던 것이겠죠. 표지에 보면 이런 문구가 나오죠. "가장 시급한 문제인 생태 문제를 해결하기 위해 잠시 과학과 종교 간의 형이상학적 긴장은 제쳐 두자. 생태 위기는 두 영역이 함께 손을 잡고 해결해야 할 가장 중요한 문제이다."

데닛이 먼저 운을 떼더군요. "많은 사람들이 저와 리처드 도킨스의 종교관이 어떻게 다른지를 묻더군요. 저는 그럴 때마다 이렇게 답하죠.[4] 내 이야기는 종교를 없애자는 이야기가 아니다. 나는 오히려 공공 학교에서도 종교(모든 종교)를 있는 그대로 객관적으로 다 가르쳐야 한다고 생각한다. 그래야 종교의 실상을 알 수 있고 종교에 대해 제대로 된 판단을 할 수 있으며 종교를 더 좋은 종교로 만들 수 있다. 제 주장은 이런 거죠. 그런 면에서 제 견해는 당신(윌슨)의 견해와 일맥상통하는 면이 있죠."

---

4 대니얼 데닛은 도킨스의 『만들어진 신』이 출간된 것과 같은 해인 2006년 2월 『주문 깨기(Breaking the Spell)』를 출간해 진화 철학의 종교관을 정리한 바 있다.

두 분 선생님은 2006년에 출간된 도킨스의 『만들어진 신』과, 데닛의 『주문 깨기』, 그리고 윌슨의 『생명의 편지』까지 보셨으니 이들의 대화가 어떤 맥락에서 나온 것인지 짐작하실 수 있을 겁니다. 그렇습니다. 최근 1~2년은 진화론의 대가들이 저마다 종교에 대한 책들을 출간했던 아주 흥미로운 시기라 할 수 있습니다. 그런데 더 흥미로운 사실은 종교의 기원·유지·기능에 대해 모두 생각이 조금씩 다르다는 점일 겁니다. 이론적으로 볼 때 이 차이 중 어떤 것은 아주 미묘해서 전문가들만이 알아차릴 수 있는 것이기도 하죠.

윌슨이 데닛의 말을 이렇게 받습니다. "저는 리처드(도킨스), 당신(데닛), 그리고 나의 차이를 이렇게 규정하고 싶소. 리처드는 종교와 전쟁을 벌이는 전사이고, 당신은 사람들로 하여금 종교를 재고하게 만드는 영리한 전략가이며, 나는 생태 문제라는 가장 중요한 문제를 풀기 위해 종교를 이용하는 실용주의자이죠." 이런 성격 규정이 맘에 들었는지 데닛이 맞장구를 치더군요. "이 얼마나 절묘한 분업입니까!"

사실 저는 좀 싱거웠습니다. 이렇게 서로의 역할을 딱 정리하고 끝날 줄은 몰랐습니다. 내심 지적 거인들 사이의 팽팽한 긴장이 만들어지는 순간을 느끼고 싶었거든요. 우선 "형이상학적 문제를 제쳐 두자."라는 윌슨의 태도가 맘에 좀 걸리더군요. 앞의 편지에서 이야기했듯이 윌슨은 종교를 하나의 '적응'으로 간주합니다. (『통섭』 10장을 보면 그 입장을 좀 더 자세히 알 수 있습니다.) 그에게 종교는 동물 사회에서 흔히 볼 수 있는 일종의 '서열 행동'일 뿐입니다. 동물 사회에서 우위자에게 복종함으로써 적응적 이득을 얻는 열위자들이 존재하고 그

런 행동은 우위자에게나 열위자에게나 이득을 안겨 주죠. 무리의 으뜸 수컷 앞에서 바짝 엎드리는 포유 동물들을 다큐멘터리 등에서 쉽게 볼 수 있지 않습니까? 윌슨에 따르면 종교 현상은 '보이지 않는' 우위자에게 복종하는 열위자들의 강박 행동이나 의례 행동과도 같습니다. 이런 식의 도전적인(기존의 종교 현상학 이론들에 비할 때) 이론은 온데간데없고, 생태 문제를 위해 손을 잡자니……. 나쁘게 말하면 솔직히 윌슨이 기회주의자처럼 보이기도 했습니다.

물론 저는 그 자리에서 이런 생각을 밖으로 표현할 수 없었습니다. 저를 초대해 준 석학한테 그건 절대 예의가 아닐 테니까 말입니다. 하지만 데닛마저도 너무 쉽게 윌슨의 태도를 인정하고 넘어가는 것 같아 사실은 좀 놀랐습니다.

종교를 이용하려는 윌슨의 논리는 매우 분명해 보였습니다. 그는 이렇게 묻더군요. "미국의 복음주의 연합에 가입된 신도 수가 얼마인지 아세요. 수천만 명이에요. 그러면 미국 무신론자 연맹은 얼마나 될까요? 많아야 수만 명일 겁니다. 나도 철저한 무신론자이긴 하지만 더 중요한 이슈를 위해서 이 엄청난 수의 사람(양립 불가능한 형이상학적 전제를 갖고 있는 사람)들과 대화하지 않으면 안 된다고 생각했죠. 그런데 놀랍고 고무적인 것은 그들이 내 이야기를 정말로 경청한다는 사실입니다. 책 출판을 계기로 많은 강연회를 다녔는데 기독교 단체들에서 열렬한 환영을 받았죠. 마치 고향에 간 느낌이었어요."(웃음)

잘 알려져 있듯이 윌슨은 어린 시절을 전형적인 남침례교인처럼 지낸, 이른바 '거듭난 기독교인'이었습니다. 진화를 공부하면서 어느 순간 믿음을 버리게 되었지만 종교적 에토스는 여전히 남아 있습니다. 저는 무엇보다 통섭을 지향하는 그의 학문적 태도와 방법론이 매우 기독교적인 발상이라고 생각했습니다. 히브리적 전통이든 헬라적 전통이든 "모든 지식은 결국 하나님의 지식"이라는 발상은 현대 지식의 파편화와는 거리가 있는 이야기이지 않습니까? 신 선생님께서는 이것을 "로고스 중심주의"라고 규정하셨지요. 이번에 저는 그의 글이 아닌 그의 언행에서 직접적으로 기독교적 냄새를 좀 맡았습니다. 말로 표현하기는 참 어렵지만 기독교인들을 많이 대해 보면 알 수 있는 그런 종류의 느낌이랄까요.

이에 질세라 데닛도 몇 주 전의 그의 경험을 이야기합니다. "저도 남침례교 대학교의 초청을 받아 수천 명의 청중 앞에서 특강을 한 적이 있었죠. 아주 진지했고 훌륭한 질문들을 던지더군요. 아주 고무적이었어요."

이렇게 보니 우리의 도킨스 선생만 약간 왕따가 되는 분위기입니다. 도킨스의 이야기를 경청해 보겠다고 초청하는 교회나 신학교는 어디에도 없지 않습니까? 사실 거의 모든 면에서 도킨스를 지지하고 의견을 같이하는 데닛이지만 종교에 대해서만큼은 약간 다른 길을 가고 있습니다. 『만들어진 신』에 대한 서평에서 데닛은 그 점을 명확히 했죠. "종교의 지위에 대해서만큼은 나는 그와 좀 다른 것 같다."라는 식으로 자신이 '도킨스교'의 '이단'임을 '고백'했고, "오늘날 그 누가 신 존재 증명 같은 것에 큰 관심을 보이겠나? 신 존재 증명의 실패를 그렇게까지 길게 쓸 필요는 없다."라고 도킨스의 책에 대해 한마디 했습니다. 그리고 자신은 오히려 "신에 대한 믿음(belief in god)"보다 "신에 대한 믿음에 대한 믿음(belief in belief in god)"이 퍼져 있는 것에 대한 탐구가 필요하다고 차별화를 시도했습니다.

종교에 대한 이야기는 끝이 없었습니다. 특히 템플턴 재단에 대한 입장과 경험을 이야기하는 대목에서는 극에 달했습니다. 앞에서 말씀하신 것처럼 그 재단은 주식 투자로 떼돈을 번 존 템플턴이라는 사람이 세운 비영리 단체로서 특히 과학과 종교의 관계를 연구하는 이들에게 여러 형태의 자금을 대줍니다. 또 매년 템플턴 상을 주는데 상금이 장난 아닙니다. 아시듯이, 한국에서는 영락 교회의 원로 목사인 한경직(1902~2000년) 목사가 그걸 받아서 화제가 된 적이 있죠. 어쨌든 두 사람 다 한 번도 그 돈을 받은 적이 없었는데요, 왜 받지 않았는가에 대한 이야기가 나왔습니다. 윌슨은 그 자금으로 진행 중인 하버드 프로젝트(하버드 신학 대학이 주관하는 프로젝트로 이타성에 대한 연구입니다.)에 참여했지만, 받아야 되는 돈을 거부했다고 하더군요. 이유인즉, 그 자금이 종교에 대해 좋은 결과만을 내도록 은근히 치우쳐져 있답니다.

데닛도 그와 비슷한 경험담을 이야기했습니다. 『자유의 진화(*Freedom Evolves*)』(2003년)라는 책을 막 쓰기 시작할 즈음, 그 재단의 저술 지원 담당자에게서 연락이 왔었답니다. 한번 지원해 보라고 권유했다는 거죠. 지원 요강에 아주 딱 맞는 책이어서 한번 지원해 볼까도 생각했었답니다. 하지만 템플턴 재단의 방향과 그간의 성과 모음들을 보고는 결국 마음을 접었다고 하더군요. 그리고 언젠가 자신의 이론이 완전히 왜곡되어 그 재단의 홈페이지에 올라가 있는 걸 보고 항의했었다는 이야기도 덧붙였습니다.

그러자 윌슨은 음흉한(?) 미소를 지으며 이렇게 묻더군요. "왜 저명한 과학자들이 그 재단과 일을 하는지 아오? 그건 돈의 유혹 때문일 거요. 책 한 권만 써도 엄청난 돈을 주거든. 그건 유혹이지." 데닛도 고개를 끄덕이면서 "데이비드 슬론 윌슨이 그 재단 돈으로 연구한 결과물을 보면 그 모든 것이 이해가 갑니다. 은근히 종교를 띄워 주고 있거든요. 집단 선택론으로 말이죠."라고 말했습니다. 데이비드 슬론 윌슨이 몇 해 전에 출간한『종교는 진화한다(*Darwin's Cathedral*)』를 두고 한 말일 겁니다. 이렇게 종교에 대한 이야기는 꼬리에 꼬리를 물고 2시간 넘게 계속되었죠.

대화의 후반부에는 윌슨이 현재 한창 쓰고 있는『초유기체(*Superorganism*)』(2008년)에 대해 이야기를 나눴습니다. 이 책은 윌슨이 줄곧 주장해 온 친족 선택(kin selection) 이론을 스스로 뒤엎는 내용을 담고 있는 것으로 알려져서 학계의 비상한 관심을 끌고 있습니다. 데닛과 저는 아직도 고개를 갸우뚱하고 있긴 하지만, 윌슨은 확신에 차 있는 듯합니다. 자신이 예전에 틀렸다고요!? 그리고 윌슨은 앞에서 제가 언급한 '생명 대백과사전'에 관한 비전을 길게 이야기했습니다. 정말 획기적인 기획이라는 생각이 들었습니다.

시계를 보니 데닛과 함께 참석해야 할 하버드 대학교 철학 세미나에 10분이나 늦었더군요. 자리에서 일어나면서 저는 가방 속에 넣어 둔『통섭』과『생명의 편지』를 얼른 윌슨에게 내밀었습니다. 그리고 사인을 받았습니다. 그때 재밌는 일이 일어났는데요, 데닛도 가방에서『생명의 편지』를 꺼내더군요. 저처럼 사인을 받으려고요.

깜짝 놀랄 일은 그다음에 있었습니다. 데닛이 제가 선물한 제 책『다윈 & 페일리: 진화론도 진화한다』도 꺼내면서 맨 뒤에 나오는 지식인의 지도를 펼쳐 보이고 윌슨에게 "당신과 나, 그리고 도킨스가 모두 같은 편이라고 여기 그려져 있어요. 보세요. 귀여운 그림들이죠?" 이렇게 말하는 게 아닙니까? 순간 당황했죠. 그리고 저를 격려해 주려고 이렇게 일부러 제 책을 들고 온 데닛의 배려에 감동했습니다.

종교인은 과학을 어떻게 보는가요?

이야기가 좀 길어졌네요. 이해해 주세요. 제가 누구를 만나고 왔습니까? 사회 생물학의 창시자, 행동 생태학의 살아 있는 전설을 만나고 온 것 아닙니까? 그것도 인지 철학의 대가인 데닛과 함께 말이죠. 그 흥분과 감동이 아직 가시질 않네요. 사실 이번 만남의 주제는 사회 생물학이나 인지 과학은 아니었습니다. 종교였죠. 전 세계를 대표하는 무신론자 두 분을 만나 과학과 종교에 대해 토론하고 온 셈입니다. 저는 마치 무신론의 사령부에 가서 최고위층을 만나고 온 느낌이었습니다.

그런데 이런 생각이 들더군요. '이들만큼 종교를 진지하게 대하는 과학자들이 또 있을까?' 어쩌면 이들의 최근 작업은 종교에 대한 강한 '애증(愛憎)' 표현일 것 같다는 생각이 들었어요.

어쨌든 저와 데닛은 자리에 일어났습니다. 저는 이 역사적 순간(적어도 저에게는)을 영원히 기억하고자 카메라를 꺼냈습니다. 두 분을 찍고 있으니 할머니 비서가 다가와 저도 가서 서 보라고 그러시네요. 또 하나의 '가보'가 탄생하는 순간이었습니다. 인사를 하고 나오면서 데닛이 저에게 묻더군요. "정말 좋은 시간이지 않았냐."라고요. 저는 더 좋은 표현을 찾기 위해 잠시 머뭇거렸지만 "최고의 순간이었습니다."라는 말밖에 할 수가 없었습니다.

잘 아시듯이, 과학자들 중에 종교에 대해 이야기하는 분들이 이들만 있는 것은 아닙니다. 입장도 다 다릅니다. 예컨대 인간 유전체 사업을 이끌고 있는 프랜시스 콜린스(Francis Collins)처럼, 오히려 과학을 통해 신을 만나는 사람도 있고, 몇 해 전에 작고한 고생물학자 스티븐 제이 굴드처럼 종교를 딴 동네의 이야기일 뿐이라고 가볍게 넘기는 이도 있죠. 엘리트가 많이 모이는 교회에 가 보면 의외로 대학의 이공계 교수들도 눈에 많이 띕니다. 솔직히 그들 중에는 '신앙 따로, 학문 따로' 살고 있는 분들이 대부분이지만 말이죠. 여하튼 과학자들이 종교에 대해 한목소리를 내는 것은 분명 아닙니다.

그런데 이런 궁금증이 생기더군요. '그럼 종교인들은 과학을 어떻게 볼까? 좀 더 구체적으로 종교인들은 종교적 함의를 갖고 있는 천체 물리학, 진화론, 신경 과학, 유전학 등을 어떻게 대할까?' 뭐 이런 질문들 말입니다. 예전에 종교가 과학을 시녀처럼 부릴 때 종교의 엘리트들은 과학을 자기 것마냥 살갑게 대하고 이것저것 따지기도 많이 했습니다. 그런데 과학이 스스로의 힘을 갖고 독립하자마자 남남인 것처럼 눈도 마주치지 않으려는 듯합니다. 저의 이런 생각이 저만의 생각일까요? 종교인들도 이런 분야의 최신 성과들에 대해 모두 한목소리를 내는 걸까요? 아니면 심각한 의견 차이가 있는 걸까요?

물론 '종교인'이라는 단어의 외연은 매우 넓을 것 같아요. 초자연적인 신을 믿는 신앙인들로부터 그런 신앙에 대해 탐구하는 신학자나 종교학자들도 포함될 수 있겠고, 초자연적인 신의 개념은 없지만 나름의 종교적 행태를 보이는 사람들도 해당되겠죠. 이런 것은 신학자, 종교학자인 두 분이 더 잘 규정해 주시겠죠. 종교인들이 현대 과학 기술을 어떻게 생각하고 있는지, 혹은 종교를 연구하는 이들의 과학의 도전에 대해 어떻게 생각하고 있는지에 관해 두 분께서 말씀해 주시면 어떨까요?

2007년 3월 20일
보스턴에서 눈을 기다리며
장대익 드림

추신: 가보들을 '공짜로' 몇 장 보냅니다. 제 컴퓨터가 망가져 데이터가 날아갈 수도 있어서 여기저기에 복제해 놓으려는 뜻도 있으니, 부디 열어 보시고 어딘가에 저장해 주시길 바랍니다. 감사!

이 편지에 대하여

편지 3.2.1과 3.2.2는 장대익 교수의 질문에 대한 신재식 교수의 답장이다. 이어지는 두 편의 편지를 통해 신재식 교수는 서로 애증을 가지고 바라볼 수밖에 없는 기독교와 서구 과학의 관계사를 개괄한다. 코페르니쿠스, 갈릴레오, 케플러의 지동설에서 계몽주의 시대와 다윈의 진화론을 거쳐 현대까지 끊임없이 종교에 대해 도전해 온 과학에 종교, 특히 기독교가 어떤 식으로 대응해 왔는지를 살핀다. 특히 이 편지에서는 가톨릭 신학자로 종교와 과학의 관계라는 주제에 깊이 관여해 온 존 호트, 종교를 중심으로 과학을 다시금 포섭하고자 했던 현대 신학자인 판넨베르크 등의 논의를 소개한다.

편지 3.2.1
종교는 과학을 시녀로 보지 않습니다

김윤성 선생님과 장대익 선생님께

두 분 선생님의 편지를 잘 받았습니다. 두어 달의 짧은 기간 동안 북미의 겨울과 남미의 여름을 겪고, 이제는 한반도에서 봄을 맞이하고 있습니다. 귀국 후에도 제 주변에는 남미의 여운이 잔잔하게 남아 있습니다. 눈을 감으면, 빙하와 사막이 눈앞에 어른거리고, 탱고의 운율과 스페인 어가 귓가를 맴돕니다.

지금은 「오트로스 아이레스(Otros Aires)」라는 음반을 듣고 있습니다. 부에노스아이레스에 머물 때, 숙소에서 일하던 성악 전공 학생이 추천한 음반이죠. '또 다른 부에노스아이레스'라는 의미인데, 저는 '오늘의 탱고'로 받아들입니다. 고전 탱고에 현대 멜로디와 가사를 입혀 전자 악기로 연주한 음반입니다. 전통과 현대가 묘하게 어울리면서 독특한 맛을 냅니다. 지금 우리 땅에서 그곳 음악을 듣다 보니, 남미에 머물던 그때 미처 보지 못하고 느끼지 못했던 것들이 다시 보이네요. 남미를 벗어나니, 그곳을 좀 더 객관적으로 볼 수 있게 되는 것 같습니다. 우리의 일상적인 삶도 마찬가지일 것입니다. 그 안에서 머물러 있을 때보다는 다소 거리를 두고 바라볼 때 더 잘 볼 수 있습니다. 아마 전체를 볼 수 있어서 그런지 모르겠습니다.

광주에는 무등산이 있습니다. 전라남도의 평지에 우뚝 솟아 광주를 품고 있는 커다란 산입니다. 우리 학교(호남 신학 대학교)에서 무등산을 바라보면 능선과 구릉이 전부 보입니다. 도서관 카페에서 커피를 마시면서 바라보는 무등산의 자태는 탄성을 자아냅니다! 천왕봉과 서석대를 비롯해서 중봉과 토끼등까지 무등산 전체가 한눈에 들어옵니다. 그런데 막상 무등산에 올라 그 품에 안기면, 전체 모습을 눈에 다 담을 수 없습니다. 산과 함께 호흡하고 그 풍광을 눈으로 보고 피부로 느끼면서 산세의 세부를 즐길 수 있지만, 산을 전부 보고 말하기는 어렵습니다.

종교와 과학도 그렇지 않을까요? 적어도 저에게는 그렇습니다. 종교에서 벗어나서 종교를 바라보고, 과학에서 멀어져서 과학을 보는 것이, 평소 그 안에 머물렀을 때보다도 좀 더 '객관적'으로 바라볼 수 있는 기회를 제공하지 않을까 싶습니다.

한 걸음 떨어져 봅시다

'과학자의 종교 보기'나 '종교인의 과학 보기'는 이런 점에서 무척 고무적이라고 할 수 있습니다. 대니얼 데닛과 에드워드 윌슨, 리처드 도킨스의 종교에 대한 이야기는 종교인들이 놓치거나 미처 보지 못하는 종교의 또 다른 측면을 보여 주기 때문입니다. 이들의 종교 담론에 대해서는 제 나름대로 비판적인 평가를 내리지만, 적어도 이들의 작업이 좁게는 종교에, 넓게는 문화 전반에 상당히 중요한 통찰을 제공한다는 점에서 그 가치를 높이 삽니다.

이런 점에서 장대익 선생님의 편지는 참 인상적이었습니다. 마치 연극의 한 장면 같았습니다. 세 분이 나누는 대화를 객석에서 앉아서 편히 보고 있는 느낌이었습니다. 윌슨이 『생명의 편지』를 쓴 맥락을 분명히 확인할 수 있어서 좋았고요. 종교나 과학에 대해 저와는 다소 다른 입장이지만, 이런 분들이 시간이 지나면서 한 분 두 분 은퇴할 것이라고 생각하니 안타깝기도 합니다.

장 선생님께서는 윌슨이나 데닛이 종교에 대해 상당히 유보적인 입장을 취하는 것을 다소 의아해했죠. 그들의 평소 지론을 볼 때, 당연히 종교를 반박하거나 비판해야 하는데 그것이 아니었으니까요. 논리적 일관성이나 사고의 정합성뿐만 아니라 사유와 실천의 통일성을 중시하는 장 선생님의 입장에서 이런 태도가 좀 마땅찮은 것이 분명합니다. 그런데 저는 그들의 태도가 다소 이해가 됩니다.

장 선생님은 종교에 대한 이들의 태도를 "애증(愛憎)"이라고 말씀하셨는데, 정말 적절한 지적입니다. 또 윌슨이 도킨스와 데닛, 자신을 역할에 따라 각각 "전사"와 "전략가", "실용주의자"로 구별했는데, 참 절묘한 표현입니다. 제가 보기에 종교 문제에 대해 도킨스가 강성 무신론자라면, 윌슨이나 데닛은 회의주의에 가까운 연성 무신론자입니다. 도킨스는 종교에 대한 애증에서 비판적 '증(憎)'이 더 강할지 모르겠지만, 데닛이나 윌슨은 종교의 현재 모습을 안타까워하는 '애(愛)'가 훨씬 강한 것 같습니다.

왜 그럴까요? 그것은 이들이 기독교의 자식들이기 때문입니다. 기독교는 서구 문화의 일부이며, 심하게 말하면 그 자체입니다. 기독교를 싫어하거나 부인하거나에 관계없이, 기독교는 데닛과 윌슨을 포함해 서구인의 자아를 구성하는 에토스(ethos)입니다. 기독교는 성장 후 의식적으로 선택할 수 있는 대상이지만, 동시에 이들을 양육한 선천적 환경이기도 합니다.

이런 상황에서 데닛이나 윌슨 같은 미국 지성인들이 종교를 쉽게 부정하기는 상당히 어려울 겁니다. 설사 그들이 대놓고 '무신론자'라고 선언할지라도 말입니다. 저는 무신론자도 '종교적'일 수 있다고 생각합니다. '무신론적'이라는 말과 '종교적'이라는 말이 서로 양립 불가능한 것이라고 생각하지 않기 때문이죠. 제가 보기에 이들은 상당히 '영성적'이거나 '종교적'인 사람들입니다. 이에 대해 혹시 발끈할 기독교인이나 무신론자를 자처하는 과학자들이 있을지 모르지만, 무신론은 유신론 종교의 대응 개념입니다. 무신론과 유신론은 일란성 쌍생아입니다. 게다가 '영성'이나 '종교' 개념의 외연은 유신론 종교보다 훨씬 더 넓습니다. 따라서 '자연주의적 영성'이나 '종교적 자연주의자'라는 말이나 입장이 분명히 가능합니다. "더 좋은 종교를 만들자."는 데닛이나, "종교와 실용주의적으로 협력하자."는 윌슨은 무신론자를 자처하지만, 자연주적 영성 또는 종교적 자연주의를 가진 이들에 포함될 수 있을 겁니다.

서구인들은, 설사 기독교의 신념 체계를 부정한다고 할지라도, 기독교라는 형태로 담겨져 있는 종교성이나 영성 자체를 부인하기는 어렵다는 것이 저의 판단입니다. 저를 포함한 한국의 기독교인들이 유교의 신자가 아니고, 때로는 유교나 유교적인 것을 싫어한다고 하더라도 유교가 우리의 일부를 이루고 있다는 사실을 부인할 수 없는 것처럼 말입니다. 실제로 1998년에 실시된 '한국인의 종교와 종교 의식 조사'에서 91퍼센트의 한국인들이 유교적 신념과 가치관을 받아들이고 삶 속에서 유교 의례를 실천하고 있는 것으로 드러났죠. 비록 스스로를 유교인으로 규정한 사람은 0.5퍼센트에 불과했음에도 불구하고 말이죠. 세계 종교 문화의 관점에서 보면 한국인을 유교 신자로 분류해도 무리가 없다고 할 수 있을 정도죠. (저나 다른 목사님들도 여기서는 그리 자유롭지 못할 것 같습니다.)

건강 때문에 더 이상 육식을 하지 않게 된 사람도 종종 고기의 맛을 그리워하는 것처럼, 한국인이 세계 어디에 있거나 김치나 된장국을 찾는 것처럼 데닛과 윌슨, 심지어 도킨스마저도 기독교의 에토스에서 자유롭지 못합니다. 기독교는 그들에게 '각인'되어 있는 유산입니다. 이들에게 기독교가 여전히 애증의 대상인 것은 그 때문일 겁니다.

기독교의 과학관을 살피기 전에 알아야 할 것들

장 선생님께서 종교인들은 과학을 어떻게 보고 있는가에 관해서 물으셨습니다. 그러면 개신교 목사로서 신학자로서 기독교인이 과학을 어떻게 보는가에 대해서 말씀드리도록 하죠. 그런데 기독교의 과학관을 살펴보기에 앞서, 우선 염두에 두어야 할 것이 세 가지 있습니다.

하나는 기독교인의 과학관이 통일되어 있지 않다는 것입니다. 과학자들이 종교를 보는 관점이 제각각이듯이, 기독교인들이 과학을 보는 시각도 아주 다양합니다. 이것은, 기독교인으로 규정되는 외연이 아주 넓다는 것도 한몫 하죠. 기독교인이라고 해도 목사나 신부 같은 사제일 수도 있고, 일반 신도일 수도 있고, 기독교 신앙을 가진 과학자나 특정 분야 전문가일 수도 있습니다. 즉 과학을 대하는 단일 집단의 기독교인은 존재하지 않습니다. 그러니 "기독교의 과학관, 이것이다!" 할 수 있는 통일된 입장을 제시하기는 어렵습니다.

염두에 두어야 할 다른 하나는 대부분의 기독교인들이 과학에 대해 잘 알지 못한다는 것입니다. 기독교인들 가운데 '과학이 무엇인가?'에 대해 논할 만큼 특정 과학 분야나 과학 철학에 정통한 사람은 상대적으로 극소수입니다. 따라서 기독교인들의 과학관은 과학 그 자체에 대한 지식이 아니라 그들의 신앙 또는 신학에 좌우되는 경우가 많습니다. 이런 이유 때문에 시대와 장소에 따라서, 심지어는 같은 시대에 사는 기독교인들 사이에서도 과학에 대한 입장이 상당히 다릅니다.

마지막으로, 기독교와 과학의 관계를 말할 때 많은 사람들이 과거의 과학과 현재의 과학을 구별하지 못한다는 것입니다. 즉 오늘날의 현대화된 과학 개념이나 이미지를 가지고 종교와 과학의 관계를 규정하려 한다는 것입니다. 과거의 과학을 현대 과학과 동일시하는 거죠. 이러한 태도는 역사적 맥락을 무시하고 오늘의 관점과 관심에서 과거를 해석하는 오류를 범하게 합니다. (전형적인 휘그적 역사 해석[1]이죠.) 특별히 기독교의 과학관이 역사적으로 어떻게 바뀌어 왔는지를 살필 때에는 반드시 극복해야 하는 접근 방식입니다.

지금 말씀드린 것들을 염두에 두어야만 기독교가 과학을 어떻게 봐 왔고, 어떻게 보고 있는지를 제대로 살펴볼 수 있을 것 같습니다.

과학, 신의 영광을 위한 동반자: 과학 혁명 이전

기독교 과학관의 발전 과정을 시간의 흐름에 따라 말씀드리고, 그 후에 기독교인이 현대 과학에 보이는 다양한 태도를 살펴보도록 하죠. 제가 역사적 측면을 먼저 고려하는 것은, 과학 혁명[2]이라는 사건이

---

1 휘그적 역사 해석은 원래 영국의 역사를 해석하는 역사관으로, 영국의 역사를 자유를 위한 영국인들의 위대한 투쟁사로 그린다. 본디 자유로운 공동체였던 영국이 노르만 족의 정복 이후 그 자유를 잃었다가 17~19세기의 혁명과 투쟁과 자유주의적 개혁을 통해 모범적인 의회 민주주의를 실현한 자유 국가가 되었다고 보는 것이다. 고대 그리스에서 형성된 과학적 사고가 기독교의 영향으로 몰락한 후, 1000년 후 과학 혁명과 과학자들의 투쟁과 연구를 통해 자유로운 연구가 가능한 현대 과학 체계가 만들어졌다는 칼 세이건과 에드워드 윌슨 같은 일부 과학자들의 관점 역시 종교와 과학의 관계에 대한 휘그적 역사 해석이라고 볼 수 있을 것이다. 이것은 그들의 대표 저술인 『코스모스』나 『통섭』에서 쉽게 확인할 수 있다.
2 우연히 2009년은 갈릴레오가 갓 발명된 망원경으로 달과 금성, 목성 같은 지구 밖 천체를 관찰함으로써 지구 중심 우주관을 전복시키는 천문학 혁명을 일으킨 지 400년 되는 해이기도 하고, 자연 선택이라는 생명의 기원과 진화에 대한 혁명적 아이디어를 고안해 낸 찰스 다윈이 태어난 지 200년, 『종의 기원』이 출간된 지 150년 되는 해이기도 하다.

기독교와 과학 둘 사이의 관계를 질적으로 변화시켰기 때문입니다. 과학 혁명과 이어진 계몽주의는 기독교가 과학을 보는 눈을 '고대나 중세의 시선'에서 '근대나 현대의 시선'으로 바꾸었습니다. 앞으로의 이야기는 제가 저의 첫 편지에서 언급했던 기독교와 과학의 역사적 관련성을 좀 더 확장하는 내용이 될 듯합니다.

서구 사회에서 근대 이전까지 과학은 기독교에 대해 어느 정도 자율성을 지녔지만, 종속되어 있었죠. 당시에는 오늘처럼 과학(science)이란 이름에 대응하는 지적 분야가 있었던 것도 아니고, 학문적 방법도 오늘날의 과학적 방법과도 달랐습니다. 또한 비록 의학이나 수학과 같은 근대 과학의 하위 분야에 해당하는 분야가 몇 개 있었지만, 물리학, 화학, 지질학, 생물학에 해당하는 분야로 분화되지도 않았죠. 모두 '자연 철학' 분야에, 더 넓게는 철학에 속해 있었습니다. 현대 물리학자들이 위대한 과학자라고 칭송하는 아이작 뉴턴 역시 자신을 자연 철학자로 인식하고 있었고, 그의 대표작인 『프린키피아』의 원제 역시 『자연 철학의 수학적 원리(Philosophiae Naturalis Principia Mathematica)』였죠.

기독교가 지배 종교였던 서구에서 자연 철학은 오랫동안 기독교의 진리를 보완하는 역할을 했습니다. 당시 기독교 사제들과 신학자들 그리고 교인들에게 자연에 대한 탐구는, 즉 오늘날의 과학자들이 하고 있는 작업은 상당히 중요한 일이었습니다. 자연에 대한 탐구가 신이 만든 세계를 이해하는 길이었기 때문이죠.

물론 기독교가 로마 제국의 국교가 되기 전, 초기 기독교인 가운데 기독교와 다른 영역을 함께 섞으려는 시도에 반대한 사람도 있었습니다. 예를 들면, 테르툴리아누스(Tertullianus)[3]라는 신학자는 "아테네가 예루살렘과 무슨 관계가 있는가? 플라톤의 아카데미아와 교회 사이에 어떤 일치가 있는가?"라고 질문했습니다. 그는 기독교와 그리스 철학과 문화를 뚜렷이 구별하면서, 둘의 무분별한 통합을 강하게 경계했죠. 그렇지만 기독교 사상가들은 기독교 사상을 체계적으로 설명할 때 그리스 철학이 아주 유용한 도구라고 판단하고 적극적으로 활용했습니다. 아우구스티누스는 신플라톤주의 철학을 가지고 서방 신학의 토대를 세웠고, 아퀴나스는 아리스토텔레스 철학을 통해서 스콜라주의 신학 체계를 완성했습니다.

또한 당시 지식 계급이었던 교회의 교부들은 자신들이 가지고 있는 과학 지식이 성서 주석과 신앙 변증에 유용하다고 생각했습니다. 그래서 사제들과 신학자들은 언어 분야 3학(문법, 수사학, 변증학(논리학))에 수리 과학 4학(산술, 기하학, 천문학, 음악)을 반드시 배워야 했죠. 이 수리 과학 4학이 발전한 것이 근대 이전의 자연 철학입니다. 13세기 이래 자연 철학은 고등 학부인 신학부로 올라가기 위해 필수적으로 배

---

[3] 본명은 퀸투스 셉티미우스 플로렌스 테르툴리아누스(Quintus Septimius Florens Tertullianus, 155?~230?년)이다. 초기 기독교 신학자. 라틴 교부로 '삼위일체(Trinity)' 같은 신학 용어를 만들었다. "그리스도의 십자가에서의 수치는 기독교 신앙에 필수적이다. 네가 하나님에게 부당하다고 하는 것은 모두 나에게는 유익하다. 하나님의 아들이 십자가에 못 박히셨다는 사실은 부끄러워할 일이기 때문에, 나는 그것을 부끄럽게 여기지 않는다. 하나님의 아들이 죽으셨다는 사실은 어리석은 일이기 때문에 믿을 만한 것이다. 묻히신 분이 부활하셨다는 사실은 불가능한 일이기 때문에 확실하다." 다시 말해 "불합리하기 때문에 믿는다."라는 논리로 기독교 신앙을 옹호했다.

워야 할 과목이었습니다. 따라서 대부분의 신학자들은 당대의 과학에 대해 잘 알고 있었다고 할 수 있습니다. 이런 중세적 상황에서 철학은 신학의 '시녀'라고 불렸죠.

사족 같지만, 이것은 정확한 표현은 아닙니다. 신학자들 중에 철학 또는 자연 철학을 신학 또는 종교의 시녀라고 지칭한 이는 없습니다. 11세기의 가톨릭 추기경인 페트루스 다미아누스(Petrus Damianus, 1007~1072년)가 쓴 『가톨릭 신앙론』의 한 대목에 "이성은 신학의 시녀"라는 비슷한 구절이 나오며, 토마스 아퀴나스도 철학적인 여러 학문(disciplinae philosophicae)을 "거룩한 교리의 시녀"라고 표현한 적은 있습니다. 마치 중추적인 학문이 다른 학문들을 조수처럼 부리듯이, 신학이 하위 학문, 즉 철학과 기타 학문들을 활용한다는 뜻이었죠. 다미아누스나 아퀴나스 모두 이성을 사용해서 신학적이고 신앙적인 내용을 논리적으로 이해하려는 것을 긍정하죠. 그렇지만 한계를 분명히 합니다. 철학이 신학의 상위 학문이 되고 신학이 철학의 원리를 따라서는 안 된다는 것입니다. 세속 학문이 주도권을 잡을 수 없다는 것이죠.

과학의 역할도 이와 크게 다르지 않습니다. 예를 들면, 아퀴나스의 동시대 신학자인 성 보나벤투라(Sanctus Bonaventura, 1218?~1274년)는 신학에 대한 교양 과목들의 보조적 역할에 대해 이런 식으로 말합니다. "모든 학문의 목적이나 열매는 결국 신앙을 굳건하게 하는 것, 그래서 신을 영광되게 하는 것이다." 다시 말해 자연을 탐구하는 과학의 궁극적인 목적은 바로 '신의 영광'을 드러내는 것이라는 거죠.

'성서라는 책'을 탐구하는 신학에게 '자연이라는 책'을 탐구하는

과학은 신뢰할 만한 동지이고 우군이었습니다. 신학이 학문의 여왕으로 간주되던 이 시기에 과학에 대한 기독교의 시선은, 과학 혁명 이후에 비해, 상당히 따뜻했다고 할 수 있습니다. 아마 모든 것을 지닌 지배자의 여유였겠죠.

지적 권위의 소유권 싸움: 과학 혁명 이후

과학 혁명과 산업 혁명, 계몽주의 시대를 거치면서 과학을 보는 기독교의 태도에 변화가 옵니다. 이 과정에서 과학은 기독교로부터 독립을 선언하게 됩니다. 비록 뉴턴이나 보일과 같은 과학 혁명의 선구자들이, 앞 편지에서 말씀드린 것처럼, 아주 신앙심 깊은 사람들이었지만, 과학 자체가 독자적인 학문 담론으로 나가는 것은 피할 수 없는 역사적 흐름이었습니다. 이 과정에서 새로 등장한 '전문 과학자'들과 기존 지식 담론의 지배자였던 '아마추어 과학자'인 사제들이 지적 권위의 궁극적인 소유자 자리를 놓고 치열하게 주도권 싸움을 벌이게 됩니다.

이렇게 과학 혁명 이래 점증하는 새로운 과학 지식과 이와 갈등을 일으키는 기존의 신학 지식 사이에 긴장이 증가하게 됩니다. 자연 과학이 보여 주는 세계에 대한 새로운 설명들은 점진적으로 사람들의 공감을 얻게 되고, 신학은 오랫동안 군림해 왔던 학문의 여왕 자리에서 내려와 자연 과학과의 관계를 다시 규정할 수밖에 없게 되었습니다. 이제 기독교는 새로운 과학 지식과 기독교의 전통적 가르침의 관계를 어떻게 규정할 것인가 하는 과제를 안게 됩니다. 이때 기독교가 선택할 수 있는 대안은 크게 네 가지였습니다.

첫째, 새로운 과학 지식에 맞추어 전통적인 가르침 가운데 과학과 모순되거나 비합리적으로 보이는 것은 모두 폐기하는 겁니다. 예수의 동정녀 탄생 같은 신학적 교의를 문제시했던 19세기 말의 '가톨릭 근대주의'가 이 흐름의 대표라고 할 수 있습니다. 가톨릭 근대주의는 계몽주의에 긍정적인 태도를 보이고 성서 비평학을 수용합니다. 이들은 전통 교리, 특히 그리스도론과 구원론에 관련된 교리에 대해 비판적이고 회의적인 태도를 취하면서 이런 교리들을 포기할 것을 주장했습니다.

둘째, 새로운 과학 지식에 맞추어 기독교 가르침을 새롭게 갱신하려는 시도입니다. 기존의 가르침이 과학적 사실과 뚜렷하게 모순되는 경우, 새로 구성하려 한 것입니다. 이 입장은 교리를 당대의 시대정신에 부합하는 합리적인 방식으로 다시 해석하면서, 기독교 신앙과 현대 지식 사이에 교량을 놓으려고 합니다. 주로 개신교 자유주의 신학 전통이 이런 입장을 취하죠.

셋째, 전통적인 종교 지식을 그대로 고수·강화하고 새로운 과학 지식을 전적으로 배척하려는 흐름입니다. 이들은 성서에 대한 문자주의적 해석과 이에 근거한 신앙 지식을 가지고 과학을 대합니다. 기존의 교리와 다른 지식을 제공하는 과학은 배척의 대상이 되죠. 20세기 초 미국에서 발생한 근본주의와, 그 영향 아래에 있는 현대 개신교 보수주의가 여기에 해당합니다.

넷째, 과학과 종교를 완전히 분리하면서 자연에 대해서는 더 이상 언급하지 않는 것입니다. 이 입장은 근본주의나 보수주의와 달리, 현대 과학의 성취를 인정하고 성서 해석에서 좀 더 개방적인 태도를 취하고 있죠. 그렇지만 과학은 종교와 분리된 영역이라고 생각하고, 종교의 관심사는 철저하게 인간적인 것에 묶어 둡니다. 신학은 인간의 영혼과 윤리, 도덕, 역사에만 관심을 갖게 됩니다. 종교와 과학을 분리하는 이런 시도는 20세기 중후반 세계 신학계의 주류였던 개신교 정통주의의 특징이기도 합니다.

과학 혁명 이후 기독교의 과학관은 이렇게 다양하게 분화되기 시작합니다. 비록 기독교가 과학을 우려의 시선으로 바라보지만, 과학에 대해 선명한 견해를 밝히거나 전투적인 적대감을 공식적으로 표현하는 경우는 드물었습니다. 이런 상황에 결정적인 계기가 된 사건이 바로 찰스 다윈의 진화론 발표입니다. 진화론은 기독교에 엄청난 충격을 가하면서, 기독교인들의 과학관을 고착화합니다. 다윈 이후 기독교는 진화론을 포함한 자연 과학에 대해 여전히 긍정적인 태도를 보이는 입장과, 적대적인 태도를 취하는 입장으로 크게 구별됩니다. 앞에서 언급한 첫째와 둘째, 넷째 흐름은 자연 과학을 긍정적으로 받아들이고, 세 번째 입장이 부정적인 입장으로 기울어집니다. 이제 오늘날로 이야기를 넘기죠.

과학, 갱신을 위한 동반자: 기독교 주류의 과학관

다윈 이후, 기독교의 현대 과학에 대한 입장은 크게 둘로 나뉩니다.

하나는 현대 과학 지식의 사실성과 정당성을 인정하는 입장입니다. 그러나 이러한 입장을 취하는 신학자들이라고 해서 과학을 고려하는 정도가 다 같은 것은 아닙니다. 과학 지식의 사실성과 정당성은 인정하지만, 종교와 과학을 분리해 신학 연구를 할 때 과학을 고려하지 않는 사람들도 있고, 종교와 과학의 상호 작용에 주목하면서 과학을 신학 연구에 반영하는 사람들도 있습니다. 사실 근본주의자나 보수주의자를 제외한 대다수 기독교인들은 오늘날 진화를 포함한 자연 과학 지식들을 사실이며 진실이라고 받아들입니다. 물론 가톨릭교도들도 마찬가지고요. 달리 말하면, 기독교의 주류 교파는 모두 다 현대 과학에 대해 긍정적입니다.

다른 한편으로는 현대 과학을 부정하는 입장이 있습니다. 하지만 이 입장은 다시 두 가지 입장으로 나뉩니다. 지구의 나이가 1만 년 내외라고 믿는 '젊은 지구 창조론(Young Earth Creationism)'은 진화 생물학을 비롯한 모든 현대 과학을 부정합니다. 반대로 우주의 나이가 현대 천체 물리학과 우주론이 말하듯 137억 년 정도 되었다고 여기는 '오랜 지구 창조론(Old Earth Creationism)'이나 '지적 설계론(Intelligent Design Theory)'은 지질학과 천문학, 물리학 등 현대 과학의 성과를 전부 수용하지만 오직 진화론만을 부정합니다. 이들은 종 안에서 변이가 발생하는 것을 '소진화(小進化)'로, 한 종에서 다른 종으로 새로운 종이 만들어지는 것을 '대진화(大進化)'로 규정하면서 진화를 세분합니다. 그리고 소진화는 받아들이지만 대진화는 철저하게 부정합니다.

이렇게 현대 과학에 대한 부정과 긍정의 범위나 방식은 다르지만,

보수주의 기독교의 과학관은 공통 요소를 가지고 있습니다. 하나는 과학적 사실로서 진화론에 대한 비판이며, 다른 하나는 과학의 정의 자체에 대한 문제 제기입니다. 예를 들어 창조 과학이나 지적 설계론의 지지자들은 모두 진화 생물학은 '가설'이며 '과학적 사실'이 아니라고 주장합니다. 왜냐하면 생명체는 우연한 진화를 통해 형성될 수 없으며 필연적으로 창조자나 설계자를 요청하기 때문이랍니다. 그런데 현대 과학은 그 정의상, 초월적인 존재의 개입을 용납하지 않고 있기 때문에 세계의 우연성을 해명해 줄 창조자나 설계자를 기술(記述)할 수 없는 한계에 봉착하고 만다고 비판합니다.

이들은 이러한 태도에서 한 발 더 나아가 새로운 과학, 즉 '유신론적 과학'을 주장합니다. 과학에 대한 부정에서 더 나아가 대안적 과학을 제시하려는 거죠. 하지만 이 문제들을 다루기 전에 기독교의 주류 교파들이 과학의 도전에 어떻게 응전하는지를 먼저 말씀드리는 게 좋을 것 같습니다. 그리고 이들에 대한 이야기로 다시 돌아가지요.

사실 자연 과학이 새로 보여 주는 지식은 전통적 기독교 지식에 비추어 볼 때 충격과 도전이었습니다. 이런 도전은 과학 혁명 이래 지속적으로 진행되었으며, 기독교 가르침의 상당수는 설득력이 없는 것으로 받아들여지면서 더 이상 중요한 역할을 하지 않게 됩니다. 예를 들면, 지구가 우주의 중심이라는 천동설, 천국이나 기적에 대한 담론, 부활이나 동정녀 탄생의 가르침 역시 도전을 받았죠. 이런 과정에서도 기독교는 끊임없이 자기 주장을 갱신하거나 재해석하는 과정을 거쳤습니다.

앞서의 편지에서 말씀드린 것처럼, 기독교는 다른 어떤 세계 종교보다도 자연계, 즉 신이 만든 세계의 모든 현상을 '합리적'으로 설명하려고 했습니다. 신학이 그 일을 담당한 것이고요. 신학이 '로고스'의 학문으로 남고자 하는 한, 신학은 기존의 상식적 지식과 모순되지 않고 논리적 합리성을 유지하려는 욕구를 버릴 수가 없습니다.

역사적으로도 기독교 신학은 당대의 세계관이나 당대의 지식과 부합하면서 전개되었습니다. 과거의 모든 신학이 오늘의 관점에서 비과학적으로 보일지 모르겠지만, 당시에는 가장 발전한 과학 이론을 받아들여 형성된 것입니다. 예를 들어, 천동설과 지구가 우주의 중심이라는 과거의 신학적 주장을 생각해 보시죠. 사실 이 신학적 주장은 기독교의 핵심 교의도 아니고, 천동설을 과학적으로 정당화하는 것도 아닙니다. 이 주장은 단지 고대와 중세에 가장 합리적이었던 천체 이론인 천동설에 보조를 맞추어 형성된 것이죠. 즉 당시 세계관에 비추어 신학적 주장들이 전개된 것입니다.

당대의 지식이나 상식을 거슬렀던 신학은 사회적으로 수용되지 못하거나 반발에 부딪혀서 결국 역사 속에서 사라졌습니다. 지동설의 시대에는 더 이상 천동설을 포함한 신학이 표준이 될 수 없습니다. 진화론자들이 보면, 이 과정을 특정 지적 환경에 적응하지 못하는 신학적 주장이 '도태'된 것이라고 보겠죠. 표준 신학으로 자리매김한 신학은 당대의 환경에 잘 '적응'한 결과일 테고요.

신학이나 기독교의 가르침이 당대의 지식과 밀접한 관련을 갖는 사실은 오늘날도 마찬가지입니다. 앞에서 언급한 것처럼 기존의 주류 과학을 부정하는 기독교인들이 있는 것도 사실이지만, 대부분의 기독교인들은 현대 과학의 지식을 받아들이고 자신들의 신앙 안에서 새롭게 재구성·재배치하려 하고 있습니다. 결국 당대의 지식을 통해 자신들의 신앙 체계를 갱신하고 재해석하는 것이지요. 기독교는 이렇게 본래부터 자신의 신앙에다 당대의 지식을 결합해 왔습니다.

앞서 장 선생님께서 템플턴 재단을 언급하셨죠. 그리고 윌슨과 데닛의 부정적 견해도 소개해 주셨죠. 템플턴 재단이 종교와 과학의 상호 존중과 동행의 길을 모색하는 데 많은 재원을 투자하는 것은 이런 흐름의 연장으로 볼 수 있습니다. 한마디로 과학과 종교 각자가 가진 한계를 존중하면서 종교와 과학의 상보적 협력 관계를 지향하자는 서구 전통의 발현이라고 할 수 있습니다. 신학적 입장에서 보면, 과학 지식을 소화해 기독교 교의를 갱신하고자 하는 신앙 의지의 표현인 거죠. 종교와 과학 분야는 템플턴 재단의 재정 지원에 힘입어 그동안의 미약했던 흐름을 반전시켜 하나의 학문 분야로 확실하게 자리 잡게 되었습니다. 이들의 지원 덕분에 종교와 과학 관련 문제들을 연구하는 연구소가 설립되고, 대학에는 종교와 과학 전공 분야와 관련된 교수 자리가 만들어지고, 종교와 과학 관련 학회와 학술 대회가 많이 생겼기 때문입니다. 여전히 저명 학자들에게는 상상도 할 수 없는 엄청난 저술 지원금도 주어지고요.

이런 템플턴 재단의 지원에 대해 종교계는 상당히 호의적으로 받아들이는 반면, 과학자 사회에서는 그렇지 않죠. 상당수의 과학자들이 이들의 지원을 받고 있는 반면, 장 선생님께서 편지에 쓴 윌슨과 데닛의 언급에서 확인할 수 있듯이, 종교에 대해 비판적인 과학계의 사람들은 그 엄청난 상금 뒤에 숨어 있는 의도를 살짝 불순하게 보죠.

저는 템플턴 재단의 시도가 돈의 힘으로 학문 분야를 새롭게 확립한 근대 이후 최초의 사례라고 보고 있습니다. 이들의 지원이 종교를 긍정적으로 조명하는 데 집중하는 것에 대한 평가는 일단 접어두더라도, 자본이 지식 시장을 의도적으로 재편할 수 있음을 보여 주는 사례라는 점에서는 우려를 표합니다. 자본에 의한 지식 생산은 참여자의 의지와 별개로 늘 자본 공급자의 의도에서 자유로울 수 없기 때문이죠. 결국 지식 담론의 왜곡 가능성이나, 지성의 자율성과 비판성이 침해받는 결과를 가져올 수도 있죠. 이야기가 살짝 곁길로 간 것 같습니다. 중심 주제로 다시 돌아가기로 하죠.

종교계를 덮치는 과학 쓰나미

그렇다면 이제, 주류 기독교에서 현대 과학을 어떻게 보는지를 살펴 보죠. 과학 혁명 이래 자연 과학 분야는 지속적으로 자기 분화 과정을 거쳤습니다. 기독교는 이런 자연 과학의 다양한 지식들과 마주하고, 그 만남에 대해 신학적으로 응답해 왔습니다. 물론 이러한 만남과 응답이 자연 과학의 모든 분야에서 동일한 강도나 질로 이루어진 것은 아닙니다. 어떤 만남은 쓰나미처럼 기독교계를 온통 흔들어 놓았고, 어떤 만남은 기독교에 갱신해야 한다는 자극을 주었습니다. 예를 들면, 천체 물리학의 대폭발 이론(기존 창조론과는 달리 우주의 역사가 아주 오래되었음을 가르쳐 주었죠.)과, 인지 과학이나 뇌과학 분야에서 나오고 있는 놀라운 연구 성과에 대한 기독교인들의 이해에는 그 정도나 강도에서 큰 차이가 있습니다. 인지 과학이나 뇌과학은 최근에 지적 성과를 가장 활발하게 분출하는 지식의 영역인 까닭에 기독교가 소화하기에는 상당한 시간이 소요될 것입니다. 이와 달리, 대폭발과 대충돌(Big Crunch, 우주 전체가 수축해 한 점으로 모이는 우주론적 현상) 같은 현대 우주론에 대해서는 기독교의 창조나 종말을 견주는 논의가 상당수 나왔습니다. 또한 진화 생물학의 진화 개념과, 신이 최초의 창조 이후에도 지속적으로 자연 세계에 개입하면서 창조 행위를 하고 있다는 '계속 창조'(이것은 종말까지 계속 될 겁니다.)라는 개념 사이의 관련성은 지금도 서구, 특히 미국에서는 뜨거운 논쟁 이슈입니다.

먼저, 현대 과학에서 천체 물리학 분야는 기독교 신학이 상대적으로 덜 긴장하는 분야입니다. 토머스 토랜스(Thomas Torrance), 이언 바버, 존 폴킹혼, 볼프하르트 판넨베르크, 로버트 러셀, 어낸 맥멀린(Ernan McMullin) 같은 신학자들은 천체 물리학 혹은 우주론을 아주 적극적으로 다룹니다. 천체 물리학적 개념인 대폭발이나 대충돌, 인류 원리 등이 기독교 교의와의 접점을 가지고 있다고 보기 때문입니다. 거칠게 말하자면 대폭발 우주론이 기독교의 가르침을 과학적으로 뒷받침하는 사례로 사용될 수 있다는 겁니다. 좀 더 완곡하게 표현하자면, 현대의 대폭발 우주론이 기독교의 주장과 적어도 모순되는 것은 아니라고 봅니다.

정도의 차이는 있지만, 일부 신학자들이나 기독교인 과학자들은 대폭발과 대충돌이 기독교 교의에 있는 창조와 종말에 공명한다고 생각합니다. 이때 '공명'은 동일한 사건이 과학적으로 기술될 수도 있고 신학적으로 기술될 수도 있음을 뜻합니다. 우주 탄생이라는 하나의 사건을 과학자들은 '대폭발'과 '우주 팽창'이라고 부르고, 기독교인들은 '창조'라고 부른다는 거죠. 대충돌과 종말도 마찬가지로 동일한 사건에 대한 다른 이름이라는 겁니다.

현대 과학 지식을 기독교 신학을 정당화하는 데 사용한 좀 더 분명한 사례가 '인류 원리(anthropic principle)'일 겁니다. 원래 인류 원리는 영국 케임브리지 대학교 교수이자 이론 물리학자인 존 배로(John D. Barrow)와 미국의 수리 물리학자 프랭크 티플러(Frank J. Tipler)가 처음 사용한 데서 알 수 있듯이, 철저하게 과학적 개념이죠.

인류 원리는, 대폭발 직후의 초기 우주 상태가, 탄소를 기반으로 한 생명체가 탄생할 수 있도록 지극히 예외적이며 확률적으로도 도저히 불가능한 상태로 정밀하게 조율된 것처럼 보이는 현상을 설명하기 위해 도입된 개념입니다. 즉 인류 원리를 처음 사용한 사람들은, 이 개념을 의도나 목적 또는 신적 존재라는 것을 기술하기 위해 사용한 것은 아닙니다.

과학과 신학의 대화를 시도하는 일부 기독교 신학자나 과학자는 이 개념을 종교적인 목적에 전용합니다. 이론 물리학 안에서 인류 원리는 '약한 인류 원리', '강한 인류 원리' 등 몇 가지 변형을 가지고 있습니다. 그러나 기독교의 인류 원리 전용 방법은 적극적 이용과 소극적 이용으로 나눌 수 있습니다. 예를 들어, 초기 우주 상태가 현생 인류를 탄생시키게끔 고도로 정교하게 조율된 것처럼 보이는 것은, 우주를 탄생시키고 그 과정에 개입한 초월적 존재를 개연적으로 암시한다고 말할 때에는 다소 소극적으로 인류 원리로 사용한 겁니다. 이와 달리 초기 우주의 상태가, 인간이라는 우주의 역사와 원리를 이해할 수 있는 지적 존재를 탄생시킬 수 있도록 조율된 것 자체가 바로 기독교적 창조주가 활동한 결과이고, 이것은 곧 신의 존재를 증명하는 증거가 된다고 주장할 때에는 인류 원리를 적극적으로 사용한 것입니다.

이렇게 현대 우주론의 대폭발 이론과 인류 원리는 기독교 신학에 상당히 친화적으로 이용될 수 있는 가능성을 담고 있습니다. (물론 많은 물리학자들이 인류 원리를 과학적 원리로 받아들일 수 있을지 의심하고 있습니다.) 반면, 우주와 생명의 탄생을 설명하는 데 어떠한 목적도 어떠한 초월자도 필요로 하지 않는 다윈주의는 그렇지 않습니다. 따라서 기독교인들은 다윈주의 진화론에 대해서 극단적으로 다른 반응을 보입니다. 다윈의 『종의 기원』에 나오는 논증에 대해 일부 기독교인들은 공개적으로 거부 반응을 보이는 반면, 다른 사람들은 거의 아무런 어려움 없이 수용합니다. 또 다른 일부는 어떤 태도를 취해야 할지 확신하지 못합니다. 아무튼 진화론에 대한 기독교의 반응은 '무신론 괴수'에서 '진화는 신이 창조할 때 사용한 방식'까지 극단적인 차이를 보입니다. 진화론을 거부하는 창조 과학부터, 진화론을 적극 수용하는 진화론적 유신론까지 상당한 차이가 있습니다. 이 문제, 즉 창조 vs. 진화의 문제가 기독교에서 아주 논쟁적인 주제이기 때문에 다음 편지에서 좀 더 자세히 언급해야 할 것 같네요. 이 이야기는 여기에서 멈추도록 하지요.

진화 생물학과 신학의 관계에 대해서 고찰하는 이들로는 신학자 중에는 영국의 생물학자이며 성공회 사제인 아서 피코크, 독일 개신교 신학자인 위르겐 몰트만(Jürgen Moltmann), 미국의 가톨릭 신학자인 존 호트, 미국의 신학자인 고든 카우프만(Gordon Kaufman)과 데이비드 트레이시(David Tracy), 여성 신학자인 샐리 맥페이그(Sallie McFague), 미국 루터교 조직 신학자인 필립 헤프너와 테드 피터스 등이 있습니다. 또 과학계 쪽에서는 환경 윤리학 전공의 철학자인 홈즈 롤스톤 3세(Holmes Rolston III), 복음주의 계열의 물리학자인 하워드 반 틸(Howard Van Till), 분자 생물학자인 케네스 밀러, 생물학자인 프란시스코 아얄라, 인간 유전체 계획의 책임자였던 프랜시스 콜린스, 분자 생물학자인 마르티네즈 휴렛(Martinez Hewlett) 등을 우선 언급할 수 있습니다. 다음 편지에서 이들 중 몇몇을 골라 좀 더 자세한 이야기를 해 보고 싶습니다.

마지막으로 꼭 짚고 넘어가야 할 분야가 바로 인지 과학과 뇌과학입니다. 인지 과학이나 뇌과학에 대해 기독교는 아직까지 본격적인 논의를 시작하지 않고 있습니다. 이 두 분야가 워낙 최근에 논의되기 시작한 분야라 그런지 아직까지 제대로 된 기독교의 대응은 없습니다. 그러나 이 분야들에서 진행되고 있는 연구는 인간의 종교 경험, 영혼의 존재, 마음의 작동 등과 관련한 것들이기 때문에 이전의 어떤 과학 지식보다도 더 크고 더 많은 충격을 기독교의 전통 교의에 줄 것이라고 생각합니다. 인지 과학 분야에 관심 갖는 신학자들로는 낸시 머피(Nancey Murphy), 조지 엘리스(George Ellis), 와렌 브라운(Warren Brown) 등을 거론할 수 있을 것입니다. 최근에는 『신경 신학(Neurotheology)』 같은 책도 나왔습니다. 하지만 아직은 한참 더 가야 할 것으로 보입니다.

지동설이 기독교가 마주친 제1의 파도였다면, 진화론은 제2의 파도, 정신 분석학은 제3의 파도였고, 인지 과학과 뇌과학은 이제 기독교가 마주치는 제4의 파도가 될 것입니다. 지동설이 인간이 사는 지구를 우주의 중심에서 끌어내리고, 진화론이 인류를 생명 세계의 정점에서 쫓아내고, 정신 분석학이 무의식을 통해 인간의 정신과 의식을 다소 위축시켰죠. 제 생각에 아마도 이 네 번째 파도가 쓰나미 같은 가장 큰 충격을 가져올 겁니다. 제4의 파도는 신에 대한 믿음이나 종교적 경험을 자연주의적 방식으로 설명하면서 기독교의 핵인 신과 영혼 등을 해체해 버릴 것이기 때문이죠. 상당수의 신학자들이 이 분야의 작업을 주목하고 있지만, 아직까지 기독교의 과학 논의에서 중심적인 위상을 차지하고 있지는 않습니다. 사실 이 문제에 대한 논의는 이제 막 시작된 것이라고 해야 할 겁니다.

숨차게 달려왔네요. 원래 말씀드리려던 이야기가 아직도 한참 남아 있는데……. 잠시 중단해야 할 것 같습니다. 봄날 햇살이 어서 나오라고 아우성입니다. 편지 쓰는 일은 잠시 뒤로 미뤄야 할까 봅니다. 창조 과학이나 지적 설계가 주장하는 유신론적 과학 이야기나, 우발성을 무시하는 법칙 중심적 과학관에 도전하는 신학적 논의나, 과학적 환원주의를 넘어서고자 하는 신학자들의 이야기는 조만간에 다시 보낼 편지에서 해 보겠습니다.

봄 햇살에 목욕하는 무등산의 능선이 그만입니다. 커피 한 잔과 함께하는 무등산, 눈코입이 다 즐겁습니다. 산과 커피가 함께 어우러져 더 행복한 것처럼, 과학과 종교가 어깨동무하는 날을 그립니다.

2007년 3월 15일

남녘 땅 광주에서

신재식 드림

이 편지에 대하여

앞 편지에 이어지는 이 편지에서 신재식 교수는 앞에서 예고한 대로 과학의 진화에 대해 현대 기독교가 취하고 있는 입장들을 소개한다. 존 호트와 볼프하르트 판넨베르크라는 신학자들을 중심으로 유신론적 과학, 과학 그 자체에 대한 비판적 분석, 과학적 환원주의를 극복하기 위한 신학적 시도들을 소개한다. 과학과 종교의 논쟁이 단순하게 사실 그 자체에만 매몰되어 있는 것이 아님을 설득력 있게 보여 주고 있다.

편지 3.2.2
과학과 종교의 새로운 공존을 꿈꿔 봅니다

김윤성 선생님과 장대익 선생님께

봄날 햇살이 점점 더 따갑게 느껴집니다. 학기 시작과 더불어 몸과 마음이 다소 바빠졌습니다. 강의와 글쓰기, 설교와 예배, 온통 기독교와 관련된 일상입니다. 종교에 푹 담긴 이 느낌을 가지고, 지난 편지에서 마무리하지 못한 기독교의 과학관 이야기를 이어 가죠.

  이번 편지에서는 논의를 한 단계 진전시켜 무신론에 오염된 현대 과학에 맞서 '유신론적 과학'을 주장하는 입장과, 현대 과학을 수용하면서 과학과 신학의 관계를 기독교 관점에서 재규정하려는 현대 신학의 시도를 살펴볼까 합니다. 지난번 편지가 기독교의 과학관을 멀리서 조망하는 것이었다면, 이번에는 좀 더 가까이 다가가 과학의 정의와 방법론, 과학적 환원주의, 과학 법칙의 본질 등의 문제에 대해서 기독교가 어떤 견해를 가지고 있는지 구체적으로 살펴보려고 합니다.

  종종 우리나라에서도 화제가 되는 창조 과학이나 지적 설계론이

전자에 해당됩니다. 후자는 주류 현대 신학자들의 입장입니다. 저는 이 편지에서 미국의 가톨릭 신학자인 존 호트와, 독일의 개신교 신학자인 볼프하르트 판넨베르크를 통해 이 문제를 살펴보려고 합니다. 둘은 각기 다른 국적에 다른 기독교 배경을 지녔는데, 이 분야의 대표적인 현대 신학자들이죠.

신앙의 투사들끼리 노는 '그들만의 리그'

창조 과학과 지적 설계론을 하나로 묶어서 말한다면, 각 이론의 지지자들은 불편해 할지도 모릅니다. 이 둘은 '창조가 언제 이루어졌느냐?', '진화를 어떻게 볼 것인가?' 같은 문제들에 대해서 입장이 다르기 때문입니다. 그렇지만 이들이 주류 과학을 '무신론적 유물론'의 포로라고 비판하고, 초월적 존재의 '설계'를 용인하는 '열린 과학 철학'을 주장하며, 현대 과학의 대안으로서 '유신론적 과학'을 추구한다는 점에서 하나로 묶을 수 있습니다.

창조 과학은 진화론 전체를 부정하고, 지적 설계는 진화를 부분적으로 수용한다는 차이가 있지만, 기본적으로는 진화론에 대해 부정적인 입장입니다. 이들은 고전 다윈 이론에 유전학이 결합된 '신다윈주의'와 계통학, 고생물학, 집단 유전학 등을 결합한 근대 종합설이나, 최초의 생명 형태가 순수하게 물질적이고 화학적인 작용을 통해 우연히 형성되었다는 화학 진화 이론에 대해서는 회의적인 태도를 보이죠.

이들이 진화론에 문제 제기를 할 때는 기존의 과학적 방법을 부분적으로 이용하기도 합니다. 하지만 이들에게 더 중요한 논의의 전거는 명시적으로(창조 과학) 또는 묵시적으로(지적 설계론) 성서입니다. 중세의 신학자들처럼 성서가 지식의 주된 원천인 거죠. 어쩌면 이들에게 성서는 가장 중요한 지식의 원천이고 지식 판별의 기준일 겁니다. 또한 이들 대부분은 성서에는 오류가 있을 수 없다는 입장을 취하기 때문에, 과학 지식이 성서의 주장과 모순되는 경우 과학에 문제가 있다고 판단합니다. 기독교와 과학 사이에 창조 vs. 진화 논쟁이 발생하는 것은, 기독교에 문제가 있기 때문이 아니라 과학에 결함이 있기 때문이라고 주장합니다. 즉 무신론적 자연주의의 포로가 된 진화론에 책임이 있다는 거죠.

지적 설계론은 현대 과학의 여러 성과들을 수용하지만 다윈주의 진화론만은 거부합니다. 이들은 기존의 다윈주의 진화론이 생명의 기원을 적절하게 설명하지 못하며, 과학적으로도 이미 파산한 이론이라고 단언합니다. 지능을 가진 설계자나 초월적 존재를 전제하지 않는다면 생명의 기원, 더 나아가서는 우주와 시간과 공간의 기원을 설명할 수 없다는 것이죠. 지적 설계론은 자신들의 논증을 위해, 현대 우주론과 물리학, 수학과 정보 이론 등에서 나온 과학 자료를 사용합니다. 지난 편지에서 언급한 '인류 원리'도 많이 애용되는 사례죠. 윌리엄 뎀스키라는 이의 주장을 예로 들어 보죠.

뎀스키는 우주의 역사가 120억 년(10^{25}초) 정도 되고, 이 우주 안에 들어 있는 소립자의 수가 10^{80}개이고, 어떤 한 가지 물리 상태에서 다른 상태로의 변화는 초당 10^{45}회를 넘어설 수 없다고 할 때, 어떤 사건이 우주에서 일어날 확률은 $10^{80} \times 10^{45} \times 10^{25} = 10^{150}$ 분의 1이라고 합니다. 따라서 이보다 낮은 확률로 일어날 사건은, 예를 들어 10^{200} 분의 1이나 10^{1000} 분의 1의 확률을 가지는 사건들은 일어날 수가 없습니다. 뎀스키는 바로 이 10^{150} 분의 1이라는 확률이 '우연'과 '설계'를 판정하는 기준인 확률 경계가 된다고 주장합니다. 발생할 확률이 이것보다 낮은 사건은 '우연히' 일어날 수 없다는 것이지요. 그리고 이 확률 경곗값을 정보 이론으로 환산하면 495비트 정도가 된다고 합니다. 이것보다 복잡한 정보는 의도적 설계자 없이는 절대로 저절로 생겨날 수가 없다는 것입니다.

따라서 500비트 이상의 정보를 담고 있는 DNA 같은 복잡한 분자는 어떤 설계자의 도움 없이는 만들어질 수 없다고 뎀스키는 주장합니다. 뎀스키는 이것을 "복잡하고 특정화된 정보(complex-specified information, CSI)"라고 불렀습니다. 따라서 "복잡하고 특정화된 정보의 생성을 설명하지 못하는 현대 진화론은 틀린 것이다."라고 현대 과학의 모순과 난점을 간단하게 '수학적으로 과학적으로' 증명해 버립니다. 이것이 뎀스키의 지적 설계가 확률과 정보 이론을 통해 설계의 과학성을 증명하려는 일반적인 논증 방식입니다. 물론 뎀스키의 논증에 대한 수학적·과학적 비판이 많이 있습니다. 하지만 그 이야기는 다음 기회에 하도록 하죠.

그런데 지적 설계론을 주장하는 사람들이 당혹해 하는 문제가 있습니다. 자신들이 진화론의 오류를 '과학적으로' 증명했고, 생명체가 설계된 것을 '과학적으로' 논증했는데도, 주류 과학계에서 받아들이지 않는다는 것입니다. 지적 설계론의 연구자들은 그 이유를 주류 과학자들이 은밀하게 가지고 있는 형이상학적 태도에서 찾습니다. 이들은 기존의 주류 과학자들이 무신론적 자연주의에 경도되어 있기 때문에, 진화론의 오류나 설계의 과학성과 무관하게, 설계나 설계자에 반대한다고 주장합니다. 이들은 초월적 실재를 인정하지 않는 주류 과학은 본질적으로 기독교 신앙과 양립할 수 없다고 판단합니다. 따라서 이들은 주류 과학을 떠나 지적 설계자를 용인하는 새로운 과학을 시도하며, 그것이 바로 지적 설계론이라고 주장합니다. 지적 설계론은 새로운 연구 프로그램으로, 현재 다윈주의 과학과 경쟁하는 강력한 과학 이론이라고 강조합니다.

이렇게 설계자를 허용되는 과학을 '유신론적 과학'이라고 부릅니다. 이들은 유신론적 과학을 주류 과학계 안에 편입시키기 위해, 더 정확하게 말하자면 초월적 존재자를 과학 작업 안에 도입하기 위해 과학 철학을 논쟁의 마당으로 삼고, 현대 과학의 정의 자체를 문제시하는 전술을 구사합니다. '과학을 어떻게 수행할 것인가?'는 핵심적인 문제가 아닙니다. '과학을 어떻게 정의할 것인가?'나 '비(非)과학이나 사이비 과학으로부터 과학을 어떻게 구분할 것인가?' 같은 문제를 제기하며 유신론적 과학을 정상적 과학 철학 논의 속으로 슬쩍 밀어 넣으려고 합니다.

지적 설계는 유신론적 과학을 확립하기 위해, 주류 과학이 확신하는 과학 지식의 보편성, 객관성, 가치 중립성은, 실증주의가 지배하던 19세기와 20세기 초반의 과학관일 뿐, 잘못된 신화라고 주장합니다. 대신 이들은 토머스 쿤, 카를 포퍼(Karl Popper, 1902~1994년), 폴 파이어아벤트(Paul Feyerabend, 1924~1994년) 등의 과학 철학 논의를 차용하면서, 설계를 허용하는 '열린 과학 철학'이 필요하다고 목소리를 높이지요. 그러나 이들이 언급한 과학 철학자들은 유신론적 과학을 구축하기 위해 과학의 보편성, 객관성, 가치 중립성을 공격하지 않습니다.

이런 논의에서 지적 설계론은 현대 과학의 핵심으로 간주되는 '방법론적 자연주의'도 공격합니다. 방법론적 자연주의는 과학 작업에서 과학적 기술이나 설명, 또는 이론에서 초자연적인 요인에 의존하거나 그것을 고려하지 않는 입장이죠. 이들은 방법론적 자연주의를 전제로 채용하는 현대 과학은 유물론적 자연주의와 분리될 수 없다고 단언합니다. 왜냐하면 신 또는 초월적 존재를 받아들일 가능성을 애초부터 부정하고 있기 때문이죠. 이들은 이렇게 과학 철학에서 빌려온 개념들과, 방법론적 자연주의에 대한 비판을 바탕으로 유신론적 과학을 구축하려고 합니다. 이 유신론적 과학을 가지고 지적 설계자의 존재와 그가 남긴 흔적을 논리적으로 실증적으로 검출할 수 있다고 주장하는 거죠. 신, 창조주, 조물주, 지적 설계자 같은 초자연적이고 초월적 존재가 과학 안으로 들어올 수 있도록 과학 철학 쪽 뒷문을 슬쩍 여는 것입니다.

이렇게 볼 때, 유신론적 과학의 전제는 크게 두 가지입니다. 하나는, 엄청난 능력과 지성을 가진 초월적이며 인격적인 존재인 신이 특정 목적을 가지고 이 세상을 설계하고 창조했으며, 인간이 등장할 때까지 이 세계의 형성 과정에 직접 개입했다는 것입니다. 다른 하나는, 신의 설계와 창조의 개념을 과학에 적용하는 게 정당하다는 것입니다.

유신론적 과학의 이런 전제는 다음과 같은 신앙 태도와 관련을 맺고 있습니다. 기독교인은 가설을 세우고 시험하고, 어떤 현상을 과학적으로 설명하거나, 혹은 다양한 가설들의 개연성을 평가할 때, 자신이 아는 '모든 지식'을 동원해야 한다는 것입니다. 이 모든 지식에는 당연히 신학적 진술도 포함됩니다. 따라서 창조론자에게 성서는 과학 텍스트이며, 성서의 진술은 '참 과학(true science)'입니다.

심지어 이들은 신앙에 근거한 유신론적 과학이 무신론적 유물론에 근거한 다원주의 과학과 대등하게 경쟁하는 진정한 '참' 과학이라고 주장합니다. 창조 과학이나 지적 설계론의 이런 주장은 미국 보수주의 교회에서(종종 한국 보수주의 교회에서도) 상당히 설득력 있게 먹혀 들어갑니다. 이들 보기에 창조 과학이나 지적 설계론의 주장자들은 무신론적 세계관과 싸우면서 창조론을 지키는 신앙의 투사들이기 때문입니다.

그러나 저는, 현대 과학을 유물론적 자연주의나 무신론적 자연주의의 포로라고 보는 이들의 입장에 동의하지 않습니다. 과학 작업의 핵심은 방법론적 자연주의이며, 이것과 유물론적 자연주의를 '분명하게' 구별할 수 있다는 게 제 입장입니다. 또한 방법론적 자연주의를 배제한 과학은 이미 과학이 아니라고 봅니다. 창조 과학과 지적 설계론은 유물론적 자연주의를 배척하고 유신론적 과학을 구축하려다 방법론적 자연주의마저 내던져 버리는 우(愚)를 범하고 있는 것 같습니다.

제가 보기에, '열린' 과학 철학을 통해 유신론적 과학을 확립하려는 시도는 과학적 동기에서 출발한 게 아닙니다. 종교적 동기의 지배를 받고 있습니다. 이 시도를 어떻게든지 과학이라고 포장한다 할지라도, 이것은 기독교 신념에 근거한 신앙의 발현이지 과학 작업은 아닙니다. 비종교인이나 무신론자, 또는 유신론 전통에 속하지 않는 불교를 믿는 사람이 유신론적 과학을 주장하는 것을 아직까지 보지 못했습니다. 유신론적 과학은 일부 보수주의 기독교인들만이 뛰는 그냥 '그들만의 과학'이지 '모두의 과학'은 아니죠.

야구 선수들이 축구 경기장에 와서 축구 선수들에게 축구공만으로 충분치 못하니 야구 배트를 도입하고 야구 규정대로 경쟁하자고 한다면 어떻습니까? 제가 보기에는 유신론적 과학을 주장하는 사람들은 이런 야구 선수들입니다. 자신들의 규정을 관철시키고자 억지를 쓰는 사람들이죠. 아직까지도 현대 과학은 무신론자부터 불가지론자, 다양한 전통의 종교인들이 같은 룰 아래서 함께 논의하는 마당이죠. 이와 달리 유신론적 과학은 '그들만의 리그'일 뿐입니다!

종교와 과학, 심층적 우주 읽기를 위한 독법들 :
존 호트의 과학 보기

한국 사회에서는 창조 과학이나 지적 설계론이 현대 기독교 과학관의 주류라고 생각하는 경향이 있습니다. 기독교인이든 아니든 말이죠. 하지만 기독교 신학에서 창조 과학과 지적 설계론은 주류가 아닙니다. 이제 진화론을 비롯해서 현대 자연 과학을 수용하는 주류 신학계가 현대 과학에 대해 어떻게 대응하는지 좀 더 말씀드리려고 합니다. '설명의 다원주의'를 통해 과학적 환원주의를 넘어서 생명에 대한 더 깊은 이해를 시도하는 존 호트부터 살펴보겠습니다.

존 호트는 다윈 이후의 현대 과학, 특히 진화론과 대화하면서 '진화론적 신학'을 적극 모색하는 가톨릭 신학자입니다. 그는 앨프리드 노스 화이트헤드(Alfred North Whitehead, 1861~1947년)의 과정 사상과 프랑스에서 태어난 예수회 소속의 철학자 겸 신학자인 테이야르 드 샤르댕(Pierre Teihard de Chardin, 1881~1955년)의 영향을 받았으며, 30년 넘게 신학과 과학의 문제에 관심을 갖고 워싱턴 D. C.에 있는 조지타운 대학교에서 학생들을 가르치고 있습니다. 종교와 과학, 생태 신학, 진화론적 신학에 관련된 10여 권의 저서는 그가 진화론에 가장 정통한 현대 신학자라는 사실을 확인해 줍니다. (『다윈 안의 신』, 『신과 진화에 관한 101가지 질문』 같은 책들이 번역·출간되었죠.) 학회에서 만나 몇 번 대화를 나누었는데, 상당히 온후한 품성을 지닌 학자입니다.

호트가 과학을 어떻게 보는지 살펴보죠. 그는 종교와 과학의 두 담론을 일종의 '독법(讀法, text reading)'이라는 시각에서 접근합니다. 종교와 과학을 우주를 읽는 중층적 독법으로, 즉 서로 다른 수준의 책 읽기로 이해하면서 둘의 관계를 해명하려고 합니다. 종교는 서사적인 양식을 통해 우주에서 질(質)적인 의미를 읽어 내고, 과학은 자연을 양(量)적으로 읽어 내는, 각각 독자적인 독법인 것이죠. 종교와 과학은 동일한 우주를 서로 다른 수준(level)에서 다른 방식으로 읽어 내는 독립된 담론인 겁니다. 그런데 호트는 종교든 과학이든 하나의 독법만으로, 즉 오직 한 가지 차원에서 우주를 읽는 것만으로 충분하다는 주장을 '문자주의적 독법'으로 규정하고 비판합니다. 문자주의적 독법의 특징은 다른 독법이 있다는 것을 간과하거나 부수적인 것으로 무시합니다.

호트에 따르면, 종교와 과학 사이의 갈등은 양쪽 모두 우주와 그 안에 있는 생명을 오직 한 차원에서만 이해하려는 문자주의적 독법을 강요할 때 발생합니다. 그는 창조 vs. 진화 논쟁도 바로 두 문자주의의 대립으로 봅니다. 이 논쟁 양극단에 있는 두 문자주의가 바로 창조 과학이나 지적 설계라는 '성서적 문자주의'와, 진화 생물학이라는 '우주적 문자주의'입니다. 두 문자주의 모두 우주와 생명을 평면적으로 이해하는 1차원적 독법의 한계를 벗어나지 못합니다. 각기 '교리주의적 환원'과 '물리주의적 환원'을 그 본질로 하고 있기 때문입니다. 저는 교리주의적 환원을 특징으로 하는 독법을 '종교적 문자주의'라고, 물리주의적 환원을 속성으로 하는 독법을 '과학적 문자주의'라고 부릅니다.

먼저 호트가 '성서적 문자주의'라고 부르는 종교적 문자주의에 대해서 간략히 언급만 하죠. 종교적 문자주의는 자연에 대한 지식을 문자주의적 성서 이해에 근거해서 만들어진 특정한 신학적 이해로 환원시킵니다. 이것은 자연의 겉모습에서 나타나는 설계에만 관심을 갖고, 그 이면으로 뚫고 들어가 생명의 기나긴 투쟁이라는 복잡다단한 진화 이야기를 들여다보려 하지 않는 종교적 사고일 뿐입니다. 이런 신학적 독법은 다윈이 그린 생명에 대한 큰 그림을 고려하지 않기 때문에, 자연을 제대로 이해하지 못합니다. 따라서 호트는 신앙심 깊은 기독교인들이 취하는 반(反)다윈주의적 행보는 자연의 깊이로부터 도망치는 것에 불과하다고 비판합니다. 한마디로 다윈

주의적 자연 읽기로를 배제한 종교적 자연 읽기는 자연을 결코 제대로 깊이 이해할 수 없다는 겁니다.

한편 성서적 문자주의의 반대편에는 '우주적 문자주의'가 있습니다. 호트는 우주적 문자주의 역시 성서적 문자주의처럼 자연이 가지고 있는 깊이를 부정하면서, 단지 그 표면만을 살짝 건드리는 데 그친다고 주장합니다. 지적으로는 흥미로울지 모르지만 영성이나 윤리적 열망이 설 자리를 거의 남겨 두지 않는다는 것이죠. 우주적 문자주의 역시 우주의 모든 것을 철저하게 유물론적 관점에서 읽어 내고 있기 때문입니다. 그가 우주적 문자주의로 비판하는 대상은 '진화론적 환원주의'를 주장하는 무신론적 진화론입니다.

호트에 따르면, 진화론적 환원주의의 형태로 드러나는 우주적 문자주의는 심지어는 영성이나 윤리적 열망의 보루인 종교조차 자연화해 버리고 맙니다. 초월자에 대한 신앙, 이타성 같은 정신적 요소들이 진화 과정의 부산물이라든지, 종족 번식과 생존 경쟁에서 성공하기 위한 진화적 수단이라든지 하는 것으로 환원시켜 버린다는 것입니다. 결국 윤리, 영성, 종교, 그리고 신은 유전자의 산물일 뿐입니다. 아니 부산물이라고 해야 할까요? 산물이 되었든, 부산물이 되었든 이것은 이미 과학이 아니라 형이상학적 유물론입니다. 철저하게 유물론적 측면에서 생명과 종교마저도 동일하게 읽어 내는 것이죠. 결국 모든 현상을 동일한 특정 요인에서 비롯한 것으로 이해하는 환원주의로 귀결됩니다. 이것은 우주적 문자주의라는 독법에서 생기는 문제입니다.

앞에서도 언급했지만, 저는 생명 현상이 한 가지 수준에서 충분히 설명될 수 있다는, 그것도 화학적 또는 물리적 수준에서 설명될 수 있다는 생각을 '과학적 문자주의'라고 지칭합니다. 그리고 이 문자주의에 동의하지 않습니다. 호트는 이 환원주의를 넘어서야 한다고 주장합니다. 한 사람의 신학자로서 저 역시 호트의 주장에 공감합니다. 저는 사물이나 생명에 관한 설명에는 다양한 수준의 설명이 있으며, 이것들은 상보적이며 서로 모순되는 것이 아니라는 입장을 확고히 지니고 있습니다. 이런 제 입장은 '설명의 다원주의(explanatory pluralism)'에 토대를 두고 있죠. 저는 이 개념과 우주에 대한 비환원주의적 인식이 바로 종교와 과학이 공통의 연결 고리를 찾을 수 있는 토대라고 생각합니다.

이 설명의 다원주의의 핵심 개념은 '설명의 계층 구조(hierarchy of explanations)'입니다. 이것은 다양한 수준의 설명이 가능하며 각 설명은 서로 다른 수준에서 적절한 위상을 갖는다는 의미입니다. 간단한 예를 들어 이를 설명해 보겠습니다.

두 분 선생님들께서 승용차가 길을 지나가는 것을 보았다고 생각합시다. "왜 저 차가 움직이고 있지?" 하고 물어본다고 하죠. "자동차 바퀴가 구르고 있기 때문이다."라는 설명은 하나의 수준에서 좋은 대답입니다. "엔진에서 연료가 연소해서 피스톤과 구동축을 움직이기 때문이다."라는 대답 역시 다른 수준에서 동일하게 받아들일 만한 좋은 설명입니다. "철호가 운전하고 있기 때문이다."도 여전히 다른 수준에서 있을 수 있는 대답입니다. 또 다른 수준에서는 "철호가 학교에 가고 있기 때문이다."라고 설명할 수도 있습니다.

지금 언급한 모든 설명은 그 각각의 수준에서 뜻이 잘 통하며, 어떤 설명 하나로 다른 설명을 대치할 수도 없습니다. 그리고 이 설명 하나하나는 서로 모순되거나 경쟁하지 않으면서 함께 있을 수 있습니다. 이중에 어떤 것이 더 나은 설명인지는 맥락에 따라 상황에 따라 달라질 뿐, 미리 판단할 수 있는 것도 아닙니다. 오히려 이 설명들을 함께 고려할 때, 한 설명만 고려할 때보다 훨씬 더 풍부한 설명을 구성할 수 있습니다. 설명의 다원주의는 유물론적 진화론자들이 주장하는 과학적 환원주의를 넘어설 수 있는 디딤돌이 됩니다. 그리고 이것은 유기적 세계상을 통전적(統傳的)으로 이해하려는 현대 과학의 시도와 부합합니다.

그렇다면 이제, 왜 과학'만'으로는 충분치 않는가를 보기 위해 다시 호트의 독법 이야기로 돌아가죠. 조정래의 소설『태백산맥』을 예로 들어 말씀드리죠. 설명의 계층 구조를 이 소설책에 적용한다면, 적어도 세 가지 수준의 설명이 가능할 겁니다. 가장 낮은 수준의 설명은 화학 법칙을 가지고 하는 겁니다. 이것은 잉크가 종이에 붙어 있는 이유가 무엇인지 알려줍니다. 중간 수준의 설명은 한글 맞춤법과 단어, 문법 등을 가지고 하는 겁니다. 가장 높은 수준의 설명은 소설의 '스토리'를 읽어 내고 정보들을 연결해 소설의 의미가 무엇인지 가르쳐 줍니다. 제가 소설을 읽을 때 보는 것은 분명 흰 종이 위에 붙어 있는 검정 잉크의 반점들입니다. 화학은 어떻게 잉크가 종이 위에 붙어 있는가를 말해 줍니다. 그러나 언어학적 지식의 도움을 받지 않으면, 잉크 반점이 이루는 특수한 패턴들이 한글이라는 문자인 줄 알 수 없습니다. 그리고 문학에 대한 교양이 없고 이 소설을 읽는 데 필요한 전라도 사투리에 대한 지식과 한국 근현대사에 대한 지식이 없다면 이 소설에서 '보다 깊은 수준'의 의미를 읽어 낼 수 없습니다. 그러나 언어학적 설명이나 문학적 설명은 화학적 설명과 절대 충돌하지 않습니다. 서로 겹치고 결합해 소설이 담은 풍성한 의미를 말없이 드러냅니다.

생명도 이렇게 볼 수 있지 않을까요? 진화 과학은, 생명에 대한 종교의 설명과는 무관하게 생명 현상을 기술할 수 있을 것입니다. 적어도 의식이 있는 생명체가 등장하는 것도 '창발' 같은 개념으로 설명할 수 있겠지요. 그러나 이것으로는 의미의 궁극적인 근원으로부터 우주를 존재하게 했을지도 모르는 더 깊은 '정보적' 차원을 발견할 수도, 말할 수도 없습니다. 그리고 진화 과학의 설명을 통하지 않고 우주의 '의미'가 밝혀졌다고 해서, 진화론이 주장하는 물리적이나 화학적 과학 법칙을 위반하는 것은 아닙니다. 소설책에 기록된 정보와 그 정보 속의 의미가 잉크와 종이의 화학 법칙을 위반하지 않는 것처럼 말입니다. 그러므로 진화 과학이 생명을 물리적 차원으로 환원시켜 설명하는 것만으로도 충분하다고 단언하는 것은 비논리적입니다. 이게 유물론적 진화론을 바라보는 호트의 기본적인 시각입니다. 저도 마찬가지고요.

대부분의 신학자들은 과학 역시 생명에 대한 설명의 계층 구조에서 '한 자리'를 차지하고 있을 뿐이라고 말합니다. 신학적 설명과 과학적 설명은 이 계층 구조에서 각기 다른 수준에 위치하고 있는 것으로 이해합니다. 또한 신학적 설명이 과학적 설명을 대신하거나 '더 나은' 설명이며, 다른 과학적 설명과 '경쟁하는' 설명이라고 생각하지는 않습니다. 생명에 대한 화학적·생물학적·유전학적·진화적 설명은, 신이 우주가 엄청나게 창조적인 방식으로 전개되기를 원한다는 신학적 설명을 폐기하지 않습니다. 오히려 신학적 설명은 과학적 설명이 놓치는 정보를 더 높은 수준에서 더 깊은 의미의 차원까지 읽어 낸다고 주장합니다.

이렇게 호트는 종교와 과학 사이의 논의에다 설명의 계층 구조라는 '깊이'의 차원을 가져옵니다. 이것은 종교와 과학의 논의에 새로운 돌파구를 열어 준다고 생각합니다. 그러나 종교와 과학의 관계에 대한 신학적 논의로 존 호트 식 논의만 있는 것은 아닙니다. 영역과 범위라는 측면에서 접근하는 시도가 있습니다. 판넨베르크를 통해 이 논의를 살펴보지요.

신학과 과학은 분리될 수 없으며 신학은 과학을 포함한다: 볼프하르트 판넨베르크의 과학 보기

앞서 저는 과학만이 사물이나 생명 현상에 대한 제대로 된 설명이라는 도킨스와 같은 강성 과학주의자의 견해에 동의하지 않는다고 말씀드렸죠. 과학은 사물과 생명에 대한 여러 가지 설명 가운데 강력하고 유효한 설명 중 하나라는 데에는 공감하지만, 그것만으로 충분하고 완전하다는 과학적 환원주의와는 입장을 분명히 달리합니다.

그런데 과학 법칙의 본질에 접근하면서 이런 환원주의에 반대하는 신학적 입장이 있습니다. 과학 법칙은 우발성에 기초해 있으며, 그 우발성에서 규칙성을 도출한 것이라는 판넨베르크의 견해가 그

것입니다.

1928년생으로 독일의 대표적인 개신교 신학자인 판넨베르크는 제2차 세계 대전 이후 과학에 대한 과학자들 스스로의 지식 사회학적 고찰을 비판적으로 검토합니다. 1960년대부터 신학과 자연 과학의 대화를 시도해 오면서, 1980년대 후반 이 분야에 대한 본격적인 논문과 책을 써 냈습니다. 2001년에는 한국 학술 협의회가 주관하는 '석학 연속 강좌' 강연자로 내한해서 '신학과 과학'이라는 주제로 강연과 세미나를 했죠. 저도 공개 강연 하나에서 논찬과 통역을 맡았는데, 가까이서 보니 고집 세고 지기 싫어하는 시골 노인의 풍모였던 것으로 기억합니다. 토론의 마무리는 늘 자신이 하려고 했던 것도 말이죠.

판넨베르크는 현대 신학에서 종교와 과학을 '왜'를 다루는 담론과 '어떻게'를 다루는 담론으로 분리해 보는 입장에 아주 비판적입니다. 그는 신학과 타학문의 분리 불가능을 주장합니다. 그는 신정통주의 신학자들이 관심을 인간의 경험과 역사에 한정함으로써 다른 학문이나 실제 세계에 대해 적절한 대답을 하지 못했다고 비판합니다. 특히 자연 과학으로부터 신학을 완전히 분리함으로써, 신학이 과학으로부터 소외되었고, 과학이 제기한 지적·문화적 도전에 제대로 응답하지 못하는 비생산적인 담론이 되었다고 주장합니다. 이런 반성 속에서 그는 신학이 자연 과학과의 대화에 적극적으로 임해야 한다고 주장합니다. 개인적으로 이 주장에 대해 전적으로 동의합니다. 그에게 신학은 하나의 '보편 과학'입니다. 신학이 개인의 신앙 고백에만 머무는 것이 아니라 이성에 기초한 일반 학문 영역으로 확장되는 것이죠. 이런 신학은 객관적 이성으로 파악할 수 있는 역사의 지평에서 의미 있게 전개된다고 합니다. 그는 이렇게 역사를 신학의 영역으로 가져오면서 "역사로서 나타난 계시"를 강조한 신학자입니다. 판넨베르크의 과학에 대한 견해는 기독교가 자연 과학을 수용하느냐 마느냐의 문제를 넘어서, 신학이 과학 자체를 보는 관점과, 신학과 과학의 관계를 어떻게 설정할 것인가에 대한 중요한 시사점을 제공한다고 생각합니다. 그의 이야기를 들어보죠.

판넨베르크의 신학적 출발점은 역시 창조주로서 신입니다. 그의 저서 『자연 신학』에 이런 구절이 나옵니다.

> 만일 성서의 신이 우주의 창조자라면, 그 신을 언급하지 않고 자연 과정들을 완벽하게, 혹은 적절하게 이해한다는 것은 가능하지 않다. 역으로 만일 자연 과정들이 성서의 신을 언급하지 않고도 적절하게 이해될 수 있다고 한다면, 그 신은 우주의 창조주가 될 수 없을뿐더러, 결국 그 신은 진정한 신이 될 수도, 윤리적 가르침의 근원으로서 신뢰받을 수도 없을 것이다.

신은 모든 것을 결정하는 실재로서 장(場, field)을 구성합니다. 존재하는 모든 사물은 이 장에서 나오며, 자연과 역사의 모든 우발성 역시 이 장 안에서 나옵니다.

이렇게 신을 "모든 것을 결정하는 실재"로 이해하면, 인간의 모든 경험 영역이나 탐구 분야에서 신을 배제하는 것은 원천적으로 불가능하게 되죠. 신학이 이런 신을 사유의 대상으로 삼는다면, 신학은 필연적으로 신을 인간의 역사뿐만 아니라 자연 과학이 대상으로 삼는 자연까지 결정하는 힘으로 생각하게 됩니다. 그래서 신학은 자연 과학뿐만 아니라 어떤 학문 분야와도 분리될 수 없으며, 오히려 긴밀한 연관성을 갖게 됩니다.

그는 이런 식의 신 이해를 통해 신학의 세계관과 자연 과학의 세계관은 서로 배타적이거나 모순이 아니라, 오히려 "공명(consonance)"을 이루는 것으로 이해할 수 있다고 말합니다. 공명은 둘 사이의 관계가 모순되지 않으면서, 모순을 넘어서서 조화를 이룰 수 있는 긍정적 관계를 말합니다. 신학과 자연 과학은 실재를 완벽하게 이해하기 위해 서로 필요한 것이며, 그 방법에 있어서 서로 공유하는 것이 있다고 믿는 것입니다. 이렇게 신학과 자연 과학의 관계를 공명으로 파악하는 판넨베르크는 이 두 분야가 동일한 실재를 다루고 있으며, 둘 모두 객관적으로 존재하는 실재에 대해 다른 종류의 인식론적인 주장을 제시한다고 봅니다. 즉 자연을 신의 창조물로 설명하는 신학적 해석이 물리학이나 다른 자연 과학의 해석과 경쟁하는 것은 아니라는 거죠. 그렇다면 그가 어떻게 신학과 자연 과학은 공명한다고 하는 것일까요?

앞에서 언급한 것처럼, 신은 모든 것의 실재이기 때문에, 이 신을 다루는 신학이나 자연을 다루는 과학이나 다루는 대상은 본질적으로 같습니다. 과학이 객관적인 방식으로 설명하는 대상이 바로 이 실재의 '부분들'이라는 것입니다. 판넨베르크가 보기에, 과학은 실재의 부분들을 그것들 서로의 관계성이라는 관점으로만 보면서 일반적인 법칙으로 기술 가능한 것만을 설명하려는 지식 체계입니다.

이와 대조적으로 신학은 실재의 부분들 가운데 구체적이고 우발적인 특징에 관심을 갖고 그 우발성과 법칙과 같은 특징들을 가장 포괄적인 맥락에서 말하려는 지식 체계라는 겁니다.

다시 말하면, 신학적 관점은 세계의 실재성을 신적 행동의 결과이자 표현으로 보고, 그것을 유일하고 비가역적인 역사 과정으로 이해합니다. 이와 달리, 자연 과학은 세계의 실재를 자연 현상으로 이해하고 그것의 규칙성에 관심을 갖고 수학적 형식으로 기술하려 합니다. 자연 세계를 역사적 유일회성과 비가역성의 관점에서 이해하는 신학적 접근과, 시간과 공간을 연속적인 것으로 생각하고 기하학적으로 계산하고 측정할 수 있다고 접근하는 과학적 접근은 분명히 다릅니다. 이러한 접근법의 차이로 인해, 모든 것을 결정하는 실재로서 신에 대해 진술하는 신학은 과학이 다룰 수 없는 실재의 측면까지 다룬다고 주장합니다. 신학이 "실재의 전체성"에 관련된 반면, 과학은 실재가 지닌 일반적이며 법칙적 특징만을 기술하려고 시도하기 때문이죠.

그런데 여기서 중요한 것은, 앞에서 암시된 것처럼, 판넨베르크는 호트와는 달리 신학과 자연 과학을 서로 대등한 방법론으로 여기지 않는다는 것입니다. 그는 신학이 실재의 전체성에 관심 갖고, 자연 과학은 우발적으로 발생하는 실재의 부분들이 지닌 규칙성에 관심을 갖는다고 이해함으로써, 결과적으로 신학이 자연 과학보다 우위에 있다고 주장합니다. 신학은 과학이 다루지 못하는 실재의 영역을 더 포괄적으로 다루게 됨으로써, 실재에 대한 과학적 이해를 "확장하고 심화"한다고 생각합니다. 실재에 대한 신학적 설명과 과학적 설명은 그 '범위(scope)'에서 차이가 있다는 것입니다.

그렇다면 판넨베르크의 말처럼 신학이 과학보다 훨씬 더 포괄적인 범위를 다룬다고 하면, 신학은 어떤 방식으로 과학적으로 기술된 현상을 포함할 수 있을까요? 그는 이것을 "우발성과 자연 법칙"으로 설명합니다. 일반적으로 자연 법칙은 우발적 사건과는 반대 개념으로 이해됩니다. 그렇지만 판넨베르크는 자연 법칙은 우발적인 조건과 연결되어 있다고 생각합니다. 비록 우리가 자연 현상을 법칙으로 기술할 수 있지만, 자연 법칙은 이미 우발적인 조건들을 전제하고 있다는 것입니다. 이것은 사건의 결과가 유사성이나 구조적 규칙성을 보여 준다 할지라도, 모든 사건들의 시작은 일차적으로 우발적 조건이라는 인식을 바탕으로 하고 있습니다.

판넨베르크가 보기에, 과학의 자연 법칙은 우발성을 기초로 발생하는 자연 과정 속에서 특별히 통일성을 가진 요소들만 뽑아 설명하는 것에 불과합니다. 자연 법칙은 우발적인 사건들에서 시간이라는 과정을 생략하고 그 사건들 사이에 공통으로 존재하는 규칙성과 통일성, 구조적 단일성을 다룬 것이라고 할 수 있습니다. 그렇지만 이것은 자연의 실제 과정을 완벽하고 철저하게 기술하는 것으로 간주될 수 없습니다. 왜냐하면 근본적으로 우발적인 사건들의 부분적인 요소들만 공식화한 결과이기 때문입니다. 비록 자연 과학의 자연 법칙이라는 게 상당한 정확도로 현실을 기술할 수 있다고 하더라도, 그것은 근삿값에 불과할 뿐입니다. 그는 이것을 자연 과학이 지닌 한계라고 평가합니다.

그는 신학적 서술만이 과학이 자연 법칙을 도출해 내는 추상화 과정에서 놓친, 사건의 우발적 연속성을 파악해 낼 수 있다고 봅니다. 신학적 관점은 모든 사건을 유일회적이며 비가역적 성격을 지닌 것으로 파악하고, 그 우발성과 독특성에 관심을 갖기 때문이지요.

물론 그가 자연 사건에 대해 규칙성의 관점과 우발성의 관점에서 각각 서술할 때, 두 가지 다른 과정의 사건을 서술한다고 생각하지 않습니다. 동일한 과정이 자연 법칙이라는 일반 법칙을 통해 기술될 수도 있고, 또한 역사적으로 연속되는 개별 사건으로서 기술될 수도 있다고 주장합니다. 다만 두 가지 기술 방식, 즉 신학적 기술과 과학적 기술에는 본질적인 차이가 있죠. 역사적 기술 방식을 취하는 신학적 접근은 개별 사건의 연속성과 그와 관련된 국면들에 대해 보다 많은 총체적 정보를 전제하는 반면, 법칙을 통해서 사건을 기술하는 과학적 접근은 개별 사건과 비교 가능한 다른 연속적인 개별 사건들에 대한 지식을 전제한다는 점에서 그러합니다.

이렇게 자연 과학과 신학의 차이를 규칙성과 우발성이라는 개념을 통해서 구별하는 판넨베르크의 논의는 좀 더 포괄적이고 자세하게 전개됩니다. 이 논의를 따라가려면 한참을 가야 합니다. 그래서 이 편지에서는 기독교인의 과학관과 관련해서 판넨베르크의 주장을 요약해 보겠습니다.

판넨베르크에 따르면, 신학은 일차적으로 자연 현상이 우발적 국면을 지니고 있다는 데 관심을 갖습니다. 신학적 관점에서 보면, 모든 자연 현상들은 신의 자유 행위에 따른 일회적이고 비가역적 사건입니다. 그래서 우발적 사건인 겁니다. 이와 달리, 과학은 비록 우발적 사건들을 대상으로 하고 그것들에 의존할 수밖에 없지만, 일차적으로 우발적인 자연 과정이 지닌 규칙성을 드러내는 데만 관심을 둡니다. 따라서 과학과 신학은 규칙성과 우발성이라는 관점 차이만 있을 뿐 모두 다 우발적인 사건을 다룬다는 점에서 서로 모순되거나 배제하는 지식 체계가 아닙니다. 오히려 자연 현상을 결정하는 힘을 지닌 신을 대상으로 하고 실재의 총제성에 관심을 갖는 신학이, 총체성의 일부분인 법칙성만을 다루는 자연 과학보다 더 넓은 외연을 지니며, 우발적인 사건이 지닌 의미에 대해 보다 완전한 설명을 제시할 수 있다고 생각합니다. 따라서 실재에 대한 과학적 이해는 필연적으로 완전하지 않으며, 실재를 완전히 이해하기 위해서는 항상 신학적 관점이 필요해집니다.

이러한 신학과 과학의 관계 규정에 대해서는 여러 가지 평가가 있을 수 있습니다. 판넨베르크는 "자연의 신학"이라는 이름으로, 신앙과 이성이라는 중세적 프레임을 현대적 방식으로 다시 구성하면서, 신학 안에 역사와 자연을 포괄하는 듯합니다. 제가 보기에, 신학을 인식 가능한 가장 심오하고 포괄적인 토대라고 주장하는 것은, 신학을 학문의 여왕으로 여기던 과거 스콜라주의적 신학 작업의 현대판입니다. 판넨베르크 역시 서구 신학자로서 '신학적 통섭'이라는 전통에서 자유롭지 못한 것입니다.

물론 신학자인 판넨베르크가 신학의 우위를 이야기하는 것이 자연스러운 일일 것입니다. 다만 그가 신학의 우월성을 주장하는 근거가 과거와 다르다는 것은 언급해야 합니다. 이전에는 신학이 '구원' 문제를 다루기 때문에 자연 과학을 비롯한 여타 학문보다 더 우월하다고 주장했죠. 즉 신학이 우월하다는 근거가 그 연구 '주제'와 관련되어 있었습니다. 그렇지만 이와 달리 판넨베르크는 신학의 우월성을 영역의 포괄성, 즉 그 연구 '범위'와 관련시켜 주장합니다.

판넨베르크는 이렇게 신학과 과학의 관계를 철저하게 신학을 중심으로 전개한다는 점에서 독특합니다. 또한 범위의 관점에서 신학과 과학의 관계를 규정하는 것은, 종교와 과학을 '의미의 영역'과 '사실의 영역'으로 구별하던 기존의 관점을 넘어선 것입니다. 이것은 종교와 과학 논의에 새로운 바람을 불어넣어 준 거라고 평가할 수 있을 겁니다. 판넨베르크에 대해 처음 언급할 때에도 말씀드렸지만, 종교와 과학의 관계에 대한 그의 입장을 유형론적 범주에 적용한다면 (종교와 과학의 관계를 갈등, 분리, 접촉, 통합으로 분류한 바버의 분류 체계를 따른 것입니다.), 아마 '통합'에 해당할 겁니다. 그를 한마디로 평가하자면 과학의 상대적 자율성을 인정한 기독교 중심주의자라고 할 수 있을 겁니다.

기독교의 과학 다시 보기:
일치주의, 적응주의, 포괄주의 사이에서

외부자의 시선으로 과학을 바라보고 말한다는 것은 딜레마입니다. 과학을 모르면서 과학을 말한다는 것이 적절하지 않지만, 안에서는 보지 못한 것을 밖에서는 볼 수도 있기 때문에 어느 정도 의미는 있다고 생각합니다. 자연 과학자들이 종교에 대해 말한 것에서, 신학자와 종교인 들이 미처 알지 못했던 것을 깨닫듯이, 다른 이들이 과학을 어떻게 보는가가 과학자들 자신의 작업을 성찰하는 데 도움이 되었으면 합니다.

 기독교가 과학을 어떻게 보는가를 말씀드리다 보니 너무 멀리 길을 돌아온 것 같습니다. 그것은 기독교의 과학관은 과학자의 종교관만큼이나 아주 다양하기 때문일 겁니다. 역사에 따라, 장소에 따라, 그 기독교인이 어떤 신앙 전통에 속해 있느냐에 따라 다 다릅니다.

 앞에서 과학 혁명과 진화론의 등장 이후 과학을 비판적으로 보며, 심지어는 유신론적 과학을 재구축하려고 하거나, 신학의 관점에서 과학을 새로 정의하는 입장들을 살펴봤습니다. 이와 달리 주류 기독교 일부는 과학 자체를 종교와 완전히 다른 영역에 속한 것으로 규정하고 과학에 관심을 두지 않기도 합니다. 개신교의 신정통주의가 대표적인데, 이들은 과학은 자연의 영역을, 기독교는 인간의 감정, 역사, 도덕과 윤리를 담당하는 별개의 분야로 생각했습니다. 현대 과학 자체를 문제시하지 않았고, 과학에 수동적 태도를 취하면서 신학적 논의에도 수용하지 않았습니다.

 또 다른 기독교인들은 현대 과학의 지식들을 수용하면서, 신학적인 작업을 진행하고 있습니다. 제 첫 편지(편지 1.2)에서 언급한 과학자-신학자들이 대표적인 사람들입니다. 이들은 현대 과학의 성취를 수용하면서 전통적인 신학적 주제들을 다시 해석하고 구성하려 합니다. 과학 자체의 한계를 지적하고 더 깊은 의미의 영역까지 논의해야 한다고 주장하는 측면에서 보면 과학에 대해 적극적입니다. 동시에 과학의 한계를 지적하지만 현대 과학 지식 자체에는 별다른 의문을 제기하지 않고 그대로 수용한다는 측면에서는 수동적 또는 일방적이라고 할 수 있습니다.

바로 앞에서 말씀드린 판넨베르크는 과학에 대해 가장 적극적이지만 비판적인 입장이라고 할 수 있습니다. 다수의 신학자나 과학자-신학자가 자연 과학적 견해를 중시하는 것과 달리, 그는 과학 작업 자체가 신학의 영역 안에 있음을 주장하기 때문입니다. 그의 시도는 기독교와 자연 과학의 대화를 중세와도 다르고, 20세기와도 다른 차원으로 이끌고 있습니다.

이런 식으로 서로 차이를 보이는 기독교의 과학관들에 몇 가지 이름을 붙일 수 있을 것 같습니다. 일치주의, 적응주의 또는 구성주의, 포괄주의가 그것입니다. 지나친 일반화나 범주화가 가져올 위험을 알지만, 과학을 바라보는 기독교의 입장을 구분하는 데 도움이 될 것 같아서 말씀드립니다.

'일치주의'는 신앙에 과학 지식을 일치시키려는 시도로 창조 과학이나 지적 설계론이 과학을 보는 태도에 적용할 수 있을 겁니다. '적응주의 또는 구성주의'는 현대 과학의 지식을 수용하면서 과학 지식에 맞추어 신앙의 내용을 새롭게 다시 구성하려는 흐름에 해당합니다. 과학자-신학자를 포함한 기독교 주류의 견해가 여기에 포함됩니다. 물론 현대 과학을 받아들이지만, 종교와 과학을 분리해서 바라보는 랭던 길키(Langdon Gilkey, 1919~2004년)와 같은 개신교 정통주의 신학자들이나 스티븐 제이 굴드 같은 진화 생물학자들에게 이런 명칭은 해당되지 않겠죠. 마지막으로 '포괄주의'는 판넨베르크와 같은 시각에서 과학을 바라보는 입장입니다. 현대 과학을 수용하지만 신학적 관점에서 과학 자체를 포괄 또는 포용하려는 시도들입니다.

이러한 여러 가지 태도들이 서로 얽혀 어떤 결과를 만들까요? 미래를 함부로 예단할 수는 없을 겁니다. 그렇지만 몇 가지 구체적인 사례들을 살펴보면 기독교와 과학의 관계가 어떻게 될지, 이 과정에서 기독교의 과학관이 어떤 것이어야 할지 명확해지지 않을까 합니다. 그런 의미에서 진지하게 논의해야 할 주제가 있다는 생각이 듭니다. 창조 vs. 진화 논쟁이 그것입니다. 이 주제는 신학자인 저에게는 상당히 중요한 문제이기도 합니다. 기독교가 진화론을 받아들이는 과정, 한국 기독교가 초기에 진화론에 대해 어떻게 생각하는가 하는 문제도 다루면 좋겠습니다. 창조 과학과 지적 설계론 진영의 유신론적 과학에 대한 주류 과학계의 반응 등에 관련해서는 과학 철학을 전공하신 장 선생님의 자세한 이야기를 기대합니다. 마침 창조 과학 전시관이 서울 어디에 문을 열었다고 하는데, 장 선생님께서 귀국하시면 함께 들러 보는 것도 좋을 것 같습니다.

봄볕 가득한 날입니다. 종교와 과학의 만남에도 오늘처럼 햇살이 가득 비추었으면 좋겠습니다.

2007년 3월 20일
빛고을(光州)에서
신재식 드림

이 편지에 대하여

장대익 교수와 신재식 교수의 뒤를 이어 김윤성 교수가 편지를 썼다. 종교를 비판하는 무신론적 과학자들이 기대고 있는 종교에 대한 안이한 선입관들을 비판하고, 불교, 유교, 이슬람교가 과학을 어떻게 보는지, 그리고 종교학자가 과학을 어떻게 보는지 들려준다. 종교에 대한 무신론적 비판이 빠질 수 있는 형이상학적 함정과 과도한 종교 비판이 가져올 수 있는 오류에 대해 날카로운 분석의 메스를 대고 있다.

편지 | 3.3

9·11이
종교 전쟁의 결과라고요?
아닙니다

신재식 선생님과 장대익 선생님께

두 분 편지 잘 받아 보았습니다. 윌슨과 데닛, 두 석학과의 만남에 관한 장 선생님의 생중계도 잘 들었고요. 학기가 본격적으로 시작되어 강의며 연구며 이런저런 일들로 정신없이 지내는 저로서는 마냥 부럽기만 하네요. 아무튼 덕분에 도킨스, 데닛, 윌슨이 같은 무신론자이면서도 종교를 대하는 입장에서 어떻게 서로 다른지 조금은 이해하게 되었습니다. 전사 도킨스와 전략가 데닛, 그리고 협상가 윌슨이라……. 꽤 그럴듯한 구분이네요. 그런데 솔직히 말해 저로서는 이런 차이가 과연 얼마나 큰 의미가 있을지 잘 모르겠습니다. 어쨌든 세 사람이 똑같이 무신론적 신념을 공유한다는 사실은 그대로일 테니까요.

형이상학의 함정에 빠진 무신론

방금 저는 '무신론적 신념'이라고 말씀드렸습니다. 신념에는 두 가지 종류가 있습니다. 하나는 형이상학적 신념이고 다른 하나는 실천적 신념이죠. 전자는 실재의 궁극적 본질에 대한 견해와 관련되며, 후자는 세계를 움직이고 변화시키는 운동과 관련됩니다. 저는 도킨스, 데닛, 윌슨을 비롯한 많은 무신론자 과학자들에게 무신론은 이 두 가지 의미를 모두 가진 일종의 신념이라고 생각합니다.

우선 그들의 무신론은 어디까지나 하나의 형이상학적 신념입니다. 물론 무신론에는 형이상학적 차원만 있지는 않습니다. 방법적 차원도 있죠. 과학은 자연이라는 물리적 실재를 설명할 때 실험과 관찰이나 수학적 증명처럼 경험적 검증이 가능한 방법만 사용해야 합니다. 신이나 초자연적 존재처럼 경험적 검증이 불가능한 요소를 끌어들인다면 그건 더 이상 과학이 아니겠죠. 자연을 설명할 때 자연 이외의 다른 아무것도 상정하지 않는 방법론적 자연주의는 과학에서 선택이 아닌 필수입니다.

올바른 과학이라면 그 설명에서 신이나 초자연을 일단 배제해야 합니다. 이론 체계는 간결할수록 좋다는 오컴의 면도날[1] 원리는 과학의 과학다움을 판별하는 주요 기준인데, 이에 따르면 자연에 대한

---

[1] Occam's razor, 흔히 '경제성의 원리'라 불리는 이 원리는 중세의 여러 학자들이 거듭 제시한 것으로 14세기 영국 프란체스코회 수도사이자 철학자인 오컴의 윌리엄이 특히 강하게 제시했기에 그의 이름이 붙게 되었다.

과학적 설명에 신이나 초자연을 끌어들이는 것은 불필요한 일이죠.

물론 과학자들 중에는 무신론자뿐만 아니라 다양한 종교의 신자들도 있습니다. 하지만 적어도 자연에 대한 과학적 설명에 종사하는 한 그들도 (신과학이나 또는 신 선생님께서 정확히 비판하신 유신론적 과학을 추구하는 경우를 제외하고) 대개는 자신이 마치 무신론자이거나 불가지론자인 것 같은 태도로 작업을 합니다. 이들에게 신앙은 과학과 별개의 문제이거나 과학적 작업 이후에 시작되는 개인적 문제일 뿐이죠. 사실 그래야 하고요. 이 점에서 방법론적 자연주의의 일환으로서 무신론 내지 불가지론은 과학의 불가피한 토대인 셈입니다.

그런데 무신론이 자연적 실재의 특성이나 원리에 대한 과학적 설명을 제공하는 데 그치지 않고 실재의 궁극적 본질에 대해 서술하기 시작하면 상황이 달라집니다. 여기서부터는 경험적 검증이 가능한 영역이 아니기 때문이죠. 무신론은 방법적 차원에서는 과학의 핵심 토대이지만, 실재의 궁극적 본질을 탐구하는 차원에서는 그저 여러 선택지들 중의 하나일 뿐입니다. 이제 방법이 아닌 신념의 문제가 되는 거죠. 신이나 초자연이 있다고 보든 없다고 보든, 적어도 우리가 사는 이 물리적 세계에서는 어느 쪽에도 확실한 경험적 증거란 없습니다. 신이나 초자연에 대해 누가 어떤 생각을 하건 그것은 모두 경험적 검증과 무관하게 각자의 지식과 선호에 따라 전제되는 특정한 형이상학적 신념일 뿐입니다.

물론 증명의 부담 면에서 무신론자보다는 유신론자가 어깨가 좀 더 무거운 것이 사실입니다. 보이지 않는 대상에 관계된 한, 증명의 부담은 그것이 없다고 보는 쪽보다는 있다고 보는 쪽에 있으니까요.

하지만 세상에는 어떤 형태로든 신이나 초자연을 믿고, 비록 남에게 증명해 보일 수는 없어도 때때로 신이나 초자연을 경험한다고 말하는 이들이 엄연히 존재합니다. 게다가 세계적으로 그 수는 여전히 압도적으로 많죠. 신이나 초자연에 대한 우리 각자의 생각이 무엇이든, 그런 것들이 있다고 생각하는 사람들의 현존 자체는 일단 인정해야 할 겁니다.

이런 현실을 감안하면 무신론자도 증명의 부담으로부터 결코 완전히 자유롭지는 못합니다. 실제로 오랫동안 많은 무신론자들이 신이나 초자연이 없음을 증명하려 부단히 애써 온 것도 이 때문이죠. 고대 그리스의 이오니아 학파 철학자들에서 근대의 데이비드 흄, 루트비히 포이어바흐, 카를 마르크스, 오귀스트 콩트 같은 사상가들, 20세기 전반기의 사회학자 에밀 뒤르켕, 정신 분석학자 지그문트 프로이트, 철학자 버트런드 러셀, 그리고 현대의 칼 세이건 같은 과학자들에 이르기까지 많은 무신론자들이 그랬습니다.

리처드 도킨스도 이러한 흐름의 연장선 위에 있습니다. 그는 『만들어진 신』에서 신의 존재를 증명하려던 과거 유신론 신학자들과 철학자들의 시도들을 하나하나 격파한 후에, 신을 끌어들이지 않고도 우연, 자연 선택, 창발성만으로 생명의 출현과 진화나 자연의 환원 불가능한 복잡성 따위를 얼마든지 설명할 수 있다고 말하면서, 따라서 신이 없는 것이 "거의" 확실하다고 단언합니다.

신 존재 증명의 시도들을 격파하는 그의 작업은 흄이나 러셀이 이미 했던 작업에 과학의 옷을 살짝 덧입힌 것이기에 좀 진부하긴 합니다만, 어쨌거나 신 존재 증명의 시도가 모두 실패했다는 건 맞습니다. 이는 무신론자들뿐만 아니라 심지어 유신론자들도 이미 오래전에 인정한 바죠. 인간의 사유와 논리로 간단히 증명될 정도의 존재라면 애초에 초월적이고 절대적인 신이라고는 할 수 없을 테고, 설령 궁극적인 무언가가 정말 있다고 쳐도 그것이 꼭 인격적 신이라는 보장도 없으며, 무엇보다 그 인격적 신이 꼭 기독교의 신이라는 보장은 전혀 없죠. 눈치 채셨겠지만, 방금 이 말은 흄이 『자연 종교에 관한 대화(Dialogue Concerning Natural Religion)』(1779년)에서 자연의 정교함 뒤에는 설계자가 있으며 그가 바로 신이라는 식의 '설계 논증(design argument)'을 비판하면서 한 말을 빌려온 겁니다.

그런데 일전의 편지에서도 썼듯이 신 존재 증명의 시도들이 실패했음을 보여 주었다고 해서 이로부터 바로 '그러니까 신은 없다.'라는 결론이 나오는 것은 아닙니다. 같은 무신론자인 데닛조차 도킨스가 신 존재 증명을 격파하는 데 쓸데없이 에너지를 낭비한다고 불평한 것도 이 때문일 겁니다. 그래서 무신론자들은 신 존재 증명의 실패를 입증하는 일보다는 신을 전제하지 않고도 얼마든지 모든 것을 설명할 수 있음을 보여 주거나, 인간의 욕망이 어떻게 신이라는 상상의 존재에게 투사되는지를 보여 주거나, 신이 있다면 도대체 왜 세상에 악이 존재하는지 반문을 던지는 등 다양한 방식으로 신이 없음을 증명하려 해 왔습니다. 하지만 제 생각에 신이 없음을 증명하려는 이러한 시도들은 신이 있음을 증명하려는 시도들과 마찬가지로 결코 성공할 수 없습니다. 어느 쪽이든 똑같이 동어반복이기 때문이죠. 둘 다 애초의 전제를 반복하는 순환에서 조금도 벗어나지 못하기는 마찬가지입니다. 한쪽은 신이 있다는 전제에서 출발해 신이 있다는 결론으로 끝나고, 다른 쪽은 신이 없다는 전제에서 출발해 신이 없다는 결론으로 끝나죠.

이런 형이상학적 문제를 이 자리에서 더 길게 이야기하지는 않겠습니다. 저는 무신론과 유신론 중 어느 쪽이 옳은지에 대해서는 그다지 관심도 없고, 결코 끝나지 않을 싸움에 말려들 생각도 없습니다. 하지만 그럼에도 불구하고 제가 무신론의 형이상학적 차원을 다소 장황히 다룬 것은 형이상학적 문제에 관심이 있어서가 아니라 그것이 무신론의 또 다른 차원, 즉 신념적 차원과 밀접하게 관련되기 때문입니다.

무신론은 종교 비판을 넘어서야 합니다

처음에 말씀드렸듯이 무신론은 실재의 궁극적 토대에 대한 견해로서 형이상학적 신념이기만 한 것이 아니라, 세계를 움직이고 변화시키는 운동과 관련된 실천적 신념이기도 합니다. 이 실천적 신념은 신은 존재하지 않는다는 형이상학적 신념과 뗄 수 없이 결합되어 있습니다. 그리고 정말로 신이 존재한다면 도대체 왜 세상에 악이 존재하는지 하는 윤리적 물음은 두 신념을 이어 주는 고리들 중 하나죠. 많은 무신론자들은 세상에 악이 존재한다는 것은, 곧 신 따위는 없다는 증거이며, 진보를 저해하고 신의 이름으로 악행을 조장하며 정당화하는 종교야말로 악의 근원이자 악 자체라고 비난합니다. 도킨스의 『만들어진 신』 외에도 무신론의 고전인 버트런드 러셀의 『나는 왜 기독교인이 아닌가(*Why I Am Not A Christian*)』(1927년)나 최근의 문제작인 샘 해리스(Sam Harris)의 『종교의 종말(*The End of Faith*)』(2004년)도 이러한 견해를 피력한 대표적인 무신론 책들이죠.

별도의 책을 쓰지는 않았지만 노벨상을 받은 물리학자인 스티븐 와인버그도 이런 견해를 표명해 온 대표적인 무신론자의 한 사람입니다. 우리가 처음 편지를 주고받던 때에 장 선생님께서 그의 말을 인용하셨죠?

종교가 있든 없든 선한 일을 하는 착한 사람과 악한 일을 하는 나쁜 사람은 있는 법이다. 그러나 착한 사람이 악한 일을 하려면 종교가 필요하다.

와인버그의 이 유명한 말은 짧지만 강렬하고 인상적이죠. 도발적이기도 하고요. 하지만 제 생각에 그는 반은 맞고 반은 틀렸습니다. 우선 선과 악이 종교의 유무와 별 상관이 없다는 말은 분명 맞습니다. 종교가 있는 사람들 중에도 선한 사람과 악한 사람이 있고, 종교가 없는 사람들 중에도 선한 사람과 악한 사람이 있다는 것은 명백한 사실이니까요. 하지만 착한 사람이 악한 일을 하려면 종교가 필요하다는 말은 논리적 비약이고 아무 근거 없는 독단일 뿐입니다. 아시다시피 와인버그는 우주의 출현과 진화는 순전한 우연의 산물일 뿐이며 거기에는 아무런 목적도 의미도 없고 따라서 우주에 인격적 신이 끼어들 여지란 없다고 보는 전형적인 무신론자입니다. 그런 그에게 종교가 때때로 악에 연루되기도 한다는 사실은 종교를 공격하고 신이 없음을 주장할 수 있는 아주 좋은 빌미가 되죠.

물론 역사와 현재 속에서 종교가 악과 밀접히 연루된 경우는 적지 않습니다. 역사 속의 수많은 전쟁과 학살 그리고 지금도 진행 중인 수많은 테러와 지역 분쟁에서 종교가 바탕에 깔려 있는 경우는 어렵지 않게 찾아볼 수 있죠. 하지만 그러니까 종교가 이런 전쟁, 학살, 테러, 분쟁의 원인이라고 단정할 수는 없습니다. 종교가 이런 일들의 배경이나 원인이 되는 경우도 있지만, 종교가 연루되지 않거나, 연루되더라도 별 영향력이 없는 경우도 얼마든지 있기 때문이죠. 무엇보다 전쟁이나 테러 같은 악에 종교가 연루된 때에도 많은 경우 종교가 유일하거나 직접적이거나 핵심적인 원인은 아닙니다. 종교는 그저 전쟁과 테러를 야기하는 복잡하게 얽힌 많은 원인들 중 하나일 뿐이죠. 예를 들어 사람들은 흔히 9·11 테러와 이라크 전쟁의 핵심에는 이슬람교와 기독교의 대립이 있다고 여기기도 합니다. 이런 생각은 새뮤얼 헌팅턴(Samuel Huntington, 1927~2008년)이 말한 '문명의 충돌' 이론의 대중적 판본이기도 하죠.

하지만 미국의 종교학자 브루스 링컨(Bruce Lincoln)은 『거룩한 테러: 9·11 이후 종교와 폭력에 관한 성찰(Holy Terrors: Thinking about Religion after September 11)』(2003년)라는 책에서 이런 식의 단편적이고 이분법적인 통념을 비판합니다. 그렇다고 링컨이 다큐멘터리 감독 마이클 무어(Michael Moore)가 영화 「화씨 9/11」(2004년)에서 신랄하게 풍자한 것처럼 부시의 석유 욕심 따위를 들먹이는 건 아니고요. 링컨은 빈 라덴과 부시 대통령의 연설문, 테러범들의 지령문과 편지, 정치인들과 종교인들의 발언, 언론 기사 등에 대한 치밀한 담론 분석을 통해 빈 라덴과 부시 정권의 대립이 겉으로 보이는 것과 달리 단

Lord Jesus Heaven

No Jesus Hell

예 耶 不 불
수 穌 信 신
　 天 地 지
　 國 獄 옥

信じれば天國
主イエス
信じなければ地獄

천국 불신지

지 이슬람교와 기독교의 종교적 대립만은 아님을 밝혀냅니다. 거기에는 종교, 정치, 문화, 경제, 사회의 온갖 요소들이 근대적 욕망과 뗄 수 없이 복잡하게 얽혀 있으며, 종교적 요소는 실질적으로 중요해서라기보다는 대중 동원의 정치적 수사 차원에서 도드라지게 만들어지는 것일 뿐입니다.

물론 링컨의 주장이 9·11에 대한 종교학자들의 견해 전체를 대변하지는 않습니다. 종교학자들 중에는 9·11을 주로 종교적인 대립으로 보는 이들도 여전히 많습니다. 하지만 링컨 식의 견해가 중요한 이유는, 종교를 마치 무슨 독립적 실체처럼 다루면, 현실을 지나치게 단순화하는 오류를 범하게 된다는 점을 깨닫게 해 주기 때문입니다. 아이로니컬하게도 세계적으로 종교학자들 사이에서는 실체로서 종교 따위는 없다는 견해가 점점 더 지배적이 되어 가고 있는데, 정작 다른 학문 분야 학자들이나 대중은 오히려 종교를 실체화하고 그 영향을 과대평가하는 경향이 있는 것 같습니다.

이야기가 좀 길었습니다. 다시 와인버그로 돌아오자면, 저는 와인버그가 종교가 악에 깊이 연루되어 있다고 비난할 때 그가 종교에 대한 너무 안이한 통념에서 벗어나지 못하고 있다고 생각합니다. 그는 전쟁과 테러 같은 악을 양파 껍질 벗기듯 벗겨 가면 그 핵심에는 종교라는 알맹이가 떡 하니 들어 있을 거라고 생각하는 듯합니다. 물론 이는 러셀, 도킨스, 해리스를 비롯한 다른 무신론자들도 마찬가지죠. 하지만 링컨이 제대로 지적했듯이, 그런 알맹이로서 '종교' 따위는 없습니다. 다만 껍질부터 속까지 다른 온갖 요소들과 뗄 수 없이 복잡하게 얽혀 있는 '종교적인 것'만이 있을 뿐이죠.

저는 세상의 악에 종교가 연루되기도 한다는 사실을 부정하지는 않습니다. 개인적으로 종교들 간의 대화 운운하며 종교의 좋은 측면만 말하는 책들보다는 링컨 같은 비판적 종교학자의 책이나 러셀, 도킨스, 해리스 같은 무신론자들이 종교를 향해 쏟아 붓는 독설을 읽는 게 더 흥미진진하기도 하고요. 하지만 저는 그렇다고 와인버그나 러셀이나 도킨스처럼 종교가 악의 근원이라고 생각지는 않습니다. 종교가 악과 관련되는 경우도 적지 않지만, 그에 못지않게 종교가 인류의 선을 증진시키는 데 기여한 바도 적지 않다는 사실을 애써 무시할 필요는 없지 않을까요?

전쟁이나 테러 외에도 성 차별, 인종 차별, 계급 차별, 성향 차별 등 온갖 차별과 억압에도 오랜 세월 종교가 연루되어 온 것 역시 사실입니다. 하지만 잊지 말아야 할 것은 근대 이전 세계 어느 지역에서도 종교적인 것이 사회의 근간이 아닌 곳은 없었다는 점입니다. 물론 근대 이후에도 종교적인 것들은 여전히 다른 요소들과 복잡하게 뒤엉켜 있죠.

성 차별을 예로 들어보죠. 가부장제는 인류 문명의 역사와 궤적을 같이 해 온 뿌리 깊은 차별적 제도입니다. 하지만 그것은 우리 유전자에 새겨진 본성이기보다는 어디까지나 역사의 특정 시점부터 사회적으로 형성된 습성입니다. (본성과 습성은 복잡하게 얽힌 문제이고, 페미니스트들도 생물학적 성별(sex)과 사회적 성차(gender)를 이분법으로 나누는 것을 더 이상 하지 않지만, 이는 일단 접어 두기로 하죠.) 물론 종교 역시 역사적 과정에서 생겨난 것이고요.

그렇다면 종교와 가부장제의 관계는 어떨까요? 무종교적이거나 무신론적이거나 반종교적인 페미니스트들은 종교는 가부장제의 핵심 원인이며 종교가 사라지면 가부장제도 약화되거나 사라질 거라고 생각합니다. 하지만 거다 러너(Gerda Lerner) 같은 페미니스트 역사학자는 가부장제가 종교 때문에 생겨난 것은 아니라고 말합니다. 그는 가부장제는 무엇보다 권력과 소유의 분배를 둘러싼 성차 정치의 산물이라고 봅니다. 물론 역사 속에서 가부장제에 종교가 깊이 연루되기도 했습니다만, 이는 어디까지나 원인이 아닌 결과였을 뿐이죠. 게다가 역사 속에서 종교는 가부장제의 보루 역할만 한 것이 아니라, 가부장제의 타파에 현저히 기여하기도 했습니다. 중세 마녀 사냥이 가부장제와 종교적 광기의 끔찍한 결탁을 보여 준다면, 유대교의 가부장적 관습을 어기고 여성들도 제자로 받아들였던 예수는 종교가 어떻게 양성 평등의 전망을 열어 주었는지를 보여 주죠. 가부장제는 거대한 사회적 제도이고, 종교는 그 속에서 제도를 강화하거나 파열시키는 하나의 요소일 뿐입니다.

계급 차별, 인종 차별, 성향 차별의 경우도 마찬가지입니다. 차별은 사회적·정치적·경제적·문화적 요소들이 뒤엉키며 형성되는 것입니다. 종교적 요소는 그 속에서 차별을 심화하거나 약화하는 이차적 역할을 할 뿐입니다. 종교는 권력자와 부자의 편이기도 했지만, 약자와 가난한 자의 편이기도 했습니다. 계급 차별과 종교의 관계가 무엇이든, 계급은 그 전부터 있었고, 종교의 존속 여부와 무관하게 앞으로도 한동안 사라지지는 않겠죠.

또 성서에 인종 차별적 구절이 수두룩하고, 노아의 세 아들 이야기가 인종적 우열의 기원 신화로 둔갑해 노예 제도를 정당화한 것은 사실입니다.[2] 그래서 도킨스나 해리스 같은 이들은 종교가 인종 차별 철폐에 기여하기는커녕 오히려 차별을 조장해 왔다고 비판하기도 하죠. 하지만 당장 개신교의 마틴 루서 킹 주니어 목사나 말콤 엑스 같은 흑인 이슬람 지도자들만 떠올려도 종교가 인종 차별 철폐에 기여한 바가 전혀 없다고는 하지 못할 겁니다. 종교는 인종 차별을 승인하기도 하고 거부하기도 합니다. 그리고 피부색에 대한 편견이 우리의 타자 인식에 뿌리박혀 있는 한 인종 차별은 종교의 승인이나 거부와 무관하게 그 자체로 지속될 겁니다.

또 기독교가 동성애를 죄악으로 규정해 탄압과 심지어 살해를 조장하기도 했고, 지금도 가톨릭과 보수 개신교 교단들은 여전히 동성애 혐오를 고수하고 있는 데서 보듯이, 창조의 섭리를 운운하는 종교가 극심한 성향 차별적 경향이 있는 것이 사실입니다. 또 세상을 음양의 조화로 이해하는 종교적 사고도 양성 이분법에 갇혀 동성애에 대한 경멸을 조장해 왔습니다. 하지만 다종교 사회이자 세속 사회이기에 종교의 영향력이 분산되어 그리 큰 힘을 발휘하지 못하는 우리 사회에서 동성애 혐오와 성향 차별이 여전히 극심한 것에 비하면,

---

2 「창세기」에서 대홍수 이후 노아가 술에 취해 벌거벗은 채로 자는 것을 보고 차남인 함은 이를 비웃었지만 장남인 셈과 막내인 야벳은 노아의 몸을 이불로 가려 주었다. 잠에서 깬 노아가 이를 알고 셈에게는 큰 축복을, 야벳에게는 중간의 축복을, 함에게는 대대로 종노릇 하리라는 저주를 내렸다. 셈 족을 중심으로 한 종족 기원 신화에 불과했던 이 이야기는 8세기 아랍 노예 상인들을 통해 인종 기원 신화로 각색되었고, 중세 이후 그대로 가톨릭과 개신교에 스며들었다. 심지어 미국과 우리나라에는 지금도 이런 생각을 가진 기독교인들이 적지 않다.

퀴어 신학이 발전하고, 성적 소수자 교단과 교회가 생기고, 게이나 레즈비언 사제와 목사가 증가하고 있는 서양의 혁신적인 개신교 교단들이 훨씬 더 평등적이며 진보적입니다. 결국 종교가 어떤 식으로 관련되든 이와 무관하게 양성 관계에 근거한 이성애 중심주의가 성과 사랑의 정상성(正常性) 범주를 계속 규정하는 한 성향 차별의 편견은 결코 사라지지 않을 겁니다.

이런 사례들은 종교가 때로 이런저런 사회적 악에 연루되기도 하는 사례들을 들어 종교를 악으로 규정하는 것이 너무 단편적인 생각임을 말해 줍니다. 사례들을 모아서 구축한 일반화는 반대 사례들을 통해 쉽게 무너질 수밖에 없죠. 종교 비판자들이 종교와 악의 밀접한 관계를 보여 주는 사례를 제시하면, 종교인들이나 종교에 호의적인 사람들은 종교가 선을 증진시킨 반대 사례를 얼마든지 제시할 겁니다. 어느 쪽이든 사례는 무궁무진하죠.

저는 무신론적 신념에 근거해 세계를 변화시키려는 운동 자체에 반대하지는 않습니다. 누구든 신념에 따라 행동할 권리가 있으니까요. 특히 무신론 운동이 합리성과 인간성의 증진에 기여하는 바는 분명 크다고 봅니다. 하지만 무신론 운동이 종교와 종교인에 대한 비판에 지나치게 골몰하는 모습은 좀 염려스럽습니다. 그 비판은 건전하고 유용한 충고를 넘어 흔히 맹목적인 비난이 되어 버리는 듯합니다. 하지만 이는 서로 다른 신념의 소유자들 사이에서 대화 자체를 가로막습니다. 대화는커녕 갈등만 조장할 뿐이죠.

전략가 데닛과 협상가 윌슨은 유신론자들과의 대화마저 거부하지는 않습니다. 이와 달리 전사 도킨스는 유신론자들과의 그 어떤 대화도 불가능해 보입니다. 왜 굳이 유신론자들과 대화를 해야 한다는 말인가? 도킨스는 아마 이렇게 반문할지도 모르겠습니다. 하지만 이런 태도는 과학의 성과를 인정하지 않고, 무신론을 모든 악의 근원으로 매도하며, 무신론자는 물론 자기와 다른 종교를 가진 사람들과의 그 어떤 대화도 거부하는 배타적이고 독선적인 종교인의 태도와 별로 다르지 않아 보입니다.

이야기가 길어졌습니다만, 다시 요약하자면, 무신론은 과학적 방법으로서는 필요불가결하고, 형이상학적 신념으로서는 유신론과 나란히 다양한 선택지들 중 하나이며, 실천적 신념에 따른 운동으로서는 합리성과 인간성을 증진시키는 데 기여하기도 합니다. 하지만 그 신념이 맹목적이 되어 다른 신념들에 대한 비난과 매도로 치닫는다면, 그것은 차이와 다양성의 공존을 모색해야 하는 우리 시대의 당면 과제에 기여할 바가 별로 없습니다.

무신론의 역사는 오래되었지만, 고립된 개인들에 불과했던 무신론자들이 결집하기 시작한 것은 비교적 최근의 일이고, 이론 투쟁이자 사회적 실천으로서 현대 무신론 운동은 아직 시작 단계에 있습니다. 이런 계몽적 시기에 싸울 대상을 설정하고 비판적 대립각을 세우는 일은 불가피한 일이기도 하겠죠. 하지만 무신론 운동이 좀 더 진전된다면 비판과 비난을 넘어 대화와 소통의 창구를 마련할 수 있는지 여부가 그 운동의 미래를 좌우하게 되리라는 것이 제 생각입니다.

종교 연구자들이 과학에 별로 관심이 없는 이유

무신론 이야기는 이 정도로 하고, 이제 종교인들이나 종교학자들은 과학에 대해 어떻게 생각하는지에 대한 장 선생님의 물음을 생각해 보도록 하죠. 기독교와 관련해서는 신 선생님께서 자세히 설명을 해 주셨으니, 저는 종교학과 관련해, 그리고 기독교를 살짝 포함해 여러 종교들에 관련해 몇 자 적어 보겠습니다.

비교적 이야기하기 간단한 종교학자들, 아니 종교 연구자들의 경우부터 이야기를 해 보렵니다. 잠시 옆으로 새자면, 제가 '종교 연구자'라고 한 것은 '종교학자'라는 용어가 너무 협소하기 때문입니다. 영어로 'history of religions'라고 불리던 좁은 의미의 종교학은 현상학이나 역사학의 방법을 활용해 문헌 분석에 치중하던 진영을 주로 지칭해 왔습니다. (영어권에는 우리처럼 한자를 조합해 만든 '종교학'에 해당하는 단어가 없죠.) 하지만 종교는 종교학 외에도 역사학, 인류학, 사회학, 심리학 등 여러 분야에서도 꾸준히 연구되어 왔고, 특히 지난 수십 년간 이 분야들 간의 경계는 아주 희미해졌죠. 따라서 지금은 종교에 관한 다양한 학문적 연구들을 포괄하는 '종교 연구', 영어로 'religious studies', 'study of religion', 'academic study of religion' 같은 용어가 더 자주 쓰입니다. 제가 이제부터 할 이야기도 좁은 의미의 '종교학'이 아니라 넓은 의미의 '종교 연구'에 관련됩니다. (포괄적인 종교 연구의 모든 분야를 다 다루기는 힘든 일이니 일단은 인류학과 종교학 위주로 이야기를 하겠습니다.)

다시 본론으로 돌아오겠습니다. 아까 제가 간단하다고 말한 건 종교 연구 진영에서는 최근까지도 종교와 과학이라는 주제가 본격적으로 논의된 적이 별로 없었기 때문입니다. 그 한 가지 이유는 종교 연구가 거쳐 온 역사적 과정에 있습니다. 좁은 의미의 종교학 또는 현대적 의미의 학문적 종교 연구는 19세기 후반에 고대 문헌을 다루는 문헌학에서 출발했습니다. 종교학의 창시자라 불리는 영국의 프리드리히 막스 뮐러(Friedrich Max Müller, 1823~1900년)[3]는 산스크리트 어를 전공한 고대 인도 문헌 전문가였죠. 그에게는 기독교 중심주의나 오리엔탈리즘의 혐의가 짙다는 비판이 제기되기도 하지만, 그의 학문적 노작들 전체와 특히 1873년 저서 『종교학 입문(Introduction to the Science of Religion)』은 특정 종교에 매몰되지 않고 여러 종교들을 비교하며 유적 범주로서 '종교'의 보편적 특성을 파악하려는 종교학의 기본 원칙을 확립한 것으로 평가받습니다. 그가 남긴 "하나만 알면 아무것도 모르는 것이다."라는 말은 지금도 종교학의 금과옥조로 여겨질 정도죠.

하지만 뮐러 식의 종교학은 하나의 흐름을 형성할 정도로 발전하지는 못했고, 19세기 말과 20세기 초의 종교 연구는 주로 인류학자들에 의해 주도되었습니다. 에드워드 버넷 타일러(Edward Burnett Tylor, 1832~1917년)는 그 핵심 인물이죠. 인류학은 주로 '미개 사회'로 여겨지던 소규모 부족 사회를 연구하는 학문이었고, 따라서 타일러의 관

---

[3] 슈베르트가 곡을 붙인 연작 시집 『겨울 나그네』와 『아름다운 물레방앗간 아가씨』를 쓴 독일 시인 빌헬름 뮐러(Wilhelm Müller)의 아들로 영국으로 이주해 옥스퍼드 대학교에서 가르쳤다. 학문적 저작 외에도 자전적 소설 『독일인의 사랑』이 잘 알려져 있다.

심도 '원시 종교'에 있었습니다. 이를 통해 종교의 기원을 알아내겠다는 거였죠. 그는 현지 조사는 하지 않고 다른 이들이 작성한 다양한 현지 조사 자료를 가지고 일반 이론을 세우려던 이른바 '안락의자 인류학자'였는데요, 어쨌든 그는 긴 연구 끝에 종교의 기원은 '정령 숭배(animism)'라는 결론을 내립니다.

그런데 타일러는 허버트 스펜서(Herbert Spencer, 1820~1903년) 식의 사회 진화론을 받아들이고 있었죠. 사회 진화론은 다윈의 생물학적 진화론을 사회 영역에 적용하면서 서구 중심주의로 치우쳐 약육강식과 적자생존 개념을 제국주의 이데올로기로 둔갑시킨 사상 체계입니다. 그렇기에 타일러는 부족 사회를 인류의 진화와 진보의 초기 단계를 보여 주는 화석으로 여겼고, 정령 숭배를 미개한 원시인들이 사물의 인과 관계를 잘못 파악한 사고의 오류에서 생겨난 것이라고 단정해 버렸죠.

이후 사회 진화론에 근거한 타일러 식의 종교 이론은 지나치게 주지주의적이고 서구 중심적이며 제국주의적이라는 비판을 받으며 역사의 뒤안길로 사라졌습니다. 대신에 20세기 전반기 인류학자들은 사회 진화론을 거부하는 상대주의적 분위기 속에서 부족 사회를 그 자체의 고유한 사회적·정치적·문화적 관계의 총체 속에서 파악하려는 경향을 보였습니다. 한편 20세기 전반기 종교학계는 크게 두 진영으로 양분되었습니다. 하나는 철저한 역사학 방법에 따라 사료를 분석하며 종교들의 역사를 서술하는 역사학적 종교학이고, 다른 하나는 판단 중지와 감정 이입을 중시하며 종교를 있는 그대로 이해하려는 현상학적 종교학이죠. 물론 둘 다 사회 진화론을 거부하고 종교를 진화나 진보의 기준에 따라 파악하지 않으려 한 점은 비슷합니다.

문제는 바로 이 대목입니다. 인류학과 종교학에서 사회 진화론이나 진보의 서사가 거부된 것은 이 학문들이 서구 중심주의를 벗어나기 시작하는 중요한 계기가 되었지만, 아이로니컬하게도 이와 더불어 다윈의 생물학적 진화론까지 거부하거나 무시하는 분위기가 만연하게 된 것이죠. 인류학은 기원이나 진보보다는 사회와 문화에서 종교가 지닌 기능이나 의미에 더 관심을 기울이기 시작했습니다. 또 종교학에서는 통계 연구에 근거한 사회학적 종교 연구, 프로이트 식의 정신 분석학적 종교 연구, 행동 심리학이나 실험 심리학에 열중하던 심리학적 종교 연구를 '환원주의'로 비판하면서 종교 경험의 고유성에 집착하는 분위기가 점점 강해졌죠.

루마니아 출신으로 1945년 이후는 프랑스에서, 1956년 이후 평생 미국에서 활동한 미르체아 엘리아데는 그 정점에 서 있던 인물입니다. 20세기 후반 들어 엘리아데의 막강한 영향력 속에 종교학에서는 '성스러움'은 다른 무엇으로도 환원될 수 없는 고유성을 지닌다는 생각이 지배하게 되었고, 공감적 태도 및 해석학적 방법에 따라 종교를 '종교 그 자체로' 이해하려는 경향이 주류를 차지하게 되었습니다. 인류학과 종교학의 전반적인 분위기가 이렇다 보니 종교에 대한 자연 과학적 연구는 별로 환영받지 못했고, 종교와 과학에 관련된 다양한 주제들도 별다른 학문적 관심을 끌지 못하게 되었죠.

종교 연구자는 '진리' 자체에는 관심이 없습니다

한편 종교 연구 진영에서 과학이나 종교와 과학의 관계에 대한 관심이 미약했던 데는 역사적 맥락 외에도 다른 여러 이유가 있습니다. 하나는 바로 종교 연구 자체의 학문적 속성입니다. 인류학과 종교학은 과학적 진리든 종교적 진리든 '진리' 자체에는 별로 관심이 없습니다. 물론 '신'이나 '초자연' 같은 비경험적 실재에도 별로 관심이 없죠. 인류학과 종교학은 메타적인 학문입니다. '진리' 자체보다는 '진리에 관한 주장들이나 담론들', 또 '신'이나 '초자연' 자체가 아니라 '신에 관한 생각', '초자연에 관한 담론', '신이나 초자연을 상정하고 행해지는 실천'이 주요 관심사죠. 진리니, 신이니, 초자연이니 하는 형이상학적 문제는 인류학과 종교학의 학문적 관심 바깥에 있습니다.

물론 모든 인류학자와 종교학자가 그런 것은 아닙니다. 특정 종교의 신자나 인류의 보편적 종교성을 중시하는 학자들 중에는 자신의 실존적이고 종교적인 관심을 학문적 작업 속에 끼워 넣으려 하는 사람들도 적지 않습니다. 아니, 적지 않은 정도가 아니라 사실 아주 많죠. 특히 인류의 보편적 종교성을 중시하는 경향은 주류 종교학계를 오랫동안 지배해 왔습니다. 그러나 지난 한 세대 동안 인류학과 종교학에서는 좀 더 철저한 학문성을 추구하면서 이런 경향을 탈피하려는 흐름이 크게 대두했죠. 인류학은 문제가 비교적 덜했지만, 종교학은 종교학 자체가 종교화되는 데 대한 위기 의식이 매우 심각했기 때문에, 종교학의 탈종교화 내지 세속화가 종교학의 학문성을 확보하는 중요한 관건으로 부각되어 왔습니다. 그 결과 오늘날 국내외 종교학계는 종교적인 성향의 종교학자들과 비종교적이고 세속적인 성향의 종교학자들이 종교학의 정체성과 학문성을 놓고 치열한 논쟁을 벌이며 대립하고 있습니다.

하지만 어느 쪽이든 과학이나 종교와 과학의 관계에 관심이 없기는 마찬가지입니다. 종교적인 종교학자들은 진리, 신, 초자연, 성스러움 등에는 직접적인 관심을 갖지만, 환원주의를 거부하는 분위기 때문에 과학에는 별로 관심을 갖지 않습니다. 또 세속적인 종교학자들은 진리, 신, 초자연, 성스러움 자체에 아예 관심이 없기 때문에 이런 문제들에 대한 논의를 수반할 수밖에 없는 종교와 과학 논의에 역시 별로 관여하지 않습니다. 그보다 그들은 사회, 문화, 역사의 맥락에서 진리 주장들이나, 신과 초자연에 관련된 담론과 실천을 둘러싼 관계나, 권력의 역학 구조에 더 많은 관심을 둡니다.

종교 연구자들이 과학이나 종교와 과학의 관계에 관심이 적은 이유는 또 있습니다. 과학과 종교를 나름의 고유성을 지닌 별개의 영역으로 분리하는 태도가 바로 그것이죠. 물론 이런 태도는 다른 과학자나 종교인에게서도 흔히 볼 수 있습니다. 예를 들어 무신론자인 고생물학자 스티븐 제이 굴드는 과학과 종교는 "중첩되지 않는 교도권(non-overlapping magisteria, NOMA)"을 지니며, "각기 인간의 삶에서 서로 다른 방식으로 핵심적인 부분을 차지하는 고유한 영역의 주인"이라고 봅니다. 과학이 사실적 지식의 영역이라면, 종교는 가치와 의미의 영역이라는 거죠.

개신교 신학자 랭던 길키도 비슷한 방식으로 과학과 종교를 분리합니다. "과학은 객관적 자료를 설명하며, 종교는 우리의 내적 경험과 존재에 대한 물음을 다룬다. 과학은 '어떻게'를 물으며, 종교는 '왜'를 묻는다." 이와 비슷하게 많은 종교 연구자들도 과학과 종교를 두 개의 언어 또는 두 개의 게임으로 보아 양자를 분리하는 입장을 취합니다. 이들에 따르면 과학과 종교는 애초에 역할이 다르기에 서로 만나거나 부딪힐 하등의 이유가 없습니다. 각자의 길을 가면 된다는 거죠.

그런데 이런 식의 분리주의들은 중립적인 것이 아니라 제각기 특정한 의도를 담고 있습니다. 굴드의 분리주의에는 사실과 의미를 분리하고 종교를 의미의 영역에 국한함으로써 종교가 감히 사실의 영역을 넘보지 못하게 하려는 의도가 담겨 있습니다. 사실의 문제는 과학이 전담할 터이니, 종교는 가치와 의미를 찾는 데나 신경 쓰라는 거죠. 비록 도킨스보다 부드럽기는 해도 굴드 역시 철저한 무신론자입니다. 그리고 도킨스가 전투적 방식으로 종교와의 대화를 거부한다면, 굴드는 분리를 통한 타협이라는 온건한 방식으로 종교와의 대화를 회피하죠. 거부든 회피든 대화가 없기는 마찬가집니다. 이와 상반되게, 길키의 분리주의는 과학을 사실의 영역에 가두려는 의도를 담고 있습니다. 과학은 자연의 원리를 탐구하는 본분에나 충실해야지 인간 삶에 관련된 가치와 의미에는 함부로 관여하지 말라는 거죠. 여기서도 과학과 종교 사이에는 아무런 대화도 필요 없고, 사실상 대화 자체가 불가능합니다.

종교 연구자들의 분리주의에도 역시 특정한 의도가 담겨 있습니다. 예를 들어 미국의 인류학자 클리포드 기어츠(Clifford Geertz, 1926~2006년)

는 우리가 세계를 파악하는 관점을 크게 상식적 관점, 과학적 관점, 미학적 관점, 종교적 관점으로 나누고, 이들 네 관점은 서로 구별되며 각기 고유성을 지닌다고 말합니다. 그런데 여기서 그는 과학과 종교를 이런 식으로 구분하죠. "종교적 관점은 일상적 삶의 실재들에 대한 물음을 제기할 때 세계의 소여성(所與性, world's givenness)을 그럴듯한 가정들의 소용돌이 속으로 해체시켜 버리는 제도화된 회의주의에 의존하지 않는다. 반대로 종교적 관점은 더 넓은 비가정적 진리들로 여겨지는 것에 의존한다." 기어츠는 과학이란 단지 그럴듯한 가정이자 제도화된 회의주의에 불과하기 때문에 세계와 인간 삶에 관련된 실존적 물음에 답할 능력이 없는 반면, 종교는 가정의 수준을 넘어서는 진리의 문제에 관심을 갖기에 이런 물음들에 답할 수 있다고 보는 거죠. 기어츠는 종교를 상징 체계로서 문화의 일부로 파악하는 해석학적 인류학자인데요, 그는 과학을 그 한계 안에 묶어 두는 한편 가치와 의미를 종교의 독점물로 만들어 버립니다.

그런데 기어츠의 이런 분리주의는 상징이나 문화에 관한 협소한 이해에 근거합니다. 흔히 상징은 어떤 고유한 의미를 담고 있는 상자 같은 것으로 여겨지기도 합니다. 하지만 본래 의미란 상자 속에 이미 들어 있던 고정된 내용물이 아니라, 상자를 여는 순간 그 행위가 만들어 내는 효과일 뿐입니다. 그런데 기어츠는 상징과 의미를 실체화하는 오류를 범하고 있는 것이죠. 문화와 종교를 상징 체계로 보는 그의 견해도 역시 이런 오류에 빠져 있습니다. 그는 문화를 다양한 의미들의 총체로 봅니다. 하지만 문화는 단지 의미의 영역이 아닙니다. 문화는 의미를 구성하는 행위의 영역이기도 하며, 무엇보다 복잡

한 관계의 그물로 연결된 상이한 집단들이 서로 담론과 권력 투쟁을 벌이는 역동적인 장이기도 합니다.

이렇게 보면 과학을 의미, 가치, 상징, 문화, 종교 등으로부터 떼어 놓기란 사실상 불가능합니다. 아무리 과학을 의미와 분리하려 해도 과학은 언제나 의미의 영역에 개입하게 됩니다. 또 온갖 가치와 이데올로기가 과학에 스며들기도 하죠. 과학은 설명의 모형으로 상징을 활용하기도 하고, 과학 자체가 하나의 상징이 되기도 합니다. 무엇보다 과학은 종교를 비롯한 다른 많은 요소들과 더불어 문화의 엄연한 일부로서, 다른 요소들과의 복잡한 관계 속에서 역동적인 상호 작용을 주고받습니다. 하지만 기어츠는 과학을 애써 문화나 종교로부터 격리시킴으로써 실제로 벌어지고 있는 상호 작용들을 애써 무시합니다. 굴드나 길키가 그랬던 것처럼 기어츠 식의 분리에서도 과학과 종교의 대화란 애초에 불가능하죠.

지금까지 종교 연구 진영에서 과학이나 종교와 과학의 관계에 별로 관심이 없는 이유들을 말씀드렸는데요, 사실 엄밀히 말하면 관심이 전혀 없던 것만은 아닙니다. 역사학적 종교학자들은 특정 시대나 지역의 종교사를 다루면서 과학과 종교의 관계를 다루기도 합니다. 또 이론적 문제를 다루는 종교 연구자들은 종교와 과학에서 은유나 상징이 사용되는 방식을 분석하기도 하죠.

최근에는 생명 공학의 발전이 새로운 윤리적 문제를 야기하면서 과학자들과 종교인들 사이에 치열한 논의가 벌어지자 여기에 직접 참여하거나 논의의 과정과 구조를 분석하는 종교 연구자들도 생겨나고 있습니다. 하지만 양자 역학, 상대성 이론, 대폭발 이론, 진화론,

카오스 이론, 인지 과학, 뇌과학 등의 주제가 중심이 되어 온 과학과 종교 논의 지형 전반에서 보면 이런 주제들은 단지 주변적 위상을 차지할 뿐입니다. 이와 같이 종교 연구 진영에서는 역사적 맥락이나 그 학문적 속성과 방법의 독특성으로 인해 과학과 종교 논의가 별다른 관심거리가 되지 못해 왔고, 관심을 보이는 일부의 경우에도 과학과 종교의 주요 주제들이 아닌 주변적 주제들만 건드리고 있는 형국입니다. 하지만 최근에는 좀 상황이 달라지고 있습니다. 특히 인지 과학이 발전하면서 '인지적 종교 연구' 분야가 생겨나 급속히 성장하고 있습니다.

인지 과학은 종교와 과학 논의에 참여하고 있는 학자들 사이에서 현재 가장 활발하고 왕성한 논의가 이루어지고 있는 주제이기 때문에, 인지적 종교 연구의 출현과 발전은 매우 고무적입니다. 게다가 이 논의에는 무신론적·종교적·중립적 성향의 다양한 종교 연구자들이 대거 참여하고 있죠. 이 자리에서 이 이야기를 새로 시작하기는 힘들 것 같습니다. 다음에 함께 이야기를 나눌 기회가 있겠죠.

무관심에서 비판까지 다양한 과학관들

이제 여러 종교들은 과학이나 종교와 과학의 관계를 어떻게 보는지에 대해 이야기를 해 보겠습니다. 그런데 종교들은 그 종류가 워낙 많고, 종교들마다 과학에 대한 견해도 천차만별이기에 이를 일일이 설명하거나 간단히 유형화하기는 쉬운 일이 아닙니다. 변명하자면 제 답장이 늦어진 것도 사실 이 때문입니다.

처음에는 이참에 기독교 이외의 종교들 중에 이슬람이나 불교에 관련된 종교와 과학 논의를 정리해 보려 했었죠. 두 분도 아마 저에게 그런 기대를 하셨겠죠? 그런데 사실 제가 불교 전문가가 아닌지라 이제야 오랜만에 이쪽을 뒤지기 시작했는데, 좀 놀랐습니다. 그동안 국내에서도 불교학자들이나 불자 과학자들의 논문, 저서, 번역서가 생각보다 많이 쌓였더군요. 몇 년 전만 해도 저서와 역서 합쳐 두세 권과 논문 몇 편이 고작이었는데 말입니다. 게다가 일본어나 영어로 된 논문과 저서까지 치면 읽을거리는 훨씬 더 많아지죠. 또 국내에는 아직 많이 출간되지 않았지만 외국에서는 이슬람교와 과학에 관한 연구도 꽤 많습니다. 물론 기독교에 비하면 불교나 이슬람교 쪽 논의는 아직 그 양에서 비교가 되지 않을 정도로 적지만, 일반적 주제에서 세부적 주제까지 상당히 넓고 활발한 논의가 이루어지고 있는 것은 분명합니다.

불교나 이슬람교 전문가가 아닌 저로서는 이런 방대한 양의 논문과 책을 섭렵하기도, 복잡한 과학적 지식과 교리적 논의를 수반한 까다로운 논의를 제대로 이해하기도 쉽지 않았습니다. 아직 제 공부가 모자란 탓도 있지만, 무엇보다 설령 제가 나름대로 이해한 바를 요약하고 정리한들 그게 과연 무슨 의미가 있을지 하는 생각이 들더군요. 불교와 과학, 이슬람교와 과학, 이런 이야기는 어쨌거나 불교 전문가와 이슬람교 전문가에게 직접 듣는 게 더 낫겠죠. 그렇다고 종교 연구 진영에서 다양한 종교를 아우르며 종합적으로 정리한 저서나 번역서나 원서가 있는 것도 아니고……. 사실 좀 난감했습니다. 그러니 두 분의 기대에는 미치지 못할지 모르겠지만, 종교학을 하는 사람으로서 제가 할 수 있는 이야기만 하는 것을 이해해 주시기 바랍니다.

먼저 우리나라의 여러 종교들에서 종교와 과학의 관계가 어떠했는지 짚어 보도록 하죠. 저는 그 관계 유형을 무관심, 갈등, 분리, 대화/통합의 네 가지로 나누어 보았습니다. 눈치 채셨겠지만, 이 유형화는 존 호트(갈등, 분리, 접촉, 지지)와 이언 바버(갈등, 독립, 대화, 통합)가 제시한 유형화를 빌려와 살짝 합치고, 거기에 무관심이라는 유형을 추가한 겁니다.

우선 무관심은 언뜻 분리와 비슷해 보이지만 사실 좀 다릅니다. 분리는 나름의 이론적 틀에 따라 과학과 종교를 각자의 고유한 영역에 배치하려 하죠. 과학과 종교를 분리하려는 태도에는 나름대로 과학과 종교에 대한 일정한 성찰이 담겨 있습니다. 이와 달리 무관심은 말 그대로 무관심이죠. 과학자들과 종교인들 중에는 과학과 종교 문제에 아예 관심이 없는 경우가 많습니다. 국외 학자들은 대개 기독교 위주로 논의를 해 온 데다 갈등을 극복하고 대화와 통합을 추구하는 데 주력하다 보니 무관심이라는 문제를 별로 신경 쓰지 않았죠. 하지만 무관심은 그 자체로 하나의 유형으로 분류될 수 있는 특정한 태도입니다.

우선 무관심은 과학자나 종교인, 또 종교의 종류를 막론하고 두루 나타나지만, 특히 무관심이 지배적인 것은 유교, 무교, 그리고 대개의 신종교들입니다. 유교는 과연 유교가 종교냐 아니냐는 논쟁이 벌어질 정도로 종교적 요소가 여타 사회적·정치적·문화적 요소와 복잡하게 뒤엉킨 복합적 총체입니다. (유교가 종교냐 아니냐 하는 문제는 한 세기 전부터 지금까지 동아시아에서 줄곧 제기되어 온 오랜 문제입니다. 19세기 말 중국의 근대 개혁가 캉유웨이(康有爲, 1858~1927년)가 최초로 유교 종교화를 선언했던 것이나, 1995년에 우리나라 성균관에서 유교 종교화를 선언한 것도 이런 맥락입니다.) 게다가 오늘날 유교는 하나의 독립된 종교로서가 아니라 충효와 예절, 가족 제도와 제사 등으로 우리 일상 속에 녹아 있는 가치관이나 관습 정도로만 존재합니다.

과학과 종교의 문제는 어쨌든 하나의 학문으로서 과학과 일정한 윤곽을 지닌 특정 종교 사이의 문제죠. 하지만 유교는 그런 윤곽이 희미하니 딱히 이런 문제가 제기되지 않습니다. 무교나 대개의 신종교들의 경우는 좀 다른데요, 과학과 종교 논의는 나름의 교리적 체계를 갖춘 종교들에서 주로 이루어지는데, 민간 종교인 무교나 아직 형성 단계 초기에 있는 신종교들은 그런 체계가 미약하기 때문에 이런 논의 자체가 벌어질 기회가 없습니다.

다음으로 갈등은 여러 종교들의 안팎에서 좀 다르게 나타납니다. 일전의 편지에서도 소개했듯이, 센서스 결과를 보면 "종교가 없다."라고 답한 사람이 우리나라 총인구의 거의 절반에 이릅니다. 물론 그들이 모두 무신론자이거나 반종교주의자인 것도 아니고, 그들 중 상당수는 귀신이나 운명을 믿거나 제사를 지내거나 토정비결을 보는 등 일정한 종교적 사고를 하고 종교적 실천을 하기도 하죠. 하지만 우리 사회에서 종교에 대한 무관심이나 반감의 정도가 매우 높은 것은 분명합니다. 그중에서 무신론자들이나 과학 지상주의적 태도를 지닌 사람들 그리고 반종교적 성향이 강한 사람들은 종교란 '미신'

과 마찬가지로 비합리적인 것으로 과학과 공존할 수 없으며, 과학이 진보하면 결국 사라질 것이라고 생각하는 경향이 강합니다. 그렇지 않은 사람들은 대개 과학이나 종교에 별 관심이 없고요. 어떤 경우든 과학과 종교 논의는 완전히 딴 세상 이야기일 뿐이죠.

종교들의 경우, 기독교와 관련해서는 종교와 과학이 양립할 수 없다고 보는 견해가 그 안팎에서 동시에 나타나는 반면, 다른 종교들과 관련해서는 이런 견해가 주로 그 바깥에서만 나타납니다. 기독교의 경우 기독교를 별로 좋아하지 않는 사람들은 기독교가 과학적으로 온통 모순투성이라고 생각하는 경향이 짙죠. 또 기독교인들 중에 근본주의적 성향의 신자들은 과학이 오류로 가득하며 오만하다고 여기고는 합니다. 기독교와 과학의 관계가 얼마나 다양한지에 대해서는 신 선생님께서 자세히 말씀해 주셨으니 여기서 더 다루지는 않겠습니다.

다른 종교들의 경우는 종교마다 좀 차이가 있기는 하지만 외부자들이 특정 종교가 비과학적이라고 비판하며 종교와 과학의 공존은 불가능하다고 보는 경우는 여전히 많습니다. 반면에 기독교와 달리 다른 종교들에서는 종교가 나서서 과학을 거부하거나 공격하는 일이 별로 없습니다. 신 선생님께서도 지적하셨듯이, 기독교에서 유독 과학과 종교의 갈등이 심한 것은 창조주 절대자 신에 대한 생각, 로고스 중심주의, 그리고 문자주의적인 경전 이해 때문이죠. 하지만 다른 종교들에서는 대개 이런 측면들이 그리 심각하지 않습니다. 애초에 갈등의 소지가 그리 크지 않은 거죠.

불교처럼 궁극적 실재를 비인격적인 우주적 법칙으로 본다면 우주의 생성이나 생명의 진화에 관련된 창조주 신의 문제가 제기될 이유가 없습니다. 또 불교에는 방편설이 있어서 경전과 교리에 상식이나 과학에 어긋나는 부분이 있어도 그리 심각하게 문제시되지 않습니다. 상징적 수단 정도로 보면 그만이죠. 예를 들어 티베트 불교에는 현실 세계와 초월 세계를 아우르는 우주를 묘사한 만다라가 있는데, 온갖 부처들, 보살들, 신들이 그려진 것이든 순수한 기하학적 문양으로 그려진 것이든 그 이미지들은 액면 그대로가 아닌 고도의 상징적 장치로 이해되는 것이 보통입니다.

여기서 잠시 짚고 넘어갈 것은 방금 한 이야기는 어디까지나 주로 엘리트적 불교에 해당된다는 점입니다. 불자들 중에도 경직된 문자주의적 신앙을 가진 사람이 전혀 없는 것은 아니며, 그들은 불교가 과학보다 우월하다거나 과학과 불교가 상충된다고 여기기도 합니다. 또 대개의 불자들은 무관심 유형에 속하는 경우가 많죠. 애초에 단일한 실체로서 '불교'가 있는 게 아니라 다양한 신앙과 실천의 복합체로서 '불교들'이 있는 것이기 때문에 이런 다양한 태도들이 있는 것은 당연한 일입니다. 하지만 이런 점까지 고려하기 시작하면 문제가 너무 복잡해지니 일단 여기서 접겠습니다.

세 번째로 과학과 종교 각각의 고유한 영역을 인정하는 분리 입장도 종교의 유무나 종류에 상관없이 두루 나타납니다. 예를 들어 원불교에는 "물질이 개벽(開闢)하니 정신을 개벽하자."라는 창시 이념이 있습니다. 이것은 물질과 정신을 실체적으로 구분하는 서구의 경직된 근대적 이분법과는 좀 다르겠습니다만, 어쨌든 이에 따르면 과학과 종교는 각각 물질과 정신의 영역에 관련되는 것으로 적당히 분리되죠. 원불교에서 과학과의 관계에 대한 논의가 얼마나 이루어지고 있는지는 아직 살펴보지 못해서 잘 모르겠지만(없지는 않을 것 같습니다.), 물질 개벽과 정신 개벽을 구분하는 것을 보면 논의가 그리 활발할 것 같지는 않네요.

마지막으로 대화 내지 통합 유형입니다. 종교들 바깥에서는 이런 태도를 가진 사람은 아마 없겠죠. 반면에 종교들은 과학과 종교의 적극적인 만남을 추구하고, 그 만남에서 제기되는 문제들을 받아들여 변화를 도모하며, 나아가 과학에 새로운 동기와 전망을 제공하기도 합니다. 물론 종교들이 다 그런 것은 아니고, 신학이나 교학 체계가 정교하고, 과학이라는 거대한 상대와 마주할 수 있는 규모와 세력을 가진 일부 종교들만의 이야기입니다. 우리의 경우 그런 종교는 주로 기독교와 불교죠. 기독교에 대해서는 신 선생님께서 자세히 다루어 주셨으니, 저는 두 종교를 비교하며 이야기를 풀어 보겠습니다.

기독교와 불교, 비슷하면서도 다른

과학은 종교를 오류와 미신으로부터 정화할 수 있으며, 종교는 과학을 우상 숭배와 절대화로부터 정화할 수 있습니다. 과학과 종교는 서로를 좀 더 넓은 세계, 즉 과학과 종교가 함께 번성할 수 있는 세계로 이끌어 갈 수 있습니다. …… 우리는 진정한 우리가 되기 위해, 우리가 되어야 할 바가 되기 위해 서로를 필요로 합니다.

— 제264대 교황 요한 바오로 2세,「메시지」(1990년)

과학적 발견들이 우주론 같은 지식 분야들에 대한 더 깊은 이해를 제공한다면, 불교의 설명들은 때로 과학자들에게 그들 자신의 분야를 새로운 방식으로 볼 수 있게 해 줍니다. …… 우리의 대화는 과학뿐만 아니라 종교에도 유익을 제공해 왔습니다. …… 과학은 물질적 세계를 이해하는 탁월한 도구였으며, 우리 삶이 크게 진보하도록 해 주었습니다. 하지만 현대 과학은 내적 경험들에 관해서는 별로 진전을 이루지 못한 것으로 보입니다. 이와 대조적으로 불교의 가르침은 마음의 작용에 대한 깊은 탐구를 담고 있습니다. 그러므로 학문적 차원에서 과학자들과 불교학자들 간의 더 많은 논의와 협동 연구는 인간 지식의 확장에 도움을 줄 것입니다.

― 제14대 달라이 라마, 「과학과 종교의 협력」(2003년)

　두 인용문에서 교황과 달라이 라마의 생각은 아주 비슷합니다. 과학과 종교는 비록 그 역할이 다르지만 분리된 것이 아니라 서로 밀접히 얽혀 있기 때문에 함께 대화할 수 있고 협력해야 한다는 거죠. 두 사람은 가톨릭과 불교의 세계적 지도자들인 만큼 이들의 생각은 가톨릭과 불교에서 과학과 종교의 대화와 통합이 추구되고 있는 지배적인 분위기를 아주 잘 보여 줍니다. 물론 신 선생님께서 보여 주셨듯이 이런 입장은 주류 개신교에서도 거의 동일하게 나타나죠. 그렇다고 기독교와 불교가 세부적인 논의에서마저 비슷한 것은 아닙니다. 신앙이 다르고 교리가 다른 만큼 이들이 과학과의 대화를 시도하는 내용도 당연히 다를 수밖에 없죠. 우주론은 그 차이가 확연히 드러나는 대표적인 영역입니다. 특히 기독교와 불교는 우주의 생성과 전개에 관한 주요 이론인 대폭발 이론에서 견해 차이를 드러냅니다.

대폭발 이론 이전에 과학계에서는 우주가 시작도 끝도 없이 영원하다는 견해(정상 우주론)가 지배적이었죠. 당시에 기독교인들은 이런 문제에 대해서는 침묵했던 듯합니다. 우주가 영원하다면 창조와 종말을 말하는 기독교 교리와 도무지 조화될 수 없기 때문이었겠죠. 그런데 1960년대에 대폭발 이론이 사실상의 정설로 굳어지면서 이는 종교와 과학 논의의 가장 핵심적인 주제가 되었습니다. 137억 년 전에 우주가 상상을 초월할 정도의 작은 물질로부터 어마어마한 폭발과 더불어 생겨났다는 대폭발 이론은 우주가 영원한 것이 아니라 신의 창조로 시작된 것이라는 기독교 교리와 잘 부합해 보였기 때문이죠. 하지만 대폭발 이론은 지금도 계속 발전 중인 이론이며 거기에는 기독교 교리에 정확히 들어맞지 않는 부분이 여전히 남아 있습니다. 시작이 있었다면 끝도 있을까 하는 문제, 대폭발의 시발점인 초고온 초고밀도의 작은 물질은 우주 탄생 전부터 존재하던 것인가 아니면 신이 무로부터 창조한 것인가 하는 문제, 그리고 시작과 끝이 있다면 이는 유일한 일인가 아니면 반복되는 일인가, 우주는 하나인가 아니면 여럿인가 하는 문제가 그것이죠.

우주 종말 문제는 우주가 언젠가는 팽창을 멈추고 다시 수축하기 시작해 결국 블랙홀 특이점이 될 거라는 대충돌 이론이 나오면서 일단 해소되는 듯했습니다. 우주는 대폭발이라는 시작과 대충돌이라는 종말 사이에 놓인 유한한 피조물이라고 볼 수 있게 된 거죠. 하지만 대충돌은 우주의 미래에 대한 여러 이론들 중 하나일 뿐입니다.

우주는 점점 팽창이 느려지다 에너지가 다 소진되면 팽창을 멈춘 채 차갑게 식어 버린 상태로 영원히 지속될 것이라는 이론도 우주의 미래에 관한 가능성 있는 시나리오죠. 최근에는 우주 팽창 가속화를 비롯한 여러 과학적 발견에 힘입어 전자보다 후자가 좀 더 설득력을 얻고 있습니다만, 10여 년 전까지만 해도 두 이론 중에 좀 더 많은 지지를 받은 것은 전자였습니다. 특히 기독교계나 어떤 식으로든 기독교와 관련이 있는 과학자들이 지지를 했는데, 이는 대충돌 이론이 기독교의 종말론과 잘 부합한다고 여겨졌기 때문이죠.

대폭발과 대충돌이 일회적 사건이냐 아니면 반복적 사건이냐에 대해서도 다양한 입장이 있습니다. 시간과 공간은 대폭발과 더불어 생겨난 것이고 대충돌과 더불어 다시 소멸할 것이기 때문에 대폭발과 대충돌은 일회적 사건이라고 보는 이도 있는가 하면, 비록 지금 같은 우주의 모습이 그대로 재연되지는 않겠지만 대폭발과 대충돌은 무한히 반복될 것이라는 식의 진동 우주론을 지지하는 과학자들도 있습니다. 또 우주는 지금의 우리 우주밖에 없다고 보는 시각도 있고, 무한히 많은 우주들이 서로 연결된 채로 제각기 생성과 소멸을 거듭하는 과정이 영원히 지속된다고 보는 다우주(multiverse) 이론도 있습니다. 기독교는 물론 대폭발과 대충돌이 일회적 사건이라는 입장, 그리고 지금 우리의 우주가 존재하는 유일한 우주라는 입장을 채택하고 있습니다.

불교도 대폭발 이론은 있는 그대로 받아들입니다. 다만 불교는 우주의 시작과 종말이나 우주의 수에 대해서는 기독교와 다른 입장을 취하죠. 불교는 기독교와 달리 대폭발과 대충돌이 일회적 사건이

아니라 무한히 반복되는 사건이라고 보는 진동 우주론 쪽을 택합니다. 불교는 시작과 끝이 없는 영원히 순환하는 우주관을 갖고 있기 때문이죠. 또 불교는 우주가 여럿이라는 다우주 이론도 진지하게 수용합니다. 우주가 무한히 많을 수 있다는 생각이 불교 교리와 어긋나지 않기 때문이죠.

불교와 기독교가 대폭발 이론을 비롯한 우주론들을 채택하고 해석하는 방식은 이렇게 서로 사뭇 다릅니다. 이는 불교와 기독교의 실재관과 시간관, 그리고 궁극적 실재관이 다르기 때문입니다. 불교는 시간이든 공간이든 물질이든 실재하는 것은 없으며 다만 공(空), 즉 무한히 서로 얽힌 상호연기(相互緣起)의 관계만이 있다고 봅니다. 반대로 기독교는 비록 고전적 실재론에서 비판적 실재론으로 돌아서기는 했지만, 여전히 시간, 공간, 물질의 실재성을 어느 정도 인정합니다. 또 불교는 우주가 생성과 소멸을 반복한다는 순환적 시간관을 갖고 있는 반면, 기독교는 우주는 단 한 번만 생성하고 소멸한다는 직선적 시간관을 갖고 있죠. 그리고 이 모든 차이는 결국 모든 존재의 근본인 궁극적 실재를 비인격적인 우주적 원리로 보느냐 아니면 인격적인 신으로 보느냐 하는 차이에서 비롯하는 것이기도 하죠. 불교는 궁극적 실재를 비인격적으로 보기에 창조자 따위를 인정하지 않으며 따라서 창조자의 의도나 목적에도 관심이 없습니다. 반면에 기독교는 궁극적 실재를 인격적 신으로 보기 때문에 창조주의 창조 의도와 목적이 무엇인지, 창조주가 우연으로 가득한 이토록 무심한 우주와 무슨 관련이 있는지 하는 문제들과 씨름합니다.

이런 차이들은 우주와 생명계 안에서 인간의 지위, 양자 역학, 진화론 같은 다른 과학적 주제들에 관련해서도 비슷하게 나타납니다. 불교는 인간의 고유성 문제에 별 관심을 두지 않지만, 기독교에서 인간의 고유성은 매우 중요한 문제죠. 인간에 대한 이해는 곧 그 창조주인 신에 대한 이해와 맞물려 있기 때문입니다. 또 불교와 기독교는 고전적 물질관을 대체한 양자 역학에 대해서도 상이한 해석을 제시합니다. 불교는 양자 역학이 말하는 확률적 실재를 존재와 비존재에 대한 불교적 이해와 결부시키려 하는 반면, 기독교는 확률과 신의 관계에 더 많은 관심을 쏟죠. 진화론에서도 불교는 생물계 중심적 입장에서 종들 간의 연기 관계 자체에 관심을 두는 반면, 기독교는 인간 중심주의까지는 아니어도 인간이 주요하게 고려되는 방식으로 진화의 과정을 이해하며, 생명과 인간의 진화에 관련된 신의 의도와 목적을 끊임없이 묻습니다.

전반적으로 보면 기독교보다는 불교가 과학과의 대화에서 문제들을 좀 더 쉽게 해결해 가는 것처럼 보입니다. 하지만 저는 일부 불자들이 이런 점을 들어 기독교보다 불교가 과학에 더 잘 부합한다고 말하는 것에는 동의하지 않습니다. 예를 들어 대폭발 이론에서 우리의 관찰과 추론이 접근할 수 있는 한계인 플랑크 시간(폭발 후 10^{-43}초)과 시간이 0이었던 최초의 특이점 사이에 벌어진 일들을 알아내는 일이나, 대폭발과 대충돌이 한 번인지 여러 번인지 하는 문제 등을 경험적으로 조사하는 것은 현재로서는 불가능합니다. 상이한 이론들이 여러 이유에서 지지를 더 받거나 덜 받는 차이는 있어도 어느 이론도 절대적으로 옳다고 하기는 힘들죠. 물론 불교와 기독교의 우주관 사이에서도 어느 쪽이 옳다고 판단할 수 있는 사람은 아무도 없습니다. 결국 불교와 과학, 기독교와 과학 사이의 만남과 대화는 다양한 이론들과 다양한 종교 교리들 사이에서 선택적으로만 이루어지는 것일 뿐입니다. 진화론의 경우도 저로서는 오히려 다윈주의를 전폭적으로 받아들여 진화의 낭비, 적자생존, 생물들과 인간의 분투와 고통 같은 문제를 진지하게 고민하는 기독교의 노력이 좀 더 흥미롭습니다. 불교는 이런 문제들을 상호연기 교리로 간단히 정리할 뿐 좀 더 진지하게 고민하는 것 같지는 않아 보이더군요.

제가 드리고 싶은 말씀은 불교와 과학의 만남이든, 기독교와 과학의 만남이든, 어느 쪽이나 불교와 기독교라는 상이한 종교들 각자의 관점에서 이루어지는 일일 뿐이라는 겁니다. 어느 쪽이 옳은지 그른지 하는 판단은 각 종교에 속한 신자들의 신앙일 뿐 제3자에 의한 과학적 확증도 객관적 검증도 불가능하죠. 비록 과학과의 대화가 시도되기는 하지만 그 대화는 어디까지나 각 종교의 신앙과 교리에 부합하는 한도 안에서의 대화일 뿐입니다. 한편 영원한 과학 이론은 없고 이론이란 계속 수정되다가 언젠가는 새로운 이론으로 대체되기 마련입니다. 그렇기에 과학 이론이 바뀐다면 종교인들은 이제껏 축적한 만남과 대화의 성과들을 버리고 다시금 새로이 만남과 대화를 모색해야만 할 겁니다.

그래도 저에게는 이런 만남의 흔적들을 더듬는 일이 아주 흥미롭습니다. 그 흔적 속에서 저는 과학과 종교가 교차하는 복잡한 지대에 뛰어들어 진리를 추구하고 의미를 구축하는 지극히 인간적인 분투들을 봅니다. 인간이 아름다운 것은 이렇게 좀 더 나은 앎을 위해 끝없이 분투하기 때문이 아닐는지요.

며칠 걸려 쓴 답장인데도 영 부족하기만 합니다. 과학 공부를 여간 더 열심히 하지 않으면 안 되겠다는 생각이네요. 불교와 기독교 같은 개별 종교들에 대해서도 더 많이 공부해야 할 것 같고요.

참, 신 선생님께서 잠깐 다루신 창조와 진화 문제에 대해서는 아무래도 우리가 좀 더 진지하게 생각을 나누어 보아야 할 것 같습니다. 창조 과학과 지적 설계론이 한국 개신교를 거의 장악하고 있는 이 특이한 현실을 도대체 어떻게 봐야 할지……. 두 분께 묻고 싶은 게 많습니다. 이번 주 강의 끝나는 대로 며칠 내로 다시 편지를 드리죠. 봄기운이 완연한 캠퍼스지만 뒷산에서 불어오는 밤바람은 아직 제법 서늘하네요. 환절기 건강 조심하시고요. 오늘은 이만 줄이겠습니다.

2007년 4월 1일
오산에서
김윤성 드림

4.

네 번째 편지들: 과학과 종교가 함께

한국 교회는 왜 창조 과학에 열광할까요?

"시계는 제작자가 있어야 한다.
그는 의도적으로 그것을 만들었다.
그는 시계의 제작법을 알고 있으며
그것의 용도에 맞게 설계했다.
시계 속에는 설계의 증거가 존재한다.
마찬가지로 자연의 작품 안에도
그것이 설계되었다는 증거가 존재한다.
그런데 차이점은 자연의 작품 쪽이
상상을 초월할 정도로, 또는 그 이상으로
훨씬 더 복잡하다는 것이다."

윌리엄 페일리

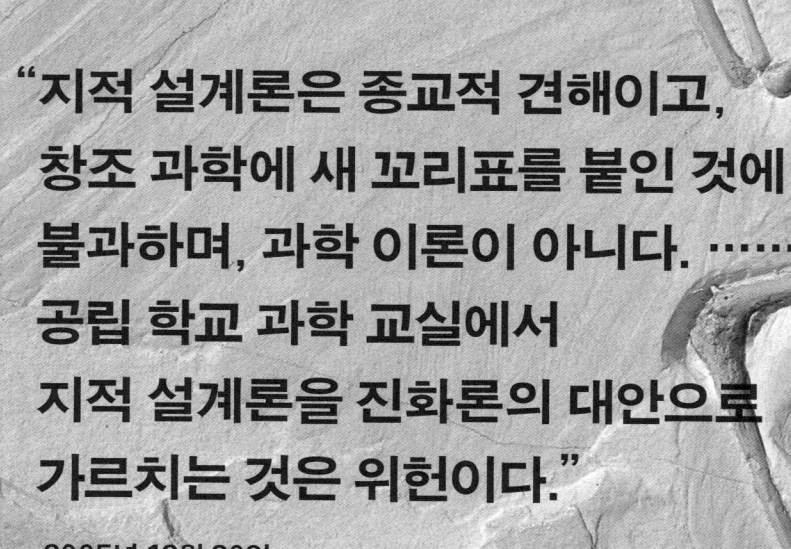

"지적 설계론은 종교적 견해이고,
 창조 과학에 새 꼬리표를 붙인 것에
 불과하며, 과학 이론이 아니다. ……
 공립 학교 과학 교실에서
 지적 설계론을 진화론의 대안으로
 가르치는 것은 위헌이다."

2005년 12월 20일
도버 교육 위원회 공판 최종 판결문
존 E. 존스 3세 판사

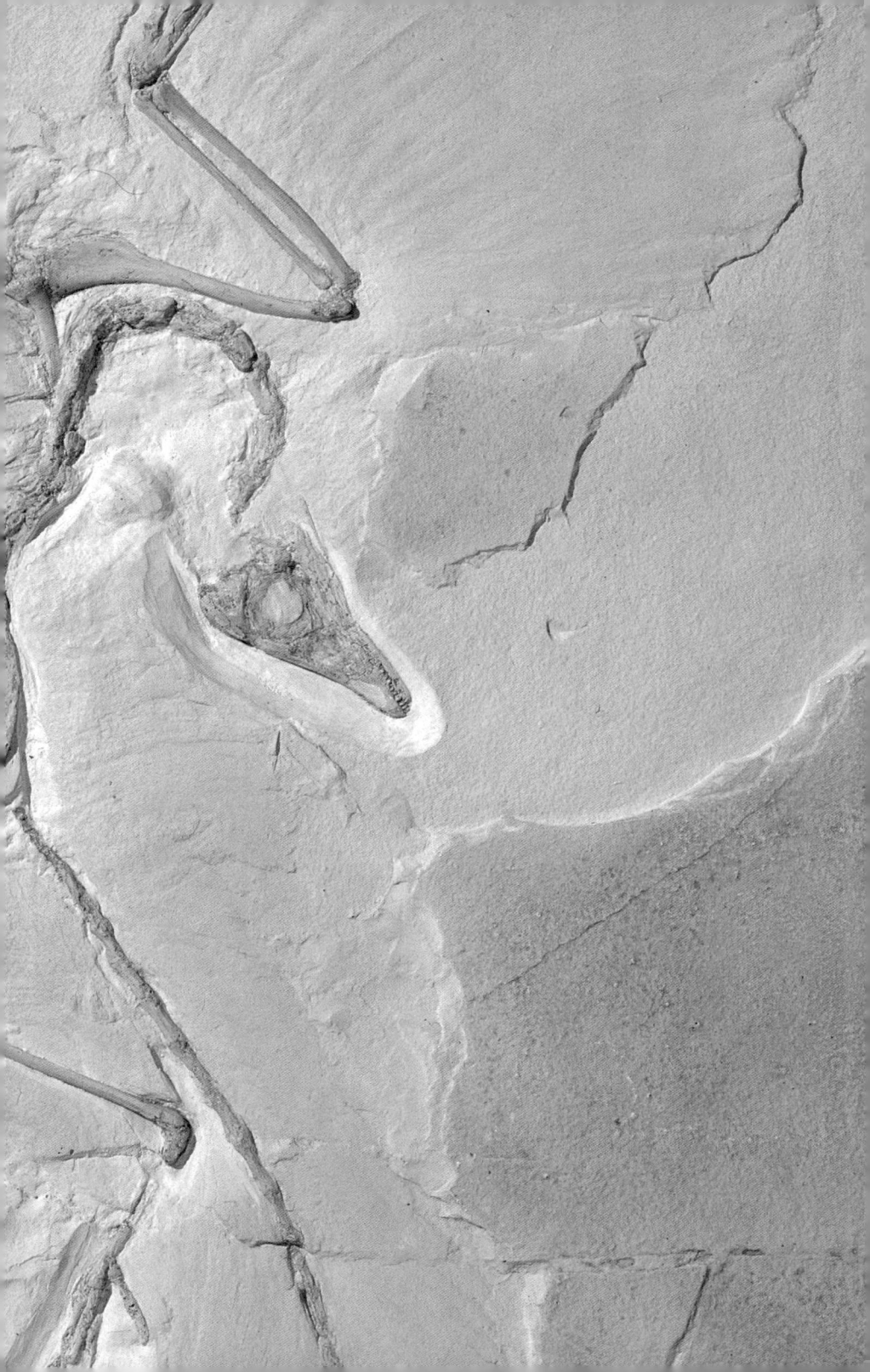

이 편지에 대하여

김윤성 교수가 '창조 과학/지적 설계론'에 대해 비판의 포문을 연다. 아직 우리나라에서는 창조 과학/지적 설계론의 학문적 위상이 명확하게 규정되어 있지 않은 상태이다. 당연히 과학계에서는 이들을 제대로 된 과학 담론으로 인정하지도 않고, 이들과 말을 섞지도 않는다. 창조 과학/지적 설계론이 설정한 논쟁의 장에 함부로 참가했다가 오히려 창조 과학/지적 설계론의 존재를 인정하고, 힘을 실어 줄까 저어하기 때문이다. 그러나 김윤성 교수의 편지와 이어지는 두 편지들은 창조 과학/지적 설계론이 설정한 논쟁의 무대에 직접 뛰어들기보다는 창조 과학/지적 설계론의 핵심 사상, 역사, 전략, 전술, 그리고 본질을 폭로함으로써 이들의 전략/전술을 무력화시킨다. 이러한 논의는 국내에서 처음 시도되는 것이다. 또한 헌법적 원칙인 정교분리, 종교의 자유 문제 그리고 교육 문제와 창조 vs. 진화 논쟁을 연관시킨 김윤성 교수의 이 편지는 뜨거운 반응을 불러일으키기 충분할 것이다.

편지 | 4.1
나의 창조 과학 탈출기

신재식 선생님과 장대익 선생님께

보스턴은 아직 봄소식이 요원하겠고, 남도는 지금쯤 한창 봄이겠죠. 여기도 모처럼 내린 비에 봄기운이 완연합니다. 캠퍼스 뒷산에 올라 봄내음에 취하고도 싶고, 연못가에 앉아 봄볕에 취하고도 싶지만, 잠시 미루어야겠죠. 해야 할 숙제가 있으니까요. 지난번 편지에서 진화와 창조 문제를 이야기해 보자고 했었죠? 그동안의 편지에서도 이 문제가 간간이 언급되기는 했습니다. 하지만 진화와 창조 문제는 국내외를 막론하고 과학과 종교에 관련해 가장 많이 또 가장 치열하게 논의되어 온 주제인 만큼 한 번쯤 제대로 짚어 볼 필요가 있을 겁니다.

과학이나 신학에서 진화 vs. 창조 논쟁을 어떻게 보는지에 대해서는 두 분이 잘 말씀해 주시리라 기대하고, 저는 종교학의 입장에서 이야기를 해 보겠습니다. 사실 종교학도로서 이 문제를 다루기가 좀 껄끄럽기는 합니다. 전에도 말씀드린 것처럼 종교학은 '진리' 자체보다는 '진리 주장'이나 '진리에 관한 담론'에 관심을 갖는데, 진화 vs. 창조 논쟁에서는 아무래도 과학적 진리와 종교적 진리에 대한 직접적인 관심을 배제할 수 없기 때문이죠.

신 선생님이야 신학적 차원에서 창조 과학과 지적 설계론 같은 과학의 탈을 쓴 창조론을 어떻게 평가해야 할지 나름의 견해가 있으시겠죠. 장 선생님도 과학적 차원에서 이들을 평가하는 분명한 입장이 있으실 테고요. 저는 종교학을 하는 사람인만큼 두 분과 달리 되도록이면 이 문제를 종교적 진리나 과학적 진리 차원보다는 현상적 차원에서 다루고 싶습니다. 창조 과학이나 지적 설계론이 신학적으로 옳든 그르든, 과학적으로 옳든 그르든, 이들이 유행하는 모습이나 이들을 둘러싸고 온갖 논쟁이 벌어지는 모습은 그 자체로 하나의 흥미로운 종교적 현상이죠. 종교학자라면 이런 현상이 어떤 맥락에서 출현했고, 어떤 과정으로 펼쳐져 왔으며, 그 사회적·문화적 효과는 무엇인지에 관심을 가질 만합니다.

그런데 국내외 종교학계에서는 이런 논의가 이루어진 바가 별로 없고, 제가 이 문제에 본격적으로 관심을 갖게 된 것도 그리 오래되지 않은지라, 아직 많은 이야기를 하지는 못할 것 같습니다. 또 비록 종교학이 판단 중지와 가치 중립을 중시하기는 하지만, 저는 아무리 종교학자라도 모든 판단과 평가를 배제하는 것은 불가능하다고 보는 입장입니다. 예를 들어 종교들은 역사 속에서 성 차별을 조장하기도 했고 양성 평등을 진작하기도 했는데, 종교학자가 이를 다루면서 판단과 평가를 보류한 채 판단 중지와 가치 중립만 운운한다면 이는 학자이기 이전에 사회 구성원으로서의 도의적 의무를 저버리는 일이겠죠.

진화 vs. 창조 문제도 마찬가집니다. 여기에는 과학적 진리나 종교적 진리의 차원만 있는 게 아니라, 역사적·사회적·문화적·윤리적 차원을 비롯한 온갖 차원들이 복잡하게 얽혀 있습니다. 게다가 과학계와 종교계 안팎에서는 전문가나 비전문가나 할 것 없이 무신론적 진화론, 유신론적 진화론, 과학적 창조론을 주장하는 많은 사람들이 각기 나름의 기준에 따라 판단과 평가를 수행하며 치열한 논쟁을 벌이고 있죠. 결국 진화와 창조 문제를 다루면서 판단과 평가를 완전히 배제하기란 사실상 불가능한 일입니다. 아니, 조금 전에도 말씀드렸듯이, 오히려 저는 그런 배제가 가능하다고 생각하는 것은 착각이며, 이런 착각은 학자로서나 사회 구성원으로서의 책임을 망각하는 것이라고 생각합니다. 그러니 최대한 가치 중립을 지키려 애는 쓰겠습니다만, 과학과 종교에 대한 제 나름의 판단과 평가가 제 이야기에 종종 끼어들더라도 이해해 주시기 바랍니다.

**창조 과학과 지적 설계론,
제대로 논쟁되었으면 살아남을 수 있었을까요?**

그동안 우리는 무신론, 유신론, 불가지론의 입장에서, 또 과학, 신학, 종교학의 시각에서 종교와 과학의 주제들에 관해 서로 다른 이야기들을 펼쳐 왔고, 이는 진화와 창조 문제에 관해서도 마찬가지겠죠. 하지만 오랫동안 공적인 자리나 사적인 자리에서 함께 확인했듯이,

이 문제에 관한 한 우리 셋 사이에는 차이점보다는 공통점이 더 많은 것 같습니다. 기독교라는 종교가 우리 모두의 삶에 일정 정도 관련되어 있었거나 관련되어 있다는 점에서도 그렇고, 진화 vs. 창조 논쟁에서 가장 중요하게 고려되어야 할 것은 과학적 엄밀성의 문제라고 보는 점에서도 그렇죠.

제 이야기를 해 보겠습니다. 제가 진화 vs. 창조 논쟁을 처음 접한 건 대학 2학년 말인 1986년 겨울이었습니다. 물론 고등학교 때도 생물 시간에 배운 것과 교회에서 배운 것 사이에 괴리감을 느끼긴 했지만, 공부는 공부고 신앙은 신앙이라 생각하며 적당히 접고 지냈죠. 대학생이 된 후에도 이런 식의 분리는 그럭저럭 편안했고요. 하지만 점차 생각이 달라지더군요. 지식과 신앙이 따로 노는 게 불편해지기 시작한 거죠. 그때 마침 제가 가입한 복음주의 계열의 개신교 서클에서 창조 과학 공부를 시작했습니다. 읽을 자료라고는 한국 창조 과학회가 1981년에 창립과 동시에 펴낸『진화는 과학적 사실인가』라는 책 한 권과 인쇄 상태가 조악한 약간의 복사물이 고작이었지만, 모두가 정말 열심이었죠.

대체로 이런 내용이었습니다. "진화론은 하나의 이론일 뿐 객관적 사실이 아니다. 생명이 무기물에서 저절로 생겨날 확률은 거의 0에 가깝다. 진화는 무질서도의 증가라는 열역학 제2법칙에 어긋난다. 탄소 연대 측정법은 잘못되었으며 지구의 나이는 6000년에서 1만 년 정도다. 노아의 방주 파편이 발견되었고, 대홍수의 사실성이 입증되었다. 노아의 세 아들에서 인종들이 유래되었다……."

과학과 성경의 모순이 해결된 것만 같았습니다. 혼자만 아는 게 아까워 교회 친구들과 세미나도 하고, 주일학교 중고등부 학생들에게 가르치기도 했고요. 순전히 자발적으로 창조 과학 전도사가 되었던 셈이죠. 하지만 공부는 채 반년을 못 갔습니다. 한 줌의 자료로는 지적 호기심이 채워지지도, 신앙 문제가 해결되지도 않았죠. 해결은커녕 풀리지 않는 의문만 늘어 갈 뿐이었습니다. 자료에 언급된 주장과 증거에 대해 더 알고 싶어도, 각주나 참고 문헌이 아예 없거나, 있더라도 너무 소략해서 별 도움이 되지 않았고요. (물론 창조 과학도 계속 발전해서 요즘 책들은 꽤 충실한 전문 자료들을 제시합니다. 그 자료가 과학적으로 얼마나 타당한지는 꼼꼼히 짚어 볼 문제겠지만요. 이에 대해서는 장 선생님의 도움을 기대하겠습니다.)

무엇보다 이런 생각이 들었습니다. "창조 과학이 옳다면 전 세계의 수많은 과학자들이 다 틀렸다는 말인가? 그들이 모두 착각과 환상에 빠져 있는 걸까?" 소수만 아는 진리를 나도 알게 되었다는 자부심보다는 착각과 환상에 빠진 건 오히려 우리가 아닐까 하는 생각이 들었죠. 다른 사람들은 다 틀렸고 우리만 옳다는 생각이 오만일지도 모른다는 생각도 들었고요. 혼란스러웠습니다.

그러던 중에 혼란에서 벗어나는 계기가 있었습니다. 생물학 개론과 종교학 개론 수업이었죠. 생물학 교수님은 첫 시간에 자신은 비록 교회 장로지만 그 전에 무엇보다도 과학자이며, 자신에게는 신앙과 과학이 충돌하지 않는다고 하시더군요. 저는 기대에 부풀었죠. 하지만 교수님은 과학적 내용만 가르치실 뿐 창조 이야기는 아예 꺼내시지도 않았습니다. 심지어 종의 다양성과 분화를 가르치실 때도 그랬죠. 좀 실망스러웠습니다. 그런데 학기말에 생명의 기원과 관련해 밀러-유리 실험¹을 다루면서 교수님의 개인적 경험을 말씀하셨죠. 유학 시절 뉴욕 지하철역에서 수십 년 만에 오래전 친구를 우연히 만난 이야기였는데, 교수님은 이렇게 말을 마치셨습니다. "나와 그 친구가 그 시각 그 자리에서 만날 확률은 지극히 낮다. 하지만 우리는 만났다. 무기물에서 생명이 저절로 생겨날 수 있느냐 하는 문제도 마찬가지다. 확률이 희박하다고 해서 곧 가능성이 없다는 것은 아니다. 확률은 통계적 지표일 뿐 현실 자체가 아니다. 확률이 아무리 낮아도 일어날 일은 결국 일어난다. 물론 나는 기독교인이고 신을 믿는다. 하지만 그건 개인적인 신앙일 뿐이다. 과학적으로 볼 때 생명이 무기물에서 저절로 생겨나는 일은 얼마든지 가능하다. 그리고 설령 이것이 사실이라고 해도, 이 때문에 이 자연적 사건의 이면에서 신의 섭리가 작용했으리라는 내 신앙이 망가지지는 않는다."

뒤통수를 얻어맞은 기분이었죠. 그런데 이는 시작에 불과했습니다. 노아의 방주가 수천 쌍의 동물을 태운 채 수백 일 동안 물 위에 떠 있었다면, 그 많은 동물을 어떻게 일일이 먹였으며, 그 양이 엄청났을 배설물은 또 어떻게 처리했을까? 노아의 방주 파편이 정말로 있다면 굉장한 일일 텐데, 왜 실물이 아닌 사진밖에 없으며, 기독교

---

1 1953년에 미국의 생화학자 스탠리 밀러(Stanley L. Miller, 1930~2007년)와 그 스승인 해럴드 유리(Harold C. Urey, 1893~1981년)가 원시 지구의 대기를 이루고 있었던 것으로 추정되는 무기물이 들어 있는 플라스크 속에서 유기물을 합성해 낸 실험. 생명의 기원 문제 자체를 해결한 건 아니었지만, 생명이 무기물로부터 저절로 생겨날 수 있는 가능성을 입증한 것으로 평가받는다. 창조 과학자들은 이 실험은 단지 특정 조건에서 유기물을 합성한 것일 뿐, 생명의 기원에 대해서는 아무것도 말해 주는 바가 없다고 비판한다.

인들조차 이를 모르거나 안 믿는 사람이 더 많을까? 탄소 연대 측정법이 엉터리라면, 과학자들이 멍청하거나 악의적이지 않은 한 왜 모두 이 방법을 계속 쓸까? 노아의 세 아들이 각기 백인종, 흑인종, 황인종의 조상이라는 이야기는 아무리 눈을 씻고 봐도 성서에는 없는데, 이는 결국 백인 우월주의자들의 판타지가 아닐까? 온갖 의문이 꼬리에 꼬리를 물고 일었고, 제 얄팍한 창조 과학 지식은 도미노처럼 무너지기 시작했죠.

제 생각이 바뀐 또 다른 계기는 종교학 개론 수업이었습니다. 제가 종교학을 계속 공부하게 만든 수업이자, 훗날의 스승인 정진홍 교수님을 만난 수업이기도 했죠. 지금도 제 서가에는 당시 교재였던 정진홍 교수님의 『종교학 서설』과 수업 노트가 꽂혀 있는데, 가끔 들추어 보면 비록 제가 지금은 이론이나 방법 면에서 스승과는 다른 길을 걷고 있기는 해도 제 문제 의식의 많은 씨앗이 그 책과 노트에 고스란히 담겨 있는 걸 보고는 합니다. 이런 식의 말씀이셨죠.

> 종교의 다양성은 타자를 인정하고 차이를 수용하는 윤리를 요청하는데, 배타적 신앙은 이 윤리적 의무를 저버린다. 경전을 역사나 과학이 아닌 신화로 여긴다고 해서 그 가치가 훼손되는 것은 아니다. 경전을 문자 그대로 받아들이는 시대착오가 오히려 경전의 의미를 훼손할 수 있으며, 반대로 경전을 신화적 은유와 상징으로 이해할 때 그 의미가 더 풍성해질 수 있다.

학기가 진행되면서 제 머릿속에서 혼란의 구름이 걷혀 갔습니다.

장애인이나 외국인의 성소 출입을 금하라는 내용, 노예는 주인에게 복종하라는 내용, 다른 신을 믿는 종족은 여자와 아이 심지어 가축까지 다 죽이라는 내용, 간음한 자나 동성애자는 돌로 쳐서 죽이라는 내용……. 제가 속한 복음주의 교회와 서클에서도 이런 내용들은 문자 그대로가 아니라 교훈적 의미의 차원에서 받아들여야 한다는 입장이었죠. 저는 생각했습니다. '결국 완벽한 문자주의란 없는 것 아닌가? 문자주의자든 자유주의자든 정도와 선택의 차이만 있을 뿐 경전을 현대적 맥락에 맞게 탄력적으로 해석하기는 마찬가지 아닌가? 그렇다면 땅이 평평하고 그 위를 둥근 뚜껑처럼 생긴 하늘이 덮고 있다고 생각하던 고대인이 쓴 창조 이야기를 굳이 문자 그대로 받아들일 필요가 있을까?' 이런 생각들은 저로 하여금 경전에 대한 문자주의적 태도를 버리게 만들었고, 이와 동시에 문자주의에 근거한 창조 과학도 버리게 했습니다. 물론 진화와 창조 문제에 대한 관심 자체도 이내 시들었고요. 당시에는 진화론의 토대 위에 신학을 재구성하려는 흐름이 있다는 걸 전혀 몰랐고, 아는 거라곤 창조 과학뿐이었는데, 그걸 버리고 나니 남은 게 아무것도 없었기 때문이죠.

게다가 1987년 6월 항쟁을 목격하면서 현실 사회에 무관심했던 제 삶과 신앙에 대한 회의가 갈수록 깊어졌습니다. 결국 저는 기독교 서클을 그만두고 교회에서 맡은 일들도 정리한 후에 도망치듯 공군에 입대했습니다. 비교적 자유 시간이 많은 보직이었기에 책을 많이 읽을 수 있었지만, 진화와 창조 관련 책은 읽지 않았습니다. 문학, 종교학, 민중 신학, 사회 과학 서적을 주로 읽었죠. 엘리아데가 펼쳐 보이는 성스러움의 세계에 빠져들기도 했고, 진보적 신학자인 게르트 타이센(Gerd Theissen)과 민중 신학자 안병무(1922~1996년) 선생님의 책을 읽으며 초월적 메시아가 아닌 사회 혁명가로서 인간 예수의 모습에 반하기도 했죠. 조정래의 『태백산맥』을 읽으며 우리 현대사의 격동과 파란만장한 민중의 삶에 전율하기도 했고, 사회 과학 서적들을 통해 마르크스를 재발견하기도 했고요. 제대 후에는 한신 대학교 신학 대학원에 진학해 민중 목회를 하고픈 생각도 잠시 했지만, 목회자의 자질이나 소명감이 있는 것 같지 않아서 포기했습니다. (10여 년이 지난 지금 한신 대학교에서 종교 문화학과 선생으로서 신학하고는 그 성격 자체가 다른 종교학을 가르치고 있으니 좀 아이러니컬하죠?) 결국 이런저런 관심들이 하나로 수렴되면서 부전공이던 종교학을 더 공부하기로 했고, 대학원에 진학했죠. 그 후에 제가 어떻게 종교학의 낭만주의적 흐름으로부터 계몽주의적·비판적·진보적 흐름으로 옮겨 갔는지에 대해서는 일전의 편지에서 쓴 대로고요.

이야기가 좀 길어졌네요. 아무튼 제가 창조 과학을 공부하고 진화와 창조 문제에 관심을 가졌던 건 학부 시절 몇 개월 동안이 전부였습니다. 몇 년 전 강남 대학교 신학과의 김흡영 교수님을 도와 과학과 종교 국제 학술 회의 간사 일을 맡고, 장 선생님과 신 선생님도 만나고, 두 분이 이 분야의 원로이신 김용준 선생님을 모시고 시작한 세미나에도 참석하고 하면서 과학과 종교 논의에 본격적으로 관심을 갖게 되었고, 창조 vs. 진화 논쟁도 다시 들여다보기 시작했지만, 아직은 공부가 많이 부족합니다. 장 선생님과 신 선생님은 진화와 창조 문제에 오래 관심을 기울여 오셨고, 창조 과학이나 지적 설계론을 주장하는 과학적 창조론 진영의 연구자들과도 지속적으로 논쟁을 해 오셨으니 제가 많은 도움을 받을 수 있겠죠.

진화 vs. 창조 논쟁의 긴 역사에 관한 짧은 이야기: 영국과 미국의 경우

이제 좀 다른 이야기를 하도록 하죠. 종교학도로서 제가 할 수 있는 건 진화 vs. 창조 논쟁의 역사적 맥락을 검토하고 그 사회적·문화적 함의를 규명하는 일일 테니, 이 이야기를 해 볼까 합니다. 국내에서 이 논쟁이 어떻게 펼쳐져 왔는지에 대해서는 논쟁의 한복판에 계셨던 장 선생님께서 더 잘 설명해 주시리라 믿고, 저는 국외의 경우만 살펴보도록 하겠습니다. 국외라고는 했지만, 주로 미국 이야기이고, 사실 그것이 거의 전부죠. 유럽의 경우 영국을 제외한 다른 나라들에서는 별다른 논쟁이 벌어진 적이 없고, 영국에서도 약간의 논쟁은 있었지만 그다지 치열하지는 않았기 때문입니다.

19세기 후반 영국 성공회는 고등 비평[2]을 활용한 자유주의적 성서 해석을 둘러싼 논쟁이 한창이었기 때문에 진화론에 신경 쓸 겨를이 별로 없었죠. 일부 보수적인 개신교 교파들이 진화론의 무신론적 함의를 염려하기는 했지만, (이들은 미국의 보수적인 개신교 교파들과 긴밀히 연결되어 있었고, 그 연결 고리는 지금까지도 계속 유지되고 있습니다.) 성공회 전

---

2 고등 비평은 기독교 성서에 관한 비판적 연구 방법의 하나로, 성서 문헌들의 연대, 저자, 역사적·사상적 배경 등을 연구한다.

반에서나 주류 개신교 교파들에서는 신이 진화를 통해 일한다고 보는 절충적 입장이 지배적이었습니다. 교황 레오 13세(재위 1873~1903년)가 인간이 진화의 산물임은 인정하지만 인간의 영혼은 신이 직접 창조한다는 입장을 표명한 데서 알 수 있듯이, 가톨릭도 진화론에 그리 적대적이지는 않았고요. (가톨릭은 1996년에 교황 요한 바오로 2세가 진화론을 전면 수용하기 전까지 상반된 입장들이 계속 교차해 왔습니다.)

적어도 20세기 초까지는 미국의 상황도 크게 다르지 않았습니다. 영국이나 대륙과 달리 미국에서는 복음주의 개신교 교파들이 주류였지만, 이들도 진화론을 딱히 거부하지는 않았죠. 물론 가톨릭도 마찬가지였고요. 진화를 인정하면서 이를 신의 창조 과정의 일부로 보는 입장이 주류였죠. 하지만 1920년대에 들어서면서 상황이 갑자기 달라졌습니다.

제1차 세계 대전의 여파와 경제 공황의 위기 속에서 미국의 보수 세력이 결집하기 시작했는데, 그 핵심에 있었던 건 바로 건국 이후 내내 미국의 주인을 자처해 온 복음주의 개신교인들이었죠. 그들은 근대화를 세속화로 여겼고, 자유주의 신학이 성경의 권위를 훼손한다고 보았으며, 이민자가 급증하면서 종교가 다양해지는 것을 염려했죠. 이런 배경 속에서 근본주의 신앙이 흥기하기 시작했고, 근본주의와 복음주의의 경계가 모호해지면서 미국 개신교 진영의 상당 부분이 근본주의로 돌아서게 되었습니다. 물론 그들은 과학에 대해서도 매우 적대적이었고, 특히 진화론에 관해서는 그것이 성경에 위배될 뿐만 아니라 무신론과 우생학적 인종 차별을 조장하는 나쁜 과학이라고 보는 견해가 지배적이었죠.

근본주의 개신교인들은 이내 진화론과의 전쟁을 선포했습니다. 1923년 오클라호마 주에서는 진화론을 배제한 비검정 교과서가 승인되었고, 이어 플로리다 주에서는 반진화론법이 통과되었으며, 1925년에는 테네시 주가 공립 학교에서의 진화론 교육을 금지하는 법안을 통과시켰죠. (미국에서 창조론과 진화론 교육 문제는 공립 학교에만 국한되었습니다. 사립 학교는 자율권이 있었기 때문에 이런 문제와 별 상관이 없었죠. 물론 이는 지금도 마찬가지고요.) 하지만 테네시 주 법안은 미국의 진보 세력을 자극했습니다. 그들은 이런 법이 시민권에 대한 침해이자 국교를 금지한 '헌법 수정 조항 제1조'에 대한 위반이라고 여겼죠. 진보 세력의 중심인 '미국 시민 자유 연맹(American Civil Liberties Union, ACLU)'이 즉각 조치를 취했는데, 그 조치란 학교에서 진화론을 가르치다가 기소됨으로써 법정 싸움을 통해 진화론 교육 금지법을 문제화하자는 것이었습니다.

존 토머스 스코프스(John Thomas Scopes, 1900~1970년)가 자원자로 나섰고, 계획대로 진화론을 가르치다가 기소되었죠. '원숭이 재판'이라 불리기도 한 이 '스코프스 재판'에 대해서는 두 분 모두 잘 아실 테니 길게 이야기하지 않겠습니다. 주 정부 측의 윌리엄 제임스 브라이언(William James Bryan)과 미국 시민 자유 연맹 측의 클래런스 대로(Clarence Darrow) 사이에 오간 법정 공방은 워낙 유명해서 연극, 영화, 드라마로 제작되기도 했죠.[3]

---

3 「신의 법정」이라는 제목으로 국내 출시된 커크 더글러스 주연의 비디오는 1988년에 텔레비전 드라마로 제작된 것이다.

영화 같은 데서 너무 많이 각색되고, 브라이언이 너무 고집스럽고 멍청하게 묘사된 탓에, 스코프스 재판은 흔히 진화론이 창조론을 이긴 사건으로 오해되고는 하죠. 물론 스코프스 재판이 진화론 교육 금지법의 문제점을 널리 알리는 성과를 거두기는 했습니다. 하지만 재판부는 이 법이 위헌이 아니라는 결론과 함께 스코프스에게 100달러(지금으로 치면 1000달러 정도)의 벌금형을 부과했죠. 그리고 이에 항소해 연방 대법원까지 재판을 끌고 가려던 자유 연맹 측의 계획은 테네시 주의 독특한 배심원 제도 때문에 좌절되었고요. (벌금이 50달러가 넘을 경우 판결은 판사가 아닌 배심원의 권한이었고, 결국 스코프스는 무죄 판결을 받았죠.) 게다가 이 재판 때문에 교육계와 교과서 출판업자들이 진화론을 껄끄럽게 여기게 되는 바람에 오히려 학교에서 진화론 교육이 제대로 이루어지지 못하는 아이로니컬한 상황이 초래되었죠. 이는 수십 년간 지속되었습니다.

상황이 반전된 것은 1960년대였습니다. 소련이 미국에 앞서 세계 최초로 인공 위성을 발사하자(스푸트니크 1호는 1957년 10월 4일에, 최초로 우주 비행을 한 지구 생물인 개 라이카를 태운 스푸트니크 2호는 같은 해 11월 3일에 발사되었죠.) 미국은 자존심이 상했고, 정부와 온 사회가 과학 교육의 중요성을 강조하기 시작했죠. 이런 분위기 속에 1967년에는 테네시 주에서, 1968년에는 아칸소 주에서 진화론 교육 금지법이 폐지되는 등 일련의 변화가 생겼습니다. 진화론이 수십 년 만에 다시 교실로 돌아왔고, 바야흐로 과학 교육의 핵심으로 자리 잡게 되었죠.

하지만 창조론 진영도 호락호락하지는 않았습니다. 성경에만 근거해 창조론을 주장하는 방식으로는 결코 진화론을 이길 수 없다는 건 분명했죠. 이제 교실에서 진화론을 쫓아낼 수 없다는 것도 명백했고요. 그렇다면 전략을 바꿔야 하는 법. "진화론을 쫓아낼 수 없다면, 대신에 창조론을 교실로 들여보내자. 진화론과 창조론을 나란히 가르치게 하자." 이것이 새로운 전략이었죠. 하지만 과학적 토대가 빈약한 기존의 성서적 창조론으로는 이런 전략이 실현되기 힘들었습니다.

해결책은 금세 확보되었는데, 그것은 바로 창조 과학이었습니다. 창조 과학의 효시는 존 휘트콤(John Whitcomb)과 헨리 모리스(Henry Morris)가 1961년에 쓴 『창세기 대홍수(The Genesis Flood)』라는 책인데, 이는 창조 과학자들 중에서도 '젊은 지구 창조론'을 주장하는 극단적인 사람들이 지금도 지지하고 있는 견해, 즉 지형과 지층을 형성한 지질학적 대격변의 원인은 노아의 대홍수이며, 지구의 나이는 6000년에서 1만 년 정도라는 주장을 과학적으로 증명하고자 한 최초의 책이죠. 이후 1970년대 들어 남침례교를 비롯한 근본주의 개신교 교파들의 적극적인 후원 아래 창조 과학 연구소가 세워지고, 연구자들이 늘어나고, 교회, 서클, 신학교, 종단 설립 사립 학교에서 대대적인 교육이 이루어지기 시작했고, 창조 과학의 저변은 크게 확대되었습니다. 창조 과학이 진화론과 대등한 과학적 위상을 지닌다고 여기게 된 창조론자들은 이를 공립 학교에서도 가르칠 수 있게 만들려는 로비를 펼쳤죠.

이 전략은 그럭저럭 성공하는 듯했습니다. 아칸소 주나 루이지애나 주 등 일부 지역에서나마 진화론과 창조 과학을 나란히 가르쳐야 한다는 법안이 통과되었고, 창조 과학이 다시 교실로 들어오게 되었죠. 하지만 성공은 오래 가지 않았습니다. 1980년대에 들어 이런 주들에서 교사, 학부모, 과학자 들이 연이어 소송을 제기했기 때문이죠. 그리고 소송이 막바지에 이른 1987년, 미국 대법원이 창조 과학은 과학이 아닌 종교이며 따라서 이를 공립 학교에서 가르치는 것은 국가와 종교의 분리를 명시한 헌법에 위반된다는 최종 판결을 내렸습니다. 이에 따라 창조 과학은 교실 밖으로 완전히 밀려났고, 다시는 교실로 되돌아올 수 없게 되었죠.

창조 과학이 무용지물이 되자, 창조론 진영은 다시 새로운 대안을 모색했습니다. 그 대안이 바로 지적 설계론이죠. 지적 설계(Intelligent Design)라는 용어는 사상과 윤리 재단(Foundation for Thought and Ethics, FTE)이 1989년에 펴낸 『판다와 인간에 관하여: 생물학적 기원에 관한 중심 질문(Of Pandas and People: The Central Question of Biological Origins)』이라는 책에서 처음 사용되었습니다. 이 책은 '창조'나 '신' 같은 단어를 사용하거나 성경을 직접 인용하는 식의 종교적 색채를 철저히 배제하면서 단지 자연 뒤에는 이를 설계한 지적인 행위자가 있다고만 주장했기 때문에 많은 사립 학교들에서 이를 교과서로 사용하기 시작했죠.

1990년대에 들어 관련 연구소가 설립되고, 필립 존슨, 마이클 비히, 윌리엄 뎀스키 같은 논객들이 잇따라 저술들을 출판하는 등 지적 설계론의 기반이 탄탄해지고 저변이 넓어지자, 창조론 진영은 이를 공립 학교에서도 가르치기 위한 운동과 로비를 펼치기 시작했습니다. 지적 설계 운동의 기본 전략은 창조 과학 운동 당시와 마찬가지로 '진화론과 나란히 지적 설계론도 가르치게 하자.'는 것이었는

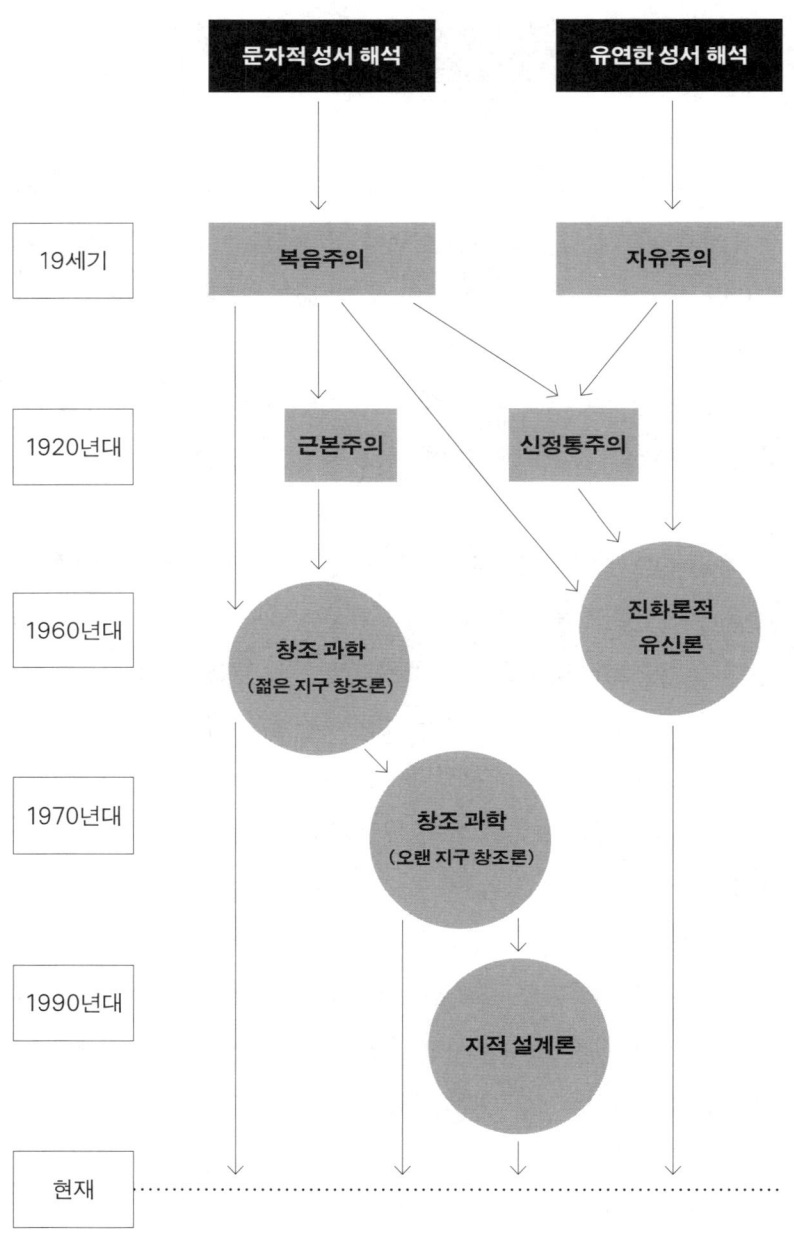

〈진화 vs. 창조 논쟁에 관한 기독교의 입장들〉

데, 여기에 '논쟁을 가르치라.'는 모토가 하나 더 추가되었죠.

하지만 이 노력도 별다른 성과를 거두지는 못했습니다. 2005년 5월에 열린 캔자스 주의 진화론 청문회에서 보수 정치인들이 진화론과 지적 설계론을 나란히 담은 공립 학교 교과 과정을 관철시키려 했지만, 반대가 만만치 않았죠. 결국 지난 2007년 2월에 "과학이란 우주에서 관찰되는 것에 대한 자연적 설명을 추구하는 것"이라는 정의 아래 "지적 설계론은 과학이 아니다."라는 최종 결론이 나면서 청문회가 종료되었습니다. 또 2005년에 펜실베이니아 주 도버 카운티에서는 교육 위원회가 "진화론은 하나의 이론일 뿐"이라는 내용 등을 담은 문건을 교실에서 낭독하고 지적 설계론 서적을 교과서로 사용하게 하는 정책을 강행하자, 교사, 학부모, 과학계가 소송을 제기해 대대적인 재판이 열렸죠. 전례 없이 많은 과학자들이 참여한 이 재판은 9월에 시작되어 12월에 종료되었는데, 결국 원고 측의 승리로 끝났습니다. 139쪽에 이르는 판결문은 과학의 정의를 다시 한번 명확히 하면서 지적 설계론은 창조 과학을 계승하는 종교적 주장일 뿐이며 결코 과학적 이론이 아니라는 결론을 내렸죠.[4]

정책이 관철되거나 재판에서 이긴 적은 없지만, 지적 설계론을 공립 학교 교실로 들여보내기 위한 창조론 진영의 운동은 지금도 여전히 계속되고 있습니다. 게다가 부시 대통령처럼 독실한 근본주의 신앙을 지닌 보수 정치인들이 이를 적극 후원하고 있죠. 1925년의 스

---

[4] 도버 재판의 전개 과정은 2007년 11월에 2부작 다큐멘터리로 제작되었고, 우리나라에서도 2008년 3월에 EBS를 통해 방영되었다.

코프스 재판에서 2005년의 도버 재판에 이르기까지 진화론과 창조론을 둘러싼 일련의 논쟁과 법정 공방은 진화 vs. 창조 문제가 단지 종교와 과학만의 문제가 아니라 교육과 정치를 비롯한 온갖 요소가 얽힌 극도로 복잡한 문제임을 말해 줍니다. 진화 vs. 창조 논쟁을 쉽게 끝나지 않는 지속적인 과정으로 만들어 주는 것은 바로 이 복잡성이죠. 여러 요소들 중에 어느 하나만 변해도 판이 새로 짜이면서 논쟁이 재개되고 법정 공방이 다시 시작될 겁니다.

창조 과학, 믿습니까? 아멘

이제 우리 이야기를 해 보도록 하죠. 기존에 연구된 바가 없기에 우리나라에서 창조 vs. 진화 논쟁이 정확히 언제 시작되었는지는 잘 모르겠습니다. 한 종교학자의 연구에 따르면 1920년대와 1930년대에 과학과 종교를 둘러싸고 무신론자들과 사회주의자들, 자유주의 신학자들, 근본주의 신학자들 사이에 격론이 벌어졌지만, 이는 어디까지나 원론적 차원에서 서로 비방하거나 대화를 모색하거나 간섭하지 말자는 내용의 논의였을 뿐 진화와 창조 문제 같은 세부 주제에 대한 논의는 아니었죠.

그 후로도 한동안 진화와 창조 문제가 본격적으로 논의된 적은 거의 없는 것 같습니다. 혹시 논쟁이 있었더라도 지금처럼 구체적인 과학적 증거나 이론을 놓고 벌이는 논쟁은 아니었을 겁니다. 과학적 사안을 둘러싼 구체적인 논쟁은 미국에서도 창조 과학이 확산된

1980년대에나 본격화되었으니까요. 이렇게 보면 우리나라에서 진화 vs. 창조 논쟁이 본격화된 것은 아마도 한국 창조 과학회가 설립된 1981년 즈음이 아니었을까 싶습니다.

한국 창조 과학회의 설립 연도를 보면 우리나라 개신교계가 미국 개신교계의 창조 과학을 얼마나 신속하게 들여왔는지 충분히 짐작이 가실 겁니다. 그도 그럴 것이 한국 개신교는 전래 초기부터 줄곧 미국 개신교와 긴밀한 관계를 유지해 왔고, 근본주의 교파들이나 사실상 근본주의와 별 차이가 없는 복음주의 교파들이 주류를 이루어 왔으니, 당연한 일이겠죠.

창조 과학은 걸출한 개신교계 지도자들과 내로라하는 대형 교회들의 적극적인 후원 아래 전국의 개신교 교회들은 물론 사립이나 공립을 막론한 많은 고등학교와 대학교의 서클들을 통해 널리 보급되었고, 지금도 그 영향력이 막강합니다. 그런데 특이하게도 미국에서는 지적 설계론이 등장하면서 창조 과학이 극단적 근본주의자들만의 게토로 위축되어 들어간 반면, 우리나라에서는 지적 설계론도 일찌감치 도입되었음에도 불구하고, 여전히 지적 설계론보다는 창조 과학이 압도적이죠.

이러한 현실과 그 원인에 대해서는 장 선생님과 신 선생님께서 더 잘 아실 테니, 두 분의 설명을 기대하겠습니다만, 일단 제 나름대로 진단해 본 이유를 말씀드려 보겠습니다. 제가 보기에 우리나라에서 지적 설계론보다 창조 과학이 우세한 건 미국과 우리나라의 상황 자체가 다르기 때문입니다. 너무 간단한가요? 좀 더 이야기를 풀어 보죠.

아까도 말씀드렸듯이 미국의 진화 vs. 창조 논쟁에는 종교, 과학,

교육, 정치 등 온갖 요소가 복잡하게 얽혀 있습니다. 미국은 국교를 인정하지 않는 엄연한 세속 국가지만, 개신교의 영향력은 여전히 막강하죠. 특히 교계 지도자들과 보수 정치인들의 연합을 통해 개신교와 정치가 단단하게 결합되어 있습니다. 미국에서 창조 vs. 진화 논쟁과 법정 공방이 신학계와 과학계의 대립보다는 주로 교육을 둘러싼 보수 정치권과 시민 운동권의 대립 속에 펼쳐져 온 것은 이 때문이죠. 개신교계와 보수 정치권이 손을 잡고 공립 학교에서 진화론 교육을 금지하거나 창조론 교육을 추가하려 하면, 국교를 금지하고 종교의 자유를 명시한 헌법적 권리를 중시하며 올바른 과학 교육을 원하는 사람들이 이를 문제 삼으며 법정 싸움을 벌여 온 것이죠.

하지만 우리나라의 경우는 개신교가 미국에서처럼 그렇게 막강한 영향력을 지니지는 않습니다. 개신교를 좋아하지 않는 사람들은 개신교가 너무 두드러진다고 불평할지 모르지만, 우리나라에서 개신교는 천주교와 불교를 비롯한 다른 종교들과 경쟁하며 공존하는 하나의 종교일 뿐이죠. 또 종교들이 정치와 영합하는 일이 비일비재하기는 하지만, 이 역시 개신교만 그런 건 아니기 때문에 미국에서처럼 개신교계와 보수 정치권이 결탁해 정책을 좌지우지하는 일이 쉽게 벌어지지는 않습니다.

상황이 이렇기에 우리나라에서 진화 vs. 창조 논쟁은 일단 일부 개신교인들과 과학자들에게만 국한됩니다. 그래서 미국과 달리 우리나라는 교육계와 정치권이 개입해 논쟁이 확대되는 일도, 교육 정책이 바뀌는 일도, 법정 공방이 벌어지는 일도 없었던 거죠. 미국에서는 종교, 과학, 교육, 정치가 뒤엉키면서 치열한 논쟁과 법정 공방이 벌어졌고, 이 과정에서 창조 과학으로는 도저히 진화론에 맞설 수 없다는 사실이 드러나면서 결국 지적 설계론이 창조 과학을 대체하게 되었죠. 하지만 우리나라에서는 대대적인 논쟁이 벌어진 적도 없고, 더욱이 법정 공방이 벌어진 적은 전혀 없었기 때문에, 창조 과학은 공적인 시험대 위에 오르는 일 없이 여전히 영향력을 유지하고 있는 것입니다. 혹시 우리나라에서도 미국에서와 같은 치열한 논쟁과 법정 공방이 벌어진다면, 창조 과학이 퇴조하고 지적 설계론이 창조론 진영의 주류 이론으로 떠오를지도 모르죠. 그런 일이 쉽게 벌어질 것 같지는 않습니다.

카이스트에 창조 과학관이 있다는 게 말이 됩니까!

그런데 앞에서 제가 창조 vs. 진화 문제가 일부 개신교인들과 과학자들에게 국한된 일이라고는 했지만, 사실 좀 더 들여다보면 반드시 그렇지만은 않습니다. 상황은 좀 더 복잡하죠. 그렇기에 저는 이 문제가 좀 더 진지하게 검토되어야 한다고 생각합니다. 두 가지 측면에서 살펴보죠.

우선, 창조 과학이든 지적 설계든, 우리나라에서는 이런 과학적 창조론이 일부 근본주의 개신교 교단뿐만 아니라 거의 한국 개신교 전체라고 해도 과언이 아닐 정도로 널리 받아들여지고 있습니다. 아까도 말씀드렸듯이 영국과 유럽에서는 근본주의적 흐름이 미약했기 때문에 창조 vs. 진화 문제 자체가 크게 불거진 적이 거의 없었죠. 미국의 경우 근본주의 개신교 진영이 아무리 막강해도 자유주의나 온건한 복음주의 계열의 개신교 진영이 이와 팽팽히 맞서며 균형을 이루어 있기 때문에 창조 과학이나 지적 설계론이 개신교 전반을 장악하지는 못해 왔습니다. 그런데 유독 우리나라 개신교에서는 일부 자유주의 교단을 제외하고는 복음주의나 근본주의나 할 것 없이 거의 모든 교단이 창조 과학이나 지적 설계론을 전폭적으로 수용하고 있습니다. 일단 짐작하기로는 우리나라에서는 자유주의 개신교 진영의 규모가 너무 작고, 복음주의와 근본주의의 경계가 아주 모호해서 그런 게 아닐까 합니다만, 정확한 원인은 좀 더 따져보아야 할 것 같습니다. 혹시 신 선생님께서 설명해 주실 수 있겠는지요?

창조 vs. 진화 문제를 일부 개신교계에 국한된 지엽적 문제로 접어 둘 수만은 없는 또 다른 이유가 있습니다. 그것은 비록 미국에서처럼 종교계와 정치권이 결탁하거나, 논쟁이 공론화되거나, 법정 공방이 벌어진 적은 없어도, 우리나라에서도 이미 창조 vs. 진화 문제가 종교계뿐만 아니라 과학계와 교육계가 일정 정도 관련된 공적인 문제로 자리 잡고 있기 때문입니다.

장 선생님께서 아마 자세하게 잘 아시겠지만, 카이스트 구내에 작은 창조 과학 전시관이 있죠? 한국 창조 과학회가 1993년에 설립한 전시관이 여러 우여곡절을 겪다가 2003년에 카이스트 구내로 이전한 것으로 알고 있습니다. 저는 어떻게 이런 일이 벌어졌고, 또 가능했는지 솔직히 잘 이해가 가질 않습니다. 물론 이곳 말고도 전국에 작은 창조 과학 전시관이 몇 군데 더 있기는 합니다. 또 대형 교회들을 중심으로 막대한 후원 기금이 마련되어 대규모 창조 과학 박물관을 건립하는 일도 착착 추진되고 있는 것으로 알고 있고요. 미국에서도 얼마 후면 세계 최초의 대규모 창조 과학 박물관이 개관한다고 하더군요.[5]

이런 전시관이나 박물관이 개신교계가 마련한 사유지에 있다면야 굳이 제3자가 나서서 시비를 걸 것까지는 없을 겁니다. 하지만 국립 연구·교육 기관인 카이스트 구내에 창조 과학 전시관이 있다는 건 상식적으로 받아들이기 힘드네요. 창조 과학이 맞는지 틀리는지, 과연 그것이 과학인지, 이런 문제를 굳이 따지지 않아도, 창조 과학이 개신교라는 특정 종교의 교리와 신앙을 기반으로 하고 있다는 건 분명합니다. 그러니 규모가 크든 작든, 또 그 위상이 어떠하든, 국립 기관인 카이스트 측이 구내에 창조 과학 관련 자료를 전시하는 공간을 허용했다는 건 헌법의 국교 금지 조항에 위배되거나 적어도 종교적 중립을 지켜야 하는 공적 기관으로서의 의무를 소홀히 한 것이라고 볼 수 있습니다.

물론 누구든 사적인 차원에서 종교적 서클 활동을 할 수 있고, 국립 기관에서도 이들에게 서클 룸 같은 공간을 제공할 수는 있습니다. 카이스트에서도 교수들과 학생들이 공식 수업과 별도로 얼마든지 창조 과학이나 지적 설계론을 공부할 수 있고, 이는 그들의 자유이자 권리죠. 하지만 소규모 공동체의 사적 공간인 서클 룸과 많은 사람들이 출입하는 공적 공간의 성격이 강한 전시관은 엄연히 다릅니다. 국립 서울 대학교에 많은 종교 서클들이 있고 강당 같은 데서

5 켄터키 주 신시내티의 피터스버그에 소재하고 있으며, 2007년 5월에 개관했다.

수시로 종교 집회들이 열리기는 해도, 결코 교회나 사찰 같은 종교 시설이 서울대 구내에 설립될 수 없는 것과 같은 이유죠. 카이스트 쪽 상황을 잘 몰라서 일이 어떻게 진행된 것인지는 잘 모르겠지만, 아무튼 카이스트 구내의 창조 과학 전시관은 다분히 문제의 소지가 있어 보입니다.

또 다른 사례가 있습니다. 중등 교원들을 위한 '특수 분야 직무 연수'라는 것에 대해 들어보셨는지요? 2000년대 초반에 한국 창조 과학회가 이 직무 연수 기관으로 지정되었더군요. 한국 창조 과학회와 몇몇 개신교계 사립 대학들이 공동으로 매년 정기적으로 개신교인 과학 교사들을 위한 창조 과학 연수 프로그램을 제공해 오고 있습니다. 제가 보기에는 여기도 문제의 소지가 많은 것 같습니다. 직무 연수 기관에 교육부 보조금이 얼마나 제공되는지는 잘 모르겠지만, 혹시라도 제공된다면 이 역시 헌법의 국교 금지 조항에 위배될 수 있죠. 설령 교육부 보조금이 없다 해도, 연수 과정에서 이수한 학점이 교사의 인사 고과 평가 점수에 포함되기 때문에 문제가 있기는 여전히 마찬가집니다. 보조금을 지원하든, 인사 고과 점수에 반영하든, 정부가 공교육 영역에서 특정 종교를 직접적으로 후원하는 셈이기 때문이죠.

사립 학교의 경우라면 굳이 문제가 되겠느냐고요? 결코 그렇지 않습니다. 미국은 물론 다른 어느 나라와도 달리, 우리나라는 사립 학교가 정말 사립 학교가 아니기 때문이죠. 초등학교와 대학교는 국고 보조금이 거의 없고, 입학도 전적으로 학부모와 학생의 자율적인 선택에 의한 것이므로 굳이 문제될 게 없습니다. (사실 문제가 전혀 없는 것은 아닙니다. 아무리 사립 학교라도 운영비의 대부분을 등록금에 의존하는 한 재단의 자율권에는 일정한 제한이 있을 수밖에 없죠.)

하지만 중·고등학교는 다릅니다. 아시다시피 우리나라 사립 중·고등학교들은 운영비의 거의 전액을 국고 지원금과 학생 등록금에 의존합니다. 재단 전입금은 거의 없거나 아주 미미하죠. 게다가 현재의 교육 제도에서 특수 학교나 대안 학교 등을 제외하면 학생들은 일방적으로 학교를 배정받을 뿐 선택의 기회나 권리가 없습니다. 상황이 이렇기에, 우리나라 사립 중·고등학교는 이름만 사립일 뿐 사실상 공립이나 마찬가지죠. 사립 중·고등학교는 사학 재단의 자율권보다 학생의 피교육권이 더 중요한 엄연한 공교육 영역에 속합니다. (2004년에 대광 고등학교의 강의석 군이 종교 행사 참여를 의무화한 학교 규정을 거부하며 싸움을 벌였던 것도 이런 맥락에서죠.) 그러니 아무리 사립 학교라도 특정 종교 단체가 관련된 창조 과학 직무 연수 성과를 인사 고과에 반영하는 건 공교육에 대한 침해의 소지가 큽니다.

또 공립 학교는 물론 사립 학교에서조차도 과학 교사가 수업 시간에 창조 과학이나 지적 설계론을 가르치는 건 더더욱 안 될 일이죠. (많지는 않아도, 그런 일이 전혀 없는 것 같지는 않더군요.) 수업 외 서클 활동 시간에 교사와 학생이 사적으로 진화와 창조 문제를 공부하는 거야 얼마든지 가능합니다. 하지만 사립 학교가 공교육 영역 안에 있는 한 특정 종교에 근거한 창조론은 결코 교실로 들어와서는 안 됩니다. 이는 미국과 우리가 크게 다른 점이죠. 미국에서 창조론과 진화론 교육 문제는 어디까지나 공립 학교에 국한된 문제입니다. 사립 학교와 공립 학교가 철저히 구분되기 때문에 사립 학교의 교육 내용에 대해 설령 학부모는 간섭할 수 있어도 정부가 절대 간섭할 수는 없죠. 이와 달리 우리는 사립 학교와 공립 학교의 구분이 거의 없고, 사립 학교가 사실상 공교육 영역 안에 있기 때문에 사학 재단의 자율권보다 학생의 권리가 우선되고, 정부의 교육 정책이 개입할 수밖에 없습니다.

공립 학교나 사립 학교에서 수업 시간에 혹시 창조론 교육이 이루어지고 있는지에 대해서는 조사되거나 연구된 바가 없어 정확히 알 수 없지만, 1998년에 전국의 많은 개신교인 교사들이 단체를 결성해 창조 과학을 연구하고 진화론 위주 교과서와 교육 정책을 비판하는 활동을 해 온 것을 보면, 교육 현장이 실제로 어떠한지에 대한 실태 조사가 필요할 수도 있겠다는 생각이 듭니다.

만일 창조론 교육이 사립 학교나 공립 학교의 공교육 현장으로 들어온다면 과학 교육은 일거에 무너질 수밖에 없습니다. 창조 과학이 과학이다, 아니다, 이런 이야기가 아닙니다. 그런 문제는 다른 자리에서 논할 사안이죠. 제가 말씀드리고자 하는 건 종교의 다양성과 종교의 자유에 관련된 문제입니다.

'날아다니는 스파게티 괴물 교회(Church of Flying Spaghetti Monster)'라고 들어보신 적이 있죠? 2005년에 열린 캔자스 주의 진화론 청문회에서 지적 설계론을 공립 학교 교과 과정에 끼워 넣으려는 움직임이 보이자, 물리학을 전공한 한 대학원생이 캔자스 주 정부에 긴 항의 편지를 보냈죠. "나는 스파게티 괴물 교회 신자다. 우리에게도 자연에 관한 과학적 이론이 있다. 그러니 진화론이나 지적 설계론과 나란히 우리의 이론도 교실에서 가르칠 수 있게 해 달라." 대략 이런 내용의 편지였습니다. 물론 그런 종교가 실제 있는 건 아니고, 단지 종교를 패러디한 것일 뿐이었죠. 캔자스 주 정부는 이를 가볍게 무시했고요. 다행히 지적 설계론이 교과 과정에 포함되는 일은 벌어지지 않았지만, 아무튼 날아다니는 스파게티 괴물 교회는 창조 vs. 진화 논쟁의 한 지면을 화려하게 장식하게 되었죠. 종교 패러디 놀이에 흥미를 느낀 많은 사람이 스파게티 괴물 교회에 가입하기 시작해 지금은 가입자('신도'라고 해야 할까요?)가 엄청나게 많아졌고, 스파게티 괴물 복음서도 내고, 스파게티 괴물을 소재로 한 소품들을 판매해 기금을 마련하는 등 활발한 활동을 벌이고 있습니다. 스파게티 괴물 교회의 종교 패러디 놀이가 무신론 운동과 반종교 운동의 중요한 거점이 되어 가고 있는 거죠.

스파게티 괴물 교회의 사례는 창조론이 공교육 현장으로 들어와서는 안 되는 이유를 웅변적으로 말해 줍니다. 진화론과 창조론을 동시에 가르칠 수 있다면, 화학과 연금술, 천문학과 점성술, 뇌과학과 골상학, 신경 과학과 기(氣)과학도 나란히 가르칠 수 있어야 마땅하죠. 후자들도 한때는 모두 '과학'이었고, 지금도 여전히 이런 것을 '과학'이라 믿는 사람들은 얼마든지 있으니까요. 하지만 이런 식으로 '과학' 개념의 정의와 범주가 무너지기 시작하면, 더 이상 올바른 과학 교육은 불가능할 겁니다. 온갖 사이비 과학들이 교실에서 난무하겠죠.

좀 극단적인 가정이긴 했습니다만, 제가 드리고 싶은 말씀은 이겁니다. 창조 과학이나 지적 설계론이 얼마나 정확하든, 또 그것이 과학이든 아니든, 거기에 일말의 종교적 요소가 조금이라도 있다면,

TOUCHED BY HIS N

또 거기에 실제로 종교적 요소가 들어 있다는 사실이 명백한 한, 그것은 결코 공교육 속으로 들어올 수 없으며 그래서도 안 됩니다. 아직은 이런 문제 상황이 벌어지지 않는 것 같아 다행스럽긴 합니다만, 겉으로만 불거지지 않았을 뿐 문제 상황이 발생할 가능성이 전혀 없는 것 같지는 않습니다. 미국처럼 노골적이거나 치열하지는 않지만, 지금까지 살펴본 것처럼 우리 사회에서도 창조 vs. 진화 문제가 개신교 일부 진영에만 국한되지 않고 공적 교육의 제도와 현장에도 일정 정도 얽혀 들어와 있기 때문이죠.

머리가 복잡하고 풀리지 않은 생각들도 많지만, 제 이야기는 이쯤에서 접어야 할 것 같습니다. 신 선생님과 장 선생님은 개신교계에서 또 과학계에서 창조 vs. 진화 논쟁에 직접 뛰어들어 창조 과학이나 지적 설계론을 연구하시는 분들과 지속적으로 토론을 해 오셨으니, 두 분께 듣고 싶은 이야기가 정말 많습니다. 새벽인가 싶더니 어느새 바깥이 환하네요. 오늘은 이만 접습니다. 건강 조심하시고, 곧 다시 뵙죠.

2007년 4월 15일
오산 양산봉 기슭에서
김윤성 드림

독자를 위한 추신

《프레시안》에 필자의 이 편지가 실린 후 댓글, 전화, 메일로 많은 반응이 있었는데, 그 중 세 가지를 언급할 필요가 있을 것 같다. 우선 카이스트 관계자가 필자의 글이 자칫 카이스트가 창조 과학 전시관 설립에 직접 관여했다는 오해를 불러일으킬 수 있으므로 글을 수정할 수는 없겠는지 물어왔다. 그러나 당시 카이스트 측에게도 답했듯이, 필자는 그렇게 쓴 적이 없으며, 다만 카이스트가 구성원들의 자유로운 종교 활동을 허용하는 과정에서 공적 기관으로서 종교적 중립을 지켜야 할 책무를 소홀히 해 결국 특정 종교에 특혜를 준 셈이나 다름없는 결과를 초래한 데 대해 책임을 지고 대책을 마련해야 한다고 지적했을 뿐이다.

또 다른 반응은 불교계로부터 나왔다. 몇몇 불교 신문사가 필자의 문제 제기를 재빨리 기사화했다. 마침 당시는 현 대통령의 종교 편향 시비가 한창인 때였기에, 불교 신문들은 카이스트 내 창조 과학 전시관 문제를 같은 맥락의 종교 편향의 문제로 다루었다. 그러나 기사화 과정에서 기관으로서 카이스트와 개인으로서 카이스트 구성원들 간의 미묘한 차이가 지워지고, 공적 영역에서 종교의 자리가 정치 차원을 넘어선 사회 전반의 문제라는 점이 간과됨으로써, 문제의 근본은 우리 사회에 종교에 관한 공적 담론이 부재하고 공적 영역과 사적 영역에서 종교의 자리에 대한 합의된 인식이 부족한 점이라는 필자의 문제 제기가 제대로 전달되지 못한 아쉬움이 남는다.

가장 인상적인 반응은 카이스트에 재학 중인 한 대학원생이 보내온 긴 편지였다. 그 대학원생은 필자의 문제 제기에 공감하면서도 필자가 카이스트의 종교적 상황을 지나치게 과장하고 있다며 유감을 표해 왔다. 그는 창조 과학 전시관이란 단지 카이스트 등록 서클 수의 절반이 넘는 개신교 서클들이 개별적인 서클룸 공간을 합치고 개조해 만든, 규모가 조금 커진 서클 룸에 불과하다고 귀띔해 주었다. 창조 과학 단체는 기 수련이나 뇌 호흡을 하는 다른 종교 서클들과 전혀 다르지 않은 그저 하나의 종교 서클일 뿐이고, 아무리 카이스트라도 이런 사적인 종교 활동을 공적으로 문제 삼기는 힘들며, 다만 카이스트 구성원 대부분과 카이스트라는 기관은 이런저런 사적인 종교 활동들과 무관하게 학문과 연구에서 엄밀한 과학성의 기준을 지키려 애쓰고 있음을 알아 달라는 지적이었다. 필자가 몰랐던 카이스트 내의 미묘한 종교적 상황에 대해 친절하게 조언을 해 준 그 대학원생에게 이 자리를 빌려 고마움을 표한다.

이 편지에 대하여

창조 과학/지적 설계론 비판의 바통을 장대익 교수가 이어받았다. 한때 한국의 창조 vs. 진화 논쟁의 한복판에 있기도 했던 장대익 교수는 한국에서 창조 과학/지적 설계 운동이 어떤 식으로 진행되었는지 생생하게 들려준다. 특히 과학 철학자의 입장에서 필립 존슨, 윌리엄 뎀스키, 마이클 비히 같은 대표적인 지적 설계론자의 주장을 하나하나 논파하는 부분과 창조 과학/지적 설계 운동을 일본 극우 정치가의 망언에 비유하며 강하게 비판하는 부분은 연재 당시 많은 독자들의 뜨거운 공감과 반감을 불러일으켜, 온라인상의 종교와 과학 논쟁을 촉발했다.

편지 | 4.2
창조 과학과 지적 설계? 그것은 틀린 것조차 아닙니다

신재식 선생님과 김윤성 선생님께

보스턴에 온 지 벌써 1년이 다 되어 갑니다. 새로운 곳에 정착해 살다 오기에 1년이라는 기간은 정말 짧은 것 같아요. 적응하는 데 두 달, 떠나는 데 두 달이라는데, 그렇다면 이제 주변을 정리하고 짐을 싸야 하는 시점입니다. 여기 학기도 거의 끝나가니 지난 1년간의 삶을 자연스레 되돌아보게 됩니다. 최근 몇 년 동안 가장 크고 도전적인 자극을 받았던 시기라고 감히 말씀드리고 싶어요. 제가 앞으로 어떤 자세로 학자로서의 삶을 살아야 할지, 어떤 화두를 갖고 연구해야 할지, 그리고 어떤 흐름을 좇아야 할지를 치열하게 고민했던 행복한 시간들이었습니다.

    이런 맥락에서 김윤성 선생님의 편지는 지난 1년 정도가 아니라 지난 10여 년의 제 삶을 되돌아보게 만들더군요. 선생님의 '창조 과학 탈출기'도 무척 공감하면서 읽었지만, 카이스트 내의 창조 과학 전시관에 대해 문제를 제기하시는 대목에서는 얼굴이 화끈거렸습니다. 제가 거기 출신이거든요.

유행 지난 창조 과학과 지적 설계론

우선, 자타가 공인하는 국내 최고의 이공계 대학 카이스트와 그 속에 동아리 형태로 존재하는 과학원 교회, 그리고 그 안에 있는 창조과학 전시관의 관계에 대해 저도 좀 개인적인 이야기를 풀어놓겠습니다.

저는 솔직히 김 선생님의 '창조 과학 탈출기'라고 할 만한 것은 없습니다. 오히려 '진화 vs. 창조 논쟁기'라면 있습니다. 제가 과학 고등학교와 카이스트라는 이공계 대학을 다니며 과학이 어떻게 돌아가는지에 대해서 좀 익숙해서 그랬는지 모르지만, 대학에 와 기독교인으로 거듭난(?) 이후에도 저는 창조 과학 같은 것에는 별로 흥미가 없었습니다. 오히려 좀 불편한 점도 있었죠. 솔직히 천박해 보였거든요. 학부 시절에 저의 신앙에서 가장 큰 걸림돌은 진화론보다는 오히려 종교 다원주의 같은 상대주의 철학이었습니다.

어쨌든, 대학 3학년 때였던가요, 기독교에서 진리를 발견했다고 생각하고 한창 열심히 배우러 다니던 때였습니다. 제가 카이스트의 밖에 있는 교회를 다니기는 했지만 교내 기독교 공동체에서도 활동을 했기 때문에 교내에 있는 과학원 교회라는 곳에 들락거리기도 했었죠. 거기에는 창조 과학 연구회(RACS)라는 단체가 하부 조직으로 있었습니다. 그 연구회 멤버들이 말하자면 과학원 교회의 핵심 멤버

들이었습니다. 제가 그 선배들과 인간적으로 친하게 지내서였는지 자
연스럽게 과학원 교회나 창조 과학 연구회 모임에 참여하기도 했었죠.

제가 창조 과학을 의심스럽게 생각했던 것은 바로 그때였습니다.
대학원생 선배들이 교회에 나가 일반 신도들을 대상으로 창조 과학
강연회를 다녀오곤 했습니다. 대체로 박사 과정 선배들이었지만 개
중에는 석사 과정 학생도 있었죠. 그들은 창조 과학회에서 제작해
준 슬라이드와 대본 등으로 일정 정도 훈련을 받은 후에 틈나는 대
로 강연을 뛰어 다녔습니다. 그 '대본'이 지금 생각해 보면, 김 선생
님도 열심히 공부하셨다던『진화는 과학적 사실인가』였던 것 같아
요. 그걸 달달 외워서 교회에 강연을 나가는 선배들의 모습을 보면
서 저는 '이건 아닌데……'라고 생각했었죠.

그들 중에는 물리학, 화학, 생물학과 같은 자연 과학을 공부하는
대학원생도 있었지만 주류는 공학도들이었습니다. 그들은 150년 동
안 수많은 과학자들에게 검증받고 승인된 진화론을 300쪽도 안 되
는 책 한 권으로 단 1시간 만에 자빠뜨리더군요. 참으로 용감한 선배
들이었습니다. 그들은 늘 의기양양해 돌아왔습니다. 마치 은폐된 진
실 ― '진화론은 거짓이고 창조 과학이 사실'이라는 진실 ―을 당당
하게 밝혀낸 전사들의 모습이었다.

두 분도 잘 아시겠지만, 과학은 이런 식으로 굴러가지 않습니다.
김 선생님도 지적하셨듯이 과학은 기본적으로 집단적인 작업이지
않습니까? 어떤 주제를 연구하는 일군의 과학자 공동체가 있고, 그
사람들이 공유하는 문제, 해답, 풀이 방식이 존재합니다. 이건 꼭 과
학 철학자 토머스 쿤의 패러다임 이론을 들먹이지 않더라도 받아들

일 수 있는 것들이죠. 그래서 만일 어떤 이들이, 많은 사람들이 받아들이고 있는 기존의 과학 이론을 비판하고 새로운 대안을 제시하고자 한다면, 기본적인 규칙을 잘 지켜서 해야 합니다. 대다수의 과학자들이 믿고 받아들이는 진화론을 일개 대학원생이 하루 이틀 공부하고 대본을 달달 외워 선량한 교인들을 상대로 "아멘, 할렐루야."를 이끌어내는 행위는 열성적 종교 행위일 수는 있을지 몰라도 과학자들이 대중들과 소통하는 정상적인 방식은 아닙니다.

당시에는 저도 기독교인이었고, '모든 지식이 하나님의 지식'이라는 야무진 생각을 갖고 있었던 때라 창조 과학에 대해 아주 부정적인 것은 아니었어요. 하지만 종교 행위를 과학 활동과 혼동하는 선배들을 보면서 적잖이 실망한 적이 있었습니다. 두 분 선생님 모두 그런 경험 있으실 거예요. 젊은 과학도나 박사, 혹은 교수가 교회에 와서 창조 과학 강연을 하면, 순진한 교인들은 과학에 권위를 갖고 계신 분이 와서 과학계의 진실을 이야기하고 간다고 느끼잖아요. 특히, 그동안 지식이 없어서 찜찜하게만 여겼던 진화론을 잘근잘근 씹어 주니까 얼마나 통쾌하겠습니까? 지적 열등감이 단숨에 해소되는 경험이랄까요. 저도 교회에서 중·고등학교 때 그런 경험을 한 적이 있었어요. 특히 고등학교 때는 제법 진지한 고민도 했었죠. 학교 생물 시간에는 진화론을 배우지만 교회에서는 창조 과학 이야기를 듣지 않습니까?

그런데 제가 대학에 가 보니 창조 과학 강연자들이 그리 대단한 사람이 아니었습니다. 그냥 선배 과학도나 공학도였고, 학문적 권위를 갖고 강연 내용에 책임을 질 수 있는 사람은 없었던 거죠. 말하자면 저는 창조 과학에 매력을 느끼기도 전에 이미 그 내부의 실상을 보게 된 경우입니다. 인문학도들의 입장에서는 과학에 대한 막연한 동경 같은 것이 있을 수도 있어서, 김 선생님처럼 창조 과학의 내용 자체를 진지하게 공부해 보는 사람도 계시지만, 저의 경우는 금세 감이 왔다고 할까요. '이건 아니다……'

과학에 대해 사람들이 자주 혼동하는 몇 가지가 있는 듯해요. 과학의 본질은 '내용'이 아니라 '절차' 또는 '방법'인데, 사람들은 자꾸 내용에 대해서만 물어요. "공룡과 인간이 같은 시대에 살았다는 주장이 과학이냐?", "외계인이 사람을 납치해 간다는 주장이 과학이냐?", "B형 남자는 성질이 더럽다는데 그게 과학적 사실이냐?" 등. 표현의 자유를 보장받는 민주주의 사회에서는 그 어떤 내용을 담은 주장도 원칙적으로 제지당하지 않습니다. 누군가가 이 모든 것이 과학이라고 해도 경찰에 연행되지는 않지요. (갈릴레오 때까지만 해도 로마 가톨릭 교리에 반하는 주장을 하면 끌려가기도 하고 심지어 화형도 당했으니까 세상 많이 좋아진 셈이지요.) 전적으로 개인의 자유입니다.

하지만 그 모든 주장들이 과학자 공동체의 인정을 받지는 못합니다. 과학자 공동체에서 가장 중요하게 생각하는 것은 그런 주장들이 과학적 절차나 방법을 거쳐서 나온 것인가 하는 것이죠. 누구나 참신하고 엉뚱한 주장을 할 수는 있겠지만, 과학자 공동체는 그 주장의 내용보다 그 주장이 나온 절차를 문제 삼습니다. 물론 그 절차에 대해 모두가 동의하는 것은 아니겠죠. 20세기 과학 철학의 역사 속에 등장한 귀납주의, 가설 연역주의, 반증주의, 패러다임 이론 등은 바로 그 절차에 관한 논쟁의 결과물들입니다.

그렇다면 창조 과학은 과학이라고 할 수 있을까요? 다들 동의하시겠지만, 과학에 대한 그 어떤 기준을 들이대도 창조 과학은 과학의 문턱을 넘을 수 없습니다. 카를 포퍼 식으로 이야기하면, 창조 과학은 '반증 불가능한 이론의 집합'이고, 토머스 쿤 식으로 이야기하면 창조 과학에는 '인상적인 문제 풀이가 전혀 없습니다.' 이미 김 선생님께서 현대 과학으로는 도저히 받아들일 수 없는 창조 과학의 몇 가지 가설들과 주장들에 대해 언급을 해 주셨는데요, 지금도 한국 창조 과학회 홈페이지(http://www.kacr.or.kr/)에는 과학자들이 보기에 정말로 충격적인 이야기들이 범람하고 있습니다. 6500만 년 전에 멸종한 공룡과 몇 십만 년 전쯤에 진화한 현생 인류가 공존했다는 기사가 최신 뉴스가 되질 않나, 지구의 실제 나이는 1만 년 정도라고 하질 않나, 과거에 빛의 속도가 변했었다고 하지 않나, 정말 점입가경입니다. 과학계에서 검증받지 않은 황당한 주장들이 아무런 제재 없이 사실로 둔갑해 교인들을 현혹하고 있습니다.

사실, 일반 교인들에게 이공계 박사, 교수라고 하면 자연 세계에 대한 지식을 모두 가진 만물 박사인 양 권위를 인정받기 일쑤입니다. 일반인들은 입자 물리학 전공 박사에게 캄브리아기 대폭발의 세부 사항을 묻는 것을 이상하다 여기지 않죠. 그런데 어디 그렇습니까? 전문 과학자들은 만물 박사가 아니잖아요. 한국의 창조 과학 옹호자들은 교인들의 이런 무딘 지성을 십분 활용해 교회 내에서 권위를 획득해 왔죠.

여기서 제가 '창조 과학자'라는 말 대신에 창조 과학 '옹호자'라는 단어를 쓰는 이유가 있습니다. '과학자'라고 하면 자신의 연구 주제와 방법론을 가지고 연구 성과라는 것을 내는 사람들이죠. 국내 창조 과학회 회원들 중에서 이런 실천을 보이는 사람, 진정한 '창조 과학자'는 제가 알기로 없습니다. 다시 말해 창조 과학을 옹호하고 그것에 대해 강연을 하고 심지어 그것을 가르치는 사람들은 있지만, 정작 그것을 연구하는 사람은 없다는 것이죠. 이건 어쩌면 당연한 귀결입니다. 창조 과학은 새로운 사실을 예측하거나 기존의 설명보다 더 그럴듯한 설명을 제시하기는커녕, 반례들에 대해 땜질도 잘 못하는 수준이니까요. 과학 철학자 임레 라카토슈(Imre Lakatos, 1922~1974년)는 이런 수준의 가설들을 "퇴행적 연구 프로그램"이라 부르고 과학이 아니라고 판결해 줬죠.

상식적으로 문제를 볼게요. 어떤 분야의 과학자 공동체가 있고 실제로 연구를 수행하는 개별 과학자들이 있다고 한다면, 당연히 그에 걸맞은 학술지가 존재합니다. 한국 창조 과학회의 경우에는 1981년에 《창조》라는 정기 간행물을 창간해 139호까지 발간해 오다가 최근에는 웹 소식지를 매월 발간하는 형태로 바꿨습니다. 물론 학술지나 편집 위원, 그리고 연구 논문 시스템 같은 학회의 기본 구조는 갖추지 못했습니다. 대신 신도들을 위한 강연, 창조 과학 '사역자'를 양성하기 위한 교육 프로그램 등은 여전히 바쁘게 돌아가고 있습니다. 이런 이유 때문에 기독교계 밖에서는 "변변한 전문 연구지 하나 없는, 학술 단체를 빙자한 종교 단체" 정도로 평가되고 있는 실정입니다. 정리하자면 한국의 창조 과학 운동은 기존의 과학자 공동체에는 전혀 호소력이 없는 반면, 근본주의 신앙을 가진 교인들에게만 위안이 되는 교회 대중 운동으로서 교회를 순회하거나 정기 강연회를 열어 교회 내에서 지지 세력을 형성하는 데 주력해 왔습니다.

하지만 창조 과학의 겉보기 위상은 사뭇 달라 보입니다. 한국 창조 과학회 홈페이지에 가 보면 현재 "석·박사급 과학자, 의사, 교수, 교사로 구성된 1000여 명의 회원과 1만여 명의 온라인 회원, 그리고 16개의 국내 지부와 5개의 국외 지부를 가진 비영리 사단 법인으로 성장"했다고 적혀 있습니다. 외형적으로는 엄청난 조직입니다. 그리고 김 선생님도 지적하셨듯이 온누리 교회를 비롯한 개신교 대형 교회들, 그리고 한동 대학교와 명지 대학교를 비롯한 복음주의를 학교 이념으로 가진 사립 대학들이 이 조직을 지원해 주고 있습니다. 말하자면 창조 과학은 한국 주류 기독교의 지지를 받고 있습니다.

게다가 이런 창조 과학 운동이 한국의 과학 문화에 끼친 악영향은 미미하다고 할 수 없을 것 같습니다. 앞서 말씀드렸듯이 한국 교회에서 이런 강연회와 교육은 매우 광범위하게 퍼져 있습니다. 중·고등학교나 대학에서 충실한 진화론 교육이 이뤄지고 있지 않은 현실에서 (많게는) 거의 매주 창조론을 옹호하는 설교나 강연을 학생들이 듣게 된다는 것은 과학 교육 측면에서도 매우 심각한 문제가 아닐 수 없습니다.

이런 궁금증이 생깁니다. 과학계와 종교계의 컬트 문화에 불과한 창조 과학이 한국 사회에서는 왜 이렇게 개신교의 주류 형태로 자리 잡게 되었을까요? 이 질문에 대한 본격적인 답은 아무래도 신학자이신 신 선생님께서 해 주셔야 할 것 같습니다만, 저는 창조 과학과 겪었던 불화의 경험을 말씀드리고 싶어요.

카이스트 교회, 부끄러운 모교의 현실입니다

제가 창조 과학의 메카(?)인 카이스트 학부를 졸업하고 대학원에서 과학 철학, 과학사, 진화 생물학을 공부하면서 제게 창조 과학은 어떻게든 정리되어야 할 대상이었습니다. 박사 과정에 진학해서 공부를 하던 중에 어떻게 하다 보니 《복음과 상황》이라는 복음주의 계열 잡지의 편집 위원으로 몇 년을 일하게 되었죠. 두 분은 이 잡지의 성격에 대해 잘 아실 겁니다. 1980년대 후반에 창간되었고 복음주의 계열에서 거의 유일하게 진보적 성격을 띠었던 잡지였죠.

저는 1997년 10월부터 1998년 2월까지 "진화론과 기독교"라는 큰 제목으로 기독교와 진화론의 화해 가능성을 모색해 보는 글들을 연재했었습니다. 거기서 저는 영미권에서 활발히 논의되고 있던 이른바 '과학과 종교' 연구 프로그램에 입각해 과학과 종교의 화해를 모색하는 일련의 흐름들을 한국적 상황에 맞게 소개했습니다. 한마디로 한국의 개신교가 진화론을 공공의 적으로 상정할 필요는 없다는 논증을 펼쳤습니다. 이 과정에서 한국의 창조 과학 운동을 건드릴 수밖에 없었습니다. 혈기왕성한 20대였기에 조심스럽게 접근하기보다는 직설적으로 비판했죠. 심지어 "창조 과학회는 사이비 과학으로 교인들에게 사기를 치는 단체 아니냐."라는 말도 서슴지 않았습니다. 그때는 진화론을 연구하는 기독교인의 입장에서 어떻게든 진화론과 기독교를 화해시켜 보려고 애를 썼습니다.

독자들의 반응은 나름 뜨거웠죠. 돌 맞을 각오를 하고 있었는데 의외로 "복음주의 기독교인이지만 창조 과학은 영 아닌 것 같았는데, 가려운 데를 긁어 줘서 고맙다."라는 사람들이 적지 않았고 응원의 이메일을 보내 주는 사람도 있었습니다. 오히려 창조 과학회 측의 반응이 즉각적으로 나오지 않았었죠. 그러다 거의 1년이 지난 후에 창조 과학회의 임원(모 의과 대학 교수)이 같은 잡지에 저의 글에 답하는 글을 기고했습니다. 그 글의 요지는 첫째 "진화론은 과학적이지 않다."라는 것이고, 둘째는 "진화론은 무신론"이라는 주장이었습니다. 저는 바로 다음 호에 "진화론이 과학이 아니라면 과학은 없다."라는 제목으로 겨우 나온 첫 반론에 즉각적으로 대응했습니다. 그러면서 창조 과학 옹호자들이 과학에 대해서 이중 잣대를 갖고 있다는 지적을 했죠. 예컨대 진화론을 비판할 때는 지나치게 엄격한, 그래서 그 어떤 과학적 활동이든 사이비 과학으로 만들어 버리는 기준을 택하는가 하면, 창조 과학을 내세울 때는 지나치게 느슨한, 그래서 그 어떤 활동이든 과학의 캠프 안으로 들어올 수 있게 만드는 기준을 들이댄다고 지적했습니다. 그리고 그 어떤 기준으로 보아도 창조 과학을 진화론의 위에 놓을 수는 없다고 결론 내렸습니다. (한편, "진화론은 무신론"이라는 주장에 대해서는 지면 관계상 대응을 하지 못했었는데, 지금의 제 상황에서 보면 대응하지 않은 게 잘한 일인 것 같아요. 제가 지금 무신론적 진화론자 아닙니까?)

몇 달 후에 창조 과학회의 핵심 멤버였던 모 교수가 반론을 보내 왔습니다. 그 교수는 제 글의 내용보다 저의 태도를 문제 삼더군요. 자세한 것은 기억이 나질 않지만(인터넷에서 찾아볼 수는 있겠지만 별로 그러고 싶지 않네요.), 한마디로 요약하면 저더러 "젊은 것이 오만불손하다."는 거였습니다. 당시에는 하도 어이가 없어서 대응을 할지 말지를 고

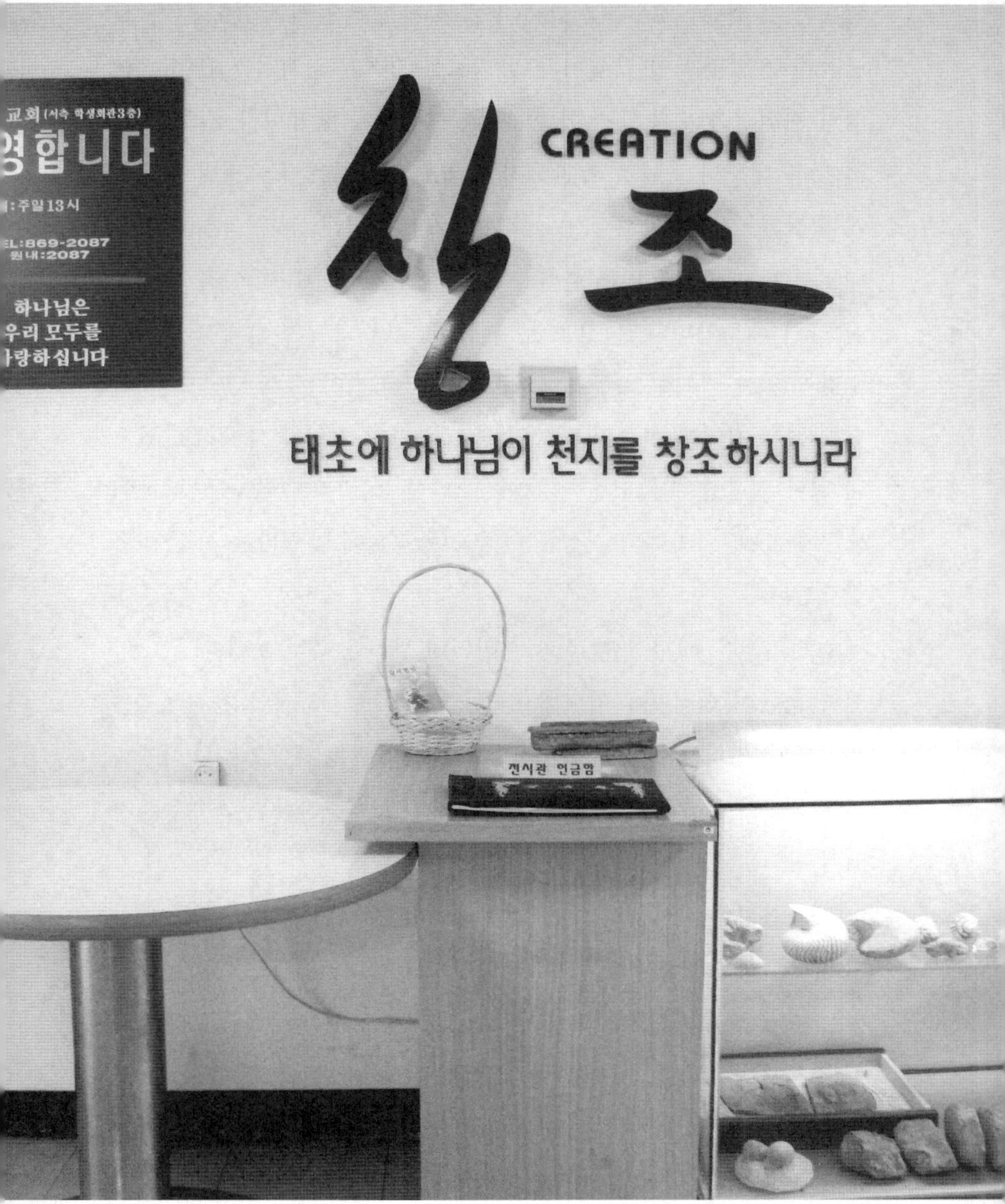
교회 (서측 학생회관3층)
:주일13시
하나님은
우리 모두를
창조
CREATION
태초에 하나님이 천지를 창조하시니라
전시관 헌금함

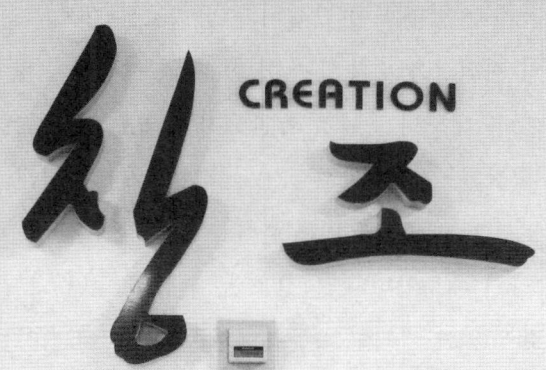

민했던 것 같은데요, 결국 그 논쟁에서 저는 빠지게 되었고 다른 사람들이 논쟁을 이어 갔습니다. 날카로운 지적과 공격적인 단어는 논쟁의 진정성을 위해서는 어쩔 수 없는 경우가 많습니다. 그런데 그런 것을 태도의 문제로 환원하려는 태도는 당시로서는 정말 이해하기 힘들었죠. 하지만 지금은 이해를 합니다. 원래 종교, 특히 기독교 내에서 토론다운 토론을 한다는 것은 애초부터 힘든 일이라는 것을 잘 알기 때문입니다. 핵심을 문제 삼게 되면 태도의 문제로 넘어갈 수밖에 없는 권위주의적 메커니즘이 종교에는 있는 것 같아요. 새파랗게 젊은 것이 자신들의 텃밭인 창조 과학의 정체를 까발리고 있으니 얼마나 불손해 보였겠습니까? "오만한 놈"이라는 비난을 당했어도 저는 그때 과학계의 진실을 한국 기독교계에 알렸다는 사실에 당당했습니다.

갑자기 궁금해져서 방금 전에 인터넷 서핑을 하다 보니 지금도 당시의 글들이 인터넷에 떠도네요. 좋은 세상이긴 하지만 한편으로는 무섭습니다. 저는 이제 무신론자이지만 인터넷 증거상으로는 아직까지 기독교와 진화론을 어떻게든 화해시켜 보려는 진화론적 유신론자입니다.

카이스트와 과학원 교회, 그리고 창조 과학 전시관의 관계에 대한 이야기만 하고 창조 과학은 이제 그만 언급하고 싶습니다. 김 선생님께서는 국립 대학인 카이스트 내에 특정 종교에 바탕을 둔 창조 과학 전시관이 있다는 사실을 문제 삼으시면서 그것을 '종교의 자유' 문제와 연관시키셨는데요, 전적으로 공감하면서도 저는 더 심각한 문제를 추가로 지적하고 싶어요. 선생님도 말씀하셨지만 창조 과학 전시관은 동아리로 등록된 '과학원 교회'의 내부에 있습니다. 국립 대학 내에 교회가 버젓이 있다는 말씀이죠. 동아리로 등록되어 있으니 틀림없이 동아리 지원금도 받고 있을 터고요. 카이스트의 구성원이 아닌 사람들(목회자를 포함해)이 교회의 중요한 멤버로서 참여하고 있고, 무엇보다도 일개 동아리로서는 상상할 수 없을 정도의 큰 공간(100명 정도가 들어갈 수 있는 규모의 예배당)도 차지하고 있습니다.

 예를 들어보죠. 정부의 지원으로 운영되는 국립 서울 대학교 내부에 이런 교회가 있다고 해 보세요. 학교의 지원금도 받고, 공간도 할당받고, 외부에서 온 목사가 중심이 되어 예배를 인도한다고 해 보세요. 그것도 일요일에만 학교 건물을 빌리는 게 아니라 매일 자기 방처럼 쓴다고 한다면, 학교 구성원들의 항의가 빗발칠 것입니다. 그 중에는 이번 기회를 통해 학교에 작은 사찰을 만들자는 불자가 있을지 모릅니다. 그들의 요구를 어떻게 막겠습니까? 다시 말해, 특정 종교의 회당이 학교 내로 들어와 마치 동아리처럼 활동하는 것은 국교를 부정하는 대한민국 헌법에 위배될 수 있습니다. 제 경험으로는 여러 종교들 중에서 유독 기독교 계통의 종교들이 이런 얌체 같은 짓을 많이 하는 것 같아요. 혹시나 해서 포털에 "서울 대학교 교회"라고 쳐 보니 "서울 대학 교회"가 뜨네요. 홈페이지에 들어가 보니 정말로 서울 대학교 내에서 강당을 빌려 모임을 갖는 교회가 있습니다. 서울대 교수들이 주축인 것 같지만 외부에서 목사도 초빙한 것 같군요. 국립 대학에서 이래도 되는 것인지 모르겠습니다. 하여간 저도 한때 카이스트의 과학원 교회에 발을 깊숙이 담갔던 사람으로서 얼굴이 화끈거립니다.

지적 설계론, 그저 사이비 과학일 뿐입니다!

이제 화제를 좀 바꿔 볼게요. 김 선생님께서는 주로 창조 과학에 대해서 말씀하셨는데요, 최근 영미권에서 유행처럼 번진 지적 설계 운동에 대해 좀 더 자세히 논의를 해 보는 게 좋을 듯해요.

두 분 혹시 다음과 같은 말을한 게 누군지 아십니까? "진화론과 지적 설계론을 함께 가르쳐 학생들에게 논쟁이 무엇인지를 이해시키는 것이 타당하다." 어느 목사의 주장이 아니랍니다. 2005년 8월 1일, 조지 W. 부시 미국 대통령이 텍사스 주 언론과의 인터뷰에서 한 말이거든요. 도대체 지적 설계론이 무엇이기에 대통령까지 나서서 가르치라 마라 하는 것일까요?

『종의 기원』이 출간되고 150년이 지나는 동안 진화론의 수용과 관련해 가장 흥미로운 반응을 보인 국가는 아마도 미국일 것입니다. 김 선생님도 요약해 주셨듯이, '원숭이 재판'이라 불리기도 하는 스코프스 재판(1925년 테네시 주)에서 1981년에 아칸소 주에서 창조론자들이 요구했던 동등 시간 교육법(진화론을 가르치는 것과 동등한 시간 동안 창조론도 가르치도록 요구한 법)까지, 과학계에서는 확고하게 자리를 잡은 진화론에 대해 미국의 보수주의 기독교인들은 계속해서 딴죽을 걸어 왔죠. 이런 맥락에서 보면, 1990년대에 등장한 지적 설계론은 진공 속에서 새롭게 탄생한 것이라기보다는 이런 일련의 흐름 속에서 창조론이 좀 더 세련되어진 경우라 할 수 있을 것입니다.

실제로 미국 CBS 방송사가 2004년 말에 실시한 여론 조사에 따르면 미국인 중 65퍼센트가 창조론을 진화론과 함께 가르치길 원하고, 심지어 37퍼센트는 진화론 대신에 창조론을 가르쳐야 한다고 답했습니다. 좀 더 자세히 들여다보면 대선에서 부시를 찍은 유권자 중 45퍼센트가 창조론을 학교에서 가르쳐야 한다고 답한 반면, 민주당 대선 후보였던 존 케리를 지지한 사람 중에는 24퍼센트 정도만이 이에 찬성했지요.[1] 또한 2004년 성탄절 직전에 한 뉴스위크의 여론조사에 따르면 미국인 중 62퍼센트가 공립 학교에서 진화론과 함께 창조론도 가르쳐야 한다고 응답했습니다. 게다가, 신이 우리 인간을 지금과 같은 모습으로 창조했다고 믿는 미국인은 55퍼센트나 됩니다.[2] 상황이 이렇다 보니 대통령의 지적 설계론 옹호 발언을 이해 못할 것은 없는 것 같아요. 게다가 부시 대통령의 보수적 신앙심은 역대 미국 대통령들 중에서도 가장 특출하지 않습니까?

하지만 "지적 설계론과 진화론 간의 논쟁을 가르치라."는 미국 대통령의 발언에는 지적 설계론 운동의 집요한 전략이 숨어 있습니다. 그것은 "논쟁을 가르치라.(Teach the controversy.)"입니다. 사실 이런 전략은 지난 10여 년 동안 지적 설계론 운동의 산파역을 담당했던 디스커버리 연구소(Discovery Institute, 이하 DI)의 작품입니다. 미국의 지적 설계론 운동을 이해하기 위해서는 먼저 DI와 그 주변의 인물들, 그리고 그들의 활동을 들여다보아야 합니다.

DI는 미국 워싱턴 주의 시애틀에 본부를 두고 있는 보수 기독교계의 싱크 탱크로서 공화당 정치인 출신의 브루스 채프먼(Bruce

1 http://www.cbsnews.com/stories/2004/11/22/opinion/polls/main657083.shtml
2 http://www.msnbc.msn.com/id/6650997/site/newsweek/

Chapman)과 정보 기술의 석학인 조지 길더(George Gilder)가 1990년에 의기투합해 만든 공공 정책 연구 기관이었습니다. 이렇게 출발한 DI는 1996년에 케임브리지 대학교에서 과학 철학으로 박사 학위를 갓 받은 스티븐 메이어(Stephen C. Meyer)의 합류로 '과학과 문화 갱신 센터(Center for the Renewal of Science and Culture)'라는 부설 연구소를 설립하게 되었죠.[3] 이 연구소는 캘리포니아 주립 대학교 버클리 캠퍼스의 법학 교수 필립 존슨의 주도로 1998년부터 이른바 「쐐기 문건(Wedge Document)」을 작성하게 됩니다. 이 문건에는 미국에 지적 설계론을 퍼뜨리기 위한 향후 5개년 전략이 담겨 있었는데, 내부용으로 회람되던 것이 1999년에 인터넷을 통해 새어 나왔습니다.

'쐐기 전략'의 가장 중요한 목표는 다음의 두 가지였습니다.[4] "첫째는 과학적 유물론과 그것의 파괴적인 도덕적·문화적·정치적 유산을 물리치는 일이고, 둘째는 유물론적 설명을 인간과 자연이 신에 의해 창조되었다는 유신론적 이해로 대체하는 일입니다."

이 문건이 공개되자 많은 사람들은 DI가 지적 설계론을 내세워 전국적이고 국제적인 운동을 전개하는 궁극적 이유가 무엇인지를 명확하게 알게 되었습니다. 그것은 새로운 과학적 성취에 대한 관심

---

[3] '과학과 문화 갱신 센터'는 2002년에 '과학과 문화 센터(Center for Science and Culture)'로 개명되었다. 개명의 이유에 대해서는 이견이 있다. 센터 관계자는 단지 이름을 좀 더 짧게 하려고 했다지만, 외부인들은 센터가 비종교 세계에 좀 더 큰 영향력을 행사하기 위해 종교적 냄새가 물씬 풍기는 '갱신(renewal)'이라는 단어를 없앴다고 생각하고 있다.

[4] http://www.discovery.org/scripts/viewDB/filesDB-download.php?id=349

을 고취하기 위한 것이 아니라 유신론적 세계관의 확산을 위한 것이었죠. DI는 유신론의 확산을 가로막는 원흉으로서 진화론을 지목했고 그것의 지위를 흔들기 위한 방법으로서 지적 설계론을 들고 나왔던 것입니다. 그리고 이렇게 외치기 시작했습니다. "진화론은 지금 심각한 위기에 직면해 있다. 지적 설계론은 그것을 대체할 수 있는 이론이다. 사람들에게 이 둘 간의 논쟁을 가르쳐야 한다. 열린 마음을 가진 사람들이 현명한 선택을 할 수 있도록."이라고요.

김 선생님도 지적하셨듯이, '지적 설계론'라는 용어 자체는 1989년에 사상과 윤리 재단이 출간한 『판다와 사람에 관하여』에 처음 공식적으로 등장합니다. 이 책은 고등학교 과학 교과서용으로 씌어졌는데,「창세기」의 구절들을 직접적으로 인용하는 창조 과학의 방식과는 달리, 성서를 참조하지 않으면서 '창조'나 '창조론' 등의 용어들을 '지적 설계(ID)' 같은 탈기독교적 용어로 대체하는 전략을 취했습니다. 현명한 선택이었죠. 이 책의 저자들은 지적 설계론이 "생명의 다양한 형태들이 본래의 특성을 가진 상태에서 갑자기 지적 행위자(intelligent agent)에 의해 시작되었다."라고 주장한다고 설명했습니다. 그리고 그 지적인 행위자가 구체적으로 무엇인지에 대해서는 명시적으로 밝히지 않는 전략을 취함으로써 공립 학교 교과서의 최소 요건 중 하나—"특정 종교의 확립에 기여해서는 안 된다."—를 만족시키려 했습니다. 이때부터 출판사는 여러 자원들을 동원해 교육 위원회들이 이 책을 교과서로 택할 수 있도록 홍보와 로비를 펼치기 시작합니다.

지적 설계 운동의 삼인방: 존슨, 비히, 뎀스키

지적 설계론이 『판다와 사람에 관하여』에서 시작된 용어이긴 하지만, 1990년대 전반부에 지적 설계론의 확산에 가장 큰 기여를 한 책은 따로 있었습니다. 그것은 캘리포니아 주립 대학교의 저명한 법 논리학 교수인 필립 존슨이 1991년에 출간한 『심판대 위의 다윈(Darwin on Trial)』입니다. 존슨은 생물학 교육을 공식적으로 받은 적이 없는 사람이었지만, 이 책에서 법의 논리로 현대 진화론의 난점들을 고발하려고 했습니다. 이 책은 곧 베스트셀러가 되었고 지적 설계론은 새로운 유형의 창조론으로 미국 대중의 큰 관심을 끌었습니다. 그는 후속작들을 통해 단순히 진화론 비판에 머물지 않고 과학계의 '방법론적 자연주의' 자체를 문제 삼습니다. 그가 대안으로 제시한 방법론은 '유신론적 실재론(theistic realism)'입니다. 이런 그의 입장은 DI의 「쐐기 문건」에서 적시된 두 가지 목표와 정확히 일치하죠. 그는 1999년에 공화당 텃밭인 캔자스 주의 교육 위원회가 공립 학교에서 생명의 기원을 어떤 이론으로 가르쳐야 할지를 놓고 벌인 일련의 회의에 깊숙이 관여하기도 했는데, 그 과정에서 "논쟁을 가르치라." 캠페인을 시작한 장본인이기도 합니다. DI는 이 모든 전략과 캠페인을 공식화하는 막강한 후원 기관이고 존슨은 DI 산하의 '과학과 문화 센터'에서 고문 역할을 하고 있습니다.

일류 대학의 석학이 든 지적 설계론이라는 깃발은 기존의 창조 과학에 식상해 있던 (교육 수준이 높은) 보수주의 기독교인들의 마음을 움직이기 시작했습니다. '젊은 지구 창조론'을 주장하는 창조 과학자들이 주로 일반 신자들을 교육하는 데 많은 힘을 기울였다면, 지적 설계론 진영의 학자들은 그 일 외에도 주류 학자들과 공개적으로 논쟁하는 것을 피하지 않았습니다. 오히려 그 논쟁을 적극적으로 활용하려 했다고 해야 더 옳을 것입니다. 이런 맥락에서 DI의 '쐐기 전략'과 "논쟁을 가르치라." 캠페인은 지적 열등감을 떨쳐 버리려는 보수주의 기독교계의 몸부림으로 해석될 수도 있을 것입니다. 또한 이 지적 설계론 운동은 '지적 설계자'를 특정하지 않음으로써 개신교의 많은 분파들과 가톨릭을 포함한 유신론 진영을 모두 품는 데 적잖이 성공했습니다. 하지만 이런 관용(?) 때문에 창조 과학에 익숙한 한국 주류 개신교계 일부에서는 지적 설계론을 아직 경계하고 있는 상황입니다.

지난 15년간의 지적 설계론 운동의 역사가 녹아 있는 DI 홈페이지(www.discovery.org)에는 지적 설계론이 다음과 같이 정의되어 있습니다. "지적 설계론은, 세계와 생명의 어떤 특성들은 자연 선택과 같은 방향성 없는 과정보다는 어떤 지적 원인(intelligent cause)에 의해서 더 잘 설명된다는 주장이다."

누군가 깃발을 꽂으면 그 주변으로 사람이 몰리는 법입니다. '다원주의: 과학인가 철학인가?'라는 주제로 1992년에 남부 감리교 대학교에서 열린 한 학회에서 존슨은 향후 지적 설계론 운동을 함께 짊어질 동지들을 만나게 되는데요, 그중에서 마이클 비히와 윌리엄 뎀스키는 존슨과 더불어 지난 10년간의 지적 설계론 운동을 이끈 핵심 논자들입니다.

미국 리하이 대학교의 생화학 교수인 마이클 비히는 1996년에

『다윈의 블랙박스(Darwin's Black Box)』라는 책을 통해 현대 진화론이 세포의 진화조차도 제대로 설명하지 못한다고 주장했습니다. 예컨대, 그는 하나의 편모에도 "환원 불가능한 복잡성(irreducible complexity)"이 존재하는데 그런 복잡성은 다윈의 진화론으로는 도저히 설명될 수 없으며 오히려 지적 설계자의 존재와 개입으로 설명될 수 있다고 결론 내리죠. "진화론이 위기이며 그 대안이 지적 설계론이다."라는 식의 이런 주장은 지적 설계론 운동의 기본 노선에 충실한 경우이긴 하지만, 생물학자로서 그는 법학자인 존슨이 할 수 없는 방식으로 지적 설계론 운동에 기여했습니다. 어쨌든 이 책은 당시 미국 출판계를 강타해 단숨에 베스트셀러가 되었고 지난 10여 년 동안에는 스테디셀러의 자리를 지키고 있지요.[5] 이렇게 폭발적인 반응이 생겨날 수 있었던 것은 이미 1990년대 초반부터 지적 설계론 운동이 대중적 관심을 끌기 시작했고, 전문 생물학자가 메이저 출판사를 통해 주류 진화론을 반박하는 도발적인 책을 내었기 때문일 수도 있습니다.

책에 대한 반응이 뜨거워지자 각종 매체들은 앞 다투어 서평과 인터뷰를 실었는데, 그중 몇몇 저명한 서평지에서는 이 책을 바라보는 진화론자와 창조론자 간의 뜨거운 논쟁을 싣기도 했습니다. "다윈에 도전하는 엄청난 책"이라는 찬사에서 "변장한 창조론에 불과한 쓰레기 같은 책"이라는 혹평에 이르기까지 반응들도 다양했지

---

5 인터넷 서점인 아마존(www.amazon.com)의 키워드 검색에서 "Darwin"을 치면 이 책은 지금도 10위 이내로 검색될 정도이다.

요.⁶ 존슨이 탁월한 법 논리를 전개하는 법학자이긴 하지만 과학의 논리를 잘 아는 과학자는 아니라는 사실 때문에 지적 설계론이 번번이 과학자 공동체에서 문전박대부터 당했던 것에 비하면, 비히에 대한 대접은 지적 설계론 운동이 한 단계 격상되고 있음을 드러내는 증거였죠. 좋든 싫든 생물학자 비히의 주장에 대해서 과학자 공동체는 어떤 식으로든 대응을 해 줘야 했습니다.

『다윈의 블랙박스』의 핵심 개념인 환원 불가능한 복잡성은 어떤 체계를 이루는 여러 부분들 중 하나라도 없어지면 그 체계가 기능을 하지 못하는 그런 복잡성을 뜻합니다. 비히에 따르면, 마치 쥐덫을 이루는 다섯 개의 핵심 부분(해머, 스프링, 걸쇠, 나무 판자, 금속 막대) 중 하나라도 고장 나면 쥐덫으로서의 기능이 정지되는 것과 마찬가지로 세포 수준의 복잡성도 이런 것이어서 다윈의 점진적인 자연 선택론으로는 세포 하나의 존재도 제대로 설명하지 못합니다. 마치 윌리엄 페일리(William Paley, 1743~1805년)가 생화학자로 살아 돌아온 듯합니다.⁷

하지만 생물학자들은 세포 수준의 복잡성과 그것의 진화에 대해

---

6 1997년에 《보스턴 리뷰》에서 비히의 책에 대한 논쟁이 벌어졌는데, 도킨스, 데닛, 코인, 푸투이마와 같은 진화론자들과 비히, 존슨, 벌린스키와 같은 지적 설계론 옹호자들이 참여했다(Boston Review, February/March 1997).
7 기독교 신학자인 윌리엄 페일리는 시계의 정교함에서 시계공의 존재를 추론할 수 있듯이 자연계의 놀라운 적응으로부터 창조자의 존재를 추론할 수 있다고 주장했다. 우리는 이를 '설계 논증'이라 부른다. 이런 맥락에서 현대의 창조론자들은 모두 페일리의 후예들이다.

그동안 많은 연구들을 해 왔으며 진화론적 설명들을 계속 발전시켜 왔습니다. 그래서 많은 이들이 왜 비히가 엄연히 존재하는 진화론적 설명들을 진지하게 고려하지도 않았는지, 또 더 나은 진화론적 설명을 찾기 위해 노력하지 않았는지 잘 모르겠다고 불평합니다. 실제로 비히는 『다윈의 블랙박스』를 출간하기 전에 자신의 분야에 종사하는 동료 연구자들로부터 그 어떤 학문적 피드백도 받지 않았습니다. 매우 비정상적인 경우이죠.

한편, 신학계도 비히의 손을 들어 주지 않은 것 같았는데요, 그것은 비히가 환원 불가능한 복잡성을 통해 신학적 변증을 이끌어내는 데 너무 성급했기 때문인 것 같습니다. 만일 그의 주장처럼, 기존의 과학으로 설명하기 곤란한 부분이 있고 지적 설계론으로 그 부분이 잘 설명된다고 해 보죠. 그런데 어느 날 그 부분에 대한 더 나은 진화론적 설명이 제시되었다면 어떻게 되겠습니까? 그렇게 되면 그의 신은 설명의 간격을 메우는 땜질용 방편으로 전락하게 될 터이고, 과학의 발전으로 인해 그 간격은 점점 더 축소될 것입니다. 특히 과학적 성과들을 존중하는 신학자와 종교학자에게 이런 결론은 받아들이기 힘든 것입니다. 예를 들어, 세포 진화에 대해 비히도 흔쾌히 받아들일 만한 진화론적 설명이 조만간 누군가에 의해서 제시된다면 틀림없이 그 간격은 줄어들 것이고 따라서 신의 활동 범위는 점점 줄어들 것입니다. (이 대목에서 다음 번 편지에서 신 선생님께서 지적 설계론의 신학적 쟁점들을 좀 정리해 주시면 더 좋을 것 같아요) 어쨌든 이런 곤경에서 지적 설계론을 구제할 수 있는 길은 없는 것일까요?

윌리엄 뎀스키는 바로 이 취약점들을 정면 돌파하며 지적 설계론

이론의 지위를 한 단계 높이려 시도한 사람입니다. 그는 시카고 대학교에서 수학 박사 학위를 받았고(1988년), 일리노이 대학교 시카고 캠퍼스에서 철학 박사 학위를 받았으며(1996년), 그것도 모자라 같은 해에 프린스턴 신학 대학에서 신학 석사 학위까지 받은 공부 욕심이 많은 소장 학자인데요, 그가 여타 지적 설계론 옹호자들보다 두드러진 면은 학위의 수만이 아닙니다. 그는 이른바 지적 설계론 삼인방—존슨, 비히, 뎀스키—중에서 가장 왕성한 집필 활동을 하고 있고, 케임브리지 대학교 출판부에서 자신의 철학 박사 학위 논문을 출판할 만큼 학문적 잠재력을 갖추었으며, 다른 이들과 달리 자신의 블로그를 통해 온라인에서도 활발히 활동하고 있는 신세대 논객이거든요.[8]

그는 1999~2005년에 기독교 계열 학교인 베일러 대학교의 마이클 폴라니 센터(Michael Polanyi Center)에서 연구했으며, 현재는 남서부 침례교 신학 대학의 연구 교수로 재직 중입니다. 물론 그는 1996년부터 현재까지 DI의 과학과 문화 센터의 특별 연구원이기도 합니다. 그는 책도 많이 썼습니다. 『설계 추론(Design Inference)』(1998년) 외에 『설계 혁명(The Design Revolution)』(2004년), 『공짜 점심은 없다(No Free Lunch)』(2002년) 등 6권의 단독 저서가 있고, 저명한 생물 철학자 마이클 루스와 함께 편집한 『설계에 대해 논쟁하기(Debating Design)』(2004

---

8 그의 홈페이지는 http://www.designinference.com/이고 블로그는 http://www.uncommondescent.com/이다. 그의 『설계 추론』은 케임브리지 대학교 출판부에서 출간된 단행본으로 이루어진 베스트셀러 목록에 오를 정도로 많이 팔렸다.

년)를 비롯한 총 6권의 편저가 있습니다.

그중에서 그의 『설계 추론』은 이런 왕성한 활동을 할 수 있게 만든 지적 원천입니다. 그에 따르면, 자연적으로 생긴 복잡성을 능가하는 또 다른 종류의 복잡성이 이 세상에 존재하는데, 그런 현상들은 "설계 추론"을 통해서만 설명될 수 있다고 합니다. 그는 그런 종류의 복잡성에 "특정화된 복잡성(specified complexity)"이라는 용어를 붙이면서 그것을 우연성이나 복잡성과 구분하려 했죠. 쉽게 말하면, 자연적 과정으로는 도저히 일어날 수 없는 특정한 복잡성은 지적 설계자의 개입으로밖에 설명할 수 없다는 논리입니다. 이런 발상은 진화론을 비판하고 유신론적 과학 방법론을 제시하려는 지적 설계론 운동의 기본 노선과 정확히 일치합니다. 흥미로운 점이 있다면 뎀스키는 확률 이론과 정보 이론을 통해 비히와 똑같은 결론에 도달했다는 사실이죠. 그러나 과학 철학자들은 그의 현란한 확률 테크닉 뒤에 작동 불가능한 끼워 맞추기식 과학 방법론만이 덩그러니 남아 있다고 지적하고 우연성, 복잡성, 특정성을 구분하는 그의 '설명 필터(explanatory filter)' 이론 또한 작위적이라고 비판해 왔습니다.

주류 학계의 이런 비판들에도 불구하고 지적 설계론 운동의 삼인방이 펼친 지난 활동들은 미국의 진화 vs. 창조 논쟁에 새 국면을 가져다줬다고 봅니다. 그것은 크게 다음의 다섯 가지로 요약될 수 있을 것 같아요. 첫째, 음지의 창조론을 대중들의 관심 속으로 끌고 왔습니다. 둘째, 성서를 직접적으로 인용하지 않음으로써 진화 vs. 창조 논쟁의 구도를 무신론 vs. 유신론의 구도로 확장시켰죠. 셋째, 적어도 외양적으로는 학문적 능력을 갖춘 논자들이 전면에 나섬으로써 보수 엘리트 세력의 지지를 받게 되었습니다. 넷째, 지적 설계론 옹호자들은 싱크 탱크인 DI를 통해 각종 전략과 캠페인을 세우고 계획적이고 조직적인 활동을 전개했습니다. 다섯째, 지적 설계론 옹호자들은 지적 설계론 교과서 채택과 지적 설계론의 공교육 침투를 위해 법적인 투쟁을 꾸준히 전개해 왔습니다. 김 선생님도 언급하셨던 미국 펜실베이니아 주 도버 지역에서 벌어진 최근의 법정 싸움은 지적 설계론 운동의 이 모든 특성들이 집약된 재판이었습니다. 저도 조금 부연할게요.

2005년 도버 카운티의 교육 위원회는 학교에서 진화론과 함께 지적 설계론을 가르치라고 결정을 내렸습니다. 이에 11명의 학부모와 미국 시민 자유 연맹(ACLU)의 교육 위원회는 1987년 연방 법원의 "공립 학교에서는 창조론을 과학 이론으로 가르쳐서는 안 된다."라는 판결을 이번 결정이 심각하게 훼손했다면서 소송을 제기했죠. 학부모인 태미 키츠밀러(Tammy Kitzmiller) 등이 미국 연방 법원에 제기한 소송은 2005년 9월 26일에 시작되어 같은 해 12월 20일에 막을 내렸습니다. 이 재판에 전문가 증언으로 참여한 학자들은 대표적으로 다음과 같은데요, 지적 설계론의 옹호자로는 지적 설계론계의 슈퍼스타였던 마이클 비히 교수와 저명한 과학 사회학자 스티븐 풀러(Steven Fuller) 영국 워릭 대학교 교수 등이 참여했고, 반대자로는 브라운 대학교의 케네스 밀러 교수(생화학 전공)와 미국 미시건 주립 대학교의 과학 철학자 로버트 페녹(Robert Pennock) 교수 등이 참여했습니다. 담당 판사인 존 존스 3세(John E. Jones III)는 무려 139쪽에 달하는 판결문을 통해 "지적 설계론은 창조론의 한 형태이며 과학이 아니기 때문에 그것을 학교에서 진화론과 함께 가르치라는 도버 카운티 교육 위원회 측의 결정은 미국 수정 헌법의 제1조인 국교 금지 조항을 어긴 위법"이라고 판결했습니다.[9]

이 판결로 지적 설계론을 학교에서 가르치려는 운동은 일단 법적인 제재를 받게 되었습니다마는, 반창조론 운동에 앞장서 온 미국 과학 교육 센터(National Center of Science Education, NCSE)의 유제니 스콧(Eugenie C. Scott) 소장은 "과거에도 보수 기독교인들의 반발이 있었지만 최근만큼 심한 적은 없었다."라고 평가합니다. 미국 51개 주 가운데 진화론 수업을 줄여야 한다든지 창조론도 같이 가르쳐야 한다는 요구를 하는 주가 무려 31개 주에 이를 정도입니다.

물론 이런 현상이 기독교 국가라 할 수 있는 미국의 독특한 현상이라고 말할 수도 있을 것입니다. 아니면 다윈이 미국이 아닌 영국의 과학자라 그런지도 모를 일입니다. 하지만 다윈의 나라 영국에서도 최근에 "창조론도 끼워 줄 수 있는 것 아니냐."는 목소리가 울리기 시작했습니다. 2006년 1월 영국의 BBC 방송국이 조사한 바에 따르면 2000명의 응답자 중 40퍼센트 이상이 창조론이나 지적 설계론을 학교 과학 수업에서 가르쳐야 한다고 답했습니다. 구체적인 질문과 응답은 다음과 같습니다.

질문 1 생명의 기원과 발생을 가장 잘 기술해 주는 이론은?

---

9 http://www.pamd.uscourts.gov/kitzmiller/kitzmiller_342.pdf

1) 창조론(창조 과학 포함) 22%

2) 지적 설계론 17%

3) 진화론 48%

4) 모르겠음 13%

질문 2 어떤 과목(들)이 학교 수업에서 가르쳐져야 한다고 보는가?

1) 창조론 44%

2) 지적 설계론 41%

3) 진화론 69%

이런 결과에 대해 영국 왕립 학회의 회장은 "다윈이 이미 150년 전에 제창해 오늘날 방대한 증거들로 지지받고 있는 진화론이 일반인들에게 여전히 의심을 받고 있다는 사실은 정말 놀라운 일"이지만, "영국은 미국과는 달리 주요 종교 분파 중에서 진화론을 과학 수업에서 빼자고 주장하는 집단이 없다는 사실이 다행스럽다."라고 자위하고 있습니다. 개탄스러운 일이죠.

물론 진화론을 여전히 현대 생물학의 중요한 근간으로 여기고 있는 대다수의 미국 과학자들은 이런 일련의 흐름을 매우 걱정스럽게 보고 있습니다. 가령 최근《뉴욕 타임스》는 저명한 과학자의 입을 빌려 "지적 설계론은 과학 이론이 아니다."라고 선언했고[10] 전 세계의

---

10 2005년 8월 22일자《뉴욕 타임스》는 "A Debate Over Darwin: Evolution or Design"라는 제목의 기사를 통해 미국 내 지적 설계론 운동에 대해 자세히 다룬 바 있다.

가장 큰 과학자 집단인 미국 과학 진흥 협회(American Association for the Advancement of Science, AAAS)의 회장은 "지적 설계론에는 과학이 없으며 과학적으로 대답될 수 있는 질문조차 없다."고 일축했습니다.[11]

지적 설계론 흥행 몰이는 백일몽일 뿐

영화 산업에 비유하자면, 어쨌든 지적 설계론은 흥행 몰이에는 성공한 것 같았습니다. 하지만 그들에게는 냉혹한 평가가 기다리고 있었습니다. 지적 설계론의 질주에 대해 주류 생물학계와 지성계의 반응은 과연 어땠을까요? 흥미롭게도 이들의 반응은 한마디로 "어이가 없다."는 것이었습니다. 하나같이 "진화론에 무슨 위기가 있고 진화론과 지적 설계론 간에 무슨 논쟁이 있느냐."는 반응을 보였죠. 즉 지적 설계론 옹호자들의 주요 주장과 전략, 그리고 캠페인 등이 과학 공동체가 입증된 것으로 받아들이는 이론과 사실에 기반을 두고 있지 않고, 유신론적 세계관을 선전하려는 종교적·정치적 수사에 지나지 않는다는 것이었습니다. 미국 과학자 사회는 지적 설계론 운동이 미국에서 더 이상 무시할 수 없는 흐름이 되었다는 판단을 내리고, 그동안 펼쳤던 '무시 전략'을 재고하기에 이릅니다.

1996년에 출간된 『지적 사고(Intelligent Thought)』는 주류 과학자 사

---

11 창조론 교육을 반대하는 AAAS의 입장은 다음 홈페이지에 나와 있다. http://www.aaas.org/news/releases/2006/pdf/0219boardstatement.pdf

회의 대(對)지적 설계론 전략이 변화했음을 알리는 중요한 책입니다. 이 책은 세계 지성계에서 가장 영향력 있는 출판 편집자로 불리는 미국의 존 브록만이 편집하고 16명의 세계적 석학들이 지적 설계론에 대한 자신의 비판적 입장을 전개한 대표적인 지적 설계론 비판서입니다. 혹시 두 분 선생님께서는 읽어 보셨는지요. 필진에는 저명한 생물학자, 철학자, 심리학자, 인류학자, 역사학자, 물리학자 들이 포함되어 있는데, 예를 들어 우리에게 익숙한 대니얼 데닛과 리처드 도킨스는 물론이고, 시카고 대학교의 진화 생물학자 제리 코인(Jerry A. Coyne), 하버드 대학교의 진화 심리학자 스티븐 핑커 등 이름만 들어도 알 만한 대가급의 학자들이 함께 참여했습니다. 이런 필진들이 지적 설계론 하나만을 다루기 위해 함께 모였다는 사실 자체가 하나의 뉴스거리죠.

이들은 모두 지적 설계론이 과학계의 사실들을 왜곡하고 있다고 비판합니다. 비판의 요지를 제 방식대로 재구성해 볼게요. 일본이 조선을 강제로 점령하지 않았다고 기술돼 있는 역사 교과서가 있다고 해 보죠. 그리고 그 저자들이 지금 교육부를 방문해 연일 시위를 하고 있다고 해 봐요. 또 일부 인사들은 그 교과서의 채택을 목표로 고위층 로비에 열을 올리고 있습니다. "한쪽 입장만 가르치는 것은 공정하지 않다. 양쪽 입장을 모두 가르쳐라." 이 얼마나 근사해 보이는 논리입니까!

몇 년 전에 일본에서 이와 유사한 움직임이 있어서 크게 뉴스화된 적이 있었습니다. 하지만 우리 국민과 다수의 일본 지식인들은 그런 '운동'에 주저 없이 "역사 왜곡", "사실 왜곡"이라는 꼬리표를 달아 췄습니다. 왜냐하면 강제 점령의 증인들이 지금도 살아 있기 때문입니다. 수많은 증거들을 보았을 때 적어도 일제의 조선 강점에 대해 '논란의 여지'는 없어야 합니다. 이 역사적 사실 앞에 '양쪽 입장'은 있을 수 없는 것이죠.

『지적 사고』의 필진들은 과학 영역에서 이와 비슷한 사건들이 지금 미국에서 일어나고 있다고 개탄하고 있는 것입니다. 지적 설계론을 믿는 창조론자들이 생명이 자연 선택을 통해 진화하지 않았다고 주장하며 각 주의 교육 위원회를 압박하고 있고, 급기야 보수주의 기독교 인사들의 로비에 편승한 부시 대통령은 최근에 "국민들이 상충하는 견해들을 이해할 수 있도록 진화론과 지적 설계 가설 간의 논쟁을 함께 가르치는 게 좋지 않겠나."라며 한 수 거들기까지 하지 않았습니까?.

대표적인 과학적 무신론자인 데닛은 "이 둘 사이에 '논쟁'이란 게 실제로 있는가?"라고 반문합니다. 지적 설계론 운동의 공정해 보이는 듯한 태도 뒤에는 과학적 사실에 대한 외면과 왜곡이 숨어 있다는 지적이죠. 그에 따르면, 지적 설계론의 기본 전략은 공개적으로 진화론을 오해하거나 오용해 놓고는 생물학자들이 그에 대해 마지못해 몇 마디 대꾸하면 "거봐라 여기에 논쟁이 있지 않느냐."라는 식이라는 거죠. 또, '성의 진화', '인간 마음의 진화', '자연 선택의 힘' 등과 같은 진화론 내부의 진짜 논쟁들을 부풀려 마치 진화론이 좌초 직전에 있는 양 떠벌립니다. 그리고 마지막으로 딱 한마디만 덧붙이죠. "그러니 지적 설계론이 옳을 수밖에." 하지만 『지적 사고』의 필진들은 이런 전략은 마치 일본 보수 우익들의 '망언'과 비견될 만큼 과학의 진실을 왜곡하는 저질스러운 행동이라고 규탄합니다.

진화론을 훌륭한 과학으로 받아들이는 절대 다수의 학자들은 이렇게 지적 설계론 운동에는 진짜 과학이 없다고 단언합니다. 거기에는 과학자라면 누구나 참여해야 할 논문 심사 시스템이 없고, 혹시 학회와 학술지가 있을라치면 그것은 늘 '그들만의 리그'일 뿐입니다. 그러니 연구 프로그램과 그 성과물이 있을 리 없습니다. 반면 어떻게든 교과서는 만듭니다. 또한 대중 강좌 프로그램은 바쁘게 돌아갑니다. 왜냐하면 과학의 내용과 논리에 익숙하지 않은 대중이 그들의 고객이기 때문입니다. 불행히도 이것은 바로 사이비 과학의 전형적인 징표이죠.

예컨대 데닛은 지적 설계론 운동과 진화론을 다음과 같이 비교합니다. "진화 생물학은 생물학자들을 당황스럽게 만드는 모든 것들에 대해 확실한 설명을 제공하진 못해 왔다. 하지만 지적 설계론은 그 어떤 것에 대해서도 설명하려는 시도조차 아직 하지 않았다." 이런 의미에서 지적 설계론을 과학 수업 시간에는 얼씬거리지도 못하도록 해야겠지만, 현안이나 정치, 사회 현상 등을 다루는 사회과 수업에서는 오히려 좋은 소재로 다룰 수 있을 것입니다. 소위 혈액형 심리학, UFO학, 심령술, 토정비결과 마찬가지로 말입니다. 아, 우리에게는 황우석의 인간 줄기 세포 스캔들도 있었군요! 이건 이제 과학의 주제가 아니라 인문 사회학의 소재잖아요.

지적 설계론을 과학계에서 추방하고자 하는 『지적 사고』 필진의 한목소리를 저는 매우 중요하게 생각하고 있습니다. 저는 9·11 테러와 더불어 지적 설계론 운동이 미국 사회에서 새로운 지성 운동을 촉발시키는 계기가 되었다고 생각합니다. 무신론자들은 원래 개인 플레이에 능한 사람들이잖아요. 상대적으로 자존심도 강하고 잘 뭉치지 않는 사람들인데요, 이들이 '반(反)지적 설계론'을 목표로 한데 뭉쳤다는 사실이 매우 흥미롭습니다. 예컨대 진화론의 쟁점들에 대해서는 서로 앙숙처럼 싸웠던 이들도(가령, 도킨스와 코인), 지적 설계론 운동의 '어이없음'을 고발하기 위해서 한 배를 탔거든요. 이런 맥락에서 『지적 사고』는 어쩌면 한 권의 편저서 이상의 의미를 담고 있는지도 모르겠어요. 꼭 한번 읽어 보시길 바랍니다.

국내에도 창조 과학에 식상한 젊은 기독교인들을 중심으로 해서 국제적인 지적 설계론 운동에 동참하는 집단들이 생겨났습니다. 그 중 가장 대표적인 것이 서울 대학교의 동아리인 '서울 대학교 지적 설계 연구회'입니다. 이 모임은 1998년 11월, 창조론과 기독교적 학문 연구에 관심을 가지고 있던 대학원생들을 중심으로 서울 대학교 '창조 과학 연구회'라는 이름으로 시작되었습니다. 회원들은 기독교적 학문 연구의 가능성, 다양한 창조론에 대한 조망, 그리고 최근에 활발하게 전개되고 있는 지적 설계 운동 등을 중심으로 함께 공부하며 여러 가지 관련된 사업을 추진하고 있습니다. (홈페이지도 있습니다. http://scr.creation.net/)

또한 몇몇 현직 교수들과 서울 대학교 지적 설계 연구회의 젊은 멤버들이 주축이 되어 '지적 설계 연구회(KRAID)'라는 연구 단체가 2004년 8월 21일에 발족했더군요. KRAID의 구성원들은 스스로 미국 지적 설계론 운동의 기본 전략을 그대로 따라가겠다는 의지를 분명히 밝히고 있습니다. (이 주소로 한번 들어가 보십시오. http://

intelligentdesign.or.kr/about/a02.htm)

　사실 몇 년 전에 모 일간지의 한 면에서 지적 설계론 운동에 관한 논쟁이 있었어요. 두 분은 보셨는지 모르겠군요. 기자가 미국에서 벌어지고 있는 지적 설계론 운동을 소개하고 지적 설계 연구회의 회장인 모 대학 공대 교수가 찬성 입장을, 그리고 어쩌다 제가 반대 입장을 개진하는 식이었죠. 저는 갑작스러운 부탁에 전체 기획이 무엇인지도 잘 모른 상태에서 주어진 원고를 보냈었는데요, 나중에 나온 기사를 보고 불쾌하기 짝이 없었습니다. 결과적으로 지적 설계론을 옹호하는 쪽의 지면이 전체의 3분의 2 정도였고 제 글은 구석으로 밀려 있더군요. 사태 파악이 제대로 안 된 독자의 입장으로는, 진화론이 마치 지적 설계론에 대드는 형국처럼 보일 것 같았습니다. 좋게 해석해 본다면, 진화론이 지적 설계론의 거센 도전에 주저앉기 직전 상태에 있다는 식으로 비쳤을 것입니다.

　국내 주류 기독교의 지지를 받고 있는 창조 과학이나 젊은 엘리트 기독교인 층의 관심을 받고 있는 지적 설계론은 세부적인 측면에서는 서로 다르지만 모두가 유신론을 과학에 억지로 입히려는 시도라는 측면에서 유사해 보입니다. 또한, 한국의 창조론 진영은 미국의 창조 과학을 그대로 수용했던 1980년대와 마찬가지로, 1990년대에는 미국의 지적 설계론을 국내에 소개하는 일에 주력해 왔습니다. 즉 내용과 전략 면에서 철저히 미국 기독교 진영을 그대로 따라했다고 볼 수 있습니다. 직수입 대리점인 셈이죠. 단 한 가지 예외가 있다면, 아직 국내에서는 지적 설계론을 과학 수업에 가르치기 위한 법정 투쟁 같은 게 없다는 점이죠.

김 선생님께서 지적하셨듯이, 우리 같은 다종교 사회에서는 공립 학교를 전선으로 한 전면전은 힘들겠지만, 기독교 재단의 사립 학교에서는 시도될 가능성이 낮지 않습니다. 그리고 지금도 교사 직무 연수 같은 형태로 창조 과학이 슬그머니 과학 수업의 문지방을 넘어 들어오고 있습니다.

저는 창조 과학이나 지적 설계론의 옹호자들이 좀 정직하게 논쟁을 걸어 왔으면 좋겠습니다. 자신의 위치가 어딘지를 좀 정확히 인정한 상태에서 출발을 하면 그나마 논의가 될 것 같은데요, 그들은 절대로 그렇게 하지 않는 것 같아요. 그들은 자신들 앞에, 150년 동안 셀 수 없이 많은 과학자들이 검증하고 활용해 온 진화론이라는 커다란 산이 우뚝 서 있다는 사실을 직시해야 합니다. 그래야 차근차근 산을 올라 다른 산으로 가기도 할 수 있는 것 아니겠습니까? 창조론자들을 보면 뒷산에 몇 번 올라가 보고는 에베레스트를 정복할 수 있다고 떠벌리는 사람들 같아요.

창조론 이야기를 하다 보니 너무 길어졌네요. 국내의 진화 vs. 창조 논쟁사에 참여해 온 경험 탓이겠죠. 김 선생님도 아주 개인적인 '나의 창조 과학 탈출기'를 보내 주셨고, 저도 이번에 '나의 진화 vs. 창조 논쟁사' 같은 경험담을 보내 드렸으니, 이제 신 선생님의 답장이 기다려집니다. 목사이시고 신학자이시니 저희 둘과는 또 다른 독특한 경험들이 있으실 것 같아요. 한번 풀어놓아 주시죠. 기대하겠습니다.

저희는 한국으로 돌아가기 전에 가능한 한 많이 미국 여행을 하고 싶은데요, 경비가 문제네요. 다음번 편지는 나이아가라 폭포 같은 곳에서 쓰면 멋질 것 같은데, 가능할지 모르겠습니다. 건강하십시오.

2007년 5월 9일
보스턴에서
장대익 올림

이 편지에 대하여

신재식 교수가 '나의 창조 vs. 진화 논쟁 관전기'라고 제목을 붙인 이 편지는 단순한 관전평에 머물지 않는다. 창조 과학과 지적 설계론이 과학적으로 문제 있는 주장이라는 데에서 한 걸음 더 나아가 신학적으로도, 종교적으로도 기독교에 해악만 가져다주는 신앙 운동이라고 일갈한다. 또 창조 과학과 지적 설계가 한국 사회에서 융성한 이유를 분석하면서 이 반지성적 신앙 운동이 한국 기독교계의 보수성을 보여 주는 징후가 아닌지 비판한다. 과학과 종교의 관계에 대한 성찰에서 자신들이 듣고 싶어하는 것만 듣고, 자신들이 믿고 싶은 것만 믿는 한국 교회의 보수성에 대한 자성과 비판으로 이어지는 한 목회자의 고뇌를 이 편지에서 확인할 수 있을 것이다.

편지| 4.3
창조 과학과 지적 설계론, 사이비 종교 운동이 기독교를 잡다

김윤성 선생님과 장대익 선생님께

이번 봄 학기도 거의 다 지나가는군요. 장 선생님은 귀국을 앞두고 있으니 시간이 더 빨리 지나가는 것처럼 느낄 겁니다. 두 분 선생님의 경험이 담긴 '탈출기'와 '논쟁기'를 재미있게 읽었습니다. 김 선생님께서 창조 vs. 진화 논쟁의 배경을, 장 선생님께서 과학적 측면을 이미 언급하셨기 때문에, 저는 신학자로서 이 논쟁의 신앙적 또는 신학적 측면을 주로 말씀드리죠. 두 분 선생님의 제목에 운율을 맞춘다면, 이 편지는 '나의 창조 vs. 진화 논쟁 관전기'에 해당하겠네요. 한국 교회에서 흥행에 성공한 창조 과학에 대한 평가가 될 듯합니다.

저는 진화론을 받아들이는 창조론자입니다

먼저, 창조 vs. 진화 논쟁에 대한 제 입장을 밝히고 시작하죠. 저는 진화론을 수용하면서 신학 작업을 하는 유신론자입니다. 목사로서 저는 진화가 기독교에 도전이지만 동시에 제 신앙과 신학을 다시 성찰하게 해 주는 기회라고 생각합니다. 신학자로서 저는 진화가 신과 세계, 생명을 해명하는 기독교 신학에서 아주 유용한 개념이라고 확신합니다. 어쩌면 진화라는 사유의 틀은 기독교 신학을 형성하는 데 결정적인 역할을 했던 고대 그리스의 플라톤이나 아리스토텔레스 사상만큼이나 중요한 역할을 할 것이라고 봅니다.

또한 과학 이론으로서 진화론은 '여전히' 생명 세계를 아주 잘 설명하는 강력한 이론이라고 판단합니다. '여전히'라 함은 과학적 측면에서 진화론에 대한 논의는 '앞으로도 계속'될 것이고, 이에 대해 제가 계속해서 비판적으로 주시할 것이라는 의미이죠. 그러나 진화론을 형이상학적 자연주의나 유물론적 무신론을 이념적으로 확장하기 위한 도구로 사용하는 입장이나, 진화론이 생명에 대한 '유일한' '충분한' 설명이라는 과학적 환원주의에는 아주 비판적이고요.

이런 저를 창조 vs. 진화 논쟁에 자리 매김한다면 '진화론적 유신론자'나 '진화론적 창조론자'라고 할 수 있을 겁니다. (용어의 통일성을 고려하자면 이 용어가 진화론적 유신론보다 더 적절할 수 있습니다. 그렇지만 저는 신학적 입장을 좀 더 포괄적으로 함축하는 '진화론적 유신론'을 선호합니다.)

보수적인 기독교인들은 진화론을 수용한 입장을 '유신론적 진화론(또는 유신 진화론)'이라고 하는데, 제가 보기에 적절하지 못한 용어입니다. 이 명칭을 고집하는 데는 특정 의도가 깔려 있다고 보기 때문입니다. '유신론적 진화론'은 유신론이 수식어 역할을 하면서 '진화론'이라는 과학적 측면을 은연중에 강조하고 있습니다. 실제로 늘

'과학적' 측면을 강조하는 창조 과학이나 지적 설계론의 옹호자들이 이 명칭을 선호하죠. 창조 vs. 진화 논쟁이 '과학'이라는 링에서 승부를 벌이는 것처럼 보이길 원하는 이들은, 진화에 대한 기독교의 다양한 입장을 전부 다 '과학'으로 보이도록 하는 것이 중요하니까요. 자신의 정체를 감추려는 표현입니다. 그렇지만 저의 입장인 진화론적 유신론은 진화를 수용하고 신학적으로 성찰하는 '신학적' 입장, 즉 '종교적' 입장이지 '과학적' 입장이 아닙니다.

서두가 길었습니다. 그럼 제가 창조 과학과 지적 설계론을 비롯해 창조 vs. 진화 논쟁을 어떻게 보는지 먼저 밝히죠. 우선 저는 기독교에는 진화론에 대한 입장이 거부에서 수용까지 다양하다는 것을 강조합니다. 창조 vs. 진화 논쟁은 둘 중 하나를 선택해야만 하는 양자택일의 문제가 아니죠. 창조 과학이나 지적 설계 운동이 양자택일을 강요하고 있죠. 이들은 본질적으로 과학 운동이 아닙니다. 과학계 밖, 종교계 안에 있는 제 입장에서 봤을 때 이 운동은 뿌리도 동인(動因)도 기독교 신앙에 둔 종교 운동일 뿐입니다. 게다가 과학과 종교를 동시에 왜곡하는 문제 많은 운동입니다. 잘못된 신앙 행태를 조장하고, 기독교의 핵심을 왜곡하고 있기 때문이죠. 저는 한국의 기독교계가 창조 과학과 지적 설계론이 주는 미망에서 빠져나와야 한다고 주장합니다.

창조 과학과 지적 설계론, 과학이 아니라 종교입니다
게다가 문제가 많은 신앙 운동입니다

먼저 창조 과학과 지적 설계론에 대한 저의 관점을 말씀드리죠. 장 선생님께서 지적 설계론의 과학적 문제를 지적하시면서, 이 운동과 이론의 신학적 문제를 질문하셨기에 저는 주로 신학적 측면에서 말씀드리려고 합니다. 여기에는 진화론을 수용하는 신학자이자 목회자인 제 입장이 당연히 반영되어 있습니다.

창조 과학의 '과학적' 주장은 크게 두 측면으로 나눌 수 있죠. 진화론을 비판하는 측면과, 성서의 창조 이야기가 역사적 사실임을 증명하는 측면이 그것이죠. 저는 이 둘 모두 과학이 아니라고 단정합니다. 이들이 사용하는 방법이 전혀 과학적이지 않기 때문입니다. 이들은 진화론을 비판하고, 자신들의 신학적 입장을 정당화하기 위해, 우리가 접할 수 있는 수많은 자료 가운데 의도적으로 일부만을 취사선택하고 정교하게 가공합니다. 그리고 이것을 '경험'에 바탕을 둔 '참' 과학이라고 우깁니다.

때에 따라서는 진화론자들이 진화를 옹호하기 위해 언급한 자료마저 창조 과학을 뒷받침하는 증거로 둔갑하죠. 이들이 제시하는 '과학적 증거'라는 것은 자신의 신학적 전제이자 결론을 합리화하는 것들뿐입니다. 즉 그들이 믿는 신학적 입장이 자료를 선택하고 가공하는 기준인 거죠. 창조 이야기의 문자주의적 해석이나 교조주의적인 신념을 빼면, 창조 과학의 논의에서 뭐가 남을까요? 아무것도 없습니다.

둘째, 지적 설계론에 대해 말씀드리죠. 장 선생님의 지적처럼, 지적 설계론은 기본적으로 진화론이 설명하지 못한다고 '믿는' 사례를 제시하면서 '틈새'를 파고드는 전략을 취하고 있죠. 지적 설계론이 과학이라고 주장하는 한 신학자가 그 정당성이나 오류를 판정하는 일에 그렇게 관심을 가질 필요는 없을 듯합니다. 이건 과학자의 몫이지요. 다만 제가 말씀드리고 싶은 것은, 지적 설계론이 하나의 연구 프로그램으로서 진화론과 경쟁하는 과학 이론이라면 이 둘을 동일한 기준을 가지고 비교해야 한다는 겁니다. 자연 현상에 대한 설명력, 일관성, 예측 가능성 등의 조건을 가지고 얼마나 제대로 된 이론인지 비교해 보자는 것이죠. 물론 장 선생님의 말씀처럼 자연 과학자들은 이런 시도 자체를 연금술과 화학을 똑같이 과학으로 대우하는 것처럼 이미 다 끝난 논쟁을 다시 하라는 것처럼 느껴져 무지 싫어하겠지만, '맞장'을 뜨라는 거죠. 그렇다면 그 설계자의 정체까지 답이 나오지 않을까요?

또 지적 설계론 운동을 하는 사람도 그렇습니다. 명시적으로 신이나 기독교에 대해서 언급하지 않는다고 해서 과학이 될 수는 없죠. 실제로 지적 설계론은 기독교 신앙을 변증하기 위한 게 아닌가요? 기독교인이 빠진 지적 설계 운동은 상상할 수 없습니다. 차라리 기독교 신앙 변증이라고 대놓고 이야기하는 것이 더 정직한 태도로 보입니다.

좀 더 신학적 관점에서 창조 과학과 지적 설계론에 대해서 다소 직설적으로 말씀드리지요. 신학자인 제 눈에는 이 둘 모두 신앙 운동입니다. 두 운동 모두 기독교 신앙을 제거한다면, 사실상 존립 근거를 잃게 되기 때문이죠. 두 가지 측면에서 이들의 문제를 짚어 보겠습니다.

첫째, 종교와 과학의 관계를 제대로 이해하지 못하고 있습니다. 진화론이 오류이면 창조론은 저절로 정당성이 증명된다? 창조 과학이나 지적 설계론 모두 양자택일을 강요하는 아주 편향적인 흑백 논리에 빠져 있습니다. 갑이라는 이론이 특정한 사례를 해명하지 못한다면, 을이라는 이론이 옳다는 논리이죠. 진화론이 설명하지 못하니까 창조론이 옳다고 생각하는 것이죠. 이들은 종교와 과학이 하나의 링 위에서 경쟁하고 있다고 보고, 과학에서 발견된 오류를 자신들의 정당성을 담보하는 증거로 이해합니다.

이 때문인지 모르겠지만, 창조 과학이나 지적 설계론의 주장자들은 자신들의 이론을 제대로 된 과학 이론으로 발전시키려고 노력하는 것이 아니라, 진화론 비판에 열을 올립니다. 그들이 하는 일은 진화론이 설명하지 못하는 예외 사례 찾기가 거의 전부라고 해도 크게 틀린 것은 아닙니다. 설사 진화론이 정말 과학적으로 오류라고 증명되었다고 하더라도, 창조 과학이나 지적 설계론이 저절로 맞는 과학 이론이 되는 것은 아닙니다. 진화론의 오류 여부를 떠나 창조 과학이나 지적 설계론이 진짜 과학이 되는 것은 또 다른 문제이죠.

종교와 과학은 양자택일의 문제가 아닙니다. 진화론을 선택하는 순간 신앙이 배제된다고 생각하는 것 자체가, 기독교 신앙과 진화론을 동일한 영역이나 동일한 수준의 논의로 보는 오류에 빠지는 겁니다. 명시적으로 성서를 인용하는 창조 과학은 종교적 언어와 과학적 언어를 동일한 선상에서 비교하고 평가하는 겁니다. "내 아내가 세상에서 제일 예쁘다."라고 말하는 '고백'과, 아내의 실제 모습을 키, 몸무게, 외모 등으로 묘사하는 '기술'의 차이마저 모르거나 무시하는 것이죠. 아니 어쩌면 이들은 자기 아내의 키와 몸무게와 외모를 기준으로 만드는 작업을 하고 있다고 해야 할 겁니다.

둘째, 목회적인 차원에서도 문제가 있습니다. 교회 현장에서 보면 창조 과학이나 지적 설계론의 주장에 대해 대부분 교인들은 환영하고 안도합니다. 왜 그럴까요? 한국 교회가 창조 과학과 지적 설계론의 주장을 제대로 평가를 할 능력이 부족한 것도 큰 문제입니다. 그러나 더 근원적인 원인은 오늘날 기독교인들이 과학에 대해 가지고 있는 피해 의식과 두려움입니다. 과학이 이 시대의 사제가 된 이래, 종교는 열등한 것이고 신앙 지식은 유사 지식이라는 의식이 우리 마음속에 있습니다. 이런 상황에서 듣고 싶은 소리가 들립니다. "자, 여러분! 여러분의 신앙이 진짜라는 것이 과학적으로 증명되었습니다. 신앙의 적인 진화론은 과학적으로 오류라고 증명되었습니다. 성서는 과학적으로도 사실입니다." 그동안 신앙을 왜소하게 만들었던 과학, 그것을 '과학자'가 와서 그렇지 않다고 시원하게 반박하니 얼마나 신이 납니까? 우리의 신앙이 과학적으로도 확고한 기반을 가지고 있다고 기뻐합니다.

신학자이자 목회자인 저는 이런 상황에 심각한 우려를 표합니다. 과학적으로 증명되었으니, 우리 신앙은 이제 확실한 토대를 갖추었다고요? 이런 신앙 태도가 교회를 지배한다면 그 결과는 아주 심각합니다. 이건 과학을 신앙의 토대로 삼는 것입니다. 신앙이 과학을 기반으로 성립한다고 했을 때, 그 기반인 과학이 무너지면 신앙은 당연히 함께 무너집니다. 과학자들은 항상 자신들의 지식이 잠정적으로 유효한 것임을 전제로 해 작업을 하고 있습니다. 도킨스 같은 강성 진화론자도 만약 진화론에 반하는 증거가 나타난다면 자신은 얼마든지 진화론을 포기한다고 공언할 정도입니다. (아직까지 그런 증거는 없다고 덧붙이지만 말입니다.) 이처럼 과학자 사회에서는 새로운 증거가 나타나 기존의 과학 이론이 뒤집어지는 것은 아주 당연한 일입니다.

그런데 기독교 신앙이 그런 과학을 토대로 삼으면 어떻게 될까요? 게다가 토대로 삼았던 '과학'이 사실은 제대로 된 과학이 아니라 '사이비' 과학이라면, 더 큰 문제 아니겠습니까. 한국 기독교가 좀 더 개방되고 교회 안에서 다양한 논의가 진행될 때, 그것들의 과학적 토대가 부실한 것으로 드러나면, 그것에 의존한 신앙은 어떻게 되겠습니까? 제가 목회자로서 우려하는 것은 이런 것이 가져올 결과입니다. 창조 과학에 근거한 신앙, 비가 오고 태풍이 불면 금방 무너지고 말 겁니다.

다시 강조하지만, 종교가, 기독교 신앙을 포함해서, 그 존립 근거를 과학적 증거에 둘 이유는 없습니다. 과학적으로 성서의 내용이 증명되어 내 신앙이 확실해진 것이라면, 그 근거가 되는 과학이 어떤 과학인지, 거기에 근거한 신앙이 어떤 신앙인지 진지하게 다시 성찰해 보아야 할 것입니다.

문자주의적 성서 읽기, 성서에 대한 왜곡일 뿐입니다

신학적 측면에서 창조 과학과 지적 설계론을 짚어 보겠습니다. 제가 이 둘에 심각한 우려를 표하고 비판하는 가장 중요한 이유가 이들이 신학적으로 심각한 문제를 지니고 있기 때문입니다.

무엇보다도 성서 해석에서 심각한 문제가 있습니다. 명시적으로 성서를 인용하는 창조 과학이 더 문제입니다. 앞서도 언급했지만, 이들은 성서의 글자 자체에 절대성을 부여하면서 창조 이야기를 비롯해 성서의 글자 한 자 한 자가 오류가 없다는 주장을 합니다. 극단적으로 과격한 성서 해석 방법인 '성서 문자주의'가 이들을 지배합니다.

기독교 역사에서 성서는 다양한 방법을 통해 이해되어 왔습니다. 성서 자체가 여러 문헌이 모인 것으로, 다양한 양식으로 쓰여 있기 때문입니다. 이런 이유로 현대 신학자들뿐만 아니라, 초대 교회 교부들이나, 아우구스티누스, 루터, 칼뱅을 비롯해 대부분의 신학자들은 성서를 문자주의적으로 읽기만을 고집하지 않았죠. 오히려 문자주의적·역사적·교훈적·은유적 방법 등 다양한 관점에서 성서 읽기를 시도하면서 최선의 성서 이해를 추구했습니다. 이게 전통적이며 정통적인 성서 접근입니다. 창조 과학이 맹신하는 문자주의적 성서 읽기는 성서가 쓰여졌을 당시의 세계상이 성서에 어떻게 반영되어 있는지를 제대로 이해할 수도 없으며, 오히려 성서의 메시지를 상당 부분 왜곡하는 결과를 초래합니다.

창조 과학과 지적 설계론은 성서 해석뿐만 아니라 신학 작업에서도 문제입니다. 제가 창조 vs. 진화 논쟁이 기독교 신학 전반에 걸친 문제도 아니라고 말씀드렸죠. 이와 직접 관련된 신학 주제는 창조론과 신론 정도가 될 겁니다. 그런데 창조 과학이나 지적 설계가 이런 주제를 다룰 때에는, 적절한 신학 작업 절차마저 무시하죠. 과학적 절차를 무시하듯이 신학적 절차도 무시합니다. 아니 기본적으로 신학에 무지한 것으로 보입니다.

기독교 신학은 성서, 전통, 경험, 이성 등을 그 자원으로 삼고 있습니다. 물론 그중에서도 성서가 가장 중요한 전거 역할을 했죠. 그런데 이들의 논의를 따르면, 신학적으로 많은 문제가 발생하게 됩니다. 우선 성서적 근거부터 왜곡하게 됩니다. 예를 들어, 창조론은 창조에 관한 기독교 담론을 전부 다루죠. 물론 가장 중요한 자료는 성서입니다. 그런데 창조 과학은 성서의 극히 일부, 특정 구절만을, 그것도 특정 신학적 입장에서 이루어진 성서 해석을 가지고 창조론 전체를 재단하는 겁니다. 창조론을 적절하게 다루려면, 성서 전체에서 창조에 대한 논의를 전부 고려하는 것이 기본이죠.「창세기」뿐만 아니라「욥기」와「시편」의 여러 곳,「요한복음」에도 창조에 관한 이야기가 나옵니다. 전부 다 검토와 고려의 대상입니다.

그럼에도 불구하고 창조 과학이나 지적 설계론이 주장하는 창조는 철저하게「창세기」의 일부 구절에 한정됩니다. 신학자 입장에서 보면 이들은 신학적 주장을 적절한 방식으로 다룰 능력이 없거나, 아니면 의도적으로 왜곡한다고 판단할 수밖에 없습니다. 그것은 창조 과학과 지적 설계론 진영에 신학을 '제대로' 공부한 사람이 드물고, 따라서 물려받은 자신의 신학적 경향을 스스로 평가할 수 있는 능력이 결여되어 있는 것이, 이렇게 판단할 수밖에 없는 일차적인 근

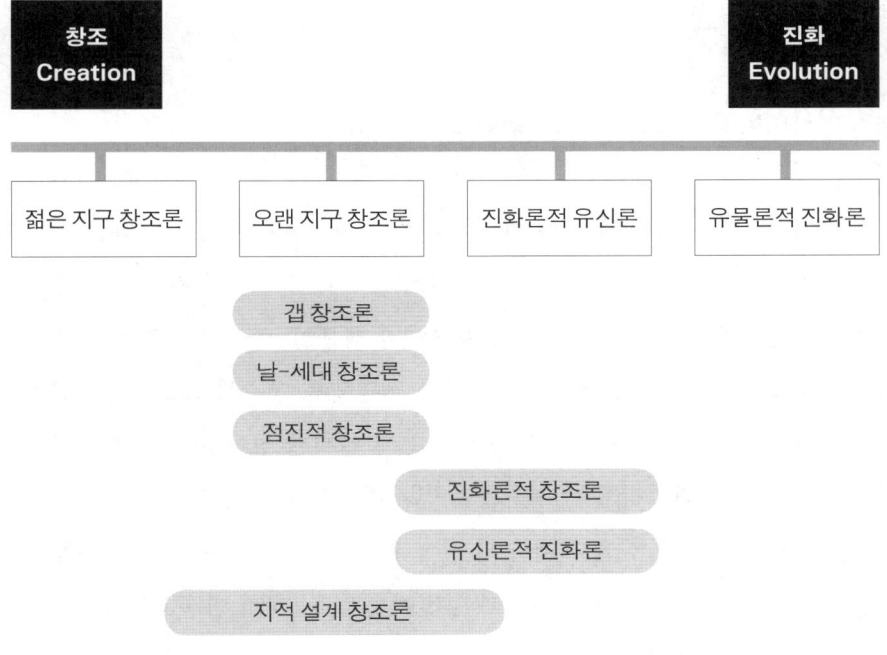

⟨'과학적' 창조론의 스펙트럼⟩

오랜 지구 창조론은 지구의 긴 역사와 「창세기」 1장의 관련 구절을 조화시키기 위해 성서 본문을 다양하게 해석해 여러 변형이 존재한다. 가장 먼저 갭(Gap) 창조론은 「창세기」 1장 1절과 1장 2절 사이에 긴 시간 간격이 존재한다고 설명한다. 날-세대(Day-Age) 창조론은 「창세기」 1장의 '하루'가 24시간이 아니라 지질학적으로 오랜 시간에 해당한다고 본다. 점진적(Progressive) 창조론은 「창세기」 1장의 '하루'가 24시간의 하루이며, 각각의 날 사이에는 지질학적으로 오랜 시간 간격이 있다고 해석한다.

거입니다.

사이비 종교 운동이 기독교를 잡다

더 나아가 창조 과학이나 지적 설계론의 적절하지 못한 신학화는 교리적인 문제를 초래합니다. 이들이 주장하는 창조론과 신론은 정통 기독교의 가르침을 무시하고 왜곡하기 때문입니다. 이들은 신이 태초에 현재의 모습으로 설계에 따라 생명체를 창조했다고 주장합니다. 이런 창조론은 모든 사물이 태초에 완성된 상태로 있었으며 시간에 따라 변하지 않는다는 것을 전제로 하고 있습니다.

이런 주장은 신을 세계와 역사 속에서 지속적으로 활동하는 존재로 보는 정통 기독교의 신론과 동떨어져 있죠. 창조 이후 더 이상 세계 속에서 개입하지 않는 신, 활동하지 않는 신은 자연 신학이나 이신론(理神論)의 신에 더 가깝습니다. 또한 전능한 신이 만든 완성된 세계라는 이들의 전제는 완벽하지 않은 모습을 보이는 생명계의 현실과 당연히 모순을 이루고 있죠. 기독교의 신은 시간 속에서 세계와 관계를 가지는 역동적인 신입니다.

또한 창조에 대해 기존의 논의와 큰 차이를 보이죠. 전통적으로 기독교의 창조론은 창조를 세 가지로 구분합니다. '태초의 창조(original creation)', '계속 창조(continuing creation)', '궁극적 창조(final creation)', 이렇게요. '태초의 창조'는 우주가 처음 만들어진 것을 말하며, '계속 창조'는 신이 우주의 과정에서 지속적으로 개입하면서 사물을 늘 새롭게 만들어 가는 과정을 가리킵니다. '궁극적 창조'는 기독교인이 말하는 종말에 새로운 하늘과 새 땅이 이루어지는 최후의 창조, 완성된 창조를 말합니다. 그런데 창조 신학이나 지적 설계론의 논의에 따르면 결국에는 '태초의 창조'만을 기독교 창조와 동일시하는 결과에 빠지고 맙니다.

이런 까닭에 오늘날 신학계에는 유물론적 형이상학을 비판하면서 진화론을 가지고 씨름하는 신학자는 많지만, 지적 설계론을 가지고 기독교 신학을 전개하는 신학자는 거의 볼 수 없습니다. 애시당초 신학적으로 말이 되지 않으니까요. 창조 과학이나 지적 설계론의 논지를 따르면, 신은 역사에 더 이상 개입하지 않습니다. 모든 것은 일회성 창조로 끝이 납니다. 신의 활동 여지를 아주 없애 버리죠. 활동을 멈춘 신은 더 이상 기독교의 신이 아닙니다.

기독교에서 희망의 근원은, 창조 과학이 말하듯이, 태초의 창조에 있는 것이 아니라 우주와 역사가 열려 있다는 약속에 있죠. 이것을 신학적으로 '종말론적 개방성'이라고 합니다. 그러나 창조 과학이나 지적 설계론이 들어서는 순간 계속 창조와 궁극적 창조를 사고하는 기독교 신학은 중단됩니다. 창조 과학이나 지적 설계론의 주장이 함축하고 있는 이런 신학적인 문제 때문에, 그리고 기독교 신학을 왜곡하는 결과를 초래하기 때문에, 저는 이들의 논의를 더 심각하게 비판할 수밖에 없습니다.

지적 설계론의 전술적 목표 중 하나인 '설계 논증이 신학적으로 적절한 신 존재 증명인가?' 하는 문제를 이야기하고 신학적 비판을 마무리할까 합니다. (저는 굳이 신 존재 증명을 해야만 기독교가 존립한다고 생각하지 않습니다.) 저는 지적 설계론의 설계 논증이 적절한 신 존재 증명이라고 생각하지 않습니다. 혹시 지적 설계론이 세계가 진짜 설계되었다는 것을 증명하고 설계자가 있다는 것을 논증했다 하더라도, 더 중요한 문제가 남아 있기 때문입니다. 지적 설계론은 이미 흄이 지적했던 설계 논증의 문제를 여전히 해결하지 못하고 있기 때문이죠. 무슨 말인가 하면, 설사 설계자가 존재한다 하더라도, 그 설계자가 한 명인가, 아니면 복수인가 하는 문제는 여전히 남게 되며, 설사 설계자가 한 명이라도 그 설계자가 기독교의 신인가, 힌두교의 브라흐마인가, 이슬람교의 하나님인가는 여전히 논증해야 할 또 다른 문제로 남는 것이죠.

따라서 지적 설계론이 좀 더 진전된 신학적 주장을 하려면, 그 설계자가 기독교에서 말하는 신이라는 것을 또다시 증명해야 되는 과제를 안고 있습니다. 이런 점에서 지적 설계론의 설계 논증은 그 원조라 할 수 있는 19세기의 윌리엄 페일리가 제시한 설계 논증보다 후퇴한 것입니다. 페일리는 적어도 세계 속에서 발견되는 속성이 성서에서 말하는 기독교의 신이 지닌 속성과 유사하다는 증거를 제시함으로써, 그 설계자가 기독교의 신이라는 것을 그럴듯하게 논증하려고 했기 때문이죠.

지적 설계론의 주장을 설계 논증으로 본다면 신학적으로는 근거가 빈약한 논증이며, 별로 고려할 가치가 없는 논증입니다. 그런 까닭인지 몰라도, 지적 설계론은 이런 논의를 전개하지 않죠. 과학이라는 이름 아래서. 어쩌면 이게 자신들의 주장이 종교적이지 않다고 주장하는 근거인지도 모르겠습니다.

성서 해석부터 시작해 신학적 논쟁을 제대로 다룰 수 있는 능력을 결여하고 있는, 신학에 문외한인 사람들이 창조 과학과 지적 설계론의 주류를 이루는 상황 자체가 창조 과학이나 지적 설계론의 한계라고 생각합니다. 여기에는 제대로 된 신학도 없고, 제대로 된 과학도 없고, 사이비 신학과 사이비 과학만이 있을 따름이죠. 결코 좋은 종교도 좋은 과학도 아닙니다. 창조 과학이나 지적 설계론은 결국 기독교와 신학의 종말을 자초하는 부메랑이 될 것입니다. 이게 제가 아직까지 채 잉크도 마르지 않은 책들을 포함해서 창조 과학과 지적 설계론 운동 진영의 문헌들을 검토하고 내린 결론입니다.

왜 한국 교회는 창조 과학에 환호하는가?

이번에는 김 선생님께서 던진 질문, "왜 한국 교회에서 창조 과학이나 지적 설계론이 압도적으로 수용되는가?" 하는 문제를 생각해 보죠. 원래 창조 vs. 진화 논쟁은 미국과 한국의 보수주의 기독교와 관련된 것으로 종교 전체 차원에서 보면 아주 국지적인 문제입니다. 기독교나 신학에서도 별로 중요한 문제가 아니죠. 다만 한국 개신교 교회가 그 영향권에서 자유롭지 못하고, 그 사회적 파급 효과가 작지 않기 때문에 고려하는 것이죠.
　김 선생님도 언급하셨듯이, 이 논쟁은 철저하게 미국의 역사적 상황과 관련되어 있죠. 미국의 백인 주류 기독교는 19세기 말과 20세기 초반 산업화와 세속화 등의 급격한 변화 속에서 안팎으로 사회적 주도권을 상실할 위기에 봉착합니다. 이들 중 일부 보수주의자들은 위기 원인으로 교회 안에서는 성서 비평학으로 대변되는 새로운 신학을, 교회 밖에서는 공산주의와 나치즘 등을 출현케 한 온갖 악의 원인으로 '진화론'을 꼽습니다. 그래서 교회 안에서는 새로운 자유주의 신학을 추방하고, 외부에서는 진화론을 척결하는 운동을 벌이게 됩니다. 창조 vs. 진화 논쟁은 이런 변화에서 주도권을 상실한 근본주의가 선택한 '퇴행적' 대안의 부산물로 오늘날까지 확대 재생산된 것입니다.

그런데 한국 교회 안에서도 창조 과학의 목소리가 대단히 환영받고 있죠. 미국은 그렇다고 치고, 왜 한국 교회까지 창조 과학에 덩달아 환호하는가? 미국에서는 반진화론적 창조론의 주류가 지적 설계론 운동으로 넘어갔지만 아직까지 한국에서는 창조 과학이 압도적입니다. 그것은 창조 과학을 수입한 1세대가 여전히 발언권을 행사하고 있기에 아직은 그 영향력이 유지되고 있는 것에 불과합니다. 아마 조만간에 지적 설계론으로 주도권이 넘어갈 것으로 예상됩니다. (최근 창조 과학 진영 일부가 우주가 오래전에 창조되었다는 오랜 지구 창조론의 견해를 제시했는데, 2008년 8월 한국 창조 과학회는 우주 나이 6000년을 지지하는 공식적인 입장을 밝힌 바 있습니다. 아직도 젊은 지구 창조론을 고수하고 있는 셈이죠.)

창조 과학 지지자들이 교회 안에서 성서의 내용이 사실이라는 것을 '과학적'으로 증명했다고 선언하면, "아멘"과 "할렐루야"로 화답하는 사람들이 아주 많죠. 교회 안에서 이들은 무신론을 타파하는 복음의 '십자군'입니다. 신학자로서 목회자로서 이런 현상이 매우 당혹스럽습니다. 과학 앞에서 신앙의 정당화를 추구하려는 이런 태도를 한편으로는 이해하려고 노력하지만, 이것은 결코 당면한 문제를 해결할 수 없는 잘못된 방식이라고 생각하기 때문입니다.

김 선생님이나 장 선생님 모두 한국 교회는 왜 창조 과학을 적극적으로 받아들이는지 궁금해 하셨죠. "한국 교회에서 복음주의와 근본주의의 경계가 모호해서 그런 것은 아닌가?" 이런 말씀도 하셨죠. 복음주의와 근본주의 관계에 대해서는 역사적으로나 개념적으로나 다소 정교한 논의가 필요한데, 그냥 간단히 말씀드리죠. (제가 대학원에서 개설한 과목의 주제이기도 합니다.) 한국 교회에서 말하는 복음주의는 근본주의와 별 차이가 없다고 생각해도 무방합니다. 이렇게 생각하면 궁금해 하셨던, 한국 교회가 창조 과학에 환호하는 이유를 금방 이해하실 수 있을 것입니다. 그것은 보수주의적 신앙과 창조 과학의 주장 사이에 '선택적 친화력'이 있기 때문입니다. 창조 과학은 미국의 근본주의 흐름에서 나온 것입니다. 그래서 근본주의나 보수주의 성향의 교회에서 환영받는 것은 조금도 이상하지 않죠. 한마디로 서로 잘 맞는 겁니다. 정확히 말하면, 창조 과학은 보수적인 교회나 신앙인들이 '듣기 원하는 바로 그 말'을 하고 있는 겁니다.

한국 교회의 보수주의 성향을 생각하면, 문득 "콩 심은 데 콩 나고, 팥 심은 데 팥 난다."라는 말이 떠오릅니다. 초기 한국 교회를 지배하던 신학이, 바로 20세기 초 근본주의-현대주의 논쟁을 경험한 미국 교회를 보고 오히려 보수 반동으로 되돌아선 사람들과 선교사들에 의해 형성되었으니, 이런 결과는 당연하죠.

한국 교회의 보수주의 성향은 초기 선교사들에 의해 기초가 세워졌죠. 그런데 이들은 지역을 나누어 선교를 담당했죠. 함경도를 담당한 캐나다 선교회를 제외하고는, 다른 지역의 선교사들은 대부분 신학적으로 보수적인 배경을 가졌습니다. 이들 대부분은 미국 기독교계의 주류 교단이 진보와 보수로 나뉘어 치열한 주도권 싸움을 벌이던 1920년대 이전에 건너온 사람들입니다. 그리고 복음과 선교에 대한 열정으로 가득 찬 보수적인 신앙을 지닌 사람들이었죠. 이들은 자신들의 모국 교회가 신학으로 인해 분리되는 아픔을 선교지 교회에서 다시 겪고 싶지 않았기에 조심했죠. 좀 말하기 뭐하지만, 당시의 신학적인 논의를 객관적으로 다룰 능력을 갖춘 선교사들도 별로 없었습니다. 아무튼 이런저런 이유로 초기 한국 교회나 신학교육은 보수적인 신앙과 신학을 제한적으로 소개하는 수준이었을 뿐입니다.

한국 교회의 보수주의적 신학을 형성하는 데 결정적인 영향을 준 박형룡(1897~1978년) 목사나 한경직 목사는 평안도 출신으로 미국 북장로교의 영향 아래 있었습니다. 미국 주류 교단이 서로 주도권 싸움을 벌이던 1920년대에 미국에서 공부했기 때문에, 두 사람 모두 신학으로 인한 교단 분열의 부정적 결과를 잘 알고 있었습니다. 이들에게 보수주의 신학은 교회의 정체성을 확인하고 통일성을 유지시켜 주는 유일한 길이었습니다. (그 신학 때문에 교단이 수도 없이 분열된 것 또한 아이로니컬합니다.) 이와 달리 오늘날 진보적이라 알려진 기독교 장로회의 상황은 좀 다릅니다. 초석을 놓은 김재준(1901~1987년) 목사가 함경도 출신이죠. 이 지역은 성서 비평학을 비롯한 자유주의 신학을 받아들인 캐나다 선교회가 담당한 곳이어서, 일찍부터 자유주의 신학에 노출되었습니다. 한국 교회의 보수와 진보는 뿌린 대로 거둔 결과입니다. 미국 교회가 1920년대에 겪은 교단 내 주도권 싸움을 우리는 1950~1960년대에 겪고, 교단 분열로 마감한 거죠.

이런 과정을 거치면서 한국 교회를 지배하게 된 보수주의 신앙은 창조 과학이 활개 칠 수 있는 아주 좋은 마당이 된 것입니다. 늘 과학, 특히 진화론에 대해 피해 의식을 가지고 있었는데, 그게 거짓이고 오류라니 그것도 신앙심 깊은 과학자가 와서 단언을 하니, 이건 '복음'이죠! 한국 교회의 본류 보수주의는 창조 과학이라는 방계 보수주의가 안착하기에 아주 적합한 토양이었던 것입니다.

창조 과학, 실력보다 타이틀로 승부하다

이번 학기에도 '종교와 과학'을 가르치고 있습니다. 저희 학교에서는 교양 필수로 개설하는 과목이죠. 교수가 되고 보니, 이 과목이 학부에 개설되어 있었습니다. 강사는 이 지역 대학의 기계 공학 전공 교수님이었습니다. 교과 과정을 보니 창조 과학 일색이었죠. 창조 과학은 그렇게 신학 대학에 자리를 틀고 신학생들을 통해 확대 재생산되고 있었습니다.

다음 학기부터는 제가 그 과목을 담당했습니다. 다양한 매체를 사용해서 종교와 과학의 역사적 관계부터 최근 이슈까지 소개하기 시작했죠. 그런데 학생들이 수업을 한번 들으면 당황해 합니다. 자신들이 알던 내용과 사뭇 다르니까요. 대부분의 학생이 교회나 선교 단체에서 이미 이런저런 세미나를 통해 창조 과학을 접하고 수업에

들어오는 겁니다. 이런 학생들의 모습을 보면, 제 대학 시절이 생각
납니다.

제가 창조 과학을 처음 접한 것은 대학 1학년 때인 1981년도입니
다. 모태 신앙인 저는 그 전에 창조 과학에 대해 들어본 적이 없었습
니다. 당연하죠. 창조 과학이 본격적으로 소개된 것이 1981년이니까
요. 아마 한국에서 창조 과학에 노출된 첫 세대가 아닌가 합니다. 교
양 과정으로 자연 과학 개론을 들었죠. 한 학기 동안 들었던 강의가
대부분이 '창조 과학'이었습니다! 그것이 '젊은 지구 창조론'이라는
것은 나중에 알게 되었죠. 그때 저희를 가르치신 분은 미국에서 막
공부하고 온 젊은 교수였죠. 당시 '졸업 정원제'(두 분은 아실지 모르겠네
요. 전두환 정권이 학생들의 민주화 운동을 탄압하기 위해 입학 정원의 10퍼센트를 졸업
시키지 않던 규정이죠.)가 목을 조르던 시절, 교수에게 항의는커녕 학점
을 위해서 자연 과학 개론 교과서보다 창조 과학 책들을 더 열심히
파고들었던 기억이 생생합니다. 물론 학기 말 보고서도 창조 과학에
관련된 주제였죠. 썩 유쾌한 기억이 아닙니다.

왜 그때 문제를 제기하지 못했을까요? 제 경우는 학기가 지나면
서 창조 과학이 뭔가 이상하다고 생각했지만, 그게 정확히 뭔지 몰
랐습니다. 나중에 신학을 공부하면서, 그리고 유학 시절 서구 지성
사와 종교와 과학의 관계사를 집중 공부하면서 좀 객관적으로 판단
할 수 있게 되었죠. 지금 생각하면 아무 말도 못했던 이유가, 교수-
학생 사이의 불평등한 권력 관계도 있었지만(제 학점을 쥐고 있었으니까
요.), 과학에 대해 잘 모르는 상태에서 무엇보다도 교수와 박사라는
타이틀에 눌렸던 것 같습니다. 그런데 이게 제 경우만이 아니라, 지

금도 한국 기독교인이나 목회자가 창조 과학이나 지적 설계론과 관련해 마주치는 전형적인 상황입니다. 잘 알지 못하는데, 전문가가 말하니 들어야지!

창조 과학에 관련된 기독교인들 대부분이 우리 사회의 최고 엘리트 계층입니다. 한국 창조 과학회를 설립한 사람들은 대개 미국 유학을 한 이공계 엘리트였죠. 이들 대부분은 유학 시절 창조 과학을 접했죠. 창조 과학은 전공이 과학이든 공학이든, 기독교 진리를 확산시키는 첨병이라는 사명감을 넘치도록 부어 줍니다. 이런 사람들이 귀국해서 교수나 박사라는 타이틀을 가지고 깊은 신앙을 가진 '과학자'로 교회에 등장합니다. 교인들은 물론 목회자도 우선은 그 타이틀에 눌립니다. 사실 지금 목회를 하는 기존의 목사님들 거의 대부분은 일제 강점기와 한국 전쟁, 이어지는 군사 독재 시절을 보냈습니다. 오늘의 관점에서 보면, 당연히 제대로 신학 교육을 받을 여건이나 기회가 거의 없었습니다. 성서 비평학은 물론이거니와 신앙과 무관하다고 생각되는 자연 과학을 공부할 기회는 더욱 없었죠. 그런 교육을 받을 기회가 없었으니, 이들이 과학을 제대로 평가할 수 없는 것은 당연한 일이지요.

신학자들이나 목회자들마저 자연 과학을 잘 모르니 교인들의 상황은 말할 나위가 없죠. 창조 과학이나 지적 설계론 이야기를 정확하게 가늠해서 평가할 수 있는 능력을 지닌 사람이 교회 안에 거의 없다는 말입니다. 설사 있다고 하더라도 대놓고 비판할 수 있는 그런 '불경한' 교인은 그리 많지 않습니다.

우리 대부분은 창조 과학을 논하는 사람이 진화 생물학자인지,

기계 공학자인지 잘 구분하지 못하죠. 그저 과학자라니 자신의 전공과는 무관한 성서 해석을 들이대고, 화석을 이야기하면서 진화론을 비판해도 그저 '아! 그런가!' 보다 합니다. 머리에 각인된 것은 그저 '진화론은 무신론이고 오류'라는 슬로건뿐이죠. 이게 오늘의 교회 현실입니다.

진화론적 유신론: 창조론과 진화론의 화해

그런데 창조 과학이나 지적 설계론이 기독교의 진화론관의 전부가 아닙니다. 앞서 편지에서도 간간이 언급했지만, 기독교는 진화에 대해 다양한 반응을 보였죠. 이런 다른 반응들이 창조 vs. 진화 논쟁에 그대로 반영되어 있습니다. 일반적으로 창조 vs. 진화에 대해 주요 입장을 창조에서 진화까지 자리매김한다면 이런 순서가 될 겁니다. 젊은 지구 창조론-오랜 지구 창조론-지적 설계 창조론-진화론적 유신론(진화론적 창조론)-유물론적 진화론(진화론).

현재 상황은 창조 vs. 진화 논쟁이라는 링에 세 진영의 선수들이 올라와 있죠. 진화론을 부정하는 젊은 지구 창조론과 오랜 지구 창조론, 지적 설계론이 한 팀이며, 진화론을 수용하는 진화론적 유신론이 또 다른 팀이며, 유물론적 진화론이 마지막 한 팀입니다. 각 진영은 다른 두 진영을 동시에 상대하는 상황입니다. 물론 상대에 따라 서로 다른 전략을 사용하면서 비판하고 있죠. 이들의 입장을 간략히 말씀드리겠습니다. 그리고 그중에서 젊은 지구 창조론과 오랜 지구 창조론을 '과학적 창조론'이라는 한 묶음으로 먼저 말씀드리죠. 이들의 차이를 무시해서가 아니라, 지적 설계론이나 진화론적 유신론과 같은 다른 입장과 비교할 때 둘의 특징적 유사성이 아주 크기 때문입니다.

과학적 창조론은 미국 근본주의의 반진화론 운동의 유산을 그대로 담고 있는 입장이죠. 근본주의는 신학적으로 특정 교리를 고수하는 것 외에, 진화론을 비롯한 현대 과학에 대한 반대와, 성서의 모든 글자 하나하나가 신의 영감에 따라 기록되었다는 '축자 영감설(逐字靈感說, verbal inspiration)'과 성서에는 전혀 오류가 있을 수 없다는 '성서 무오설(聖書無誤說)'을 그 핵심적인 특징으로 삼고 있습니다. 과학적 창조론은 「창세기」의 기록을 역사적이며 과학적인 사실이라고 주장하면서 우주와 생명이 오랜 역사를 가지고 있음을 부정합니다. 이 창조론에서 가장 극단적인 흐름이 흔히 '과학적 창조론'과 동일시되기도 한 '젊은 지구 창조론'입니다. '젊은 지구'라는 이름은 세계가 지난 수천 년 또는 1만 년 안에 창조되었다는 이들의 주장에서 비롯합니다. 장 선생님께서 말씀하신 것처럼, 우리나라에서 창조 과학 운동을 하고 있는 사람들이 바로 이 진영에 속해 있죠. 이들의 주된 주장은 이런 겁니다.

우주의 창조는 6000~1만 년(길어야 2만 년) 이내에 있었으며, 24시간의 6일 동안 창조가 진행되었으며, 기본적인 생명 형태는 「창세기」 1~2장에 나타난 창조가 발생했던 창조 주간에 신이 지금과 같은 모습으로 직접 창조했으며, 「창세기」 3:14-19의 신의 저주로 인해 자연계에 죽음이

들어왔으며, 노아의 홍수는 역사적 사건이며 지구 전체에 영향을 주었다.

물론 젊은 지구 창조론은 이런 주장을 뒷받침하는 과학적 증거가 엄청나게 많다고 주장합니다. 이들의 저작이나 인터넷 홈페이지는 주로 지구의 나이가 아주 짧다는 것을 뒷받침한다고 '선택된' 과학적 증거들을 제시하는 것과 진화론을 반박한다고 '믿는' 과학적 사례를 제시하는 데 집중되어 있습니다. 지구의 나이를 아주 짧게 계산하는 이들은 천체 물리학, 지질학, 생물학 등 대폭발과 진화를 근간으로 하는 현대 과학을 당연히 거부하죠.

오랜 지구 창조론은, 젊은 지구 창조론과 달리 지구 나이가 40억 ~50억 년, 우주 나이가 100억~200억 년이라는 것을 받아들입니다. '오랜 지구'라는 이름도 여기서 연유했죠. 이들은 현대 우주론과 지질학이 제시하는 자료와 「창세기」의 기록을 동일한 것으로 여깁니다. 이들 주장에서 핵심은, 오랜 기간 동안 예정된 계획에 따라, 진화라는 절차 없이 신이 초자연적으로 '직접' 개입해 우주와 생명을 창조했다는 것입니다. 오랜 지구 창조론은 과학과 창조론을 조화시키기 위해서는 성서를 문자적으로만 해석할 수 없다는 것을 잘 보여 주죠. 결국 「창세기」의 문구를 몇 가지 방식으로 다르게 '해석'합니다. 이 입장은 성서 해석에서 다소 여유를 갖는 것 말고도, 진화론을 제외한 현대 과학의 성과를 그대로 수용한다는 점에서 젊은 지구 창조론과 다릅니다. 그렇지만 진화를 부정하고, 생명이 신에 의해 지금과 같은 모습으로 오랜 기간에 걸쳐 직접 창조되었다고 주장한다는 점에서 젊은 지구 창조론과 같은 입장을 취하고 있습니다.

창조 vs. 진화 논쟁에서 또 다른 한 축이 앞에서부터 계속 이야기해 온 지적 설계론입니다. 지적 설계론은 창조 vs. 진화 논쟁의 본질이 과학적 증거의 문제가 아니라, 유신론과 무신론이라는 상충된 세계관의 문제라고 주장하면서, 보다 정교한 형태의 과학적 창조론을 제시합니다. 이들은 진화론만 거부하고 다른 현대 과학의 연구 결과를 수용합니다. 창조 vs. 진화 논쟁에 관련해서, 이들의 핵심적인 주장은 이렇습니다. "자연주의에 근거한 과학은 특히 다윈주의 진화론은 과학적으로도 오류이며, 자연 세계는 고도의 지성을 지닌 지적 존재에 의해 '설계'되었으며, 그 설계의 증거는 '경험적' 모형을 통해서 과학적으로 증명된다." 다윈주의에 대한 비판, 자연주의에 대한 비판, 설계를 검증할 수 있는 과학적 기준 제시, 이것이 지적 설계론의 구성 요소입니다.

이제 진화론적 유신론에 대해서 말씀드리죠. 이 입장은 진화를 수용하는 신학적 입장이기에, 상당히 전문적인 신학 논의를 담고 있습니다. 여기에서는 신학 내용보다는 창조 vs. 진화 논쟁과 관련해서 지적 설계나 유물론적 진화론과의 차이를 중심으로 설명 드리지요.

진화론적 유신론은 생명에 대한 진화론적 설명이 유효하며, 생명은 진화론이 기술하는 오랜 역사적 과정을 거쳤다는 것을 받아들입니다. 그렇지만 진화론적 유신론은 비록 생명이 진화의 역사를 경험했다는 입장이지만, 그 과정은 무의식적이고 맹목적인 자연적인 힘의 결과가 아니며, 신이 진화의 전 과정을 주관했다고 생각하는 것입니다.

이 입장은 과학 작업에서 '방법론적 자연주의'와 '형이상학적 자연주의'를 구분합니다. 이런 구분이 애당초 불가능하다는 지적 설계론과 달리, 진화론적 유신론은 전자를 수용하고 후자를 거부합니다. 방법론적 자연주의를 수용하는 것은 과학적인 차원에서 현대 자연 과학이 제시하는 진화론적 생명의 역사와, 자연의 역사와 그 메커니즘을 그대로 받아들이는 것을 의미합니다.

창조 vs. 진화 논쟁의 맥락에서 보면, 진화론적 유신론은 진화론을 수용한다는 점에서 유물론적 진화론과 일치하며, 생명의 과정을 설명하는 데 신을 도입한다는 점에서 창조론과 관점을 공유합니다. 즉 진화론적 유신론은 진화론과 결합된 유물론적 자연주의를 배제하면서, 진화와 유신론적 세계관을 결합한 것이죠. 결국 진화론적 유신론에서 진화는 신이 생명을 창조할 때 사용하는 하나의 방법입니다.

이렇게 진화론적 유신론에서 창조와 진화는 화해를 하게 됩니다. 더 이상 신앙과 진화, 또는 종교와 과학은 서로 대립하지 않습니다. 저 같은 진화론적 유신론자는 본질적으로는 결코 배타적이지 않은 창조와 진화의 문제를 이 논쟁의 양극단에 있는 창조 과학과 유물론적 진화론자들이 양자택일의 문제로 몰고 갔을 뿐이라고 주장합니다. 이들은 창조를 창조 과학 유형의 '특별 창조론'과 동일시하고, 진화를 '과학 개념'에 제한하지 않고 '무신론적 자연주의'나 '형이상학적 자연주의'라는 세계관을 포함한 것으로 이해하는 것이죠. 이 결과 창조 vs. 진화 논쟁을 단순히 창조론적 유신론과 진화론적 무신론 사이의 선택의 문제로 끌고 가서 일반인에게 양자택일을 강요하고 있는 겁니다.

진화론적 유신론은 창조 과학을 '종교적 환원주의'로, 유물론적 진화론을 '과학적 환원주의'로 비판합니다. 진화론적 유신론이 양자택일적 관점을 비판하는 근거는, 생명에 대한 설명은 모두 한 가지 수준으로만 설명할 수 없다고 보기 때문이죠. 그런데 창조 과학과 유물론적 진화론은 모두 생명 현상에서 발견되는 다양한 수준과 가치를 무시하고, 창조와 진화 또는 종교와 과학을 동일한 차원에서 같은 수준의 설명을 제시하는 경쟁적인 것으로 파악하고 있다는 것입니다.

　진화론적 유신론에서 진화와 창조는 서로 다른 수준의 설명이기 때문에, 둘이 모순되거나 양자택일의 문제가 아니라고 주장합니다. 이들에게 생명과 세계는 여러 수준의 계층적 설명 방식의 상보적 해명을 통해서만 제대로 이해할 수 있는 실재입니다. 생명 현상에서 발견되는 여러 수준의 구조를 포괄적으로 이해하려는 시도는 제가 지난 편지에서 말씀드린 '설명의 다원주의'와 '비환원주의적 인식론'과 관련을 갖고 있습니다.

성서는 과학 논문이 아니고 과학은 종교가 아닙니다

앞서 제가 진화론적 유신론은 진화에 대한 신학적 입장이라고 말씀드렸죠. 하나의 신학적 입장으로서 진화론적 유신론자의 일차적인 관심은 진화 이론 자체가 아니라, 진화 개념을 통해 신학을 재구성하는 데 있습니다. 즉 진화가 과학적으로 논증되는 사실이라거나, 진화론이 제시하는 생명의 역사나 자연의 역사가 성서의 증거와 일치하는가 하는 문제에 일차적인 관심을 갖지 않습니다.

이들은 진화라는 개념이 기존의 신학적 설명 체계에 어떤 새로운 통찰력을 줄 수 있으며, 신과 세계와 인간에 대한 전통적인 이해를 어떻게 더욱 강화시켜 줄 수 있을 것인가에 초점을 맞춥니다. 즉 진화 과학이 제공하는 세계관의 빛 아래서 신학적 개념이나 종교적 의미들을 다시 생각하는 것이죠. 그렇다면 이런 '신학화'에서 성서와 진화를 어떻게 보는지 말씀드리죠.

먼저 성서부터 볼까요. 사실 진화론에 대한 기독교인의 태도를 결정짓는 것은 성서를 어떻게 읽을 것인가에서 판가름 납니다. 진화론적 유신론은 역사·비평적 성서 해석을 따릅니다. 우선 「창세기」에서 창조를 설명하는 구절들을 '문자적'으로 사실이라고 생각하지 않습니다. 창조와 관련된 「창세기」 1~11장의 기록을 비역사적인 설명으로 보는 것이죠. 그것은 어찌 보면 당연합니다. 성서는 과학 논문이 아니니까요. 대신 「창세기」의 창조 이야기를 신앙 고백으로 받아들입니다. 따라서 역사적 사실성이나 정확성을 기대하지 않습니다. 이 해석에 따르면 「창세기」 1장은 고도로 비유적이고 시적인 문학입니다. 따라서 신의 계시가 담긴 성서를 과학 이론과 일치시키려는 모든 시도는 잘못입니다. 물론 창조 이야기가 역사적이나 과학적 기록이 아니라고 해서, 무의미하다는 것은 아닙니다. 창조 이야기는, 이 세계가 본질적으로 선하고 조화로운 곳이고, 이 세계는 신에 의존하고 있으며, 신은 주권자이자 자유로운 존재로서 목적과 의지를 지니고 있다는, 깊은 신학적 메시지를 전달하고 있는 것으로 받아들입니다.

둘째, 진화와 창조는 양자택일의 관계가 아니며, 오히려 진화는 신학에 아주 유용한 개념입니다. 자연 과정에 대한 진화론적 설명은 창조 이야기의 신학적 의미와 겹치지 않습니다. 따라서 진화를 신학적 체계 안으로 수용하는 데 아무런 장벽이 없습니다. 창조 이야기는 생명의 역사 전체를 포함하는 거대한 체계를 설명하는 틀이며, 진화는 그 체계 안에서 생명이 전개되는 메커니즘을 설명하기 때문입니다.

더 나아가 진화론적 유신론은 진화 개념이 유신론적 세계관에 아주 유용하다고 주장합니다. 자연 선택과 변화를 포함하는 진화 개념은, 피조 세계에 더 많은 활동성과 자율성을 부여하고자 하는 기독교의 가르침과 더 잘 일치하는 것으로 보고 있지요. 진화는, 기독교의 핵심적인 메시지를 더 잘 이해할 수 있도록 도움을 주어 기독교 신학을 강화시킬 뿐만 아니라, 기독교 신학을 더욱 풍요롭게 해 주는 것입니다. 더 나아가, 진화는 신학에 성찰의 계기와 정황을 제공함으로써 새로운 신학의 구성을 촉진하기도 합니다.

진화론적 유신론은, 기독교가 다윈 이전이 아니라 다윈 이후의 세계에 속해 있으며, 과학이 세계와 사람들의 생각을 혁명적으로 바꿔 왔다는 사실을 정면으로 직시하고 있습니다. 세계의 창조, 계속 창조, 세계 속에서 지속적으로 활동하는 신, 세계 속에서 신적 창조성 등을 진화 개념을 수용해 새롭게 바라보도록 합니다. 진화론적 유신론에 근거한 신학은 진화를 기독교 신학이 변증해야 하는 도전으로 이해하는 것이 아니라, 오히려 기독교의 신을 이해하기 위한 관문으로 삼고 이를 성찰하는 신학적 대응인 것입니다.

한국 기독교, 온실에서 광야로 나가야 합니다

한국 교회 안에서 신학에 문외한인 어설픈 창조 과학이나 지적 설계에다 신앙과 신학의 문제까지 위임하는 상황이 벌어진 것은 저를 비롯한 신학자들과 목회자의 책임이죠. 한국 교회 안에서 제대로 신학 교육을 받고 진화론을 비롯한 자연 과학에 정통한 목회자를 배출하지 못한 탓입니다. 이런 노력을 게을리 하는 것은 책임 회피이고 직무 유기입니다. 늦었지만 이제부터라도 새로 시작해야 합니다. 목회를 위한 '기능인'을 양산하는 교육 과정부터 검토해야 할 것입니다.

사실 2000년의 역사를 지닌 기독교가 우리에게는 100년이라는 단기간에 들어왔습니다. 신학도 마찬가지입니다. 기독교 신학은 오랜 기간 동안 치열한 논쟁을 통해 형성되어 왔는데, 한국에는 마구 뒤섞여 들어오면서 이런 역사적 배경과 문제 의식이 간과되었지요. 오늘날 한국 신학계는 '현대 이후(post-modern)'의 신학을 이야기하고 있지만, 한국 교회 대부분은 여전히 '근대 이전(pre-modern)'을 살아가고 있습니다. 교회는 여전히 과학 혁명과 계몽주의 이전의 신학 틀을 여전히 고수하는 보수주의 신학이 지배하고 있고요.

이렇게 보수주의가 지배하는 한국 교회나 신학 대학 상황에서, 목회자를 양성하는 데 진화론을 비롯한 현대 과학에 대해 적절한 소양을 갖추도록 교육하는 교과 과정 자체가 없었습니다. 아직까지도

인문계와 자연계를 구분하고, 학문 간에 담쌓기가 계속되는 상황에서, 신학 교육이 양자를 포괄하는 통합적인 교육으로 나가기는 요원하죠. 제가 신학을 공부할 당시에도 그랬고, 지금도 별로 바뀌지 않은 것 같습니다. 함께 가르쳐야 한다는 문제 의식도 없고, 가르칠 의지도 없고, 가르칠 사람도 없고, 가르칠 필요조차 없다고 생각하는 현실이 안타깝습니다. 굳이 가르치지 않아도 전혀 불편하지 않으니까요. 이렇게 현실에 안주하는 것이 바로 보수주의입니다.

우리에게 시급한 것은 우리가 지금 보수주의라는 신앙의 '온실'에 있다는 것을 깨닫는 겁니다. 온실에서나 가능한 폐쇄적인 신앙적 독단으로 인해 교회는 이미 한국 사회와의 소통 부재라는 중병을 앓고 있습니다. 이미 가진 자가 되어 현실에 안주하는 교회와, 비만증 환자가 되어 무균실이 아니면 살 수 없는 기독교인이 머무는 곳이 바로 보수주의라는 온실입니다. 창조 과학과 지적 설계는 이 보수주의의 일부인 것이죠. 이제는 바람 한 점 없는, 생기도 없는 온실을 버리고, 생존을 위해 '광야'로 나가야 할 때입니다. '광야'에서 '온갖' 거친 '바람'을 겪는 겁니다. 그런 바람 속에서 창조 과학과 지적 설계가 신기루처럼 사라질 겁니다. 그런 연후에야 들꽃 같은 생명력을 지닌 건강한 교회와 신학을 기대할 수 있을 겁니다.

방학이 시작되면 다시 티베트로 갑니다. 장 선생님께서 짐을 꾸려 들어오는데, 저는 짐을 꾸려서 나가네요. 저도 '바람'이 필요해서요. 제 자신이 자꾸 온실 속의 화초가 되어 가는 것 같습니다. 보스턴의 바람도 좋지만, 설역 고원의 바람이 그립습니다. 라싸에서 에베레스트 베이스 캠프를 거쳐 네팔로 빠질 겁니다. 가을에는 보스턴에서 맞은 '과학'의 바람과, 티베트에서 겪을 '종교'의 바람을 함께 나누는 자리를 갖도록 하죠.

2007년 6월 20일

빛고을에서

신재식 드림

5.
대화:
과학과 종교의 미래

종교 없는 미래를 상상할 수 있나요?

"종교는 사라지지
않을 겁니다."

신재식

"제도로서 종교는
 사라질 수도 있겠지만
 종교적 성향 자체는
 지속될 겁니다."

김윤성

"종교는 무신론 운동에 대항해
군비 경쟁식의 진화 게임을
펼칠 겁니다."

장대익

이 대화에 대하여

2008년 3월 중순, 티베트 승려 6000명의 시위로 '티베트 유혈 사태'가 촉발되었다. 티베트 주민들이 승려들의 석방과 티베트의 분리 독립을 외치며 거리로 뛰쳐나왔고, 중국 인민 해방군의 진압으로 수십 명 심지어는 수백 명의 희생자가 발생했다는 소식이 전 세계를 떠들썩하게 들쑤셔 놓았다. 정확한 희생자 수와 사태의 진상은 알려지지 않은 채, 인터넷을 타고 수많은 유언비어가 난무했다. 중국 정부와 티베트 망명 정부는 서로에게 책임을 미루느라 바빴고, 열강들은 이 사태의 이해득실을 분주하게 계산했다. 우리나라에서도 베이징 올림픽을 앞두고 강경 진압에 나선 중국 정부를 비판하는 목소리가 높았고, 티베트의 분리 독립에 대한 논의가 시민 사회 내에서 분출되기도 했다. 그러나 이 모든 논의는 사태가 진정됨에 따라 한국 사회에서 자취를 감추고 말았다. 모든 일이 그러한 것처럼.

당시 티베트의 라싸에는 신재식 교수가 체류하고 있었다. 히말라야와 카일라스를 둘러보려던 참이었다. 신 교수는 그곳에서 언론과 인터넷에서 접할 수 없었던 티베트 사태의 현실을, 실제 사건을 체험하고 있었다. 신 교수는 사태 끝 무렵 무사히 라싸에서 빠져나와 네팔을 거쳐 태국으로 왔다. 김윤성 교수와 장대익 교수는 서울에서 태국으로 가 신 교수를 만났다. 불교와 민족주의가 결합해 중앙 권력과 충돌하고 있는 티베트 사태에 대한 신 교수의 경험담은 자연스럽게 종교의 미래에 대한 대화로 이어졌다. 이 대화는 2008년 4월 말 태국 치앙마이에서 이루어진 것을 정리한 것이다.

대화
종교 없는 미래를
상상할 수 있나요?

종교, 정치, 폭력

사회자 티베트에서는 어떠셨는지요? 한국에서는 상황을 제대로 알 수가 없어서 많은 분들이 걱정하셨습니다. 티베트가 워낙 정치적·종교적·문화적으로 민감한 곳이라 그런지, 해외 언론도, 인터넷도, 국내 시민 단체도 제대로 된 정보를 제공하지 못하는 것 같더군요.

신재식 티베트에 관해서는 늘 설과 소문, 사실과 진실이 난무하지요. 저는 티베트 사태를 경험하면서 '인간 본성'과 '언론 본성'을 다시 새겨 볼 수 있었습니다. 시위가 나던 때, 저는 머무른 지 2주째 되었지요. 이번이 티베트를 세 번째 방문한 것이고, 5월에는 차마고도와 카일라스를 둘러볼 계획이어서, 특별히 이곳저곳을 다니지 않았어요. 주로 숙소에서 책을 번역하고 원고 쓰고, 지치면 라싸 시내의 시장을 산책하고 주변 산을 오르는 것이 일과였지요.

라싸는 시위 발생 며칠 전부터 조금씩 술렁거렸어요. 달라이 라마 망명 기념일이 가까워 오고, 인도와 네팔에서 발생한 시위로 인해서 긴장이 높아지고 있었죠. 몇 군데 사원에서 2~3일 전부터 승려들의 시위가 있었지요. 사원을 방문했던 한국인들이 와서, 사원 앞에서 대치 중인 승려와 군인들을 보았고, 군인들로부터 검문을 당했다는 이야기를 했어요. 승려가 몇 명이 다쳤느니, 죽었느니 하는 확인할 수 없는 이야기도 돌았습니다.

시위는 3월 15일 점심 무렵부터 본격화되었습니다. 그런데 시위 도중 참 이해하기 어려운 일이 벌어졌어요. 시위가 삽시간에 폭력화된 것입니다. 한 30분이 채 걸리지 않았던 것 같아요. 거리 한쪽에서는 한족으로 여겨지는 사람들에 대한 집단 폭행이 시작되었습니다. 한족과 이슬람교도들이 운영하는 가게는 약탈과 방화의 대상이 되었고요. 폭행은 주로 10대들이 주도했습니다. 이 사진 보세요. 한 티베트 10대 소년들이 한족으로 추정되는 사람을 칼을 들고 쫓아가는 장면입니다.

외국인들은 더 이상 현장에 머무르기 어려운 상황이 되었습니다. 숙소로 급하게 돌아와 보니, 같이 지내던 외국인 여행객들은 물론이고, 주변 상가에서 피해 온 한족들로 가득했어요. 옥상에 올라가 보니 시내는 곳곳에서 발생한 화재로 인해 연기가 자욱했습니다. 포탈라 궁마저 그 연기에 가려 잘 보이지 않았습니다.

그런데 폭력화된 시위가 절정에 달했을 때, 중국 경찰(중국에서는 일반적으로 공안이라고 하죠.)이나 군인은 단 한 사람도 라싸 중심부에 없었어요. 시위 초기에 경찰들은 사라졌지요. 경찰이 나타난 것은 시가지가 화염으로 휩싸이고, 3시간 이상이 지나 방화와 폭력이 어느 정도 잦아들고서야 나타났습니다. 경찰이 나타나자마자 시위대는 흩

어졌습니다. 그리고 군인들이 나타난 것은 거의 저녁이 다 되었을 때였습니다. 적어도 그날 낮 라싸 시내에서 시위대와 군경의 공식 충돌은 없었습니다.

이것을 보니 마음이 참 착잡해지더군요. 티베트 사람들이 제대로 낚인 것 같다는 생각이 들어서요. 티베트 시위대의 공격이 관공서 같은 권력 기구나 방송국 같은 선전 기구를 향하지 않고, 한족과 이슬람교도의 상점, 슈퍼마켓, 은행에 가해졌으니까요. 시위의 본질이 희석되어 버린 것입니다. 이제 역사적 가해자인 한족이 피해자가 되고, 역사적 피해자인 티베트 사람들이 가해자가 된 것이지요. 수많은 한(恨)을 안고 그 오랜 시간을 견뎌 온 티베트 사람들이 겨우 서너 시간의 사건으로 단순 방화 폭도로 전락해 버린 것이지요.

김윤성 모든 한족 사람들이 가해자는 아니겠죠. 대개는 그냥 생업에 종사하는 평범한 시민들일 뿐. 진짜 가해자는 중국 정부고, 그들은 티베트 사람들의 불만이 엉뚱하게 평범한 한족 사람들을 향한 폭력으로 치닫도록 방치해서는 같은 한족 사람들을 피해자로 만들고, 또 어제의 피해자인 티베트 사람들이 오늘의 가해자가 되게 만들었죠. 안타까운 일입니다. 그나저나 시내에 스님들은 없었나요?

신재식 승려들은 처음부터 사원 주변에서 시위를 했어요. 경찰이 진입하면서부터는 조캉 사원을 비롯한 여러 사원 안으로 밀려 들어가서 밖으로 나올 수 없었지요. 조캉 사원 부근에 있던 초등학교로 들어가 점거 비슷하게 농성을 하고 있었고요.

장대익 비폭력을 교리로 삼고 있는 불교도들이 그렇게 쉽게 폭도화될 수 있다는 게 흥미롭습니다. 불교는 그 어떤 세계 종교보다도 더 강력하게 비폭력, 불살생을 이야기하는데, 이번 사태를 보면, 더 정확하게 신 선생님께서 보여 주신 사진들을 보면 불교 역시 폭력에서 자유롭지 못하다고 생각합니다. 그동안 우리가 과학과 종교의 관계에 대해 논의하면서 역사적 이유를 비롯한 여러 가지 이유 때문에 불교 문제를 제대로 거론하지 못했는데, 한번 제대로 논의해 봤으면 좋겠습니다.

김윤성 예나 지금이나 종교와 폭력 문제가 기독교나 이슬람교 같은 종교에서 좀 두드러지기는 하지만, 그렇다고 폭력이 꼭 이런 유일신교들에만 국한된 건 아닙니다. 불교라고 해서 폭력과 본질적으로 거리가 먼 것은 아니죠. 근세 일본에서는 불교가 신토와 손잡고 바쿠후(幕府) 정권의 천주교 탄압과 학살에 앞장섰습니다. 또 20년 넘게 지속되고 있는 스리랑카 내전에서도 불교가 핵심에 있죠. 불교도인 다수 민족 싱할라 족이 불국토를 건설하겠다는 일념 아래 힌두교도인 소수 민족 타밀 족을 차별하자, 타밀 족이 이에 반발해 종교의 자유와 민족의 독립을 요구해 왔고, 그 대립 과정에서 상호 간에 엄청난 학살이 벌어진 거죠. 이런 사례들을 보면 불교를 비폭력의 종교로 여기는 생각은 단지 만들어진 통념에 불과해 보입니다. 아무리 평화를 말하는 종교라도 상황에 따라서는 얼마든지 폭력적이 될 수 있다는 얘기죠.

장대익 그렇죠. 그런데 저는 불교를 비롯해서 많은 종교에 관련된 폭력의 문제에 '밈' 이론을 적용해 볼 수 있을 것 같습니다.

신재식 밈 이론 이야기하기 전에, 제가 방금 인간 본성에 대해 다시 확인하게 되었다고 했는데, 종교의 종류와 관계없이 우리는 계기만

주어진다면 얼마든지 쉽게 폭력화될 수 있다는 것을 보았지요. 도킨스의 밈 이론을 종교에 적용한다, 글쎄요. 저는 종교의 기원을 밈 이론으로 설명하기는 힘들다고 생각합니다. 굳이 적용하자면, 밈 이론이 종교의 전파와 확산을 설명하는 데는 나름대로 유용하다고 생각합니다. 하지만 티베트의 상황처럼 종교·역사·정치·경제 문제가 동시에 얽혀 복잡한 작용을 하는 경우에는 밈 이론이 과연 어느 정도의 설명력을 가질 수 있는지 솔직히 회의적입니다.

장대익 오히려 그렇기 때문에 밈 이론이 설명력을 가진다고 생각합니다. 그러니까 밈 이론의 가장 큰 특장점이 뭐냐면, 인간이 만든 인공물이 자율성을 획득하고 통제 불가능한 방향으로 제멋대로 움직이는 것을 역사·정치·경제·가치에 상관없이 종교 밈 자신의 복제를 위한 행동으로 설명할 수 있다는 겁니다. 종교 밈은 인간에는 관심도 없어요. 평화, 사랑, 자비 같은 것에도 관심 없죠. 자기 멋대로 굴러가는 거죠. 자기 자신의 복제와 재생산을 위해서라면 그것이 평화주의가 되었든 전쟁이 되었든 상관없는 것이 바로 종교 밈입니다.

이런 맥락에서 티베트의 분쟁은 두 가지 밈이 전쟁을 벌이고 있는 현장이랄 수 있어요. 한족이 중심이 된 중국 중앙 정부의 공산주의와 티베트 민족의 불교라는 두 가지 밈이 충돌하고 있는 거죠. 둘 다 생존을 위해서라면, 자신의 확산과 재생산을 위해서라면 수단 방법을 가리지 않습니다. 예를 들어 명분은 거창하지 않습니까? 자유로운 인간들의 공동체, 민중 혹은 노동자의 아래로부터의 해방, 세계주의, 평등주의, 박애주의 등등 갖출 것은 다 갖췄거든요. 하지만 자신의 세력권 안에서 전혀 다른 이야기를 하고, 실천을 하고, 사회 체제를 만들고 있는 것을 용납하지 않습니다. 자신의 세력을 확장하기 위해서는 못 하는 짓이 없지요. 중국이 티베트를 공산화할 때 수많은 사람을 학살하고 입으로 담기 힘들 정도의 잔인한 짓을 자행했다는 것은 세상이 다 아는 이야기지 않습니까? 그리고 그러한 일을 중국 공산주의자들 중에서도 가장 신사적이고 합리적인 사람이라는 저우언라이(周恩來, 1898~1976년)가 주도해서 밀어붙였다고 하지 않습니까?

불교도 마찬가지입니다. 비폭력, 불살생의 교리를 가지고 있는 티베트 불교도들도 중국군의 침략에 저항하기 위해 수많은 테러와 폭력 투쟁을 감행하지 않았습니까? 그 과정에서 무고한 희생이 무척 많이 나왔고요. 지금 달라이 라마가 비폭력 독립 투쟁을 주도해 세계적인 여론의 지지를 얻고는 있지만 저는 그게 불교의 비폭력적 교리에 근거한 것이라기보다는 전술적·정치적·외교적 고려에서 나온 것이라고 봅니다. 민중의 해방을 바라는 공산주의자들이 다른 민족을 폭압적으로 지배하는 것, 비폭력의 교리를 가진 불교도들이 폭도화되는 것을 저는 일탈이라고 생각하지 않습니다. 오히려 자기 복제 메커니즘의 지배를 받는 종교 밈의 자연스러운 현상이라고 생각합니다. 복제자로서의 밈은 자신만 살아남고, 재생산에 성공할 수만 있다면 그 이념이, 공산주의가 되었든 종교가 되었든 그 수단이 폭력이 되었든 비폭력이 되었든 상관없이 이용하는 '이기적인 존재'라는 게 제 생각이에요. 물론 그런 밈이 실제로 의식이나 의도를 가지고 있다는 뜻은 아닙니다.

신재식 무슨 말씀을 하시려는지 충분히 이해가 됩니다. 그리고 그렇게 보는 것 역시 불만 없습니다. 저 역시, 앞에서 말씀드렸던 것처럼, 밈 이론이 종교나 이념의 확산이나 경쟁을 어느 정도 잘 설명할 수 있다고 생각해요. 그렇지만 그것만으로 다 설명된다고 보지는 않습니다.

장대익 불교 이야기가 나왔으니까, 한 가지 더 이야기할 수 있을 것도 같습니다. 예를 들어 우리나라 불교의 역사도 폭력성에서 자유로울 수가 없습니다. 1950년대 불교 정화 운동 있을 때, 지금의 대한 불교 조계종이 된 세력과 한국 불교 태고종이 된 세력이 치열하게 다투지 않았습니까? 제가 알기로는 해방 직후까지는 소수였던 비구승들이 다수였던 대처승들을 절에서 쫓아내기 위해 거지나 깡패들 머리 깎아 승복 입혀 절을 점거하게 하고, 그 과정에서 수많은 폭력 사태가 있었습니다. 결국 한국 불교는 대한 불교 조계종과 한국 불교 태고종으로 쪼개져 버렸고, 한국 불교의 역사에 큰 상처를 남겼습니다. '살아 있는 부처'로 숭앙받았던 성철 스님도 이 과정에서 자유롭지는 않은 걸로 압니다. 이런 면에서 보면 불교를 본질적으로 비폭력적이라고 보는 것은 무리 아닐까요? 비폭력주의는 불교라는 밈이 자신을 복제하고 재생산하는 데 사용하는 도구에 불과합니다. 껍데기인 거죠.

이것은 불교에만 해당되는 이야기도 아닙니다. 이슬람교도, 기독교도 다 마찬가지입니다. 이슬람교를 보세요. 인사말이 항상 "당신에게 평화를" 아닌가요? 평화가 이슬람교의 본질이라면 어떻게 대학까지 나온 사람들이 자살 폭탄 테러를 저지릅니까? 그런 행동은 종교 밈이라는 복제자의 작용이 있기에 가능한 거지요. 사랑과 정의의 하느님? 자신의 복제를 위해서라면 사랑이 되었든 정의가 되었든 제

멋대로 이용할 뿐이죠. 이렇게 일탈처럼 보이는 종교의 행태들은 기존의 상징 이론이나 문화 이론 심지어는 정치 경제학을 기초로 한 이데올로기 이론만으로는 설명할 수 없다고 봅니다.

신재식 해방과 한국 전쟁 이후의 불교 정화 운동은 단순한 사건은 아닙니다. 그 배후에는 이승만 정권과 박정희 정권의 정치적 의도는 물론이고, 사찰들이 가진 막대한 재산을 둘러싼 경제적 다툼이 얽혀 있었습니다. 배일(排日) 또는 극일(克日)이라는 민족주의적인 문제도 얽혀 있었죠. 또 '대처승(帶妻僧)'과 '비구승(比丘僧)'이라는 구분도 공평한 표현은 아니죠. 불교 정화 운동을 주도한 대한 불교 조계종 쪽의 승려들이 당시 주류였던 종단 지도자들과 사찰의 주지들을 공격하고 비하하기 위해 의도적으로 쓴 용어라고 볼 수 있어요. 태고종 쪽에서는 '교화승(敎化僧)'과 '수행승(修行僧)'으로 구분하니까요. 그리고 이 사건을 '불교 정화'라고 보지 않고, 한국 불교의 '분열'이라고 해석하지요.

아무튼 밈 이론으로 종교가 확산되고 전파되는 과정에서 다양한 방법을 사용한다는 것을 설명할 수는 있다고 생각해요. 그렇지만 전적으로 동의한다기보다는 그렇게 볼 수도 있다고 생각하는 정도이지요. 저는 모든 것을 최종적인 종교 밈 혹은 궁극적인 종교 밈으로 환원할 수 있다고 생각하지 않습니다. 도킨스는 아니라고는 하지만 모든 것을 막무가내로 환원하고 있죠.

김윤성 제 생각도 그렇습니다. 밈을 가지고 종교와 폭력의 특정한 메커니즘을 설명할 수는 있겠지만, 그건 그저 하나의 설명일 뿐이죠. 그런데 도킨스 같은 이들은 자기가 모든 것을 'explain out'했다고, 남김없이 다 설명했다고 주장합니다. 환원주의죠. 일전에 편지에서도 얘기했듯이, 과학에서 방법적 환원 자체는 불가피하고 필요하지만, 어떤 하나의 설명이 최종적이고 유일한 궁극적 해답이라고 주장하는 건, 제 생각엔, 명백한 환원주의적 오류로 보입니다.

그리고 장 선생님 말씀을 듣다 보면, 자꾸만 욕망과 선택의 주체로서의 인간, 즉 개인과 집단은 과연 어디로 갔을까 하는 생각이 듭니다. 종교라는 게, 사회라는 게 그 자체로 무슨 독자적인 실체는 아니지 않습니까? 다 개인과 집단이 만들어 가는 과정과 효과일 뿐이죠. 반세기 전, 저우언라이가 그렇게 무자비하게 티베트를 짓밟아 버렸을 때, 대항할 힘 하나 없는 달라이 라마가 대체 무얼 할 수 있었겠습니까? 비폭력주의는 그의 정치적이고 전략적인 선택이기 이전에, 아무런 저항 수단도 없는 약자의 마지막 대안이었겠죠. 마침 불교에 비폭력 교리가 있으니, 그걸 내세웠을 테고요. 싱할라 족은 부처의 이름으로 타밀 족을 짓밟아 왔지만, 달라이 라마는 똑같은 부처의 이름으로 비폭력을 추구해 왔습니다. 이 차이를 어떻게 설명할 수 있을까요? 장 선생님은 그것도 다 종교 밈이 자기 복제를 위해 인간에게 폭력이나 평화를 선택하게 만드는 것일 뿐이라고 하시겠죠. 하지만 똑같은 불교도인데도 불국토를 위해 폭력을 선택한 싱할라 족과 자유를 위해 비폭력을 선택한 달라이 라마를 그냥 그렇게 뭉뚱그릴 수는 없다고 생각합니다. 양자를 비교하다 보면, 욕망과 선택의 개인적·집단적 주체로서 인간을 근본적으로 배제하기는 힘들지 않을까요? 이를 간과한 채 개인이나 집단이 인간 주체로서가 아니라 그저 종교나 공산주의 같은 밈들이 시키는 대로 선택하고 행할 뿐이라고 보는 건 아무리 생각해도 지나치게 단순화하는 환원주의 같아 보입니다.

신재식 그런 의미에서 저는 '다수준 선택'을 지지합니다. 종교라는 밈 복합체의 계층 구조 속에 여러 수준의 개별 밈들이 있고, 그것들이 각 수준에서 자기 나름의 자율성 혹은 자기 결정성을 가지고 있다고 생각합니다. 밈 이론이 좀 더 발전하기 위해서는 이 문제를 고려해야 합니다.

예를 들어 몇 년 전에 이라크에서 김선일 씨가 희생당하고, 작년에 아프가니스탄에서 선교하러 갔던 사람 두 사람이 희생당하지 않았습니까? 희생당할지도 모르는 곳에 선교하러 가는 무모함을 분명 밈 이론으로 설명할 수도 있을 겁니다. 하지만 이 사건은 개신교라는 밈의 재생산과 확산이라는 것 이전에 김선일 씨나 샘물 교회 교인들 스스로의 개인적인 확신이나, 교회의 결정이나, 그 교회가 속한 교단의 정책 등을 함께 고려하지 않고는 제대로 설명할 수가 없습니다. 밈 이론은 이러한 여러 수준에서의 결정이 위아래로 영향을 주고받는 것을 무시하는 것 같다는 생각을 안 할 수가 없습니다.

그리고 한국 기독교계에서는 김선일 씨의 사건이나 아프가니스탄 사건이나 비판적으로 보는 사람들도 많습니다. 이것은 어떤 의미에서는 기독교라는 밈의 확산을 반대하는 주장입니다. 왜 그랬냐는 거죠. 그리고 더 나아가서 선교 같은 것은 필요 없다고 주장하는 기독교인들도 있습니다. 이런 현상들은 자기 복제가 지상 명령인 밈을 가지고는 설명하기 힘든 것 아닐까 싶네요.

장대익 밈이 사람을 지배하는 가장 세련된 방법이 있다면, 어떤 행동을 자유 의지의 소산이라고 믿게끔 하는 것이라고 생각합니다. 하지만 이것은 환상이고 자기 기만일 뿐이죠. 최근 진화 심리학이나 진화 철학 쪽에서는 자유 의지와 자기 기만에 대한 연구도 활발한데요, 자유 의지라는 것이 진화가 만들어 낸 일종의 환상이라고 주장하는 사람들이 있습니다. 우리가 자유 의지라는 것을 갖고 있다고 믿게끔 만드는 것이 우리의 생존의 더 도움이 되었다는 거죠.

또 공격적 해외 선교에 대한 비판적 견해는 어떤 의미에서는 단지 전술적인 비판에 불과할 수도 있습니다. 기독교 밈의 확산과 재생산은 이미 전제로 깔려 있는 거고, 그것을 어떻게 더 효율적으로 전파할 수 있느냐의 문제인 거죠. 현지인들이나 그 사건을 보는 국내인들에게 불쾌감을 주지 말고 전도를 하자는 주장인 거죠. 이 역시 기독교 밈의 확산이라는 지상 목표에 종속되어 있는 주장일 뿐이라고 설명할 수 있습니다. 자신의 복제 방식을 숙고하게 하는 것 역시 좀 더 효율적인 확산을 위한 종교 밈의 장치일 수 있는 겁니다.

그리고 이렇게 볼 수도 있지요. 적극적 확산을 지시하는 하부 밈(sub meme)과 적당한 확산을 지시하는 하부 밈과 확산 자체를 반대하는 하부 밈이 있다고 할 때, 여러 세대를 거치고 난 다음에 어떤 게 가장 많이 살아남을까요? 당연히 적극적 확산을 지시하는 하부 밈이지 않겠습니까? 그렇기 때문에 성경도 그렇고 불경도 그렇고 코란도 모두 다 전도하고 말씀을 알리라는 구절, 아니, 강력한 규범들을 내장하고 있지 않습니까? 성경에서는 땅 끝까지 모든 민족에게 알리라고 하고, 금강경에서는 금강경 구절 하나를 다른 이에게 알려 준 게 큰 강의 모래만큼 많은 사람이 몸과 목숨을 바친 공덕보다 크다고 하지 않습니까? 우리가 대형 교회 욕하고 대형 사찰 욕하지만 실제로는 가장 널리 퍼져 있는 종교 하부 믿이 무엇인가요? 만약 외계인이 와서 종교 바이러스 감염도를 조사해 본다면 뭐가 제일 강하게 나올지는 뻔한 거 아니겠습니까?

신재식 다시 선교 문제로 돌아가면서 이야기를 계속해 나가지요. 개신교 내외의 비판에도 불구하고, 대부분의 한국 개신교인들은 이번 샘물 교회 사태를 일종의 순교로 보고 있을 겁니다. 그동안 별다른 문제없이 해 온 일들이 이번에 좀 불운한 결과를 가져온 것일 뿐이라고 생각하겠죠. 시끄러운 외부의 평가가 어떻든지 이런 선교 정책을 계속 지속할 것입니다.

물론 이와 달리 기독교 일각에서는 이런 공격적인 선교 행태에 대해서 비판하지만 전체 기독교 지형을 보면 상대적으로 소수입니다. 예수의 선교 명령을 감히 공개적으로 거스르는 일은 교계나 지역 교회 안에서 현실적으로 일어나기 힘든 상황입니다. 이게 한국 기독교의 현재 모습이죠. 아무튼 아프가니스탄 사태에 대한 평가나 현재 한국 교회의 선교에 대한 다른 입장은 신학적 태도나 선교에 대한 견해의 차이에서 온 것입니다.

개인적으로 이런 모습을 보면 상당히 불편하죠. 저는 다소 비판적인 입장에 있다고 할 수 있을 겁니다. 지금의 공격적 선교가 소통과 대화가 아니라 일방통행인 경우가 많다고 보지요. 남미나 아시아 지역을 돌아다닌 제 경험으로는 그리 효과적인 것이 아니고요. 열정과 순수성도 남의 입장을 고려해야 합니다. 사실 선교건, 봉사건 그것이 갖는 효과나 영향은 선교지나 봉사 대상지에 못지않게 참여자나 파견하는 기관에 더 크게 주죠.

그리고 이 사태 역시 다수준 선택으로 얼마든지 설명할 수 있다고 생각해요. 어떤 일이든 개별 교회에서 선택할 수 있는 것이 있고 교단 수준이나 세계 기독교 수준에서 선택하는 게 있거든요. 이들은 각각의 단위에서 각 단위의 '이득'을 바라보고 자기 결정을 하죠. 각 수준에 맞는 의도를 가지고 자기 결정을 하는 거죠. 총회에서 정책을 결정하거나 교인을 늘려서 교회를 확대시키거나 하는 것도 그런 의도적 결정이지요.

해외 선교에서 가장 큰 이득을 누가 보느냐, 제가 보기에 한국 교회 상황에서는 개별 교회라고 생각해요. 개별 교회가 이득을 가장 많이 보는 거죠. 피선교지 입장에서는 어느 누가 오나 관계없어요. 어느 교단이나, 어느 교회나 관계없죠. 근데 선교사를 보내는 교회에서는 한 사람을 보냄으로써 그 교회가 지향하는 목표가 더욱더 분명해지고, 교회 내의 통합성을 엄청 높일 수가 있거든요. 그리고 교인들은 자존감과 자긍심을 높이고 긍정적 동기를 부여하는 결과를 가져오죠. 우리 교회는 선교사를 파견할 수 있는 능력을 가지고 있음을 그 교회 사람들에게 확인시켜 주고, 이것이 교인들을 고무시키는 거죠. 이것은 선교 단체의 경우에는 더 심해집니다. 선교 단체는 그것이 존재 목적이니까요.

김윤성 내부의 갈등을 무마하려고 외부에서 전쟁 일으키는 거랑 비슷한 거죠.

신재식 그렇다고 할 수도 있겠죠. 그런데 저는 종교의 확장을 추구하는 밈보다는 개인의 구원을 추구하는 개인주의적 밈이 궁극적으로는 경쟁에서 승리할 것이라고 생각합니다. 이것은 종교의 정의와 관련된 문제이기도 합니다.

개신교가 이처럼 강력하고 공격적으로 선교 전도 정책을 시행하지만 정작 우리나라의 개신교인 수는 줄고 있습니다. 전도에 별로 신경 쓰지 않는 것처럼 보이는 불교는 유유자적 수천 년을 이어 오고 있고, 개신교처럼 선교에 적극적이지 않은 가톨릭은 매년 25퍼센트씩 교인이 늘고 있다고 합니다. 개인의 종교성에 기댄 종교는, 생로병사를 가져 언젠가 소멸해 버릴 운명을 가진 조직으로서의 종교, 즉 제도 종교와는 달리 오래, 항구적으로 살아남으리라고 생각합니다.

장대익 일종의 박테리아(세균) 같은 거네요. 35억 년 전의 화학 구조를 그대로 가지고 있는.

신재식 그렇죠.

김윤성 그렇게 쉽게 유비적으로 볼 수만은 없다고 생각합니다. 밈이라는 개념이 생명 과학에서 사용하는 개념들의 유비일 것이고 그 유비에서 아이디어를 얻은 개념인데, 실제로 생물학에서 사용하는 바이러스 감염 개념과 종교 밈의 감염 개념을 등치시켜서 생각할 수는 없을 것 같습니다. 감염이라는 같은 단어를 쓴다고 해도 그 구체적인 메커니즘은 다르지 않겠습니까?

그리고 유전자, 염색체, 세포, 기관, 몸 순으로 위계 구조를 가지고 있는 생물 세계처럼 종교 밈이라고 하는 것도 궁극적인 복제자, 종교라는 밈, 기독교, 이슬람교, 불교 같은 하부 밈, 또 그 밑에 있는 개신교나 가톨릭 같은 하부 밈, 또 그 밑에 있는 수많은 교파들 같은 하부 밈 등등의 위계 구조를 가지고 있을 텐데, 이것과 생물이 정확하게 일대일로 대응하는 것도 아니지 않습니까?

장대익 당연히 다르죠. 하지만 아주 다른 것은 아니라고 생각합니다. 크게 본다면 '일반 복제자 이론'이라고 할까요, 문화 영역과 생명과학 영역을 통합해서 설명할 수 있는 일반적인 복제자 이론을 개발할 수 있을지도 모릅니다. 복제자라는 관점에서 보면 밈이든 유전자든 차이가 없는 거니까요. 가령, '민주주의'라는 이념이 복제와 대물림이 된다면, 유전자에 작용하는 것과 똑같은 방식으로 자연 선택이 그 밈에 작용할 수 있습니다. 도킨스와 데닛은 이것을 '보편 다윈주의(universal Darwinism)'라고 부르더군요. 다시 말해 지구 위의 생명체나 지구 밖의 생명체나, 또는 생명체가 아닌 인공물(이념, 종교, 개념, 유행 등)이더라도 복제와 대물림이 일어나는 경우라면 거기에 자연 선택의 메커니즘이 작용할 수 있다는 얘깁니다. 그저 "그렇게도 볼 수 있겠구나." 정도가 아니라, 복제자라는 관점에서 세상을 본다는 것은 세상의 실재(reality)에 대한 새로운 패턴을 주장하는 것입니다. 큰 차이죠.

김윤성 밈 이론이 가진 장점은 윤리나 가치의 문제를 중립화할 수 있다는 데 있겠죠. 나름대로 쓸모 있는 면이 있다고 봅니다. 수단이 무엇이든 복제라는 절대 사명에 봉사하고 복제라는 이득을 얻기 위해서라면 이기적이 되거나 이타적이 될 수도 있고, 평화적이 되거나 폭력적이 될 수도 있는 현상을 어느 정도 효율적으로 설명할 수는 있겠죠. 하지만 현실 속에서 그런 식의 가치 중립적인 설명이 도대체 무슨 의미가 있을지 모르겠습니다. 군사 정권 시절 사람들은 손에 화염병을 들었고, 신자유주의 시대인 지금은 촛불을 들고 있습니다. 민주주의라는 밈이 시대 변화에 따라 다른 선택을 지시하는 거라고 설명할 수도 있겠죠. 하지만 그런 설명이 사람들 손에 화염병이나 촛불을 쥐어 주지는 못할 겁니다. 화염병이나 촛불을 드는 데에는 결단이 필요하고, 여기서는 개인의 선택이 중요하게 작용하겠죠. 이런 개인적 선택과 결단이라는 차원을 배제한 채, 가치와 윤리로부터 중립적인 밈에 대해서만 이야기하는 건 어딘지 현상 유지적이고 보수주의적인 느낌마저 듭니다. 객관성과 가치 중립성을 표방하는 윌슨의 사회생물학이, 그의 의도와 상관없이, 보수주의자들에게 환영받고 인종이나 성 차별 반대론자들에게 비판받는 것도 이 때문이지 않습니까?

어쨌든 저는 여전히 밈 이론에 대해 뭔가 답답함을 느낍니다. 밈 이론 훨씬 이전에 사회학 진영에는 '유기체 이론'이 있었습니다. 사회를 일종의 유기체로, 개인들을 그 기관들로 보고, 사회가 마치 독자적인 실체처럼 개인들 위에 군림하면서 명령하고 지시한다고 보던 이론이죠. 밈 이론은 이보다 훨씬 나중에 나왔고, 분명 새로운 차원을 연 것은 분명합니다. 하지만 밈 이론은 유기체 이론이 말하던 '사회'라는 행위자(agent)를 '밈'이라는 행위자로 대체한 것에 불과해 보입니다. 게다가 제 생각엔 종교 밈이라는 실체가 있어 그것이 유전자가 행동을 결정하는 것처럼 사람들의 의사 결정에 간섭한다고 보는 견해에도 문제가 있는 것 같고요.

인간은 보이지 않는 것을 상상하고 믿는 경향이 있습니다. 그리고 다른 사람들과 어울려 살며 서로 양보하고 돌봐야 좋다고 믿는 경향도 갖고 있죠. 이런 경향은 분명 진화 과정에서 획득된 것들이고, 종교는, 아니 종교라고 불리는 어떤 것은 이러한 경향들이 종합되어 나타나는 효과일 뿐, 어떤 구체적인 실체가 아닙니다. 물론 종교적인 제도는 존재하고 그것을 밈이라고 이름 붙일 수는 있겠지만, 종교 그 자체는 애초에 없는 것이기 때문에 밈이라는 꼬리표를 붙일 수조차 없다고 생각합니다. 종교적 요소가 다른 온갖 요소들과 뒤엉킨 모종의 복합적인 현상은 있지만 사실 종교라는 별도의 실체란 없습니다. 없는 것에 '궁극적 메타 밈' 같은 꼬리표를 붙일 수 있을까요?

장대익 "신의 명령에 복종하라." 같은 것들은 강력한 밈 아닌가요? 정치나 경제 같은 다른 어떤 것보다 강력한 규범 시스템을 가지고 있는 게 종교 아닙니까? 종교는 그 강력한 자기 규범을 가지고 자기 복제를 하고 있습니다. 수많은 문화 현상들이 자기 복제를 하기는 하지만 자기 복제를 규범으로 가진 게 종교 말고 있는지요?

밈 이론은 돌도끼가 되었든 핵폭탄이 되었든 민주주의가 되었든 종교가 되었든 인간이 만든 발명품이 우리의 통제를 벗어나 자율성을 얻고 심지어는 그 설계자를 지배하게 되는 상황을 설명할 수 있는 이론입니다.

김윤성 말씀하신 대로, 밈 이론에는 물론 새로운 점이 있기는 합니다. 하지만 인간이 만든 발명품이 도리어 인간을 지배한다는 식의 생각 자체는 그리 새로운 것이 아닙니다. 그런 생각의 역사는 아주 길죠. 고대 그리스의 크세노파네스나 근대 독일의 포이어바흐 같은 철학자들이 그 대표적인 사례일 겁니다. 그들은 신이란 인간의 상상이나 욕망이 '투사(projection)'된 것에 불과하다고 보았고, 특히 포이어바흐는 이런 투사의 산물이 인간으로부터 분리되고 실체화되어 도리어 인간이 거기에 지배되고 종속되는 상태를 '소외(alienation)'라고 규정했죠. 저는 '밈'이라는 새로운 개념을 끌어들이지 않고도,

'투사' 같은 개념만으로도 소외의 메커니즘을 얼마든지 설명할 수 있다고 봅니다.

신 선생님께서 아까 '다수준 선택'에 대해 말씀하셨는데, 마찬가지로 설명에도 여러 차원 내지 지평이 있습니다. 행위자를 사회로 보든, 개인으로 보든, 밈으로 보든, 설명의 차원이나 지평이 다른 것일 뿐 어느 한 설명이 다른 설명을 대체하지는 못합니다. 그런데 제가 보기에 밈 이론이란 철학이나 사회학이 말하던 개인이나 사회 같은 행위자를 자연 과학적 행위자 개념인 밈으로 대체한 것에 불과하지 않나 싶습니다. 밈 이론은 분명 흥미롭고 나름 효용성이 있는 이론이지만, 그 새로움 면에서는 여전히 뭔가 부족하다고 생각합니다.

신재식 2퍼센트 부족한 거죠.

김윤성 평가가 상당히 후하시네요. 아무튼 밈 이론에 대해 제 생각을 한마디로 말하자면, 복제자나 밈 같은 용어가 새롭고 독특해 보이기는 하지만, 과연 얼마나 새롭냐는 겁니다. 정말로 뭐가 새로운 건가요?

장대익 저는 밈 이론, 좀 더 정확히 말해 일반 복제자 이론이 다윈의 자연 선택 이론, 윌슨의 사회 생물학, 도킨스의 이기적 유전자 이론, 그리고 최근에 각광받고 있는 진화 심리학과 신경 과학 등의 새로운 발견들을 한데 묶을 수 있는 통합적 과학 이론이라고 봅니다. 복제자 이론은 인간의 마음과 행동, 특히 사회·문화적 현상들을 통합적으로 설명할 수 있는 매우 유력한 자연 과학 이론입니다. 한 가지 이유는 이 이론이 '왜'에 대한 질문을 던지기 때문이지요. 다시 말해 복제자 이론은 인간의 행동이나 특정 문화 현상이 일어나는 이유를 행위자들의 이익 충돌 때문이라고 봅니다. 그리고 이 행위자들은 꼭 사람일 필요가 없는 것이죠. 유전자와 밈도 훌륭한 행위자입니다.

요약하면, 복제자 이론은 인간만이 행위자가 아니며 유전자뿐만 아니라 인공물인 밈도 세상에서 자신의 이득을 위해 행위를 하는 존재라는 사실을 드러내 줍니다. 이런 메커니즘을 자연 과학적으로 입증했다는 것이 매우 새로운 것이죠. 하지만 아직 걸음마 단계입니다. 복제자의 관점에서 세상을 본다는 것의 참신성에 비하면 아직 경험적 연구들이 많이 쌓이지 않았거든요. 저도 노력하고 있습니다.

자연 과학의 종교 연구, 어떻게 볼 것인가?

사회자 이제 주제를 종교의 미래 쪽으로 돌려 보죠. 밈 이론이 가진 답답한 한계를 돌파하려는 시도들을 확인할 수 있지 않을까요? 많은 사람들이 생각할 때 종교는 현재 전환기에 서 있는 것 같습니다. 인공 지능에 대한 연구나 인지 능력의 진화에 대한 연구가 진척되면서 종교성에 대한 새로운 견해들도 탄생하는 것 같습니다. 종교 연구의 과학화라고 할까요? 오늘의 두 번째 주제로 그런 변화들을 짚어 보면서 종교의 미래가 어떻게 될지, 종교와 과학의 관계가 어떻게 될지 살펴보는 게 어떨까요? 과연 도킨스가 바라는 것처럼 종교 없는 사회가 올까요?

신재식 종교가 없어지면 안 되죠. 이 책이 안 팔리잖아요. (웃음)

김윤성 종교학자는 종교 없어져도 먹고살아요. 조로아스터교는 없

어져도 조로아스터교 전공자는 할 일이 남아 있죠. (웃음)

한동안 종교학자들은 종교 연구에 자연 과학을 끌어들이는 것을 꺼려 왔습니다. 이건 두 가지 이유 때문인데요, 우선은 기본적으로, 아니 전형적으로 대개의 종교학자들이 과학과 종교의 관계에 대해 분리주의적 입장을 취해 왔기 때문입니다. 과학과 종교는 그 관심이, 언어가 아예 다르다는 거지요. 이렇게 분리해야만 신학의 독단주의나 과학의 환원주의를 피할 수 있다고 여긴 거죠. 또 다른 이유는 종교학계가 진화라는 것에 대해, 더 정확하게 이야기하자면 종교 현상에 생물학적 진화론을 적용하는 것에 대해 굉장한 거부감을 가지고 있었다는 겁니다. 종교의 진화에 대한 논의가 진화 생물학과 직접 씨름하기보다는 진화론의 또 다른 버전인 사회 진화론을, 사회 다윈주의를 슬쩍 끌어들이면서 이루어졌기 때문에, 제국주의와 인종주의의 혐의에서 자유로울 수 없었죠. 이 점이 비판되면서 사회 진화론도 비판되었고, 덩달아 생물학적 진화론에 대해서마저도 거부감이 지배하게 되었고요. 이런 거부감의 역사는 아주 깁니다. 그래서 종교학계에서는 진화론은 물론 아예 과학적 설명이라는 것 자체에 대한 알레르기가 꽤 심했죠.

그런데 이제 이러한 거부의 시대는 끝나 가고 있는 것 같습니다. 해석학적 인문학에 근거한 이른바 주류 종교학이 종교 연구 학계를 지배하던 시절이 지나가고 있는 거죠. 지난 20~30년 동안 헛바퀴만 돌던 환원주의 논쟁이 일단락되면서, 사회 과학적 종교 연구가 급격히 부상하고 있습니다. 그리고 이제는 사회 과학화에서 더 나아가 자연 과학화마저 진행되고 있고요. 인간의 마음과 문화를 연구해 온 과학자들의 성과를 토대로, 물론 과학자들과는 작업 방식이 많이 다르겠지만, 많은 종교 연구자들이 새로운 시도들을 하고 있습니다. 파스칼 보이어, 댄 스퍼버(Dan Sperber), 하비 화이트하우스(Harvey Whitehouse) 같은 사람이 대표적이고요, 이들 외에도 많은 종교 연구자들이 쓴 책이 벌써 수십 권입니다. 감당이 안 될 정도에요.

신재식 그렇다고는 해도 그쪽에서는 누구라고 꼽을 만한 사람이 없는 게 현실이지 않나요. 종교를 다루기는 하지만 보이어나 스퍼버는 사실 인지 과학자이면서 인류학자 아닌가요?

김윤성 맞아요. 인류학에 비하면 종교학 쪽에서 자연 과학적 성과를 적극 도입하는 사람은 훨씬 적죠. 그래서 제가 '종교학'이 아니라 '종교 연구'라고 말한 겁니다. '종교 연구'라고 하면 종교학, 신화학, 의례학, 신학, 사회학, 인류학, 심리학은 물론 심지어 자연 과학까지, 그 분야가 무엇이든, 종교를 연구하는 온갖 작업들이 다 망라되거든요. 아무튼 좁은 의미의 종교학이라고 불려 온 학문 분야에서는 인문학적·해석학적 작업이 주류였고, 따라서 자연 과학적 설명을 시도를 하는 사람들이 아직은 손에 꼽을 만한 정도에 불과한 것이 사실입니다. 이는 어쩌면 자기 학문 전통 안에만 칩거해 온 기존 종교학의 학문적 취약성을 보여 주는 건지도 모르죠.

장대익 저는 김 선생님께서 말씀하신 종교의 '자연 과학화'를 '자연 현상화'라고 표현하고 싶습니다. 정진홍 교수님께서 작업하셨던 것처럼 그동안 종교를 일종의 사회적이고 문화적인 현상으로 다루어 왔지만 이제는 자연 현상으로 다루어야 하는 것은 아닌가 하는 게 제 생각입니다. 물론 이제까지의 종교 연구자들에게는 무척 도전적인 이야기가 되겠지만, 종교를 일종의 자연 현상으로서 설명할 수 있어야 한다고 생각합니다. 이런 학문적 트렌드에서는 자연 현상을 다루던 자연 과학자들이 종교 문제를 설명하고자 덤벼드는 게 자연스러운 일이 되지요. 종교학자를 비롯한 종교 연구가들은 이러한 과제에 관심을 가져야 합니다.

이 자연화 흐름을 어떻게 볼 건가에는 항상 세 가지 입장이 있습니다. 하나는 거부하는 입장이죠. 종교의 자연화, 또는 자연 현상화, 그거는 말도 안 되고, 종교의 본질은커녕 아무것도 설명 못 한다는 거죠. 또 하나는 이 자연화가 기존의 흐름과 완전히 충돌한다는 입장이죠. 둘 다 맞을 수는 없고 둘 중의 하나가 살아남을 수밖에 없는 대립 또는 대체의 입장이죠. 마지막 하나는 이러한 자연화를 기존의 연구에 일종의 근거를 제공하는 것으로 받아들이는 거죠. 그동안 설명하지 못했던, 그동안 제쳐 놨던 것들을 채워 주는, 보충의 역할을 하는 것으로 받아들이는 거죠.

종교 연구자들은 이 세 가지 입장 중 하나에 서서 종교의 자연 현상화를 받아들이는 것 같아요. 도발로 받아들이기도 하고, 보충 설명으로 받아들이기도 하고, 말도 안 되는 헛소리로 치부해 버리기도 하는 거죠.

김윤성 한 세기 전 서양에서 종교에 관한 학문적인 연구는 기독교 신학에 묶여 있던 물음들을 해석학이나 심리학이나 사회학의 방법론을 차용해 전환하면서 시작되었습니다. 이것이 바로 이제까지의 종교 연구의 역사라고 할 수 있겠지요. 그런데 현재 장 선생님께서 말씀하셨던 종교 연구의 자연 과학화, 또는 종교의 자연화나 자연 현상화는 기존의 종교의 문화화, 사회 현상화, 심리화 같은 것과는 차원이 다른 것 같은 인상을 줘요. 그저 새로운 해석을 더하는 정도를 넘어서 패러다임이, 학문의 틀 자체가 바뀌고 있는 상황인 듯합니다.

사회자 좀 더 구체적으로 말씀해 주시죠.

김윤성 사실 해석학적 작업에는 중요한 문제점이 있습니다. 그러니까 기존의 종교학에서는 종교에 대한 해석과 설명을 양립 불가능한 것처럼 여기는 경향이 있었습니다. 그런데 문제는 해석이라고 해왔던 많은 것들이 사실 제대로 된 해석이 아니었다는 거죠. 이게 바로 해석학의 딜레마이기도 합니다. 주체성, 주관성을 배제한 해석이란 불가능하잖아요. 해석에는 언제나 주관성이 일정 정도 끼어들 수밖에 없고, 그게 해석학적 순환의 문제이기도 하고, 이것을 과연 어떻게 평가하느냐가 항상 문제가 됩니다. 그런데 종교학의 경우에도, 실제로 보면, 해석했다고 하는 것이 기껏 텍스트의 생산 주체, 다시 말해 원주민 정보 제공자나 문헌 저자의 의도를 그대로 옮겨다 놓고 거기에 해석자의 어떤 주관적 감정이나 이해를 덧붙인 것에 불과한 면이 많지요. 이런 해석은 텍스트의 주관성과 해석자의 주관성이라는 프레임에서 조금도 벗어날 수 없습니다. 종교학의 역사에서는 이렇게 해석학적으로 종교를 이해하려는 입장이 오랫동안 주류였죠.

하지만 종교 연구의 역사에는 해석학적 경향만 있는 것은 아닙니다. 사무엘 프루스(Samuel Preus)라는 종교학자가 쓴 『종교 설명하기(*Explaining Religion*)』라는 책이 있어요. 1987년에 나온 책인데 종교 연구자들에게는 꽤 중요한 책이죠. 프루스는 16세기에 출현해 데이비드 흄에서 완성된 자연주의 패러다임이 종교 연구를 신학으로부터 독립시켜 진정한 인간 과학으로 거듭나게 해 주었다고 평가합니다. 종교 연구의 역사에서는 낭만주의의 해석학적 패러다임 못지않게, 아니 오히려 이보다도 계몽주의의 자연주의 패러다임이 더 중요했다는 거죠. 그래서 제목에도 의도적으로 '해석하기(Interpreting)' 대신 '설명하기(Explaining)'라는 말을 붙인 거고요. 물론 종교에 관한 사회 과학적 설명은 19세기 중반에야 나타났고, 자연 과학적 설명은 최근에야 시작되고 있으니, 프루스가 말한 자연주의 패러다임이 이런 것들을 말하는 건 아닙니다. 또 그가 다루는 인물들은 대개 철학자나 사상가 같은 인문학자들입니다. 어쨌든 프루스 덕분에 지금은 종교 연구의 역사에서 계몽주의와 자연주의가 처음부터 얼마나 중요했는지를 다시 볼 수 있게 되었죠. 종교 연구의 사회 과학화나 자연 과학화는 바로 이런 계몽주의적 흐름의 연장선에 있는 거고요.

지금 세계 종교 연구 학계에서는 인문학 진영에도 해석과 설명의 종합 내지 변증법을 말하는 사람들이 많아져서 낭만주의적 경향 못지않게 계몽주의적 경향도 중요해지고 있고, 후자의 입지가 더욱 굳건해지고 있죠. 또 자연주의적 계몽주의 패러다임에 따른 사회 과학적·자연 과학적 연구도 갈수록 활발해지고 있고요. 그야말로 지금 세계 종교 연구 학계는 계몽의 시대라고 해도 과언이 아닐 겁니다. 이에 비하면 국내 상황은 좀 답답하죠.

장대익 어떤 점이 그렇다는 거죠?

김윤성 국내에서는 오래전에 고인이 되신 장병길 선생님, 그러니까 30년 전 목사와 신부 교수만 있던 서울대 종교학과에 최초의 비종교인 교수로 계셨던 장병길 선생님이 계몽주의 패러다임을 처음 제시하셨다고 볼 수 있는데요. 그 흐름이 지속되지는 못했어요. 그 뒤로는 정진홍 선생님의 낭만주의 패러다임이 오랫동안 종교학의 학문성에 대한 고민을 지탱해 왔죠. 물론 이것도 소수파였을 뿐이기는 하지만요. 대개의 종교 연구자들은 신학, 교학, 경전 해석, 역사학, 사회학 등으로 분산되어서 종교학의 학문적 정체성에 대한 고민 자체가 약했죠.

아이로니컬한 것은 1990년대 이후 한국 종교 연구회, 그러니까 지금의 한국 종교 문화 연구소를 중심으로 활동하면서 계몽주의 패러다임을 다시 고민해 온 소장 종교학자들의 상당수가 바로 낭만주의자인 정진홍 선생님의 제자들이라는 점이에요. 20년 전 계몽주의 패러다임에 대한 고민의 첫 걸음을 내디딘 분이 정 선생님의 첫 박사 제자인 장석만 선생님이고, 마지막 제자인 저는 그 고민의 대열 중간쯤에 있고요. 박사 논문은 다른 교수님 밑에서나 다른 학교에서 썼지만 석사 논문은 정 선생님 밑에서 썼던 후배들, 그리고 연구소 나와서 공부하면서 이런 흐름을 이어 가는 석사 과정 친구들 역시 같은 고민의 대열에 합류해 있고, 사실상 이 친구들이 인지 종교학을 비롯한 새로운 시도들을 주도하고 있어요. 제가 오히려 이 친구들에게서 배우고 있는 중이죠.

물론 낭만주의적이고 해석학적인 '상징'과 '문화' 개념을 중심으로 한 정진홍 선생님의 패러다임에는 일정한 한계가 있고, 종교학계 바깥에서는 낭만주의 신화학자 조지프 존 캠벨(Joseph John Campbell, 1904~1987년)의 인기가 말해 주듯이 여전히 낭만주의 패러다임이 지배적인 반면, 정작 종교학계에서는 정진홍 선생님을 그리 높게 평가하지 않기도 합니다. 하지만 어쨌든 정 선생님의 낭만주의 패러다임이 종교학의 학문성에 대해 끼친 영향, 그리고 그로부터 계몽주의 패러다임에 대한 진지한 고민들이 싹텄다는 건 중요한 의의를 지닌다고 봐요. 언젠가 정진홍론 같은 걸 써서 정 선생님의 한계와 의의를 가늠한다면 그게 후학으로서 보답하는 길일 텐데, 언제 그럴 수 있으려나 모르겠네요.

신재식 흥미롭네요. 낭만주의자의 계몽주의적인 제자들이라……. 그나저나 제가 봤을 때, 현대 종교학은 지금 당혹감을 느끼는 것 같아요. 타깃이 불명확해져 버린 거죠. 기존의 종교학에서는 이론이나 대상이 명확했죠. 종교적인 것하고 종교적이지 않은 것이 명확하게 나뉘었던 거죠. 아마 종교학이 성립되기 이전의 시기나 기독교 신학이 성립될 때도 그 이론이나 대상이 분명하지 않았을 겁니다. 그런데 그걸 설명하기 위한 이론 틀들이 만들어지면서 서서히 그 외연이 규정되기 시작했겠죠. 그리고 그 타깃이 명확해졌겠지요. 그 타깃을 설명하고 해석하기 위한 이론 틀이 좀 더 다듬어지면서 꼴을 갖춰 가게 되었겠죠. 그게 시간이 지나면서 종교학이면 종교학 담론으로, 기독교 신학이면 기독교 신학 담론으로 형성이 됐어요. 그런데 근대 이후 사회가 변화하거나 기타 등등의 이유로 인해서 기존에 '자의적으로나마' 규정되어 있던 학문의 대상과 경계가 흐려져 버린 거예요. 그러니까 과거에 종교적인 것과 종교적이지 않은 것 사이의 경계선이라고 생각했던 것이 불분명해져 버리고 종교적인 것이라고 생각지도 않았던 것들이 지금에 와서는 종교적인 현상으로서 이해되고 설명되어야 하는 상황이 되어 버린 거지요. 종교학이나 신학의 대상이 뒤섞여 버린 겁니다.

다시 말해, 정해진 타깃에 맞춰서 이론 체계가 만들어졌는데, 타깃이 흐려지면서 새로운 타깃이 나타났는데 기존의 이론 체계로는 이것을 다룰 수가 없게 된 것이지요. 이게 현대 종교학이 지닌 당혹감의 기원일 겁니다. 기독교 신학도 마찬가지죠. 기존의 담론이 새롭게 등장한 종교 현상 앞에서 제대로 말을 하지 못하게 된 거죠.

장대익 구체적인 예를 들어 주시면 좀 더 좋을 거 같습니다.

신재식 구체적인 예라······. '시민 종교(civil religion)' 같은 것이 예가 될 것 같군요.

장대익 '시민 종교'라뇨?

신재식 예를 들어, 미국인들이 풋볼 경기장에 집단적으로 모여 열광하며 응원하는 것 있죠? 이것은 단순한 스포츠 현상이 아니라 종교성을 띤 일종의 '시민 종교'라고 볼 수 있죠. 사실은 전통적으로는 종교라고 할 수 없지만 일종의 종교 현상으로서 다룰 수밖에 없는 현상들을 다루기 위한 개념 틀이라고 할 수 있죠. 예를 들어, 훌리건을 시작으로 한 영국의 광적인 축구 문화나, 우리나라에서 많은 지식인들이 "광장의 부활", "위대한 대중의 승리"라고 상찬했던 월드컵의 거리 응원 붐에서도 국가주의 또는 민족주의와 결합한 일종의 종교성을 읽어 낼 수 있겠죠. 그리고 영화 관람 같은 문화 현상에서도 시민 종교적 특성을 읽어 낼 수 있죠.

장대익 어떤 의미에서 '종교적'이라는 거죠?

김윤성 이건 우리가 첫 번째 편지들에서 주고받았던 이야기와 통하는 게 있어요. 광대한 자연 경관이나 도도한 역사의 흐름 같은 데서 느끼게 되는 압도적인 경험이 성스러움의 경험에서 비롯하는 종교성과 어딘지 상통한다고 했던 이야기요. 국기로 상징되는 민족과 국가 같은 거대한 실재는 초월적 위상을 지닌 것처럼 받아들여지고, 이에 대한 개인들의 반응에서는 종교 현상에서 볼 수 있는 측면이 상당히 많이 나타나죠. 예를 들어 전통 사회에서 왕이나 지배자 같은 존재가 하늘에서 내려왔다고 믿고, 왕권이나 국가 권력 같은 것이 신성한 정당성을 가진다고 여겼던 것도 단순하게 정치적인 것이 아니라 정치와 종교가 결합된 이데올로기이죠. 어쩌면 현대의 스포츠 문화나 민족주의 문화에는 그러한 흔적이 남아 있는 것일지도 모르고요.

장대익 제가 흥미롭다고 한 것은 이러한 비합리적 맹신 혹은 광신 혹은 비합리적 집단 행동 같은 것을 가리키는 단어로 '종교'라는 단어를 붙였다는 거예요.

김윤성 장 선생님께서는 종교에 대해 부정적인 입장을 가지고 계시니, 그렇게 말씀하시는 겁니다. '시민 종교'는 로버트 벨라(Robert N. Bellah)라는 종교 사회학자가 창안한 개념인데 전혀 부정적인 게 아니에요. 오히려 종교에 대해 굉장히 우호적인 개념이죠.

신재식 시민 종교라는 개념은 기능주의적 측면에서 개발된 것입니다. 종교가 가진 사회적 기능 중 통합성을 강조한 것이죠. 종교가 사회 통합이라는 긍정적인 역할을 한다는 이야기를 설명하기 위해 고안해 낸 개념이라는 거죠.

김윤성 말씀하신 대로 벨라의 시민 종교 개념은 종교의 통합성을 강조하는, 상당히 보수적인 견해이기도 합니다. 기본적으로 전통적인 종교들이 가진 사회 통합적 기능에 초점을 맞췄던 사회학 전통이 있어요. 벨라는 그 연장선에서 전통적인 종교들만이 아니라, 민족이나 국가 같은 것들에서도 이러한 종교적 기능을 발견한 거고요. 미국의 경우를 보면 워싱턴이나 링컨 같은 대통령들이나 건국 영웅들에 얽힌 이야기들을 국가적으로, 시민 사회적으로 매우 강조하죠. 그런데 이런 이야기들은 신화적인 요소들을 상당히 많이 가지고 있어요. 벨라는 이런 비종교적이고 세속적인 현상들을 종교를 분석하던 틀을 가지고 분석할 수 있지 않을까 생각한 거죠. 벨라의 시민 종교 연구는, 헌법적으로는 정치와 종교가 분리되었다고는 하지만 실제로는 종교적인 요소가 사회와 국가 전체에 깊숙이 뿌리박혀 있는 미국이라는 나라의 국가와 사회 체제를 분석한 고전적이고 기념비적 연구라고 평가할 수 있죠.

장대익 그 개념으로 보자면 과학을 맹신하거나 지나친 과학주의로 가는 것 역시 '과학의 종교화'로 볼 수 있다는 거 같은데요.

김윤성 그러니까 그때 '종교'는 약간 뭐라 그럴까 좀 부정적인 함의가 좀 있지 않나요?

신재식 그렇죠. '과학의 종교화'라고 했을 때는 '종교는 곧 맹신'이라는 생각을 전제하는 것 같아요. 또는 반(反)합리적 집단 행동 같은 것을 뜻하는 단어로 생각하는 거죠.

김윤성 맹신 말인가요?

장대익 맹신이죠.

신재식 반합리적 집단 행동.

김윤성 뭐, 물론 섞여 있기는 해요, 그러니까.

신재식 반진화론을 주장하는 사람들이 다윈주의 자체가 종교화됐다고 이야기할 때에는 이러한 맥락을 전제로 하는 거죠.

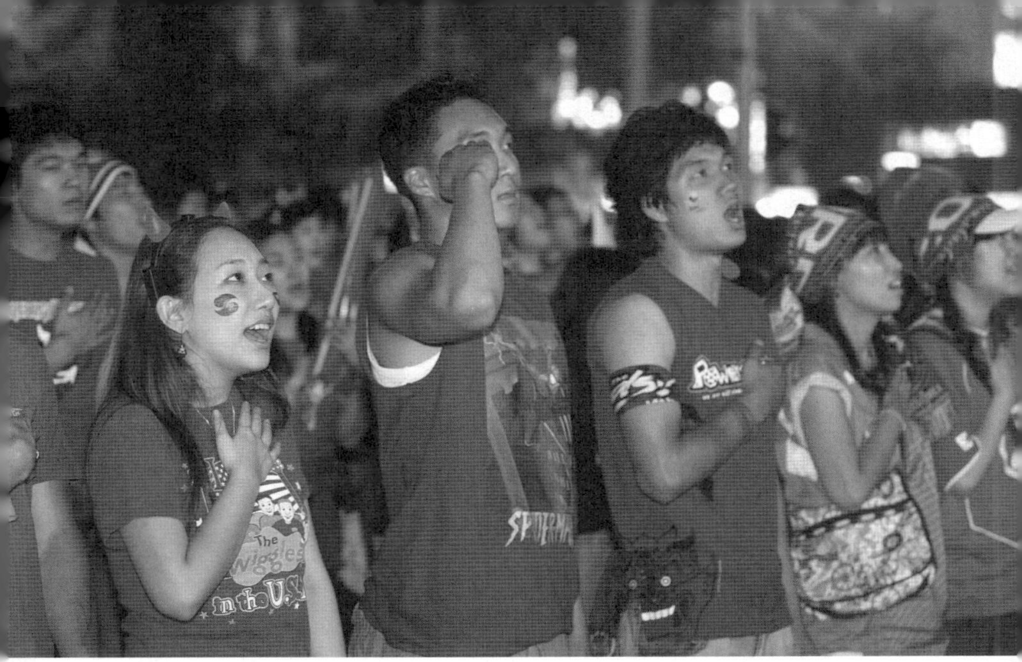
The
Wiggles

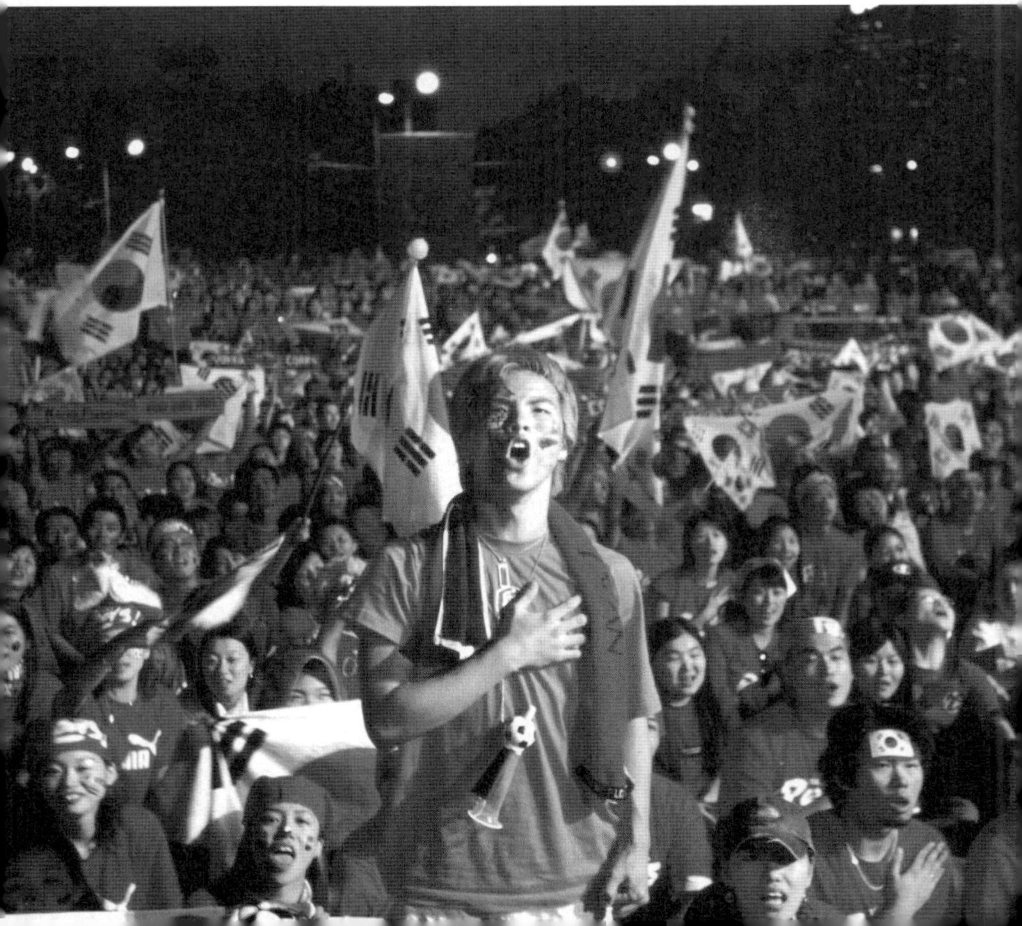

장대익 과학 공동체들이 종교화되었다고요?

김윤성 그러니까 그만큼 종교라는 개념이 워낙 다양하게 쓰이고 있다는 겁니다. 벨라가 말하는 시민 종교는, 과거의 종교들이 사회를 통합하는 기능을 했던 것처럼 성조기 같은, 어찌 보면 종교와 무관하게 세속적으로만 보이는 상징물들이 종교적 상징 못지않은 굉장한 응집력을 발휘하고, 그 힘을 어떻게 유지하는지를 분석하는 개념이지, 꼭 종교를 부정적 측면에서 보는 가치 평가적인 개념은 아닙니다. 오히려 사회 통합적인 기능을 하는 종교에 대해 상당히 우호적인 평가를 하고 있는 거죠.

장대익 물론 그 안에서 보면 그것은 분명 사회 통합적인 기능을 하는 거겠죠. 하지만 그 바깥, 그러니까 그 종교와는 다른 종교의 관점에서 보면 사회 통합이 아닌 거 아닐까요.

김윤성 그렇죠.

장대익 그러니까 그게 문제 아닌가요?

김윤성 그렇죠. 그러니까 벨라처럼 종교의 사회 통합 기능을 중시하는 사람들의 완전 반대편에 사회적 갈등의 측면에 주목하는 마르크스주의자들이 있는 거죠. 사회 통합 이론이 다분히 보수적이라면, 사회 갈등 이론은 진보적이죠.

장대익 그렇죠.

김윤성 어쨌든 종교는 강자들의 지배 이데올로기이자 억압 장치이기도 했지만, 동시에 피지배자들, 억압받고 착취당하는 사람들이 저항하고 반란을 일으킬 때 기대는 언덕이기도 했습니다. 교조적인 마르크스주의자들이야 종교를 지배자와 억압자의 도구로만 보겠지만,

세계사적으로 볼 때 반란이나 민란의 상당수는 그 핵심 동력이 종교였고, 그 지도자들 역시 종교 지도자들이었지요. 엥겔스가 높이 평가한 뮌처의 농민 반란은 단지 계급 투쟁이기만 한 게 아니라 종교 개혁이기도 했고, 중국의 태평천국 운동이나 우리나라의 동학 혁명에서도 종교는 무시할 수 없는 주요한 동력이었죠. 반란이나 혁명에서 종교가 하는 역할을 연구해 온 브루스 링컨 같은 종교학자는 그람시와 알튀세의 영향을 받은 전형적인 마르크스주의자이기도 하고요. 어쨌든 종교와 관련해서는 사회 통합과 갈등 두 측면이 다 있는 거죠. 시민 종교 개념은 이중에서 통합적 측면을 강조하는 거고요.

장대익 그런데 시민 종교라는 개념을 그런 방식으로 사용한다는 것은, 종교라는 것이 없어지지 않는다는 것을 전제로 하는 것 아닐까요?

신재식 당연히 없어지지 않죠.

김윤성 개념 규정하기 나름인데요. 사실 디스토피아나 유토피아를 그린 SF 영화들을 보면 상상의 미래에도 종교적 요소나 현상이 끈질기게 살아남아 있는 걸 볼 수 있습니다. 「스타워즈」를 예로 들어 보죠. 이 영화에서는 종교적 성격의 요소들이 매우 많습니다. 대표적인 예가 "포스가 함께하기를(May the Force be with you)!"이라는, 영화의 중심 인물이자 은하 공화국의 수호 기사들인 '제다이'들이 서로 주고받는 인사말이죠. 행성이라는 속박에서 벗어나 은하계 전체를 누비는 시대에 아주 종교적인 인사말을 주고받는 겁니다.

「스타워즈」에서 '포스'는 굉장히 중요한 개념이에요. 동양의 '기(氣)'나 오스트레일리아 원주민들에게서 유래해서 지금은 중요한 학술 용어이자 게임 용어가 된, 어떤 초자연적 힘 자체를 뜻하는 '마나(mana)'랑 비슷한 개념이죠. 제다이들은 이 포스에서 영감을 얻고 힘을 얻고 심지어는 이 포스를 숭배합니다. 자세히 들여다보면 이것은 일종의 종교예요. 전통적으로 인격적인 신을 믿어 온 유신론적 종교와는 다른 종류의, 비인격적인 어떤 힘 자체를 숭배하는 종교라고 봐야 합니다. 여기에는 인격신에 대한 관심이 약해지고 있는 현대 종교의 흐름이 반영되어 있다고도 볼 수 있어요. 어쩌면 미래의 종교는 야훼나 알라 같은 인격적인 신이 아니라 비인격적인 포스 같은 것을 중심으로 돌아가게 될지도 모르죠.

신재식 제가 보기에 현대 종교 연구의 과제는 시민 종교처럼 기존의 종교 연구가 그어 놓았던 경계선 밖에서 발견된 새로운 '종교적 현상'을 설명할 수 있는, 혹은 해석할 수 있는 이론 체계를 새롭게 구축하는 것이라고 할 수 있을 겁니다. 현재로서는 새로운 상황들을 읽을 수도, 심지어는 제대로 인식할 수도 없는 상황인 거죠.

원래 기존의 전통적 종교들, 특히 4대 종교들은, 엘리아데 식으로 이야기하면, 세속적인 것과 구별되는 거룩한 시간, 거룩한 공간, 거룩한 인물을 가지고 있습니다. 이것이 종교의 핵심 정의가 되는 거죠. 반드시 일상성과는 구분되는 요소들을 가지고 있죠. 기독교를 예로 들어 설명하면, 예배당이라는 거룩한 공간, 주일 같은 예배 시간이나 부활절이나 사순절 같은 거룩한 시간, 예수와 사도라는 거룩한 인물들이 이에 해당되죠. 그러니까 일상성과 구별되는 특별한 시간과 특별한 공간, 그리고 특별한 인물이 종교 상징 중에서 가장 대표적인 것입니다. "주일날 교회 간다." 같은 말은 종교 활동의 의미를 정확하게 보여 주는 거죠.

그러나 사이버 스페이스에서는 아무 때나 언제 어디서나 그리고 누구나 종교의 메시지를 접할 수가 있습니다. 교회나 종교 단체에서 운영하는 사이트에 올라와 있는 '설교 다시보기' 메뉴만 클릭 하면 주일이 아니어도 주일같이 예배를 드릴수가 있습니다. 게다가 케이블 텔레비전의 채널을 돌리기만 해도 기독교, 가톨릭, 불교, 원불교 등등 온갖 종교 메시지를 접할 수가 있습니다. 이미 엘리아데가 이야기했던 거룩한 시간, 거룩한 공간으로서의 종교는 사라지기 시작한 거죠.

게다가 숭배의 대상으로서의 거룩한 인격 역시 흔들리고 있습니다. 전통적으로 그리스도교에서는 인격화된 하느님/하나님을 대상으로 삼았는데, 요새는 신을 인격적으로 그대로 설명하는 것 자체를 학자들이 달가워하지 않는 흐름이 있습니다. 기독교 신학 전통에서 신학자들이 신을 인격적으로만 설명한다면 막말로 "저 자식 참 촌스러운 자식이네." 하는 상황이 되어 버렸죠. 그러니까 기존의 신학 또는 종교 연구 가지고는 현대의 현상들을 적절하게 설명할 수 없게 되어 버린 거죠.

김윤성 그 정도인가요?

신재식 예. 1960년대 이후 신을 인격신으로 표현하는 것에 대해 문제 삼기 시작했죠. 대표적으로 디트리히 본회퍼(Dietrich Bonhoeffer, 1906~1945년)나 폴 틸리히(Paul Tillich, 1886~1965년)에서 시작해서 현대 신학에서는 신을 인격신으로만 생각하지 말라고 그러거든요.

장대익 그럼 지금 한국 교회는 지적 지체 현상을 겪고 있는 거군요.

신재식 어떤 의미에서는 그런 셈이죠. 신학은 포스트모던 시대에 넘어와 있는데, 교회는 계몽주의도 안 거쳤다는 이야기가 되는 거죠.

장대익 중세 말기, 봉건 사회라고 해야 하지 않을까요?

신재식 2년 전쯤 조직 신학회에서 도킨스의 종교 담론에 대해 발표한 적이 있죠.『만들어진 신』이 나오기 전에 도킨스가 종교에 대해 말했던 것을 정리해서 발표를 했었죠. 그런데 논찬이 썩 긍정적이지 않았어요. 논찬자는 민중 신학 전공자였는데, 나중에 "종교를 멸시하는 일부 과학자들"이라는 글을 쓸 정도로 도킨스에 비판적이었죠. 한국 교회나 신학계에서 과학과 종교의 관계에 대한 인식 수준은 아직 갈 길이 한참 멀죠.

김윤성 '멸시'라고요?

신재식 제목이 슐라이어마허『종교론』의 부제목을 패러디한 거죠. 아무튼 그때 저는 이렇게 말했습니다. "내가 볼 때, 한국 교회에 지금 필요한 것은 포스트모던이 아니라 계몽이다. 계몽이 필요하고 그 계몽에서 가장 중요한 게 자연 과학에 대한 이해다. 과학에 대한 이해가 제대로 되지 않은 상태에서 포스트모던 신학에 대해 이야기해 봤자 뭐하냐. 지금 우리한테 진짜 필요한 것은 포스트모던 기독교가 아니라 계몽주의 기독교다." 이렇게요.

기독교에서는 현대 진화 생물학의 종교에 대한 설명이나 비판이 과거의 마르크스주의자들이나 프로이트주의자들이 하던 것과 다르다는 것을 전혀 이해하지 못하고 있어요. 인간 본성에 대한 좌파적 설명이 사회주의권 붕괴 전에는 종교에 대한 강력한 도전이었고, 그에 대응해 기독교도 우파적 인간 본성 해석에 기대 반격했죠. 하지만 동구권이 붕괴하고 나서 이러한 사회 과학적 분석 시도가 다 힘을 잃게 되죠. 그리고 그 빈자리를 진화 생물학이 채우고 나선 거죠.

스티븐 핑커가 『빈 서판』에서 보여 준 인간 본성에 대한 설명은 마르크스주의도 아니고 프로이트주의도 아닌 자유주의적인 것이죠. 그래도 전통적 유신론을 따르고 있는 사람들이 보기에는 마찬가지인 것이죠. 그 맥락의 차이를 아직 이해 못 하고 있는 거지요.

'종교'의 생로병사

사회자 '종교'라는 개념 문제에 대한 논의를 좀 더 이어 가도록 하죠. 김윤성 선생님?

김윤성 '종교' 개념을 살피려면 서양에서 시작해야 합니다. 우리가 쓰는 '종교'라는 말은 서양어인 'religion'의 번역어니까요. 그런데 서양의 'religion'이나 우리의 '종교' 같은 단어가 지금과 같은 의미로 쓰이게 된 건 어디까지나 근대 이후의 일입니다. 이에 관해서는 국내외에서 어느 정도 논의가 축적되어 있어요. 간단히 말씀드리면 이렇습니다.

religion은 라틴 어 *religio*에서 유래했는데, 고대 로마에서나 중세 유럽에서는 그 의미가 지금과는 달라서 신을 숭배하는 의례를 행할 때의 세심한 절차나 삼가는 태도라든지, 기독교 공동체의 의례와 규율이라든지, 그런 의미로 쓰였죠. 그러다가 근대 들어 기독교만 알던 서구인들이 비서구를, 그러니까 동양과 원주민 사회들을 접하게 되면서 세상에는 기독교 말고도 무언가를 믿고 행하는 온갖 방식들이 있다는 걸 알게 되었고, 이 모두를 포괄할 만한 보편성을 지닌 새로운 유적 개념이 필요해졌죠. 결국 기존의 religion이 이런 유적 개념으로 그 의미가 확장된 거고요. 이게 19세기 후반에 아시아에서 수입되면서 일본에서 한자어인 '종교(宗敎)'로 처음 번역되었고, 중국과 우리나라도 이걸 수입해 사용하기 시작했죠. 그런데 이렇게 새로운 '종교' 개념이 출현하면서 유교는 종교인가 아닌가, 불교는 사상인가 종교인가, 무속은 종교인가 미신인가, 기독교는 문명의 종교인가 야만의 흔적인가 하는 담론 투쟁도 벌어지고, 나아가 종교들의 세력 관계와 종교 지형 자체가 근본적으로 재편되기 시작했죠. 근대적 '종교' 개념의 출현은 단순히 새로운 단어가 생겨난 차원을 넘어, 사람들의 생각과 삶, 신앙과 실천 방식 자체의 변화를 초래한 엄청난 사건이었던 거죠.

아무튼 제가 말씀드리고 싶은 것은 개념이나 의미라는 것은 항상 변하기 마련이라는 겁니다. 하지만 무엇을 믿든, 또 어떤 상상을 하고 어떤 실천을 행하든, 그 형식이나 방식도 달라지고, 이를 지칭하는 개념이나 용어도 변하겠지만, 믿음과 사고와 행동을 지배하는 '신념 구조'랄까 그런 것은 어떤 식으로든 지속되겠죠. 방금 전에 이야기했던 '시민 종교'라는 개념은 이러한 어떤 구조를 가리키기 위해 고안된 것일 테고요. 벨라가 시민 사회의 세속적인 현상들을 설명하는 개념에 굳이 '종교'라는 단어를 붙인 것은 국가나 국가, 건국 영웅 같은 세속적 상징이 가지고 있는 사회 통합적 기능을 기존의 종교를 설명하던 틀로 설명할 수 있다고 여겨졌기 때문인 거죠.

장대익 하지만 그런 식의 용어 선택에 대해 비판할 수도 있지 않나요? "왜 거기에 굳이 '종교'라는 말을 갖다 붙이나? 그냥 '시민 상징'

하는 식으로 '상징' 개념을 사용할 수도 있지 않은가?" 이렇게요.

김윤성 물론 그렇겠죠. 음. 그러니까 'religion'에는 이와 관련된 하위 내지는 인접 개념들이 무수히 있거든요. 벨라는 근대적인 '종교' 개념을 가지고 세속적 현상을 설명하기 위해 '시민 종교'라는 독특한 용어를 고안해 낸 것이기는 하지만, 다른 사람들은 그들 나름대로 다른 개념이나 용어를 가지고 그런 현상을 설명할 수도 있겠죠. 이와 비슷한 게 일전에 제가 편지에서도 예를 들었던 어슐러 구디너프의 '종교적 자연주의' 개념일 겁니다. 이건 사람들이 자연을 접했을 때 느끼는 경외감이나 진화 역사의 장대함을 되짚을 때 느끼는 엄숙함 같은 것을 서술하기 위해 채택된 용어죠. 이때 '자연주의' 앞에 붙은 '종교적'이라는 단어는 구디너프가 무얼 말하고자 했는지 바로 알려주는 기능을 합니다. 종교적 감수성마저도 건드리는 자연의 신비한 힘, 헤아릴 수 없는 신성한 깊이를 잘 표현해 주죠. 그러나 꼭 대체할 만한 용어가 없는 것은 아닙니다. 오히려 '신비적 자연주의'나 '영적 자연주의' 같은 용어가 더 나을지도 모르죠. 제가 이런 식으로 바꾸는 게 차라리 낫겠다고 제안했었던 거 기억하시죠? '종교적'이라고 했을 때는 단지 경험 차원을 넘어 내러티브, 제도, 실천 따위의 온갖 복잡한 것들이 줄줄이 딸려오기 마련이니까 괜히 복잡해질 수 있기 때문이죠.

장대익 영어로 'spiritual naturalism'이라고 하자는 말씀인 거죠?

김윤성 예. 그러니까 현대에 와서 '영성'이라는 용어가 부상한 이유도 '종교'에 너무나도 복잡한 요소들과 부수 개념이 따라다녀서 개념적 적합성을 상실한 면이 없지 않기 때문이지요. 그래서 어떤

종교학자들은 '종교' 대신에 차라리 '영성', '신앙(belief)', '세계관(worldview)' 같은 용어를 쓰자고 제안하기도 해요. 저는 '종교' 개념이 아직 폐기할 정도까지는 아니고, 의미를 고치고 다듬어 가며 써도 될 만큼의 유용성이 있다고 생각하지만, 어쨌든 이를 대체하는 다른 용어들이 점점 더 자주 쓰이고 있는 건 사실인 것 같습니다. 이렇게 사용하는 개념이나 용어가 바뀌게 되면 결국 인간 문화 속에서 종교라 불려 온 어떤 것을 바라보는 시각 자체도 바뀌게 되겠죠.

'종교'라는 용어는 근대 이후 의미가 확장되고 변형되는 지속적인 과정을 겪어 왔지만, 그 의미 변화만으로는 더 이상 감당이 안 되는 순간이 오게 될 겁니다. 그렇게 되면 '종교'라는 어휘는 학계에서뿐만 아니라 일상에서도 21세기 초까지 사용되었던 과거의 유물로 전락할지도 모르죠. '종교'라는 개념이 하던 역할을 '영성'이나 '신앙'이나 '세계관'이나 또는 지금까지 상상도 못했던 새로운 단어가 담당하게 되지 말라는 법도 없으니까요. 그렇게 되면 지금 우리가 '종교 현상'이라고 부르는 현상은 전혀 다른 관점에서 보게 될 것이고, 그런 현상 자체도 지금과는 전혀 다른 것이 되어 있을지도 모르죠. 물론, 현상 자체가 변했기 때문에 그에 따라 언어에도 변화가 생기는 것이겠지만 말입니다.

미래는 상상할 수 없어요. 그러나 의미는 끊임없이 변화할 테고, 의미 변화로 감당이 안 되는 상황이 오면, 분명 기존의 개념 같은 것들은 폐기될 수도 있겠죠. 그러나 분명한 건 다른 모든 것이 변해도, 어떤 신념 구조라든가, 영적 구조 같은 것은 변하지 않고 그대로 작동하고 있을 것이라는 겁니다. 예를 들어 전통 사회들에 있었던 통과 의례나 성년식 같은 것을 생각해 보세요. 종교적 성격을 띠고 있던 전통적인 통과 의례나 성년식은 이제는 찾아보기가 쉽지 않죠. 있어도 화석 같은 문화적 유물에 불과하던가요. 그러나 요즘 젊은 세대를 보면 아주 세속적이고 일상적인 방식으로 자기들만의 통과 의례를 끊임없이 만들어 내거든요. 연애 100일째 되는 날 특별한 이벤트를 안 하면 큰일 납니다. 또 각 패거리마다, 심지어는 온라인 게임의 클랜이나 파티도 그들만의 통과 의례를 만들어 거행하죠. 삶에 리듬을 만들고 의미를 부여하고 의례화하는 행동 패턴은 앞으로도 계속될 거라는 겁니다. 그런 현상을 앞으로 '종교적인 것'이라고 부르든 아니면 다른 식으로 부르든, 또 그 현상에 어떤 새로운 요소들이 끼어들든, 이런 현상들 속에서도 우리가 지금까지 '종교적인 것'이라고 불렀던 어떤 구조는 여전히 지속되겠죠.

장대익 잠깐만요. 선생님께서 하신 말씀을 정리해 보죠. 그동안 종교라는 밈의 외연이 넓어지기도 하고 변하기도 해 왔는데, 이제는 그 밈 자체의 미래가 불투명할 수도 있다. 하지만 기존에 종교라는 이름으로 불렸던 밈은 살아남아 진화하게 될 것이고, 기존의 종교가 했었던 구체적인 역할들을 이제 이를 대체할 새로운 밈이 다른 방향으로 혹은 확대시키는 방향으로 계속 하게 될 것이다. 따라서 그러한 밈이 만드는 현상에 더 이상 '종교'라는 단어를 붙일 수 없게 될 것이고, 종교에 대한 논의도 전혀 새로운 지평으로 넘어가게 될 것이다. 하지만 그 밈이 해 온 역할, 그 밈이 만들어 온 현상들은 계속되고 반복되고 사라지지 않을 것이다. 이게 김 선생님의 종교의 미래에 대한 입장인 거죠?

김윤성 예.

신재식 저도 비슷하게 생각합니다. 기독교 신학을 포함한 기독교 담론 역시 바뀌게 될 것입니다. 아마 세 가지 측면에서 이 변화를 짐작해 볼 수 있을 겁니다. 우선 신학 담론의 논리적 통일성을 추구하던 흐름이 신학 담론의 다양성을 추구하는 흐름으로 바뀔 겁니다. 그다음으로 사제 중심의 종교에서 평신도 중심 종교로 종교 내 핵심 권위가 넘어갈 테고요. 그리고 마지막으로 전통적으로 사용되던 '종교'라는 용어 대신 '영성' 같은 용어가 훨씬 더 많이, 보편적으로 사용될 겁니다.

현재 사용되고 있는 종교라는 개념은 근대 종교, 아니 더 정확하게 말하면 서구 근대 기독교의 신념 체계라든가 제도라든가 하는 것에 너무 심하게 젖어 있죠. 종교의 개념 자체가 그 문화 속에서 형성된 거죠. 그러나 이제는 서구 기독교에서는 상상할 수도 없었던 현상이 난무하고 있고, 사회적 힘을 얻어 가고 있지요. 그런데 이런 것들은 서구 기독교의 영향을 깊이 받은 기존의 종교 개념으로 설명하기에는 적절치가 않는 거예요. 따라서 기존의 종교 연구에서 했던 것과는 반대로 종교와 비종교의 경계를 흐릿하게 만들고 기존의 논리 체계를 흔드는 영성 같은 개념을 사용하는 것이 이 새로운 현상들을 더 잘 담아낼 수 있다는 생각이 대두하게 된 거죠.

굳이 밈 가지고 이야기를 한다면, 지금까지 종교라고 불리던 밈 복합체는 사라질 수 있다고 봐요. 그러나 다른 유형인 영성 밈 복합체는 여전히 남을 거라고 생각하죠. 저는 두 가지가 전혀 다른 것일 수도 있다고 생각해요. 중생대 바다에 살았던 파충류 어룡과는 전혀 다른 종인 포유류 고래가 신생대의 바다에서 동일한 생태적 지위를 점하는 것처럼, 인간 정신이라는 생태계에서 영성 밈 복합체가 기존의 종교 밈 복합체가 차지하고 있던 자리를 차지하고, 비슷한 역할을 하게 되는 거라고 보죠.

김윤성 제가 두 가지만 보충할게요. 하나는 '영성' 개념 역시 서구적 맥락에서 형성된 것이라 한계가 있다는 겁니다. 물론 '영성' 개념은 기존의 '종교' 개념보다 외연이 더 넓을 수도 있고, 특히 내러티브나 제도에 선행하는 믿음과 경험의 차원에 좀 더 밀착된 용어라는 장점도 있겠죠. 하지만 '영성'은 상당히 관념적이거나 굉장히 정신 중심적 개념이라는 편향도 있습니다. 실제로 아주 중요하고 현실 세계에서는 반드시 따라붙게 마련인 실천적 측면, 일상적 습관이나 행동 패턴이나 제도화 방식이나 사회적 조직화 같은 것을 제대로 포괄하지 못하죠. 이러한 측면들을 다룰 때는 오히려 기존의 '종교' 개념을 다듬어서 쓰는 게 훨씬 편리하고 유용할 때가 많아요. 많은 사람들이 기존의 '종교' 개념을 폐기하지 않고 그것을 나름대로 고쳐 가며 계속 쓰는 것도 이 때문이죠.

그런데 포털 사이트 같은 데의 디렉터리 분류 체계를 보면 이와 관련해 재미있는 현상이 보입니다. 야후에는 '종교와 영성(Religion and Spirituality)'이라는 디렉터리가 있는데, 창립 당시부터 있었던 거죠. 여기에는 뉴에이지나 사이언톨로지나 초월 명상처럼 종교 같기도 하고 아닌 것 같기도 해서 헷갈리는 온갖 단체들이나 개인 사이트들이 모아져 있어요.

신재식 '종교' 디렉터리에요?

장대익 '종교와 영성'에요. 항목 이름 자체가 굉장하죠.

신재식 아, 그거 굉장히 재밌네요.

김윤성 그런데 최근에 다시 보니까 한국 야후는 그대로인데, 미국 야후는 언제부턴가 디렉터리 명칭이 '종교와 신앙(Religion and Belief)'으로 바뀌어 있더군요. 뭐, 그렇다고 크게 달라진 건 아니지만요. 어쨌든 '종교'와 나란히 '영성'이나 '신앙' 같은 단어를 별도로 적어 넣은 것은, 힌두교나 불교 같은 동양 종교에 영향을 받은 현대 신종교들이나 뉴에이지 같은 흐름들을, 종교라 하면 으레 야훼나 알라를 믿는 유일신교를 기본 모형으로 생각하던 서양인들이 '종교'로 쉽게 받아들이지 못했기 때문인 것 같아요. 이런 사례에서 볼 수 있듯이, '영성'이라는 개념 역시 '종교' 개념과 마찬가지로 서구적 맥락, 서구 사람들의 사정에서 자유로울 수가 없다는 한계를 가지고 있는 거죠.

이건 약간 여담인데, 분명한 것은, 어느 정도 상상 가능한 가까운 미래에는 지금 우리가 목도하고 있는 이런 형태의 제도화된 종교들이 쉽게 사라지지는 않을 거라는 거죠. 이건 명백한 것 같아요. 물론 우리는 몇 세대 후에 종교가 어떻게 될지를 우리 눈으로 확인할 수는 없겠죠. 그런데 저의 개인사나 사람들의 개인사를 볼 때에는 종교가 쉬이 없어지지는 않을 것 같아요. 예를 들어 장 선생님도 마찬가지일 거 같아요. 과거에 주변 사람에게 전도한 적 있으시죠?

장대익 예, 있죠.

김윤성 전도했던 그 사람 여전히 잘 믿죠?

장대익 당황스러워 하죠. 지금 저의 모습을 보면.

김윤성 종교의 미래라는 게 이와 비슷한 상황인 것 같아요. 예를 들어 기독교 같은 종교는 서양에서 생성, 성장, 쇠퇴 과정을 모두 거쳐 왔어요. 수명이 거의 다한 거죠. 세상에 영원한 것은 없잖아요. 이 경우 우리는 서구 기독교라는 종교의 수명을 잴 수가 있습니다. 물론 서구라는 지역에 한해서 말한다면 그렇다는 말이죠. 그런데 현실적으로 기독교는 결코 소멸하지 않았어요. 지역을 넘어, 국경을 넘어, 대륙을 넘어 다른 곳으로 넓게 퍼져서 수명을 더 길게 이어 가고 있죠. 특히 한국이나 아프리카 같은 곳에서는 토착 문화와 갈등하거나 뒤섞이면서 변형된 형태로 계속 번성하고 있어요. 이런 예는 신종교에서는 더 쉽게 찾아볼 수 있습니다. 교주의 죽음으로 끝난 줄 알았는데, 새로운 전도지, 새로운 신도, 새로운 제도, 새로운 해석을 덧붙여 가면서 계속 살아남죠. 만약 밈이라는 개념으로 설명한다면, 그 신종교는 집단이나 지역의 폐쇄성을 넘어 복제자의 풀(pool)을 확대하는 데 성공한 셈이라고 할 수 있겠죠.

장대익 그렇죠.

김윤성 전 세계가 빠르게 근대화, 세속화, 나아가 현대화, 탈현대화하고 있는 것은 사실입니다. 그러나 여전히 중세성 내지는 전근대성 안에서 살아 가고 있는 사회들도 많죠. 이런 식으로 사회의 변화 속도나 양상은 균일하지가 않지요. 종교는 그런 틈을 파고 들어가 살아남을 겁니다. 따라서 서양에서 혹시 언젠가 기독교 같은 종교가 쇠퇴하거나 소멸하게 되더라고, 비서구 사회들에서는 기독교가 계속 살아남거나 심지어 더욱 번성할 수도 있을 겁니다. 발원지에서는 사라졌다고 하더라도 다른 곳에서 번성하는 종교나 문화 현상을 우리는 숱하게 확인할 수 있지 않습니까.

장대익 저도 좀 얘기를 하겠습니다. 말씀대로 현재 종교라는 이름으로 불리는 밈은 쉽게 죽지 않을 겁니다. 말 그대로 '다이 하드'에요. 영성 같은 걸로 변신하면서 살아남는 거죠. 그런데 여기에서 현재 종교 또는 영성으로 불리는 밈의 특성이 드러납니다. 바로 '의미의 독점'이죠. 앞에서도 여러 번 말씀하셨던 자연의 웅장함을 볼 때 느끼는 경외감 같은 경험을 '영성적 자연주의' 같은 용어로 포장함으로써 '과학적 자연주의(scientific naturalism)'나, 아니 과학 같은 것들이 침투하지 못하도록 만드는 거죠. "이건 우리만의 경험이다.", "이건 우리 것이다.", "이거는 환원 불가능하다." 또 "우리 독점적인 것이다." "이건 가치의 문제이다." 이런 식으로 새로운 경계짓기를 시도하면서 자신이 살아남을 서식처를 만들어 버리는 거죠. 제도 종교라는 영역에서 빠져나왔지만, 기존의 제도 종교가 가지고 있는 '가치의 독점'은 여전합니다. 실제로 뉴에이지로 분류되는 신흥 종교 운동들에 참여한 사람들이 저지르는 문제들을 보면 이것을 충분히 짐작할 수 있죠.

김윤성 모든 신흥 종교 운동들이 그런 건 아니죠.

장대익 예. 하지만 문제가 있는 경우도 분명 적지는 않죠. 뉴에이지 종교에서는 제도 종교보다 더 반과학적인 냄새가 폴폴 풍긴단 말입니다. 오히려 더 반계몽적이고 더 대책 없는 사람들이죠. 더욱 컬트화되고 변태적입니다. 과학의 입장에서 보자면 서구 사회, 아니 근대화된 사회를 중심으로 제도 종교의 힘이 약해졌죠. 그리고 그 제도 종교가 독점하고 있던 의미와 가치를 되찾아오고 종교에 적당한 제몫을 찾아 줄 수 있는 시점이 왔는데, 종교 밈이 여전히 죽지 않고 변이를 일으키면서 새로운 서식 환경을 만들고 있는 거죠. 그런 의미에서 저는 '영성'이라는 개념을 탐탁찮게 여깁니다.

저는 현대 사회에서 무신론의 '부흥', 아니 '변이'가 필요하다고 생각합니다. 도킨스는 그 부흥사겠죠. (웃음) 회의주의도 좋은 대안이 될 수 있겠죠. 이 무신론이라는 것이나 회의주의라는 것 역시 일종의 밈일 것이기 때문에, 상황의 변화에 맞춰 적절하게 변이하지 못한다면, 종교 밈의 의미 독점을 막을 힘을 가지지는 못하겠죠. 예를 들어 무신론은 그 말 자체에서 볼 수 있듯이, 그리고 모든 '주의'가 그렇듯이 유신론이라는 대립자를 전제하고 있어요. 결국 유신론에 의존할 수밖에 없고, 유신론에 대한 반대 담론 없이는 동력을 얻을 수가 없죠.

김윤성 그렇기 때문에 무신론 말고 다른 게 필요해지죠.

장대익 '비(非)신론' 같은 이름을 붙이면 될까요?

김윤성 비신론이요? 괜찮아 보이기는 하는데, 그것도 아니죠. 아예 '신(神)'이라는 글자를 빼야죠. 그러니까 최소한 '무교주의'나 '무종교주의' 또는 '반종교주의'나 '비종교주의' 같은 게 되어야죠. 그래도 '무' 자를 붙이든, '반' 자를 붙이든, '비' 자를 붙이든, 상대적 개념이라는 한계를 벗어나지는 못하겠지만, 그래도 이런 것들은 서구 기독교의 '신'에 반대하는 개념으로 정립된 '무신론'보다는 좀 더 나아간 것이겠죠. 이 점에서 저는 2000년대 초반에 태동한 '브라이츠 운동(Brights Movement)'이 아주 흥미롭습니다. 종교나 초자연적인 것에 대한 관심으로부터 자유롭고자 하는, 자연주의와 합리주의를 추구하는 사람들의 운동인데, 과거 같으면 이런 사람들은 스스로를 '무신론자'라고 했겠지만, 이 사람들은 이 용어를 버리고 대신 '브라이츠(brights)'라는 새로운 용어를 채택했죠. 이런 시도에는 유신론과 무신론의 단순한 대립 구도에서 벗어나 비종교, 무종교, 탈종교 운동을 새로운 방식으로 펼쳐 가려는 인식 변화가 반영되어 있다고 보입니다.

종교라는 개념은 근대적 용어로 새로워졌을 때 이미 기존에 '신'과 관련지어서만 이해되던 차원을 벗어나 훨씬 다양한 것을 포괄할 수 있는 보편적 용어로 만들어졌어요. 그래서 그 종교 개념 안에 서구 기독교뿐만 아니라 유교나 불교 같은 동양 종교들, 원주민 사회의 토착 종교들, 다양한 형태의 민간 신앙들을 두루 포괄할 수 있게 된 거죠. 엘리트 불교를 보면 고도로 철학적이고, 고도로 비신론적임을 확인할 수 있어요. 물론 일반인 차원에서 보면 불교도 기독교의 신 숭배와 비슷한 양상들을 쉽게 찾아볼 수는 있습니다. 그래도 불교는 기독교처럼 신 없이는 존재할 수 없는 그런 종교는 아니죠. 신 없이도 종교가 기능할 수 있음을 보여 주는 생생한 사례이기도 합니다. 아무튼 종교라는 개념은 지금의 무신론자들이 공격 타깃으로 삼고 있는 유신론적 종교보다는 훨씬 확장된 것이에요.

이러한 비신론적 경향은 서구 중세에서도 확인할 수 있어요. 신을 인격적인 존재로 가뒀을 때 기독교가 가지게 되는 협소함을 비판하고, 거기서 벗어나 비인격적인 신에게 관심을 가지려던 흐름이 분명히 존재했거든요. 중세 수도원의 신비주의 전통 속에 이러한 비신론적 흐름이 상당히 섞여 있었음을 쉽게 발견할 수 있죠.

신재식 기독교의 역사를 보면 기독교 안에는 첫 출발 때부터 두 가지 흐름이 존재했죠. 하나는 '개인으로서의 기독교(individual

Christianity)'라는 흐름이고 또 다른 하나는 '조직으로서의 기독교 (institutional Christianity)'라는 흐름입니다. 예수 운동 초기, 조직으로서의 기독교는 없었습니다. 왜냐하면 예수가 유대교의 제도와 조직으로부터 벗어나 인간은 초월적 존재와 개인적이고 직접적으로 만나야 한다고 선언했기 때문입니다. 처음 예수 운동은 조직이 아니라 개인으로서의 기독교였죠. 그런데 이게 국교화 과정을 거치면서 조직화가 되기 시작합니다. 조직화가 되면서 기독교의 성격이 두 가지 측면에서 달라지게 됩니다. 개인으로서의 기독교에서는 하나님과 내가 어떻게 직접적인 관련을 갖느냐가 중요한 문제입니다. 다른 교리나 중간 매개자로서의 사제 따위는 필요하지 않죠. 그러나 기독교가 로마 제국의 국교가 되면서 교리, 즉 신앙 체계와 제도, 즉 교회 조직이 조직화되기 시작하죠. 그러면서 한 개인이 직접적으로 만나 오던 초월적 존재를 대신할 수 있는 상징적인 인물들이 등장하게 되죠. 그게 기독교의 경우에는 사제고 로마 교황이죠.

이렇게 조직으로서의 기독교가 '참된 기독교'라는 가치를 독점하는 데 성공하면서 개인으로서의 기독교는 약화되기 시작하죠. 서구 중세 때에도 면면히 이어졌던 신비주의 전통이나 프란체스코처럼 자연주의적 신성을 강조하는 흐름 등은 전부 억압을 받았죠. 그런데 재미있는 것은 조직화가 극성기에 이르면 거기에 대한 반작용이 일어난다는 겁니다. 종교 개혁, 그것은 조직으로서의 기독교에 대한 개인으로서의 기독교의 강력한 반작용이었던 것이라고 해석할 수 있겠죠. 상징적으로 간단하죠. "교황도 필요 없고, 교회도 필요 없다. 내가 하나님을 직접 만난다."라고 선언한 거죠. 성령이 주는 감동을

내가 직접 느끼고, 성경을 가톨릭 교회 조직이 아니라 내가 직접 해석하고, 신과 만나는 경험을 직접 하겠다고 선언하는 거죠. 이것은 굉장히 반조직적인 거예요. 그러나 이 종교 개혁의 흐름 역시 시간이 흐르자 다시 조직화되죠.

종교 개혁의 흐름이 오늘까지 이어진 현대 개신교들을 살펴봅시다. 제가 속한 교단만 하더라도 철저하게 조직화되어 있어요. 신학교에 입학하기 전부터 어떤 형태로든 교단 조직인, 노회에 속해야 하죠. 그 조직의 허락을 받아야 조직의 일원이 될 수 있고, 조직에서 교육받고, 조직에서 안수를 받고, 조직을 위해서 살아야 되는 거죠.

장대익 어, 정말 '조직'인데요. (웃음) 신 선생님 말씀을 기독교를 넘어 종교 전체로 일반화하면, 조직으로서의 종교와 개인으로서의 종교가 서로 길항하는 게 종교의 역사네요. 이러한 긴장 관계 속에서 어느 쪽이 발전할 수 있지만, 그것이 최고조에 달하면 위기에 봉착하고, 역사의 추가 반대편으로 돌아서게 되는 거고요.

신재식 그렇죠. 그런데 한 가지 말해 두고 싶은 것은 두 가지가 따로 병행해서 존재하는 것은 아니고, 하나가 있고, 그 속에서 다른 하나가 새롭게 생성되어 기존의 하나를 대체하는 식으로 이해해 줬으면 해요. 개인으로서의 기독교 A가 있었는데 그것이 조직화되어 조직으로서의 기독교 A′가 되고, 이에 대한 반작용으로 조직으로서의 기독교 A′에서 개인으로서의 기독교 B가 생기고 하는 거죠. 개인으로서의 기독교가 스스로 조직으로서의 기독교가 되는 것입니다.

그런데 제가 이 이야기를 한 것은 '영성'이라는 개념을 이러한 틀에서 해석할 수 있을 것 같아서입니다. '영성'은 개인으로서의 기독교, 혹은 개인으로서의 종교에 초점을 맞추는 흐름인 것 같거든요.

장대익 그렇죠.

신재식 저는 현대 기독교가 처한 상황은 과거 종교 개혁이 일어났을 때처럼 전통적인 틀이 전혀 기능을 못하는 상태라고 생각합니다. 종교 개혁 당시 개인으로서의 기독교로 출발했던 현대 개신교는 과거 종교 개혁 때의 가톨릭처럼 완벽하게 조직화된, 체제 내화된 종교이죠. 이것이 지금 변화하려 하고 있습니다.

그 변화를 이해하는 실마리를 기독교의 역사 자체에서도 찾을 수 있다고 생각합니다. 종교 개혁에 가장 큰 영향을 미친 게 저는 인쇄술이라고 생각합니다. 구텐베르크의 인쇄술이 나오고, 라틴 어가 아니라 각 지역 언어로 성경을 인쇄해 배포하게 되면서 기독교라는 밈의 형태 자체가 완전하게 바뀌게 된 거죠.

제 기억으로 종교 개혁 때까지 유럽 전체에서 라틴 어를 완벽하게 읽고 쓸 수 있는 인구가 2퍼센트가 안 되었어요. 라틴 어를 읽을 줄이라도 아는 사람이 10퍼센트 정도였죠. 고위 사제들하고 귀족 중에서도 공부한 사람들만 성경을 직접 읽고 해석하고 이야기할 수 있었다는 거죠. 이러한 상황에서 종교 교육은 그림, 음악, 조각을 통해 이루어졌죠. 밈 확산 전략의 주요 도구들이 성화, 성가, 성상 같은 거였죠. 그런데 구텐베르크의 인쇄술로 성경을 대량으로 찍어내면서 모든 것이 바뀌어 버렸어요. 어쩌면 마르틴 루터의 영향력은 구텐베르크의 영향력에 비하면 아무것도 아닐지도 모르죠. 그런데 현재 인쇄술과 같은 기능을 하는 것이 있습니다. 바로 컴퓨터와 네트워크가 그 역할을 하기 시작했죠.

김윤성 그렇죠.

신재식 개신교의 중요한 재생산 수단인 주일 학교를 예로 들어보죠. 이 주일 학교가 생긴 것은 종교 개혁 이후입니다. 그 주일 학교에서 하는 가장 중요한 일이 성경책을 대량으로 찍어내 가지고 나눠주는 거였어요. 그러면서 신앙 교리를 일점일획도 틀리지 않게 똑같이 외우게 하는 거죠. 주일 학교에서 신앙 고백하는 것 역시 그때부터 생긴 습관입니다. 모든 것이 바뀐 거죠. 종교 개혁 시기에 개신교도가 쓴 기록을 최근에 읽었는데 이런 이야기가 나와요. "지금 우리는 전혀 다른 기독교인이 되어 가고 있다."

이렇게 만들어진 시스템이 수백 년간 기독교 조직을 이루고 있었죠. 그런데 이제 컴퓨터가 등장하면서 이 시스템이 깨져 나가고 있습니다. 그것이 아무리 성스러운 텍스트가 되었든 아주 성스러운 이미지가 되었든 아무나 복제할 수 있고, 아무나 볼 수 있고, 아무나 변경할 수 있으며, 아무나 세상에 퍼뜨릴 수 있게 된 거죠.

장대익 인쇄술 발명의 최대 수혜자는 기독교였군요. 아니 개신교였군요.

신재식 일반적으로 학자들은 인쇄술의 발명이 없었다면 종교 개혁은 성공하지 못했을 것이라고 보죠.

김윤성 하지만 세계적으로 보면 문맹률이 낮은 나라에서도 문맹을 극복한 건 얼마 되지 않은 일이잖아요. 그런 점에서 저는 옛날에 인쇄술이 그렇게까지 깊은 영향을 미쳤을지 좀 의문입니다. 분명 인쇄술이 어떤 폭발적인 힘을 가진 것은 틀림없겠죠. 하지만 그 폭발력이 어느 정도였는지는 좀 더 세밀한 평가가 필요해 보입니다.

신재식 제가 봤을 때에는 그 폭발력이 엄청났다고 생각해요. 예를 들어 루터의 『교리 문답』이 30년간 400만 부가 찍혀 나갔죠. 굉장히 짧은 시간 내에 기독교에 대한, 신에 대한, 신앙에 대한 자신만의 생각을 개진하는 새로운 기독교인들이 형성되었습니다. 이렇게 새로 형성된 기독교인들이 개신교라는 새로운 종교 형태를 전파하고 현재의 종교 지형을 이루었죠.

김윤성 그렇죠. 기독교가 한국에 들어왔을 때도 비슷한 현상이 있었죠. 우리가 기독교를, 그러니까 천주교를 처음 접한 것은 중국의 서양인 예수회 선교사들이 지은 한문 서학 서적들이 수입되었을 때 그 틈에 끼어 있던 『천주실의』 같은 책을 통해서였죠. 이 책들은 한자로 되어 있었기 때문에 처음에는 번역이 필요 없는 양반들이나 지식인들만 읽었고, 천주나 예수에 대한 이야기도 그들 사이에서만 돌았어요. 그런데 알게 모르게 신자들이 늘어나고 수요가 생겨나자 다양한 천주교 서적들이 본격적으로 들어오기 시작했죠. 그때부터는 한문을 좀 알던 중인들을 비롯해 기독교를 믿게 된 양반들, 한글을 깨우친 여성들까지 총동원되어 밤새 번역하고 그것을 베껴서 필사본을 만들어 비밀리에 서로 돌려 읽었죠.

신재식 그것은 개신교도 마찬가지죠.

김윤성 그렇죠.

신재식 개신교도 선교사들이 들어오기 전에 번역부터 시작했어요. 한국 사람들은 언제나 번역에서 시작해야 하니까요.

김윤성 하지만 천주교의 경우는 좀 다릅니다. 번역을 하고 필사를 해서 천주교 서적이 유포되기는 했지만, 개신교처럼 대대적인 한글

보급과 더불어 신자들이 이런 책들을 직접 접하는 상황은 아직 아니었죠. 대개는 한 무리의 신자 공동체에 한문이나 한글을 아는 양반이나 중인이 한두 사람 있어서 회장 직분을 맡고, 밤에 몰래 모인 자리에서 말로 서양 성인들의 이야기를 들려주거나 교리서를 읽고 설명해 주는 식이었죠. 물론 그 자료는 한문이나 한글로 된 천주교 서적이었겠지만, 그 내용이 전달되는 과정에서는 어디까지나 글보다는 말이 더 중요한 역할을 했던 겁니다. 게다가 그들에게는 글이나 말보다 더 중요한 게 있었는데, 그건 1년에 한두 번 서양인 신부가 찾아오면 눈물을 흘리며 성체를 받아먹는 일, 그리고 칼에 목이 잘리고, 통나무에 머리가 짓이겨지고, 생매장을 당하면서도 천주를 찬양하고 예수의 이름을 부르던 사람들의 처형 현장을 직접 목격하거나 목격담을 듣는 일이었죠. 저는 우리나라에서 천주교가 뿌리 내리고 확산된 데에는 글보다는 말이, 또 말보다는 몸이 핵심적인 매개였다고 생각해요.

그러니까 신 선생님께서 말씀하신 것처럼 개신교의 경우는 지역 언어로 번역된 성경책을 가지고 폭발적으로 신도들을 늘려 간 것이 맞습니다. 하지만 천주교를 보면 꼭 그렇지는 않았다는 거죠. 그래서 저는 종교와 매체의 관계는 좀 더 세밀하게 살펴야 한다고 생각해요. 그런 점에서 컴퓨터와 전 세계적 통신 네트워크가 건설되어 있는 현대에서 종교가 처한 상황을 이야기할 때에도 좀 더 차근히 살펴볼 필요가 있다는 거죠.

장대익 잠깐, 여기서 앞에서 말씀하셨던 개인으로서의 종교와 조직으로서의 종교 이야기로 잠시 돌아가죠. 그런 틀에서 종교의 미래를 본다면 어떨지 말씀을 좀 정리해 주세요.

신재식 제가 생각할 때 앞으로는 개인으로서의 기독교, 개인으로서의 종교가 더 세를 얻을 것 같습니다. 조직화된 종교 권력이 지금처럼 일방적인 영향력을 행사할 수 없게 되는 거죠. 그리고 여기에서 굉장히 중요한 역할을 할 것이 인터넷이라는 거죠.

장대익 그렇다면 개인으로서의 종교 혹은 개인주의적 영성을 추구하는 사람들이 지금처럼 거대한 세계 종교에 속하는 게 아니라 군소 종교로 모이겠군요. 이런 것을 '마이크로 커뮤니티(micro community)'라고 하나요?

김윤성 그런 것들이 생겨나겠지요. 단 몇 명이나 몇십 명이라고 하더라도 어떤 종교적·영적 카리스마를 중심으로 모일 수 있겠죠. 그 형태는 인터넷상에서 볼 수 있는 동호회나 카페 같은 형태일 수도 있을 것 같아요. 이미 그런 양상들이 조금씩 나타나고 있는 것도 같고요.

사람은 언제나 어떤 형태로든 의례를 만들어 공간이나 시간을 특별한 어떤 것으로 만들려는 경향을 가지고 있어요. 성스러움이라고 하는 것은 어떤 실체가 아니라 이런 과정에서 데서 발현되는 효과일 뿐이죠. 무신론자였던 사회학자 에밀 뒤르켐(Emile Durkheim, 1858~1917년) 같은 사람은 성스러움을 어떤 본질을 가진 실체로 보지 않아요. 그저 사회 자체가 상징화된, 사회적으로 구축된 상황적 범주에 불과하다고 보죠. 종교학 내에서도 이런 식의 견해는 꾸준히 있었습니다. 성스러움 자체를 중시한 엘리아데 같은 거장 때문에 빛을 못 봤을 뿐이죠.

사회자 좀 더 자세히 말씀해 주시죠.

김윤성 상황이 달라진 건 1970년대에 조너선 스미스(Jonathan Z. Smith)

같은 종교학자가 등장하면서부터입니다. 엘리아데의 시카고 대학교 후배 동료인 스미스는 엘리아데를 어느 정도는 긍정적으로 평가하기는 했지만, 그와는 전혀 다른 노선을 택했죠. 스미스는 엘리아데를 지극히 존경했고, 엘리아데와 함께 일하게 된 것을 굉장히 좋아했습니다. 하지만 그의 관심사는 엘리아데와는 처음부터 달랐죠. 그는 낭만주의가 아닌 계몽주의의 후예였고, 칸트주의자인 동시에 뒤르켕주의자였거든요. 성스러움에 대한 뒤르켕과 스미스의 명제는 간단합니다. "본질적인 성스러움이란 없다." 포스트모던이 유행하던 시절부터 지금까지 많은 종교 연구자들이 너도나도 하고 있는 얘기를 이미 스미스가 수십 년 전에 주장한 것이죠.

1960년대부터 1980년대까지 미국과 세계 종교학계에 끼친 엘리아데의 영향은 정말 막강했습니다. 그러나 이미 1970년대부터 같은 대학의 스미스가 새로운 흐름을 만들어 가고 있었지요. 그리고 1980년대 후반에 엘리아데가 죽고 비판과 재평가가 이루어지기 시작하면서 엘리아데를 끌어안으며 넘어서 온 스미스의 영향력이 갑자기 폭발해 버린 거예요. 원래 맹목적인 비판자보다 애정을 가진 비판자가 더 무서운 법 아닌가요? 스미스는 자기가 엘리아데라는 거인의 어깨에 올라탔을 뿐이라고 겸손을 떨지만, 사실 지금 세계 종교학계는 가히 스미스 판이라고 봐도 과언이 아니거든요.

사실 저는 개인적으로 너무 포스트모던한 스미스보다는 같은 시카고 대학교의 브루스 링컨에 좀 더 끌립니다. 링컨은 마르크스주의를 토대로 신화 텍스트와 역사 텍스트를 다루는 사람이라 스미스하고는 학문적 경향이 아주 다르죠. 링컨의 영향도 나름대로 막강한

데, 아직 50대의 비교적 젊은(?) 사람인지라 스미스의 영향만은 못하지만, 언젠가 스미스 시대가 지나면 이번에는 링컨의 시대가 올 수도 있겠다는 생각이 들기도 합니다. 어쨌든 지금 우리의 논의에서는 이 마르크스주의자를 굳이 끌어들일 필요는 없으니 링컨 얘기는 그만두도록 하죠.

다시 스미스 이야기로 돌아오죠. 아무튼 그의 성공은 그가 단순하게 뒤르켕주의를 종교학 안으로 끌어들였기 때문만은 아닙니다. 스미스의 지적 뿌리는 훨씬 더 깊고 넓죠. 그는 사고 방식에서 신칸트주의자라 할 수 있는데, 철학, 문학, 역사를 넘나드는 것은 물론, 심지어 식물학이나 기생충학 같은 과학까지 끌어오기도 합니다. 그가 종교학의 판도를 바꿀 수 있었던 것은 그가 본질적으로 고전적 인문학자요 계몽주의자로서, 인문학과 사회 과학, 그리고 자연 과학을 결합한 복합적인 틀을 가지고 종교에 접근했기 때문입니다. 그의 시도는 성공했고, 아직까지는 상당히 성공적으로 평가받고 있습니다, 교조적인 스미스주의자들마저 나올 정도죠. 엘리아데에 감동해서 종교학을 시작했던 저도 대학원에서 사회와 문화 이론에서는 푸코를 공부하고, 종교 이론에서는 스미스를 공부하면서 패러다임이 크게 바뀌었죠. 종교학을 하는 사람들은 엘리아데를 통해 입문하고 스미스를 통해 졸업한다고 말할 정도입니다.

사회자 그럼 그 사람 입장에서는 종교의 미래를 어떻게 볼까요?

김윤성 스미스가 종교의 미래를 꼭 집어서 이야기한 건 못 봤지만, 그의 종교 이론 전반을 통해 가늠해 볼 수는 있을 겁니다. 기본적으로 스미스는 종교를 그리 대단한 것으로 보질 않습니다. 그는 종교를 이렇게 설명합니다. 인간은 언제나 본질적인 괴리감 같은 것을 느끼고 삽니다. 보통 우리는 전통적으로 내려와 교육된 것이건, 자기 스스로 생각한 것이건 머릿속으로 세계를 그리지 않습니까. 그런데 이것은 언제나 현실과 괴리를 가질 수밖에 없죠. 현실은 늘 혹독하니까요. 사람들은 이 괴리를 담론적인 방식으로, 실천적인 방식으로 어떤 형태로든 풀고 나름대로 설명해 보려고 합니다. 물론 현실이 바뀌지 않는 한 이 괴리는 결코 해소되지 않죠. 사람들은 이 괴리를 해소하기 위해 이야기를 만들기도 하고, 양식화된 실천들을 하기도 하지요. 스미스는 이렇게 내러티브화된 담론과 양식화된 실천이 바로 신화와 의례라고 봅니다. 스미스에게 종교란 인지적 틈새를 해소하기 위한 담론적·실천적 모색의 특수한 사례에 불과합니다. 이렇게 본다면 신화와 의례, 그리고 이런 것들을 구성 요소로 하는 종교는 아무리 시간이 흐르고 세상이 바뀌어도 결코 없어지지 않는다고 봐야겠죠. 현실과 이상 사이의 괴리는 끝내 메워지지 않는 법이고, 내러티브와 실천을 통해 이 괴리를 조금이나마 좁혀 보려는 사람들의 분투도 계속될 테니까요. 이런 식의 내러티브와 실천은 일상 어디서나 아주 흔하게 볼 수 있습니다. 특별하게 종교적인 현상이 아닌 경우에도 말이죠.

이것은 '종교'라는 개념이 굉장히 제한적이라는 것을 처음부터 인정하고 들어가는 겁니다. 그런데 이렇게 보면 종교학이라는 학문의 위치가 굉장히 애매해질 수 있기는 합니다. 심지어 어떤 사람들은 "종교학과는 사라져야 한다."든지, '학과'로서 존재할 이유가 없다고 주장하기도 하죠. 하지만 이건 종교 연구를 문화 연구로 확장해야 한다는 걸 역설적으로 강변하는 거지, 종교학이 불필요하다거나 종교 개념 자체가 무용지물이라고 주장하는 건 아니에요. 구성주의적이고 해체주의적인 스미스조차도, 아무리 '종교' 개념을 사람마다 제각기 다르게 사용한다고 해도 이 개념 자체를 팽개칠 필요까지는 없다고 말합니다. 그 역시 아무리 문제 많은 개념이라도 맥락에 따라 계속 고쳐 가며 쓰는 수밖에 없다고 생각한 거죠. 어쨌든 종교학자는 '종교'라는 개념을 포기하지는 못할 겁니다. 밥벌이가 달렸으니까요. (웃음)

장대익 그렇게 보면 인간이 현실과 이상의 간극을 메우기 위해 하는 모든 행동이 종교 현상이 되어 버리지 않을까요? 제가 생각할 때 그런 식의 종교 개념과 현실의 종교 사이에는 아주 큰 괴리가 있는 것 같습니다. 우리가 보고 있는 종교는 강력한 사회 제도이며, 사회 권력과 밀접하게 결합되어 있는 조직체이지 않습니까? 그리고 '성스러움', '초월성' 같은 가치에 대한 독점을 사회적으로 정당화하는 체계적인 메커니즘을 가지고 있지 않습니까? 현실의 종교는 권력과 권위 그리고 대중 동원 체계를 이용해 현재 상태를 재생산하고 유지하려고 하지 않습니까? 우리가 문제를 제기하고 우리가 비판하고자 하는 종교 믿은 바로 이것인데, 스미스 식의 포스트모던한 종교 개념이나 엘리아데 식의 낭만적인 종교 개념은 오히려 무력하게만 보입니다.

김윤성 예. 그런 면도 있겠죠. 그런데 지금 하신 말씀과 관련해서는 방금 언급했던 링컨 같은 종교학자가 딱 제격인 것 같네요. 사회, 역사, 이데올로기, 권력, 담론 투쟁, 이런 것들을 중심으로 종교를 분석하는 사람이니까요. 하지만 링컨은 종교의 부정적인 면을 비판할 뿐만 아니라, 사회 변혁에서 종교가 수행하는 긍정적 역할도 매우 중시합니다. 아까 제가 밈 이론에 대해 평가하면서, 종교나 이념에서 폭력과 평화가 교차하는 걸 설명하기 위해 굳이 사회적·문화적 분석 틀 말고 밈 같은 자연 과학적 개념이 더 필요할까, 밈 이론은 자칫 보수적인 쪽으로 가지 않을까 하고 문제 제기를 했을 때 염두에 두었던 것도 바로 링컨이었죠. 하지만 그렇다고 그게 전부는 아니라고 생각합니다. 엘리아데는 좀 다르겠지만, 마르크스주의적 링컨이든, 구성주의적 스미스든 모두 계몽주의의 후예라는 점에서는 같고, 특히 스미스의 구성주의적이고 해체주의적인 종교 이론은 종교와 종교 아닌 것이 온통 뒤섞인 일상적 담론과 실천의 영역을 세밀하게 분석하는 데 분명 유용한 틀을 제공한다고 저는 생각합니다.

'신'에서 '거시기'로, 거룩한 시공간의 위기

신재식 그런데 제가 볼 때 대표적인 제도권 종교인 기독교는 크게 변하고 있어요.

김윤성 바뀌면서 존속하는 것이라고 봐야겠죠.

신재식 그렇죠. 바뀌면서 존속하고 있죠. 그동안 기독교는 철저하게 목회자 중심 종교였습니다. 조직도, 문화도, 교리도 모두가 말이죠. 그러나 더 이상 목회자 중심으로 갈 수가 없는 상태가 된 것 같습니다. 이것은 사회가 다양화되고, 기독교가 특수한 한국사적 상황 덕분에 우리 사회에서 가질 수 있었던 독특한 지위가 사라지고, 다른 여러 종교들, 혹은 기독교 내 여러 분파들과 경쟁해야만 하는 상황이 되었기 때문입니다. 이제 더 이상 하나님의 말씀을 전달하는 통로를 선택하는 선택권이 목회자에게 있지 않습니다. 교인들한테 있는 거죠. 이젠 그 누구도 목사님 말씀이라고 다 듣지 않아요. 목사의 설교가 마음에 안 들면 다른 교회로 가면 되고, 교회가 맘에 안 들면 성당으로 가도 되고, 불교나 다른 종교로 가면 되기 때문이죠.

이런 상황이 되면서 기독교 내부에서 가장 심각한 문제로 부각하기 시작한 게 바로 리더십 문제입니다. 이전까지 권력을 독점하던 목사는 리더십을 발휘하지 못하게 되었죠. 대신 평신도 리더십이 부상하기 시작한 겁니다. 그런데 조직화된 가톨릭 교회에서 '만인 사제설'을 주장하고 갈라져 나온 개신교에서 리더십은 태생부터 분점적일 수밖에 없습니다. 게다가 사회의 다원화가 교회에도 깊숙이 침투했기 때문에 통일된 조직 체계를 이룰 수가 없는 거죠. 대신 이런 현실에 적응한 조직들, 예를 들어 소그룹 조직들이 만들어져 평신도 리더십을 만들어 내고 있죠. 이제 목사나 목회자의 역할은 권력을 쥐고 교회 조직을 흔드는 게 아니라 이러한 소그룹 조직들을 서로 묶고, 이해 관계를 조정하는 식으로 바뀌고 있습니다. 컴퓨터나 인터넷 같은 과학 기술이 이 변화의 촉매로 작용했죠.

이것은 우리나라만의 현상도 아니고 기독교만의 현상도 아니라고 생각해요. 전 세계적인 현상이죠. 제 생각에 전통 종교 속에 있는 사람들은 이러한 변화에 두 가지 방식으로 대응할 수밖에 없어요. 하나는 기존의 권력 구조와 조직을 유지하기 위해 기존의 권력 체계와 도그마를 강화하는 거죠. 저는 이것이 기독교가 되었든 이슬람교가 되었든 근본주의의 원인인 것 같습니다. 또 하나는 포스트모던적으로 풀어 버리는 거죠. 한국 사회 역시 이러한 종교적 이행기에서 여러 가지를 실험하는 중인 거고요.

장대익 말씀하신 대로 목회자, 사제 등의 권위가 예전만 못 하다는 것은 맞는 말씀인 것 같습니다. 그리고 그게 현재 제도권 종교 안에서 볼 수 있는 추세이기도 하겠죠. 그 추세와 그 추세에 대한 반작용으로 현대 종교 현상의 많은 부분을 말씀대로 설명할 수 있을 것이라고 생각합니다. 하지만 더 중요한 문제, 더 근본적인 문제는 '신'의 권위, '신'이라는 단어에 집중되어 있는 가치가 어떻게 되고 있는가 하는 문제인 것 같습니다. 실제로 기독교 교인들 사이에서 '신'이라는 단어로 표현되는 초월자의 권위도 떨어지고 있지 않나요?

신재식 신학 담론의 역사에서 보면 '신(神)' 또는 'God'이 포함하고 있는 의미는 끊임없이 변해 왔어요. 그러나 모든 문화 담론이 그렇듯이 신학 담론 또는 신 담론은 사회 변화를 뒤따라가면서 천천히 변해요. 시간 차이가 상당히 있죠.

기독교의 역사를 보면, 초대 교회에서는 신을 사물이나 존재로, 즉 현실적인 물체나 인격체로 표현하는 경향이 상당히 강했죠. 이것은 유대교에서부터 내려온 히브리 성경적 전통을 따른 거죠. 성경에서는 신을 인격적인 존재로 묘사하죠. 예를 들어 주기도문만 봐도 그것을 알 수 있어요. "하나님 아버지" 하고 시작하잖아요. 주로 '아버지, 반석, 깃발, 왕, 목자' 같은 사물들로 표현되었죠. 그런데 헬레니즘 문화권으로 전파되는 과정에서 고대 그리스의 신 담론을 흡수하고 변화하게 됩니다. 그러니까 전지, 전능, 완벽, 완전, 무소부재(無所

不在) 같은 속성들을 가지게 되죠. 사실은 이 개념들은 그리스 철학에서 신의 속성을 가리키는 거였죠. 기독교의 초기 역사에서는 이 두 속성이 경쟁을 합니다.

그런데 수백 년간 경쟁하는 과정에서 결국 그리스적 속성을 띤 신 담론이 승리하게 되죠. 가톨릭 신자나 개신교인들이 기도하는 것을 보면 "전지전능하시고 무소부재하시고." 하는 말이 먼저 나오는 것을 알 수 있습니다. "하늘에 계신 우리 아버지" 하는 식으로 기도를 시작하는 경우도 있지만 소수파지요. 저는 이것이 개인으로서의 기독교가 조직으로서의 기독교로 변화하는 것과 연관되어 있다고 생각해요. 하지만 현재의 변화를 본다면, 이 역시 다시 바뀌지 않을까 싶어요. 물론 그렇다고 해서 "하나님 아버지"로 되돌아가지는 못하겠죠. 이미 페미니즘의 세례를 받은 이후이니까요.

김윤성 그 말씀 들으니 유니테리언파(Unitarians, 삼위일체를 부정하는 비주류 개신교 교파)가 생각나네요. 거기서는 신을 'Oneness'로 부릅니다. 'Oneness'는 '한 분', '하나이신 분'을 뜻할 수도 있지만, 그보다는 '하나', '일자(一者)', '무엇'을 뜻하는 면이 더 큽니다. 신의 인격성과 비인격성을 모두 포괄하면서도 신의 비인격성을 부각시키는 거죠. 게다가 이런 칭호는 신을 인격체로서 여기면서 '왕'이나 '아버지'로 부를 때 생기는 군주제적이고 가부장제적인 정치적 문제점도 절묘하게 피해 갑니다. 아무튼 이런 칭호를 사용한다는 것은 기도라는 게 꼭 신을 인격체로 여기지 않아도 얼마든지 가능하다는 얘기죠.

장대익 'Oneness'라고요? 제가 생각할 때 그 단어는 신을 땅에 패대기친 단어인 것 같은데요. 'Oneness'라는 대상에게 기도하다 보면 신자 본인도 굉장히 허탈하지 않을까 싶습니다. 마치 '거시기'에게 기도한다고나 할까요? "하늘에 계신 거시기여, 이름이 거룩히 여김을 받으시옵고." 하는 식으로 기도한다고 상상해 보세요. 기도자 스스로 얼마나 곤혹스럽겠어요. 하지만 이런 식의 변화는 신의 권위가 떨어지고 있는 것을 보여 주는 동시에, 기도에 대한 사람들의 기대도 약해지고 있는 것을 보여 주는 것은 아닐까요?

김윤성 기도라는 걸 초월적인 인격신과의 대화로만 보면 그렇게 말할 수도 있겠죠. 하지만 기도의 종류는 다양하고, 꼭 초월적인 인격신과 대화하는 기도만 있는 건 아닙니다. 여성 신학이나 생태 신학이 제시하는 '만유재신론(萬有在神論, panentheism)'에서는 만물이 신에 속해 있고 신은 만물에 내재하면서 동시에 초월한다는 식으로 신을 이해합니다. 이교 사상으로 배척되어 온 범신론을 다시 도입해서는 신을 초월자로만 보던 기존의 전통적인 기독교 신관을 살짝 교정하고 있는 거죠. 물론 여성 신학이나 생태 신학에서도 당연히 기도를 중시하는데, 이때 그 기도란 초월적 존재로서 인격적인 신과의 대화라기보다는 내재적 생명력이자 원리로서 비인격적인 신과의 교감 내지 합일이라는 측면이 더 큽니다. 이런 사례를 보면 꼭 초월적 인격신을 전제해야만 기도가 가능한 건 아님을 알 수 있죠.

신재식 어쨌든 기도 자체는 사라지지 않을 것 같습니다. 그리고 '일자'든 '거시기'든 '무엇'이든 기도 대상인 초월자도 사라지지 않을 겁니다. 심지어 기도의 효과가 아무것도 없다는 것을 과학이 증명한다고 해도 말입니다. 인간의 생물학적 본성이 기도를, 그 대상인 초월적 존재를 갈구하기 때문이죠.

그리고 교회 역시 쉽게 사라지지 않을 겁니다. 모든 생물학적 유전자가 그렇듯이 밈 역시 강력한 생존 본능, 재생산 본능을 가지고 있으니까요. 예를 들어 지금 한국 교회의 최대 화두는 교인이 줄어든다는 것입니다. 재생산, 즉 번식이 안 되고 있는 거죠. 목사님들이 난리예요. 교단에서는 총회를 할 때마다 '교인 배가 운동'을 해야 한다고 온갖 계획과 행사를 기획하고 있어요. 심지어는 주일을 바꾸자는 주장도 나올 정도입니다.

장대익 주일을 바꾼다고요?

신재식 사실 개신교에서는 주5일제가 치명적인 영향을 주었다고 보고 있습니다. '거룩한 시간'을 희석시켜 버렸기 때문이죠. 그러니까 토요일에 예배 드려야 하지 않겠냐는 이야기가 나오는 거죠. 주일을 바꾸자는 이야기는 주일 예배 개념을 바꾸자는 것이지요. 일요일이 아닌 토요일이나 금요일도 주일화되는 셈이죠. 아무튼 교회는 이러한 환경 변화에 적응하려 하고 있어요. 교회가 완전히 분열되거나 외적·역사적 요인 때문에 완전히 없어지기 전에는 이러한 자기 생존 작업을 계속 해 갈 거예요. 밈 복합체의 적응 능력이 생각보다 엄청나다고 봐요.

김윤성 아까도 말씀드렸듯이, 지금 종교학에서 가장 뜨고 있는 분야 중 하나는 인지 종교학입니다. 벌써 관련 논문과 단행본이 수십 종이나 나왔고, 국제 학회도 조직되었죠. 물론 자연 과학 쪽에서 정통 인지 과학을 하는 분들이 보면 아직 초보적으로 보일는지 모르겠지만, 아무튼 종교 연구자들은 인지 종교학에 진지하게 접근하고 있어요. 그리 녹록하지도 그리 섣부르지도 않죠. 해석학적 종교 연구에서 사회 과학적 연구로, 그리고 다시 자연 과학적 연구로 저변을 확대해 온 역사를 보면, 종교 연구는 윌슨이 말했던 '통섭'을 향해 나아가고 있다고 할 수도 있겠죠.

자연 과학은 종교 연구에 마지막으로 뛰어들기는 했지만, 지금은 중요한 토대가 되고 있습니다. 그런 의미에서 윌슨의 통섭이 정확한 이야기일 수도 있겠죠. 그러나 이것을 대체나 흡수로 이해해서는 안 될 것 같아요. 다양한 협력과 연합의 새로운 복합체가 생겨나고 있는 것이라고 이해를 해야 맞겠죠.

자연 과학화된, 또는 자연화된 종교 설명에 현대 종교학계가 이렇게나 관심을 갖는 이유 중 하나는 제가 앞에서 이야기했던 신념 구조의 지속성을 설명해 줄 수 있을 것 같다는 점 때문일 겁니다. '종교'가 '영성'으로, '신'이 '거시기'로 바뀌고, 종교 조직이나 의례의 형태가 어떻게 바뀌든 살아남을 특화된 형태의 신념 구조가 인간의 의식 구조 속에 어떤 식으로 뿌리를 박고 있는지, 그것이 진화사적으로 어떤 과정을 거쳐 변화해 왔는지 설명해 줄지도 모른다는 가능성을 자연 과학적 설명에서 발견하고 있다고 보면 됩니다. 이러한 것들을 '성스러움' 개념을 중심으로 한 해석학적 접근으로 밝혀내기에는 아무래도 한계가 있다는 생각을 하게 된 거죠.

이전에는 자연 과학적 접근을 그저 단순한 수치 계산이나 무식한 환원주의라고 오해하는 경향이 없잖아 있었지만, 이제 많은 종교 연구자들은 자연 과학적 접근이 종교에 대한 새로운 설명을 통해 좀 더 정확하고 풍부한 해석을 가능하게 해 주고, 나아가 설명과 해석 사이의 해묵은 긴장을 돌파할 수 있으리라고 보고 있습니다. 인지 종교학이 뜨고 있는 것은 종교학계의 이러한 시각 변화를 보여 주는 사례인 거죠.

장대익 그런데 제가 생각할 때 두 분께서 지금까지 말씀하셨던 것은 종교 자체의 미래라기보다는 종교학의 미래처럼 들립니다.

김윤성 그것은 종교의 미래에 대한 논의가 근본적으로 종교라는 개념의 미래이기도 하기 때문입니다. 어떤 현상은 그 현상에 이름을 붙이는 행위와 뗄 수가 없기 때문이지요. 따라서 개념과 범주를 끊임없이 재조정하면서 세밀하게 다듬는 것이 아주 중요할 수밖에 없습니다. 우리의 문제 의식이 기독교, 불교, 이슬람교 같은 개별 종교가 어떻게 될 거냐 하는 것만은 아니잖아요? 성스러움 따위를 구성하려는 인간의 인지 작용과 행위적 실천이 지속될지 안 될지를 살피는 것이 되겠지요.

그러니까 미래에는 교회 같은 게 사라질 수도 있겠죠. 그때에는 사람들이 일주일에 한 번씩 스타디움 같은 데 모여 종교적인 열정보다 더 강력한 열정으로 스포츠 스타를 보면서 특별한 시간을 보낼 수도 있을 테고요. 이러한 세속 문화들로 이루어진 밈 복합체가 현재 종교라는 밈 복합체를 대체할지도 모르죠. 방금 전에 신 선생님께서도 말씀하신 것처럼 주5일제를 생각해 보세요. 주5일제는 종교 밈의 재생산에, 아니 기독교 밈의 재생산에 치명타를 안겼거든요. 왜냐고요? 대체적인 밈이 가능하거든요.

실제로 주5일제의 혜택을 가장 많이 입은 종교는 불교예요. 산과 들로 놀러 나갔다가 사찰에 들러서 종교 활동을 하는 게 훨씬 편하다는 것을 사람들이 발견한 거죠. 시시때때로 조용하고 공기 좋은 데서 템플 스테이 같은 것도 하면 좋잖아요. 이슬람교야 매일 예배를 드려야 하고, 천주교야 아무 때나 미사를 드리면 되니까 개신교가 느끼는 정도의 심각한 위기를 느끼지는 않죠. 개신교는 안식일과 주일 개념을 중시하기 때문에 일요일 예배가 굉장히 중요한 것이었는데 직격탄을 맞은 거죠.

현대 사회에 들어 레저 문화가 풍부해지면서 교회가 차지하는 지위가 많이 바뀌었죠. 예전에는 교회를 '연애당'이라고 했습니다. 교회가 아니고서는 남녀가 만나서 연애할 수 있는 데가 없었기 때문이죠. 그런데 이제는 연애의 조건도 달라졌거든요. 온라인이든 오프라인이든 다양한 만남의 장들이 있기 때문에 교회가 연애당 기능을 상실했고, 젊은이들을 끌어들일 동력을 상실한 거죠.

어떤 의미에서 개신교 교회는 한국 사회에서 가장 모던한 시공간이었어요. 제사를 없애 여성을 가사 노동으로부터 해방시키고, 젊은이들에게 전통의 굴레에서 벗어나 자유롭게 연애할 수 있는 공간을 제공하고, 급격한 사회 변화에 지친 나이 든 사람들에게는 기댈 수 있는 살가운 공동체를 제공한 거죠. 그러나 사회가 변하면서 교회를 가는 것은 더 이상 모던한 일도, 멋있는 일도, 계몽적인 일도 아니게 되어 버린 거죠.

신재식 말씀대로 한국 사회의 개신교는 근대 사회 체제와 문화 시스템에 적응된 기독교예요. 예전에는 사회가 개신교를 따라갔다면, 이제 개신교가 사회를 따라가야 하는 상황이 되었어요. 진짜로 '개독교'라고 비난받지 않으려면 말이죠.

김윤성 개신교가 다른 종교들에 비해 유독 '개독교'라고 욕을 먹는

데에는 역사적 맥락이 있습니다. 개신교뿐만 아니라 가톨릭이나 이슬람교 같은 모든 유일신교는 기본적으로 다른 종교들을 배척하는 경향이 강하고, 당연히 다른 종교인들이나 일반인들의 반발을 사기 마련이죠. 그런데도 우리나라에서는 유독 개신교가 특히 욕을 많이 먹어요. 이슬람교는 전혀 별개의 얘기니까 일단 접어 두고, 가톨릭만 얘기하자면요, 가톨릭은 고대 그리스와 로마의 다신교 전통을 밀어내긴 했지만, 이 전통과 중세 서양의 온갖 민간 신앙을 잔뜩 흡수한 서구 종교들의 종합 선물 세트 같은 종교죠. 이교의 수많은 신화적 존재들과 전통적 관습들, 그리고 흔히 '미신'이라고 불리는 온갖 것들이 가톨릭 안에 녹아 있죠. 개신교는 이런 요소들을 털어 버리고 유일신교적인 색채를 강화시킨 종교임을 자처해 왔고요. 그래서 개신교가 가톨릭보다 다른 종교들이나 세속 문화에 좀 더 예민하게 각을 세울 수밖에 없는 거겠지요.

하지만 그렇다고 해서 개신교에 이른바 '미신적', 아니 민간 신앙적 요소가 전혀 없는 것은 아닙니다. 사경회 같은 게 좋은 예이겠죠. 지금도 교회들마다 사경회를 하지요?

장대익 다 해요.

김윤성 지금은 열띤 설교와 찬송과 통성 기도와 찬송이 뒤섞인 부흥회 식이지만, 본래 사경회라는 게 며칠 동안 의미 생각할 겨를도 없이 무조건 계속 성경을 읽는 거잖아요. 성경 내용보다는 그걸 읽는 행동 자체에 굉장한 의미를 부여하죠. 그렇게 소리 내서 읽는 행위 자체가 상당한 힘을 갖는다고 보는 거죠. 그런데 이건 굉장히 주술적인 생각이거든요.

물론 성경에도 "말씀에는 힘이 있다."라는 구절이 있기는 합니다. 하지만 그런 구절을 가지고, 그러니까 성경을 소리 내서 읽으면 신이 은혜를 내리고 도와줄 거라는 식으로 해석하는 건 곤란하겠죠. 이 구절은 대개 의미론적으로, 다시 말해 성경에는 인간에 대한 신의 사랑의 메시지가 담겼고, 그 메시지에 감화되면 회개해 구원을 얻게 된다는 식으로 해석됩니다. 하지만 성경을 소리 내어 읽었더니 은총을 입었다고 느낀다든지, 성경책을 만졌더니 병이 나았다든지 하는 식의 간증은 뭐 인류가 수만 년 동안 해 온 주술, 지금도 민간 신앙에 고스란히 남아 있는 주술과 다를 게 하나도 없습니다.

그런데 사실 이런 주술적 요소가 전혀 없는 종교란 세상에 거의 없습니다. 근대적 종교이고 미신을 추방했다고 자처하는 개신교에서조차도 결코 사라진 적이 없지요. 저는 종교의 미래를 생각할 때 이 문제가 중요하고, 이 주술적 요소가 종교의 수명을 좌우한다고 생각해요. 만약 지금 같은 제도 종교들이 없어진다고 해도, 주술적인 사고나 실천은 분명히 어떤 형태로든 계속 남아 있을 거라고 생각합니다. 아까 말씀드렸던 내러티브, 실천, 제도에 더해, 주술도 종교의 미래를 지속시키는 주요 요인으로 추가해야겠네요. 아무튼 종교의 미래가 어떻게 될지 명확하게 답을 할 수는 없지만, 쉽게 사라지지 않을 것은 분명하다고 생각해요.

신재식 저도 계속 갈 거라고 생각해요. 그러니까 종교가 상황에 적응해서 조직과 의식과 신념 체계를 바꿔 가며 적응하는 데 성공할 것이라고 생각하는 편이지요.

김윤성 신 선생님께서는 종교가 가지고 있는 탄력성과 적응성을 통해서 계속 지속될 거라고 보시는 거죠. 물론 저도 그것은 인정하지만 종교의 지속성에는 한 가지 차원이 더 있다고 생각합니다. 앞에서 이야기했던 '의례화'라고 하는 것은 기본적으로 집단적이고 공동체적인 것입니다. 혼자 하는 게 아니라 다른 사람들과 의사 소통을 하고 관계를 맺으면서 만들어 가는 거죠. 따라서 종교는 언제나 개인의 문제가 아니라 소통과 집단성, 집단 정체성과 관련된 문제입니다. 그리고 인간은 기본적으로 내러티브를 통해 세상에 대응하는 존재이므로 '신화'라고 부를 수 있는 것을 계속 만들어 갈 겁니다. 그리고 그에 상응하는 실천과 제도도 만들어 가겠지요. 인간은 사회적인 존재이고, 양식화된 행위를 하고, 끊임없이 내러티브를 만들어 내는 존재입니다. 이 점에서 종교의 지속성은 상당히 본질적인 것이기도 합니다.

장대익 하지만 지금 말씀하신 건 제가 생각하는 것과는 약간 차이가 있는 것 같습니다. 두 분께서 앞에서 말씀하신 대로 세속화가 상당히 진행되면서 사람들이 예배당이나 불당에서 느꼈던 성스러움이나, 그 공간과 그곳에서 보내는 시간이 사람들에게 했던 기능이 이제는 사라지고 있는 게 현상이지 않습니까? 이제 아무도 기존의 '성스러움'이나 '영성'에 매력을 못 느끼는 상황이 된 것은 아닐까요?

김윤성 '아무도'는 아니죠. 과거보다 조금 줄어들었을 뿐입니다.

장대익 어쨌든 기존의 종교 조직들이 이제 일종의 사교 클럽 비슷하게 되어 버린 것이 현실 아닐까요? 예를 들어 강남에 있는 모 대형 교회에 힘 있는 사람들이 왜 모이겠습니까? 그리고 그 교회에서 만들어진 인간 관계가 현실 사회에서 어떤 역할을 하는지를 보면 그들이 교회에 모이는 이유를 뻔히 짐작할 수 있겠지요. 그리고 그 교회에 그렇게 큰 주차장이 있어야 하는 이유와 수백 개에 이르는 방이 있는 이유도 짐작할 수 있겠죠.

아무튼 '꼭 일요일 날 예배를 드려야 되나?' 하는 식의 이야기도 나오기 시작하고 예전엔 상상할 수도 없었던 일들이 교회에서 벌어지고 있는 것은 종교가 처한 상황이 그리 간단한 것은 아님을 보여 주는 증거일 수도 있습니다.

종교는 어떤 신념 체계, 그리고 인간이 본성적으로 추구하는 소속감이나 공동체 의식을 결합시켜 사람들에게 인생의 의미에서부터 관혼상제까지 수많은 서비스를 완벽하게 제공해 왔습니다. 물론 사람들도 이에 납득하고 종교의 그 막강한 영향력을 받아들여 왔습니다. 하지만 지금 보세요. 신념 체계와 조직이 분리되고 있지 않습니까? 과학이 발전하면서 기독교나 불교의 경전이나 교리를 진지하게 믿는 사람들은 많이 줄었습니다. 그리고 목사님이 하는 설교를 싫어하는 기독교인들도 상당히 많습니다. 그래도 종교가 가지고 있는 조직 또는 공동체적 성격 때문에 많은 사람들이 종교를 떠나지 않고 붙어 있습니다. 자신을 받아 줄 공동체를 갈망하는 거죠. 하지만 사회가 변화하면서 신념과 관계에 대한 갈망을 충족시킬 수 있는 곳이 종교 밖에서도 생겨나고 있지 않습니까?

김윤성 그렇죠. 신념 구조가 없는 조직에는 붙어 있기도 힘들고, 그 조직 자체도 오래 살아남기 힘들죠.

장대익 그런 의미에서 신과 인간, 사제와 평신도 같은 위계적인 조직과 신념 체계를 가진 기존의 제도 종교를 대신하는 신념과 조직을 가진 동호회 같은 모임이 종교를 대체하는 상황이 곧 오게 되지 않을까요? 물론 그 모임의 행태와 신념 구조에 종교라는 이름을 붙일 수 있을지는 알 수 없겠지만요.

김윤성 하지만 그렇다고 해서 인격적인 존재로서의 초월자, 그리고 그 초월자에 대한 기도 같은 것이 사라질까요? 제가 아까 기도란 초월적인 인격신만이 아니라 내재적인 비인격적인 무언가를 향해서도 할 수 있다고 했는데, 좀 더 보완하자면, 후자가 전자를 완전히 대체한다고 했던 건 아니었습니다. 신 선생님께서도 현대 신학에서 신을 비인격적이고 내재적인 원리 같은 거로 이해하는 관점이 중요해지고 있다고는 하셨지만, 그래도 초월적 인격체로서 신 관념은 그것대로 지속될 거라고 보시는 거죠.

주변 사물이 되었든, 상상 속의 전지전능한 존재가 되었든, 그러한 인간 외적 존재들에게 인격성을 부여하는 게 원시적이거나 신화적이거나 비합리적이라는 식으로 보는 경향도 있기는 하지만, 저는 그런 생각이 너무 편협하다고 느껴집니다.

인간이라는 존재 자체가 인격적인 존재이기 때문에 가시적 타자들뿐만 아니라 주변의 사물들이나 상상의 존재들에게 자연스럽게 자신의 인격을 투영해 인격화할 수밖에 없는 거죠. 그래서 저는 신을 비인격적인 내재적 원리로 보는 관점의 대두한다고 해도, 초월적 인격체로 상상하는 경향은 인간의 본성상 없어지지 않을 것이고 나란히 갈 거라고 생각합니다. 또 그런 존재와 관계를 맺고 대화하는 형태의 기도 역시 사라지지 않을 거라고 생각합니다. 장 선생님 말씀대로 장차 새로운 신념이나 제도를 지닌 어떤 것이 출현해 현재의 종교를 대체한다고 해도, 이런 내재적 원리나 초월적 인격체로서 궁극적인 무언가에 대한 관념은 지속될 것이고, 그런 점에서 장래의 그 새로운 신념과 제도가 무엇이든, 거기에도 '종교'라는 말을 붙여서 이해할 수 있는 면은 분명 있다고 봅니다.

도킨스의 도발은 성공할 것인가?

사회자 그렇다면 선생님은 종교를 없애 버리자고 주장하는 도킨스의 주장을 어떻게 평가하십니까? 도킨스의 시도는 실패할 수밖에 없다는 말씀이신가요?

김윤성 성공도 실패도 아니죠. 아니, 절반의 성공과 절반의 실패라고 해야 할까요. 도킨스가 무신론자들을 다소나마 규합할 수 있을지는 몰라도, 어쨌든 유신론자들을 비롯해 여전히 많은 종교인들은 이와 상관없이 그들 나름의 신앙과 삶을 계속 이어 가겠죠.

신재식 저는 도킨스가 타깃을 잘못 잡았다고 생각합니다. 이번에 도킨스의 『만들어진 신』을 꼼꼼히 다시 읽었는데. 도킨스가 조금 서둘렀다는 생각이 들었어요. 『이기적 유전자』나 『확장된 표현형』에 비하면 논리적 엄밀성 같은 게 상당히 떨어진다는 인상도 받았죠.

김윤성 '운동'에는 때로 성급함도 필요한 법이죠. 안 그러면 애초에 시작조차 할 수 없을 때도 있으니까요.

신재식 그걸 느끼면서 왜 그랬을까 하는 생각이 들었어요. 아마 윌슨이나 데닛 같은 주변 사람들이 종교에 대한 책을 쓴다는 사실에 자극을 받은 걸지도 모르지요. 아무튼 자신이 진화 생물학자로서 종교에 대해 가장 많은 이야기를 해 왔고, 가장 강하게 이야기를 해 왔는데 다른 사람들보다 뒤져서는 안 된다고 생각한 거겠죠. 저도 그렇지만 분야에 상관없이 학자들은 그런 다급함과 욕심을 느끼잖아요.

장대익 물론 이번 책이 도킨스의 다른 책에 비하자면 부족함이 있을 수 있고, 그 행간에서 도킨스의 다급함과 욕심을 읽을 수도 있을 것 같습니다. 하지만 저는 도킨스를 비판할 때에는 더 깊이 들어가야 한다고 생각합니다. 저는 『만들어진 신』에서 도킨스 자신의 내부적 긴장을 느꼈습니다. 종교를 없애자는 주장과 도킨스의 종교관 사이의 긴장감 말입니다.

도킨스는 종교를 바이러스라고 주장합니다. 그런데 생물학적으로 바이러스는 퇴치가 안 됩니다. 잠깐 증식을 지연시킬 수는 있어요, 그렇지만 진화하기 때문에 완전한 박멸은 불가능합니다. 도킨스가 이 사실을 모를 리는 없습니다. 그렇다면 종교를 박멸할 수 없다는 사실을 알면서도 없애자고 주장한 셈이 됩니다. 또 한 가지 문제점은 종교라는 믿이 형성되는 과정을 설명하면서 슬그머니 종교 부산물 이론을 가지고 온다는 겁니다. 종교가 그냥 발명된 것이 아니라 인지 과정이 진화하는 과정에서 부산물로서 형성된 것이라고 주장하는 거지요. 진화 생물학계에서는 에드워드 윌슨처럼 적응주의를 이야기하는 이들도 있지만 대체로 부산물 이론을 종교의 기원에 대한 설명으로서 받아들이는 경향이 있습니다. 우리 조상이 수렵 채집 생활에 적응해야 하던 시절에 형성된 인지 구조의 부산물로서 초월자에 대한 신앙이 형성되었다고 보는 거지요. 따라서 부산물로서의 종교 밈 복합체는 쉽게 제거할 수가 없습니다. 인지 구조의 어떤 부분을 바꿔야 하는 건지, 어떤 부분을 바꿨을 경우 어떤 결과가 생길지를 쉽게 알 수가 없고, 근본적으로 제거하기 힘들기 때문이죠.

그래도 종교라는 밈은 인류가 진화하는 과정에서 어떤 역할을 했기 때문에 지금까지 살아남을 수 있었습니다. 그런데 재미있는 사실은 이 종교 밈 자체가 형성 과정과 관계없이 독자적인 생명력을 가지게 되어 버린 거죠. 스스로 독립 변수가 되어 버린 겁니다. 이제는 더이상 어떻게 없애 버릴 수가 없게 되었어요.

그렇다면 종교라는 밈은 통제하기 어렵고 제거하기는 더 어렵다는 것인데, 도킨스는 이것을 목표로 삼고 있다는 말입니다. 대체 도킨스가 뭘 할 수 있겠습니까?

신재식 반대 밈을 활성화시킬 수 있겠죠.

장대익 그렇죠. 그 대안밖에 없는 거죠. 그래서 도킨스는 무신론 운동을 그렇게나 강하게 주장하는 겁니다.

김윤성 그렇지만 아까도 말씀드렸듯이 무신론이라고 해 봐야 결국 유신론에 의존하는 대응 개념일 뿐입니다. 또 도킨스의 무신론 운동은 다양한 유형의 종교들 중 유독 유일신교만 특정 공격 타깃으로 삼고 있죠.

도킨스가 책 앞부분에서 아인슈타인을 인용했던 것 기억하시죠. 꼭 특정 종교 신자가 아니라도, 경험 세계 너머의 무언가를 느끼고 그 숭고함과 아름다움을 희미하게나마 감지한다면 그게 바로 종교적인 거라고요. 이건 다분히 스피노자적이죠. 그런데 도킨스는 아인슈타인이 공연히 '종교적'이라는 말을 써서 마치 종교적 신앙을 가진 양 오해를 사온 걸 불만스러워합니다. 그래서 자기는 '종교적'이라는 말을 아예 쓰지 않겠다고 단언하죠. 하지만 '종교'라는 말이 아주 유연하고 폭넓은 개념이라는 걸 생각하면, 도킨스처럼 '종교'라는 말에 경기를 일으키는 건 너무 편협한 태도 같습니다. 스피노자 식 범신론을 따라 '종교'를 좀 더 넓게 이해했던 아인슈타인에 비하면, 도킨스는 '종교'를 서구 유일신교에 국한해서 정말 너무 좁게 이해하고 있는 거지요. 종교 개념만 좁은 게 아니라, 세상에는 온갖 다양한 종교들이 있다는 사실에도 별로 관심이 없는 것 같고요. 게다가 도킨스가 종교라는 바이러스를 정말로 완전히 퇴치하기를 바라는지도 사실 의심스럽습니다.

또 도킨스는 종교의 공격성이나 폭력성의 혐의를 온전히 유일신교에만 덮어씌우고 있는데, 여기서는 오리엔탈리즘의 냄새마저 납니다. 동양 종교를 신비화하고 있는 거죠. 그런 점에서 도킨스보다는 크리스토퍼 히친스가 차라리 더 나아 보입니다. 히친스도 『신은 위대하지 않다』에서 주로 서구 유일신교 위주로 비판을 하지만, 그나마 잠시 비서구적 뉴에이지 종교가인 오쇼 라즈니시(Osho Rajneesh, 1931~1990년)를 건드립니다. 비서구 종교를 다룬 게 이것뿐이고, 그나마 저널리스트로서 자신이 겪었던 라즈니시의 사치나 허위 같은 것에 대해서만 가십처럼 끼적거리다가 말아서 좀 아쉽기는 하지만, 어쨌든 도킨스와 달리 서구 종교 비판에만 그치지 않고 비서구 종교도 같이 거론하려 했다는 점에서는 도킨스보다는 좀 더 시야가 넓은 셈이죠. 그래 봐야 아주 조금일 뿐이기는 하겠지만요.

아무튼 도킨스나 히친스의 논의가 불완전한 것은 그들이 세계 종교의 역사와 현재를 너무 몰라서입니다. 유일신교가 종교의 세계에서 단지 일부에 불과하다는 걸, 세상에는 수많은 종교가 있고, 그 종교들마다 좋은 면과 나쁜 면을 다 갖고 있다는 걸 잘 보지 못하는 거죠. 또 근대 계몽주의 자체가 유일신교인 가톨릭과 개신교 간의 길고 뼈저린 전쟁에 대한 염증에서 태동한 것인 만큼, 계몽주의의 한 갈래인 무신론이 유일신교를 주적으로 삼는 것은 어찌 보면 당연한 일이겠죠.

장대익 그래도 도킨스를 위한 변명을 좀 해 보고 싶습니다. 그는 도대체 뭘 하고자 하는 걸까요? 종교가 사라지지 않을 것을 알면서도 왜 종교 없는 세상을 꿈꾸라고 자꾸 얘기를 하는 걸까요? 자율성을 확보한 종교 밈 복합체를 과학이라는 밈 복합체로 대체하려는 의도 아닐까요? 종교가 했던 기능들을 과학이 다 대신할 수 있으며, 더 나은 세계상을 제시할 수 있음을 보여 주려고 하는 거죠. 종교 밈과 과학 밈을 경쟁하게 만들려는 거죠.

도킨스는 『이기적 유전자』의 끝부분에서 인간은 진화의 역사 속에서 이기적 유전자의 독재에 항거할 수 있는 힘을 확보한 최초의, 그리고 아직까지는 유일한 종이라는 얘기를 합니다. 이와 마찬가지로 다원주의를 포함하게 된 과학이 종교의 가치 독점과 독재에 대항할 수 있는 최초의 밈이라는 이야기를 하고 싶었던 것 같아요. 예컨대 우리가 살인 본능이나 환각제에 대한 갈망을 제어할 수 있게 되었듯이 과학이라는 힘을 빌려 종교를 억누를 수 있을 것이라고 생각하는 것 아닐까요?

신재식 그러나 그것은 순진한 발상인 것 같습니다. 또 저는 도킨스의 논법이 진화론을 비판하는 근본주의자하고 똑같다는 인상을 받았습니다. 꼭 일란성 쌍생아 같죠. 예를 들어 도킨스는 신 존재 증명 같은 신 담론을 주 타깃으로 삼았습니다. 그러나 그런 식의 인식론적 접근은 종교의 극히 일부만을 비판하는 것에 불과합니다. 더 중요한 것은 종교라는 것이 사회 관계를 어떻게 형성하고 재생산하는지 하는 것입니다. 그래서 신념 체계를 깨면 종교가 깨질 것이라고 여기는 것은 너무나도 나이브한 생각인 것 같습니다.

또 다른 문제는 도킨스가 허수아비들을 공격한다는 것입니다. 과학의 입장에서 시비를 걸기 위해 맞상대로 거론하는 사람들이 저처럼 기독교 신학, 그중에서도 조직 신학을 하는 입장에서 보면 굉장히 불만스럽습니다. 신학계 안에서 이제는 그렇게 중요하지 않은 사람이나 논의를 논박하고는 신학 또는 종교 담론 전체를 논파했다고 자랑하는 모습이 그리 좋아 보이지 않습니다. 마치 진화론으로 이야기하면, 진화론을 공격한답시고 19세기적 용불용설을 비판하는 것과 똑같은 논리인 것입니다. 저 같은 신학을 전문으로 하는 사람이 보면 잘 모르는 사람이 혼자 열 올리는 것처럼 보일 뿐입니다.

진화 생물학자들은 창조론자들을 비판할 때 그들이 19세기 진화론을 상대하고 있을 뿐이라고 폄하하고 있지 않습니까? 도킨스도 그와 똑같은 우(愚)를 범하고 있는 것 같습니다. 주로 만만한 상대이거나 자기 주변의 영국 학자들이더라고요. 제대로 된 신 담론에 대한 논의를 하려면 틸리히나 바르트, 몰트만, 또는 과학 신학자나 여성 신학자의 논의를 다루었어야 했어요.

김윤성 아무리 도킨스라고 하더라도 그 많은 걸 어떻게 알겠습니

까? (웃음)

신재식 실제로 다뤄야 하는 사람들은 다루지 않고, 학문적으로 폐기된 이론이나 현대 신학 담론에서 더 이상 다루지 않는 사람들을 다루고 있어요. 이것을 가지고 전체인 양 주장하는 것은 논의 전개를 편하게 하기 위한 것이거나 자신의 주장을 돋보이게 만들기 위한 작위적인 논의 전개라는 생각밖에 안 드는 거예요. 물론 도킨스가 『만들어진 신』에서 현대 신학의 문제가 되는 신 담론을 모두 다루지 않은 것이 일반 대중을 상대한 책이라서 그런 것이라고 관대하게 이해할 수도 있겠지만, 도킨스의 논의가 허수아비 때리기라는 사실에는 변함이 없지요.

장대익 그런데 신 선생님께서 말씀하신 부분은 도킨스의 『만들어진 신』에 대한 일반적인 평이기도 합니다. 선생님만의 생각은 아닌 거죠. 심지어 데닛마저도 그 이야기를 했죠. 하지만 종교와 과학의 관계에 대해 그만한 전문성을 가지고 이런 책을 쓸 수 있는 사람이 전 세계에 누가 있을까요? 저는 극소수일 거라 생각합니다. 또 도킨스는 자신의 종교에 대한 주장과 책이 놓이게 될 정치적·이데올로기적 지형을 고려했을 것이고 의도적으로 상당히 편향된 책을 썼다고 생각합니다.

김윤성 그래도 이 책에서 인격신이나 유신론적, 유일신교적 신념 구조에 대한 도킨스의 불만은 분명하게 확인할 수 있습니다. 근본주의적 기독교나 이슬람교나 자유주의적 기독교나 현대화된 이슬람교나 그 변이가 어떤 식으로 이루어졌든 유일신이나 인격신을 믿는 종교들은 근본적으로 폭력화하기 쉽다는 점에서 서로 다르지 않다는 도킨스의 신념은 확고해 보입니다. 이런 신념은 그가 학문적 엄밀성을 기한다고 해서 사라지지도 약화되지도 않을 것 같고, 논쟁의 정치적 상황이 바뀐다고 해도 달라지지 않을 것 같습니다.

사회자 그렇다면 도킨스가 제기했던 문제인 종교의 박멸, 혹은 종교의 죽음은 정말 가능한 일일까요? 어떻게 보시는지요?

신재식 종교를 죽이는 제일 좋은 방법이 있기는 합니다. 간단합니다. 돈을 많이 주면 종교는 죽습니다.

장대익 맞습니다.

김윤성 모처럼 셋이 만장일치네요.

신재식 다른 거 필요 없습니다. 돈만 많이 주면 되지요. 쉽사리 종교의 정체성을 상실합니다. 돈에 취해서 종교적인 추구는 잊어버리죠. 배금주의에 젖은 한국 기독교의 모습에 대해서 이야기하자면 시간이 아무리 많아도 모자랄 겁니다. 교계의 속사정을 아는 사람과 이야기를 시작하면 정말 시간 가는 줄 몰라요. 많은 사람들이 이야기해요. 한국 교회가 썩었다고. 왜냐고요? 배불러서 썩은 겁니다. 그러니까 종교 밈에 있어서 가장 위험한 적은 돈이고요, 위험한 일은 자본주의와 동거하는 거죠.

장대익 하지만 과학에는 돈을 때려 부어야 해요. 뭔가 성과라도 내려면 말이죠. (웃음)

신재식 하긴, 현대 과학 역시 현대 자본주의와 동거하지 않았다면 형성될 수조차 없었겠죠.

김윤성 저는 도킨스 책을 좀 다른 차원에서 다뤄 보고 싶습니다. 『만들어진 신』 출간 이후에 벌어진 '도킨스 현상'에 대해서 이야기해 보죠. 장 선생님 말씀대로, 도킨스의 의도는 종교 밈을 과학 밈으로 대체할 수 있음을 보여 주는 것이었다고 간단하게 요약할 수 있을 겁니다. 그런데 과연 현실에서는 그가 의도했던 현상들이 벌어지고 있는가 하면 꼭 그렇지만도 않아요.

『만들어진 신』이 간행된 이후 지금까지 한국의 신학 대학들이나 신학과들에서는 대대적인 '도킨스 읽기 운동'이 벌어졌습니다. 그리고 많은 세미나, 콜로퀴엄, 심포지엄을 열어 진화 생물학자나 진화론 관련 철학자와 신학자를 초청하는 붐이 불었죠. 두 분도 그런 자리에 여러 번 초빙 '당'하신 적이 있으시죠? 아마도 도킨스 책 구매자의 상당수가 목사나 사제나 신학도 같은 종교인들이었을 겁니다.

결국 종교 밈이라는 바이러스의 힘을 약하게 만들거나 퇴치하려고 만든 항체 또는 백신인 『만들어진 신』이 도리어 종교의 생존력을 높여 주는 상황이 되어 버린 셈이죠. 예를 들어 제 수업에는 간혹 신학과 학생들도 들어오는데, 대개가 도킨스 책을 읽으면서 적대감을 느끼기는커녕 굉장히 재밌게 읽었다고 하지요. 도킨스의 독설이 다소 거슬리기는 해도, 비판은 달게 받고 배울 건 배우고 고칠 건 고쳐야 한다고들 생각하더군요. 종교라는 밈 자체가 워낙 뛰어난 유연성을 가졌기 때문에 그런 것이라고 설명할 수도 있겠지만, 아무튼 종교 밈을 무력화하거나 무신론 밈으로 대체하려는 도킨스의 목표가 그의 생각만큼 쉽게 달성되지 못하고 있다는 것은 분명해 보입니다.

장대익 흥미로운 분석이에요. 루이스 캐럴이 쓴 『이상한 나라의 앨리스』는 읽어 보셨죠? 그 사람이 쓴 또 다른 이야기 중에 『거울 나라의 앨리스』도 있어요. 거기에는 서양 장기판의 말들이 등장하죠. 그 말들 중에 '붉은 여왕'이 있는데요, 앨리스는 그녀의 손에 이끌려 어딘가를 향해 계속 달립니다. 한참을 가다 앨리스가 그녀에게 묻습니다. "왜 우리는 열심히 뛰고 있는데 주변의 나무들이 그대로 있지요? 우리 동네에서는 나무가 뒤로 휙휙 지나가는데." 이에 붉은 여왕은 "여기서는 우리처럼 뛰어야 겨우 제자리란다."라고 대답합니다. 자연계에서 치열하게 벌어지고 있는 군비 경쟁식 진화를 상징하는 대답이지요. 나만 진화하는 게 아니라는 얘깁니다. 진화된 나를 압도하기 위해 상대방도 또 진화한다는 것이죠. 시카고 대학교의 생물학자 리 반 베일런(Leigh van Valen) 교수는 군비 경쟁과 같은 생물들의 진화 게임을 이렇게 루이스의 '붉은 여왕' 이야기에 빗대 설명했어요.

동일한 맥락에서 김 선생님은 지금 밈들 간의 군비 확장적 진화 게임을 말씀하시고 계십니다. 비슷한 예를 가부장제와 페미니즘의 관계에서도 볼 수 있지 않을까요? 페미니즘이 1960년대의 그 혁명적 분위기에서 등장했을 때, 많은 사람들이 가부장제라는 아주 오래되고 아주 조직적이고 아주 단단한 제도가 언젠가는 없어질 것이라고 생각하기도 했습니다. 그러나 가부장제는 유연해졌을지언정 결코 없어지지 않았습니다. 오히려 생명력이 더 강해진 느낌이지요. 얼마간 유연해졌을지도 모르죠. 가부장제의 소멸? 정말 쉽지 않은 과제죠. 어떤 페미니스트는 "가부장제야말로 인류 역사의 가장 오래된 종교다."라는 식의 말을 하기도 했습니다. 종교만큼이나 오래되고 그 뿌리가 깊고 많은 이들이 여전히 그 기원은 신성하다고 믿는 점에서 유사하기 때문이겠죠. 물론, 페미니즘 때문에 지금은 누구나 "나 마초야." 또는 "나 가부장주의자야."라고 대놓고 말하지는 못하죠.

사회에서 매장되는 것을 아니까요. 그러나 가부장주의는 우리 의식 속에서 나름의 탄력성을 갖고 생생하게 살아 있습니다. 그 사실은 선생님들이나 저도 부정하지 못할 겁니다.

그러나 정말로 수십만 년이 흘러 인간의 신체적 구조가 변화하거나 유전자 조직이 변하면 본성적 사고 구조도 변하게 될 겁니다. 그때가 되면 가부장제나 종교가 어떻게 바뀔지도 모르죠. 따라서 우리가 종교의 미래 또는 종교의 죽음을 이야기할 때에는 우리가 어떤 시간 척도(time scale)를 가지고 이야기하는지 서로 확인해야 합니다. 100년 안에, 물론 앞으로 100년이 지나면 이 자리에 있는 사람 중 그 누구도 살아 있지는 않을 것이기 때문에 실제로는 무책임한 이야기 같습니다만, 종교든 가부장제든 자본주의든 완전히 소멸될 것 같지는 않습니다.

김윤성 페미니즘 덕분에 가부장제가 오히려 유연성과 탄력성을 얻어 더욱 교묘하고 끈질기게 지속된다는 건 정말 아이로니컬한 현실이죠. 그런데 "가부장제야말로 가장 오래된 종교다."라는 표현에는 좀 짚고 넘어가야 할 부분이 있습니다. 그런 말을 하는 페미니스트들은 '종교'라는 말을 부정적인 의미로 쓰고 있어요. 신성하게 포장된 허위 의식, 지배 이데올로기, 억압 기제 같은 뜻으로 쓰는 거죠. 대개가 종교와 무관하거나 적대적인 페미니스트들이 그러는데, 그들은 가부장제뿐만 아니라 종교도 아주 싫어합니다. 이 둘이 서로 착 달라붙어 차별과 억압을 더욱 공고히 해 왔고, 종교야말로 가부장제의 핵심에 도사린 원흉이라는 거죠. 하지만 세계 여성사를 보면 종교들이 가부장제를 강화하기도 했지만, 반대로 가부장제에 도

전하고 양성 평등을 성취하는 데 앞장선 사례들도 얼마든지 있습니다. 오늘날엔 세속적 페미니스트들 못지않게 종교적 페미니스트들도 아주 왕성한 학문적·실천적 활동을 벌이고 있기도 하고요. 가부장제는 종교를 활용하기도 하지만, 종교 자체가 꼭 가부장적인 건 아니라는 얘깁니다. 그래서 저는 가부장제에 대한 페미니스트들의 비판에는 동의하지만, '종교'라는 말을 끌어들여 그 비판의 강도를 높이는 데에는 반대합니다. 무신론자들이 '종교'라는 말에 당장 알레르기를 일으키는 것처럼, 세속적 페미니스트들도 처음부터 '종교'를 무조건 나쁘게만 보고 있는 것 같아서죠.

이 점에서 차라리 질문을 좀 바꿔야 하지 않을까 싶습니다. 딱 잘라 '종교'라 하지 말고, 인간의 '종교성'이나 '경건성' 또는 '무언가에 대한 믿음', 이런 식으로요. 이런 것들의 미래는 어떨지, 좀 더 구체적으로 질문한다면 좀 다르고 새로운 이야기를 할 수 있을 것 같습니다. 또 말씀대로 미래를 시간 척도에 따라 나눠서 100년 후냐, 1000년 후냐, 10만 년 후면 어떠냐 하고 물으면 달라지지 않을까 싶습니다. 그런데 10만 년 후까지 인류가 지금 같은 모습으로 존속할 수 있을까요?

신재식 앞에서 이야기한 것처럼 부산물이 되었든 적응이 되었든 종교는 생물학적 근거, 다시 말해 인간이 생존하는 데 쓸모가 있었기 때문에 없어지지 않았고, 그 이유 때문에 앞으로도 없어지지 않을 것이라고 생각합니다. 또 종교 자체가 확대 재생산 과정에서 인간이라는 생물의 개체나 인간 유전자의 생존과는 관계없이도 살아남을 수 있는 독립적인 복제자가 되어 버렸기 때문에 웬만해서는 쉽게 없어지려고 하지 않을 것이라고도 생각합니다. 소멸을 앉아서 맞이하려는 DNA가 없듯이 죽음을 앉아서 맞이하는 종교도 없을 겁니다. 끝까지 가려고 할 겁니다. 물론 이시스와 오시리스를 믿는 종교가 없어진 것처럼 개별 종교는 소멸되고 새로운 개별 종교가 등장하는 일은 있겠지요. 하지만 인간이 개인적인 동시에 관계적인 종교성을 가지고 있고, 그것이 어떤 기능을 하고 있는 한, 종교는 절대 스스로 죽음을 맞이하지는 않을 것입니다.

DNA 보세요. 그 역사가 수십억 년이잖아요. 인간의 언어와 심지어는 디지털이라는 매체를 손에 넣은 종교라는 복제자는 그보다 수명이 더 길지도 모릅니다. 심지어 지구 표면을 벗어나지 못하고 있는 유기 분자에 불과한 DNA에 비해 디지털화된 밈들은 전파를 타고 지구를 떠나 우주 공간으로 퍼져 나갈 수 있지 않습니까? 복제자로서의 성능만 본다면 종교 밈의 수명이 더 길지도 모르죠.

장대익 현재 종교가 가진 최고의 유용성 또는 기능은 뭘까요? 일종의 공동체성이 그 답이 될까요?

신재식 공동체성이지 싶어요.

김윤성 그것은 한두 차원으로 이야기할 수 없는 것이라고 생각합니다. 분명 인식론적 차원도 지속될 겁니다.

신재식 그렇지만 인식론적 차원은 한계가 있습니다. 우리가 전도할 때 믿음의 내용을 가르쳐서 전도하는 게 아니거든요. 일단, 교회에 나오게 되면 그때부터 믿음의 내용을 배우는 겁니다. 신념 체계가 무엇인지 신이 무엇인지는 일단 괄호 속에 넣어 둘 수 있는 이차적인 문제입니다.

김윤성 하지만 그것은 종교의 지속성에 대한 일면적인 해석일 수 있습니다. 아까 말씀드린 것처럼 우리는 인식 구조 속에서 벌어지는 갈등이나 모순을 내러티브라는 장치를 통해 상상적으로라도 해결해보려는 뇌 내 회로를 가진 생물입니다. 신화라고 하는 것은 이런 과정에서 만들어지는 것이지요. 그러니 인간의 신화 만들기는 끝나지 않을 겁니다. 이 신화, 아니 내러티브에 따라 행위를 조직하는 게 바로 의례화고요. 공동체의 제도와 조직이라는 차원은 그다음에 오는 것 같습니다. 아무튼 이런 식으로 종교의 지속성은 여러 차원을 가지고 있고, 이를 모두 복합적으로 생각해야만 하는 문제입니다.

예를 들어 1970년대에 기존의 제도권 종교 틈 사이에서 민중 신학 같은 게 등장했을 때, 그 운동의 주도자들이나 신자들은 신학만 재편하는 게 아니라 종교가 제공하는 서비스, 즉 예배 자체를 바꾸려고 했습니다. 예배가 바뀌지 않으면 개혁은 불가능할 것이라고 본 거죠. 이런 사례는 종교사에서 얼마든지 찾아볼 수 있습니다. 여성 신학이나 퀴어 신학이 출현하면서 예배의 모습 자체를 뜯어 고치려 한 것이 바로 그런 사례죠.

장대익 인간이 내러티브에 탐닉하는 존재이고, 그 때문에 종교성이 지속된다고 한다면, 현대적 내러티브에 기반해서 만들어진 종교성은 구체적으로 어떤 모습을 띠고 있을까요? 기존 세계 종교 밖에서 그런 변화를 보려면 어떤 종교를 살펴야 할까요?

신재식 사이언톨로지 같은 것을 예로 들 수 있지 않을까요? 많은 사람들은 사이언톨로지를 단순하게 이단이나 소수 종파나 괴짜 집단으로 치부합니다. 하지만 랠프 왈도 에머슨(Ralph Waldo Emerson,

1803~1882년)이나 헨리 데이비드 소로(Henry David Thoreau, 1817~1862년)에서 시작된, 아니 그 이전에 아메리카 원주민 문화에 깊은 뿌리를 두고 있는 자연주의나 초자연주의의 흐름에서 평가하면 그러한 이해를 도울 수 있을 듯합니다.

김윤성 에머슨 말씀하시니까 옛날 생각이 나네요. 영문학과 시절에 에머슨을 읽으며 한참 심취한 적이 있다가 전공을 종교학으로 바꾸면서 까맣게 잊고 있었는데, 어느 날 보니 제가 에머슨을 다시 꺼내 읽고 있더라고요. 각설하고요, 아무튼 에머슨과 소로뿐만 아니라 프랭클린을 포함한 미국의 건국 영웅들은 모두 좀 미묘한 사람들이죠. 똑같은 계몽주의 노선에 서 있지만 유럽의 반종교적 계몽주의자들과는 사뭇 다른 미국식 계몽주의자들이죠. 미국에서는 계몽주의가 청교도적 개신교는 물론 이와 성격이 전혀 다른 보편적 초월주의 같은 것 하고도 쉽게 결합하고는 했죠. 아무튼 미국의 자연주의나 초월주의는 유럽식 계몽주의로는 이해하기 힘든 좀 묘한 구석이 있습니다.

장대익 그렇다면 그런 사람들이 주류가 될 순 없을까요?

김윤성 저는 될 수도 있다고 생각해요. 그리고 지금도 주류까지는 아니지만 이미 무시할 수 없는 다수가 아닐까 싶기도 하고요. 그들은 역사 속에 항상 있었고, 종교 개념만으로 포괄할 수 없어 영성이라는 새로운 개념이 대두되고 있는 현대적 상황에서는 그런 사람들의 입지가 더욱 넓어지고 있는 게 사실이죠.

장대익 그렇다면 무신론자들은 어떨까요? 도킨스나 데닛은 무신론자들이 당당하게 커밍아웃하는 것을 돕기 위해, 무신론자들의 세계연맹을 만들어 세계 종교들의 의미 독점에 도전하는 것이 필요하다고 노골적으로 주장하지 않습니까? 도킨스의 책도 여러 가지 결함이 있고, 종교인들에게 일종의 자극제로 기능하는 면도 있기는 하지만, 원래 고양이들처럼 흩어져 있는 무신론자들의 용기를 북돋아 주기 위한 책이지 않습니까? 도킨스의 이러한 시도가 계속되고 무신론자들의 네트워크가 더 두터워지고, 더 넓어진다면 무신론자들의 세계 연맹 같은 것도, 무신론 운동이 하나의 주된 흐름이 되는 순간도 오지 않을까 한다는 겁니다.

신재식 그 일을 할 수 있는 수단은 그 어느 때보다 잘 갖춰져 있습니다. 인터넷부터 온갖 게 갖춰져 있죠. 그러나 문제는 그런 동맹이 가능하려면 자발적으로 각성한 사람들이 많아져야 합니다.

제가 미국에서 공부를 했습니다. 그런데 미국 학계에서 흥미로웠던 게 초월적 자연주의 혹은 영성적 자연주의의 흐름이 굉장히 강하다는 거였습니다. 처음에는 그게 잘 이해되지 않았죠. 그런데 미국의 동부와 서부를 두루 여행해 보고 신대륙의 자연을 보니까, 이 사람들이 그런 생각을 안 하려야 안 할 수가 없다는 것이 느껴지더군요. 그 광대한 자연을 경험하고 나면 자연주의적 영성을 직관적으로 이해할 수밖에 없게 됩니다. 나이아가라 폭포나 그랜드 캐니언을 상상해 보세요, 어떨지.

도킨스나 윌슨도 생물학자이니 생명의 경이를 그래도 쉽게 경험할 수 있겠죠. 그러니 자연스럽게 자연주의자가 되겠죠. 하지만 대부분의 현대인들은 도시 속에, 문명 시스템 속에 묻혀 살기 때문에 자연을 직접 경험할 수가 없어요. 기껏해야 여행 갔을 때 만나는 관광지 자연이 전부겠죠. 이런 환경에서 자연주의자로의 자발적 각성을 기대하기는 힘들 겁니다.

제 경험에 따르면 직접 경험을 해야 경이에서 경외로 쉽게 넘어갑니다. 그래야만 자신의 경외 경험이 어떤 것인지 진지하게 성찰하게 되겠죠. 그러나 간접 경험은 탄성 언저리에서 헤맬 뿐입니다. 제가 여행을 할 때마다 느끼는 것이긴 하지만, 우리가 자연에 노출되면 노출될수록 자연주의자가 된다는 거, 이거 확실합니다. 그런데 보통 종교적 배경을 가진 사람들은 이 경외 감정에서 곧바로 신으로 도약합니다. 하지만 그런 경이로운 자연 속에서 살고 있는 아메리카 원주민들은 결코 유신론적 종교로 비약하지 않습니다. 그들은 그것을 자기식으로 처리하고 관리하고 있습니다.

무신론 운동은, 영적 촉촉함이라고 할까요, 아니면 정신적 풍만감이라고 할까요, 아무튼 영적 문제에 대해 부족하다는 평가를 받고 사람들로부터 외면을 받고는 합니다. 종교 쪽에서도 그런 측면으로 비판을 하기도 하고요. 무신론이 발전하려면 에머슨과 소로에서 시작해 윌슨으로 내려오는 초월적 자연주의에 대한 각성이 필요합니다. 그러나 현대인들의 삭막한 환경을 생각할 때, 그게 그리 쉽지만은 않겠죠. 그런 의미에서 도킨스의 무신론 연맹의 앞길이 순탄하지만은 않아 보입니다.

종교는 인간만이 가지고 있는가?

신재식 잠깐 여기에서 주제를 좀 바꿔 봅시다. 종교는 정말로 인간만이 가지고 있는 것인지를 한번 이야기해 보죠. 그러니까 인류에게만 독특한 현상이냐는 거죠. 예를 들어 '침팬지에게도 종교가 있는가, 아니면 침팬지도 종교성 같은 경험을 하는가?' 늘 궁금합니다.

장대익 저도 똑같은 질문을 한 적이 있어요. 침팬지 같은 영장류는 우리와 같은 영적 경험을 하는 게 아닌가 하고요. 혹시 침팬지가 사색에 잠긴 듯한 모습을 보신 적이 있으세요? 구글링(googling, 검색 엔진인 구글을 통해 인터넷에서 정보를 찾는 일)을 하면 그런 사진은 쉽게 찾을 수 있어요. 이런 사진들을 보면 침팬지가 마치 뭔가를 골똘히 생각하는 것 같고, 세상과 자신에 대해서, 또는 초월적인 어떤 것을 생각하는 것처럼 보이기도 합니다. 교토 대학교 영장류 연구소에 있을 때 저는 그런 광경을 실제로 많이 봤어요. 저명한 영장류 학자인 마쓰자와 데쓰로(松澤哲郎) 교수한테 물어보기도 했죠. 결론은 별 생각이 없이 그런 포즈를 취한다는 것입니다. 괜히 우리가 인간 중심적으로 해석하려는 것뿐이죠.

김윤성 정말요?

장대익 정말로 멍하니 있는 겁니다. 우리 눈에만 사색하는 것처럼 보이는 거죠. 본래 침팬지는 굉장히 조용한 종입니다. 사실 잘 움직이지도 않고 떠들지도 않습니다. 그래서 아프리카 가면 바로 머리 위에 침팬지가 살고 있어도 있는지 몰라요. 워낙 조용하기 때문이죠. 그에 비하면 인간은 수다쟁이 영장류입니다.

아무튼 침팬지가 종교성을 가지고 있는가에 대해서는 명확한 관찰이나 실험이 아직 없습니다. 확실한 것은, 영장류 중 종교성을 가진 것으로 밝혀진 것은 인류만이라는 것 정도죠. 엘리아데가 그러지 않았나요? 종교의 기원은 직립하게 된 인간이 하늘을 올려다본 것이라고요.

김윤성 예. 엘리아데가 그랬죠. 그런데 하늘을 우러러보고 숭배한 게 종교의 기원이라는 식의 얘기는 아니고요, 직립한 덕분에 위아래라는 축이 생기고 이를 중심으로 전후좌우라는 방향이 생겨 이로부터 성스러운 중심과 속된 주변을 구분하는 종교적 공간 관념이 생겨났다는 얘깁니다. 엘리아데는 직립의 결과 이런 종교적 공간 관념이 생겨난 것이 인간을 다른 영장류와 본질적으로 다르게 만들어주었다고 봅니다. 상상력에 근거한 것이긴 해도, 꽤 그럴듯한 해석이죠. 하지만 솔직히 말해 영장류 사이의 연속성도 생각해야 하지 않을까요? 호모 사피엔스 사피엔스를 구성하고 있는 특질들 중에는 다른 영장류와 단절된 것도 있지만 연속된 것도 있는 것이 사실이지 않습니까?

종교를 인간만 갖고 있는 것인지 하는 문제를 살피려면 종교나 종교성이 진화에 있어서 단절의 영역에 속하는지 연속의 영역에 속하는지를 생각해 봐야 할 것 같습니다. 예를 들어 고고학에서는 매장 풍습의 유물이나 그 흔적의 유무로 종교성의 대두를 판단하죠. 호모 사피엔스 사피엔스보다 먼저 출현해서 한동안 공존했던 네안데르탈 인들의 유적에도 죽은 사람을 매장하고 꽃 같은 걸 바친 흔적이 남아 있고, 따라서 많은 학자들이 네안데르탈 인에게도 종교성이 있었을 것이라고 봅니다. 죽음에 대한 태도를 종교성의 기준으로 삼는 거지요.

저도 아직은 종교성이 호모 사피엔스 사피엔스만 지닌 특정한 정신적 능력과 관련된 현생 인류 고유의 것이라고 생각합니다. 죽음에 대한 태도 같은 것도 그렇지만 종교성은 언어, 의식, 사고 양식에다가 의례 행동이 결합된 복합적인 것이고, 이러한 복합체는 아직 사람에게서밖에는 발견되지 않으니까요.

그런데 이 복합체 중에서 특히 의례 행동을 보면 단절만이 아닌 연속성의 흔적을 볼 수도 있을 것 같아요. 종교학이나 인류학에서 '의례'나 '의식'이라고 번역하는 'ritual'을 동물학에서는 '반복 행동'이나 '강박 행동'이라고 부르던가요?

장대익 동물 행동학에서 중요한 개념이지요.

김윤성 동물 행동학자들이 밝혀낸 것처럼 개미에서부터 침팬지까지 인간의 의례 행동을 연상할 수 있는 특수한 행동이나 상징적인 행동과 비슷한 행동들을 수없이 발견할 수 있지 않습니까? 많은 인류학자들과 종교학자들은 이것이 종교의 생물학적 기원 중 일부를 구성하고 있다고 봅니다. 하지만 대개는 인식론적 차원에 가면 단절이 있다고 생각하죠.

장대익 하지만 에드워드 윌슨이 『사회 생물학』에서 비유한 대로, 만약 외계인이 있어 지구로 내려와 인간과 다른 동물들을 관찰한다면 인간의 종교적 의례와 동물의 강박 행동을 구별할 수 없을지도 모르죠. 아마도 외계인은 그런 행동들이 같은 기능을 한다고 판단할 겁니다. 이런 의미에서 동물의 반복 행동이나 강박 행동을 가리키는 용어와 종교적 의례를 가리키는 용어가 같다는 것은 나름 의미심장한 것 같습니다.

김윤성 하지만 인간의 의례 행동과 동물의 강박 행동 사이에는 중요한 차이가 있습니다. 동물의 강박 행동은 그냥 단순한 신호(sign) 체계, 그러니까 기표와 기의가 일대일로 대응하는 체계죠. 하지만 인간의 의례 행동은 여기에 상징(symbol)이라는 측면이, 기표와 기의가 일대다로 대응하는 체계가 더해져 있죠. 이건 종교 의례건 세속 의례건 마찬가집니다. 종교에 국한해서 말하자면, 종교를 구성하는 복합체의 일부인 인식적 측면에서는 분명 단절이 있습니다. 강박 행동이라는 생물학적 차원에서는 맞닿아 있는지 몰라도, 초월적인 무언가를 상상하면서, 그렇게 상상한 무언가를 신이다, 절대자다, 창조주다, 도(道)다, 다르마(Dharma)다 하고 부르고, 그런 걸 믿고, 특정한 행동 패턴을 이런 개념이나 신앙과 결부 짓는 것은 호모 사피엔스 사피엔스만이 지닌 특질인 거죠.

침팬지에게 마음 또는 어떤 형태로든 의식이 있다는 것은 분명하지 않습니까? 그렇다면 죽음에 대해 어떤 느낌이나 의식이 있지 않을까요? 그리고 그것을 가지고 침팬지의 종교성 여부를 짐작할 수 있지 않을까 싶습니다.

장대익 아직 동물이 종교성을 가졌는지, 안 가졌는지 검증할 수 있는 실험은 시행된 적이 없습니다. 어떤 식으로 설계해야 할지도 아직 연구되지 않았지요. 그래도 주목할 만한 것들은 몇 가지 있습니다. 교토 대학교의 영장류 연구팀이 아프리카에서 촬영한 것이기도 한데요, 한 어미 침팬지가 죽은 새끼 침팬지를 계속 업고 돌아다닌 적이 있어요. 갑자기 새끼가 죽었는데, 자식의 죽음을 인정하지 않는 인간의 어미처럼 업고 밥을 먹이고 옆에 누워서 자고 떨어지려고 하지를 않았죠. 그리고는 얼마 후 새끼를 따라 시름시름 앓다가 죽고 말았죠.

신재식 저도 그거 본 것 같아요.

장대익 죽음에 대한 태도가 종교의 기원을 판단하는 데 중요한 이유가 영원성 또는 초월성에 대한 인식과 밀접하게 연관되어 있어서 아닙니까? 내가 아닌 다른 존재, 지금이 아닌 언젠가, 여기가 아닌 어딘가를 생각할 수 있는 거죠. 침팬지의 그 모습을 보면서 많은 사람들이 여러 가지 생각을 했어요. 죽은 아이를 잊지 못하는 어미의 마음과 행동이 '종교적'인 것인가 아니면 단지 동물 세계의 모성일 뿐인가? 그것도 아니면 영장류의 뛰어난 기억 능력에서 오는 부산물일 뿐인가? 쉽게 답할 수는 없다고 봅니다. 하지만 한 가지 확실한 것은 종교성을 가지려면 어느 정도 이상의 인지 능력이 필요하다는 점입니다. 제가 지난 편지들에서 종교의 인지 진화론을 말씀드렸던 것 기억나시죠? 인류의 종교는 행위자 탐지 능력, 마음 이론 능력, 인과 추론 능력 등이 발휘되는 과정에서 생긴 인지 부산물이라는 이론 말입니다. 침팬지도 이런 능력들을 어느 정도는 갖고 있다고 알려져 있습니다. 하지만 인간에 비하면 수준이 아주 낮아요. 가령, 이견이 없는 것은 아니지만, 침팬지는 다른 침팬지의 마음을 잘 읽지 못합니다.

신재식 이건 그냥 상상해 보는 건데요, 만약 우리가 침팬지나 개 같은 다른 동물들에 대해 좀 더 많이 알고 그들의 의사 소통에 대해 좀 더 알게 된다면, 그것을 이용해 종교 밈을 전파할 수 있지 않을까요? 아니 종교를 학습시킬 수 있지 않을까요? 그리고 그런 방식을 통해 동물의 종교성을 검증할 수 있지 않을까요? 예를 들어, 우리가 종교적 행동이라고 할 수 있는 행동을 하면 바나나나 과자 같은 상을 준다거나 해서 종교적 행위나 사고를 훈련시킬 수 있지 않을까요. 그렇게 해서 종교 밈이 인간이 아닌 다른 종에게도 전염된다면 종교 밈의 생물학적 보편성이 입증되지 않을까 싶네요.

김윤성 그건 이미 사람한테도 하고 있는 거잖아요. 부활절이나 성탄절에 교회 오면 맛있는 거 줄 테니 친구 데려와라 하는 거요. (웃음)

장대익 그런데 종교는 보이지 않는 존재에 대한 숭배 같은 특성이 있어야 하지 않습니까? 그러나 그때 동물에게 있어 인간은 자신의 행동에 직접적인 영향을 주고 자신의 반응에 또 반응을 보이는 '보이는 존재'이지 않습니까? 제 생각에 그래서는 종교성을 전염시킬 수는 없을 것 같습니다. 아무튼 그러한 연구는 할 수 있겠죠. 동물이 '보이지 않는 존재' 혹은 '초월자' 같은 대상을 형성할 수 있는가 하는 실험 말이죠.

김윤성 그런 연구는 혹시 없나요? 보이지 않는 대상에 대해 동물이 어떤 행동을 보이는지에 대한 연구.

신재식 그 분야 연구하면 각광받을 것 같네요.

김윤성 저는 종교라는 복합체를 구성하는 많은 부분이 결코 고상하거나 성스럽다고 생각하지 않습니다. 의례 행동에는 동물적 강박 행동의 흔적이 짙게 남아 있고, 공동체 의례라고 고상하게 표현되는 것 역시 동물의 집단 행동이나 서열 행동의 연장선에 있는 것 같으니 말입니다. 그래서 프로이트 같은 사람의 기발한 상상도 나온 거 아니겠습니까?

프로이트는 초기 유인원을 상상하면서 종교의 기원을 이런 식으로 구성했지요. 일부다처제 사회에서 남자 우두머리가 여자들부터 재산까지 모두 소유하고 있는데, 자식들이 그것을 빼앗기 위해 아버지를 죽인 후, 그 죄의식을 감추기 위해 자신들이 죽인 아버지를 승격시켜 숭배한 게 신과 종교의 탄생이다 하는 식으로 그야말로 픽션을 썼지요.

프로이트는 동물과 인간의 연속성의 측면에서 종교를 바라본 겁니다. 하지만 언어라는 차원으로 들어서면 단절이 분명해지는 것 같습니다. 내러티브를 만드는 능력이라든가, 상징화와 추상화의 능력이라든가, 추상화된 개념들을 서로 연결시키는 능력, 다시 말해 유비 능력 같은 것들은 동물과 인간이 명백하게 단절된 부분이라고 생각합니다. 결국 이런 언어적 측면에서의 단절성이 인간이 가진 종교성의 핵심을 이루는 게 아닌가 싶습니다.

장대익 말씀하신 대로 인간의 언어와 다른 동물의 언어 사이에는 큰 갭이 존재합니다. 아니 더 정확하게는 단절로 부르고 싶을 정도의 갭이겠지요. 종교성의 어떤 부분은 연속적이고 또 어떤 부분은 인간만의 고유한 것이겠지요. 하지만 사람들은 인간 고유의 것을 종교의 본질로 보고 싶어 하겠죠.

김윤성 본질이기도 하고 사실 핵심이기도 하죠.

인공 지능과 종교 그리고 영혼

사회자 이제 동물은 뛰어넘어 인공 지능으로 한번 가 볼까요?

장대익 그렇죠. 이제 미래로 가야죠.

김윤성 현실에선 미래지만, SF 소설이나 영화의 상상력 속에서는 이미 현재죠. 그런데 오늘 이 얘기 다 하는 거예요?

사회자 예. 피곤하지 않으시면 마저 해 보죠. 흥미진진한데요.

신재식 방금 전에 동물의 종교성에 관해 이야기하면서 언어 능력이 종교의 구성 요소 중 가장 본질적이고 핵심적인 요소라고 했잖아요. 그런데 인공 지능 기술이 발전해 생각도 할 수 있고 인간의 언어를 자유롭게 구사할 수 있는 인공 지능이 탄생한다면 얘도 종교성을 가지고 있느냐는 문제가 자연스럽게 대두되지 않을까요?

김윤성 동물 얘기와는 비슷하면서도 좀 다른 얘기죠? 동물은 인간이 만든 게 아니고, 인간과 비슷한 사고나 언어도 갖고 있지 않죠. 사고와 언어를 가르치거나 주입해 줄 수도 없고요. 반면 인공 지능은 인간이 만든 거고, 초보적이지만 이미 인간의 사고와 언어를 흉내 내기도 합니다. 게다가 과학이 발전하면 언젠가 스스로 느끼고 생각하고 말하는, 인간과 똑같은 지성을 갖춘 컴퓨터가 나오지 말라는 법도 없고요.

신재식 그렇죠.

장대익 현재 인간이 가진 종교성도 처음부터 가지고 있었던 것은 아닙니다. 인류가 진화하면서 부산물이 되었든 적응이 되었든 종교성도 진화한 거죠. 처음에는 종교가 없던 시절도 있었을 겁니다. 그런데 종교성이라고 하는 게 생겨 조금씩 진화해 현재 같은 형태를 이루게 되었죠.

인공 지능 같은 기계도 마찬가지라고 생각합니다. 지금이야 종교성이나 성스러움 같은 것하고는 차원이 다른 한심한 상태이지만

30~40년 지나 기술이 발전하면 점차 복잡해지고 발전하지 않겠습니까? 그러다 보면 기계 속에서 설계도로 환원되지 않는 '마음' 비슷한 것이 창발되어 나올 수도 있을 겁니다. 자기 의식이 생기고 그에 따라 자유 의지도 생기고, 우리 외에 다른 존재가 있다는 타자 의식도 생기고 다른 사람 혹은 다른 기계의 마음도 읽을 수 있게 되겠지요. 그리고 결국에는 보이지 않는 존재를 추론할 수도 있겠지요. 그 상황이 온다면 왜 종교성이 인공 지능에서 생기지 않겠습니까?

인간이라고 하는 것은 조금 더 복잡한 기계이거나 조금 덜 복잡한 슈퍼 지능 아닙니까? 신경 세포의 네트워크인 뇌에서 종교성이 진화한 것처럼 0과 1의 반도체 네트워크에서 인간의 것과는 다른 로봇의 종교성이 진화하지 않을까요?

김윤성 그 '조금 더' 또는 '조금 덜'이 정말 중요한 거겠죠.

신재식 좀 더 구체적인 상황을 가지고 이 문제를 생각해 보면 어떨까 싶네요. 예를 들어 사이버 스페이스에 만들어진 사이버 교회가 있다고 칩시다. 우리는 개인 아바타를 만들어서 일주일에 한 번씩 그 교회에 가서 예배를 드리죠. 그리고 우리는 컴퓨터 앞에 앉아서 아바타가 예배를 드리는 것을 보고 있죠. 사이버 스페이스적 종교 의례라고 할까요. 그런데 자기 아바타 옆에서 예배를 드리는 다른 아바타가 하나 있어요. 그런데 이 아바타가 어떤 사람이 만들어서 보낸 아바타인지, 아니면 사이버 스페이스를 관리하는 슈퍼 컴퓨터가 무작위적으로 만들어서 보낸 아바타인지 어떻게 구분할 수 있을까요?

김윤성 그건 좀 다른 이야기이지 않을까요? 온라인 게임에서 볼 수 있는 NPC(Non Player Character) 같은 게 그런 예이지 않습니까?

신재식 아니죠. NPC는 말 그대로 정해진 프로그램에 따라 반복된 행동만 하는 거지만 제가 든 사례의 경우에는 슈퍼 컴퓨터가 조작하는 것이기 때문에 좀 다르죠. 완벽한 자의식까지는 아니라도 인간의 자의식을 아주 근사하게 흉내 낼 수만 있어도 됩니다. 마치 자율적으로 움직이는 것처럼 보이는 거죠.

김윤성 하지만 그래 봐야 시뮬레이션은 시뮬레이션일 뿐이지 않나요? 의식을 흉내 내는 것일 뿐 진짜 의식이 있는 건 아니잖아요?

장대익 그래도 그런 것이 바로 진짜 인공 지능으로 가는 길목에 있는 시뮬레이션이겠죠. 인간과 사이에 근본적이고 본질적인 차이란 없다고 봅니다.

김윤성 그런데 완벽한 자의식을 가진 인공 지능이 가능할까요? 그 분야에서도 찬반양론이 격렬하게 대립하고 있는 것으로 알고 있는데요.

장대익 인간의 마음을 똑같이 구현하는 인공 시스템이 가능하다는 주장도 있고, 아무리 해 봐도 인간과 같은 지능을 만들어 낼 수 없다고 주장도 있습니다. 전자를 우리는 '강한 인공 지능(strong AI)' 프로젝트라 하죠. 대표적으로 대니얼 데닛 같은 인지 철학자가 믿는 바인데요, 그는 인간은 더 복잡한 기계일 뿐이라고 말합니다. 그는 기계가 언젠가 튜링 테스트(Turing test)를 통과할 거라고 예견하지요. 하지만 존 설(John Searle) 같은 철학자는 기계로는 인간의 지능을 똑같이 흉내 낼 수 없다고 반박합니다. 설령 튜링 테스트를 통과한 기계(컴퓨터)가 있다 해도, 그 기계는 우리 인간의 의미론(semantics)을 갖지 못한다는 주장입니다. 쉽게 말하면 우리랑 똑같이 지껄이고 행동하는 로봇이 만들어졌다 해도, 그 로봇은 우리처럼 의미를 알고 그런 행동을 하진 못한다는 것이죠. 잘 아시듯이 이게 그 유명한 '중국어 방 논변(Chinese room argument)'입니다.

중국어를 전혀 모르는 사람이 한 방에 들어가 있습니다. 그런데 그에게는 방대한 분량의 중국어 매뉴얼이 있습니다. 다른 중국인이 방 밖에서 중국어로 질문을 던지면 그는 순전히 그 매뉴얼에 의거해서 대답을 만들어 냅니다. 그 매뉴얼이 충분히 방대하고 그 방의 사람이 과제를 잘 수행한다고 해 봅시다. 밖에 있는 중국인은 그 방 안의 사람이 실제로 중국어를 유창하게 하는 사람이라고 오인할 수 있습니다. 방 안의 사람이 중국어를 전혀 이해하지 못하는데도 말이죠.

설은 컴퓨터가 언젠가는 이 방 안의 사람처럼 업그레이드 될 수도 있을 거라 인정합니다. 하지만 우리가 그 방안의 사람에 대해 중국인이라고 부를 수 없는 것처럼(중국어를 전혀 이해하지 못하니까), 그런 컴퓨터를 인공 지능이라고 부를 수 없을 거라고 주장합니다. 즉 컴퓨터의 기능을 제 아무리 향상시킨다 해도 평범한 인간처럼 서로가 던지는 말들의 의미를 '이해'하는 그런 존재는 나올 수 없다는 것이죠. 설은 우리가 의미를 교환할 수 있는 것은 뇌 속 뉴런들의 상호 작용 때문이라고 결론내립니다. 이것이 바로 '중국어 방 논변'의 핵심입니다.

하지만 우리가 말하고 행동할 때 상대방에게 전달하는 그 '의미'라는 것도 원래는 '의미없음'에서 진화한 것 아닌가요? 설은 생명 없음에서 생명을 만들어 내고, 의미 없음에서 의미를 만들어 낸 자연 선택의 힘을 실감하고 있지 못하는 것 같습니다. 다윈의 자연 선택 이론은 뚜렷한 경계 짓기의 철학이라 할 수 있는 '본질주의'를 진정으로 혁파한 최초의 이론 아닙니까? 설이 우리 인류를 기계와 '본질적으로' 다른 존재인 양 주장하는 것에 대해 저는 동의하기 어렵습니다.

김윤성 저는 자율적 의식을 가진 인공 지능이 만들어진다면 그들 나름의 종교성이 생길 거라는 장 선생님 의견에 공감합니다. 할(HAL) 기억하시죠? 스탠리 큐브릭의 영화 「스페이스 오디세이 2001」에 나오는 인공 지능 컴퓨터요. 할이 일으킨 오작동 때문에 인간들이 할의 전원을 끄려 하자, 할이 한 사람은 죽이고 주인공은 우주선 바깥에서 못 들어오게 만들죠. 주인공이 겨우겨우 안으로 들어와 할의 전원을 끄는 동안 할은 그러지 말라고 애원하다가 스르르 꺼져 버리는데요, 공상 과학 영화 속 존재이긴 하지만, 할은 자신의 죽음마저 감지하는 완벽한 자의식을 가진 컴퓨터입니다. 또 베르나르 베르베르의 소설 『뇌』를 보면 자신의 전원 코드를 뽑을까 봐 사람을 해코지하는 컴퓨터 이야기가 나와요. 전원을 뽑으면 자신이 멈춘다는 걸, 죽는다는 걸 아니까 그런 식으로 행동하는 거죠.

사회자 그냥 컴퓨터가 아니라 어떤 사람의 머리에서 적출한 뇌와 컴퓨터를 결합한 거였던 것 같습니다.

김윤성 아, 그랬던가요? 맞네요. 그 뇌를 살아 있게 하는 생존 유지 장치에 대한 이야기였죠. 아무튼 굉장히 그로테스크한 이야기였는데, 아주 재미있게 읽었어요. 이런 식의 영화적·소설적 실험들은 인공 지능 문제에 관해 많은 생각을 하게 해 주죠. 그게 뇌가 되었든 컴퓨터가 되었든, 인공 지능 문제는 사실 기본적으로 영혼 문제예요. 육체에서 분리된 뇌나 육체 자체가 아예 없는 컴퓨터는 육체와 분리된 영혼의 상징인 거죠. 어떤 의미에서 강한 인공 지능 프로젝트의 강한 인공 지능은 육체와 영혼이 분리 가능하다는 심신 이원론에 기초한 시도라고 봅니다. 결국 '인공 영혼'을 만들려고 하는 시도인 거죠. 이렇게 생각한다면 인공 지능은 그 전제상 본질적으로 종교적일 수밖에 없을 것 같습니다.

다만 영혼의 정의나 존재 여부에 대한 논의가 종교마다 다 다르고 워낙 다양하기 때문에 인공 지능과 영혼의 문제 인공 지능의 종교성 문제를 그리 쉽게 다룰 수 있는 것은 아닐 것 같아요. 하지만 재미있는 여러 문제들을 생각해 볼 수는 있을 것 같습니다. 만약 인공 지능이 영혼을 가지고 있다고 할 경우, 컴퓨터가 꺼지면 그 영혼은 어떻게 될까? 천국에 갈까, 지옥에 갈까? 컴퓨터가 다시 켜졌을 때 다시 생겨난 영혼과 기존의 영혼은 같은 존재일까 다른 존재일까? 이걸 인공 영혼의 부활이라고 할 수 있을까? 하는 식으로 온갖 생각의 실험을 좀 더 해 볼 수는 있겠죠. (웃음)

그러니까 이런 식의 논의를 계속 진행하다 보면 인공 지능을 통해 인간의 종교성에 대해, 혹은 영혼에 대해 다시 생각해 볼 수 있는 기회를 가질 수 있다고 생각됩니다. 종교성과 영혼 혹은 영성 또는 신 관념 등에 대해 우리가 잘못 생각해 왔거나 편협하게 생각해 왔던 것들을 오히려 교정할 수도 있을 겁니다. 종교 연구자들과 인공 지능 연구자들이 손을 잡고 연구할 과제들은 굉장히 많을지도 모릅니다.

초보적인 인공 지능이 만들어지고 그것이 불완전하게나마 감정을 가지고 사고를 하고 어떤 인격을 형성하게 된다면, 초보적인 형태의 종교성이나 신념 형태가 창발되어 나올지도 모르죠. 그렇게 되면 기계와 인간의 관계는 물론, 영장류와 우리 인류 사이의 단절과 연속성이 무엇인지, 나아가 종교성이라고 하는 게 대체 무엇인지 학문적으로 좀 더 엄밀하게 규정할 수 있을 겁니다.

저는 사실 어떤 존재가 자신을 자각하고 다른 존재를 인식하고 다른 존재들과 네트워크를 만들어 소통하는, 그러한 관계의 망을 인식하는 능력이 바로 영혼이라고 생각합니다. 그런 것이 가능하다면 그것이 동물이 되었든 인공 지능이 되었든 외계인이 되었든 이렇게 새롭게 정의한 방식의 영혼을 가지고 있다고 인정해야 된다고 생각합니다.

신재식 지금 사용하는 영혼 개념은 그 자체를 실체론적으로 보는 게 아니라, 구성주의적 관점에서 보는 거죠. 관계 망을 인식하는 능력을 영혼이라고 부르는 것이지요. 이때 영혼은 발생한 특정 현상을 기술적으로 설명하기 위해서 채용하는 것이지요.

김윤성 사실 이것은 용법 문제이기도 합니다. '영혼'을 무슨 독립된 실체처럼 여겨서 육체에서 뽕 하고 빠져나온다는 식으로 해석하는 건 영혼 개념의 아주 특정한 용례일 뿐입니다. 어원적으로 보면 라틴 어 *spiritus*는 본래 그냥 '숨'이라는 뜻이었죠. 그러다가 '정신'이나 '영감' 같은 의미가 추가되고, 더 나중에는 몸과 분리된 비가시적이고 비물질적인 어떤 실체를 지칭하는 의미까지 추가된 거죠. 하지만 추가일 뿐 기존의 의미들이 지워진 것은 아니죠. 그래서 지금도 spirit은 여전히 그냥 '숨', 우리말의 얼이나 넋이랑 비슷한 '정신', 그리고 실체로서 '영혼'을 동시에 의미하는 모호한 단어죠.

장대익 김 선생님처럼 영혼 개념을 해석하면 더 이상 '영혼'이라는 용어가 불필요해지지 않을까요? '영혼'이라는 용어가 역사적으로 먼저 등장해 사용되었기 때문에 이렇게도 해석을 해 보고 저렇게도 해석을 해서 의미를 덧붙이는 거겠지만, 현대적 관점에서 보면 더 이상 필요 없는 폐기해야 할 개념 아닐까요?

진화 생물학이 인간 본성의 뿌리를 파헤치고 분자 생물학과 뇌과학이 마음의 물질적 근원을 캐고 있는 상황에서 영혼이라는 단어는 이제 그 힘을, 또는 그 의미 독점권을 내놓아야 한다고 생각합니다. 과학에서는 그렇지 않습니까? 플로지스톤이나 에테르 같은 개념들이 사라져 버렸듯이 영혼이나 신 같은 개념도 사라져야 하는 것일지도 모르죠. 그런 의미에서 '인공 지능에게도 영혼이 있을까?' 같은 질문은 부적절한 질문일지도 모른다는 거죠.

김윤성 저 역시 영혼이라는 말을 계속 써야만 한다고 주장하는 건 아닙니다. 하지만 그렇다고 영혼이라는 단어 자체를 폐기해 버린다면 문학은, 시는 어떻게 될까요? 문학 레토릭(rhetoric)이 통째로 소멸해 버리게 될지도 모르죠. 그런데 저는 종교 자체도 일종의 레토릭일지도 모른다는 생각을 하기도 합니다.

장대익 그렇지만 문제는 영혼이라는 개념이 종교 안에서는 레토릭의 수준을 넘어서 실체 개념으로 쓰인다는 겁니다. 영혼이라는 단어나 신 같은 단어가 너무 오해의 소지가 크다는 거죠.

신재식 그렇죠. 그럴 경우에는 용법을 정확하게 밝혀 줘야 하죠. 기독교 신학에서는 영혼 하면 대개 '신의 형상(*Imago Dei*)'이라는 개념을 가지고 이야기를 합니다. 이 개념을 전통적으로 세 가지 관점에서 해석을 하는데, 첫째가 실체론적으로 이해하는 거고요, 둘째가 기능론적으로 접근하는 거고요, 셋째가 관계론적으로 해석하는 거죠.

신의 형상을 따라 만들어진 영혼이 있다는 것이 실체론적인 해석입니다. 인간이 신을 대신해서 자연과 세계를 통치한다는 것이 기능론적 해석이고, 인간과 인간이 관계를 맺고 인간과 신이 관계를 맺는다는 것이 관계론적인 해석이죠. 관계론적 해석은 신의 형상인 영혼이 인간과 인간, 신과 인간 사이의 관계에서 창발하는 현상인 거예요. 그 현상에 영혼이라는 이름을 붙인 거죠.

김윤성 불교 같은 경우에는 기독교에서 쓰는 것 같은 영혼 개념은 안 쓰지만, 대중적인 불교 신앙을 보면 사람이 죽을 때 몸에서 뭔가가 튀어 나와 윤회의 수레바퀴로 들어간다고 믿어요. 나름 영혼 비슷한 것을 상정하는 셈이죠. 죽은 자에게서 분리된 무언가가 새로운 몸 안으로 들어간다는 전생이나 환생에 대한 신앙은 근본적으로 몸과 분리된 실체로서 영혼 비슷한 것을 전제하고 있는 거죠.

하지만 윤회를 다른 식으로 볼 수도 있습니다. 인도 종교 전문가인 종교학자 웬디 도니거(Wendy Doniger)는 힌두교나 불교가 말하는 '화신(化身, incarnation)'이란 단지 자신이 다른 사람은 물론이고 다른 동물, 식물, 자연, 더 나아가 우주와 연결되어 있다는 것에 대한 인식일 뿐이라고 말합니다. 우리가 자연 풍경에서 느끼는 경외감이나 종교적 체험 같은 것뿐만 아니라 한 번도 본 적 없는 꼬마아이를 만났을 때 무슨 전생 인연이 있었을 것만 같다는 느낌이 드는 것은 이러한 '존재의 연합성'에 대한 인식 때문이라는 겁니다. 그리고 그것을 느끼는 순간이 곧 화신의 순간, 윤회의 순간이 아니겠느냐는 거죠.

신재식 해몽이 좋네요, 해몽이.

김윤성 그렇죠? 그런데 윤회다, 영혼이다 하면 대부분의 사람들이 몸에서 보이지 않는 무언가가 뿅 튀어나오는 어떤 실체를 자꾸 떠올리니까 이런 용어들에도 분명 한계가 있기는 합니다. 하지만 만물의 상호 관계를 말하는 윤회나 타자와의 관계성을 말하는 영혼 같은 개념들은 기본적으로 '자연과 인간을 향한 감수성과 연대성'의 표현이라고도 할 수 있겠죠. 실제로 신학자, 교학자, 종교학자 중에 이런 식으로 영혼이나 윤회를 이해하는 사람들도 적지 않습니다. 저는 이런 이해의 시도가 무의미하지 않다고 생각해요. 우리말에도 '얼'이나 '넋' 같은 게 있잖아요? 물론 이것들조차 실체화하려는 사람들도 있기는 하지만, 그래도 이 개념들은 실체적이기보다는 맥락적이고 관계적인 면이 두드러집니다. 그런데 우리의 언어 습관이나 문화사적 전통에서 '얼'이나 '넋'은 오늘날 많은 사람들이 '영혼'을 관계성의 표현으로 새롭게 해석하고 있는 방식과 상통하는 데가 많은 것 같아요. 어떤 실체는 분명 아니지만 우리가 공유하는 어떤 관계성의 방향이랄까, 집합적 정체성이랄까, 서로 얽혀 있는 연대성이랄까 하는 것 말이죠. 저는 '얼'과 '넋' 개념에 대해 진지하게 살펴본다면, '영혼' 개념을 실체화하려는 고질적인 경향을 조금은 교정할 수도 있으리라고 기대합니다.

장대익 말씀하시는 것을 들으면서 재미있는 생각이 한 가지 스쳤습니다. 과학과 달리 인문학은 단어를 폐기하지 않는 것 같아요.

신재식 폐기하면 텍스트가 다 사라지니까요.

장대익 폐기를 안 하고 거기에 계속 부연 설명을 하고 가치를 부여하고 하는 거죠. 그러나 과학의 역사를 보면요, 사라진 단어가 되게 많아요. 플로지스톤 같은 용어는 지금 쓰는 사람 한 사람도 없습니다. 그런데 거의 200년 동안 모든 화학자가 다 썼던 용어였죠. 그처럼 완전히 사라진 개념들이 많죠. 그런 관점에서 본다면 영혼이나 신 같은 단어도 폐기되어야 할 개념이죠.

신재식 하지만 그런 관점을 종교에 들이대는 것은 과학 일방주의 아닌가요? 미학이나 철학이나 예술에서는 절대 폐기되지 않는 것들이 있어요. '사랑', 증명할 수 있어요? 아니면 '아름다움', 증명할 수 있어요? 증명할 수는 없지만 폐기되지 않지요.

김윤성 아니 근데 장 선생님 얘기는 저는 이해할 수 있어요. 레토릭으로 과학을 할 수는 없는 거니까요.

장대익 신 선생님께서는 과학의 일방주의라고 하시지만 단어를 그렇게 고집하고 어떻게든 살려 보려고 하는 것은 보수적인 것 아닐까요?

김윤성 무언가를 고수한다고 해서 꼭 보수적이라고 할 수는 없죠. 예를 들어 기독교인 중에는 사람이 죽으면 몸에서 영혼이 뿅 빠져나와서 천당 간다는 식의 영혼관을 가진 사람들이 대다수입니다. 하지만 그런 영혼관은 과학적으로도 황당하고, 상식적으로도 납득이 안 되며, 심지어 성서적이지도 않다고 보는 기독교인들도 적지 않아요. 신학자들 중에도 영혼이라는 개념을 굳이 폐기할 필요는 못 느낀다는 면에서 보수적이지만 실체성은 완전히 부정한다는 면에서 혁신적인 사람들이 많고요. 이런 사람들은 기존의 실체론적 영혼관과 결투를 벌이고 있는 셈인 거죠. 그들은 기존의 해석과는 완전히 다른 해석을 제시하는 겁니다. 용례 자체를 완전히 뒤집어 버리려는 거죠. 그런 면에서는 오히려 굉장히 진보적이라고 볼 수 있다고 봅니다. 장 선생님 식으로 말해 보자면, 기독교 내에서 밈들 간의 경쟁이 벌어지는 셈이죠.

신재식 폐기가 안 되는 것은 그 개념이나 용어가 여전히 어떤 상황이나 현상을 설명할 수 있기 때문일 거예요. 그리고 신학이나 인문학에서 담론이나 용어가 폐기된 것이 별로 없다는 것은 맞는 말이 아닌 것 같습니다. 신학에서만 봐도 폐기된 이론과 용어가 무지 많아요. 예를 들어, 옛날에는 "바늘 끝에 천사가 몇 명 앉을 수 있느냐?" 하는 것을 가지고 논쟁했죠. 이게 공의회 논의 주제였어요. 지금으로 말하면 국제 학술 대회 주제인 거죠. 이 문제가 중요했던 게 영적 존재의 실체성과 물질의 연장성에 대한 논의였기 때문이죠. 천사는 실체이기는 하지만 물질처럼 연장, 즉 길이를 갖지는 않는다는 것을 증명하는 논쟁이었죠. 당시 교리나 신학 담론 체계 내에서는 아주 중요한 문제였죠. 하지만 지금은 아무도 더 이상 논의 안 하죠. 또 6세기 때 공의회에서는 "여자에게 영혼이 있느냐?" 같은 것을 가지고 논쟁했죠. 그때 결론이 여자에게 영혼이 없다는 것이었어요. 지금 사람들이 보면 말도 안 되죠.

신학 사상사를 보면 생물학만큼이나, 아니 훨씬 더 많은 담론들이 생겨났다 사라졌습니다. 극히 일부분만 살아남았어요. 우리가 물려받았고 아직까지도 폐기되지 않는 개념들은 외연이 너무 넓어져 그 밀도는 아주 낮아졌지만 유효한 부분이 1퍼센트나 2퍼센트라도 있는 것들입니다. 영혼이 가장 대표적인 사례겠죠. 영혼 개념은 주장이 찬반으로 나뉘는 어떤 현상을 지칭하는 데 굉장히 유효합니다. 그것이 실재론적인 의미가 아니어도 말이죠. 또 과학사에서도 플로지스톤이나 에테르처럼 지금은 폐기된 개념이지만 언급은 해야 될 필요가 있는 개념들이 있지 않습니까?

장대익 그렇지만 그것은 과학사 안에서 이야기되는 것이고 화학이나 물리학 연구를 하는 사람들이 실제로 사용하는 개념은 아닌 거죠. 그런데 영혼 같은 개념은 실제 현상을 설명하는 데 아직도 사용되고 있어요. 이것은 일종의 지체 현상 아닐까요?

김윤성 종교는 재활용의 귀재예요. (웃음)

신재식 과학에서 그런 개념은 완벽하게 반증이 되었잖아요. 그래서 폐기된 거죠. 하지만 영혼은 실증적으로 반증되었다고 주장해도, 반대쪽에서는 결코 받아들이지 않죠. 결론이 아직 나지 않았다고 빡빡 우기죠. 과학사에서도 한번 폐기된 개념이 되살아나기도 하지 않나요? 예를 들어 아인슈타인의 우주 상수 개념이 그렇고, 데모크리토스의 원자 개념이 그렇죠. 그런 것처럼 영혼 개념도 어떻게든 되살아날 수 있다고 보는 거죠.

장대익 단어의 생성과 소멸이 다른 분야에서는 어떻게 이루어지는지 한번 탐구해 볼 만한 주제 같네요. 지금 결론을 낼 수는 없겠지만 말입니다.

김윤성 사랑에 빠진 사람이 "당신과 함께 있는 순간 나는 천국에 있고, 당신이 없는 순간 나는 지옥에 있소."라고 할 때, 이건 완벽한 레토릭이잖아요. 어떤 단어나 개념이 실체를 지칭하는 학술 용어로는 부적당하더라도 그것이 지닌 레토릭으로서의 역사는 절대 무시할 수 없다고 생각합니다.

저는 종교에도 그러한 레토릭적인 측면이 굉장히 많다고 생각합니다. 조선 후기에 천주교가 들어왔을 때 신자들은 죽으면 몸에서 영혼이 뽕 빠져나와서 당장 천국으로, 천주 곁으로 갈 거라고 믿었단 말이에요. 이런 신앙을 지키려다가 무려 1만 명이 넘는 사람들이 처형을 당했죠. 신이나 천국을 안 믿는 사람이 보면, 이건 정말 정신 나간 짓으로밖에 안 보일 겁니다. 사실 천주교 신자가 아니라면, 이런 순교자들에게 관심을 갖는 사람은 거의 없죠. 순교는 특정한 신념 공동체 내부의 문제일 뿐이니까요. 하지만 그 사람들을, 고통과 죽음마저 감내하게 만들었던 그들의 신앙이 지닌 진정성을 이해하려 해 볼 필요는 있을 겁니다. 그 종류가 무엇이든 신념을 지키려다 죽은 사람들의 진정성을 이해하는 게 후대 사람들의 몫이니까요. 하지만 신이나 천국을 안 믿고도, 그런 걸 실체로 여기지 않고도, 그 사람들을 과연 제대로 이해할 수 있을까요? 종교학자라면 당연히 이런 입장에서, 다시 말해 신이나 천국에 대한 믿음 같은 건 일단 치워 두고, 또 그런 게 실체인지 아닌지 하는 문제도 접어두고 접근을 해야 하죠.

 몇 년 전 박사 논문을 쓰면서 저는 그 한 가지 해결책을 육체의 차원에서 찾았었습니다. 아까도 이야기했듯이, 성체를 받아먹고, 금식하고 고문당하고 처형당하는 육체적 경험들이 새로운 신앙의 형성에 중요한 역할을 했으리라는 거였죠. 논문 쓸 당시에 약간 생각은 했지만 구체화하지 못했던 또 다른 해결책이 바로 레토릭의 문제였어요. 천주교 신자들에게 신이나 천국 같은 관념이 실체이기 이전에 레토릭으로서 어떤 기능을 했는지를 파악한다면, 언제 잡혀가고 언제 죽을지 모르는 두려움 속에서도 신앙을 지키고 이를 위해 고통과 죽음조차도 기꺼이 감내했던 사람들의 그 이해하기 힘든 삶을 조금은 이해할 수 있지 않을까 하고 생각했죠. 저는 신이나 천국을 믿었거나 믿고 있는 다른 사람들을 이해해 보고자 한다면, 이런 것들에 대한 자신의 입장이 무엇이든 상관없이, 레토릭 차원에서 접근함으로써 일말의 이해 가능성을 얻을 수 있을 거라고 봅니다. 언젠가는 이 문제를 제대로 한번 파고들고픈 욕심도 있고요.

장대익 그런데 그런 개념들이 단지 레토릭이었다면 그렇게까지 사람의 마음과 행동을 흔들어 놓을 수 있을지 궁금해집니다만, 일단 그렇다고 해 보면요, 도대체 우리는 왜 레토릭에 그렇게 매료될까요?

신재식 그건 사물 자체를 우리가 일대일로 기술할 수가 없기 때문이죠. 우리 기독교 신학에서는 신학에서 사용하는 언어가 모두 다 '메타포(metaphor)'라고 딱 규정지어 버려요. 절대 실체적인 것이 아니죠. 그러니까 하나님에 대한 개념도, 영혼에 대한 개념은 물론이고 모든 논의 자체가 현실적으로 경험할 수 있는 문제가 아니고 우리가 머릿속에서, 관계 속에서 구성한 것이기 때문이죠. 그런데 메타포는 바로 레토릭으로 바로 넘어가죠. 단, 그 정도가 크냐, 적냐의 차이죠. 그런데 과학은 그렇게 하면 안 되잖아요.

장대익 그거 굉장히 흥미로운 주제 중 하나에요. 과학에서도 메타포가 상당히 많이 쓰이거든요. 가장 대표적인 게 '자연 선택(natural selection)'이죠. 자연이 어떻게 선택합니까? 이 역시 메타포에요.

김윤성 그렇죠.

신재식 맞아요. 도킨스의 밈이라는 용어도 저는 유비나 메타포로밖에 못 받아들이겠어요. 실체를 지칭하는 것으로 받아들이지는 못할 것 같아요.

장대익 그래서 메타포를 재조명해야 하는 거죠. 메타포는 2등 개념이 아닙니다. 과학에서도 현상을 이해하고 설명하기 위해 메타포를 즐겨 사용합니다. '자연 선택' 같은 좋은 메타포는 그 어떤 설명보다 훨씬 더 큰 일을 합니다. 그렇다면 이런 질문을 던질 수밖에 없어요. 왜 우리가 메타포를 갖고 살 수밖에 없는 존재인가 하는 질문이죠.

김윤성 로만 야콥슨(Roman Jakobson, 1896~1982년) 아시죠? 언어학자요. 그는 실어증 연구를 통해서 언어 구조의 씨줄과 날줄을 놀라울 정도로 단순하게 밝혀내지 않았습니까? 문장 구사 능력을 상실한 유사성 장애와 단어 선택 능력을 상실한 인접성 장애를 구분하고는, 이들을 각각 은유적 실어증과 환유적 실어증이라 명명했죠. 이로부터 은유적 사고와 환유적 사고가 인간 언어 구조의 핵심적인 씨줄과 날줄이라는 결론이 나옵니다. 언어란 곧 사고와 등가이므로, 결국 인간은 레토릭이나 메타포 없이는 사고 자체를 할 수 없다는 얘기이기도 하죠. 과학도 일종의 사고 체계고, 내러티브로 이루어진 신화나 종교도 역시 사고 체계이기 때문에, 어느 쪽이든 레토릭이나 메타포 없이는 근본적으로 불가능한 거죠.

신재식 그래서 신학 쪽에는 아예 그냥 메타포적 신학(metaphorical theology)이라는 것도 있어요. 그 관련 책들도 여럿 나와 있고요. 예를 들어서 제가 기독교 신학 개론을 가르칠 때 제일 먼저 얘기하는 게 "신학적인 모든 언어는 은유다."라는 겁니다. 신학의 개념들은 어떤 사물과 일대일로 대응하는 게 아니라는 이야기부터 확실하게 심어주고 시작하지요. 그러나 과학은 메타포를 쓰기는 하지만 궁극적으로는 수학을 사용해야 되잖아요. 수학화하는 거죠. 그러나 신학은 그런 작업이 없어요. 그냥 메타포로 시작해서 메타포로 끝나죠. 과학은 메타포를 가지고 이야기를 하지만 방편일 뿐이라는 이야기에요.

김윤성 하지만 문화 현상을 다루는 연구에서, 또 문학 텍스트나 종교에서 레토릭과 메타포는 최선의 도구가 되죠.

장대익 그런데 제가 위험하다고 생각하는 것은 이 메타포가 메타포에서 끝나지 않고 어느 순간 실체를 주장하는 밈이 된다는 거예요. 그게 제일 심한 게 종교고, 그걸 저는 좀 경계하자는 거예요.

김윤성 저 역시 장 선생님의 말씀에는 어느 정도 공감합니다. 그래도 자꾸 제가 딴죽을 건 것은 메타포가 실체화되는 것 자체를 좋다 나쁘다 쉽게 말하기는 힘들다고 생각해서입니다. 저는 영혼을 경험적으로 증명할 수 없다거나, 영혼이라는 실체가 없다고 해서, 그 단어나 개념 자체를 폐기하는 식으로는 레토릭으로서의 종교, 메타포로서의 종교가 사람들의 마음과 관계 속에서 실제로 하고 있는 행태 자체를 이해할 수도, 설명할 수도, 바꿀 수도 없다고 생각합니다. 그 레토릭과 메타포가 우리 삶에서 분명 일정한 역할을 하기도 한다는 걸 먼저 봐야 하지 않을까 하는 겁니다. 메타포가 실체로 둔갑해서 해악을 초래하는 경우도 있지만, 그게 전부는 아닙니다. 저는 주위에서 소박하게 윤회와 전생이나 천국과 지옥을 정말로 믿거나 믿으려 하는 분들의 신앙을 건드리고 싶지도 않고, 그런 신앙이 그들의 삶에 가져다주는 일말의 의미나 풍요를 부정하고 싶지도 않습니다. 하지만 왜 그런 신앙을 갖게 되는 건지 설명은 해 보고 싶고, 또 그런 신앙이 그들의 삶에서 도대체 무슨 역할을 하는지 이해도 해 보고 싶어 하는 편이죠. 그래서 종교학을 하고 있는 거고요.

흔히 자식을 잃으면 부모는 그 자식을 마음에 묻는다고들 하죠. 그 자녀가 더 나은 생으로 환생하리라 믿건, 천국에서 행복하게 지내고 있으리라고 믿건, 자녀를 잃은 부모의 고통스러운 심정은 다 똑같을 겁니다. 그분들이 믿는 내세나 영혼 같은 게 경험적으로 확인 가능한 것도 아니고, 또 설령 그런 게 없다고 쳐도, 죽은 자녀를 마음에 묻은 채 윤회나 천국을 생각하는 부모의 심정은 정말로 절실하고 진실하겠죠. 아무리 윤회나 천국 같은 걸 안 믿는 사람이라도, 아무리 무신론자라도, 슬퍼하는 그분들 앞에서 윤회 따위는 공상이라고, 천국 같은 건 없다고, 당신 딸은 그냥 땅속에 있을 뿐이라고, 당신 아들은 재가 되었을 뿐이라고, 이런 식으로 말할 사람은 아마 아무도 없을 겁니다. 우리가 너무 거창하게 생각해서 그렇지, 그냥 소소한 일상으로 들어가 보면 그야말로 메타포와 레토릭이 우리 삶에서 얼마나 큰 역할을 하는지 쉽게 확인할 수 있습니다. 제가 인공 지능이 종교를 가질까 하는 문제를 말하면서 굳이 '영혼'이라는 단어를 썼던 건, 이렇게 우리 삶에서 종교가 지닌 메타포나 레토릭으로서 측면을 결코 무시할 수 없다고 생각해서였습니다.

종교는 없다?!

사회자 영혼 이야기에서 메타포까지 긴 길을 왔군요. 주제를 바꿔볼까요? 아까 동물이나 인공 지능 이야기하면서 외계인 이야기도 나왔잖아요? 혹시 지성을 가진 외계인이 있다면 그들도 종교성을 가질까요?

김윤성 지성을 가졌다면 당연히 종교도 갖고 있겠죠. 물론 우리가 지금 지구상에서 보고 있는 종교와는 많이 다르겠지만요.

장대익 저는 외계인에 대해서 그렇게 단언하기는 힘들다고 생각합니다. 우리가 가지고 있는 종교와 다른 정도가 아니라 아예 종교성 자체가 없을 수도 있겠죠. 그리고 특히 종교성이 인지 능력이 진화하는 과정에서 부산물로서 생긴 것이라고 한다면, 진화 과정에 따라서는 종교성 같은 부산물이 생기지 않고도 지성이 진화할 수 있겠죠. 하지만 우리는 지성의 진화 시나리오 중 한 가지만 알고 있기 때문에 확언하기는 힘들죠.

김윤성 그럼 질문을 바꿔 보죠. 이런 질문은 어떤가요? 지적인 외계 존재가 있다면 그들도 죽음에 대해 생각할까요? 내친김에 좀 더 나열해 보죠. 그들도 '나는 왜 여기 있는가?'에 대해 생각할까요? 죽음 이후나 머나먼 미래에 대해 궁금해 할까요? 우리 인류의 경우 이런 궁극적 물음에 대한 답변을 담당해 온 문화적 산물들 중에 나름대로 중요했던 것이 바로 '종교'라고 불려 온 어떤 것이지 않습니까? 저는 이런 궁극적 물음을 던지려는 욕망과 능력이 인간의 복잡한 지성을 동물의 단순한 지능과 구분해 주는 가장 핵심적인 요소라고 생각합니다. 따라서 만일 지적인 외계인이 있어 이런 궁극적 물음을 던질 수 있다면 그들에게 종교성이 있다고 할 수 있다고 있지 않을까요?

신재식 그렇죠. 그들 역시 자기 의식, 타자 의식, 초월자에 대한 생각을 가지게 되겠지요.

장대익 하지만 이렇게 생각할 수도 있지 않을까요? 그들은 그런 궁극성에 대한 질문을 종교와 혹은 초월자와 연관시키는 우리 모습을 보면서 의아해 할 수도 있어요. 그리고 "그건 과학의 물음이다."라고 이야기할 수도 있지 않습니까? 우리가 어디서 와서, 어디에 있고, 어디로 갈 것인가, 그리고 죽음이란 무엇인가 하는 질문들이 왜 종교만의 물음이냐 이거죠. 이것은 외계인이 아닌 지구인이라고 하더라도 던질 수 있고, 던져야 하는 질문이죠.

김윤성 그렇게 볼 수도 있기는 하겠죠.

장대익 종교가 지성의 본질은 아니기 때문이죠.

신재식 하지만 그 질문들은 종교적이라고 할 수도 있고 과학적이라고 할 수도 있지 않을까요? 그 질문들 자체가 종교적이거나 과학적인 건 아니에요. 또 형이상학적일 수도 있고, 철학적일 수도 있고, 문화적일 수도 있고, 정치적일 수도 있는 문제지요.

김윤성 종교는 신기한 게 뭐냐면 자신들의 대답이 궁극적이라고 주장해 왔다는 거고, 그게 장대익 선생님께서 말한 종교의 의미 독점이잖아요. 그렇지만 저는 종교가 궁극성을 독점하려 하기는 했어도 결코 독점하지는 못했다고 생각합니다. 과학자들, 특히 우주의 기원을 연구하는 과학자들의 경우에는, 그들이 설령 무신론자라고 해도, 종교인 못지않게 나름대로 궁극성을 탐구하는 사람들이고, 그런 면에서 보면 웬만한 종교인보다 훨씬 더 종교적인 사람들이라고도 할 수 있지요. 사실 저는 설명의 위계 같은 건 없다고 봅니다. 종교든 철학이든 과학이든 예술이든, 모두 같은 평면 위에서 자리만 달리하는 상보적인 설명이나 묘사이지, 결코 어떤 것이 더 궁극적이고 덜 궁극적이라고 생각하지는 않아요.

생각해 보면 종교 생활을 열심히 하던 때에 흘린 눈물보다는 마음을 휘젓고 몸을 뒤흔드는 음악을 들으며 흘린 눈물의 양이 조금은 더 많은 것 같습니다. 경전이나 종교 서적을 읽던 때보다 소설을 읽거나 영화를 보면서 감동한 적이 좀 더 많은 것도 같고, 또 종교 영화보다는 자연 다큐멘터리에서 더 많은 걸 느끼기도 하죠. 그래서 저는 궁극성이라는 거창한 말까지는 아니어도, 적어도 '나'라는 존재를 근본적으로 흔들어 놓는 어떤 깊은 경험들은 꼭 종교에만 국한되는 건 아니라고 봅니다.

그래도 현재 우리 문화에서 종교라는 단어를 완전히 배제하면 문제가 모호해지죠. 신비적 자연주의라고 해야 할까요? 아니면, 영성적 자연주의? 그것도 아니면 경건한 자연주의가 더 나을까요? 대체할 용어가 전혀 없는 것은 아니겠지만, 종교라는 용어를 썼을 때 가지는 이점은 분명히 있습니다. 물론 그 종교 개념을 유신론적 종교에 국한하지 말고, 좀 더 유연하고 탄력적이고 외연이 넓은 것으로 생각해야겠죠. 지금 우리가 논의하고 있는 외계인에게도 종교가 있을까 하는 문제를 다룰 때도, 전 종교 개념의 일정한 유용성을 인정할 필요가 있다고 봐요. 종교라는 개념을 사용하는 게 아직은 설명력이 분명히 있는 것 같습니다. 이게 종교로 먹고사는 종교학자의 변명이라 하신다면 뭐 딱히 할 말은 없습니다만……

신재식 그래도 종교 담론은 구조적으로 궁극성에 대한 주장을 본질적인 요소로 가지고 있죠. 그것을 빼면 종교 담론이 아니게 됩니다. 마치 과학에서 논리적 전개와 검증 가능성을 빼면 과학 담론이 성립될 수 없는 것과 마찬가지인 거죠. 스스로의 궁극성을 주장하지 않는 것은 이미 종교 담론이 아니라고 생각해요. 그건 본질적인 거죠. 그리고 사람들도 종교가 가장 최종적인 대답을 준다고 하기 때문에 믿는 거죠. 또 종교 역시 그것을 방어하기 위한 자기 방어 시스템을 완벽하게 갖추고 있죠.

종교도 핵심 가정과 보조 가정들로 이루어진 과학처럼 핵심 교리와 보조 교리들의 복합체예요. 핵심 교리를 부정할 것 같은 새로운 반증 자료들이 나타나면 보조 교리들이나 가정들을 수정해 그에 꿰맞추려고 하죠. 그런데 과학은 아무리 해도 안 되면 핵심 이론이나 가정조차 폐기해 버리고 말죠. 그러나 종교는 그게 안 되죠. 완강하게 저항하는 거죠.

장대익 하지만 종교는 사실을 가지고 자신을 방어하려고 하지 않는다는 특징이 있는 것 같습니다. 핵심 교리나 보조 교리를 지지해 주는 사실 자체도 과학에 비하면 극단적으로 적고요. 그리고 특히 큰 문제는 사실로 공격을 받으면 메타포나 레토릭으로 도망가고, 메타포나 레토릭으로 공격을 받으면 사실로 도망가죠. 굉장히 기회주의적인 담론이라는 게 문제인 거죠.

김윤성 그게 왜 꼭 문제가 되어야 하는지 모르겠습니다. 인간 문화 속에서 메타포와 사실 사이를 오락가락 하는 게 꼭 종교만은 아니지 않습니까? 정도 차이는 있겠지만, 문학과 예술, 심지어 역사조차도 그건 어느 정도 마찬가지일 겁니다. 종교의 경우 그 정도가 조금 더할 뿐이죠. 장 선생님 말씀대로, 종교는 지지해 주는 사실이 적은 것들뿐만 아니라 심지어 사실적 근거가 전혀 없는 것들까지도 활용하죠. 저는 뭐랄까, 사이비 과학은 분명히 있다고 생각해요. 과학의 기준은 명확하니까요. 사실이나 검증이라는 기준이 있죠. 그렇지만 종교에는 사이비가 없습니다. '사이비 종교'라는 말 자체가 어불성설이죠. 종교적 신념 체계는 비사실적 증거, 막말로 한낱 루머로부터도 얼마든지 생겨날 수 있기 때문이죠.

예를 들어, 극단적으로 말한다면, 기독교 역시 예수가 부활했다는 루머 위에 서 있는 종교이죠. 부활의 사실성 여부 이전에 부활 신앙의 출발은 루머입니다. "예수님이 살아나셨대."이거든요. 그 사실성은 상관없어요. 그렇기 때문에 "보지 않고도 믿는 자가 복되다."는 식의 말을 하는 거죠. 하지만 저는 그것을 무시할 수 없다고 생각합니다. 어떤 기반 위에 있든 그 신념 형태가 현실 생활 속에서 작동하고 있고 수많은 고통을 안고 사는 사람들에게 어떤 해결책 아니면 어떤 길을 제시해 준 것은 분명하거든요. 그 와중에 무수한 폭력도 만들어졌고 잘못도 있었지만, 종교 없이는 인류사를 이야기할 수 없어요. 저는 그러한 역사에 어떤 의미가 있다고 생각하고 우리는 그 의미를 되살펴보아야 한다고 생각합니다.

장대익 사이비 종교는 없다고 말씀하신 게 굉장히 흥미롭습니다. 모두 다 사이비 종교일 수 있다는 말로도 해석 가능하지 않을까요?

김윤성 그건 좀 지나치게 나아가신 거고요, 개념적으로 불가능하다는 이야기일 뿐입니다. 사기를 치고 여신도를 성폭행하는 교주가 있다면, 그 사람은 종교를 빙자한 파렴치한 범죄자겠죠. 하지만 그렇다고 '사이비 종교'는 아닙니다. 그냥 '하나의 종교'인데, 좀 나쁜 짓을 하는 종교일 뿐인 거죠.

조너선 스미스가 30여 년 전에 쓴 글에서 이런 이야기를 한 적이 있어요. 종교 따위는 없고, 성스러움 따위도 없다. 종교란 종교학자의 관념 속에서만 존재하는 것이라고요. 굉장히 극단적인 사고죠. 포스트모던이 유행하기 훨씬 전부터 그런 생각을 했죠. 그러니까 칸트주의의 극치를 보여 주는 견해죠. 그런데 아까도 얘기했듯이, 이 사람의 생각이 요즘의 종교학을 완전히 장악해 버렸거든요. 스미스 이후 종교 이야기를 할 때, 종교학자가 끼면 일단 개념 논의로 시간이 다 가요. 종교학이라는 게 엄청나게 다양한 개념이 좌충우돌하는 학문이기 때문에 '종교'라는 개념 하나만 가지고도 끝없는 이야기가 가능하죠. 만약 오늘 논의에서 '미신'이라는 단어만 나왔어도, 몇 시간은 순식간에 잡아먹었을 겁니다. '종교'라는 개념으로 우리가 다루는 현상을 지칭한 게 얼마 되지 않았기 때문에 동어반복적이 되거나 의미가 모호해질 수도 있고, 특정 종교의 입장이나 신학적·형이상학적 입장에 치우칠 수도 있기 때문에, 이를 넘어서기 위해서는 우리가 쓰는 개념이 무얼 지칭하는지부터 짚어 보고 나서야 비로소 본격적인 논의를 시작할 수밖에 없는 구조인 거죠.

다시 지금의 주제로 돌아와서, 아무튼 저는 만일 우리가 사는 이 빅뱅 우주에 어떤 형태로든 지성을 가진 외계 존재가 있다면, 그들의 진화 과정이 우리와 어떻게 다르건 간에, 그들도 우리와 비슷하게 자신과 타자를 인식하고, 삶과 죽음에 대해, 궁극적인 미래에 대해 물음을 던지고 해답을 추구할 것이라고 생각합니다. 그 외계 존재들이 자신들의 그런 물음과 해답의 과정을 뭐라고 부를지 알 길은 없지만, 우리 지구 인류는 어쨌든 바로 그런 과정에 오랫동안 '종교'라는 딱지를 붙여 왔고, 그런 점에서 궁극적 물음과 해답을 둘러싼 그들의 분투를 '종교적' 분투로 볼 수도 있다고 봐요. 있는지 없는지조차 알 수 없는, 어쩌면 끝내 우리와 조우하지 못할 수도 있는, 이 가정된 외계의 타자들을 상상적으로나마 이해하고자 한다면, 결국 우리가 지금 갖고 있는 개념 장치들을 다 동원할 수밖에 없는 법인데, 비록 이 '종교'라는 딱지가 다소 낡았고 문제점이 있기는 하지만, 그래도 여전히 일정한 설명적 힘을 갖고 있다는 게 제 생각입니다.

사회자 이제 시간도 많이 늦었고, 논의를 정리해야 할 것 같습니다. 과학과 종교 문제에 관해 앞으로 어떤 연구나 논의들이 있어야 할지, 혹은 선생님들께서 어떤 연구나 논의를 하실지 말씀 듣는 것으로 마무리를 하면 어떨까요?

신재식 당분간 인지 과학 쪽 공부를 계속할 계획이고요. 또한 현대 과학의 질문과 도전에 대한 신학적 응답의 문제를 고민하겠지요. 기회가 되면 신학 사상사를 진화라는 관점에서 검토해 보고 싶고요.

김윤성 저는 과학적 진리나 종교적 진리 자체에는 별로 관심이 없습니다. 제 관심은 역사적 비교입니다. 근대 이후 우리 사회 전반과 각 종교들에서 '과학'과 '종교'를 개념화하고 이들을 연관 짓는 방식이 어떻게 변해왔는지 하는 문제를 파고들까 합니다.

장대익 저는 당분간 밈 이론에 천착하려고 해요. 종교 밈뿐만 아니라 과학에서 밈들이 어떻게 행동하고 전달되는지를 진화론적 관점에서 탐구하려 합니다.

사회자 한국에서 멀리 떨어진 곳에서 밤늦게까지 말씀 나누시느라 고생하셨습니다. 감사합니다.

책을 마치며
친밀한 타자들의 대화

오랜 대화의 끝이자 새로운 시작

2005년 겨울, 우리 세 필자들이 함께 과학과 종교에 관한 책을 쓰기로 마음먹은 뒤로, 멀리서 이메일을 주고받고, 인터넷 저널에 연재를 하고, 한자리에 모여 대화를 나눈 흔적을 모으고 다듬어 이렇게 그럭저럭 책의 꼴을 갖추어 세상에 내놓기까지 3년 남짓의 시간이 흘렀다.

  짧지 않은 그 시간 동안 과학 철학자와 개신교 신학자 그리고 종교학자의 자리에서, 또 고백적 무신론자와 유신론자 그리고 유보적 불가지론자의 입장에서 과학과 종교에 관해 각자 나름의 논의를 펼치면서, 우리는 셋 사이에 가로놓인 깊은 틈새도 보았지만, 그 틈새를 가로지르는 다리들을 보기도 했다. 틈새가 좁아지거나 메워지는 일은 없었다. 각자 서 있는 자리가 크게 달랐기에 애초에 그런 기대는 무리였다. 그래도 이따금 눈에 띄는 다리들을 건너 잠깐이나마 다른 사람의 생각을 엿보고 돌아오는 일은 우리에게 적지 않은 즐거움이었다.
 물론 우리 셋 사이에 차이만 있었던 것은 아니다. 우리에게는 작지만 중요한 두 가지 공통점이 있다. 종교와 관련해서 비록 우리의 입장이 특정 종교 안에서의 헌신, 바깥에서의 비판, 그리고 안팎을 넘나드는 관찰 등으로 서로 갈리기는 하지만, 우리는 모두 개신교와 어떤 식으로든 현재 관련되어 있거나 한때 관련되었던 적이 있다. 또 과학과 관련해, 정도 차이는 있지만, 대체로 우리는 인간이 만들어 낸 여러 산물들 중에서 과학은 비교적 믿을 만한 면이 많다고 보는 편이다.
 특정 종교와의 일정한 관련성, 그리고 과학에 대한 근본적인 신뢰, 이 두 가지 공통점은 우리 각자가 잔뜩 펼쳐놓은 논의들을 얼기설기 엮어 주는 매개였다. 이 공통점이 아니었다면, 우리의 논의는 아마 전혀 다른 모습이 되었을지도 모르겠다. 이를테면 완전한 타자들이 서로의 차이만 거듭 확인하면서 제자리에 머물거나, 차이에서 시작해 동일성을 향해 나아가거나 하는 식으로 말이다. 그러나 어쨌든 우리 사이에는 동일성과 차이가 복잡하게 얽혀 있었고, 우리는 서로에게 완전한 타자라기보다는 친밀한 타자였다. 우리의 논의가 서로의 동일성 안에서 차이를 읽어 내고, 차이 안에서 동일성의 흔적을 더듬는 이중적 방식으로 펼쳐진 것은 이 때문이다.
 우리는 각자 무신론적 과학 철학자, 과학을 존중하는 개신교 신학자, 그리고 과학이나 종교로부터 한 걸음 물러선 종교학자의 입장에서 논의를 펼쳤지만, 우리 중 누구도 이 학문 분야들을 대표하지는 못한다. 과학자들 중에는 무신론자나 무종교인뿐만 아니라 유신론을 비롯한 다양한 종교적 신념을 지닌 이들도 많다. 개신교 신학자들 중에는 과학을 존중하기보다는 무시하거나 거부하는 이들도 많다. 또 이질적 이론들과 방법들의 잡종인 종교학은 관련된 학문 분야의 다양성만큼이나 연구자들의 성향도 천차만별이어서, 거기에는 무신론자와 불가지론자는 물론, 특정 종교의 신자와 인류 보편의 종교성을 추구하는 이들에 이르기까지 다양한 사람들이 있다. 따라서 차이는 과학자, 신학자, 종교학자로서 우리 셋 사이에만 있는 것이 아니라, 과학 안에, 신학 안에, 종교학 안에도 있다. 어쩌면 우리 셋 사이의 차이보다는 우리 각자가 속한 학문 영역들 내부의 차이들이 더 큰지도 모르겠다. 우리는 이런 내적 차이들까지 다 끌어안지는 못했다. 그럴 능력도 없었고, 그러고 싶지도 않았다. 고작 한 개인이 복잡다단한 특정한 학문 분야 전체를 대표할 수는 없는 법이고, 내적 차이에 골몰하다 보면 정작 논의를 시작조차 하지 못할 수도 있기 때문이다.

우리는 때로 진지하게, 때로 놀이하듯 우리 셋 사이의 동일성과 차이를 넘나들며 우리가 할 수 있는 논의들을 풀어놓았을 뿐이다. 경우에 따라서는 우리의 논의가 불충분해 보이거나 우리와 생각이 아예 다른 독자들도 있을지 모르겠다. 아니, 있는 게 당연하다. 우리는 모든 독자들에게 우리의 생각이 모범 답안인 양 제시하려 하지는 않는다. 다만 우리의 논의가 과학, 신학, 종교학에 종사하거나 이 학문들에 관심 있는 독자들, 특히 과학과 종교의 관계에 관심 있는 독자들이 그들 나름대로 이러저러한 동일성과 차이를 넘나드는 지적 놀이를 시작하는 자극제가 된다면 그것으로 족하다.

Re: 독자들과의 만남

주고받은 이메일들을《프레시안》에 연재하면서 우리는 우리와 여러 면에서 고민과 해결의 방식이 비슷하거나 다른 많은 독자들을 만날 수 있었다. 연재를 하는 동안 조금은 답답하기도 했다. 이미 써 놓았던 글들을 그대로 실은 것이기에 새로운 논의를 추가할 수도, 바뀐 생각을 새로 넣을 수도, 달라진 상황을 반영할 수도 없었다. 무엇보다 인터넷 언론이라는 매체의 특성 덕분에 얻은 값진 소득, 즉 댓글과 이메일로 나타난 독자들의 반응에 대해 역시 약간의 댓글과 짧은 이메일로만 답할 수 있었을 뿐, 연재 중인 글 자체에는 이를 담을 수 없었다. 그러던 차에 연재가 끝날 무렵《프레시안》측에서 몇몇 독자들의 댓글과 이메일을 모아서 게재하고, 필자가 전체 필자들을 대신해 이에 대한 답변을 써서 전체 연재를 마무리하게 되었다.

독자들의 반응이 워낙 많고 다양해서 이에 대해 일일이 댓글을 달고 답장을 쓰는 것이 다소 버겁기도 했다. 우리의 생각에 공감을 표하거나 부족한 부분을 보완해 주거나 문제점을 따끔하게 지적해 준 독자들에게서 힘을 얻기도 했지만, 필자들이나 다른 독자들의 생각은 아랑곳하지 않은 채 혼자만의 생각을 독백처럼 마냥 풀어놓는 독자들이나 도대체 요즘 같은 시국에 웬 과학과 종교 타령이냐며 비아냥거리는 독자들을 만나면 힘이 빠지기도 했다. 어쨌든 인터넷 연재를 통해 만난 독자들의 다양한 반응은 우리가 기존의 생각과 글을 가다듬고, 한자리에 모여 못 다한 이야기를 나누며 이 책을 완성하는 데 중요한 밑거름이 되었다. 그러니《프레시안》을 통해 이루어진 독자와의 만남을 여기에 소개하는 것도 의미가 있을 듯싶다. 마감에 쫓기며 부랴부랴 썼던 답변들이라 빈틈이 많지만, 연재 당시의 생생한 분위기를 살리는 의미에서 조금만 가다듬어 여기 옮겨 적는다.

Re 1: 한 독자는 우리가 말하는 과학이나 종교란 실제적인 것이 아니라 단지 일반화되고 추상화된 과학과 종교에 불과하지 않느냐는 의문을 제기해 왔다.

연재 초반에 다분히 개념적인 논의를 담은 이메일들이 게재되던 때에 나온 반응이기는 하지만, 분명 타당성 있는 지적이다. 당연히 그런 일반화되고 추상화된 과학이나 종교는 없다. 있다면 특정한 역사적 맥락에서 생겨나 여러 설명 체계를 지니게 된 다양한 구체적 '과학들'과 역시 특정한 역사적 맥락에서 생겨나 상이한 신념 체계를 지니게 된 다양한 구체적 '종교들'이 있을 뿐이다. 그러나 우리는 이런 특수성과 구체성 때문에 꼭 과학이나 종교에 대한 일반화와 추상화를 그만둘 필요는 없다고 생각한다. 아니, 오히려 그만두어서는 안 된다고 생각한다. 특수성과 구체성이 반드시 일반성이나 추상성과 상충하는 것은 아니기 때문이다. 아무리 다양한 '과학들'이 있고 '종교들'이 있다 해도, 그 과학들 간의, 또 종교들 간의 차이를 가로지르는 공통점을 추출하고, 이를 '과학'과 '종교'라는 좀 더 일반적이고 추상적인 범주로 묶어내는 일은 얼마든지 가능하다. 가능할 뿐만 아니라, 인간 사고의 특성상 일반화와 추상화는 불가피하며, 나아가 자기와 타자, 그리고 세계에 대한 보편적 이해를 추구하는 학문의 본질상 그런 작업은 절실하다.

우리의 관심사에서는 개별 과학이나 개별 종교에 관련된 특수하고 구체적인 문제 못지않게 유적 개념으로서 과학과 종교의 관계에 대한 메타적 성찰도 큰 비중을 차지하고 있었다. 그러나 우리는 특수성과 구체성을 간과한 채 일반성과 추상성에서 바로 시작하는 하향적 논의는 경계하고자 했다. 그보다는 과거와 현재 속의 특수하고 구체적인 사례들에서 출발해 일반화와 추상화로 나아가는 상향적 논의를 펼치고자 했다. 이런 과정이 잘 드러나지 않는 것처럼 보였다면, 이는 필자들의 공부와 글재주가 짧은 탓이다.

Re 2: 다른 한 독자는 우리의 가장 취약한 부분을 찌르고 들어왔다. 동양에도 나름의 과학 전통이 있고, 불교 같은 동양 종교에서도 과학과 관련한 논의가 많이 이루어져 왔는데, 당신들은 너무 서양 과학과 서양 종교에만 치우쳐 있는 것 아니냐는 지적이었다.

각오했던 바이다. 과학과 종교 논의가 기독교 신학자들이나 기독교와 일말의 관련이 있는 (기독교인이거나 기독교에 적대적인) 과학자들 사이에서만 주로 이루어지던 과거에 비하면, 지난 10여 년 동안 다른 종교들, 특히 불교 교학자들과 불자 과학자들이 과학과 종교 논의에 양적으로나 질적으로 기여해 온 바는 자못 크다. 그러니 왜 그런 성과들을 제대로 다루지 않았느냐는 지적은 타당하며, 이에 대해 궁색하게 변명하고 싶지는 않다. 더 넓게 공부하라는 따끔한 회초리로 달게 받아들이고자 한다.

그래도 한 가지는 짚고 넘어가야 할 것 같다. 우리가 다분히 서양 과학과 서양 종교에 치중한 것은 사실이지만, 우리의 관심은 어디까지나 '그들'로서의 서양이 아니라 '우리' 자신에게 있었다. 서양적인 것들은 '우리'를 구성하는 많은 요소들의 일부일 뿐이지만, 그것들을 빼고 '우리'에 대해 말하는 것은 이미 불가능하다. 근대 이후 오랫동안 우리는 서양을 스스로 내면화하고 체화해 왔으며, 좋든 싫든 서양은 지금 여기의 '우리'를 되살피고자 할 때 결코 피해갈 수 없는 '우리 안의 타자'다. 물론 좀 더 잘 하려면 '우리'를 구성하는 다른 것들, 예를 들어 동양의 과학들과 종교들에 대해서도 제대로 다루어야 했겠지만, 이는 필자들의 능력 밖이었다.

한 가지 생각할 것은, 불교에 관련되거나 관심 있는 사람들이 과학과 종교 논의에 뛰어들었을 때, 그들은 대개 후발 주자로서의 이점을 십분 활용했다는 점이다. 그들은 기독교와 과학에 관한 기존 서구 학계의 논의를 결코 무시하지 않았다. 오히려 그들은 축적된 기존 학문 담론의 토대 위에서 불교와 과학의 관계에 대한, 차별화되고 심화된 논의를 한껏 펼칠 수 있었다. 마찬가지로, 비록 우리의 논의가 서양 과학과 서양 종교에 좀 더 치중하기는 했지만, 이것이 과학과 종교 논의를 펼치는 하나의 사례가 되어, 불교를 비롯한 여러 종교들과 과학의 관계에 관심 있는 독자들에게 축적된 학문 담론의 토대가 되어 줄 수 있었으면 좋겠다.

Re 3: 또 다른 독자는 과학이나 종교는 모두 일종의 '문화'이므로 이들을 '절대화'해서는 안 되며, 중요한 건 '마음'과 '선택'의 문제가 아니겠느냐는 충고를 보내왔다.

일면 맞는 말이다. 과학이나 종교는 분명 인간이 구축해 온 문화의 주요한 일부이며, 사회적 산물이다. 그렇기에 사회와 문화 속에서 작동하는 온갖 힘들은 과학과 종교에서도 그대로 작동한다. 굳이 마르크스를 끌어들이지 않아도 우리는 종교가 어떻게 지배 이데올로기의 도구로 둔갑하는지 잘 알고 있다. 종교는 이데올로기의 틈입에 가장 취약한 사회-문화적 산물들 중의 하나다.

물론 과학도 사회-문화적 맥락에 따라서는 특정한 이데올로기에 휘둘리는 일로부터 완전히 자유롭지는 못한 경우도 있다. 과학을 둘러싼 사회-문화적 담론을 해부해 그 이면의 숨은 이데올로기를 드러내고 이를 비판하는 일이 필요한 것은 이 때문이다. 그러나 종교의 경우는 몰라도 적어도 과학과 관련해서는 그 사회-문화적 측면이나 이데올로기적 측면이 지나치게 과장되어서는 안 된다고 생각한다. 과학이 이데올로기에 휘둘리는 경우도 있지만, 과학에는 이데올로기부터 자유로운 부분이 더 많기 때문이다. 과학이 사회-문화적 산물이라고 해서 반드시 이데올로기에 속박되는 것은 아니다. 데이터의 정확성, 작업 과정의 엄밀성, 검증의 치밀성, 그리고 과학 공동체의 공유와 비판을 통해 지속적으로 수정되는 개방성 등을 핵심으로 하는 과학적 방법 자체에는 이데올로기가 끼어들 여지가 비교적 적다. 이 점을 간과한 채 과학을 단지 사회-문화적 산물로만, 이데올로기에 속박된 것으로만 여기면, 과학적 방법이 지닌 가치와 의의를 보지 못하게 되며, 이는 결국 과학의 방법적 측면과 사회-문화적 측면을 뒤섞어 버림으로써 과학에 수시로 끼어드는 이데올로기의 작용을 밝혀내는 일 자체를 불가능하게 만든다.

절대화의 경우도 마찬가지다. 특정한 과학적 이론이나 종교적 신념을 절대화하는 것은 분명 문제다. 그 어떤 것도 절대적이고 영원한 것은 없다. 과학적 이론은 발견과 검증을 통해 지속적으로 폐기되고 갱신되며 구축된다. 또 종교적 신념들의 다양성은 자기 신념의 절대성을 주장하는 모든 종교적 독단들을 무너뜨린다. 그러나 여기서도 과학과 종교에서의 절대성 문제를 마구 뒤섞어 버리면 곤란하다. 또 절대성을 문제 삼으면서 극단적인 상대주의로 나아가서도 곤란하다. 모든 것이 그저 선택과 마음의 문제라고 보는 입장은 극단적 상대주의의 혐의가 짙다. 물론 우리가 아는 앎이란 우리 각자의 감각과 사고 능력의 제약을 받는다는 점에서 상대적일 수 있다. 그러나 이 한계를 인식하는 것과 그러니까 결국 모든 것은 마음먹고 선택하기에 달려 있다는 극단적 상대주의를 취하는 것은 전혀 별개다. 극단적 상대주의는 언뜻 차이와 다양성을 인정하는 것처럼 보이지만, 사실은 차이와 다양성에 대한 무관심일 뿐이다. 본래 상대주의란 권력 관계의 강자와 약자가 자기 이익을 위해 각자 나름대로 구사하는 방어 수단이다. 서구의 힘 앞에서 비서구는 상대주의를 취함으로써 자신을 지키려 했고, 서구는 상대주의를 통해 제국주의의 과오에 대한 알리바이를 마련하려 해 왔던 것처럼 말이다. 극단적 상대주의는 차이와 다양성으로 흩어진 타자들 사이의 거리를 고착화함으로써 타자에 대한 이해조차 시도하지 않은 채 자기 안에 안주하는 나르시시즘일 뿐이다. 과학과 종교의 문제를 다룰 때 절대화를 경계하는 상대주의는 물론 어느 정도 필요하다. 그러나 모든 것을 선택과 마음의 문제로 환원하는 극단적 상대주의는 타자들 사이의 그 어떤 대화나 소통도 불가능하게 만든다. 상대주의는 사고의 출발점이어야지

도달점이어서는 안 된다.

일일이 소개하지는 못하지만, 이밖에도 적절한 문제 제기와 예리한 비판으로 필자들에게 도움을 준 독자들, 꼼꼼하고 다양한 정보와 지식으로 우리의 부족한 부분을 보완해 준 독자들, 창조론자들과의 토론에 참여했던 경험을 토대로 창조 vs. 진화 문제에 대한 전문가로서의 비판적 논평을 보내 준 현장 과학자 등 많은 이들이 필자들을 격려하고 고무해 주었다. 그들은 우리가 기대하던 소통 가능성이 헛된 바람은 아니었음을 확인해 주었다. 이 자리를 빌려 다시 한번 고마움을 표한다.

진화 vs. 창조 논의가 길어진 까닭

앞에서도 고백했듯이, 과학과 종교에 관한 책을 한두 권쯤 읽어 본 독자라면 필자들의 논의가 이 분야의 다양한 주제들 중 극히 일부만 건드리고 있다는 것을 금세 알 수 있을 것이다. 과학 이론과 방법이나 과학의 역사에 관련된 주제들 외에도, 대폭발 우주론, 양자 물리학, 유전학, 뇌 과학 등에 관련된 고전적 문제들에서 인지 과학, 인공 지능, 생태 문제, 생명 복제, 줄기 세포, 트랜스휴머니즘(trans-humanism, 과학 기술의 힘으로 인간의 정신적·육체적 특성과 능력을 개선하는 것), 유사 과학 등에 관련된 비교적 최근의 주제들에 이르기까지, 과학과 종교라는 큰 주제 아래 다룰 수 있는 세부 주제들은 그야말로 따라가기 버거울 정도로 많다. 이 책의 편지들이나 마지막 대화편에서 이런 주제들의 일부를 조금이나마 건드리기는 했지만, 심화된 논의는 개진하지 못했고, 건드리지도 못한 주제들이 여전히 더 많다. 그런데 이 많은 주제들을 일일이 다루기 어렵다는 점을 인정하더라도, 필자들이 유독 진화와 창조라는 주제에 관해 많은 논의 지면을 할애한 것이 의아스러울 독자들도 적지 않을 것 같다. 맞다. 과학과 종교의 다양한 논의 주제들에 비하면 진화와 창조라는 주제는 지엽적이고 시대착오적으로 보일 수도 있다. 그러나 필자들은 두 가지 이유에서 진화와 창조 논의가 중요하다고 생각했다.

우선 진화, 특히 다윈이 새롭게 열어 보여 준 진화의 법칙은 오늘날 단지 생물학이라는 분과 학문을 넘어 과학의 거의 모든 영역에 두루 걸쳐 있는 포괄성을 지니기 때문이다. 다윈의 진화론은 생명뿐만 아니라 대폭발에서 인공 지능까지 자연의 온 역사를 아우르며 물질과 생명 그리고 정신의 출현과 진화라는 드라마를 꿰뚫는 간명하고도 우아한 설명 체계를 제공해 주었다. 창조 vs. 진화 논쟁은 낡았을지 몰라도, 진화 자체는 여전히 현대 과학의 가장 핵심적인 주제다. 그런데 진화의 사실성과 이를 설명하는 가장 효과적인 설명 체계인 진화론을 받아들이지 않으면, 다른 과학적 주제들도 모두 거부될 수밖에 없다. 현대 과학에서 진화라는 아기만 버리고 다른 과학들로 이루어진 목욕물만 챙기는 건 불가능하다.

바로 여기서 우리가 진화 vs. 창조 논쟁을 길게 다룬 두 번째 까닭이 나온다. 그것은 곧 이렇게 현대 과학의 중심에 있는 진화론에 대해 세계 기독교계의 일부, 특히 미국과 우리나라의 근본주의적 개신교 진영이 그토록 심하게 거부감을 느끼고 있고, 그 거부감의 정도가 가히 병적일 정도로 심하다는 점이다. 세계 학계에서는 진화 vs. 창조 문제가 이미 한물 간 주제인지는 몰라도, 적어도 개신교의 사회적 영향력이 적지 않은 미국과 우리나라에서 그것은 여전히 뜨거운 감자다. 기독교의 역사와 현재를 보면 진화와 창조의 관계를 파악하는 좀 더 합리적인 다양한 방식들이 있다는 것이 자명한데도, 미국과 우리나라 개신교에서는 양자를 적대 관계로만 보는 근본주의적 견해가 유독 지배적이다. 게다가 그 정도는 미국보다 우리가 좀 더 심하다.

2007년 5월, 미국 켄터키 주에 초대형 창조 과학 박물관이 개관했을 때 미국 사회 전반은 물론, 젊은 지구론을 지지하는 소수의 근본주의 개신교인들을 제외한 대개의 가톨릭과 개신교 신자들도 공룡과 인간이 같은 땅위를 거니는 그림을 간판으로 내건 이 해괴한 박물관을 냉소와 무관심으로 일축했다. 반응은 오히려 바다 건너 우리나라 개신교계에서 더 뜨거웠다. 발 빠른 여행사들은 이 박물관 견학을 즉각 상품화해 전국의 개신교인들을 끌어 모았고, 개신교계 곳곳에서 우리도 어서 그런 '훌륭한' 창조 과학 박물관을 건립하자는 목소리가 높아지면서 모금 운동에 다시 불이 지펴졌다. (모금이 성공해 카이스트 구내의 임시 창조 과학 전시관이 하루속히 다른 곳으로 이전하게 된다면 그건 그나마 다행이긴 하겠다.)

우리는 이런 반응이 나올 정도로 신학과 교단의 차이를 불문하고 창조 과학이 거의 휩쓸다시피 하고 있는 한국 개신교계의 현실을 문제 삼고 싶었다. 게다가 진화를 거부하고 창조 과학에 연연하는 모습은 개신교 바깥의 사람들, 특히 개신교를 혐오하는 사람들이 개신교를 몰상식하고 비합리적인 종교로 비난하는 주요한 빌미가 되어 왔다. 필자들은 이런 현실도 문제 삼고 싶었다. 우리는 개신교인들이나 개신교 비판자들에게 기독교 내에서 진화와 창조 문제에 관한 다양한 견해들이 공존해 온 역사와 현재를 보여 주고 싶었다. 이로써 창조 과학이나 지적 설계론이 창조와 진화 문제의 유일한 해답이라고 믿는 근본주의적 독단이 우리나라 개신교계를 거의 장악하고 있는 상황을 문제 삼고자 했으며, 또 '개독교'라는 별명과 더불어 개신교에 대한 건전한 비판보다 맹목적 비난이 난무하고 있는 상황도 문제 삼고자 했다.

교단과 신학의 차이를 막론하고 급속히 근본주의화하고 있는 지금의 현실에 대한 반성과 변화가 없다면 한국 개신교에는 미래가 없다. 또 비록 일부 개신교인들이 다른 종교인들, 무종교인들, 무신론자들은 물론 심지어 같은 개신교인들에게조차 비난받을 만한 행동을 하고 있는 것은 사실이지만, 그렇다고 '개독교'라는 별명으로 개신교인들을 대충 뭉뚱그려 버린 채 이해를 위한 최소한의 노력마저 팽개치는 것도 바람직한 일은 아니다. "어둠 속에서는 모든 고양이가 다 똑같이 잿빛이다."라는 서양 속담은 타자를 대충 뭉뚱그리는 것 속에 차별과 지배를 정당화하는 강자의 논리가 숨어들 수 있음을 보여 준다. 제국주의자들, 가부장주의자들, 인종 차별주의자들이 해 온 짓이 바로 이것이다. 마찬가지로 테러리스트들이 있다고 해서 이슬람교를 폭력의 종교로 몰아붙이거나, 성폭행 교주가 있다고 해서 어떤 신종교를 사이비 종교로 몰아붙이거나, 문자주의자들이 있다고 해서 개신교를 몰상식한 종교로 몰아붙이는 것도 사실은 타자를 뭉뚱그려 버리는 이런 폭력과 그리 멀지 않다. 이해 없는 원초적인 비난만 난무한다면 건전한 비판적 담론 자체가 불가능해지며, 그러한 한 개신교뿐만 아니라 우리 사회에도 미래가 없다. 개신교가 변화하느냐 마느냐, 성공하느냐 실패하느냐의 문제를 말하는 것이 아니다. 좋든 싫든 우리 사회의 역사와 현재 속에 이미 깊이 자리 잡은 개신교라는 하나의 종교에 대해서조차 건강한 비판적 담론을 만들어 내지 못하는 사회라면 종교 문화 전반에 대해서는 물론 나아가 그 사회 자체에 대해서도 건강한 비판적 담론을 만들어 낼 수 없을 것이기 때문이다. 필자들이 창조와 진화 문제를 중요하게 다룬 것은 우리 사회에서 좀 더 합리적인 종교 문화가, 그리고 이에 대한 좀 더 건강한 비판적 담론이 출현하기를 기대하는 마음에서였다.

비판과 소통의 미래를 꿈꾸며

편지 주고받기를 끝내고 난 얼마 후인 2007년 7월, 한 개신교 교회의 단기 선교 봉사단원들이 아프가니스탄에서 피랍되는 사태가 벌어졌다. 인명이 희생되고 국고가 지출되는 커다란 대가를 치른 후에야 귀국한 선교단원들이 국민 앞에 사과하면서 사태는 일단 마무리되었지만, 그 후로 지금까지 우리는 끝난 것도 달라진 것도 없다는 사실을 똑똑히 보아 왔다.

개신교계에서 잘못된 선교 방식을 문제 삼는 반성의 움직임이 약간 일기는 했지만, 그 효과는 미미했고, 많은 개신교인들은 반성은 커녕 순교의 사명을 더욱 미화하고 부추기면서 왜곡된 국내외 선교 행태를 계속 강행하고 있다. 특히 2008년 여름 개신교 보수 연합 기관인 한국 기독교 총연합회가 역사적 예수에 관련된 SBS의 「신의 길 인간의 길」이라는 다큐멘터리에 대해 단지 신학적 입장이 다르다는 이유로 방송 중단을 촉구하는 압력을 행사한 일이나, 장로 대통령의 정부가 출범한 후 온갖 발언, 인선, 정책의 종교적 편향성으로 인해 사회 각계의 불만과 반감을 키우다가 급기야 불교계를 비롯한 사회 전반의 거센 반발을 불러일으킨 일은 한국 개신교에서 반성과 변화란 아직 멀기만 한 게 아닌가 하는 생각이 들게 만든다.

사회 전반에서 종교에 대한 건강한 비판적 담론보다 이해 없는 원초적 비난만 무성한 현실도 별로 달라지지 않은 것 같다. 물론 리처드 도킨스의 『만들어진 신』을 비롯해 특정 종교의 신자에서 무신론자에 이르기까지 다양한 저자들이 쓴 종교 비판 서적들이 쏟아져 나온 일이나, 「PD수첩」과 「뉴스 후」 같은 방송 프로그램들이 힘없는 신종교들만 건드리던 행태를 벗어나 굴지의 거대 종교들에 내재한 고질적인 병폐들을 정직하고 진지하게 다룬 일은 우리 사회에서 종교에 관한 건강한 비판적 담론이 싹트고 있음을 보여 주었다. 물론 이런 책들과 방송들에도 일정한 한계는 있기 마련이고, 이들이 단순한 일시적 유행에 그치거나 말초적 비난만 자극하는 데 그치는 경우도 많았지만, 적어도 지난 한두 해는 우리 사회에서 종교라는 화두와 관련해 합리적이고 건강한 비판적 담론이 본격적으로 구축되기 시작한 때로 기억될 것이다. 우리는 우리의 책이 이 과정에 조금이나

마 기여할 수 있기를 희망한다.

　우리는 과학 철학자, 개신교 신학자, 종교학자로서 과학과 종교에 관해 저마다 다른 생각을 하고 다른 이야기를 펼쳤다. 학문 분야만 다른 것이 아니라 각기 무신론자, 유신론자, 불가지론자로서 우리가 편지를 주고받고 대화를 나누면서 품었던 바람은 하나였다. 개별 영역으로서 '과학'이나 '종교'든, 하나의 주제로서 '과학과 종교'든, 누구나의 관심을 끌 만한 매력적인 주제가 아니었기에, 과연 얼마나 많은 이들이 고개를 끄덕이거나 가로저으면서 우리의 논의에 귀를 기울일지 알 수 없었다. 그러나 우리가 이 책을 구상하던 때부터 이제 발간을 코앞에 두고 있는 지금까지 내내 마음에 품었던 것은, 비록 과학과 종교라는 특정한 주제에 관한 것이기는 했지만, 우리의 논의가 적어도 우리 사회에서 건강한 비판적 담론이 구축되는 작은 발판이 되었으면 하는 바람, 이로써 우리 사회에서 합리적 의사 소통의 통로가 마련되는 데 조금이나마 기여했으면 하는 바람이었다. 이제 우리의 논의에 매듭이 하나 지어졌지만, 논의 자체가 끝난 것은 아니다. 우리가 기존의 논의에 우리 나름의 논의를 보탰듯이, 여기에 또 다른 사람들의 논의가 보태지고 또 보태져서, 그 풍성한 논의들 속에서 건강한 비판과 합리적 의사 소통이 구체화되고 현실화되는 미래가 조금 더 앞당겨지기를 기대해 본다. 미래가 불확실하기는 해도, 될 것은 반드시 되는 법이다. *Que sera sera!*

　끝으로, 이 책이 나오기까지 여러모로 애써 주신 (주)사이언스북스 관계자들, 연재를 통해 많은 독자들을 앞서 만날 수 있게 해 주신

《프레시안》관계자들, 그리고 당신들이 닦아 놓은 길을 따라가다가 문득 곁길로 빠져 없는 길을 헤쳐 나아가는 후학들의 모습을 기꺼워해 주신 김용준, 정진홍, 최재천 세 분 선생님께 다시 한번 깊은 감사의 인사를 드린다.

2009년 5월

김윤성

더 읽어야 할 책들
종교와 과학의 경계에서 만난 책들

이런 식으로 글을 쓰게 될 줄 몰랐다. 출판사가 이 책에서 다룬 주제들에 관심 갖는 사람을 위해 더 읽어야 할 책을 소개하는 글을 써 달라고 했다. 글을 쓴 사람의 하나로서 당연히 해야 할 몫이라 생각해서 선뜻 대답을 했다. 그런데 그동안 내가 '종교와 과학'이라는 주제에 대해 왜, 어떻게 공부해 왔는지를 함께 담아 달라는 주문이다. 목사이며 신학자가 '과학'에 관심 갖는 것이 다소 뜻밖으로 보이는 모양이다. 그 관심의 과정을 드러내서 독자들과 고민을 함께 나누라는 뜻이다. 하지만 이런 일이 무척 남세스럽다. 수업 시간에야 늘 학생들과 함께 나누던 고민이지만, 굳이 글을 통해 드러낼 필요를 느낀 적도 생각한 적도 없기 때문이다. 마치 벌거벗고 길거리에 나선다는 느낌이 들지만, 그래도 쓰기로 했다. 걸어 온 길을 되돌아보는 기회로 나름 의미를 부여하면서 말이다.

올해로 신학 대학의 선생이 된 지 12년째다. '어쩌다'가 신학 대학 교수가 된 것은 아니다. 이른바 '서원'의 결과다. 목사가 되기로 하나님과 약속한 것이 고 2때다. 모태 신앙이었지만, 그전까지는 한번도 목사가 된다고 생각해 보지 않았다. 나는 고등학교를 시험을 봐서 들어갔다. 당시 평준화된 광주를 떠나 비평준화된 전주로 '유학'을 간 것이다. 나의 서원은 바로 이

고등학교 때 덜컥 이루어졌다. 목사가 되기로 한 것 자체가 여러모로 '사건'이었다. 특히 집안에서는. 공직에 몸을 담고 계시던 아버지는 당신과 같은 길을 갈 것으로 기대하고 계셨다. 그런데 멀쩡한 장남이 신학을 하겠다 했으니 그 실망이 어떠했을지는 짐작이 간다. 호적에서 파 버리느니 마느니 하는 이야기가 들려왔지만 유학 생활을 방벽 삼아 버텼다. 덜컥 선언해 놓고 얼굴조차 비추지 않던 불효자 대신 어머니가 마음고생을 많이 하셨다. 그렇지만 자식을 이기는 부모는 없다.

그때는 목사이면서 신학 대학에서 가르치는 일을 하고 싶었다. 박정희 정권 말기 입시에 찌든 고등학생 눈에 한국 사회와 한국 교회는 문제 덩어리로 보였다. 교회가 바뀌면 한국 사회가 조금이라도 바뀔 것 같았다. 교수가 뭘 하는지도 잘 몰랐지만, 교회가 바뀌려면 목사가 바뀌어야 된다고 생각했다. 그러기 위해서는 목사를 제대로 교육시켜야 한다는 결론을 내려 놓고 있었다. 그래서 신학 대학에서 교수가 되기로 인생 경로를 '간단히' 결정했다. 그때는 정말 신학 대학에서 신학생들을 잘 가르쳐서 한국 교회를 바꿔 보고 싶었다.

신학 대학 교수가 되겠다고 인생 경로가 정해지자 나머지도 자연스럽게 결정되었다. 대학에서는 종교학을 하고, 내가 속한 교단의 신학 대학원과 대학원을 거쳐, 독일 하이델베르크로 갈 생각이었다.

그러나 대학 입학 2주 만에 첫 시위를 경험하고 나자 나의 꿈을 다시 보게 되었다. 그것은 또 다른 세상이었다. 다른 여느 학생처럼 운동권 쪽에 몸도 마음도 담그면서 여름 농활까지 다녀왔다. 전두환 정권하의 졸업 정원제 세대로 그렇게 1년을 보냈다. 대학 단위로 모집하던 시기라 전공은 2학년 진학할 때 결정했다. 1학년 말이던가, 종교학을 전공으로 정하고 종교학과 사무실로 갔더니 조교 형이 "앞으로 뭐 할 거냐?"라고 묻는다. "졸업하고 신학 대학원으로 갈 겁니다."라고 했다. 그랬더니 강한 경상도 사투리로 대뜸 "니가 종교학이 뭔지 잘 몰라서 온 것 같은데……"로 시작하는 훈시 곁들인 종교학 서론을 혼자서 30분 이상 들어야 했다. 그래도 종교학과에서 공부를 시작했다.

당시 10여 명의 학생만 있었던 종교학과는 그야말로 가족 같았다. 종교학과는 기독교에 '아주' 비판적인 분위기였다. 은퇴하신 신학 전공 교수님이 보여 주었던 독단과 아집으로 후배 교수들과 제자들은 질려 있었다. 제자들 가운데는 그 선생님으로 인해 신학 공부를 접은 사람도 있었다. 매시간 주제가 다른 곳으로 빠져서 「요한복음」 강의는 학기 내내 결국 1장 1절에서 8절까지밖에 못 했다거나, 강연하다가 똥물을 맞은 사건까지, 그 교수님의 일화는 신화고 전설이었다. 한번도 배운 적은 없지만 박사 과정 동문인 그분은 나의 '반면교사'다.

고백건대, 신학 공부 전에 종교학을 공부한 것은 특별한 은혜라고 생각한다. 전두환 정권 때 캠퍼스는 항상 최루탄 연기로 가득했던 터라, 제대로 공부할 상황이 아니었다. 매일 등교할 때, 전날의 시위 흔적인 주변에 널린 돌덩어리를 보고 남아 있는 최루탄 가스를 마시면서 오늘의 전의를 불태우던 시기였다. 그러던 어느 날 정진홍 선생님께서 당시 자료 조사 일을 돕던 나에게, "역사의 현장에 앞서 있는 것도 중요하지만, 한 발 뒤에서 이 현장을 냉정하게 기록하는 것도 중요하다."라고 말씀하셨다. "나는 네가 그 일을 했으면 좋겠다."라고 덧붙이시면서. 선생님들의 이런저런 말씀 덕분인지, 공직에 있던 아버지 때문인지 몰라도 한쪽에 '올인'하는 일은 없었다.

수업을 빼먹는 날이 많았던 시절이었지만, 종교학은 내 시야를 한없이 열어 주었다. 전통 종교에 대한 이해뿐만 아니라, 종교 이해를 위해 철학, 역사학, 사회학, 인류학, 심리학 등 인접 학문의 문턱을 밟게 해 주었다. 깊이

보다는 맛만 보고 지났지만, 지식의 경계선을 확장시켜 주었다. 엘리아데를 비롯한 전공 책들은 대충 읽었지만, 막스 베버와 피터 버거를 비롯한 종교 사회학 책을 즐겨 보았다. 돌이켜보면 특별히 지식 사회학의 영향을 많이 받은 것 같다. 대학 시절은 종교 이해를 위한 학제 간 접근과, 역사로서의 기독교에 대한 이해의 토대를 닦아 주었다. 기독교 안에만 있던 나에게 기독교 밖에서 기독교를 바라볼 수 있게 해 준 것이다.

종교학과로 학부를 졸업하고 신학 대학원에 들어갔다. 목회자를 만드는 신학 대학원 생활은 지적으로 즐거운 것만은 아니었다. 신학이 두르고 있는 담 때문이었다. 기독교 신학이라는 분야를 좀 더 깊게 파고들면서 학문의 넓이는 줄어들었다. 그렇지만 여전히 책장에는 신학의 경계를 넘나드는, 또는 경계 밖에 있는 책들이 꽂혀 있었다. "이상한 책들이 많이 있네요!" 기숙사 방에 들어온 다른 친구들이 자주 했던 말이다. 신학생 책장에 신학 책 말고도 해석학이나 과정 철학, 역사학 책들이 늘 있었기 때문이다.

내 미국 유학은 신학 대학원 3학년 여름에 갑자기 결정되었다. 아버님 생신에 집에 가서 내년에 미국으로 유학 가겠다고 통보하고, 그때부터 진학할 학교를 찾았다. 당시에는 독일로 공부하러 가기 전에 대학원까지 마칠 생각이었다. 그런데 그때는 신학 대학원을 마치고 또다시 대학원에서 2년의 시간을 보내고 싶지 않았다. 군대 3년까지 포함해 6년은 솔직히 많이 지겨웠다. 필수 과목을 제외하고는 거의 조직 신학만 편식했다는 것을 성적표를 떼 보고서야 알았다. 유학을 가기 전에 선생님 한 분이 두 가지를 말씀해 주셨다. 하나는 기왕 유학 가는 것, "서구 정신의 핵심을 배우고 오라."였다. 다른 하나는 학위 논문은 가능하면 "네 목소리를 실어라."였다. 늘 기억하는 말씀이다.

신학 대학원 3년 동안 가장 흥미 있게 읽었던 책 셋을 꼽으라면, 김득중의 『복음서 신학』, 한스 큉(Hans Küng)과 데이비드 트레이시(David Tracy)가 편집한 『현대 신학 어디로 가고 있는가?』, 앤소니 드 멜로(Anthony de Mello)의 『종교 박람회』이다. 앞의 두 권은 성서와 신학에 눈을 열어 주었다. 나머지 한 권은 나에게 종교가 뭔지, 교리가 뭔지를 생각하게 하는 잠언서 같은 책이었다.

미국에서 첫 학기에 들었던 것이 '과학과 종교, 역사적 맥락에서'였다. 지도 교수는 다윈을 전공한 유대인 과학사 학자였다. 종교의 위상에 대해 늘 가졌던 갈증이 다소 해갈되는 느낌이었다. 이어서 과정 신학, 동방 정교회 신학, 슐라이어마허, 포스트모더니즘 등을 둘러보았다. 화이트헤드의 『과정과 실재』, 슐라이어마허의 『기독교 신앙』과 『종교론』을 비롯해, 하버마스와 리오타르 등의 포스트모더니즘 관련 책들을 읽었다. 한국에서 배웠던 신학의 담을 넘어서, 신학과 일반 사상이 함께 넘나들던 시기였다. 힘들지만 즐거웠다.

박사 과정을 어디서 할 것인지 한동안 고민했다. 마지막까지 저울질한 곳이 내가 졸업한 학교와 '신학과 과학' 분야의 대표적인 학교였다. '종교와 과학'은 다소 부족하지만, 동아시아 신학까지 공부할 수 있었던 드루(Drew)에 남았다. 물론 경제적 고려도 컸지만, 가장 중요한 것은 평생의 스승 이정용 선생님께서 그곳에 계셨기 때문이었다.

박사 과정의 공부는 두 가지를 축으로 이어졌다. 하나는 르네상스 이후 서양 사상과 문화였다. 이를 통해 기독교와 과학의 역사적 관계와 현대 과학과 기독교와 관련성, 현대 우주론과 신학의 관련성, 틸리히 등을 공부했다. 다른 하나는 이정용 선생님과 함께한 동양 전통 공부와 한국 신학 세미나였다. 대학 시절 어설피 배운 주역과 노자와 장자를 영어로 읽는 것은 또 다른 맛이었다.

사상사에 대한 공부는 시기적으로 거꾸로 거슬러 올라갔다. 포스트모더니즘을 공부하면서, 모더니즘에 대한 이해 없이는 제대로 이해하기 힘들다고 여기고 모더니즘 공부를 했다. 르네상스와 과학 혁명, 계몽주의와 낭만주의로 이어지는 시기가 주 관심 대상이었다. 종교와 과학에 관련해서는 존 부룩의 *Science and Religion: Some Historical Perspective*, 리드버그와 넘버스가 편집한 *God and Nature: Historical Essays on the Encounter between Christianity and Science*를 재미있게 읽었다. 이때 서구 사상에서 종교와 철학, 과학과 비학이 분리된 것은 근대 이후라는 것을 확인할 수 있었다. 특별히 종교와 과학이 분리되던 과학 혁명과 계몽주의 시대에 흥미를 가졌다. 이 시기에 대한 공부는 신학과 과학, 철학을 함께 살펴보는 것이었다. 박사 논문 자격을 위한 종합 시험의 한 과목도 '계몽주의와 낭만주의 시기'였다. 그것도 신학과 철학을 함께 다루는 것으로.

학위 논문 주제는 동아시아 사유 방식에서 신론을 구성하는 것이었다. 이정용 선생님의 영향이 컸고 그 그늘 아래서 논문을 준비했다. 그런데 선생님이 갑작스레 돌아가셨다. 회갑 잔치 해 드린 지 얼마 되지도 않아서 말이다. 논문 지도 위원회가 다시 구성되었다. 돌아가신 선생님의 음덕과, 제자라고 끝까지 책임져 준 교수님들 덕분에 무사히 졸업했다. 늘 감사한다.

귀국할 때 앞으로의 신학 공부 방향은 이미 결정되었다. 이미 배웠던 것을 강의하기 위해 다시 정리하고, 새로운 것을 배워야 하니까. 배우는 일과 가르치는 일은 사실 하나다. 지금도 강의할 때 말고는 선생이라는 자의식이 별로 없다. 그냥 배우는 사람이라고 생각한다. 아직도 사은회 가는 것이 제일 거북하다.

내 공부의 출발점은 '21세기 한반도 땅에서 활동하는 신학자'라는 내 정체성이었다. 내가 서 있는 삶의 자리, 21세기라는 시간과 한반도라는 공간이 그것이었다. 신학은 물론, 신앙도 삶의 자리에서 형성되는 것이고, 그 안에서 의미를 제대로 찾을 수 있다. 이 깨달음은 조직 신학이나 신학 사상사 공부에서 얻은 것이다. 신학은 모두 다 그 시대의 신앙과 고민의 산물일 뿐이다. 우리가 사는 21세기를 규정하는 것이 무엇이고, 한반도라는 공간을 규정하는 특징이 무엇일까? 그것은 과학 기술 문명이고, 여러 종교가 함께 있는 종교 다원주의 상황이었다. 나는 과학 기술 문화와 전통적인 종교 문화 속에서 신학 작업을 할 수밖에 없다. 나의 기독교 신앙과 신학은 일차적으로 과학 기술 문화와 종교 다원주의 문화 속에서 형성되고 발언될 수밖에 없다. 그래서 자연 과학과 전통 종교는 나의 대화 상대이며 동반자이다.

나는 먼저 과학과 종교를 10년 공부하고, 타종교 전통과 기독교를 10년 공부하는 식으로 20년을 공부 기간으로 삼았다. 당시 신학계에서 과학을 거의 다루지 않았기 때문에, 과학 공부가 시급한 문제로 보였다. 그리고 무엇보다도 내가 잘 모르는 분야였다.

학부부터 대학원까지 학생들에게 종교와 과학, 기독교와 과학, 현대 신학과 현대 과학의 대화 등의 과목을 가르치면서 내 공부를 병행했다. 1990년대 후반에는 적당한 번역서마저 드물어서 교재 선택 자체가 어려웠다. 그래도 우선 종교와 과학의 만남의 역사를 알기 위해 과학 혁명기의 과학자들과 창조 vs. 진화 논쟁의 전개 과정을 주로 살펴보았다. 존 부룩과 피터 보울러, 로널드 넘버스가 그 안내자였다. 천체 물리학을 비롯한 현대 과학의 다양한 분야에 관심을 가졌지만, 시간이 흐르면서 생물학에 많은 시간을 투자했다. 최근에는 인지 과학과 진화 심리학을 들여다보고 있다. 과학 공부와 더불어 기독교와 과학의 문제를 다루는 기독교 신학자들의 책을 광범위하게 읽기 시작했다. 이들이 종교와 과학의 문제나, 특정 신학적 주제에 어떻게 접근하는지 알기 위해 많은 책들을 읽었다. 그중에서 존 호트와 존 폴킹혼, 볼프하르트 판넨베르크가 가장 많은 영향을 준 것 같다.

종교와 과학 공부를 시작한 지 10년이 지났다. 그럼에도 아직도 공부해야 할 것은 많다. 게다가 읽은 책보다 읽어야 할 책들이 나날이 많아지는 것이 사실이다. 물론 이런 공부는 혼자서만 한 것은 아니다. 상당히 학제간 공부 모임도 만들어서 읽은 책도 있고, 혼자서 지속적으로 읽은 것도 있고, 전혀 몰라 그 분야 전문가에게 주워들은 것도 있다. 지금도 '과학과 종교 연구회'라는 이름으로 학자들끼리 함께 모여 공부하는 모임을 계속 하고 있다. 30대 젊은 학자부터 80대의 원로 학자까지, 신학자부터 화학자까지 서로 다른 전공의 학자들이 모여 책을 읽는다. 이 모임의 인연으로 만난 게 김윤성 선생님과 장대익 선생님이고, 이 책이 그 결과이다. 아마도 이 공부는 계속될 것 같다.

이제부터 우리 현실 역사에 좀 더 가까이 나가가려고 한다. 초기 한국 신학자들과 한국 기독교가 진화론과 과학을 어떻게 받아들였는지 하는 문제부터 시작할 계획이다. 한국 교회의 지적·문화적 지형도를 결정한 박형룡과 김재준, 정경옥 등의 신학부터 살펴보려 한다. 더불어 초기 선교사들의 신학과, 이들의 과학에 대한 태도 등도 살펴볼 것이다. 이러한 공부는 과학과 신학의 변두리를 탐구하는 일이 될 것이다. 하지만 나는 이곳이 가장 창조적인 자리라고 믿는다. 보통 주변부는 중심부보다 쓸모없는 자리처럼 보인다. 그렇지만 서로 다른 두 실체가 만나는 자리가 주변부이고 경계선이다. 창조적인 것이 나오는 자리가 이 주변부이고, 동시에 두 실체를 포용하는 중심인 것이다. 그러고 보니, 기독교 사상사를 쓴 후스토 곤잘레스(Justo L. Gonzalez)의 말이 실감난다. 기독교 역사에서 창조적인 것은 중심부가 아닌 변두리에서 나왔다. 아우구스티누스의 신학 역시 콘스탄티노플이나 알렉산드리아가 아닌 변두리인 힙포에서 나왔으며, 루터의 종교 개혁 역시 로마나 파리가 아닌 변두리 독일에서 시작되었다. 스위스, 네덜란드, 스코틀랜드, 미국, 한국, 다 그 시대의 변두리였다.

내 신학의 자리는 '변두리'다. 이것을 일깨워 주신 분이 바로 이정용 선생님이다. 미국에서 한국인으로 살아가면서 느낀 '주변성(marginality)'이 바로 선생님 신학의 핵심이었다. 선생님의 화두였던 '경계선에서 경계인으로 살아가는 것'이 내 신앙과 신학에 결정적인 영향을 주었다. 주변성이 가장 창조적인 자리라는 것 역시 선생님께 배웠다.

선생님은 북한 출신으로 한국 동란의 와중에 미국으로 건너갔다. 학부와 신학 대학원을 마치고 미국 감리교 목사와 신학자로 활동하면서, 미국 종교학회에 '한국 종교' 분과를 만든 북미 지역의 대표적인 한국 신학자였다. 1950~1960년대에 인종 차별을 온몸으로 겪고, 평생 한국인의 정체성을 찾고 지키면서 살아온 분이었다. 젊어서는 거의 백인처럼 생각하고 글을 쓰고 말했던 선생님은 시간이 지나면서 동아시아 전통의 '음양(陰陽) 사유 방식'을 통해서 신학에 자신의 목소리와 얼을 실어 보였다.『역(易)의 신학(The Theology of Change)』,『아시아 관점에서 본 삼위일체(Trinity in an Asian Perspective)』, 그리고『주변성: 다문화 신학의 핵심(Marginality: The Key to Multicultural Theology)』등이 대표적인 저작이다.

이정용 선생님은 무엇보다도 예수의 삶과 자리가 바로 '주변성'으로 정의된다고 가르치셨다. 신과 인간이 만나는 그 자리, 신성과 인성이 마주하는 그곳은 각각의 변두리이다. 하지만 바로 그곳이 둘을 포용하는 자리이며, 그곳에서 예수 그리스도라는 사건이 일어나며, 그 자리가 둘 모두의 중심이 된다. 또한 예수는 중심인 예루살렘이 아니라 변두리 갈릴리에서 주로 활동했다. 예수의 자리가 변두리라면 기독교인의 자리 역시 변두리가 당연하다. 난 지금도 이것을 기억하고 산다. '주변성에 머무르기, 변두리에 머무르기.' 아마 평생의 화두가 될 듯하다.

되돌아보면 내 공부의 자리는 늘 경계선에 있었던 것 같다. 종교학을 공부하고 신학을 공부할 때도 나는 신학과 종교학이 만나는 자리에 있었다. 지금도 과학과 신학이 만나는 접경에 있다. 과학의 성취와 변화를 먼저 느끼고, 경험하고 그것을 신학으로 번역하는 자리, 그곳이 현재 내가 있는 자리이다. 앞으로는 기독교와 전통 사상이 만나는 자리, 그 변두리에 서게 될 것이다.

과학 시대에 존재하는 교회가 과학을 무시하거나 거부하고 생존한다고 생존할 수 있다고 믿는 것은, 우리가 숨을 쉬지 않고 살 수 있다고 믿는 것과 같다. 이제 기독교는 과학을 종교의 장애물이나 걸림돌이 아니라, 도약을 위한 디딤돌로 보아야 할 것이다. 과거 헬레니즘을 품에 안았던 것처럼 과학과 만나고 대화하고 품어야 한다. 과학이라는 동반자와 함께할 때에야 종교는 성숙할 수 있을 것이다.

내가 보기에 인류가 스스로를 성찰할 수 있는 두 가지 도구가 종교와 과학이다. 종교는 궁극적인 실재에 '나'라는 구체적인 현존을 비춰 볼 수 있는 거울이며, 과학은 일반화된 자연 법칙에 '나'라는 개별적 사실을 비춰 볼 수 있는 거울이다. 종교와 과학, 우리를 좀 더 잘 알 수 있게 하는 두 거울, 아니 인류가 스스로를 되돌아보는 거울이다. 그것은 지금의 우리를 비상하게 하는 두 날개이다. 한쪽 날개로만 나는 새를 본 적이 있는가?

책상 뒤 서가에 꽂힌 책들은 지난 10여 년의 삶의 일부를 보여 준다. 앞으로 언급할 책은 대부분 내 서가에 자리 잡은 책들이다. 정성들여 읽은 것도 있고, 대충 훑어 본 것도 있고, 만지기만 하고 놓은 책들도 있다. 이제『종교 전쟁』을 위해 내가 읽어 온 책들, 그리고 독자들이 읽으면 좋은 책들을 소개해 보고자 한다. 편의를 위해 주로 한국어로 된 책들을 소개할 것이다.

간략히 내용이나 평가를 언급한 책들은 추천 도서라고 생각해도 무방하다.

종교와 과학의 만남

종교와 과학의 관계 문제를 고찰하는 책들은 영어권에서 쉬지 않고 새로 나오고 있다. 다행히 입문서 수준의 기본적인 책들이 최근 번역되어 있다. 종교와 과학의 만남에 대한 범주적 접근과, 현대 과학의 분야와 특정 종교적 주제와의 관련성을 다루는 내용들이 주를 이룬다. 딱 이거다 할 만한 책을 선뜻 추천하기는 어렵다. 다들 고만고만하다.

이안 바버, 『과학이 종교를 만날 때』(이철우 옮김, 김영사, 2002)는 이 분야의 대부가 쓴 입문용 책인데, 그 내용은 입문 수준이 아니다. 존 호트, 『과학과 종교, 상생의 길을 가다』(구자현 옮김, 코기토, 2003)는 종교와 과학을 상보적 관점에서 이슈별로 다룬 개론서로 추천할 만하다. 테드 피터스가 편집한 『과학과 종교』(김흡영 외 옮김, 동연, 2002)는 과학과 종교에 관련된 학자들의 글 모음으로 한번 읽어 보기를 권한다. 김용준 외, 『종교와 과학』(아카넷, 2000)은 종교와 과학에 대한 국내 학자들의 글을 모은 것이다. 현우식, 『과학으로 기독교 새로 보기』(연세 대학교 출판부, 2006)는 과학과 기독교의 관계를 설명하는 입문서이다. Mikael Stenmark, *How to Relate Science and Religion*(Eerdmans, 2004)은 종교와 과학을 여러 가지 차원으로 나누어 설명한 책이고, Willem Drees, *Religion, Science and Naturalism*(Cambridge, 1996)은 종교를 과학과 자연주의와 비교하는 논의를 소개하는 책이다. 찰스 스노의 『두 문화』(오영환 옮김, 사이언스북스, 1996)는 과학과 인문학의 조화로운 만남이라는 부제 그대로의 책이다. 스노를 일약 스타로 만든 책으로 꼭 읽어야 하는 책이다.

종교와 과학의 관계를 바로 이해하려면 이 둘의 역사적 만남에 대한 정확한 이해가 선행되어야 한다. 이 둘을 둘러싼 신화와 소문을 걷어내고 오해를 풀고 나서야 제대로 된 이해가 가능할 것이기 때문이다. 갈릴레오, 뉴턴, 다윈과 같은 인물에 대한 서적들은 상당수 번역되어 있지만, 정작 이 둘의 역사적 관련성을 제대로 서술한 책은 별로 번역되어 있지 않다.

데이비드 린드버그와 로널드 넘버스가 편집한 『신과 자연』(이정배·박우석 옮김, 이화여대출판부, 1998)은 종교와 과학이 만나 온 역사적 과정을 주제로 한 전문 연구자들의 글을 모은 것이다. 번역에 일부 아쉬운 면이 있지만 이만한 책도 없다. 꼭 읽어 보기를 권한다. John H. Brooke, *Science and Religion: Some Historical perspectives*(Cambridge, 1991)는 역사적 관점에서 종교와 과학의 만남을 다룬 책으로, 이 주제와 관련해서 하나만 꼽으라면 나는 이 책을 꼽을 것이다. Richard G. Olson, *Science & Religion 1450-1900*(Johns Hopkins University Press, 2004)는 갈릴레오부터 다윈까지 과학 혁명의 전개에 따른 종교와 과학의 상호 작용을 역사적으로 접근한 책이다. 강하게 추천한다. David C. Lindberg and Ronald L. Numbers (eds.), *When Science & Christianity Meet*(The University of Chicago Press, 2003)는 기독교와 과학의 만남을 역사적 측면에서 기술한 글들을 모은 책이다. 읽어 보기를 권한다. John H. Brooke, Margaret J. Osler, and Jitse M. van del Meer, *Science in Theistic Contexts*(Osiris vol. 16)는 서구 역사에서 과학이 기독교적 전통과 얼마나 밀접한 관련을 맺고 전개되어 왔는지를 인식론적 측면에서 검토한 글들을 모은 것이다. 제목만 봐도 그 힘이 느껴진다. 꼭 읽어야 할 책이다. John Brooke and Geoffrey Cantor, *Reconstructing Nature: The Engagement of Science and Religion*(T&T Clark, 1998)은 자연 신학을 중

심으로 기독교와 과학의 만남에 대한 깊이 있는 논의를 전개하는 책이다. 한국 학자 중에 종교와 철학과 과학을 아우르는 제대로 된 내공을 보여주는 학자는 김용준이다. 그의 『과학과 종교 사이에서』(돌베개, 2005)는 과학과 종교 논의의 최근 동향을 읽고 있는 책이다. 강하게 추천한다. Gary Ferngren (ed), *Science & Religion: A Historical Introduction*(Johns Hopkins University, 2002)은 종교와 과학의 관계사에 등장했던 주요 인물들을 역사적 관점에서 다룬 전문가들의 글을 모은 책이다. Keith Thomson, *Before Darwin*(Yale University Press, 2005)은 찰스 다윈의 『종의 기원』 출판 전 2세기 동안 지식인들이 신과 자연을 어떻게 화해시키려고 했던가를 다룬 책이다. 읽을 만하다. 찰스 험멜, 『과학과 성경, 갈등인가 화해인가?』(황영철 옮김, IVF, 1991)는 원래 『갈릴레오 사건』이라는 이름으로 출판되었다가, 새로운 제목으로 다시 출판된 것으로, 복음주의 시각에서 근대 천문학의 발전사를 다루고 신앙과의 관련성을 설명하고 있다. David F. Nobel, *The Religion of Technology*(Penguin, 1997)는 9세기 이후 서구 문명에서 기술의 발전에 종교적인 동인과 뿌리가 있다는 것을 보여 준다. 흥미 있는 책으로 추천한다.

창조 vs. 진화 논쟁

이 책의 후반부를 달궜던 창조 vs. 진화 논쟁에 대한 책을 읽을 때에는 역사적으로 접근할 수도 있고, 내용적으로 접근할 수도 있다. 이 논쟁의 역사와 배경에 대한 지식은 보다 객관적인 시각을 갖게 할 것이다. 영어로 된 좋은 책들이 여럿 있지만, 한국어로 번역되어 있지 않다.

Michael Ruse, *The Evolution-Creation Struggle*(Harvard University Press,

2005)와 *The Evolution War: A Guide to the Debates*(Rutgers University Press, 2001)는 대표적인 현대 생물 철학자인 마이클 루스가 창조 vs. 진화 논쟁의 역사적 맥락을 다룬 책으로 진화론의 발전이 기독교와 어떻게 관련되어 있었는지를 보여 주고 있다. James R. Moore, *The Post-Darwinian Controversies*(Cambridge, 1979)는 1870년부터 1900년까지 영국과 미국의 개신교가 다윈주의에 어떤 반응을 보였는가를 역사적 측면에서 접근한 책이다. 이 논쟁에 참여한 사람들의 신학적·철학적 배경과 진화론에 대한 대응 태도를 실증적으로 규명하고 있다. 자유주의 신학보다는 오히려 정통주의 신학이 진화론에 긍정적인 반응을 보였다는 가설을 제안한 책이다. Jon H. Robert, *Darwinism and the Divine in America*(University of Notre Dame Press, 2001)는 19세기 후반 미국 개신교 지성인들이 유기적 진화를 어떻게 대했는가를 다루고 있다. 앞서 언급한 무어의 견해와 달리 정통주의 신앙인들은 성서 해석 때문에 진화론을 거부했음을 보여 준다. 추천 도서이다. Paul K. Conkin, *When All the Gods Trembled*(Rowman & Littlefield, 1998)는 1920년대 스코프스 재판 전후 미국 개신교의 분화를 다루고 있다. 진화론에 대한 미국 개신교단의 여러 대응을 잘 보여 주는 에세이집이다. Larry A. Witham, *Where Darwin Meets the Bible*(Oxford, 2002)은 창조 vs. 진화 논쟁의 이면까지 들여다보는 책으로 꼭 번역되었으면 하는 책이다. Ronald L. Numbers, *Darwinism Comes to America*(Harvard, 1998)는 미국 보수 기독교의 진화론에 대한 태도를 다룬 에세이 모음이다. 읽어 볼 만하다. 래리 위덤의 『생명과 우주에 대한 과학과 종교 논쟁, 최근 50년』(박희주 옮김, 혜문서관, 2008)은 '설계' 개념을 가지고 다윈 이후 종교와 과학의 문제를 논의한 책이다. 은연중에 지적 설계에 기운 경향이 있지만 읽어 볼 만하다. Edward J. Larson, *Trial and Error*(Oxford, 2003)는 창조론 또는 진화론을 제도 교육에 어떻게

넣을 것인가를 두고 1920년대부터 미국 사회에서 벌어졌던 재판과 논쟁 등을 연대기적으로 다룬 책이다. 강하게 추천한다. 2003년에 출판된 것이 3판이다.

특히 미국 사회의 창조 vs. 진화 논쟁을 다룬 책들이 많다. 브래들리 롱필드가 쓴 『미국 장로교회 논쟁』(이은선 옮김, 아카페문화사, 1991)은 1920년부터 1930년대까지 미국 장로교 교회의 신학 논쟁과 분열 과정을 다룬 책으로, 창조 vs. 진화 논쟁의 배경을 이해하는데 많은 도움을 준다. 추천 도서이다. 조지 마스든의 『근본주의와 미국 문화』(박용규 옮김, 생명의말씀사, 1997)는 근본주의가 19세기 후반과 20세 초반 사이 미국에서 어떻게 형성되고 미국 문화에 어떤 영향을 주었는가를 다룬 책이다. 꼭 읽어 봐야 한다. 같은 저자이지만 저자 표기가 옛날식으로 되어 있는 죠지 마르스덴, 『미국의 근본주의와 복음주의 이해』(홍치모 옮김, 성광문화사, 1992)도 있다. 마스든의 다른 글들을 모은 책으로 근본주의와 과학에 대한 논의도 들어 있다. 번역에 다소 문제가 있지만 읽어 볼 만하다. 그리고 Ronald L. Numbers, and John Stenhous (eds.), *Disseminating Darwinism* (Cambridge, 1999)은 다윈주의가 지정학적 위치, 인종, 성, 종교에 따라 어떻게 수용되고 거부되는가를 다룬 글 모음이다. 읽을 만하다. 미국에서 벌어진 창조 vs. 진화 논쟁 재판에 관한 책도 이 주제를 이해하는 데 도움이 된다. 가장 먼저 꼽을 책은 Edward J. Larson, *Summer for the Gods* (Harvard, 1997)이다. 스코프스 재판이 미국 역사에 미친 영향에 대해 쓴 대표적인 저작으로 추천작이다. Langdon Gilkey, *Creationism on Trial* (University Press of Virginia, 1985)은 신학자로서 아칸소 1982년 재판에 참여하고 나서 재판 과정과 이 문제에 대한 신학적 성찰을 담은 책이다. 이 역시 추천이다. Jeffrey P. Moran, *The Scopes Trial* (St. Martin's, 2002)은 스코프스 재판 과정의 배경과 진행, 실제 기록들을 모은 책이다.

창조 vs. 진화 논쟁에 대한 개론적 논의를 담은 책들은 우리말로 쉽게 접할 수 있다. 진화론에 대한 기독교의 입장이 '거부'부터 '수용'까지 다양하다는 것을 알고, 각 주장의 내용을 확인하는 것은 매우 중요하다. Eugenie C. Scott, *Evolution VS. Creationism: An Introduction*(University of California Press, 2004)은 과학 교육에 창조 과학의 도입을 반대하는 대표 인물이 쓴 창조 vs. 진화 논쟁 입문서이다. 읽어 봐야 하는 책이다. James Hayward, *The Creation-Evolution Controversy: An Annotated Bibliography*(Scarecrow Press, 1998)는 출판된 지 10여 년이 지났지만 창조 vs. 진화 논쟁에 관련된 저작들을 간략하게 주제별로 소개하고 있어 유용하다. National Academy of Sciences, *Science, Evolution, and Creationism*(National Academies Press, 2008)은 과학적 입장에서 진화론의 정당성과 지적 설계론이 과학 증거로 뒷받침되지 않는다는 것을 설명한다. 강건일, 『진화론 창조론 산책』(참과학, 2003)은 창조 vs. 진화 논쟁과 관련해서 다양한 주제를 소개하고 있다. 리차드 칼슨 편저의 『현대과학과 기독교의 논쟁』(우종학 옮김, 살림, 2003)은 창조 vs. 진화 논쟁에 대한 다양한 입장을 소개한 책이다. 모어랜드 레이놀즈 편저의 『창조와 진화에 대한 세 가지 견해』(박희주 옮김, IVP, 2001)는 창조와 진화에 관한 세 가지 다른 입장을 소개하고 있다. William Dembski, Michael Ruse, *Debating Design*(Cambridge, 2004)은 지적 설계론과 진화론에 관련된 학자들의 글 모음이다. Ronald Numbers, *The Creationist*(Harvard, 2006)는 창조 과학과 지적 설계론의 역사적 흐름을 짚은 책으로 이 분야 최고의 책이다. 반드시 읽어야 할 강력 추천 도서이다. Ted Peters, Martinez Hewlett, *Evolution from Creation to New Creation*(Abingdon, 2003)는 신학자와 생물학자가 함께 창조 vs. 진화 논쟁에 대한 다양한 입장을 서술한 책으로 강하게 추천하는 책이다. Joan Roughgarden, *Evolution and Christian Faith*(Island Press, 2006)

는 생물학자가 본 종교와 과학 문제, 지적 설계론 비판을 다룬 소책자이다. Francisco J. Ayala, *Darwin's Gift*(Joshep Henry Press, 2007)와 Francisco J. Ayala, *Darwin and Intelligent Design*(Fortress, 2006)은 다윈 진화론을 소개하면서 지적 설계론을 비판하는 책이다. 후자는 소책자라 읽기 쉽다. 조덕영,『과학과 신학의 새로운 논쟁』(예영, 2006)은 복음주의 입장에서 과학과 신학의 논의를 다룬 책이다. Michael Ruse, *Darwin and Design*(Harvard, 2003)은 설계 개념을 중심으로 근대 서구에서 종교와 과학의 관계를 다룬다.

창조 과학이나 지적 설계론에 관한 책들은 국내에 상당히 많이 번역되어 있다. 그리고 국내 저자의 저술도 꽤 된다. 하지만 대부분 외국 책의 번역이나 번안이다. 창조 과학에 관련된 책은 몇 권만 검토해 보면 내용이 거의 똑같다는 것을 알게 된다. 지적 설계론 분야도 중요한 책들은 번역되어 있는데, 번역에 다소 문제가 있다. 최근에는 지적 설계론에 관련된 영어 저작이 많이 출판되고 대부분 서가에 있지만 특별히 소개하지 않는다. 기존의 글을 편집한 것이 많고 무엇보다도 주장과 내용이 거의 대동소이하기 때문이다.

한국창조과학회 편,『기원과학』(두란노, 1999), 존 모리스,『젊은 지구』(홍기범, 조정일 옮김, 한국창조과학회, 2005), 헨리 모리스,『현대과학의 성서적 기초』(이현모, 최치남 옮김, 요단출판사, 1988), 윤석태 외,『창조과학』(전남대학교출판부, 1999), 양승훈,『창조와 격변』(예영, 2006), 윌리엄 뎀스키,『지적설계』(서울대학교창조과학연구회 옮김, IVP, 1999), 마이클 베히,『다윈의 블랙박스』(김창환 외 옮김, 풀빛, 2001), 필립 존슨,『심판대 위의 다윈』(이승엽·이수현 옮김, 까치, 2006) 등이 대표적인 책들이다.

그리고 창조 과학과 지적 설계론을 비판하는 책 역시 영어권에서 많이 출판되고 있다. 다 소개할 수 없으니 여기에서는 번역된 책을 중심으로 소개한다. 필립 키처, 『과학적 사기』(주성우 옮김, 이제이북스, 2003)는 창조 과학이 과학을 어떻게 오용하는가를 포괄적으로 비판한 책이다. 그리고 미국의 유명한 회의주의자 마이클 셔머가 쓴 『왜 다윈이 중요한가』(류운 옮김, 바다출판사, 2008)는 지적 설계에 대한 체계적 비판서이다. Robert T. Pennock, *Tower of Babel*(MIT Press, 1999)은 철학자가 쓴 창조 과학과 지적 설계론에 대한 포괄적인 비판서이고, Andrew J. Petto and Laurie R. Godfrey, *Scientists Confront Creationism*(Norton, 2007)은 과학자들이 지적 설계론을 비판한 책이고, Barbara Forrest and Paul R. Gross, *Creationism's Trojan Horse*(Oxford, 2004)는 지적 설계론에 대한 역사적 추적과 과학적 비판을 담은 책이다. Eugenie Scott, (ed.) *Not in Our Classrooms*(Beacon Press, 2006)는 지적 설계론이 과학이라고 과학 수업 시간에 가르쳐서는 안 된다는 것을 강하게 주장한 책이다. John Brockman (ed.) *Intelligent Thought*(Vintage Books, 2006)는 지적 설계 운동에 대해 전문가들의 비판을 모은 책으로 추천작이다. 세계 지식 사회에서 한소리 한다는 사람들은 거의 다 모여 있다. Robert Pennock (ed.), *Intelligent Design Creationism and Its Critics*(MIT Press, 2001) 역시 지적 설계론적 창조론에 대한 비판을 담은 책으로 읽어 볼 만하다.

진화론과 신학의 만남

진화론을 수용하는 기독교 신학에 관한 책은 주로 신학자들이 쓴 것이다. 한국어로 번역된 책은 그리 많지 않다. 번역된 책들 중 가장 먼저 언급할 게 바로 존 호트의 『신과 진화에 관한 101가지 질문』(신재식 옮김, 지성사, 2004)이다. 진화론과 기독교의 관계에 관해 질문과 대답을 통해 설명한다. 내가 번역한 책이라 남세스럽기는 하지만 이 주제에 입문하는 이들에게는 필독서라고 할 만하다. 같은 저자의 『다윈 안의 신』(김윤성 옮김, 지식의 숲, 2005) 역시 읽어 볼 만하다. 다윈주의를 출발점으로 한 신학적·종교적 논의를 더 깊은 곳으로 이끄는 책이다. 존 호트의 책으로 아직 번역되지 않은 *God After Darwin*(Westview, 2000)은 진화론의 통찰력을 수용해서 진화론적 신학을 전개한 책이다. 매력적인 논의로 가득하다. 마이클 루스의 『다윈주의자가 기독교인이 될 수 있는가?』(이태하 옮김, 청년정신, 2002)는 다윈주의와 기독교의 관계가 갈등 관계가 아니라는 입장에서 서술한 책이다. 추천작이다. Howard van Till, *The Fourth Day*(Eerdmans, 1986)와 Howard van Till, Robert Snow, John Stek, Davis Young, *Portraits of Creation*(Eerdmans, 1990)은 진화론을 수용하면서 성서와 조화를 모색하는 작업을 한 책이다. 소위 복음주의권에서 진화론을 수용한 대표적인 학자의 책으로 추천한다. Kenneth Miller, *Finding Darwin's God*(Perenial, 1999)은 생물학자가 진화론과 신앙이 공존할 수 있다는 것을 강조한 책으로 추천작이다. 위르겐 몰트만, 『과학과 지혜』(김균진 옮김, 기독교서회, 2003)는 몰트만의 신학과 자연 과학에 대한 논의를 모은 책이다. 이 책과 함께 한국조직신학회에서 엮은 『과학과 신학의 대화』(기독교서회, 2003)를 읽어 볼 만하다. 존 폴킹혼, 『과학시대의 신론』(이정배 옮김, 동명사, 1998) 역시 함께 읽으면 좋다. Francis Collins, *The Language of God*(Free Press, 2006)은 과학자로서 신앙과 이성 모두를 포괄하고자 하는 시도를 담은 책이다. Arthur Peacocke, *Paths From Science Towards God*(Oneworld, 2001)은 생화학자로 25년을 보낸 성공회 사제가 과학적 사유의 원리들을 신학에 적용하면서 과학 시대의 신학을 모색하는 책이다. 같은 저자의 *God and the New Biology*(Peter Smith, 1994)는 현대 생물학의 전개 과정을 고려하면서, 환원주의적 관점보다 전일적 관점에서 진화를 보고, 신과 인간, 자연에 대한 논의를 전개한다. 같은 저자의 *A Theology for a Scientific Age*(Fortress, 1993) 역시 같은 맥락의 책이다. 진화론과 기독교의 관계를 분석하고 종교의 미래를 다룬 책으로는 Philip Hefner, *The Human Factor*(Fortress, 1993), Philip Clyton, *God and Contemporary Science*(Eerdmasn, 1997), Philip Kitcher, *Living with Darwin*(Oxford, 2007) 등이 있다.

더불어 소개하자면, 바티칸 천문대와 버클리에 있는 '신학과 자연 과학 연구소'가 함께 연구하고 그 연구 성과물을 펴낸 책들이 있다. 'Scientific Perspective on Divine Action' 시리즈 5권이 그것이다. 책 제목만 나열하면 이렇다. *Evolutionary and Molecular Biology*, *Neuroscience and the Person*, *Chaos and Complexity*, *Quantum Cosmology and the Laws of Nature*, *Quantum Mechanics*. 이 분야 최고 전문가들의 글이다. 자연 과학을 전공하지 않은 사람이 소화하기는 너무 어렵다. 필요한 몇 편의 논문만 읽고 서가에 장식용으로 있다.

진화론의 종교 논의

진화론적 입장에서 또는 자연주의적 관점에서 종교를 다루는 책들이 최근 들어 지속적으로 출간되고 있다. 데닛, 도킨스, 에드워드 윌슨, 데이비드 슬론 윌슨, 스콧, 보이어, 핑커, 굴드 등의 책을 언급할 수 있겠다. 대표적인 책이라면 에드워드 윌슨의 『통섭』(최재천·장대익 옮김, 사이언스북스, 2005)일 것이다. 『사회 생물학』(이병훈·박시룡 옮김, 민음사, 1992)과 『인간 본성에 대하여』(이한음 옮김, 사이언스북스, 2001)에 이은 윌슨의 기념비적 저작이다. 종교에 대한 적응주의적 해설도 들어 있다. 강력 추천작이다. 또 윌슨의 『생명의 편지』(권기호 옮김, 사이언스북스, 2007)도 읽을 만하다. 생물학 중심주의 입장에서 기독교와의 대화를 시도한 책이다. 이 분야의 또 다른 대표작은 리처드 도킨스의 『만들어진 신』(이한음 옮김, 김영사, 2006)일 것이다. 내용과 내공에 무관하게 화제의 책이다. 그 외 도킨스의 저작들인 『이기적 유전자』(홍영남 옮김, 을유문화사, 2006), 『확장된 표현형』(홍영남 옮김, 을유문화사, 2004), 『눈먼 시계공』(이용철 옮김, 사이언스북스, 2004), 『악마의 사도』(이한음 옮김, 바다출판사, 2005)도 꼭 읽어 보기를. 데이비스 슬론 윌슨의 『종교는 진화한다』(이철우 옮김, 아카넷, 2004)는 집단 선택론의 관점에서 종교를 설명한 책으로 에드워드 윌슨의 책과 도킨스의 책과 비교해서 읽으면 좋다. Daniel C. Dennett, *Breaking the Spell*(Viking, 2006)은 진화론적 관점에서 종교를 다룬 책이다. 아직 번역되지는 않았지만 추천작이다. Pascal Boyer, *Religion Explained*(Basic Books, 2001)는 진화론적 관점에서 종교 관념이 어떻게 생겨났는지를 다룬 책이다. 꼭 읽어 보기를 권한다. Scott Atran, *In Gods We Trust*(Oxford, 2002)는 진화론적 입장에 서서 인류학적 자료를 사용해 종교에 대해 설명하는 책이다. 그리고 루이스 월퍼트, 『믿음의 엔진』(황소연 옮김, 에코의서재, 2006) 역시 인간 믿음의 근원에 대해 진화론적 설명을 시도한 책이다. 추천작이다.

싸움닭 도킨스에 관련된 책들도 상당수가 있다. 앨런 그랜펀과 마크 리들리가 편집한 『리처드 도킨스』(이한음 옮김, 을유문화사, 2007)는 도킨스의 영향력에 대한 다방면 학자들이 쓴 글들을 모은 것으로 읽어 보면 좋다. Susan Blackmore, *The Meme Machine*(Oxford, 1999)은 도킨스의 '밈' 개념을 확장 심화시킨 것이다. 종교를 밈으로 설명하는 책들을 읽을 때 도움이 될 것이다. 이와 달리 도킨스를 비판하는 책으로, 알리스터 맥그라스, 『도킨스의 신』(김태완 옮김, SFC, 2007)과 『도킨스의 망상』(전성민 옮김, 살림, 2008)이 있다. 또 리처드 도킨스에게 보내는 공개 비평 서한임을 내세운 데이비드 로버트슨, 『스스로 있는 신』(전현주 옮김, 사랑플러스, 2008)도 있다.

도킨스 말고도 종교를 비판하는 현대 지식인들도 적지 않다. 기성 종교의 위험성과 부조리, 종교의 비이성적 모습을 비판한 책들로, 크리스토퍼 히친스의 『신은 위대하지 않다』(김승욱 옮김, 알마, 2008)가 대표적이다. 현대 무신론자들의 견해를 확인할 수 있는 책으로 추천작이다. 샘 해리스, 『종교의 종말』(김원옥 옮김, 한언, 2005)도 번역되었지만 번역에 다소 문제가 있다.

인지 과학과 종교

최근 가장 큰 관심 영역으로 떠오르는 분야는 인지 과학이다. 종교와 과학의 문제에서, 특히 종교 경험과 종교적 신념의 작동 과정에 대해 심각한 질문을 제기하는 분야이다. 다소 전문적인 논의가 주를 이루지만, 참고할 만한 번역서를 중심으로 소개해 보겠다.

우선 스티븐 핑커를 읽어야 한다. 언어의 생물학적 토대를 밝히는 대작 『언어 본능』(김한영 외 옮김, 소소, 2004)과 마음의 작동 원리를 진화 심리학적으로 접근해 해명한 『마음은 어떻게 작동하는가』(김한영 옮김, 소소, 2007), 인간 본성에 대한 기존의 논의를 비판적으로 검토하고 과학과 상식에 기반을 둔 인식의 중요성을 강조한 『빈 서판』(김한영 옮김, 사이언스북스, 2004)은 어떻게든 읽어야 하는 책이다. 국내 저술로는 이정모, 『인지심리학』(아카넷, 2001)이 있다. 초보자에게 다소 무거울지 모르지만, 인지 심리학이라는 분야를 개괄하고 있어 유용하다. 강력 추천 도서이다. 안토니오 다마지오, 『스피노자의 뇌』(임지원 옮김, 사이언스북스, 2007)는 논란이 있기는 하지만 읽을 만하다. 제럴드 에델만, 『신경과학과 마음의 세계』(황희숙 옮김, 범양사, 1998)는 오래된 책이기는 하나 마음과 뇌의 관계에 대해 생물학의 관점에서 설명한 책이다. 꼭 읽어 두기를. 조지프 르두, 『시냅스와 자아』(강봉균 옮김, 소소, 2005)는 신경 세포의 연결 방식이 어떻게 인간의 의식과 자아에 관련되어 있는가를 보여 주는 책이다. 다소 전문적이지만 흥미롭다. 스티븐 미슨, 『마음의 역사』(윤소영 옮김, 영림카디널, 2001)는 인간 마음의 진화에 대해 고고학적 증거를 엮어서 기술한 책이다. 재미있다, 추천작. 크리스토프 코흐, 『의식의 탐구』(김미선 옮김, 시그마프레스, 2006)는 뇌와 의식에 관해 신경 생물학적 관점에서 서술한 책이다. 초심자들에게 다소 버겁지만 추천하고 싶은 책이다. 앤드루 누버그 등이 지은 『신은 왜 우리 곁을 떠나지 않는가』(이충호 옮김, 한울림, 2001)는 초자연적 경험, 종교 경험이 뇌와 어떻게 관련되는가를 신경 생리학적으로 논의한다. 꼭 읽기를.

과학이란 무엇인가?

문외한에게 과학은 미지의 세계다. 특별히 과학에 피해 의식을 갖는 신앙인에게 과학은 공포 영화의 괴물처럼 두려울지 모른다. 영화에서 일단 괴물의 모습이 드러나면 더 이상 공포의 대상이 아니다. 과학도 그렇다. 과학의 위상과 본질을 알고 싶은 사람들은 과학 철학이나 과학사, 과학학에 대한 책을 손에 잡으면 된다. 우선은 과학사를, 그다음에 과학학이나 과학 철학을 읽는다면 좀 더 쉬울 것 같다. 입문서부터 전문적인 서적까지 종류가 다양하다.

먼저 과학사를 살펴보는 게 좋다. 피터 보울러, 이완 모리스의 『현대 과학의 풍경』(전2권, 김봉국·홍성욱 옮김, 궁리, 2008)이라는 과학사 개론서로 시작하는 것도 나쁘지 않다. 과학사의 역사적 사건(1권)과 특정 주제(2권)를 함께 논의하고 있다. 최근에 번역되어 출판되었다. 보울러, 내가 좋아하는 학자로 이 책 강하게 추천한다. 찰스 길리스피의 『객관성의 칼날』(이필렬 옮김, 새물결, 2005)도 신뢰할 만한 서구 과학사 책이다. 추천할 만하다. Margaret J. Osler (ed.), *Rethinking the Scientific Revolution* (Cambridge, 2000)도 강하게 추천할 만한 책이다. 과학 혁명을 단절 또는 급진적이고 완전한 변화를 가져온 하나의 통일된 사건으로 보는 관점과 달리 과학 혁명 이전 시대와의 연속성을 중시하고, 인물 중심의 관점을 탈피한 책이다. 다소 얌전한 모범생 같은 책이긴 하지만 김영식의 『과학 혁명』(아르케, 2001) 같은 책도 있고, 과학사가 급격한 변혁으로 이루어진 게 아니라 점진적으로 진행해 온 과정임을 주장하는 개론서인 스티브 샤핀, 『과학 혁명』(한영덕 옮김, 영림카디널, 1997) 같은 책도 있다. 스티븐 메이슨, 『과학의 역사』(박성래 옮김, 까치, 1987)는 공부 초기에 열심히 읽은 과학 입문서이고, 야마모토 요시타카, 『과학의 탄생』(이영기 옮김, 동아시아, 2005)은 근대 과학의 발전을 자력과 중력이라는 관점에서 해명하는 과학사 책이다. 제임스 매클레란 3세, 해럴드 도른의 『과학과 기술로 본 세계사 강의』(전대호 옮김, 모티브, 2006)는 과학과 기술의 역사를 서양 중심을 벗어나서 서술한 책이 강하게 추천하고 싶다. 그리고 에드워드 그랜트, 『중세의 과학』(홍성욱·김영식 옮김, 민음사, 1992)과 리차드 웨스트팔, 『근대 과학의 구조』(정명식 외 옮김, 민음사, 1992) 같은 책도 읽어 둘 만하다.

과학 철학 책으로는, 박이문, 『과학 철학이란 무엇인가』(사이언스북스, 1993)가 가장 먼저 눈에 띈다. 과학 철학 입문서로 학부생을 위해 풀어 쓴 책이다. 과학 철학의 기본 입문서로는 앨런 차머스, 『과학이란 무엇인가』(신중섭·이상원 옮김, 서광사, 2003)도 나쁘지 않다. 존 로제, 『과학 철학의 역사』(최종덕·정병훈 옮김, 한겨레, 1986)는 아리스토텔레스부터 현대까지 과학 철학의 역사를 기술한 책이다. 조인래 외, 『현대 과학 철학의 문제들』(아르케, 1999)은 입문서 수준의 과학 철학책으로 국내 학자들의 글을 모은 것으로 읽기 좋다. 해롤드 브라운, 『새로운 과학 철학』(신중섭 옮김, 서광사, 1988)은 논리 실증주의와 토머스 쿤의 과학 철학을 비교 논의한 것인데, 과학 철학의 논쟁 지형 중 하나를 이해하는 데 도움을 준다. 토마스 쿤 외, 『현대과학철학 논쟁』(조승옥·김동식 옮김, 아르케, 2003)은 쿤의 과학관을 중심으로 과학 철학의 논쟁을 모은 책으로 앞의 책과 함께 읽을 만하다. 쿤을 둘러싼 과학 철학계의 논쟁을 앞의 책들로 읽기 버겁다면 장대익이 쓴 『과학에는 뭔가 특별한 것이 있다: 쿤 & 포퍼』(김영사, 2008)를 읽기 권한다. 과학의 정체성, 즉 과학 방법론 논쟁을 다루는데, 간단치 않은 내용을 잘 풀어 나간다. 강하게 추천하는 책이다. 쿤 이후 1980년대의 과학 철학 논쟁을 읽고 싶다면 래리 라우든, 『포스트모던 과학 논쟁』(이범 옮김, 새물결, 1996)이 볼 만하다. 기독교적 시각, 그중에서도 복음주의적 시각에서 과학 철학을 어떻게 보는지 궁금하다면 델 라치, 『과학철학』(김영식·최경학 옮김, IVP, 2002)을 읽으면 된다. 또 과학 철학 밖에서 과학을 보는 법을 소개한 책들이 있다. 데이비드 헐, 『과정으로서의 과학』(전2권, 한상기 옮김, 한길사, 2008)이라는 책은 과학이 어떤 방식으로 작동하는가를 진화론적 관점에서 설명한 책이다. 개인적으로 강하게 추천한다. 송병욱, 『형이상학과 자연과학』(에코리브르, 2004) 역시 자연 과학의 원리를 다소 철학적 시각을 가지고 논의한 책이다.

    그 외에도 과학학 관련 책들이 많이 있는데 일부만 소개한다. 데이비스 헤스의 『과학학의 이해』(김환석 옮김, 당대, 2004)는 과학 기술학 또는 과학학에 대한 압축적인 소개를 하고 있다. 국내 학자들인 홍성욱, 이상욱, 장대익 등이 쓴 『과학으로 생각한다』(동아시아, 2007)는 과학자와 과학 기술자의 삶과 사상을 당대 시대적 정황과 관련시켜 소개한 것으로, 과학과 사상이 어떻게 관련되는가를 보여 준다. 홍성욱의 『생산력과 문화로서의 과학 기술』(문학과 지성사, 1999)은 과학 기술과 사회와의 관련성에 대한 글 모음이다. 칼 프리드리히 폰 바이츠제커, 『과학의 한계』(송병옥 옮김, 민음사, 1996)는 과학과 인간의 본성 사이의 관계와 성격을 자연과 우주의 역사와 연결시켜 근원적으로 밝히려고 한 거대한 지적 야망을 가진 책이다. 꼭 읽어 보기를 권한다. 베르너 하이젠베르크, 『부분과 전체』(김용준 옮김, 지식산업사, 1982)는 어느 범주에 넣어야 할지 모르겠다. 하지만 두말할 필요 없이 한 번은 읽어야 할 책이다. 자연 과학자의 내공이 이 정도만 된다면 '두 문화' 사이의 갭 같은 것은 장애가 되지 않을 것이다.

생물학과 생물 철학

생물학과 생물 철학에 관련된 책은 진화 vs. 창조 논쟁이나 종교와 과학의 현대적 논쟁 지형을 이해하는 데 많은 도움을 준다. 중요한 책은 상당수 번역되어 있고, 국내 저자의 책들도 나와 있다.

에른스트 마이어, 『이것이 생물학이다』(최재천 외 옮김, 몸과마음, 2002)라는 책을 가장 먼저 읽어야 한다. 이것은 단순히 생물학 책이 아니다. 마이어의 『진화란 무엇인가』(임지원 옮김, 사이언스북스, 2008) 역시 반드시 읽어야 하는 책이다. 진화론에 대한 완결판이다. 또 하나의 강력 추천 도서는 에드워드 라슨의 『진화의 역사』(이충 옮김, 을유문화사, 2006)이다. 진화론의 발전 과정부터 미국 그리스도교의 반발까지, 정치, 사회, 문화, 종교까지 포괄해서 진화론을 소개하는 책이다. 프란츠 부케티츠, 『진화는 진화한다』(이은희 옮김, 도솔, 2007)도 진화에 대한 여러 논점들을 핵심적으로 소개한 책이다. 읽으면 좋다. 마이클 루스의 『진화론의 철학』(아카넷, 2004)은 생물 철학자인 루스가 한국 학술 협의회 주관의 석학 강좌에서 했던 강의를 모은 것이다. 션 캐럴, 『한 치의 의심도 없는 진화 이야기』(김명주 옮김, 지호, 2006)는 DNA를 중심으로 진화의 증거들을 제시한 책이다. 꼭 읽을 필요가 있는 책이다. 같은 저자의 『이보디보』(김명남 옮김, 지호, 2007) 역시 꼭 읽어야 할 책으로, 진화론 발전사에서 새로운 지평을 개척하고 있는 진화 발생 생물학을 소개한 책이다.

하워드 케이의 『현대생물학의 사회적 의미』(생물학의 역사와 철학 연구 모임 옮김, 뿌리와 이파리, 2008)는 사회 다윈주의와 사회 생물학에 대해 문화적이며 사회적 분석을 시도한 책이다. 사회 생물학의 논의가 넘쳐나는 지금 읽을 만한 책이다. 이 책과 같이 읽을 책이 프란츠 부케티츠, 『사회생물학 논쟁』(사이언스북스, 1999)이다. 사회 생물학에 대한 소개와 이를 둘러싼 논쟁을 다루고 있다. 추천작이다. 진화론의 전반적인 학문적 지형도를 쉽게 그리고 싶다면 장대익, 『다윈의 식탁』(김영사, 2008)을 추천한다. 가상 논쟁을 통해 진화론의 주요 주제들을 다루고 있다. 비슷한 주제의 책이 킴 스티렐니, 『유전자와 생명의 역사』(장대익 옮김, 몸과마음, 2002)이다. 도킨스와 굴드라는 현대 진화론의 두 빅마우스가 펼치는 논전을 잘 정리한 책이다. 엘리엇 소버, 『생물학의 철학』(민찬홍 옮김, 철학과 현실사, 2004)은 생물 철학에 관련된 주제를 제대로 다룬 책이다. 강하게 추천하는 책이다. 스티븐 제이 굴드 『다윈 이후』(홍욱희·홍동선 옮김, 사이언스북스, 2009)는 굴드의 데뷔작으로 다윈주의에 대한 여러 오해를 한 방에 풀려는 과감한 책으로 추천작이다. 스티브 존스의 『진화하는 진화론』(김혜원 옮김, 김영사, 2007)은 한마디로 다시 쓰는『종의 기원』이다.『종의 기원』의 장과 소제목을 그대로 따라가면서 다윈 이후 진화 생물학의 발전된 정보들을 업데이트한 책이다. 읽어 보길 바란다. 로저 르윈,『진화의 패턴』(전방욱 옮김, 사이언스북스, 2002)은 사진과 삽화를 포함해서 생명의 역사와 진화를 설명하고 있다. 칼 세이건의 전 부인인 린 마굴리스와 그의 아들인 도리언 세이건이 함께 쓴『생명이란 무엇인가?』(황현숙 옮김, 지호, 1999) 역시 추천작이다. 미토콘드리아의 중요성, 공생의 중요성, 생명의 본질에 대한 현대적 이해를 일깨운 또 다른 생물학 교과서이다.

생물학과 생물 철학에 대한 책을 읽다 보면 다윈의 삶을 피해 갈 수가 없다. 피터 보울러,『찰스 다윈』(한국동물학회 옮김, 전파과학사, 1996)이 우선 눈에 띈다. 과학사 학자인 피터 보울러가 쓴 책으로 다윈의 생애를 소개하고, 진화론이 19세기 이후 현대 사상에 끼친 영향을 다룬 책이다. Francis Darwin (ed.), *The Autobiography of Charles Darwin and Selected Letters*(Dover, 1958)는 찰스 다윈의 아들이 편집한 책으로, 다윈의 자서전과 그의 서한들이 실려 있다. *Life and Letters*(1887)를 다시 간추린 것으로, 종교 관련 서신들도 모여 있다. William Phipps, *Darwin's Religious Odyssey*(Trinity Press, 2002)는 다윈 자신의 신앙관이 어떻게 변해 왔는가를 서술한 책이다. 다윈의 신앙관이 어떻게 변해 왔는지를 생생하게 확인할 수 있는 것은 자서전 말고도『다윈의 비글 호 항해기』(정순근 옮김, 가람기획, 2006)가 있다. 말이 필요 없는 책으로 시간만 된다면 반드시 읽어야 할 책이다. 다윈에 대한 간략한 소개서로는 레베카 스테포프,『진화론과 다윈』(이한음 옮김, 바다출판사, 2002), 요하네스 헴레벤,『다윈』(권세훈 옮김, 한길사, 1999) 등이 있다.

또 종교를 비판하는 과학자들 중에는 종교를 사이비 과학과 같은 맥락에서 공격하는 사람들도 많다. 과학자들의 종교 비판 논리를 이해하는 데에는 사이비 과학에 대한 논의를 한번 읽어 보는 것도 나쁘지 않다. 마이클 셔머, 『왜 사람들은 이상한 것을 믿는가』(류운 옮김, 바다출판사, 2007)가 있다. 이상한 믿음의 기원을 진화론적으로 설명한다. 이상한 믿음 중에는 제도 종교도 포함시키려는 셔머의 의도를 느낄 수 있다. 그래도 추천한다. 유명한 과학 저술가 마틴 가드너, 『아담과 이브에게는 배꼽이 있었을까』(강윤재 옮김, 바다출판사, 2002) 역시 사이비 과학에 대한 비판서이다. 창조 과학 역시 사이비 과학으로서 비판되고 있다.

그 외 천체 물리학, 뉴턴이나 갈릴레오에 관련된 책은 한국어로 번역된 좋은 책들이 상당히 많다. 뉴턴과 갈릴레오에 관한 한국어 번역본만 보면 다음과 같다. 리처드 웨스트폴, 『프린키피아의 천재』(최상돈 옮김, 사이언스북, 2001)가 있다. 데이비드 클라크와 스티븐 클라크 쓴 『독재자 뉴턴』(이면우 옮김, 몸과마음, 2002)도 읽을 만하다. 과학 영웅 뉴턴의 그늘을 확인할 수 있다. 윌리엄 쉬어, 마리아노 아르키가스, 『갈릴레오의 진실』(고종숙 옮김, 동아시아, 2003)은 신학자와 과학사학자가 함께 쓴 책으로 갈릴레오 사건을 흑백 논리로 재단하지 않고 균형 잡힌 시각으로 소개한다. 읽을 만하다. 요하네스 헴레벤, 『갈릴레이』(안인희 옮김, 한길사, 1998)와 웨이드 로랜드, 『갈릴레오의 치명적 오류』(정세권 옮김, 미디어 윌 M&B, 2003) 같은 책들도 읽을 만하다.

먼 길을 쉬지 않고 달려온 느낌이다. 지금까지 언급한 책들은 지난 시간 달려오면서 마주친 풍광들이다. 오랜 시간 함께한 손때 묻은 정든 책도 있고, 아직도 서가 한쪽에서 구애의 눈길을 하고 기다리는 책도 있다. 이런 책들이 모여 종교와 과학의 만남이라는 지형을 만들어 가고 있다. 새로운 책들이 또 다른 모습으로 앞에서 기다리고 있을 것이다. 그것들이 또한 종교와 과학의 지형도를 그려 나갈 것이다.

오랫동안 달린 것 같은데, 이제 겨우 반환점 가까이에 왔다는 느낌이다. 이 책은 지금까지 달려온 길을 잠시 되돌아보는 과정이었다. 그 종착점이 어디가 될지도 모르면서도 기대감을 가지고 서신 교환을 시작했다. 조심스러운 탐색을 하면서 다른 생각을 읽으면 읽은 대로, 같은 관점을 확인하면 확인하는 대로 소통에 의미를 부여했다. 이제 남은 절반을 뛰기 위해 운동화 끈을 다시 조여야 할 시간이다. 종착지는 종교 전쟁을 넘어서는 것이다.

2009년 봄
광주에서
신재식

참고 문헌

편지 1.1

번역서
리처드 도킨스,『만들어진 신』(이한음 옮김, 김영사, 2007).
리처드 도킨스,『이기적 유전자 30주년 기념판』(홍영남 옮김, 을유문화사, 2006).
에드,『생명의 편지』(권기호 옮김, 사이언스북스, 2007).
칼 세이건,『콘택트』(이상원 옮김, 사이언스북스, 2001).

국외 문헌
Gould, Stephen Jay, *Rocks of Ages: Science and Religion in the Fullness of Life* (Ballantine, 1999).

편지 1.2

국내 문헌
신재식,「과학시대의 신학하기」,《우원사상논총》9집, 2000.

번역서
데이비드 린드버그, 로널드 넘버스 엮음,『신과 자연』(이화여대출판부, 1998).
이언 바버,『과학이 종교를 만날 때』(이철우 옮김, 김영사, 2002).
존 호트,『과학과 종교, 상생의 길을 가다(*Science and Religion*)』(구자현 옮김, 코기토, 2003).
크리스토프 샤를 · 자크 베르제르,『대학의 역사』(김정인 옮김, 한길사, 1999).
테드 피터스 엮음,『과학과 종교』(김흡영 · 배국원 · 윤원철 외 옮김, 동연, 2002).

국외 문헌
Barbour, Ian G., *Religion and Science: Historical and Contemporary Issues* (Harper San Francisco, 1997).
Welch, Claude, *Protestant Thought in the Nineteenth Century I, II* (Yale University Press, 1972).

편지 1.3

국내 문헌

강인철, 「한국 무종교인에 관한 연구」, 《사회와 역사》 제52집, 1997.
고건호, 「종교를 통계로 본다는 것에 대해」, 한국종교연구회, 『종교 다시 읽기』(청년사, 1999).
윤승용, 「최근 20년간 한국 종교문화 변동」, 《종교문화비평》 제6호, 2004.
이진구, 「종교적 지혜인가, 과학적 지식인가: 종교연구의 두 흐름」, 《신학전망》 제157집, 2007.
장석만, 「종교학의 차이성과 인정투쟁」, 《한국종교연구회회보》 제1호, 1989.
정진홍, 『M. 엘리아데: 종교와 신화』(살림, 2003).

번역서

더글라스 알렌, 『엘리아데: 신화와 종교』(유요한 옮김, 이학사, 2000).
도시마로 아마, 『일본인은 왜 종교가 없다고 말하는가』(정형 옮김, 예문서원, 2000).
리처드 도킨스, 『만들어진 신』(이한음 옮김, 김영사, 2007).
리처드 도킨스, 『악마의 사도: 도킨스가 들려주는 종교, 철학 그리고 과학 이야기』(이한음 옮김, 바다출판사, 2003).
미르체아 엘리아데, 『성과 속』(이은봉 옮김, 한길사, 1998).
이반 스트렌스키, 『20세기 신화이론: 카시러, 말리노프스키, 엘리아데, 레비스트로스』(이용주 옮김, 이학사, 2008).
이안 G. 바버, 『과학이 종교를 만날 때』(이철우 옮김, 김영사, 2002).
존 호트, 『과학과 종교 상생의 길을 가다』(구자현 옮김, 코기토, 2003).
존 호트, 『다윈 안의 신: 진화론 시대의 종교』(김윤성 옮김, 지식의 숲, 2005).

국외 문헌

Barbour, Ian G., *Religion in an Age of Science* (Harper & Row, 1990).
Gould, Stephen Jay, *Rocks of Ages: Science and Religion in the Fullness of Life* (Ballantine, 1999).
Lincoln, Bruce, "Thesis on Method," *Method and Theory in the Study of Religion*, Vol. 8, No. 3, 1996.

편지 2.1

국내 문헌

신재식, 「유전자와 밈 사이에서: 도킨스의 종교담론」, 《종교문화비평》 제15호, 2009.

번역서

데이비드 흄, 『자연종교에 관한 대화』(이태하 옮김, 나남, 2008).
리처드 도킨스, 『만들어진 신』(이한음 옮김, 김영사, 2007).
에드워드 라슨, 『진화의 역사』(이충 옮김, 을유문화사, 2006).
에드워드 윌슨, 『생명의 편지』(권기호 옮김, 사이언스북스, 2007).
에드워드 윌슨, 『통섭: 지식의 대통합』(최재천·장대익 옮김, 사이언스북스, 2005).
에른스트 마이어, 『진화론 논쟁』(신현철 옮김, 사이언스북스, 1998).
월터 캡스, 『현대 종교학 담론』(이원규·배국원 외 옮김, 까치, 1999).

국외 문헌

Aquinas, Thomas, *Summa Theologiae* I, II (McGraw-Hill Book Co. 1963).
Farley, Edward, *Theologia* (Fortress Press, 1983).

편지 2.2

국내 문헌

이정모 외, 『인지심리학』(학지사, 2009).
장대익, 「이타성의 진화와 선택의 수준 논쟁」, 《과학철학》, 8권 1호, 2005.
장대익, 「'과학과 종교' 논쟁의 최근 풍경」, 《종교문화연구》, 제9호, 2008.
장대익, 「일반 복제자 이론: 유전자, 밈, 그리고 지향계」, 《과학철학》, 제11호, 2008.

번역서

데니얼 길버트, 『행복에 걸려 비틀거리다』(서은국·최인철·김미정 옮김, 김영사, 2006).
데이비드 윌슨, 『종교는 진화한다』(이철우 옮김, 아카넷, 2004).
리처드 도킨스, 『만들어진 신』(이한음 옮김, 김영사, 2007).
리처드 도킨스, 『이기적 유전자 30주년 기념판』(홍영남 옮김, 을유문화사, 2006).
리처드 도킨스, 『확장된 표현형』(홍영남 옮김, 을유문화사, 2004).
마이클 셔머, 『왜 사람들은 이상한 것을 믿는가: 뉴에이지 과학, 지적 설계론, 미신과 심령술…… 우리 시대의 사이비 과학을 비판한다』(류운 옮김, 바다출판사, 2007).
샘 해리스, 『종교의 종말』(김원옥 옮김, 한언, 2005).
앨런 그래펀·마크 리들리 엮음, 『리처드 도킨스』(이한음 옮김, 을유문화사, 2007).
에드워드 윌슨, 『통섭: 지식의 대통합』(최재천·장대익 옮김, 사이언스북스, 2005).
크리스토퍼 히친스, 『신은 위대하지 않다』(김승욱 옮김, 알마, 2008).

국외 문헌

Atran, S., *In Gods We Trusts: The Evolutionary Landscape of Religion* (Oxford University Press, 2002).
Barkow, J. H., Cosmides, L. & Tooby, J.(eds.), *The Adapted Mind* (Oxford University Press, 1992).
Blackmore, S., *The Meme Machine* (Oxford University Press, 1999).
Boyer, P., *Religion Explained: Evolutionary Origins of Religious Thought* (Basic Books, 2001).
Boyer, P., *The Naturalness of Religious Ideas* (University of California Press, 1994).
Boyer, P., "Religious Thought and Behavior as By-products of Brain Function," *Trends in Cognitive Sciences* 7: 119-124, 2003.
Darwin, C. R., *On the Origin of Species* (Murray, 1859).
Dawkins, R. "Burying the Vehicle," *Behavioral and Brain Sciences* 17: 617, 1994.
Dennett, D., *Breaking the Spell: Religion as a Natural Phenomenon* (Viking, 2006).
Dennett, D., *Darwin's Dangerous Idea* (Touchstone, 1995).
Dennett, D., *The Intentional Stance* (MIT Press, 1987).
Dennett, D., "Intentional System," *Journal of Philosophy* 68: 87-106, 1971.
Dennett, D., "Memes and the Exploitation of Imagination," *Journal of Aesthetics and Art*

Criticism 48: 127-135, 1990.
Dennett, D., "Real Patterns," *Journal of Philosophy* 89: 27-51, 1991.
Dennett, D., "Review of Richard Dawkins' *The God Delusion*," *Free Inquiry* 27(1): 64-70, 2007.
Dennett, D., "The Evolution of Culture," *The Monist* 84: 305-324, 2001.
Gould, Stephen Jay, and Lewontin, R., "The Spandrels of San Marco and the Panglossian Paradigm: A critique of the adaptationist Programme," in *Proc. of the Royal Society of London*, ser. B., 205: 581-98, 1979.
Wilson, E. O., *Sociobiology: The New Synthesis* (Belknap Press, 1975).

편지 2.3

국내 문헌
김성규, 『불교 속의 과학, 과학 속의 불교』(우리, 2000).
김용정, 『불교와 과학』(석림출판사, 1996).
김윤성, 「미국 사회와 개신교 근본주의: 사면초가 속의 저력」, 《역사비평》 제64호, 2003.
문종길, 「심층생태론은 생태위기의 철학적 대안이 될 수 있는가」, 《환경철학》 제1호, 2002.
양형진, 『산하대지가 참 빛이다: 과학으로 보는 불교의 중심사상』(장경각, 2001).
윤승용, 「근대 한국종교의 전개」, 《사회와 역사》 제52집, 1997.
이진구, 「종교와 과학의 관계에 대한 한국 개신교의 이해: 일제강점기를 중심으로」, 《한국 기독교와 역사》 제22호, 2002.
장석만, 「개항기 한국사회와 근대성 형성」, 《세계의 문학》 제69호, 1993.
장석만, 「개항기 한국사회의 '종교' 개념 형성에 관한 연구」, 서울 대학교 박사 학위 논문, 1992.
장석만, 「문화비평으로서 종교학」, 《한국종교연구회보》 제2호, 1990.

번역서
니니안 스마트, 『종교와 세계관』(김윤성 옮김, 이학사, 2000).
루돌프 오토, 『성스러움의 의미』(길희성 옮김, 분도출판사, 1998).
메리 더글라스, 『순수와 위험: 오염과 금기 개념의 분석』(유제분·이훈상 옮김, 현대미학사, 2005).
메리 이블린 터커, 존 A. 그림, 『세계관과 생태학』(유기쁨 옮김, 민들레책방, 2003).
어슐러 구디너프, 『자연의 신성한 깊이: 존재의 기원과 깊이에 대한 명상적 에세이』(김현성 옮김, 수수꽃다리, 2000).
에드워드 윌슨, 『생명의 편지』(권기호 옮김, 사이언스북스, 2007).
에드워드 윌슨, 『통섭: 지식의 대통합』(최재천·장대익 옮김, 사이언스북스, 2005).
이안 G. 바버, 『과학이 종교를 만날 때』(이철우 옮김, 김영사, 2002).
칼 세이건, 『코스모스: 칼 세이건 서거 10주기 특별판』(홍승수 옮김, 사이언스북스, 2006).

국외 문헌
Marshall Sahlins, *The Use and Abuse of Biology: An Anthropological Critique of Sociobiology* (University of Michigan Press, 1976).

편지 3.1

번역서
데이비드 윌슨, 『종교는 진화한다』(이철우 옮김, 아카넷, 2004).
에드워드 윌슨, 『생명의 편지』(권기호 옮김, 사이언스북스, 2007).
에드워드 윌슨, 『통섭: 지식의 대통합』(최재천·장대익 옮김, 사이언스북스, 2005).

국외 문헌
Collins, F. S., *The Language of God* (Free Press, 2006).
Dennett, D., *Breaking the Spell: Religion as a Natural Phenomenon* (Viking, 2006).
Dennett, D., *Freedom Evolves* (Viking, 2003).
Gould, Stephen Jay, *Rocks of Ages: Science and Religion in the Fullness of Life* (Ballantine, 1999).

편지 3.2.1

번역서
스티븐 와인버그, 『최초의 3분』(신상진 옮김, 양문, 2005)
에드워드 그랜트, 『중세의 과학』(홍성욱·김영식 옮김, 민음사, 1991).
이언 바버, 『과학이 종교를 만날 때』(이철우 옮김, 김영사, 2002).
존 호트, 『과학과 종교, 상생의 길을 가다』(구자현 옮김, 코기토, 2003).
찰스 길리스피, 『객관성의 칼날』(이필렬 옮김, 새물결, 1999).
테드 피터스 엮음, 『과학과 종교』(김흡영·배국원·윤원철 외 옮김, 동연, 2002).
프레드릭 코플스톤, 『중세철학사』(박영도 옮김, 서광사, 1988).
피터 브라운, 『기독교 세계의 등장』(이종경 옮김, 새물결, 2004).
후스토 곤잘레스, 『기독교사상사』 1, 2(이형기 외 옮김, 한국장로교출판사, 1988).

국외 문헌
Barrow, John D. and Tipler, Frank J., *The Anthropic Cosmological Principle* (Oxford University Press, 1986).
Brooke, John H., Osler, Margaret J., and Meer, Jitse M. van der (eds.), *Science in Theistic Contexts: Cognitive Dimensions* (Osiris, Vol. 16, 2001).
Lindberg, David C. and Numbers, Ronald L. (eds.), *When Science and Christianity Meet* (University of Chicago Press, 2003).
McGrath, Alister, *Science and Religion: An Introduction* (Blackwell, 1999).
Peacocke, Arthur, *God and the New Biology* (Peter Smith, 1994).
Scott, Eugenie C., *Evolution vs. Creationism: An Introduction* (University of California Press, 2004).

편지 3.2.2

국내 문헌
신재식, 「신학과 과학의 대화를 통해서 본 판넨베르크의 자연의 신학」, 《신학이해》 제22집, 2001.
신재식, 「진화론적 유신론과 케노시스의 하나님」, 《종교연구》 제32집, 2003.

번역서

델 라치, 『과학철학』(김영식 · 최경학 옮김, IVP, 2002).
볼프하르트 판넨베르크, 『자연신학』(박일준 옮김, 한국신학연구소, 2000).
볼프하르트 판넨베르크, 『현대문화 속에서의 신학』(아카넷, 2001).
윌리엄 뎀스키, 『지적 설계』(서울대학교 창조과학연구회 옮김, IVP, 2002)
존 호트, 『과학과 종교, 상생의 길을 가다』(구자현 옮김, 코기토, 2003).
존 호트, 『다윈 안의 신』(김윤성 옮김, 지식의 숲, 2005).
존 호트, 『신과 진화에 관한 101가지 질문』(신재식 옮김, 지성사, 2004).

국외 문헌

Haught, John, *God After Darwin: A Theology of Evolution* (Westview Press, 2000).
Pannenberg, Wolfhard, *Systematic Theology* I (Eerdman, 1991).
Pannenberg, Wolfhard, *Theology and the Philosophy of Science* (Westminster, 1976).

편지 3.3

국내 문헌

고건호, 「유교는 종교인가」, 한국종교연구회, 『종교 다시 읽기』(청년사, 1999).
김윤성, 「인지적 종교연구 그 한계와 전망」, 《종교문화비평》제14호, 2008.
이창익, 「인지종교학과 숨은그림 찾기」, 《종교문화비평》제14호, 2008.
장석만, 「문화비평으로서 종교학」, 《한국종교연구회회보》제2호, 1990.
정진홍, 『종교문화의 이해』(청년사, 1995).
정진홍 · 장회익 외, 『종교와 과학』(아카넷, 2000).

번역서

F. 막스 뮐러, 『종교학 입문』(김구산 옮김, 동문선, 1995).
거다 러너, 『가부장제의 창조』(강세영 옮김, 당대, 2004).
데이비드 흄, 『자연종교에 관한 대화』(이태하 옮김, 나남, 2008).
리타 M. 그로스, 『페미니즘과 종교』(김윤성 · 이유나 옮김, 청년사, 1999).
버트런드 러셀, 『나는 왜 기독교인이 아닌가』(송은경 옮김, 사회평론, 2005).
브루스 링컨, 『거룩한 테러: 9.11 이후 종교와 폭력에 대한 성찰』(김윤성 옮김, 돌베개, 2005).
새뮤얼 헌팅턴, 『문명의 충돌』(이희재 옮김, 김영사, 1997).
샘 해리스, 『종교의 종말』(김원옥 옮김, 한언, 2005).
에릭 J. 샤프, 『종교학: 그 연구의 역사』(윤이흠 · 윤원철 옮김, 한울, 1987).
존 H. 힉, 『종교철학』(김희수 옮김, 동문선, 2000).
줄리안 바기니, 『무신론이란 무엇인가』(강혜원 옮김, 동문선, 2007).
클리퍼드 기어츠, 『문화의 해석』(문옥표 옮김, 까치, 1998).

국외 문헌

Asad, Talal, *Genealogies of Religion: Discipline and Reasons of Power in Christianity and Islam* (Johns Hopkins University Press, 1993).
Gilkey, Langdon, *Nature, Reality, and the Sacred: The Nexus of Science and Religion* (Fortress,

1993).
Gould, Stephen Jay, *Rocks of Ages: Science and Religion in the Fullness of Life* (Ballantine, 1999).

편지 4.1

국내 문헌
강건일,『진화론 창조론 산책』(참과학, 2003).
김흡영,『현대과학과 그리스도교』(대한기독교서회, 2006).
장기홍,『진화론과 창조론』(한길사, 2001).
정진홍,『종교학 서설』(전망사, 1980).
정진홍·장회익,『종교와 과학』(아카넷, 2000).
한국창조과학회,『진화는 과학적 사실인가』(태양문화사, 1981).

번역서
리차드 칼슨 엮음,『현대 과학과 기독교의 논쟁』(우종학 옮김, 살림, 2003).
마이클 셔머,『과학의 변경 지대』(김희봉 옮김, 사이언스북스, 2005).
마이클 셔머,『왜 사람들은 이상한 것을 믿는가: 뉴에이지 과학, 지적 설계론, 미신과 심령술······ 우리 시대의 사이비 과학을 비판한다』(류운 옮김, 바다출판사, 2007).
마티유 리카르·트린 주안 투안,『손바닥 안의 우주: 불교와 과학이 만나는 변경으로의 여행』(이용철 옮김, 샘터, 2003).
테드 피터스 엮음,『과학과 종교: 새로운 공명』(김흡영 외 옮김, 동연, 2002).

편지 4.2

국내 문헌
양승훈,「겸손한 질문에 겸손한 대답」,《복음과 상황》, 1999년 6월호, 1999.
이은일,「진화론이 과학적 사실이라고 믿는 그리스도인 형제에게」,《복음과 상황》, 1998년 12월호, 1998.
장대익,『과학에는 뭔가 특별한 것이 있다: 쿤&포퍼』(김영사, 2008)
장대익,「진화론과 기독교」,《복음과 상황》, 1997년 10월호~1998년 2월호.
장대익,「진화론이 과학이 아니라면 과학은 없다」,《복음과 상황》, 1999년 1월호, 1999.
한국창조과학회,『진화는 과학적 사실인가』(태양문화사, 1981).

번역서
리처드 도킨스,『만들어진 신』(이한음 옮김, 김영사, 2005).
리처드 도킨스,『악마의 사도』(이한음 옮김, 바다출판사, 2003).
마이클 베히,『다윈의 블랙박스』(김창환 외 옮김, 풀빛, 2001).
샘 해리스,『기독교국가에 보내는 편지』(박상준 옮김, 동녘사이언스, 2007).
샘 해리스,『종교의 종말』(김원옥 옮김, 한언, 2005).
크리스토퍼 히친스,『신은 위대하지 않다』(김승욱 옮김, 알마, 2008).
토머스 쿤,『과학 혁명의 구조』(김명자 옮김, 까치글방, 2002).

필립 존슨, 『다윈주의 허물기』(과기원 창조론 연구회 옮김, 한국기독학생회출판부, 2000).
필립 존슨, 『심판대의 다윈』, 이승엽·이수현 옮김, 까치글방, 2006).
필립 존슨, 『위기에 처한 이성』(양성만, 한국기독학생회출판부, 2000).
필립 존슨, 『진리의 쐐기를 박다』(홍종락 옮김, 좋은씨앗, 2005).

국외 문헌

Brockman, J. (ed.), *Intelligent Thought: Science versus the Intelligent Design Movement*(Vintage, 2006).
Colson, C. W., and Dembski, W. A., *The Design Revolution: Answering the Toughest Questions About Intelligent Design*(Inter Varsity Press, 2004).
Dembski, W. A. & Ruse, M. (eds.), *Debating Design*(Cambridge University Press, 2004).
Dembski, W. A., *Intelligent Design: The Bridge Between Science & Theology* (InterVarsity Press, 1999).
Dembski, W. A., *No Free Lunch*(Rowman & Littlefield Publishers, 2001).
Dembski, W. A., *The Design Inference: Eliminating Chance through Small Probabilities*(Cambridge University Press, 1998).
Dembski, W. A., *The Design Revolution*(InterVarsity Press, 2004).
Dennett, D. C., *Breaking the Spell: Religion as a Natural Phenomenon*(Viking, 2006).
Edis, T., and Young, M (eds.), *Why Intelligent Design Fails: A Scientific Critique of the New Creationism*(Rutgers University Press, 2004).
Fitelson, B., Stephens, C., and Sober, E., "How Not to Detect Design," *Philosophy of Science*, vol. 66, 472-488, 1999.
Forrest, B and Gross, P. R. *Creationism's Trojan Horse: The Wedge of Intelligent Design*(Oxford University Press, 2004).
Humes, E., *Monkey Girl: Evolution, Education, Religion, and the Battle for America's Soul*(Harper Collins, 2007).
Lakatos, I., *The Methodology of Scientific Research Programmes*(Cambridge University Press, 1978).
Numbers, R., *The Creationists*(Harvard University Press, 2006).
Pennock, R. (ed.), *Intelligent Design Creationism and its Critics: Philosophical, Theological, and Scientific Perspectives*(The MIT Press, 2002).
Pennock, R., *Tower of Babel: The Evidence against the New Creationism*(MIT Press, 1999).

편지 4.3

국내 문헌

신재식, 「'종교적 문자주의'와 '과학적 문자주의'를 넘어서」, 《종교연구》 제 53집, 2008.
신재식, 「창조-진화 논쟁에서 유신론적 진화론의 전개와 전망」, 《신학이해》 제25집, 2003.
신재식, 「현대설계논증과 다윈주의」, 《종교연구》 제30집, 2003.
한국기독교연구회 엮음, 『한국기독교의 역사』(기독교문사, 1992).
한국창조과학회 엮음, 『기원과학』(두란노, 1999).

번역서

더글라스 나이트 외,『히브리 성서와 현대의 해석자들』(박문재 옮김, 크리스챤다이제스트, 1996).
리차드 칼슨,『현대과학과 기독교의 논쟁』(우종학 옮김, 살림, 2003).
스티븐 헤이네스 외,『성서비평 방법론과 그 적용』(김은규 외 옮김, 대한기독교서회, 1997).
윌리엄 뎀스키,『지적 설계』(서울대학교 창조과학연구회 옮김, IVP, 2002)
제임스 모어랜드 · 존 레이놀즈 엮음,『창조와 진화에 대한 세 가지 견해』(박희주 옮김, IVP, 2001).
조지 마스든,『근본주의와 미국문화』(박용규 옮김, 생명의말씀사, 1997).
존 모리스,『젊은 지구: 지구의 참 역사』(홍기범 · 조정일 옮김, 한국창조과학회, 2005).
죠지 마르스텐,『미국의 근본주의와 복음주의 이해』(홍치모 옮김, 성광문화사, 1992).
필립 존슨,『다윈주의 허물기』(과기원 창조론 연구회 옮김, 한국기독학생회출판부, 2000).
필립 존슨,『심판대의 다윈』, 이승엽 · 이수현 옮김, 까치글방, 2006).
필립 존슨,『위기에 처한 이성』(양성만, 한국기독학생회출판부, 2000).
필립 키처,『과학적 사기』(주성우 옮김, 이제이북스, 2003).

국외 문헌

Paley, William, *Natural Theology* (Oxford University Press, 2006).
Pennock, Robert T., *Towel of Bable: The Evidence against the New Creationism* (MIT Press, 1999).
Peters, Ted, and Hewlett, Martinez, *Can You Believe in God and Evolution?* (Abingdon Press, 2006).
Peters, Ted, and Hewlett, Martinez, *Evolution from Creation to New Creation* (Abingdon Press, 1999).

5부

국내 문헌

김윤성,「'사이비 종교' 이해하기」, 한국종교연구회,《종교 다시 읽기》(청년사, 1999).
김윤성,「인공지능과 영혼: Space Odyssey 2002에서 A.I.까지」,《종교문화연구》제5호, 2003.
김윤성,「인지적 종교 연구, 그 한계와 전망」,《종교문화비평》제14호, 2008.
김윤성,「조선 후기 천주교 성인 공경과 몸의 영성」, 서울대학교 박사 학위 논문, 2003.
김종서,『종교사회학』(서울대학교 출판부, 2006).
신재식,「기독교 역사 속의 신 담론」, 서울대학교 종교문제연구소 편,『종교와 역사』(서울대학교 출판부, 2006).
신재식,「새로운 신앙공간으로서의 가상세계」,《종교문화비평》제6호, 2004.
이창익,「인지종교학과 숨은그림찾기」,《종교문화비평》제14호, 2008.
장대익,「도킨스 다시 읽기: 복제자, 행위자, 그리고 수혜자」,《철학사상》제25집, 2007.
장대익,「일반 복제자 이론: 유전자, 밈, 그리고 지향계」,《과학철학》제11호, 2008.
장대익,「종교는 스펜드럴인가? 종교, 인지, 그리고 진화」,《종교문화비평》제14호, 2008.
장석만,「개항기 한국 사회의 '종교' 개념 형성에 관한 연구」, 서울대학교 박사 학위 논문, 1992.
정진홍 · 이민용 외,「창간호 특별 좌담회: 한국 종교학의 회고와 전망」,《종교문화비평》창간호, 2002.
한국종교연구회,『한국 종교문화사 강의』(청년사, 1998).

번역서

대니얼 데닛, 『마음의 진화』(이희재 옮김, 사이언스북스, 2006).
데이비드 슬론 윌슨, 『종교는 진화한다: 진화론과 종교, 그리고 사회의 본성』(이철우 옮김, 아카넷, 2004).
로만 야콥슨, 『일반 언어학 이론』(권제일 역, 민음사, 1989).
루이스 캐럴, 『거울나라의 앨리스』(김석희 옮김, 웅진주니어, 2008).
리처드 도킨스, 『이기적 유전자 30주년 기념판』(홍영남 옮김, 을유문화사, 2006).
리타 M. 그로스, 『페미니즘과 종교』(김윤성·이유나 옮김, 청년사, 1999).
매트 리들리, 『붉은 여왕』(김윤택 옮김, 김영사, 2006).
미르치아 엘리아데, 『세계종교사상사 1: 석기시대부터 엘리우시스의 비의까지』(이용주 옮김, 이학사, 2005).
브루스 링컨, 『거룩한 테러: 9.11 이후 종교와 폭력에 대한 성찰』(김윤성 옮김, 돌베개, 2005).
빈스 라우즈·앤드류 뉴버그·유진 다킬리, 『신은 왜 우리 곁을 떠나지 않는가』(이충호 옮김, 한울림, 2001).
알리스터 맥그라스·조애나 맥그라스, 『도킨스의 망상: 만들어진 신이 외면한 진리』(정성민 옮김, 살림, 2008).
에릭 J. 샤프, 『종교학, 그 연구의 역사』(윤이흠·윤원철 옮김, 한울, 1996).
에밀 뒤르켐, 『종교 생활의 원초적 형태』(노치준·민혜숙 옮김, 민영사, 1992).
월터 캡스, 『현대 종교학 담론』(김종서·배국원 외 옮김, 까치, 1999).
웬디 도니거 오플래허티, 『다른 사람들의 신화』(류경희 옮김, 청년사, 2007).
조지 마드슨, 『미국의 근본주의와 복음주의 이해』(홍치모 옮김, 성광문화사, 1998).
지그문트 프로이트, 『토템과 타부』(이윤기 옮김, 열린책들, 2004).
크리스토퍼 히친스, 『신은 위대하지 않다』(김승욱 옮김, 문학동네, 2008).
테드 피터스 엮음, 『과학과 종교: 새로운 공명』(김흡영 외 옮김, 동연, 2002).
토마스 로슨, 「종교학의 새로운 경향: 인지종교학」, 《종교문화비평》 창간호, 2002.

국외 문헌

Boyer, Pascal, *Religion Explained: The Evolutionary Origins of Religious Thought* (Basic Books, 2001).
Grimes, Ronald L., *Beginnings in Ritual Studies* (University of South Carolina Press, 1995).
Hauser, M., *Animal Communication* (MIT Press, 1996).
Hill, Peter C. et als. "Conceptualizing Religion and Spirituality: Points of Commonality, Points of Departure," *Journal for the Theory of Social Behaviour*, Vol. 30, No. 1, 2000.
Kitcher, P., "The Naturalists Return," *Philosophical Review*, 101: 53-114, 1992.
Kuhn, T. S., "Metaphor in Science," in *Metaphor and Thought*, edited by A. Ortony, Cambridge University Press, 409-19.
Matsuzawa, T. (ed.), *Primate Origins of Human Cognition and Behavior* (Springer, 2001).
McGrath, Alister E., *Christian Spirituality: An Introduction* (Blackwell, 1999).
Preus, J. Samuel, *Explaining Religion: Criticism and Theory from Bodin to Freud* (Yale University Press, 1987).
Principe, Walter H., "Toward Defining Spirituality," *Sciences in Religion/Sciences religieuses*, Vol. 12, No. 2, 1983.
Rue, Loyal, *Religion Is Not About God* (Rutgers University Press, 2006).

Smith, Jonathan Z. *Relating Religion: Essays in the Study of Religion* (The University of Chicago Press, 2004).
Sperber, Dan, *Explaining Culture: A Naturalistic Approach* (Blackwell, 1996).
Whitehouse, Harvey, *Modes of Religiosity: A Cognitive Theory of Religious Transmission* (Altamira, 2004).

찾아보기

가
가부장제 202, 307~308, 537~538
가치 중립 346
가톨릭 근대주의 255
갈릴레이, 갈릴레오 9~10, 249
갈릴레오 재판 10, 216
갑오 농민 혁명 195, 485
강박 행동 234, 548~549, 551
강한 인공 지능 555, 557~558
개인으로서의 기독교 501~502, 508~509
개체 선택론 155
개항기 종교 상황 194~195
갭 창조론 423
검사성성 216
계몽주의 64~65, 71, 130, 167, 254, 477, 514, 532, 543
계속 창조 262, 424~425
고등 미신 164
고등 비평 354
고전적 물질관 335
공격적인 선교 활동 465~467
공명 262~263, 287
공산주의 428 458~459, 462
과정 사상 277
과학 66, 250
    과학 일방주의 122, 126
    과학 전쟁 22
    과학 중심주의 131
    과학 지상주의 183, 187, 326
    규범 과학 124
    기술 과학 124
    보편성 193
    엄밀성 348
    이데올로기화된 과학 103

자율성 127
과학 혁명 64~65, 68, 70~71, 130, 167, 249, 254, 256, 261
과학원 교회 378~379, 388
과학적 무신론자 167
과학적 유물론 392
과학적 자연주의 499
과학적 창조론 347, 435
과학적 환원주의 266, 269, 282, 284, 439
교리주의적 환원 278
구디너프, 어슐러 172~175, 179, 491
구디너프, 어윈 173
구성주의 신학 78
9·11 42, 52, 304, 306, 407
군비 경쟁식 진화 21, 537
굴드, 스티븐 제이 50~51, 77, 97, 158, 167, 239, 294, 158, 317~318, 322
궁극적 창조 424~425
그람시, 안토니오 485
그로세테스테, 로버트 66
근대 종합설 270
근대성 193, 196, 199
근대화 193, 195, 355
근본주의(신앙 혹은 신학) 13, 186~187, 189, 256, 358, 383, 435
금강경 164, 464
기계론적 세계관 68
기능적 다원주의 126
기도 54, 143~153, 202~209
    기도의 응답 145
기독교
    가톨릭의 진화론관 355
    개신교의 진화론관 256~258
    과학과의 관계 127~128, 130-131,

종교에 미래는 있는가?

1판 1쇄 펴냄 2009년 6월 12일
1판 14쇄 펴냄 2020년 10월 13일

지은이 신재식·김윤성·장대익
펴낸이 박상준
펴낸곳 (주)사이언스북스

출판등록 1997. 3. 24.(제16-1444호)
(06027) 서울특별시 강남구 도산대로1길 62
대표전화 515-2000, 팩시밀리 515-2007
편집부 517-4263, 팩시밀리 514-2329
www.sciencebooks.co.kr

ⓒ 신재식·김윤성·장대익, 2009. Printed in Seoul, Korea.

ISBN 978-89-8371-235-6 03400

도판 저작권

권순학 359 **김홍구** 28, 149, 188, 503 **박현우** 101, 204, 305, 333, 448~449 **(주)사이언스북스** 11, 120, 253, 279, 387, 443, 492 **신재식** 62~63, 110~111, 137, 320~321, 455(위, 아래) **장대익** 233, 241 **장동민** 483(위) **정재완** 7. 450~451, 578, 596 **한명구** 483(아래) **ImageClick** 108~109 **NASA** 218~219 **The British Humanist Association** 36~37 **The Church Of The Flying Spaghetti Monster(www.venganza.org)** 372~373 **The Illustrated London News Picture Library** 390~391 **The Natural History Museum, London** 392~393 **Topic Photo/Corbis** 34~35, 216~217

튜링 테스트 555
트레이시, 데이비드 265
특권적 세계관으로서의 종교 9
특별 창조론 438
특수 분야 직무 연수 368~369
특정화된 복잡성 400
티베트 불교 328, 453~456
티베트 폭력 사태 453~456
티플러, 프랭크 263
틸리히, 폴 487

파

파이어아벤트, 폴 273
판넨베르크, 볼프하르트 24, 262, 270, 284~292
판단 중지 346
패일리, 윌리엄 340
페녹, 로버트 401
페미니즘 517, 537~538
페일리, 윌리엄 397, 426
포이어바흐, 루트비히 300, 470
포털 사이트 496~497
포퍼, 카를 273, 382
폴킹혼, 존 76, 262
표준 신학 259
풀러, 스티븐 401
프란체스코회 66
프레이저, 제임스 조지 134
프로이트, 지그문트 300, 315, 551~552
프루스, 사무엘 476~477
플라시보 효과 143
플라톤 414
플랑크 시간 335
플로지스톤 560, 564
피코크, 아서 76, 264
피터스, 테드 76, 265
핑커, 스티븐 77, 405, 489

하

하버드 프로젝트 236
한경직 236, 430
한국 개신교 12, 363, 429~431, 442~444, 506~508
한국 창조 과학회 363~368, 382~384, 386
해리스, 샘 303, 306~307, 309
행위자 탐지 능력 159, 550
헌팅턴, 새무얼 304
헤겔, 게오르크 72
헤프너, 필립 76, 265
헬레니즘 65, 70, 516
형이상학적 신념 24, 211, 311, 414, 438
호모 나투라우스 117, 136
호모 렐리기오수스 94~97, 117
호모 무지쿠스 96~97, 117
호모 사피엔스 117
호모 파베르 97
호트, 존 24, 76, 97, 103~104, 265, 270, 276~284, 288, 325
화신 561
화엄경 102
화이트, 앤드루 딕슨 69
화이트하우스, 하비 474
화이트헤드, 앨프리드 노스 277
화학 진화 이론 270
확률적 실재 335
확증 편향 145
환원주의 281, 315, 317
  환원 불가능한 복잡성 300, 396~398
  환원주의 논쟁 473
황빠 현상 14~16
회의주의 148, 319, 500
휘그적 역사 해석 249
휘트콤, 존 358
휴렛, 마르티네즈 265
흄, 데이비드 71, 131~132, 300~301, 426, 476~477
히친스, 크리스토퍼 531

지적 행위자 393
지적 설계 연구회(KRAID) 408
지향적 자세 161~162
직선적 시간관 334
진동 우주론 332
진리 주장 346
진화 심리학 79, 471
진화 vs. 창조 논쟁(창조 vs. 진화 논쟁) 79,
　　271, 278, 295, 345~348, 353~366, 400,
　　414~415, 428
진화론 68, 132~136, 256, 264~266, 271,
　　315, 355, 393, 533
　　진화론 교육 금지법 356~357
　　진화론적 유신론 22, 414, 441
　　진화론적 창조론 414, 423
　　진화론적 환원주의 280
　　패러다임 133
집단 선택론 155~156

차

창발 282, 554, 558
창조 과학 24~25, 90, 258, 269, 270~271,
　　275~276, 294~295, 337, 346~353,
　　358~361, 363, 365~369, 378~389,
　　415~416, 432~434
　　창조 과학 박물관 366~367
　　창조 과학 연구회(RACS) 378~379
　　창조 의도 334
창조론 132, 424~425
　　교육 364~371, 401~403
채프먼, 브루스 391
천동설 258~259
청지기 정신(관리인 정신) 118, 189, 222
축자 영감설 435
친족 선택 237
침팬지 546, 550

카

카네만, 대니얼 142
카우프만, 고든 265
카이스트 창조 과학 전시관 367, 375, 377,
　　388
칸트, 이마누엘 69, 72

칼뱅, 장 421
캉유웨이 326
캐나다 선교회 430
캐럴, 루이스 536~537
캠벨, 조지프 존 478
컴퓨터 바이러스 163
케리, 존 391
케플러, 요하네스 67
코인, 제리 405, 408
코페르니쿠스 24, 67
콘, 데이비드 17
콜린스, 프랜시스 239, 265
콩트, 오귀스트 300
쿠사의 니콜라스 66
쿤, 토머스 13, 273, 379, 382
큐브릭, 스탠리 557
크리스토 데 라 콘코르디아(그리스도상) 61
크세노파네스 470
키츠밀러, 태미 401
킹 주니어, 마틴 루서 309

타

타이센, 게르트 352~353
타일러, 에드워드 134, 313~314
탄소 연대 측정법 348
탈기독교적 용어 393
탈레반 10~12
탈종교화 316
태양 중심 우주관 9
태초의 창조 424~425
태평천국 운동 485
테드 상 224
테르툴리아누스 251
템플턴, 존 80, 236
템플턴 재단 80, 145, 147, 236, 260~261
토랜스, 토머스 262
통섭 49, 124, 130~131, 135, 158, 183, 223,
　　229~230, 520
　　신학적 통섭 130, 291
　　실천의 통섭 124, 222~223
　　지식의 통섭 124
통전적 이해 282
퇴행적 연구 프로그램 383

자연 선택 154, 158, 164, 249, 300, 567~568
  자연 선택의 수준 논쟁 156
자연 신학 424
자연 철학 66, 250~251
자연 현상으로서의 종교 225
자연의 영역 129~130
자연주의 477, 543
자연화 280
자유 의지 463~464, 554
자유주의(신앙 혹은 신학) 91, 255, 352, 355, 428, 430
장병길 477
장석만 478
저메키스, 로버트 41
저우언라이 459, 462
적응 153, 156~158, 232, 259
  적응적 이득 154
  적응주의 529
전근대성 498
절대 타자 176~177
젊은 지구 창조론 257, 358, 394, 428, 432, 434~436
점진적 창조론 423
정령 숭배 314
정상 우주론 331
정신 바이러스 44, 52, 162~164
정신 분석학 266
정신적 블랙홀 15
정진홍 95, 351, 478
제국주의 314
제도화된 회의주의 319
젠더 중립적 단어 202
조정래 282, 353
조직으로서의 기독교 502, 508~509
존스 3세, 존 E. 342, 401
존슨, 필립 76, 359, 392, 394~397
존재의 연합성 561
종교
  건강과의 상관 관계 146~147
  경험 139
  과학과의 관계 유형 198, 292, 323~328
  과학과의 타협 72
  근본주의자 52

기원론 134
다원주의 논쟁 20~21
밈 458~462, 513, 541, 550~551
밈 이론 161~166, 457~472
부산물론 157~161
엘리트 178
위기 71
일방주의 126
자연주의 173, 179, 246, 491
적응론 154~157
종교 개혁 505~506
종교적 180~182
지속성 524~529, 542
진화론적 설명 75, 133~136, 153~166, 232~234
패러디 놀이 371
환원주의 439
종교 연구 312~313, 474~479
  낭만주의 패러다임 477~478
  자연주의 패러다임 476
  해석학적 패러다임 476~477
  자연 과학화(자연 현상화) 474~477
종교 전쟁 20~23
  층위 20~21
종교성 156, 316, 480, 540, 542, 550, 558, 571
종교인 239~240
종교 센서스 조사
  미국 40
  일본 86~87
  한국 87
종말론적 개방성 425
주술 524
중국어 방 논변 556
중보 기도 144~145
중세성 498
중첩되지 않는 교도권 50, 317
증산교 195
지동설 265
지식 판단의 우월권 69
지적 설계론 25, 257~258, 269, 270~276, 294~295, 337, 346, 359~361, 363, 390~409, 415~428, 433~434
지적 원인 395

644

자연주의적 영성 246
영성적 자연주의 499, 544, 573
영적 자연주의 491
영적 전투 12~13
영혼 355, 558~570, 569~570
예수 151~152, 156, 164, 308, 353, 502
예수회 277
오랜 지구 창조론 257, 428, 434~436
오리엔탈리즘 95, 313, 531
오컴의 윌리엄 66, 298
　오컴의 면도날 원리 298
오토, 루돌프 176
온라인 게임 554
올슨, 리처드 77
와인버그, 스티븐 55, 303, 306~307
요한 바오로 2세(교황) 329~330
용불용설 533
우발성 284, 288~291
원불교 328
윈프리, 오프라 47
윌슨, 데이비드 슬론 77, 155~156, 237
윌슨, 에드워드 24, 49~51, 77, 108, 118~126, 130~131, 136, 154~155, 167, 183~192, 221~241, 244~246, 260, 297~298, 310, 469, 471, 520, 529, 544~545, 548
유교 194~195, 247, 325~326, 490
유기체 이론 469
유니테리언파 517
유대교 70
유리, 해럴드 350
유물론
　유물론적 무신론 414
　유물론적 자연주의 275, 438
　유물론적 진화론 282
유신론 174, 246, 276, 393, 409, 414
　유신론적 과학 258, 270, 273~276
　유신론적 세계관 404
　유신론적 실재론 394
　유신론적 종교 91, 177, 573
　유신론적 진화론 347, 414, 423
유일신 104
유일신교 128, 186, 201, 203, 457, 523, 530, 532

유일회성 288
유전자 선택론 155
유전자 조작 79
윤회 561~562, 569~570
은총(계시)의 영역 129~130
의례 행동 548~549, 551
의례화 525
의미론 555
의식 행동 234
이기적 유전자 이론 166
이데올로기 484~485
이라크 전쟁 304
이성애 중심주의 310
이슬람교와 과학의 관계 128
이신론 424
이오니아 학파 93
이타성의 진화 157
인격신 201, 334, 527
인격화 527
인공 지능
　인공 영혼 558
　종교성 552~560
인과 추론 능력 159, 550
인류 원리 262~264, 271
　강한 인류 원리 263
　약한 인류 원리 263
인쇄술의 발명 505~506
인종 차별 308, 355
　인종 기원 신화 308~309, 348
인지 과학 79, 261, 265~266, 519
　인지 종교학 519
　인지적 종교 연구 323
인지적 편향 166
인터넷 9, 132
일반 복제자 이론 468, 471
일신교 49

자
자기 기만 464
자기 복제 462
자본에 의한 지식 생산 261
자살 테러 20, 52, 460
자연 과학화 473~475

성서 문자주의 421
성서 비평학 255, 428
성스러움 94, 315, 352, 509, 513, 520~521
세계 무신론 연맹 132
세계관 152, 211
세속화 71, 92, 316, 355
세이건, 칼 40~42, 174~175, 179, 181~182, 300
셔머, 마이클 148
소로, 헨리 데이비드 543, 545
소여성 319
소외 470
소진화 257
순교 465
순환적 시간관 334
슈퍼 컴퓨터 555
슐라이어마허, 프리드리히 72, 488
스노, 찰스 22
스리랑카 내전 457
스미스, 조너선 509~514, 575~576
스코프스, 존 토머스 356~357
　스코프스 재판(원숭이 재판) 356~357, 390
스콜라주의 66, 129~130, 251, 291
스콧, 유제니 402
스텐마크, 마이클 77
스팬드럴 157~159
스퍼버, 댄 474
스펜서, 허버트 133, 314
스푸트니크 1호 357
스피노자의 신 174, 530
시모니, 찰스 43
시뮬레이션 555
시민 종교 480~485, 490~491
신
　신 담론 516~518, 534
　신 존재 가설 45
　신 존재 증명 93, 301~302, 425~426, 533
　신의 형상 560
　신적 행동 288
신다윈주의 135, 270
신비 경험 177~179
신비적 자연주의 176, 491, 573
신앙 고백 152

신정통주의(신앙 혹은 신학) 90, 285, 293
신종교 195, 326, 498
신토 86, 457
신플라톤주의 251
신학과 자연 과학 연구소(CTNS) 76
신학
　신학화 440
　우월성 291~292
　위기 71
실재의 전체성 288
실천적 종교인 88
실체론적 영혼관 563
실체화 562
심신 이원론 558
심층 생태론 190~191, 223
쐐기 전략 392, 395

아
아리스토텔레스 65~66, 251, 414
아얄라, 프란시스코 호세 77, 265
아우구스티누스, 아우렐리우스 251, 421
아인슈타인, 알베르트 93~95, 174~175, 179~180, 530, 565
아퀴나스, 토마스 129, 252
아킬레우스와 거북의 역설(제논의 역설) 210
아프가니스탄 납치 사건 10~12, 463, 465
안병무 353
알튀세, 루이 485
애트란, 스콧 77
야생 밈 165
야콥슨, 로만 568
에머슨, 랠프 왈도 543, 545
에테르 560, 564
엑스, 말콤 309
엘리스, 조지 265
엘리아데, 미르체아 94~96, 315, 352, 487, 509, 513~514, 547
엣지 재단 142
엥겔스, 프리드리히 485
여성 신학 518
연애당 522
열린 과학 철학 274
영성 280, 491, 493, 495~497, 520

반종교적 정서 184
반진화론 운동 435
반진화론법 356
반창조론 운동 402
방법론적 자연주의 275, 299, 394, 437
배로, 존 263
배신의 문제 156
밴호이스틴, 웬츨 77
번식 성공도 155
범신론 94, 174, 518
베니딕토 16세(교황) 7~10
베르베르, 베르나르 557
베이컨, 로저 66
베일런, 리 반 537
벨라, 로버트 481, 484, 490~491
보나벤투라 252
보이어, 파스칼 77, 474
보일, 로버트 67, 254
보편 다원주의 468
보프, 레오나르도 191
복음주의 348, 352, 355, 384~385
복음주의 연합 234
복잡하고 특정화된 정보 272
복제자 53, 161, 165, 459~460, 468, 498, 540~541
본회퍼, 디트리히 487
부룩, 존 77
부산물 135, 153, 158, 159
부시, 조지 W.(전 미국 대통령) 42, 230, 304, 361, 390, 406
북장로교 430
분리주의(과학과 종교) 317~319, 322~323
불가지론 91, 173~174
불가지론자 203, 207, 209, 212, 299
불교 327~336, 501
　과학과의 관계 128, 198
　과학관 329~336
　분열 461
　불교 정화 운동 460
　엘리트적 불교 328, 501
브라운, 와렌 265
브라이언, 윌리엄 제임스 356
브라이츠 운동 500~501

브록만, 존 142
블레이크, 윌리엄 111
비가역성 288
비과학 273
비환원주의적 인식론 439
비히, 마이클 76, 359, 395~400

사

사경회 523~524
사상과 윤리 재단 359, 393
사이버 스페이스 88, 554
사이비 과학 148, 273, 385~386, 420, 427, 574
사이비 신학 427
사이비 종교 574
사이언톨로지 542
사회 다원주의 473
사회 생물학 79, 469
사회 진화론 133~134, 314~315, 473
산업 혁명 254
살린스, 마셜 데이비드 191
삼위일체 251, 517
상대주의 378
상징 549
상호주의 126
생명 대백과사전 프로젝트 237
생명 호성 222
생물학 일방주의 123
생물학 중심주의 123, 183, 221
생체의 위계 구조 467
생태 신학 78, 187, 518
샤르댕, 데이야르 드 277
서구화 193
서열 행동 154, 232
서은국 146
설, 존 555~556
설계 논증 301, 425~426
설계 추론 400
설명 필터 400
설명의 계층 구조 281~283
설명의 다원주의 277, 281~283, 439
성령 체험 196
성서 무오설 435

레오 13세(교황) 355
레토릭 560, 563, 565~569, 574
로고스 중심주의 129~131, 235, 327
롤스톤 3세, 홈즈 265
루소, 장자크 69
루스, 마이클 77, 399
루터, 마르틴 421, 505
르윈틴, 리처드 17, 158
리더십 515
린드버그, 데이비드 77
링컨, 브루스 304, 306~307, 485, 510~511

마
마르크스, 카를 300, 353
마쓰자와 데쓰로 546
마음 이론 능력 159, 550
마이크로 커뮤니티 509
마이클 폴라니 센터 399
마인드 컨트롤 143
만유재신론 518
만인 사제설 515
맥멀린, 어낸 262
머피, 낸시 77, 265
메이어, 스티븐 392
메타포 567~569, 574
    메타포적 신학 568
모노, 자크 218
모리스, 헨리 358
몰트만, 위르겐 264
무교 194~195, 326
무시 전략 404
무신론 24, 91, 93~94, 131, 238, 246, 311, 428, 530, 532
    무신론 밈 536
    무신론 운동 43~48, 93, 132, 168, 310, 500, 530, 545
    무신론적 신념 298, 310
    무신론적 유물론 270
    무신론적 자연주의 271, 273, 275, 438
    무신론적 진화론 47, 280, 347
무신론자 40~42, 98, 142~143, 150, 168, 200~203, 209, 212, 245~246, 299, 301, 303, 311, 326

강성 무신론자 245~246
무신론자 과학자 179, 298
무신론자 연맹 234
연성 무신론자 245~246
커밍아웃 150
무종교인 86~89
문명의 충돌 304
문자주의 91, 196, 210, 255, 327, 352, 416
    과학적 문자주의 278~221
    독법 277~278, 280
    성서적 문자주의 278~280
    우주적 문자주의 278
    종교적 문자주의 278
물리주의적 환원 278
뮐러, 프리드리히 막스 313
미국 과학 교육 센터 402
미국 과학 진흥 협회 403
미국 시민 자유 연맹 355~357
미신 195, 576
민간 신앙 195
민중 신학 353, 542
믿음 엔진 148, 210
밀러, 스탠리 350
밀러-유리 실험 350
밀러, 케네스 77, 265, 401
밈 53~54, 154, 161~166, 457~472, 494~498, 500, 521, 530, 532, 536, 567
    감염 467
    궁극적 메타 밈 470
    반대 밈 530
    복합체 521
    이론 135, 166, 514
    하부 밈 464~465

바
바버, 이언 76, 97, 102, 198, 262, 325
바이러스 52, 162-163, 529, 531, 536
박형룡 430
반기독교 운동 12
반다원주의 278
반셈족주의 95
반이슬람 기독교 근본주의 42
반종교적 계몽주의 543

192~193, 196~197
과학관 247~266, 276~295
기독교 국가 39~40
기독교 밈 464, 521
기독교 쏠림 현상 127
기독교 중심주의 292, 313
기시, 뒤앤 76
기어츠, 클리포드 318~319, 322
기적 54, 151~153, 203~205, 208, 258
길더, 조지 392
길들여진 밈 162, 165~166
길키, 랭던 294, 317~318, 322
김재준 430

나
날-세대 창조론 423
날아다니는 스파게티 괴물 교회 370~371
남침례교 49, 185~186, 231, 358
내스, 아르네 190
넘버스, 로널드 77
네안데르탈 인 547
"논쟁을 가르치라." 캠페인 391, 395
누미노제 경험 176~179
뉴에이지 499
뉴턴, 아이작 67, 250, 254

다
다미아누스, 페트루스 252
다수준 선택 463, 466, 471
다신교 203
다우주 이론 332, 334
다윈, 찰스 24, 249, 256, 264, 277~278, 315, 396, 402, 471, 556
  다윈주의 264, 271, 273, 336, 437, 481
다이아몬드, 제러드 142
달라이 라마 330, 453, 459, 462
대로, 클래런스 356
대응 개념 530
대진화 257
대폭발 이론 261, 264, 331~332
더글러스, 메리 208~209
데닛, 대니얼 18, 24, 47~50, 76~77, 136, 141~143, 153, 161~162, 165~168,

200~201, 226~241, 244~246, 260, 297~298, 301, 310, 405~407, 468
데모크리토스 565
데카르트, 르네 54
뎀스키, 윌리엄 76, 271~272, 359, 398~400
도니거, 웬디 561
도버 재판 361~362, 401~402
도킨스, 클린턴 리처드 12~13, 19, 23, 37, 43~48, 50~53, 64, 75, 77, 92~95, 98~100, 118~119, 131~135, 142, 144, 150, 153~154, 161, 167~168, 231~235, 244~246, 297~298, 300~302, 306~307, 309~311, 318, 405, 408, 458, 461, 468, 472, 488, 500, 528~537, 544, 567
  도킨스 마니아 132
  도킨스 신드롬 311
  도킨스 읽기 운동 536
  리처드 도킨스 상 132
  이성과 과학을 리처드 도킨스 재단 44
독법 277, 280
동등 시간 교육법 재판 74, 390
동물의 종교성 546~552
동성애 309
동양 종교 531
동정녀 탄생 258
동학 195
두 권의 책 67, 252~254
두 문화 22
뒤르켕, 에밀 300, 509~510
드레이퍼, 존 윌리엄 69
디스커버리 연구소(DI) 391~395, 399, 401
딘드럼먼드, 셸리아 76

라
라덴, 오사마 빈 35, 304
라즈니시, 오쇼 531
라카토슈, 임레 383
러너, 거다 308
러브록, 제임스 190
러셀, 로버트 존 76, 262
러셀, 버트런드 300, 302, 306~307
러프가든, 존 77
레넌, 존 45